大學辭典系列(108)

社會學辭典

David Jary & Julia Jary　著

周業謙、周光淦　譯

大學辭典系列(108)

社會學辭典

作 者	戴維·賈里、朱莉婭·賈里
譯 者	周業謙、周光淦
審 校	張恭啓、孫中興、金常政
出 版	貓頭鷹出版
發 行 人	涂玉雲
發 行	英屬蓋曼群島商家庭傳媒股份有限公司城邦分公司
連 絡 處	104 台北市民生東路二段141號2樓
	購書服務專線：02-25007718／傳眞：02- 25001990
劃 撥 帳 號	19863813 書虫股份有限公司
香 港 發 行 所	城邦（香港）出版集團
	電話：852-25086231／傳眞：852-25789337
馬 新 發 行 所	城邦（馬新）出版集團
	電話：603-90563833／傳眞：603-90562833
印 製	成陽彩色製版印刷股份有限公司
初 版	1998年9月
二 版	2005年1月
二 版 二 刷	2005年12月
執 行 主 編	王存立
特約執行編輯	石琇瑩
封 面 構 成	董子瑈
貓頭鷹知識網	http://www.owl.com.tw

歡迎上網訂購。大量團購請洽專線：02-23560933轉282

作者簡介

戴維‧賈里（David Jary），經濟學學士，英國史塔福郡（Staffordshire）大學社會學教授兼社會科學學院院長，曾任沙耳福（Salford）大學社會學資深講師（Senior Lecturer），在此以前則擔任曼徹斯特（Manchester）理工學院社會學科主任（subject leader）。編輯出版的著作有：《政治中的中產階級》（*The Middle Class in Politics*）〔與 J.加勒德（Garrard）、M.戈德史密斯（Goldsmith）和 A.奧德菲爾德（Oldfield）合著〕；《體育、休閒與社會關係》（*Sport, Leisure and Social Relations*）〔與 J.霍恩（Horne）和 A.湯林森（Tomlinson）合著〕；《紀登斯的結構化理論》（*Giddens' Theory of Structuration*）〔與 C.布萊恩（Bryant）合著〕。

朱莉婭‧賈里（Julia Jary），社會學學士、碩士、哲學博士，英國史塔福郡大學心理學資深兼任講師，並在空中大學（Open University）教授普通心理學和認知心理學。曾任曼徹斯特大學和沙耳福大學講師。

前　言

　　社會學不是一門條理分明的學科。作為「研究社會和社會關係的科學」，它的範圍很廣，而且很難界定。它涉及所有其他的社會科學——這些是社會學作為全面研究社會的學科，必須予以考量，甚至是必須予以涵蓋的。再者，在社會學的相關論述中，也常涉及「非」（lay）社會的範疇；社會學的研究主題向來備受爭議，在「孰重孰輕」及學派之爭中糾葛不清。

　　社會學的這些特點和複雜性並非它的弱點，在很多方面還是它的長處：事實上，社會學反映了現實世界的問題，並與這些問題相互影響，從而免於其他學科常有的專斷及閉塞的弊病。然而，這些複雜性卻給社會學辭典的編者帶來很多問題，其中一個不小的問題是，必須定出一個詞條收納和排除的可行標準，而實際上沒有一種標準能夠反映社會學所有可能的主題。因此，說明一下本辭典所採用的標準是很重要的。收入本辭典的有：

(a)在社會學的發展中曾是重要的，或者在目前是重要的一些社會學術語和主題，以及許多次要的社會學術語；

(b)關於其他社會科學的詞目，包括這些學科的一些重要術語，這些術語在社會學中已經廣泛應用；

(c)關於一些最有影響力的社會學家，和一些重要的社會理論家與哲學家的詞條，後者對社會學的影響往往不亞於與社會學有直接關聯的人；

(d)關於社會學所應用的主要研究方法的詞條，包括基本的統計學術語，還有關於社會學和哲學都共有的認識論與本體論的術語和問題的詞條；

(e)選自社會學常用的「日常語言」的詞彙，這些詞語常令學習者困擾不已。

本辭典內容的廣泛性，意味着比大多數以前的社會學辭典包含有更多的詞條。還有一個特點是：別的辭典大都採用漫談式的方式敘述詞語的含義，而本辭典在緊接每個條頭之後就有一個或若干個簡短的定義。這樣做對於那些希望利用辭典確定意義，而不必閱讀很多段落之後才能得出這個意義的讀者很適用。這並不是說本辭典只有一些短詞條。相反地，本辭典有很多篇幅較長的、百科全書式的詞條，但這些詞條在開頭時都有比較簡短的定義。最後要指出的是，本辭典並不想成爲一部綜合的或權威的學術著作，也就是說，它較少涉及詞語的複雜語源，也不着重介紹詞語的所有用法。它的主要目標是想成爲一種學習用的工具書。

本辭典的體例

詞條按英文字母順序排列，把條頭中出現的所有單詞視爲一個單位，例如把 civilizing process 放在 civil religion 之前。

一個詞條的長短並不能反映出一個詞語的重要性，不僅專業術語的詞條如此，關於人物的詞條也是如此。與某個特定詞條有關的內容，往往能在相關的詞條中找到，這樣的詞條中文則用**楷體字**表示，楷體字更普遍地用於表示在別的語詞有相關定義的參見詞條中。

文中引用的著作列於本辭典後面的參考書目中，雖然有些著作的書名在文中以全名出現，但不見得一定收錄在參考書目中。

執筆人員

本辭典主要是由一群執教於史塔福郡大學的社會科學學院社會系的社會學家和社會心理學家共同合作的成果，此一學系規模甚大，對於大學部、研究所的單一課程、聯合課程，及輔系中的社會學教學，有廣泛的經驗。我們也請了外面的執筆者——我們覺得會對於內部資源有所助益的人助陣。

主編戴維・賈里和朱莉婭・賈里，由一群助理編輯小組成員加以協助，他們是東尼・查爾斯（Tony Charles）、菲爾・尼可思（Phil Nicholls）和亞倫・席理脫（Alan Sillitoe）。

每一詞條後面並沒有個人的簽名，因為本書是集體的作品，執筆人及其主要撰寫領域的全部名單如下：

第一版的執筆人

Michael Ball – Anthropology, Interpretative Sociology

Christopher Bryant（University of Salford）– Intellectuals and Intelligentsia

Tony Charles – Industrial Sociology, Sociology of Organizations, New Technology

Rosemary Charles – Strategic Theory

Mike Dent – Industrial Sociology, Sociology of Organizations

Ursula Dobraszczyc – Sociology of Health and Medicine, Mass Media and Mass Culture, Urbanism

David Gatley – Research Methods

Ruth Green – Social Psychology

John Horne – Sociology of Leisure, Sociological Theory

Susie Jacobs – Class, Gender, Marxism

David Jary – General Sociology, Sociological Theory, Philosophy of Science, Methodology, Historical and Comparative Sociology, Religion, Marxism, Class, Political Sociology, Economic Sociology

Julia Jary – Psychology and Social Psychology, Research Methods, Environmental issues

Paul Keating（University of Exeter）– Sociological Theory, Historical Sociology, Religion

Derek Longhurst（Dept of Humanities, Staffordshire Polytechnic）– Poststructuralism

Adrian Oldfield（University of Salford）– Political Philosophy

Dianne Phillips（Manchester Polytechnic）－Statistics and Research Methods

John Phillips（Manchester Polytechnic）－Sociological Theory, Philosophy, Language

Jim McAuley（Huddersfield University）－Political Sociology

David Newton－Sociology of Education

Phil Nicholls－General and Comparative Sociology, Sociology of Health and Medicine

Steve Outram－Social Policy and Social Welfare, Sociology of the Family, Demography

Martin Parker－Anthropology, Sociological Theory, Philosophy

Alan Roulstone－New Technology

John Shiels－Crime and Deviance, Class and Social Stratification

Alan Sillitoe－Historical and Comparative Sociology, Sociology of Development, Marxism, Socialism and Communism

Gregory Smith（University of Salford）－Interpretative Sociology

Joan Smith－Research Methods

Geof Stanley－Industrial Sociology

Martin Thomas－Social Work, Social Welfare, Family and Marriage

Colin Tipton（University of Surrey）－Marxism, Political Sociology

Lorna Warren（University of Salford）－Anthropology

Ruth Waterhouse－Sexuality and Gender, Women's Studies, Feminism, Ethnicity, Urbanism, Culture

Jim Zacune－Ethnicity, Sociology of Higher Education

台灣中文版說明

　　本辭典採用美國版的第一版為底本譯成，間或加入英國版第

二版的內容。美國版的內容大體上是將一些美國編者認爲過時的
詞條從英國版中刪除，去掉一些說明英國情況的段落，間或將主
詞改爲美國，並未增加新的詞條或內容。由於時間所限，本辭典
無法完全採用英國版第二版（1995年版），望讀者見諒，希冀再
版時予以修訂。

　　　　　　　　　　　　　　　　　　　　責任編輯　杜文仁
　　社會學詞彙之中譯，則參考林義男編譯之《社會學詞彙》
（巨流）。

孫　序

孫中興
臺灣大學社會學系教授

一、前言

　　有好一陣子國內沒有出版比較新的《社會學辭典》了。對於
國內社會學研究人員和教師來說，雖然沒有中文的工具書，但是
英文的此類工具書卻是不虞匱乏；既有比較大部頭的百科全書，
也有實用的案頭辭典。大部頭的書，縱使私人買不起，工作單位
的圖書館的參考室總是齊備的；案頭使用的辭典，則在進口西書
店中也還容易找到。在閱讀上，英文也不會是問題。不過對於一
般學生來說，特別是初入門的學生，想要清楚地瞭解他/她在先
進的同學或學長口中，以及提供文化資訊的報章上所提到的一些
流行學術語詞時，恐怕往往求助無門，剝奪了這些好奇心靈滿足
求知慾的機會。對於這些學術用語的無知，為人師長的縱使不知
道，也有門路可以求知，或者可以藉著教授的身分要求學生「好
好去唸幾本書」來遮隱自己的無知；學生則除了從師長或報章上
接受一些似是而非的「解釋」之外，恐怕就沒有求知的門徑了。
這種知識和權力相互糾葛的情況，只要細細思量，都可以在我們
日常生活中發現到。

　　有一部比較能包容新字詞的、學生可以買得起的《社會學辭
典》，雖然不能徹底扭轉這種知識/權力的雙螺旋鏈，但是至少

誠誠實實滿足一個基本的求知慾，甚至藉著參考資料的引介，有心的讀者更可以自行翱翔於知識的天空中。

現在讀者手中這部中文翻譯的《社會學辭典》就是一部不錯的選擇。這部書是由英國史塔福郡（Staffordshire）大學社會科學院院長戴維·賈里（David Jary）及該校心理學系高級講師朱莉婭·賈里（Julia Jary）領銜、由該校一群社會學家和社會心理學家所共同編著而成的集體心血結晶。中譯本是由出版社商請大陸的兩位先生周業謙和周光淦中譯，再由金常政先生擔任審校，所根據的是原書的第一版（1991年版）；臺灣的編輯再將這部稿子仔細加以對照還原成繁體字，並對其中比較不符合臺灣通用的詞語加以改正。筆者在粗略看完三校稿之後，對於少數譯名做了更動的建議，但是原則上只是負責撰寫導讀。這是這部辭典大致的分工狀況。

二、社會學辭典的基本條件以及本書的特色

「工欲善其事，必先利其器」，這幾乎是每一本辭典都會引用到的一句話。就一本社會學專業的辭典而言，我們必須先瞭解到社會學想要達成的目標，才會比較清楚地知道需要怎樣一本工具書。

首先，出版年代是一個主要的考慮。讀者總不希望買到一本出版於十幾、二十年前的「最新」社會學辭典。一般來說❶，越是新近出版的辭典會包含比較多學術界的新字和新用法。就此點而言，本辭典比起1991年出版的另一本中譯本《社會學辭典》就要新了5年；在考慮到兩本中譯辭典所參考的原書出版年代，本書的原文出版於1991年，要比前一本所根據的1969年和1974年兩

---

❶　比較明顯的例外是《雲五社會科學大辭典：社會學》；這部辭典雖然在1970年出版，可是所包含的條目和所引用的參考資料都甚爲老舊，反而像是二次大戰之前出版的辭典。

本辭典❷要新上17至22年。所以，本書在臺灣市面上堪稱是一部最新的社會學辭典。

另外，條目豐富是讀者有求於一部辭典的重要依據。許多社會學辭典都未精確地標明所蒐羅條目的數量，所以不可能做出絲毫不差的比較。不過，如果粗略比較最近幾年來英語世界出版的社會學辭典來看，這部書可以算是收詞最豐富的一本，不僅包含了主要的概念，還摻雜了主要人物的專長和著作的簡介。除了數量外，所收錄條目的「新鮮度」也是一本辭典的重要指標。舉例來說，盛行於臺灣文化界及學術界的「後現代主義」、「文化研究」、「系統論」、「解構」等等一些令人望而生畏的時髦名詞，在這本辭典中都有很恰當的說明和解釋。從本辭典所蒐羅的條目來看，不僅社會學的各個次領域的主要概念都已收錄，就連其他相關學科的主要概念和人名也都不缺。所以，這部辭典很可以滿足讀者在瞭解當前西方社會學界及一般文化思想界的需要。

讀者的另一項要求往往就是辭典對於條目的解釋要清楚明白。查辭典的目的就是要將原本一無所知或模稜兩可的概念研究到清楚明白。大多數的辭典都會達到這個標準，就筆者隨便查閱的條目來看，此書的譯文也是通暢易懂的；相信讀者在更多次的參考之後，應該也會同意這點。

比較被讀者在一開始查辭典所忽略的一點是對於書中交互參考的完備與否的要求。有交互參考的辭典，不僅代表了該辭典蒐羅豐富，更代表讀者在使用時可以很方便地知道哪些條目是相關聯的，可以藉由原先的一個條目，檢索到更多相關的條目，對於

---

❷ 朱岑樓主編、彭懷真等譯的《社會學辭典》因筆者早期深度參與籌畫編譯，所以深知是由 George A. Theodorson & Achilles G. Theodorson（1969）和 Peter O'Connell（1974）合併而成，在該書中譯本每一項條目之下，分別以 M.D.S. 和 E.S. 標明出處。可是，在彭懷真為該辭典所寫的導讀「有趣有用的社會學工具書」中卻以為只根據了後者翻譯，這是很嚴重的錯誤。

知識的增進當然厥功至偉。這本辭典就具備了這項特色。

　　還有一項讀者經常不會注意到辭典妙處所在之處，就是參考書目。一般人總以為「辭典已經是參考書了，為甚麼還要參考書目？」其實，一般人的求知慾通常藉著一項條目的解釋說明就可以滿足了；少數求知慾強一點的人，往往會希望自己能藉著辭典的參考書目，進一步一窺該條目的深奧難盡之處。這部辭典的此項特色，在新近出版的其他中英文同名辭典中就是找不到。這當然也是這部辭典令人激賞之處。

　　其他方面讀者會注意到的，如：價錢、印刷、校定等，因為已經不是學術的範圍，相信讀者自有定見，此處就不再多談。

三、使用本辭典注意事項

　　本辭典具備了一位細心讀者所需要的各種優點，但是也有些地方是要提醒讀者，特別是在臺灣的讀者所應注意的；不過，細心的讀者可以發現，這些提醒並不只適用於本書而已；所有翻譯本大概都有同樣的問題。

　　首先要注意的是譯名的問題。這部書原書是英文，由大陸學者翻譯校定，再由臺灣的編輯，參照林義男（1991）編譯的《社會學詞彙》，還原修改為繁體字；也就是說，在這過程中會碰到英文譯成大陸學界習慣用法的中文社會學名詞，再改成臺灣社會學界慣用語詞的雙重難題。

　　在現有的譯名中，有海峽兩岸、甚至香港都一樣的，這是最有利於讀者的查索，甚至有利於「中文社會學語彙共同體」的早日達成。在這本辭典中，這當然是最沒有問題的部分。

　　另外一類是大陸和臺灣的譯名分歧，可是各自學術界的用法卻是一致的。例如，法國社會學家 Durkheim，臺灣依照中國社會學翻譯的傳統一直都譯成「涂爾幹」；大陸卻在1979年「恢復」社會學之後，都譯成「迪爾凱姆」。這類的問題只要透過細心的校對就很容易改正的。

　　比較大的問題在於：大陸和臺灣各自的社會學界內部的用法

都不一致的譯名。不過，這方面的問題，根據筆者翻閱幾本大陸出版的社會學書籍或工具書的印象，大陸學術界的問題似乎要比臺灣小得多。臺灣的學術界，雖然有林義男費心編譯的《社會學詞彙》，並且還經過當時在臺灣的「中國社會學社」❸的審訂，不過，社會學界並沒有強制一般社員在使用時一定要參考該書的譯名。特別是在新名詞方面，分歧的情況比較常見。最明顯的例子就是 gender 一詞，《社會學詞彙》中顯然為了要避免和翻譯 sex 所慣用的「性別」一詞混淆，就另創了「性相」一詞；可是除了在林義男自己翻譯的《社會學》一書中加以採用之外，筆者所看到國內社會學者的文章仍以將 gender 譯成「性別」為多。另外，法國社會學者 Pierre Bourdieu 不僅其姓名的翻譯不統一，他所提出的 habitus 一詞的譯名也有「習癖」、「習性」、「生存心態」等多種。使用這本辭典的讀者在這方面恐怕也不能苛求這本辭典的譯名可以「一統天下」。這種情況還有賴社會學界「譯名市場」機能的運作，這是我們要拭目以待的。

　　第二個比較需要注意的是：因為這本辭典是為英語世界的讀者所編寫的，所以對於中文世界所特有的社會學資訊就只有空白。對於「本土化」知識求知慾較高的讀者也就無法在此書中獲得滿足。不過，專就這個標準來說，現在市面上也沒有這種辭典，這是我們身為臺灣社會學界的同仁們所要汗顏的。

四、結語：一本辭典、兩種讀法

　　這本辭典可以作為讀者閱讀受困時的解難參考書，也可以純為了求知有系統的閱讀材料；換句話說，讀者可以把此書當成社會學的輔助讀物，甚至就當成一般的社會學來讀。不管您採行怎樣的社會學之旅，相信都會是一趟「豐富之旅」。Bon voyage！

---

❸　和臺灣的「中國社會學社」對口的大陸的社會學組織名為「中國社會學會」，「社」與「會」只有一字之差。臺灣的「中國社會學社」為避免不必要的困擾，已於1996年起正式更名為「臺灣社會學社」。

A

abnormal 異常 指任何人、事、物偏離了一社會或群體中慣常的或典型的行爲模式或社會形式，特別是指這種偏離被視爲一種失調、不適應或**反功能**（dysfunction，參見 functionalism **功能論**）的情況。

社會學使用異常一詞時總會面臨如何界定「正常」（normality）的問題。例如**涂爾幹**（Durkheim）認爲在社會發展的某個特定的層面，社會的標準形式也就是它的功能形式。然而儘管以生物學的有機體而言，功能正常或異常可能是顯而易見的，但這些概念應用於社會學則受到了廣泛的質疑。除了涂爾幹和功能論社會學的若干例外，社會學家們通常不用「正常」或「異常」這類詞，而是用其他的概念來說明個人和社會不符合和偏離旣定的行爲模式。

abnormal division of labour 異常分工 見 division of labour **分工**。

abortion 墮胎 指導致胎兒死亡的人爲中止妊娠。儘管在有些社會裡正式禁止墮胎，而墮胎情況並未絕跡；但在很多社會裡包括最現代的社會，墮胎被認爲是一種中止不必要妊娠的合法方式。在某些現代社會裡，有記錄的墮胎率幾乎接近於出生率。近年來，關於墮胎的爭論不僅集中在未出生嬰兒的權利問題上，也集中在母親的權利問題上。在這種情況下，關於墮胎的爭論還與現代社會更廣泛的政治鬥爭［例如**新右派**（New Right）的意識型態，以及**婦女解放運動**（women's liberation movement）］聯繫在一起。

absenteeism　缺席　指不出席須經常出席的工作、學校或任何社會機構的情況。缺席率有時被認為是社會組織健全與否的一個指標。

absentee landowner　不在地主　不在其地產上居住，而且不直接參加日常生產的農業土地所有者。在鄉民社會（peasant society）裡，這種形式的土地所有制可能導致地主和鄉民之間的社會衝突和政治衝突，如革命前的法國和革命前的中國的情形。

absolute poverty　絕對貧困　以僅能維持基本生活的最低要求定義的貧困程度。

absolutism（absolutist state）　專制政體、專制主義（專制國家）　①統治者不受習慣或法治約束，而且權力的行使是定於一尊的任何政權。②為這樣的政權辯護的理論。③與17世紀和18世紀歐洲一些中央集權的君主政體相聯繫的特定國家形式及其相關理論（例如君權神授論）。④（馬克思主義）西歐在資本主義國家以前的國家形式。

　　實際上沒有任何統治者擁有絕對的權力。傳統的看法認為專制統治是現代以前非西方國家的一個特點，例如土耳其蘇丹政體或斐濟君主政體。然而儘管權力的專斷和臣民的大規模動員（例如建造金字塔）是這些政權的一個特點，但由於缺少現代化的資訊傳播和監督（surveillance）技術，就意味着強而有力的權力僅極少數人能享有。從歷史上看，西方的社會學家和政治學家傾向於誇大非歐洲與歐洲國家的立憲政體的差異——這是西方社會科學普遍的種族中心主義的一個面向，在19世紀時尤其是如此。

　　西歐的專制政體只是在同它以前的封建君主政體和以後的立憲君主政體對比時才是專制的。馬克思主義的看法認為西歐的專制政體是在傳統的地主貴族和新興的資產階級間的權力均衡中產生的，使得君主們能夠建立更有效的中央控制，包括編纂法典，建立新的和強大的常備軍和高效益的稅收制度。實際上中央集權仍有許多限制，諸如要求獨立的強勢團體此仆彼起和新憲法權利

的引進。在社會學上的爭論是歐洲的專制主義在多大程度上是西方資本主義興起的一個必要因素，和是否應當把它視爲涉及封建貴族權力的重組（Anderson，1974b），或者把它視爲現代資產階級新興的開始（更傳統的馬克思主義觀點）。

abstracted empiricism　抽象的經驗論　是米爾斯（Mills，1959）用來指稱一些社會調查研究的形式的術語，這些研究形式涉及**定量研究法**（quantitative research techniques），但很少引用社會學的理論傳統，而且無助於對社會學的理解。米爾斯有些不恰當地以**拉札斯斐**（Lazarsfeld）的著作爲例，他認爲它以犧牲「**相干性**」（relevance）爲代價來提昇研究的技術與追求資料的「**信度**」（reliability）。參見 empirical sociology *經驗社會學*。參閱 empiricism *經驗論*。

accommodation　順應　①（在種族關係上）指各族群彼此適應、共同生存，而不一定要解決根本的分歧和矛盾的過程（參閱 assimilation *同化*）。②（更普遍地說，例如在政治活動和家庭生活中）個人或群體屬於①項的行爲。③［如芝加哥學派（Chicago school），例如**帕克**（Park）和伯吉斯（Burgess）在1921年寫的著作中所指的］一個基本的社會過程，類似於生物學上的適應，各個社會通過這一過程實現與其環境相適應。但這一用法的含糊和保守，受到了默達爾等人（Myrdal et al.，1944）的批評。④在**皮亞杰**（Piaget）的兒童發展理論中，指從一個階段發展到下一個階段所使用的一種方法。見 assimilation and accommodation *同化與順應*。

accounts　說明　社會行動者對他們自己的行爲作出的描述和辯解，例如「**成員的理性說明**」（見 ethnomethodology *俗民方法學*）或否認偏差（deviance disavowal）。儘管從原則上說像俗民方法學或象徵互動論這樣形式的社會學更注意行動者的說明，但在其他形式的社會學中並不一定如此。

acculturation　涵化　①（在文化人類學 cultural anthropology

中尤指）一種過程，即不同的文化集團之間的接觸使得其中一個
集團，或者是雙方集團採用另一集團的全部或部分文化而獲得新
的文化模式。②集團之間的文化傳遞，包括一代人與下一代人之
間的傳遞，但在這種情況下更常使用的術語是濡化（ encultura-
tion ）和社會化（ socialization ）。

acephalous　無首腦　（社會人類學 social anthropology ）指一
個社會沒有正規的領導機構，例如沒有建立主要的或常設的政治
權威。見 stateless societies 無國家社會。

achieved status　自致地位　通過個人的努力或公開的競爭獲
得的任何社會地位。因此自致地位是與天生地位（ ascribed sta-
tus ）相對的。參見 achievement 成就；contest and sponsored
mobility 競賽式和贊助式流動；pattern variables 模式變項。

achievement　成就　個人在與他人公開競爭中，例如在正規考
試或市場競爭中，因努力而獲得的社會地位或社會身分。因此，
成就是與先賦（ ascription，例如繼承父親的事業）和天生地位
（ ascribed status ）相對的。參見 pattern variables 模式變項。

　　從最廣泛的意義來說，可以認為成就是現代社會的一個特點
（因為在一個不分階級的社會裡，事業是向人才開放的）；而成
就的對立面先賦，便是階級分明的傳統社會的特點。然而，這兩
種分配社會地位和社會身分的模式通常都存在於任何社會中。這
種情況的一個原因是有些地位 [例如從歷史上看，特別是那些性
相角色（ gender roles ）] 主要是天生的，而另外一些地位，例
如社會需要的技能或才能短缺，似乎就要通過公開的競爭方能獲
得。另外一個原因是有些天生的因素構成自致地位的基礎（例如
家庭背景的優勢是獲得文化教育上成就的基礎）。參見 func-
tionalist theory of social stratification 社會階層化的功能論理論；
meritocracy 唯英才制；social mobility 社會流動。

achievement motivation　成就動機　心理學家麥克萊蘭
（ D.C. McClelland, 1961 ）提出的一個與投射測驗相聯繫的概

念，這個概念的主旨是衡量在爭取成就的努力中的個人差異和文化差異。這個概念的基礎是這樣一個假定：成就的需要（need for achievement，NAch）是由一種親切的親子關係（特別是母子關係）激起的，這種關係樹立了行為的高標準。成就動機被認為是個人創業努力的一個重要決定因素，也是不同的經濟發展水平的一個重要決定因素（例如已開發和未開發社會之間）。後面這種說法受到許多社會學家的非議，他們認為麥克萊蘭沒有考慮到除成就動機以外各個社會在社會結構和經濟結構上的重大差異。

act 行為　（動詞）①實施或履行任何一組或一系列社會行為。見 action 行動。②扮演或擔任社會角色，好像舞臺上表演一樣。見 dramaturgy 編劇法。（名詞）①任何一組行動（action）或行為。②是「已完成的行為」（accomplished act）而不是社會行動的過程（Schutz，1972）。參見 action 行動。

action 行動　①任何一組或一系列的社會活動或行為，例如工會或政府的行動，以及個人的行動。②［相對於行為（behaviour）；參見 behaviourism 行為主義］任何一組或一系列的個人社會活動，這種活動是有意的或有目的的，而且經過自覺的考慮，而不僅僅是生物學上反射的結果。

　　韋伯（Weber）認為有意義的社會行動（meaningful social action）由任何這樣的行動過程構成，在這種過程中主觀的意圖指導行動，而且這種行動是針對其他人的。在布魯默（Blumer，1969）這樣的象徵互動論者看來，行為者採取行動而不僅僅是作出反應，乃是人類行動的一個決定性特點（見 action theory 行動理論；symbolic interactionism 象徵互動論）。參見 types of social action 社會行動類型。

　　社會學家們在下述問題上意見分歧：社會現實最好用個人有目的的行動來解釋（見 action theory 行動理論；agency 能動作用；methodological individualism 個體方法論），還是用社會結構（social structure）的結果來解釋（參見 structuralism 結構主義）。還有一些社會學家（見 social phenomenology 社會現象

學；ethnomethodology 俗民方法學；Schutz 舒兹；Garfinkel 葛
芬可）認爲行動理論者和結構主義者都未能說明行爲者的意義實
際上是如何構成的。

　　用這些術語表示的社會行動的辯論，是現代社會學理論最重
要的辯論之一。人們曾經作出各種努力試圖把行動理論和結構主
義的觀點結合起來（見 Parsons 帕森思；structuration theory 結
構化理論；structure and agency 結構和能動作用；Giddens 紀登
斯）。儘管對於這些努力是否獲得完全成功這一點沒有一致的意
見，但人們越來越認識到社會學的解釋必須同時涉及行動和結構
（見 double hermeneutic 雙重詮釋；duality of structure 結構的二
重性）。

action approach　行動探究法　工業社會學（industrial soci-
ology）的一種探究法，它強調行爲者對於工作全盤取向的影
響，包括那些在工作場所以外產生的。行動探究法本身代表一種
對於比較決定論的探究法，包括社會技術系統法（sociotechnical
systems approach）作出的反應。參見 organization 組織；organi-
zation theory 組織理論。

action research　行動研究　旨在引致社會活動的變化（例如
更多地參與文化事件），同時也旨在研究這些變化本身的一種研
究形式。

action theory　行動理論　對社會學分析的一種普遍的取向，
這種取向特別與韋伯（Weber）和象徵互動論（symbolic interac-
tionism）的著作有關（見 ethnomethodology 俗民方法學）。這
種研究法的目的是對社會現實作出意義性理解與解釋（meaning-
ful understanding and explanation），把它看成是有目的的社會
行動的結果。見 act 行爲；action 行動；Verstehen 瞭悟；inter-
pretative sociology 詮釋社會學。

　　所有的行動理論家們都認爲對行爲者的意義（目標、價值觀
等）的解釋是社會學解釋必不可少的第一步，有些人［特別是溫
奇（Winch, 1958）］則認爲這就排除了追求更普遍的解釋的一

切可能性。包括韋伯在內的大多數社會學家認爲意義性解釋和其他類型的**解釋**（explanation）都是互相補充的形式。參見 structuration theory **結構化理論**。

儘管有時候人們認爲行動理論無可救藥地帶有個體主義的色彩，但這僅僅是在某些情況〔例如**個體方法論**（methodological individualism）〕下才會如此；在韋伯的著作中（特別是他關於歐洲宗敎和亞洲宗敎的比較研究），則可見證到它的反例。儘管如此，在行動理論和其他更加明白是**結構主義**（structuralism）的社會學理論探究法之間仍然存在重大的分歧，例如對社會行爲者採意志論（voluntarism）或獨立的**能動作用**（agency）的程度上。

activism　行動主義　作爲一個政黨（political party）、**壓力團體**（pressure group）或有關的政治組織的成員，例如工會活動分子，積極參與活動的觀點。有關政治行動主義（political activism）的理論和研究表明行動份子的一般趨勢是比大多數非行動主義者具有較高的社會地位，較多的社會自信心，而且往往獲得較多的訊息。政治行動主義的水平顯然也因政治形勢的不同而有差別。例如在發生政治危機期間，很多人可能被捲入政治，而這些人通常在政治上是不積極的。有些理論家，特別是**政治學**（political science）理論家，例如**李普塞**（Lipset，1959），曾經提出說在西方社會裡在此情況下高度的政治活動與獲得訊息較少的參與者，可能對民主的穩定性構成威脅。然而在社會學中一般而言，地位較低的少數團體的成員越來越多地參與政治（例如都市社會運動）的趨勢，被認爲是可喜的進步。參見 opinion leader **意見領袖**；two-step flow in mass communications **大眾傳播的二段流程**；stable democracy **穩定民主政體**；social movements **社會運動**。

actor　行爲者　見 social actor **社會行爲者**。

adaptation　適應　一切種類的社會系統（例如一個家族、商業公司、或民族國家）處理或應付其環境的方式。按照**帕森思**

（Talcott Parsons）的說法，「適應」是四個功能性先決條件（functional prerequisites）之一，任何社會系統如果要持續存在就必須滿足這些條件。他認爲在工業社會裡，對適應的要求是通過發展一種專門的子系統（即經濟）來予以滿足的。參見 neo-evolutionism 新演化論。

ad hoc hypothesis 特設假設 僅僅爲了使某種解釋性理論不受可能否定它的證據的影響，而給它加上去的任何假設。在巴柏（Popper）的證僞主義（falsificationism）中，特設假設被認爲是不正當的。他舉出馬克思和佛洛依德（Freud）作爲以這種方式運用假設來保護自己理論免遭否定的社會思想家的例子。

admass 廣告大眾 見 advertising 廣告。

adolescence 青春期 指生命歷程（life course）中介乎童年和成年之間的階段，其標誌是性徵出現，但還未達到完全的成年地位或還未完全脫離出生或生長的家庭（family of origin or orientation）。

在簡單社會裡，從童年向成年的過渡往往用舉行通過儀式（rites of passage，見 ritual 儀式）來表示，或者用男青年的（較少有女青年的）年齡組（age sets）來表示。然而在現代社會裡，由於一再強調大眾傳播媒體所宣揚的青年文化（youth culture），這就使得青春期具有特別的重要性。在這些社會裡，與較傳統的社會（traditional societies）相比，青年人必須選擇自己的事業（career）和性伴侶以及他們的一般生活方式（life style）。因此青春期這個教育選擇和參加工作的時期，也是生命周期中個人嘗試性行爲和休閒行爲的一個階段。它也可能是一個懷疑旣存價值觀念的時期，一個反抗父母的行爲模式的時期（參見 generation 代）。對獨立的追求，自覺意識的加強和對自我（self）的把握不定，也可能導致心理上的危機和心理上的失衡。參見 youth unemployment 青年失業；delinquency 青少年犯罪。

Adorno, Theodor 阿多諾（1903－1969） 德國社會哲學家、社會學家、音樂學家，**法蘭克福批判理論學派**（Frankfurt school of critical theory）的主要成員。他關於認識論的著作與對現代社會和大衆文化（mass culture）的批評影響很大。1934年他被納粹逐出德國，先是去英國，後來去美國，在美國一直待到1949年才返回德國。在美國期間，阿多諾參加了一項著名的經驗研究計劃，出版了《權威人格》（*The Authoritarian Personality*, Adorno et al., 1950），包括對種族偏見、民族主義和權威主義的研究。1959年他出任已由美國遷回法蘭克福的社會研究所所長。

阿多諾曾經撰寫了有關哲學、音樂、文學、美學（aesthetics）、社會心理學和社會學等方面的20多部著作。他對資本主義的批評集中在商業化和由「文化工業」（culture industry）引起的文化倒錯上；例如流行音樂的生產完全是爲了在市場經濟中銷售，所以已經規格化而且是機械性的，並擔任了旣存體系的「社會水泥」。阿多諾關注於他所謂「被管理的世界」（administered world）中思想和組織的壓抑體系，導致他公開地反對傳統的認識論概念，並主張激進的社會改革。在他關於認識論的著作中，例如在《否定性辯證法》（*Negative Dialectics*, 1973）中，阿多諾建議解消那些可能變成敎條的各種理論架構和概念，包括馬克思主義在內。因此他的思想在許多層面已經預見到後來在認識論中「後經驗論」的發展（參閱 Feyerabend 費若本）。阿多諾反對**經驗主義**（empiricism）和**實證主義**（positivism），認爲它們背離理性，而且不再能給人以啓蒙。阿多諾的生平和著作的評論者認爲他的立場越來越悲觀而且菁英取向。後來的法蘭克福學派代表人物，尤其是**哈伯瑪斯**（Habermas）則繼續鑽研他所提出的問題。阿多諾的其他重要著作有《啓蒙的辯證》（*Dialectic of Enlightenment*，與霍克海默 Horkheimer 合著，1960），《現代音樂哲學》（*Philosophy of Modern Music*, 1973）和《本眞性的相關術語》（*The Jargon of Authenticity*,

1973）。見 Benjamin 邊雅明；Methodenstreit 方法論論戰。

advertising 廣告 向廣大公衆介紹商品和服務的存在和品質的過程和手段（如報刊、電影、電視等等）。**布希亞**（Bau-drillard, 1970）利用**符號學**（semiology）證明在現代社會中，消費必然導致「積極操縱符號」，從而使符號和商品湊在一起產生出「商品—符號」（commodity-sign）。

正是在這種情況下，廣告的力量已經成了現代社會學的一個重要的爭論問題。帕卡德（V. Packard）在一本風行的社會學闡揚之作《隱蔽的勸誘者》（*The Hidden Persuaders*, 1957）中描繪了一整套心理學和社會學的廣告術，令人覺得這些技術似乎有無窮的力量。20世紀50年代中，小說家普里斯特利（J.B. Priestley）創造了「**廣告大衆**」（admass）這個名詞來描述在現代社會中由大衆廣告煽起的助長消費的驅力。帕卡德也認爲廣告推動消費，把它作爲解決個人問題和政治問題的一種方法。廣告創造「虛假需求」，這種需求是以明顯的揮霍性消費的方式來滿足的，認爲購買商品就能得到幸福和心理上的平靜。

與這種意見相反，對傳播媒介比較傳統的研究方式往往認爲大衆傳播媒介也會形成障礙（例如群體意見），這些障礙可以產生防止一切輕易操縱的「保護屏」作用（見 two-step flow in mass communications **大衆傳播的二段流程**）。廣告學中的女性主義理論採取的是另外一種方針，強調廣告經常輕視婦女，這是廣告比較普遍地訴諸於性別的、年齡的和種族的**刻板印象**（stereotypes）的一個面向。

廣告的另一面是在英國以及其他地方，廣告影響了廣播的一般內容。在英國，庫蘭等人（Curran et al., 1977）對《皇家報刊調查委員會》（*Royal Commission on Press*）關於報刊財政的討論加以評論說，廣告旣組織了媒體的內容，也決定了媒體的結構，並且有效地以支持資本主義生產價值而非民主政治價值的贊助人在運作著。由於大衆媒介依賴廣告，所以對於廣告商和製造商來說沒有什麼吸引力的市場和人口組成，例如老年人和低收入

者，就得不到大衆媒體的服務。另一個值得關注的焦點是某些廣告商已經運用了操作性的工具與理論，這與學院派作家以「後現代」概念來描繪現今的西方社會不謀而合。後現代主義主張就當代經驗而言，階級（class）這個概念比起生活方式（life-style）和消費（consumption）來說，已經不具相干性了。在這組參考架構中，廣告的性質被描繪成誘惑性而非操縱性的，而廣告商正不斷在放棄社會經濟分類體系而代之以消費階級和「生活方式群」（life-style group）等概念。

aesthetics　美學 （哲學）指對藝術和藝術欣賞的研究。美學家們研究的問題之一是我們對藝術的體驗和欣賞，與我們對自然的體驗和理解的相同和相異處。一個進一步的問題是到底是被感知的事物的固有特性或者是沈思的經驗本身對美感體驗起決定作用。

　　在**法蘭克福批判理論學派**（Frankfurt school of critical theory）（見 Benjamin **邊雅明**）和後現代主義者（見 postmodernism and postmodernity **後現代主義和後現代狀態**）的著作中，美學的重點已經重新定位，而且大大擴展到包括拉希（Lash, 1990）所說的「日常生活中的漂浮物和丟棄物的美學意符」。在這一點上，美感的政治性越來越得到肯定，而且拒絕把藝術看成是生活的一個獨立的層面。這樣一來藝術在大衆文化（mass culture）社會學中就處於更加重要的地位。參見 sociology of art **藝術社會學**。

affect　情感 感覺或情緒。用以表示心理體驗上的情緒或感覺面的語詞，是與認知或思維方面相對而言的。參見 affective disorders **情感障礙**。

affective disorders　情感障礙 心情或情緒的失調。情緒的失調（例如抑鬱或不安）被稱爲「情感障礙」。

affective involvement　情感涉入 見 pattern variables **模式變項**。

affective neutrality　感情中立　見 pattern variales 模式變項。

affectual action　情感性行動　見 types of social action 社會行動類型。

affinal　姻親的　（親屬關係）由婚姻而形成的聯繫，例如岳父和女婿是一種姻親關係，而父子關係則是一種繼嗣（descent）關係。參見 kinship 親屬關係。

affirmative action　肯定的行動　見 positive discrimination 積極的差別待遇。

affluent society　富裕社會　①〔蓋伯瑞（Galbraith）在《富裕社會》（*The Affluent Society*, 1958）一書中〕對20世紀50年代末期美國社會的描述。在這樣的社會中，基本的經濟匱乏和不安全大體上已經克服，但伴隨個人富裕而來的是所謂的「公共的簡陋」（public squalor）（例如生產大量的汽車，卻忽視改善道路和控制污染），而且很少採取防治資本主義造成的災難的措施。如果說60年代和70年代增加國家的支出以致改變了這種模式的話，70年代末期和80年代的貨幣主義和變化中的政治氣候再一次傾覆了國家措施所造成的平衡。然而對蓋伯瑞的關注所產生的回響仍存在於環境問題在現代政治中的重要性上（見 green movement 綠色運動）。②指英國社會的情況，特別是指它在20世紀50年代中期和60年代初期的情況。在這個社會裡，日益提高的生活水平將會導致了社會態度的深刻變化，包括工人階級對工黨的傳統支持減弱。參見 affluent worker 富裕工人；embourgeoisement thesis 資產階級化說；class imagery 階級形象。

affluent worker　富裕工人　新型的富裕的體力勞動工人（見 affluent society 富裕社會）。據說其特點是投票方面有新的模式和背離「傳統的」工人階級的忠誠，而且不再固守「傳統的」工人階級的定位。然而這一資產階級化說（embourgeoisement thesis）遭到了戈德索普（Goldthorpe）、洛克伍（Lockwood）等

12

人（1968a & b，1969）關於產業工人的**階級定位**（class loca-
tions）和階級形象（class imagery）的重要研究報告的挑戰。

Afro-Caribbean　非洲加勒比海人　非洲血統又移民自或居住
在加勒比海地區的人。在英國的情況是用來描述在二次世界大戰
之後來自加勒比海群島的勞動移民，以及他們在英國的後代。

age group　年齡群　按照年齡劃分的社會集群。在某些簡單社
會裡，年齡集群（見 age sets **年齡組**）已經形成社會組織的一個
重要基礎，但各年齡集群在各種類型的社會裡都有其重要性，例
如5歲以下和65歲以上的年齡群在英國就有特殊重要性。

ageing　老化　生理上逐漸變老的一個年齡過程。不過老化中
也有一個社會向度，使得年齡比起這個過程被賦與的意義來說較
不重要。因性別與年齡群的不同，而具有不同的文化價值和社會
期待，因此個人體驗老化是有著社會結構上的變異的。

　　艾森史塔（Eisenstadt）在《上下代》（*Generation To Gen-
eration*，1964）一書中論證道，年齡階層化是穩定社會的一項重
要因素，若(a)在社會結構之中共存著兩套價值——家庭關係的特
殊性以及公共分工的普遍性（在此年齡群扮演公領域和私領域之
間的緩衝器，並且給予成員榮辱一體感和支持以及將他們導向成
人的工作世界）；(b)年輕人完全參與成人社會的機會被**親屬關係**
（kinship）和繼嗣（descent）體系給擋住了（在此年齡群成為
地位以及代間權力鬥爭的基礎）。

　　在**人口學**（demography）中，老化社會（ageing society）
和年輕社會（youthful society）是用來指出人口的年齡組成。年
輕社會是指因為高**出生率**（birth rate）和低平均壽命（life ex-
pectancy）造成年輕年齡群（15歲以下）的優勢。老化社會是指
因出生率減低以及壽命延長所造成的社會中人口有愈來愈多比例
屬於高齡群的社會，例如英國的**人口普查**（census）資料顯示在
1911年65歲以上男性和60歲以上女性佔人口的6.8%，在1981年
則佔17.7%。

　　高齡人口的比例不斷增長，以及普遍提早退休的現象，已經

使得年齡被視爲是一種社會問題。老人被賦予負面性的**刻板印象**（stereotype）和低下的**社會身分**（social status），甚至在學術論述中，也使用「依賴的負擔」（burden of dependency）和「依賴率」（dependency ratio）而提高了負面的形象。後兩個術語指的是經濟上不活躍的老人數目比經濟上活躍的年輕人數目，及年輕人的勞動提供服務給年長一代人消費。

在美國，**年齡歧視**（ageism）已經透過諸如灰豹（the Grey Panthers）運動的出現而成爲一個政治問題。這種運動立意在保護老人的公民權，並反制由於將年輕加以商業化而促成的老年人負面性形象。參見 youth culture **青年文化**。

ageism　年齡歧視　因人的年齡而對他們產生**刻板印象**（stereotype）和（或）**歧視**（discrimination）的一切過程或表現。年齡歧視尤其適用於針對老年人的行動，但年齡歧視也可用於指那種針對任何人的不合理成見或歧視，只要這種成見或歧視僅僅是由於年齡而產生的。

agency　能動作用　①**行爲者**（actors）獨立運作，不受**社會結構**（social structure）的決定性約束的力量。能動作用一詞主要用來表達人類活動的自發性和有目的性，與其相反的是受到約束和受限定的方面。能動作用一詞雖然應用很廣，但主要還是用於**個體方法論**（methodological individualism）、**俗民方法學**（ethnomethodology）、**現象學**（phenomenology）和**象徵互動論**（symbolic interactionism）。這就強調了人的意向（也可能強調**自由意志** free will），把個人置於任何分析的中心，而且提出了關於道德選擇和政治能力的問題。**高德納**（Gouldner, 1973）以「順從的人」（man on his back）和「反抗的人」（man fighting back）作爲對比來表現此問題意識的政治面，但經典的論文是道威（Dawe, 1971）的〈兩種社會學〉（The Two Sociologies）。②一切能使社會結果「有所不同」的人的行動，無論是集體的、結構的，以及個人的行動；因此**紀登斯**（Giddens, 1984）認爲能動作用等同於**權力**（power）。紀登

斯用這種方式反對簡單地把「結構」和「能動作用」對立起來。這是與他關於必須把結構（structure）既看成具「約束性」也看成具「賦能動性」的觀點有關（參見 structure and agency 結構和能動作用；duality of structure 結構的二重性）。

agency and structure　能動作用和結構　見 structure and agency 結構和能動作用。

Age of Enlightenment　啟蒙運動時期　導致法國大革命的思想動盪時期，這個時期的特點是對傳統的思想模式和社會組織發生了根本的質疑，而且謀求代之以完全依靠人的理性來決定社會實踐。許多思想家和哲學家與啟蒙運動的發展有關，其中有伏爾泰（Voltaire, 1694－1778）、孟德斯鳩（Montesquieu）、霍爾巴赫（Holbach, 1723－1789）、愛爾維修（Helvétius, 1715－1771）、狄德羅（Diderot, 1719－1784）和盧梭（Rousseau）。啟蒙運動並不局限於法國；它還包括法國以外很多別的思想家，其中有所謂蘇格蘭啟蒙運動（Scottish Enlightenment）的成員，例如弗格森（A. Ferguson）和米勒（J. Millar），他們的著作特別有社會學味道。儘管一致承認理性在人類事務中的重要性，這些思想家之間也存在重大的觀點上的分歧：伏爾泰廣泛傳布英國關於自然權利（natural rights）的學說；霍爾巴赫和愛爾維修把這些理論更推進一步，並主張功利主義（utilitarianism）和代議制政府；而盧梭社會契約（social contract）的概念導致法國大革命中加以實現的全體性國家和社會的觀念。回顧起來，許多啟蒙運動的思想看來是膚淺的，缺少適當的經驗研究基礎，尤其是過於相信人類的進步（progress）和理性的最終勝利。然而啟蒙運動時期標誌着傳統思想和現代思想之間、傳統社會組織形式與現代社會組織形式之間的最終的決裂。參見 Comte 孔德；rationalism 理性主義。

age sets　年齡組　與年齡有關的永久性社會集群，通常是男性集群，它構成社會組織的重要基礎，特別是在環節社會（segmentary societies）中更是如此。這種年齡組創造出社會關係的

一種類型，它含括親屬關係（kinship）或繼嗣（descent），擔負禮儀性的社會政治功能和經濟功能，可能包括財產所有權。

age specific birth rate　特定年齡出生率　見 birth rate 出生率。

aggregate　總體；聚集　①（名詞）一些單位或一些部分以任何方式集合在一起，無論是臨時的或偶然的集合；因此有時可以在單純的總體與團體（groups）、社群（communities）等之間作出比較，前者沒有內部結構和持續下去的基礎，後者通常有明顯的內部結構、融合力、凝眾力和相對的持續能力。②（動詞）把一些個人、團體或機構聚集或集合起來，以形成一個整體。

aggregate data analysis　總體資料分析　任何一種利用現成的已發表的資料或其他的資料（如涂爾幹 Durkheim 使用的人口統計資料、自殺統計數字）所進行的分析，這些數據描述的是全體人口或類似的個體聚群的特點。這種研究模式的吸引力是可以用很小的代價獲得大量的資料，包括跨文化的資料。主要的不利之點是研究者可能不甚了解原始資料是如何搜集來的。參見 ecological fallacy or wrong level fallacy 生態謬誤或層級錯置謬誤；official statistics 官方統計；secondary analysis 次級分析；Cicourel 西庫雷爾。

aggregate level fallacy　總體層級謬誤　見 ecological fallacy or wrong level fallacy 生態謬誤或層級錯置謬誤。

aggregation　整合　把各種分歧的政治利益結合起來的過程，為的是形成一個能夠提出政綱的大致上利益攸關的政治組合。在代議制民主政體中，按照阿蒙（Almond, 1953）的說法，這個任務主要是由政黨執行的，而與此相關的利益連結（interest articulation）的任務則主要由利益團體和壓力團體（pressure groups）承擔。

aggression　侵犯　一種敵對的心態或行動。侵犯被認為在行為上意圖對他人施加肉體的或口頭的傷害。就人類而言，侵犯行

爲一般有情緒的基礎，例如憤怒或恐懼。這是**動物行爲學**（ethology）和**心理分析**（psychoanalysis）以及社會學都表現出極大興趣的一個領域，因而侵犯行爲可被認爲有三個可能的情境決定因素：

(a)動物行爲學：在動物界裡，某些環境的刺激因素（釋放機制）可能引起侵犯，例如在一隻雄知更鳥的領域內出現了另一隻雄知更鳥；

(b)心理分析：想要達到個人目的時所受到的挫折可能會導致侵犯，但不一定導向挫折的來源。與這一理論有關的是偏見的挫折－侵犯理論（Adorno et al., 1950）（見 frustration-aggression hypothesis **挫折－侵犯假説**；authoritarian personality **權威人格**）；

(c)侵犯可能是一種學習來的反應，即制約後的行爲，因爲個人過去處於同樣情況下，這種行爲曾給他帶來正面的後果（見 behaviourism **行爲主義**）。

agrarian society　農業社會　一切主要以農業生產和手工生產而不是以工業生產爲基礎的社會形態，尤指傳統的社會；工業化以前的主要文明，例如工業化以前的基督教社會、中國和印度，主要是農業社會。有時一些比較簡單的社會，如**狩獵採集者**（hunter-gatherer）社會，不以定居的農業爲基礎，被稱爲前農業（preagrarian）社會（見 Hall, 1985）。

agribusiness　農產企業　①以大型資本主義企業的方式經營的農業。②與農業有密切聯繫，或直接依賴農業的經濟活動，包括農業生產材料（例如農業機械和肥料）的生產和農產品（例如糧食和原料）的銷售。

agricultural revolution　農業革命　①從**狩獵採集者**（hunter-gatherer）社會到定居的農業社會的轉變，在中東發生於大約1萬年以前，引進了牲畜馴養和作物栽培。雖如有些理論家所說，這場農業革命是天然食物供應短缺的必然結果，然而更可能的是這種轉變發生了不止一次，因爲在新世界顯而易見的轉

變模式與舊世界的轉變模式有明顯的差別。②農業生產和組織上的改革，導致糧食和其他農作物的增產，與之相聯繫的是從**農業社會**（agrarian society）向**工業社會**（industrial society）的轉變。歐洲的例子，特別是英國，往往被當成典型的例子。17世紀和18世紀農業生產的轉化是與人口增加、飲食改善和日益都市化相聯繫的。這被看成是歐洲的**工業革命**（industrial revolution）所以能發生的因素之一。整個19世紀和20世紀期間仍有重大的變化，如農業生產力提高，從事農業的勞動人口的比例不斷減少。

agriculture　農業　供做食物及原料的植物栽培（參見 agricultural revolution 農業革命），不過在更嚴格的定義下，農業有別於園藝（horticulture）。

alcoholism　酗酒　酒精過度的飲用，導致心理和生理上的依賴以及成癮。和長期過度飲用酒精有關的疾病有肝硬化及心臟病。

algorithm　演算法　運用明確規定的一系列步驟或連續行動來求解某項問題的任何方法、程序或成套的指令，例如，就像在長除法中、在典型的電腦程式中一系列的連續步驟，或者在一個製造過程中的各個步驟。

alienation　疏離；異化　①個人與其環境、團體或文化等疏遠的感覺。②**馬克思**（Marx）在其早期著作中使用的一個概念，指的是資本主義生產的核心關係及其對人和心理的影響。③（由②導出的）對馬克思不同詮釋中使用的一個重要概念（見下文）。④做為在經驗研究中的操作性概念，疏離這個詞最廣為人知的用法是在布勞納（R. Blauner, 1964）關於工作條件和工作滿意度的比較研究。

　　在宗教的和哲學的用法上，這個術語可以追溯到中世紀，甚至可以從古希臘的古典哲學中找到。現代社會學上的用法主要來自馬克思在他的《經濟學及哲學手稿》（*Economic and Philosophic Manuscripts, EPM*）中對黑格爾使用這個術語所作的批

判。這部手稿寫於1844年，但直至1932年才出版，而且直至20世紀50年代才廣爲人知。馬克思在這部手稿中賦予這個術語幾種含義並說明其間的細微差別，這裡有三個主要因素：哲學的、心理學的和社會學的因素。黑格爾用疏離來把自然的「客體性」與人的意識對比；馬克思與他不同，強調的是（處在社會生產關係中的）人和自然之間的關係對社會的發展，從而也對個人的發展所具有的重要性。心理學或社會心理學的用法最常在許多通俗的和社會學的文章中見到。簡單地說，疏離指的是不愉快的感覺，缺乏參與，或僅僅是工具性地參與工作和參與其他人的活動。在馬克思的解釋中，這些個人的疏離表現是社會關係的產物。這個概念的重要性是在社會學方面。在資本主義條件下，工人們工作勞動不是爲了表現自己，不是爲了增加他們的志趣，也不是爲了獲得內在的滿足：基本上是被迫的，而且在工作中還要接受他人，即資本的所有者的要求和紀律。除了這樣強調工人與生產勞動的關係以外，馬克思還強調工人與他們生產的產品之間的關係的重要性。工人們生產的東西、商品，不歸他們所有，而歸他們的雇主所有。實際上，工人們工作只是爲一個壓迫他們的階級生產財富和權力。產品不屬於其生產者，而是屬於他人。

哲學的因素涉及一個關於人性的特殊看法。馬克思把人性說成不是某種固定的或永恆的東西，而是社會的產物。他寫到與「類存在」（species being）疏離時，用類存在這個詞指那些爲人類所獨有並使人類有別於其他動物的特點，而人類的這些屬性通過生產關係在社會上發展。而且在馬克思看來，在一個有利的社會關係體系中它們有可能不受限制地發展。簡而言之，馬克思把生產過程看成是攸關人類的發展。由此得出的結論是一個以剝削（exploitation）爲基礎的制度，工人們在其中與生產行動以及與他們生產的產品疏離，使人愚蠢且減損人性。它在下述意義上使人類從「類存在」中疏離出來，即它否定了少數特權人士以外的人發展潛力或創造性的可能。因此疏離是以資本主義的社會結構，即私有財產、商品生產和階級關係來分析的。

ALIENATION

《經濟學及哲學手稿》在西方被學者們「發現」，改變了社會學對馬克思著作的研究方法和詮釋。有些說法強調在《經濟學及哲學手稿》中的人道主義的關切，與馬克思後來的比較科學和不那麼公開宣稱是哲學的著作之間有一種連續性，有些認爲早期的著作比後來的著作對人類的情況作出了更令人滿意的解釋。另外一些人指出，馬克思在他後來的著作中有意地不用「疏離」這個詞，部分的原因是爲了與當時的一些德國學者—「青年黑格爾派」—保持距離；但也有一些人認爲是他拒絕了人道主義的哲學價值。這種解釋特別與阿圖塞（Althusser）的著作有關。他認爲馬克思在1844年以後思路發生了一次根本性的變化，也就是所謂「認識論的斷裂」（epistemological break）。這種徹底的改變涉及發展科學的概念而不是發展哲學的、人道主義的或意識形態的概念。反對這種看法的人認爲在馬克思的筆記——後以《政治經濟學批判大綱》（*Grundrisse*）爲名發表——表現出對疏離這一概念持續的關切，而且論證道在《資本論》第一卷中使用的「商品拜物敎」（commodity fetishism）概念是直接承自「疏離」而來。

除了詮釋性的爭論外，有些馬克思主義者或受馬克思影響的作者試圖在他們的論述中把疏離概念與佛洛依德著作中的某些主題融合在一起。這些論述〔例如佛洛姆（Fromm, 1941），馬庫色（Marcuse, 1964）〕的內容是錯誤意識（false consciousness）和現代消費性資本主義創造「虛假需求」（false needs）的方式，因爲這種「虛假需求」對工人階級的政治具有重要的影響。

有些社會學家和社會心理學家曾經試圖在經驗的意義上使用疏離這個概念。這一作法涉及試圖取消這個概念的政治面向和評價面向——實際上是從明顯的馬克思主義轉成社會學來解釋。這種經驗用法最著名的例子是布勞納（R. Blauner）的著作《疏離和自由》（*Alienation and Freedom*），他在其中使用了社會心理學家西曼（M. Seeman）爲這個概念重下的定義。西曼認爲

「疏離」的操作性定義爲無能爲力、無意義、無規範、孤立和自我疏遠。布勞納試圖把這種分類法（無規範除外）運用到分析工作組織的歷史沿革上。他認爲從傳統的手工生產（如印刷業）轉變到工廠生產（例如棉紡織廠）然後轉變到大規模性生產技術（例如汽車工業），在這個過程中疏離加劇了，疏離行業的數目也增加了。然而布勞納認爲在程序生產（例如化學工廠）中技術的進一步改進有減輕疏離的效果，這一點是通過使工人們提高自治性、自主性和增加理解，總而言之使工人對工作產生滿意的感覺而實現的。布勞納的說法曾經受到批評，特別是受到馬克思主義社會學家們的不同理由的批評。人們認爲他的證據是不充分的，而且他對資料的解釋是局部的和片面的。他的著作也被認爲是心理學著作，完全集中在論述所推論出來的工人們的感覺上，而忽視了就馬克思的概念來說很重要的關於生產關係的結構分析。與此有關的一種批評是他的技術決定論被認爲是有問題的，因爲它試圖取消疏離概念的政治的、批判的內涵。

關於疏離概念在馬克思著作中的重要性和它在社會學方面是否有用的辯論，已經產生了許多成果豐碩的論述，但把「疏離」操作性地運用到經驗社會學研究上，其適切性尙無明確的證明。

allocative power　可分配的權力　見 power 權力。

Allport, Gordon　奧爾波特（1897－1967）　相當有影響力的美國社會心理學家，對發展特徵理論（trait theory）和對態度（attitudes）和偏見（prejudice）的研究作出了重要的貢獻。他認爲自我（self）是個人心理學的一個重要面向，並把自我和人格視爲總是傾向於追求內部和諧。他認爲心理學在關注人格和態度的各方面時，必須注意不要忽視個人。他提出動機擁有一種「功能的自主性」（functional autonomy），不可化約爲行爲主義的說明。

alphabet　字母表　任何一套用於書寫（writing）的字母或類似的符號，其中每個字母代表一個或一個以上的音素。字母不是書寫的最早基礎，書寫是從象形文字（hieroglyphs）或圖形文字

發展而來的，如古埃及所使用的字母；字母也是從音節文字（syllabaries）發展而來的，這種文字的單位是音節，如邁錫尼和後來在埃及所使用的字母。然而書寫和語言的「匯流」，正如蒯因（Quine，1987）所說，只是在字母表出現後才達到完滿的程度。

alternative culture　另類文化；替代文化　見 counter culture or alternative culture 反抗文化或另類文化。

alternative medicine　另類醫學　對於人體、疾病過程及其治療之理解，與西方科學化醫學持不同看法的治療法。將另類醫學加以概念化必先對正統「科學」治療的重要特色有所了解。這些特色通常是：(a)對於身體和疾病以機械/唯物論的角度加以理解；(b)「特定病因」（specific etiology）學說：一切的疾病都是由特殊的病原體所造成的，例如細菌、病毒、基因的缺陷等；(c)強烈的干預式治療立場，使用外科手術或化學藥品以矯正、反制、逆轉疾病的過程；(d)病人的被動性並且順從專家的支配。

　　如果以這種方式來進行對於另類醫學的「消極」定義，則會有一個危險，因為這麼做會暗示說西方科學化醫學和另類醫學兩者都有內在的統一性，其實不然。如果常規醫學是唯物的，治療上有攻擊性等等（有時是，但不總是如此），那麼我們便很容易假定所有的另類療法都以相反的原理行之：即對於身體和疾病的整體了解，涉及身心不可分離的統一；「共感式」（sympathetic）治療立場，目標在於提昇身體自身的治療過程；治療者和病人間的合作關係；病人在重獲健康一事上扮演積極的角色。雖然有些另類醫學體系的確顯示出這些特色〔例如同類療法（homeopathy）〕，可是其他的〔例如手療法（chiropractic）〕就不見得如此。

　　我們可以將另類醫學分成四大類：①系統醫學〔包括針灸、草藥、同類療法、人智學（anthroposophy）等〕，②操作性療法〔例如整骨療法（osteopathy）、亞歷山大術（Alexander technique）、瑜伽術（yoga）、舞蹈等〕，③心理治療〔例如催

眠治療（hypnotherapy）、人本心理學（humanistic psychology）、接觸團體治療（encounter）、更生法（rebirthing）等］，以及④超常療法［例如驅邪術（exorcism）、電療法（radionics）、頭療法（head-healing）］。這種分類法不必視爲是確定不移的；這個（有60多種方法的）領域要如何加以概念化，十分依賴研究者的特定目標、研究旨趣（以及時或是偏見）。

研究另類醫學的社會學作品最近才有，傾向上專注於下述4個主題：⒜不直接接受治療原理的「表面價值」（face value），而將注意力專注於治療原理和醫學知識整體的正當性（legitimacy）之拉距的社會過程（因此常規/另類的分野不只是由認識論的基準加以判定，同時也應考量歷史潮流，間或以專業的能力而定）；⒝組織與專業化的問題；⒞大衆（以及常規醫學）對於另類醫學之興趣的復甦（其中牽涉了很複雜的理由，都在和承認科學和技術所造成的傷害性後果有關；綠色政治和綠色醫學之所以約同時冒現，並非事出無因）；⒟常規醫學從事人員和另類醫學從業人員的互動不斷增加，以及將另類療法納入常規作法中［此一過程導致不再使用「另類療法」（alternative therapy）而使用「補充療法」（complementary therapy）一詞］。

alternative technology　替代技術　不十分依賴西方國家先進科技的技術形式［有時也稱爲適切技術（appropriate technology）或中間技術（intermediate technology）］，所以可視爲是更「永續的」（sustainable），並且對於可用資源（含勞動）更好的利用。

Althusser, Louis　阿圖塞（1918－1990）　法國馬克思主義社會哲學家、法國共產黨的理論家。他的理論在1968年學生運動的餘波中以及70年代結構主義思想最流行的時期特別有影響力。阿圖塞尤其反對馬克思主義內部的「人道主義」和黑格爾主義運動，建議應當把馬克思的成熟著作──特別是《資本論》（*Das Kapital*）和它對「勞動力」（labour power）和階級矛盾等的強

調等——看成是與伽利略或達爾文的理論並駕齊驅的「科學」理論。因此在《擁護馬克思》（*For Marx*，1966）和與巴利巴爾（E. Balibar）合著的《讀資本論》（*Reading Capital*）中，他否定任何關於黑格爾的**疏離**（alienation）概念能夠在馬克思的成熟理論中占有一席之地的建議。從法國科學哲學家**巴舍拉**（G. Bachelard, 1884–1962）汲取認識論的概念——特別是**問題意識**（problematique）概念——以後，阿圖塞的論點是在馬克思早期的哲學（和意識形態）著作與其後來的科學理論之間存在一個**認識論的斷裂**（epistemological break）。在阿圖塞關於馬克思理論的論述中另外一些主要的概念有**多重決定**（overdetermination）的概念——即社會的主要變化是複雜的和由多方面決定的概念——和他對意識形態與鎮壓性國家機器之間所作的區分。這些概念綜合起來就是阿圖塞避免庸俗的決定論或「經濟主義」的思路。首先，這些概念承認意識形態的上層結構「不」僅僅是經濟的反映，而且部分地制約經濟的存在。其次，必須把**意識形態**（ideology）不僅僅看成是錯誤的意識，而且要看成是現實的社會關係的一個重要部分。同樣地，馬克思的生產方式（mode of production）概念看來也需要加以詮釋，以便把它看作為在每個具體情況下都涉及複雜的經濟、政治和意識形態的實踐的「**連結**」（articulation）。很難說阿圖塞這種多少有些曲折的概念在多大程度上吸引了人們一時的注意。然而他對馬克思主義所持的教條主義態度的程度，以及他的理論沒有解決什麼具體問題，並且很快陷入自相矛盾的境地的這一事實，意味着他他已失去光彩，尤為可悲的是他謀殺了妻子而隨後鋃鐺入獄，更使他聲名狼籍。見 Althusserian Marxism **阿圖塞式馬克思主義**。

Althusserian Marxism　阿圖塞式馬克思主義　以阿圖塞（Althusser）的觀點為基礎，特別盛行於20世紀70年代的馬克思主義的一種結構主義的版本。馬克思主義的雜誌《新左派評論》（*The New Left Review*）在英國推崇阿圖塞，使他影響了不少理論家，其中包括霍爾（S. Hall）、興德斯和赫斯特（Hindess and Hirst，1975）。對阿圖塞式馬克思主義的最著名的批評是湯普森（E.P. Thompson）的《理論的貧困》（*The Poverty of Theory*，1978）。然而湯普森在用「人道主義」反對阿圖塞的敎條主義時，表現了他自己在抵制結構分析的論點上的敎條主義。阿圖塞式馬克思主義以前的支持者現在指望社會學理論能夠承認**結構和能動作用**（structure and agency）兩者的重要性，他們在阿圖塞的著作中是找不到這樣承認的。參見 structuralism **結構主義**。

altruism　利他（主義）　關心他人的福祉甚於關心自己福祉。因此，利他行爲是利己行爲的對立面。利他用在人類行爲方面，包括幫助他人的意圖；但是某些動物的行爲被定義爲利他時，即表明它有兩個可能的基本原則：意向性以及行爲的效應。

「利他」這個詞是**孔德**（Comte）創造的，他認爲社會通過**實證主義**（positivism）的影響向人道主義的價值觀演化。拉什頓（Rushton）和索倫蒂諾（Sorrentino）給利他主義提出四種可能的解釋（1981）：(a)基因遺傳：這一點得到了動物證據的支持，也得到了社會生物學家道金（R. Dawkin，1976）的「自私基因」理論的支持。這種解釋提出對待自己親屬的利他行爲（例如母性行爲）有保存與自己相同的基因的效果；(b)認知發展：道德推理和「扮演他人的角色」的能力（見 G. H. Mead **米德**）隨着年齡增長；(c)社會學習：**社會化**（socialization）包括通過觀察和模仿向他人學習；(d)明智行爲：幫助他人就會促使他人採取回報的行動（見 exchange theory **交換理論**）。最後一項可被認爲是可疑的利他，因爲它似乎包括對自身利益或相互利益的策略考慮，而不「純粹」是利他的行動。從這一角度來說，人類的一切行動就都成爲利己的，但這就會使利他和利己行爲之間沒有任何區別。

心理學家們提到了利他的人格特點，即是說助人行爲在某些人身上比在另外一些人身上表現得更爲明顯。對待陌生人的利他在**福利國家**（welfare state）背後的哲學上影響尤大，而在梯特

馬斯（Titmuss）對英國輸血服務處的分析中闡明得更爲具體，
該分析把這種利他視爲禮物交換或禮尚往來（gift exchange or
gift relationship）。參見 cooperative organization and cooperative
movement 合作社組織和合作社運動。參閱 competition 競爭。

altruistic suicide　利他型自殺　涂爾幹（Durkheim，1897）
提出的一種自殺（suicide）類型，它發生在高度整合的社會
中，以及發生在某些類型的社會組織中，這些組織同樣有高度的
社會整合。利他型自殺的例子是在某些簡單社會裡實行的老年人
和體弱者的安樂死，或者是榮譽性自殺（例如在軍隊中）。參見
egoistic suicide 利己型自殺；anomic suicide 脫序型自殺。

amplification of deviance　偏差行爲渲染化　見 deviance
amplification 偏差行爲渲染化。

analogy　類比　爲了表明現象之間有某種程度相似、但不完全
相同而作的比較。在社會學上，類比往往在社會現象與機械或有
機現象之間進行。這可以在古典的社會學功能論中看到；在此，
社會往往被看成是「如同機器一樣」的實體，或者更通常的是
「像有機體一樣」的實體，它的各個部分互相聯繫和互相強化。
儘管求助於類比有時是有用的，而且也許對任何科學都是不可避
免的，但訴諸類比往往引人疑竇。作出的假定或所歸因的關係
（例如「社會的需求」類比於「動物的需求」）都要求有證明其
是正當的理由。因此運用類比常常包含着風險。見 model 模型。

analysis of variance （ANOVA）　變異數分析　（統計
學）指用來檢驗存在於幾個組之間的平均數（means）差別是否
也存在於抽樣母體中的過程。對於具有不同教育背景的三組人的
平均工資的計算就是一個例子。變異數分析提供了一種檢驗平均
數之間的差別是否具有統計學意義的方法，即把觀察到的變異數
分爲兩個類型。一個類型稱爲「組內」（within group）變異
數，是在樣本（sample）的每個組內的變異數。第二個類型是各
組平均數之間的變異性，稱爲「組間」（between groups）變異

數。如果它大於「組內」變異數，母體中的平均數就可能不等。

使用變異數分析所根據的假定是：(a)每個組都必須是常態母體（見 normal distribution 常態分配）中的隨機樣本（random sample）；(b)母體中各組之間的變異數是相等的。不過這種分析方法是健全的，即使常態性和平均變異數這兩個假定不成立也可以採用這種方法。但隨機樣本這個條件無論如何是必要的。參見 significance test 顯著性檢定。

analytical induction　分析歸納法　一種分析的方法［最初由林德史密斯（Lindesmith, 1947）提出］，主要用於象徵互動論（symbolic interactionism）和其他形式的「定性社會學」（qualitative sociology）。它包括把一個普遍的假設運用到先後發生的事件上，並不斷修正普遍化結論使之適合於所有的情況（見 Robinson, 1951）。分析者提出一個假設來解釋一個現象，然後試驗找出一個「決定性的否定情況」（decisive negative case）。如果發現這樣一個情況，就修正假設以便把這個情況包括在內或排除在外。這一過程繼續下去直至可以聲稱有某種程度的確定性為止。這種方法曾在貝克（Becker, 1953）關於吸食大麻的研究（參見 drug usage for pleasure 為快活而吸毒）中運用過。正像任何歸納法一樣，這種方法也必須不斷找出相反的情況，但永遠不會有任何明白的終點表明一個普遍結論可以被認為是最後的結論（見 induction 歸納法）。參見 grounded theory 紮根理論。

analytical philosophy　分析哲學　泛稱一種以分析邏輯為基礎，並對於形上學思辯採取敵對態度的哲學。分析哲學源於洛克（Locke）、休姆（Hume）和彌爾（Mill）的英國經驗論，中間經過維也納學圈（the Vienna Circle）的邏輯實證論（logical positivism）和早期維根斯坦（Wittgenstein）和羅素（Russell）的「邏輯原子論」（logical atomism）。通常還把後來發展的日常語言哲學（ordinary language philosophy）包括在內，但由於它着重於使用中的語言，而不僅僅着重抽象，所以在一些著重點

上有重要的不同。後來的分析哲學的流派往往被稱爲語言哲學（linguistic philosophy）。參見 speech acts 言語行爲。

analytic and synthetic　分析與綜合　（哲學）指在兩種類型的陳述句或命題之間的區別：(a)那些由於用詞的意義而是眞的命題或陳述句（例如「所有的男教士都是男人」）——就是分析的，或者邏輯上必然的眞理；(b)那些僅僅由於經驗內容而是眞的或假的，但不是由於用詞的意義而在邏輯上是眞的或假的命題或陳述句（例如，可能眞或可能不眞的說法：「一半的傳教士喜歡吃冰淇淋」）——就是綜合的、偶然的，或者純粹是「經驗的」陳述句。

　　這兩種語句間的區別往往被認爲是沒有例外的。然而有些哲學家，特別是蒯因（Quine），對這個假定提出了異議。除了別的理由外，他認爲這個區別是建立在用詞含義是穩定的這個沒有根據的假定之上（參見 Duhem-Quine thesis 杜衡—蒯因論）。

　　實際上在社會學中亦如在自然科學中一樣，知識的產生包括概念的形式定義，對這些概念之間的邏輯關係的陳述句，以及對這些關係的經驗檢驗。社會學理論和研究在兩者之間遊走，旣依據「經驗」證據的結果把概念加以重新陳述，經驗證據的表達和解釋也隨着概念化變化的結果而變化。重要之點仍在於：在什麼情況下，知識的增添或補充主要取決於對一個已有的概念架構的邏輯外延，或在什麼情況下知識的補充主要來自新的經驗證據。但必須承認，這兩個過程在知識的發展上都可以是重要的，而且在這兩方面之間劃一條嚴格的疆界是辦不到的。參閱 a priori and a posteriori 先驗和後驗；Kant 康德。

anarchism　無政府主義　任何主張沒有政府機關的社會存在的好處的學說。參見 anarcho-syndicalism 無政府－工團主義。

anarcho-syndicalism　無政府－工團主義　一種部分源於普魯東（Proudhon）和馬克思（Marx）的學說，通常主要是與紀堯姆（Guillaume）和索瑞爾（Sorel）的主張連繫在一起的革命運動。這運動出現在1890年代的法國，後來傳到了義大利、西班

牙和拉丁美洲。無政府—工團主義者堅信透過工人革命的手段以推翻資本主義。他們的學說基礎是在通向社會主義的道路上，徹底拒絕一切政治的途徑，甚至在革命之前與之後都拒絕一切的政黨、權力與計劃。這類「政治」有妥協，所以會削弱工人的革命意志。這類政治也和階序性政黨及國家組織相結合，所以就有權力的不平等和宰制；除非政治被否棄掉，否則在革命之後會持續下去，會將無產階級專政（dictatorship of the proletariat）轉變成黨的上層和國家官員對於無產階級的專政。因此之故，無政府—工團主義的理想在於一場以生產者為中心的革命，一場透過總罷工（general strike）的手段來達成的革命。這樣會掃除資本主義社會和國家，並且代之以自由、自主、自我管理的工人結合體，後者管理生產和社會時不必訴諸階序性組織和宰制。儘管無政府—工團主義對於法國、義大利和西班牙有所衝擊，可是其影響力維時很短，並且不普遍，特別是因為主流的馬克思主義將之視為是一種小資產階級（petty bourgeois）的偏離行為，使得工人階級轉移他們的主要任務：建立起革命政黨。

ancestor worship　祖先崇拜　以崇敬實際上的或神話中的祖先為中心的各種形式的宗教儀式和崇拜活動。這種儀式（在多種類型社會裡和世界各地，如西非和中國，都可以看到）通常以一個世系群（lineage group）、氏族（clan）或親族（sib）的成員為基礎，並與一種信念有關，即認為死去的祖先能夠干預人世的社會生活，而且認為宗教活動能夠增進社會上活着的成員和已故祖先的幸福。有一種看法是在發生祖先崇拜的社會裡，這種崇拜反映出家庭或共有財產的重要性。另一種看法是它使作為其基礎的團體內部的權威，例如「年長者」的權威（authority）正當化，同時也使這些團體團結起來反對外來者。在環節社會（segmentary society）裡，祖先崇拜可能是確認構成世系制度的各環節的一個重要面向。按照韋伯（Weber, 1951）的說法，在中國「親族的凝聚力無疑地完全建立在祖先崇拜上」。由於這些崇拜是唯一不由中央政府管理的民間的崇拜，因而在韋伯看來，它們

也是在中國——譬如與古埃及比較——家族能夠抵抗世襲中央權力侵犯的一個重要方式。在祖先崇拜的環境中，一個沒有男性後裔的中國男人往往設法收養男孩，或者其親屬在他死後在他名下給他虛構一些後裔。

ancien régime 舊體制 法國革命前的社會秩序，被1789年革命所推翻。

ancient society 古代社會 馬克思主義對歷史發展分期中的希臘—羅馬時代的指稱。古典的馬克思主義認為古代社會是建立在「奴隸」（slave）制的生產方式基礎上，但在晚近，馬克思主義社會學家們強調歷史上存在的生產方式的非單一性。儘管如此，奴隸制的重要性連同軍事征服一起，在解釋希臘—羅馬社會的擴展及其最終消亡方面仍然是重要的。

Anderson, Perry 安德森（1938 — ） 英國社會理論家和歷史學家。安德森最初的著作都發表在《新左派評論》（*The New Left Review*）上。這個時期的一些文章後收入《走向社會主義》［*Towards Socialism*，與布萊克本（R. Blackburn）合編，1965］中。後來又發表範圍廣泛的關於西方馬克思主義理論發展的理論著作——《關於西方馬克思主義的思考》（*Considerations on Western Marxism*，1976）和《歷史唯物論的軌跡》（*In the Tracks of Historical Materialism*，1983）。安德森在《英國馬克思主義內部的爭論》（*Arguments within English Marxism*，1980）中，對社會主義歷史學家湯普森（E.P. Thompson）的著作進行了評論。然而迄今為止影響最大的兩部主要歷史著作是1974年出版的《走出古代的通道》（*Passages from Antiquity*）和《專制國家的世系》（*Lineages of the Absolutist State*）。這兩部著作在某種程度上被認為是馬克思（Marx）與韋伯（Weber）歷史理論的對話。安德森提出的論點是「使歐洲通往資本主義的特殊道路成為可能的，是古代文化與封建主義的結合」，並通過對歐洲和非歐洲社會進行廣泛的比較分析來支持自己的論點。他的主張是只有當專制主義（absolutism）與獨特的西歐世系相聯繫時才能成爲通向現代資本主義的管道。安德森的馬克思主義歷史社會學的明顯特點，除了它引人注目的廣度和深度以外，就是把馬克思主義與韋伯的觀點結合起來，同時又保留了西方社會將轉移成社會主義的看法。

androcentrism　男性中心主義　忽視女性的看法和女性貢獻的傾向，亦即在文化觀念中以及體現在制度中對男性的偏重。

animism　泛靈信仰　認爲自然現象，例如山岳和植物，都有天賦的精靈或生命力，而且世界上的事件都是它們活動的結果的信念。

Annales school　年鑑學派　一個有社會學傾向的法國歷史學家的團體，這個團體與費弗爾（L. Febvre）和**布洛赫**（M. Bloch）於1929年創辦的《經濟與社會史年鑑》（*Annales d'histoire économique et sociale*）有關。這個團體的目標之一是使歷史學研究和社會科學聯繫得更加緊密。它同馬克思主義的關係尤爲密切，它同社會學的關係也是這樣。這個學派的成員們以反對傳統的民族、政治、編年體和紀事體歷史而著稱，他們特別強調社會和經濟史和長期的歷史趨勢的重要性。在與史學研究中傳統的分析單位和方法決裂的同時，他們採取包括廣泛考慮地球物理學和人口學因素，以及文化和社會結構因素的方法。這個學派的成員之一**布洛赫**寫了一本著作《封建社會》（*Feudal Society*），把比較分析和新奇感結合在一起，同時又一絲不苟地注重細節。最近**布勞岱**（F. Braudel）發表的著作標榜撰寫無所不包的「全球史」（global history），在社會科學方面尤有影響，例如對**華勒斯坦**（Wallerstein）關於世界資本主義體系（world capitalist system）著作的影響。參見 history of mentalities *心態史學*。

Année sociologique　社會學年報　由涂爾幹（Durkheim）所創辦並編輯的學報，有許多有才華的社會學家、人類學家以及史學家投稿，形成了涂爾幹學派，對於法國社會學產生了主導性的

影響。

anomic division of labour　脫序型分工；失範型分工　見 anomie 脫序；division of labour 分工。

anomic suicide　脫序型自殺、失範型自殺　與脫序（a-nomie）有關的自殺（suicide），亦即與社會秩序的嚴重混亂，例如與一場意外災難或迅速的經濟增長有關，或是與一切類似的對社會的期望破滅有關的自殺。脫序型自殺是涂爾幹（Durkheim）提出的四種主要自殺類型中的第三種[《自殺論》（*Suicide*, 1897）]。

anomie or anomy　脫序；失範　①涂爾幹（Durkheim）引入社會學的一個概念——「沒有規範」（without norms）；社會的或個人與社會之間關係的一種狀態，在這種狀態下，人們極少有共識或者對價值觀念或目標缺乏確定的看法；調整集體生活和個人生活的規範構架和道德構架已不起作用。②[默頓（R. Merton）1949年對涂爾幹的概念所作的說明]指一種社會狀況和與此有關的個人取向，即文化所規定的目標與實現這些目標的制度化手段的有效性之間搭不上關係（例如在大蕭條期間美國有組織的犯罪猖獗的那種社會狀況）。

涂爾幹對於人性的看法沿襲霍布斯（Thomas Hobbes）的傳統，即對個人的欲望、野心或需求沒有什麼「自然的」或內建的限制。在涂爾幹看來，所要求的限制必然是從社會上產生的。當社會未能提供一套起限制作用的社會規範時，脫序就會存在，不幸和社會混亂便隨之而來。在涂爾幹看來，脫序是一種「不正常」（abnormal）的社會形式，是現代社會未能從前現代社會的**機械連帶**（mechanical solidarity）完全過渡到現代社會應有的**有機連帶**（organic solidarity）的結果。

涂爾幹認為脫序普遍存在於各現代社會中。例如**脫序型分工**（anomic division of labour）存在於這些社會中，因為它們未能公平地分配工作，即未能按才能分配。大體而言，這些社會的經濟活動本質上仍然是不受調配的。

在《自殺論》（ *Suicide*，1897 ）中，涂爾幹想要證明自殺率與脫序的社會情況之間的關係，例如自殺率與離婚率之間的關係。儘管可以把「脫序」看成是與很多社會問題有關，但應當指出的是也可能從社會期望的螺旋式上升中出現脫序（例如從新的財富或機會中出現脫序），如果這些期望沒有受到令人滿意的社會控制，特別是當以前存在的社會控制被迅速的變化所破壞的時候。

	採取文化上贊許的手段	承認文化上贊許的目標
(A)變革	＋	－
(B)行禮如儀	－	＋
(C)退卻	－	－
(D)反叛	＋ 或 －	＋ 或 －

圖1　**脫序；失範**　默頓對脫序的分類

正如默頓的重新定義，脫序成了一個分析*偏差行為*（ deviance ）的一個概念。默頓所要說明的是無論何時只要文化上定義的目標，和個人或團體能夠利用的社會所贊許的手段之間存在任何脫節現象，就會產生四種邏輯上可能的反應（見圖1）：(a)「變革」（ innovation ），即用犯罪或其他社會不容許的手段去實現達到贊許的目標；(b)「行禮如儀」（ ritualism ），即進行社會所容許的手段而不指望或期待成功；(c)「退卻」（ retreatism ），即乾脆退出；(d)「反叛」（ rebellion ），即力求改變制度。如果說可以把涂爾幹對脫序的注意看成是一種與社會激進主義混合的道德保守主義的話，默頓的研究方法顯示出脫序不僅可能是社會問題的所在，而且可能是社會變革的源泉。

anorexia nervosa　神經性厭食症　一種飲食行為的失序狀態。這主要是在年輕女性身上出現的一種心理困擾，致使他們認

為自己過分肥胖，而想辦法使自己苗條。她們這種失序的飲食行為通常表現在拒絕吃飽，以便減輕體重，同時可能結合著間歇性的**暴食症**（bulimia），其後則使用瀉藥以及自發性嘔吐。結果會造成體重持續減輕，月經停止；雖然剛開始精力似乎增加了，到了最後生理情況可能會危及生命。

自從1970年代早期起，就有許多人對此一狀況發生興趣，並加以研究。一般的看法是失序的家庭關係可能是促成因素之一，患者努力回到兒童狀態（未發育的體格，沒有月經），這一舉動暗示說他們不願意成大人。典型的患者是中產階級並且多半是高成就者。

身體形象的知覺扭曲是此一失序狀況的核心現象，顯示出和**精神病**（psychosis）有關聯，但最有效的療法似乎是心理治療法，顯示出和神經官能症的失序相似。當病人病情嚴重，需要住院治療時，通常使用的療法是行為療法，這對於增加體重有效，但對於治療病因無能為力。因此**心理治療**（psychotherapy）被用來使患者對於她/他的情境達到合乎現實的知覺，許多可能需要長期支持的患者發現**自助群體**（self-help group）很有用。參見 body **身體**。

anthropocentric　以人類為中心的　指把人類看成處於宇宙中最重要地位的觀點。

anthropocentric production systems　以人類為中心的生產體系　見 human-centered technology **人本位技術**。

anthropology　人類學　人類的研究；分為生物學傾向的體質人類學（physical anthropology）和社會傾向的**社會人類學**（social anthropology；英國的稱呼）或**文化人類學**（cultural anthropology；美國的稱呼）。體質人類學關心人科（hominoid）物種的起源和變異，並引用演化生物學（evolutionary biology），人口學（demography）和考古學（archaeology）。社會、文化人類學研究智人（Homo Sapiens）所創造的結構與文化。社會學和社會或文化人類學的區別主要是焦點不同——社會學家傾向研究

他們自己的社會，而人類學家則進入異於他們的社會。實際上這代表了人類學家專注於西歐和北美以外的人口少、未工業化的社會。此外，這兩個學科之間的方法學差異也很重要；人類學家通常都涉入詳細的**民族誌**（ethnography）裡面，也就是說長期的**參與觀察**（participant observation）之後產生的報告。不過這些區分愈來愈站不住腳了，因為「發展社會學」（sociology of development）和「日常生活人類學」（anthropology of everyday life）將二十世紀以來一直彼此引用的兩學科統合起來了。**俗民方法學**（ethnomethodology）也使得這兩個學科之間的方法學區別問題複雜了起來，因為這一方法，以及社會學中其他仔細的參與觀察法，有賴於刺激人在一個本來熟悉的環境中去體驗一種陌生人的感覺。參見 structural anthropology **結構人類學**。

anthropomorphism　擬人化　把人的形狀或特點賦予自然現象、動物、神、鬼，等等。擬人化是許多宗教系統和宇宙論的一個主要的特點，它們經常宣稱人間事物與自然界和超自然界有關。

anticipatory socialization　預期社會化　指個人力求改造自己的社會行為，指望躋身於比當前更高社會階層的過程。

anticlericalism　反教會主義　反對教會的權力及影響力，尤其是政治上反對。

antinaturalism　反自然主義　任何反對採取自然科學模式（例如，自然法則的系統化說明）進行社會學分析的研究方法。反自然主義認為這種模式不適於研究人的社會行動。從這個意義上所說的自然主義必須區別於在社會學上提到**自然主義研究法**（naturalistic research methods）時對「自然主義」這個術語的不同用法。這裡強調的是研究在社會背景下「自然」發生的社會行動。在這種情況下，偏好「自然的」研究方法往往與反對盲目遵循從自然科學中汲取的任何模式有關。因此，這第二種意義上的自然主義往往被認為蘊含「反自然主義」，即反對用在第一種

意義上的自然主義。

antinomianism　反律法論　指例如由16世紀和17世紀某些基督教新教教徒所持的一些信念：即他們作爲「上帝的選民」，不可能再犯罪（sin）。正如**韋伯**（Weber, 1922）所說，這些人認爲他們自己「肯定能得到拯救」，而且「不再受任何傳統的行爲規則的束縛」。這一信念被某些信奉者解釋爲准許他們從事非正統的婚姻活動，包括多偶婚，以及婚外的性行爲；他們認爲這種活動能夠使其他人得到拯救，因而是合理的。韋伯的看法是反律法論是一個普遍發生的現象，而且在一種宗教信仰的「實用心理性格」（practical psychological character）越是系統地發展時，就越有可能產生反律法論。

antipsychiatry　反精神醫學　一個反對傳統的精神醫學的實踐和理論的學派，在20世紀60年代和70年代初期尤有影響。與英國的**萊恩**（R. D. Laing, 1959）的著作和美國的**沙什**（Thomas Szasz）的著作有關。反精神醫學抨擊關於精神疾病（mental illness）的一般概念，以及用來治療這種疾病的技術。萊恩和沙什兩人本身都是心理治療師。萊恩認爲「精神病」是一個很少或者沒有科學基礎的概念；「精神病」的起因不是生物學上的。他的意見是最好把這樣描述的精神狀態和行爲狀態看成是對家庭生活的壓力和緊張以及不良溝通所作出的有意義的反應。只要充分考慮有關人的社會情境，這種精神狀態就是「可理解的」。萊恩提出在把一個人貼上「瘋子」的標籤時，醫生和病人的家屬往往是不謀而合的。沙什的論點大抵與此類似，儘管在細節上有所不同。他在《精神疾病的迷思》（*The Myth of Mental Illness*, 1961）中曾指出，精神病醫生們在診斷精神分裂症（schizophrenia）時很少是意見一致的。他由此得出結論說精神分裂症不是一種病。

　　按照沙什的說法，這意味着必須把病人看成是對其行動負責的人，而且必須給予相應的對待。萊恩和沙什都認爲強制把病人監禁在精神病院裡和使用諸如電擊治療、腦白質切斷術甚至鎮靜

劑之類的治療技術，沒有確定的價值，而且是壓制性的，是在沒有正當理由的情況下否定個人的自主權。對反精神醫學派產生影響的社會學家（儘管他們的著作的全部影響還要廣泛得多）還有傅柯（Foucault）和戈夫曼（Goffman）。參見 madness 瘋狂；total institution 全控機構；labelling theory 標籤論。

　　1970年代晚期和1980年代住在精神病院的人大為減少，一部分是由於諸如反精神醫學這類運動的成果。反諷的是，舊式的精神病機構和看護機制的逐步拆除，讓位給社群照護（community care），部分原因是精神病已經證實是可以被藥物控制。有許多人認為這一點證明了精神病，至少在某種程度上堪稱是一種醫學狀況。

anti-Semitism　反猶太主義　對於猶太人的敵意，範圍包括在歐洲社會歷史上不同程度的制度化偏見（prejudice），到希特勒十分明目張膽的國家社會主義（national socialism）。

apartheid　種族隔離　先前存在於南非共和國的種族分離體制。在這體制底下將人口分為「白人」、「黑人」和「有色」（coloured）或「混種」（mixed racial）群體，由法律來界定。此制可從對居住、通婚、就業地區和公共設施（如學校、醫院、公園和海灘）之使用等限制看出。和其他社會階層化（social stratification），主要是喀斯特（caste）（有時有人將兩者加以比較）的嚴格體制不同，種族隔離是由白人以武力和國家權力強加於人民之上的，而不是共享價值所推崇的體制。拒絕取消或大幅改革種族隔離體制，造成南非共和國成為國際社群中無家可歸的民族國家，並遭受經濟和政治制裁，尤其是不讓她參加運動競賽等強硬的規定。此政策已於1993年取消。

a posteriori　後驗　見 a priori and a posteriori 先驗和後驗。

appearance and reality　表相和實相　特別是馬克思主義指「表面的」（surface）社會關係——表相——與被意識形態（ideology）等掩蓋了社會實相的底層決定因素之間的區別。例

如馬克思認為勞動價值論（labour theory of value）為「科學地」理解資本主義的真正性質提供了鑰匙，即資本主義的「剝削性」和「矛盾性」，而不是資本主義勞動合約（capitalist labour contract）表面上的「公平性」。在區別表相和實相時，馬克思並不想暗示外表在任何意義上都是完全不真實的，而只是說表相掩蓋了更基本的、最終決定性的關係。副現象（epiphenomena）（表面）與現象（phenomena）（底下的實相）的區分是同一事物的另一種說法。參見 reification 物化。

apperception　統覺　（哲學）心對於自身的知覺。統覺長久以來是哲學知識本質的一個重要方法。

applied sociology　應用社會學　把社會學的理論、概念、方法和結論應用到範圍更廣的社會問題上。例如社會學的觀念已被應用到社會工作（social work）、教育、勞資關係（industrial relations）和計劃等實踐中。雖然社會學觀念和社會學研究往往導致對社會問題的重新定義〔例如對社會行為的非預期後果（unanticipated consequences of social action）的辨識〕，然而社會學思想和研究的影響的大小很難衡量。近來有這樣的辯論（如 Scott and Shore，1979）：為什麼社會學研究有時未能得到應用，即使人們想要應用，而且應用似乎是適當的。史考特和蕭爾提出的解釋是應用性研究往往首先是根據「學科上的考慮」進行，其次才是根據作出大部分實際決策的政治環境的現實進行，但在這種環境中，政治利益往往勝過合理的說服。參見 industrial sociology 工業社會學；social policy 社會政策；social problems 社會問題。

apprenticeship　學徒制　見 craft apprenticeship 手藝學徒制。

appropriate technology　適切技術　在一社會中最能善用既有資源和人的技術形式。此一詞語尤其用於窮國，因為高科技的轉移可能對於接受的國家造成不利。反之，較不資本密集而且更「在環境上友善」（environmentally friendly）的技術用於生產

可能更好。使用這類的技術便排斥眾所深信的假定：技術的先進決定了一般的社會「進步」（progress）。參見 intermediate technology 中間技術。

a priori and a posteriori　先驗和後驗　（字面的意義是在前的和在後的）指根據我們對各種陳述句或命題獲知其眞實性的方式所作的一種區分。因此，一項先驗的陳述句是不用求助於經驗或經驗性證據就能知道其眞假的陳述句（例如正方形的定義是有四條等長的邊），而一項後驗的陳述句的眞實性則只能通過經驗的檢驗才能確定。儘管很多「理性主義」哲學家，近代最著名的如康德（Kant）曾經論證說有些事物可以，而且實際上僅能直接而先驗地得知，而反對的意見——哲學經驗論（empiricism）——則認爲我們的觀念僅僅來源於經驗（參見 Hume 休姆）。稍後又出現了這樣的觀點：上述兩種立場都不能令人滿意，即在哲學或知識上，沒有固定的出發點或最終的立足點。參見 analytic and synthetic 分析和綜合。

arbitration　仲裁　（人類學 anthropology）一種爲解決雙方當事人之間的衝突和爭議而提請第三方（仲裁人）裁決的安排，這種安排特別常見於無國家的社會裡。儘管仲裁人一般很少或沒有能力執行一項裁決，但通常的情況是爭議雙方事先同意遵守仲裁人的裁決。例如在努爾人（Nuer）中，就由豹皮酋長擔任這類仲裁人。見 Evans-Pritchard 伊凡普里查（1940）；Gellner 葛耳納（1969）。

arbitration and conciliation　仲裁與調解　（勞資關係 industrial relations）勞資關係中一種制度設計，在集體協議時以第三方的干預解決僵局。在棘手的爭議時，由一方或多方請求獨立的第三方干預，他能提供(a)「調解」：其目的在於幫助各方，透過共聚一堂的方式，促成他們使用已經同意的程序來解決問題；(b)「調停」：由調停人作出建議案，但各方事先不必承諾要接受仲裁決定；(c)「仲裁」：強制或經雙方同意，在嚴格的委託條件下作成裁定。

在英國調解和仲裁的起源可追溯到工業中雇主及工會爲了避免關廠和罷工，所設立並自願使用的永久調解和仲裁委員會。政府法規的發展一直尊重自願的原則，不過有時此一原則亦會遭侵蝕。最近，由雇主、工會和勞資關係專家的代表所組成的諮詢、調解暨仲裁部（the Advisory, Conciliation and Arbitration Service）試圖獨立於政府影響之外提供這服務。在某些別的社會中，在罷工或關廠之前，強制有第三方干預。

archaeology　考古學　①對過去社會（societies）和文化（cultures）遺留物，特別是人工製品，但也包括人和動物的屍體、糧穀等有形遺留物，進行的科學的或系統的分析，目的是要說明或者重構這些社會或文化。在有關的社會或文化沒有留下文字記錄或者留下很少的情況下，考古學就尤爲重要。考古可以在任何環境進行，只要對這些遺留物的研究可以補充文字的歷史記錄，如最近由工業考古學（industrial archaeology）所表明的那樣，這種考古學研究比較晚近的時期，這個時期有工業和採掘過程以及運輸方式等明顯的遺留物。當考古的重點在未留下文字記錄的社會和文化方面時，它便與史前史（prehistory）這門學科的外延相同了。考古學的傳統特點是採取發掘和仔細記錄遺留物，但現在已應用到許多科學技術，包括航空攝影、電腦模擬、碳放射性測定年代，以及根據木化石遺留的氣候記錄進行更精確的測定年代的方法。由於所研究的遺留物是有形的，現代考古學往往比社會學本身更具有科學的味道。然而由於它的主題仍然是文化的和社會的現象，考古學的科學性並不一定是它的優越性所在，因爲考古學必須努力拼湊足夠的資料，以便開始進行社會學的分析。既然要作這種社會學分析，考古學關注的問題就與社會學的相同。而考古學的額外困難則是它常常不可能直接了解有關的社會行爲者的意圖。因此，必須把考古學和社會學看成是互補的學科。例如，特別是在對城市出現以前的史前社會進行的考古學研究，與對簡單社會進行的現代人類學研究之間，就存在着相似點和連續性。社會學存在這樣的區分：一方面是比較的和歸納

的研究方法，另一方面是對各種獨特的文化進行歷史的或有意義的理解，同樣存在於考古學中。實際上，在社會學和人類學中存在的相互競爭的理論觀點，也存在於考古學方面，例如**功能論和演化論**（functionalist and evolutionary theories），以及馬克思主義的研究方法。②傅柯（Foucault）使用的研究觀念史的方法。這種方法通過與考古學①的類比，從層層叠叠的附加成分中，發現觀念的起源及其特定的社會經濟和文化背景，這些附加成分是隨着時間的推移與之聯繫起來的［《知識的考古學》（*Archaeology of Knowledge*），1972］。

archetypes　原型　見 Jung 榮格。

arena　政治舞臺　（政治社會學 political sociology）指任何爲了爭奪政治權力而進行爭辯和角逐、衝突或鬥爭的場所。

aristocracy　貴族政體　①（古希臘）「最佳者的統治」。②世襲的菁英或貴族階級，例如封建制度（feudalism）底下的貴族階級。在多數大型的前現代社會中，統治或支配階級有一種傾向，要將自身轉化爲世襲的貴族階級，但同時也存在著抵抗這種主張的相反傾向，參見 patrimonialism **世襲主義**。

　　第②義的用法比較常見，不過這個詞也可以用於類似較早的希臘用法，指涉最好的或優越的，例如 labour aristocracy **工人貴族**。

aristocracy of labour　工人貴族　見 labour aristocracy **工人貴族**。

Aristotle　亞里斯多德　（公元前384－322）重要的希臘哲學家，且是亞歷山大大帝的家庭教師，對於歐洲思想有廣泛的影響，這層影響可見於自然科學、政治科學、早期的人類學，尤其是在哲學（包括**邏輯** logic 和**倫理學** ethics）的發展上。亞里斯多德在柏拉圖（Plato）的雅典學院中研習，雖然受到柏拉圖**唯心論**（idealism）的影響，他通常被視爲是哲學的**經驗論**（empiricism）一支的代表；足以顯示其間關聯的是，他用到了仔細

觀察和報告的探討方法。在另一方面，他也開啓了邏輯的系統研究。所以實際上，他的作品結合了理性和經驗。

arms race　軍備競賽　民族國家（nation-state）彼此間求取在軍事地位上凌駕於對手的競爭。此一概念的當代用法尤其用於美蘇之間的競爭。其形式是核子軍備規模的戲劇性增加，以及武器發展的強化。一方的技術每一次進展都會造成另一方想要建造更優秀武器的嘗試，而先動手的那一方又必須進行改進的嘗試。其模式可說是作用—反作用型的，早期從統計的觀點研究軍備競賽的著作有李察生（L. F. Richardson）的《致命爭吵的統計學》（*The Statistics of Deadly Quarrels*, 1960）。

　　雖然強權間的軍備競賽吸引了最多的注意，但在小國（例如阿拉伯國家和以色列）之間也會發生軍備競賽，其結果往往比強國間的競賽更常導致戰爭。美國和前蘇聯之間的軍備競賽的主要後果是經濟上的「浪費」。雖然曾經有人提出說其經濟效應可能是支持了二次大戰之後的經濟繁榮，最近的說法是軍備競賽扮演了有最大軍事責任的民族國家在經濟繁榮上的刹車器（例如英國和美國與德國或日本比較比來成長較慢，經濟也相對較弱）。無疑地，過度的軍事責任對於前蘇聯的確產生這種效應，致使某些評論家提出說西方國家之所以贏得冷戰是這項負擔的結果。參見balance of power **權力平衡**。

Aron, Raymond　阿宏（1905－1983）　法國社會學家和有影響的政治評論家，對社會學理論、戰略研究和工業社會的社會學有廣泛的興趣。他對社會學理論研究所作的貢獻包括《德國社會學》（*German Sociology*, 1935）和《社會學理論的主要思潮》（*Main Currents in Sociological Theory*, 1965）。在《知識分子的鴉片》（*The Opium of the Intellectuals*, 1957）一書中，他批評知識分子們輕易放棄自己的判斷和輕易受到馬克思主義誘惑的傾向。在戰略研究上，他著述甚豐，撰寫了一些重要的著作，例如《總體戰爭的世紀》（*The Century of Total War*, 1951）、《和平與戰爭》（*Peace and War*, 1961），和《克勞

塞維茨，戰爭哲學家》（*Clausewitz, Philosopher of War*，1976）。他寫了幾本關於現代工業社會的著作，其中有《工業社會十八講》（*Eighteen Lectures on Industrial Society*，1963）和《民主與極權》（*Democracy and Totalitarianism*，1965）。他的研究方法更接近托克維爾（Tocqueville）或韋伯（Weber），而離涂爾幹（Durkheim）或馬克思（Marx）較遠。一般說，他的著作側重於社會生活中政治面向的重要性和多元論（pluralism）的優點。他看出政治和文化面向的不可預測性，意味着他對東西方之間將發生趨同現象（convergence）的說法並不動心。

art　藝術　見 sociology of art 藝術社會學。

artefact or artifact　人工製品　由一文化所生產的物體，這些東西的研究在人類學中很重要（見 material culture 物質文化）。在考古學中，一社會所遺留下來的人工製品是重建對該社會之說明的主要依據。

artificial intelligence and artificial consciousness　人工智能和人工意識　有人主張某些機器，尤其是電腦，設計成模仿神經元的行爲，所擁有的像人一樣的「知性」能力。克立克（F. Crick）在其《驚人的假說》（*The Astonishing Hypothesis*，1994）中論證道如果眞實的神經元是意識的基礎的話，那麼從人工神經元當中著手尋找人工意識便是合理的。主張人工智能的爭論不斷，因爲人腦和人的意識和情感，包括人的意志之間的相互關係錯綜複雜。

asceticism　苦行主義　一種自我否定的理論和實踐，實行者戒絕世俗的舒適和娛樂。苦行主義一直是很多世界性宗敎的一個特點，而且對某些實行者（例如某些修道會的成員）來說，它可能包括從大部分世俗努力中宿命式的隱退。儘管與宿命論相聯繫而且逃避現實世界，但苦行主義對現世價值觀念的挑戰，也意味着它往往與抵制政治權威有關，而且曾在社會變革中起過促進作

用。例如按照韋伯（Weber，1922）的說法，新教的苦行主義在現代西方資本主義的興起中起了決定性的作用（見 Protestant ethic 新教倫理）。

ascribed status　天生地位；先賦地位　一個人由於出生或家庭背景的直接結果，而被賦予的任何社會地位，這種地位是不以自身的**成就**（achievement）而改變的。因此，天生地位是與**自致地位**（achieved status）相對的。參見 pattern variables 模式變項。

ascription　天生；先賦　見 ascribed status 天生地位；pattern variables 模式變項。

assimilation　同化　（尤其在種族關係中）少數團體採取多數團體或宿主團體的價值和行為為模式，最後被多數團體所吸收的過程（參閱 accommodation 順應）。此一過程可能同時涉及了多數團體和少數團體的改變。當可見的表徵（例如分明的「膚色」區別）成為原始分化的基礎時（例如在美國這一「熔爐」中，黑色少數團體的同化），同化可能較難達成。

assimilation and accommodation　同化與順應　［皮亞杰（Piaget）的兒童發展（child development）理論］概念圖式發生改變的方式。

　　皮亞杰的認知發展階段理論中一個根本的觀念是每一個階段都會有一個典型的思考模式，他稱為概念圖式（conceptual schema）。為了要使發展發生，這些圖式會發生變化，而下一類圖式會從目前的圖式中產生。這種變化的發生若不是由既有的圖示同化了新經驗，使得經驗變得更完整、更精細，就得經由順應——如果目前的圖式無法完全處理新經驗，並且要處理新經驗就得根本改變的話。

association　結社；關聯　①任何享有共同目的或利益的團體。參見 Gemeinschaft and Gesellschaft 禮俗社群和法理社會。②（統計學）兩個**變數**（variables）相關的程度。見 correlation

相關。

attachment　依戀　①嬰兒與母親間的情感連結。②嬰兒表現出來的行爲型式，以表達依戀的現象，例如追隨父母、哭、笑。③對於養育者所感到的更抽象的心理連帶，涉及相互依賴對方給予的情感滿足。

依戀理論是由包耳畢（Bowlby, 1958, 1969）首先提出來的，他關心的主要是前兩種意義下的依戀。他引用民族學的證據來支持他的主張：人類嬰兒使用某些型式的行爲以引起他們母親的心理及生理照拂。在此依戀指的只是孩童是否已形成了對照顧者的連帶，但晚近的「依戀的安全」（security of attachment）此一想法建立後，已開始測度依戀關係一旦建立起來以後的性質。

attempted suicide and parasuicide　自殺未遂和假自殺　即眞正的試圖自我毀滅而未遂，或者實際上是假裝的「自殺未遂」，即假自殺。

自殺未遂發生的方式不同於「眞正的」自殺，說明二者是不同的現象。假自殺通常被認爲是一種「求救」，很少或者沒有想要造成自我傷害的意圖。儘管如此，在那些以前曾經自殺未遂的人們當中，自殺的成功率明顯高於那些以前沒有自殺未遂記錄的人。

attitude　態度　一種學習得來或長期養成以特定方式認識和對待他人或情況的傾向。關於態度的概念已經引起心理學家和社會學家們的大量思考和調查研究，因爲它同時包含了個人面和社會面。心理學家強調的是個人培養態度並把態度作爲人格組成部分的條件。社會心理學家特別感興趣的是態度在社會背景中起作用的方式。社會學家們把社會行爲同特定的社會結構和情況，例如階級關係，聯繫起來。

有各種不同關於態度的定義（如 Allport, 1935；Haber and Fried, 1975；Rokeach, 1960）。有些定義的意思是說持某種態度就導致依循某種方式行事，另外一些定義包含的觀念是態度只

可能存在於思想中，因爲外部的行爲可能受情境的限制。因此，可以認爲態度包括下列三個因素：（ a ）認知成分——信念和觀念；（ b ）情感成分——價值和感情；（ c ）行爲成分——行爲和行動的傾向；參見 attitude scale 態度量表。

attitude scale /measurement　態度量表和態度測量　最普遍的衡量態度的方法，依賴如下的假定：態度和行爲反應間有一致性。因此態度量表是以受訪者回答問題——例如對於君主政體或無限制的移民——所表示的口頭陳述，並由他們贊成或不贊成（的程度）來訂等級的。構成這些量表的方法不一，取決於它們是基於許多受訪者的主觀判斷（ Likert scale 利克特量表 ），或基於「裁判」對陳述作出的客觀判斷（ Thurstone and Chave, 1929 ），還是基於對反應類型的分析（ Guttman scale 格特曼量表 ）。

attribute　屬性　見 variable 變數。

autarchy　專權；自給自足　①絕對主權或專制統治；②見 autarky 自給自足。

autarky or autarchy　自給自足　在經濟上自足的作法或政策。

authenticity　本真性　見 Dasein 此有。

authoritarianism　權威主義　見 authoritarian personality 權威人格。

authoritarian personality　權威人格　偏好或相信某些人控制而其他人被控制這種制度的人。因此，這種制度就包括主宰和服從，可以被認爲是民主偏好的反面。

權威人格這個術語是*阿多諾*（ Adorno et al., 1950 ）等人最早使用的。在研究了反猶太主義之後，阿多諾把興趣轉向研究「內群」（ ingroup ）成員對「外群」（ outgroup ）的人所持的負面態度。他發現這種負面態度只不過是一系列相關態度的一部分，這些相關態度可以從政治的、宗教的和社會的行爲中看出，

也可以從家庭背景中看出。因此，整個人格就是權威主義的：權威主義（authoritarianism）不僅僅在若干誘發情況下表達出來，它還是一種行為方式，是一種持久的人格特徵。

關於促使權威人格形成的條件，存在着各種各樣的理論，這些條件與偏見（prejudice）的形成有密切的關係。特別是在經受權威主義對待之後，或自我表現受挫之後，似乎就是構成條件的因素。參見 frustration-aggression hypothesis 挫折—侵犯假說；ethnocentrism 族群中心主義。

authoritarian right　權威右派　見 New Right 新右派。

authority　權威；當局　某一社群內或國家之內已經建立的政治統治，其中可能擁有一種或多種政治正當性的基礎。見 legitimate authority 正當權威。

autocracy　獨裁政體　一人統治，尤指統治是專斷或絕對的。參見 absolutism 專制政體。

automation　自動化　生產過程實質上或完全由機器進行的任何一種工業生產形式，其後果是造成常態性人工需求的減低。由於這種執行及控制生產過程已經是很平常的事了（電腦技術發達後尤其如此），此詞有逐漸停用的趨勢，代之以其他更一般性的詞語，像是資訊技術（information technology）或單純的新技術（new technology）。

大眾和社會學對於自動化的辯論，都一直關心它對於就業程度的影響：到底它會不會導致勞動需求的總體下降、失業的上升、新的休閒（leisure）時代的到來等等。不過，有一點似乎很清楚，即自動化可能涉及非熟練或常態性人工形式的需求減低，對於受過教育的勞動（新機器的設計和維修以及新程序的管理所必須的）有增加的趨勢。不過，這些新工作是否會變成一貫作業（即只涉及例行的鍵盤作業）還是一項未解決的問題（見 deskilling 簡化操作技能）。自動化和新技術對於整體勞動過程的控制是一個有普遍重要性的進一步問題。

autonomous man and plastic man　自主的人和可塑的人
霍利斯（Hollis, 1977, 1987）對以下兩種人所作的區分：一種是善於選擇的、有理性的、自我決定的*社會行為者*（social actor），能夠實現其目標和表達其興趣，即自主的人；另一種則是由社會結構和生物學決定的可塑的人。霍利斯作出這一區分的目的是要說明為了達到令人滿意的社會學的解釋，就要求有一個包括這兩種因素的模式。因此，他的說法就是要比較地說出當代社會學中現代廣泛強調的*結構和能動作用*（structure and agency）。

　　按照霍利斯的說法，在承認某些社會後果是個人行為者有意行動的直接後果的同時，一個合適的模式還必須考慮「在我們背後發生」的社會後果，包括「非意圖的後果」（unintended consequences）。霍利斯認為社會學人（homo sociologicus）應當成為一個角色扮演者，雖受規範引導和結構影響，但能夠作出真實的選擇，而且是可以信賴的和有道德的。參見 free will *自由意志*；rules and rule-following *規則和遵守規則*；rational choice theory *理性選擇理論*。

autonomy　自主　①個體*自我*（self）所具有的選擇能力。例如赫耳德（D. Held）的《*民主諸模型*》（*Models of Democracy*, 1987）所顯示的，支持民主政體的條件與個體擁有自主能力此一原則緊密相連。參閱 decentred self *去中心自我*。②一獨立國家擁有的自決能力。

autonomy of sociology　社會學自主　特別指*涂爾幹*（Durkheim）提出的一種觀點：必須把社會學建立為一門獨特的科學，它研究對象的層次不應化約到可以用別的學科，例如心理學或生物學來解釋。涂爾幹的意見是「社會」是「自成一類的」（sui generis）實體。參見 social facts as things *社會事實做為事物*；suicide *自殺*。

average　平均數　見 measures of central tendency *集中趨勢的*

測量。

aversion therapy 厭惡療法 一種依賴負面增強的行為療法（behaviour therapy）。當個人學會以一定的方式行為可避免不愉快的後果時，就發生負面增強（negative reinforcement）。該行為之增強動力便在於避免痛苦或不愉快。醫學上應用負面療法的一個例子是在治療酗酒時使用催吐劑，因此避免酒精就可以避免噁心。同一原理的作用，見之於透過強烈的社會排斥來改變吸煙的行為。

avoidance relationship 迴避關係 指一種行為模式，即一個人通常出於尊敬或敬重，經常地迴避另一人。最普遍的例子是一個男人視迴避和岳母見面為當然。結構功能論人類學家曾把這種模式解釋為一種表示和避免潛在衝突的機制。後來，象徵人類學家把它劃分為一種禁忌（taboo）的形式，這種形式反映了土著的分類體系。

axiom 公理 （幾何學及社會理論中）某一模型或理論視為當然的假定或公設，由此可導出其他命題。參見 formal theory and formalization of theory 形式理論及理論形式化。

B

Bachelard，Gaston　巴舍拉（1894－1962）　影響面很廣的法國社會哲學家兼科學哲學家，他引進了認識論的斷裂（episte-mological break）一詞，並影響了阿圖塞（Althusser）和傅柯（Foucault）。巴舍拉的想法和孔恩（Thomas Kuhn）對於科學革命的思想之間存在著相似之處。

back region　後臺　社會中任何與前臺（front region）相對的環境，這是一個人得以從依前臺要求去扮演角色（role）和「演出」（performance）中撤下來休息的所在。參見 dramaturgy 編劇法；Goffman 戈夫曼。

backward supply curve for labour　勞動供給後退曲線（經濟學）報酬率增加導致增長額外工作時數的意願減少而非增加的情況。例如傳統社會中的農民，或是在修學位有兼差的學生，可能有個「收入目標額」（target incomes），以補足土地收入或獎學金或貸款的不足額度，因此一旦報酬率增加之後，會選擇減少工作的時數。

Bakhtin，Mikhail　巴赫汀（1895－1975）　俄國思想家，他對於對話本質的想法，業經證明對於許多領域有很大的影響力，包括文學理論、社會理論、人類學、語言學和心理學。巴赫汀理論［例如《話語類型及其他晚期文章》（*Speech Genres and Other Late Essays*，1986）］中關鍵的想法是心聲（voice）是一種在物質和社會界的特定定位中說話的方式。因此在現行的語言中，是有一定的社會文化情境，展現出說話者的信仰和價值體

系。巴赫汀認爲索緒爾（Saussure）忽略了類型（genres），因此看不到大部分語言的本質性作用。話語的指向性同時也意味著任一言說（utterance）必然涉及說話者的心聲與言說所意指的接收者的心聲之間的對話性交錯（dialogic interplay）。巴赫汀在此一領域中的觀點，就社會學而言，其重要性主要在於他主張日常語言中言說的社會文化情境性，以及這主張對於任何人是否可以說是「擁有」表現其心聲的話語這個問題的啓發。他強調的是語言的「多聲」（polyphonic）性及動態性。這些觀念也見於他有關通俗文化（popular culture）的著作，尤其是有關狂歡節的《拉伯雷及其世界》（*Rabelais and His World*，1969）一書最近在社會學中吸引了衆人的興趣。他在書中顯示出歷史上狂歡節（carnival）如何成爲「愛恨交織」（ambivalence）〔例如對於死亡以及肉體的「降格狀態」（debasements），諸如排便、交媾〕的場所，以及針對階序性文化形式的**反抗文化**（counter culture）的來源。

balance of power　權力平衡　（國際關係）一種強權的軍力大致達到平衡的情境（實際已達成或做爲政策目標）。在核子武器的時代中，也使用恐怖平衡（balance of terror）一詞。參見 arms race **軍備競賽**。

band　隊群　一個有簡單社會結構的小團體。這種形式的社會組織被美國的演化論人類學家認爲存在於**部落**（tribe）、**酋邦**（chiefdom）或國家（state）之前，而且通常是與狩獵和採集社會有關。從定義上看，它被認爲沒有分化的政治制度以及沒有複雜的社會制度。

barbarism　野蠻狀態　在早期的社會演化理論（見 evolutionary theory **演化論**）中指出的，以畜牧生活爲特徵的發展階段。**孟德斯鳩**（Montesquieu）是第一個以此含義使用這個詞的人。他認爲社會發展的三個主要階段是：(a)狩獵或**蒙昧狀態**（savagery）；(b)畜牧或野蠻狀態；(c)**文明**（civilization）。後來19世紀的演化論思想家，如**泰勒**（Tylor）和**摩根**（Morgan），也採

用這個概念。

bar chart 長條圖 一種展示次數分配（frequency distribution）的圖示法，其中每一條寬度相同的長條代表不同的範疇，每一條長條的長度則和每個範疇的數目或出現頻率成比例（見圖2）。使用長條圖的原因不是由於圖本身可以呈現出和數字表不同的資訊，而是因為其呈現方式一目瞭然。參見 histogram **直方圖**。

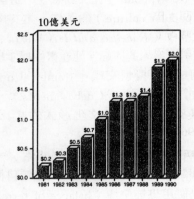

圖2 **長條圖** 以圖形來表示次數分布，其中等寬的長條代表每個範疇，而每個長條的長度則代表相對於每個範疇的出現次數或頻率。例如上圖代表了從1981-1990年之間，每一年度學生貸款違約的金額，以美元計。

barter and barter economy 以物易物和易貨經濟體制 一種物品交換成物品而不是貨幣的經濟交換形式及相關的經濟體制。在某些自給自足的社會中，做為交換媒介的貨幣（money）完全是不存在。

Barthes, Roland 巴特（1915－1980） 法國社會理論家和符號學（semiology）的主要倡導者。他的著作通常採取結構主義研究方法，但也受到社會人類學和馬克思主義的影響。他最突

出的貢獻包括關於神話（myth）、意識形態（ideology）和通俗文化（popular culture）方面的著作。由於他對符號學所作的貢獻，以及他把文本（text）而不是把作者作爲主要研究對象，因而成爲文化研究方面的一位有影響的人物。他描述一些平凡事件、形象和活動，以便證明意識形態普遍存在於人們認爲沒有政治意義的領域裡（例如葡萄酒或人造奶油的廣告海報）。他擴大了神話的人類學定義，把它描述爲社會規範的產生就像是自然界的事實，具有被視爲當然的地位的一種方式。他把神話視爲文化的一個主要的面向，由符號（sign）系統組成，通過它我們能理解和表現自己。時尚（fashion）也可以被認爲是一種意義系統，這個系統注重細節的重要性，並把穿着者置於不斷變化的符號秩序中，而區分出不同的服裝來。巴特認爲文化形式基本上是有歧義的，可能對它作出不同的解釋或說明。巴特的主要作品有《神話學》（*Mythologies*，1957）以及《符號學要素》（*Elements of Semiology*，1964）。

base and superstructure　基礎與上層結構　馬克思（Marx）的隱喻，用以表達做爲社會的基礎和決定性影響的經濟與其他部分（上層結構）之間的關係。因此其假定是說：在經濟發展的每個層次上，經濟的形式（更嚴格地說，生產關係的總體）概略地決定了特定的國家、法律體制等的形式。然而如果說這是馬克思主義的一個總體性假定，馬克思本人知道經濟和社會體系的實際歷史決定，要遠比任何庸俗的基礎和上層結構的想法所暗示的更複雜。反之，社會配置的特定歷史決定因子，一定要在基礎與上層結構此一概念所提供的總體架構中分別加以分析。同時一定要承認：基礎和上層結構的關係有部分是一種雙向關係，即上層結構形式能夠回饋，對於基礎施加一種「相對上自主」（relatively autonomous）的影響，同時又不必然破壞經濟「最終」（in the last instance）決定的這個觀念。

basic human needs　基本人性需求　所有的人由於他們的人性而享有基本需求（包括健康和自主 autonomy）的想法［見 L.

Doyal and I. *Gough*《一個人性需求的理論》（*A Theory of Human Need*, 1991）〕。這些基本需求的滿足被視爲是「全面參與社會生活的根本前提」。另一種看法是人性需求是相對的，是個人或文化偏好的事情。參見 justice 正義；needs 需求；citizen rights 公民權利。

Bateson, Gregory 貝特森（1904–1980） 具有廣泛影響力的美國文化人類學家，其學問上的興趣從生物學、社會人類學、哲學、心理學和溝通研究到神秘主義（mysticism）。他是跟隨**馬林諾斯基**（Malinowski）民族誌腳步的第一代弟子中的一員。貝特森對於民族誌的第一項貢獻是他的研究《內芬》（*Naven*, 1936），此書已成爲經典之作，對於在發展中的人類學圖象，又增添了一塊馬賽克，爲象徵系統的研究提供了一套令人著迷的分析架構。他引進了規範分化（schizmogenesis）（用以描述社會分裂和衝突的過程）的概念，也運用了較常見的民氣（ethos）和**理型**（eidos）的概念以捕捉信仰體系的內蘊原理。他也主張資料分析中使用的解釋性和描述性範疇應可重新安排及改弦更張，而資料本身是不受限於一個單一架構的。

　　貝特森的第二本人類學經典之作《峇里人的性格》（*Balinese Character*, 1942），與米德（Margaret Mead）合著，有助於美國人類學中流行文化與人格（culture and personality）的研究，尤其是在1940年代。他的作品另一個面向是他率先使用了靜態的相片和動態的影片，使之成爲民族誌田野工作和報導寫作中的組成要素。在後期著作中他的領域擴及人本主義心理學及**控制論**（cybernetics）和溝通研究（探討水中哺乳類和海豚）。他的作品影響了戈夫曼（Goffman）和許多社會學家。

Baudrillard, Jean 布希亞（1929– ） 著有《消費社會》（*La Société de consommation*, 1970）以及《模擬》（*Simulations*, 1983），對於**後現代主義**（postmodernism）有影響的法國社會理論家。布希亞特別依靠**符號學**（semiology）來說明現代的消費尤其會推衍出「主動操縱符號」，因而在現代社會裡符

號製造和商品生產已結合起來，遂有商品-符號（commodity-sign）。通過傳播媒介和其他方式進行的永無休止地複製符號、形象和模擬，最終抹除了形象和真實之間的一切區別。這種過多地製造符號、形象和模擬的作法，結果就產生了一種「失去穩定意義」（loss of stable meaning）的情況，這是**後現代狀態**（postmodernity）的一個特徵。

Bauman, Zygmunt　鮑曼（1925－　）　波蘭裔英籍社會學家，最近他豐富的社會學理論方面的著作，吸引了廣泛的注目。見 postmodernity **後現代狀態**；postmodernism **後現代主義**。

Bayes' theorem　貝氏定理　一條陳述「當另一事件已經發生時，某一事件發生的機率」的定理。貝氏統計學關心的是：在新的資訊進入時如何修正意見，即以所收集的資料，設定、測試並修正假設。所以每一次情況都會出現不同的正確假設之機率——「先前的意見，由資料所變化，透過貝氏定理的運作，得到後來的意見」（Philips, 1973）。

Beauvoir, Simone de　波娃（1908－1986）　法國女性主義作家，她對社會理論的主要貢獻是她的著作《第二性》（*The Second Sex*, 1953）。她在書中考察了**父權制**（patriarchy）。她用黑格爾的用語說明「女性」在文化構成上與男性「不同」，這種「不同」來自**性別分工**（sexual division of labor）這一歷史文化事實，但也部分地是由婦女的性生殖能力所決定，並從而使婦女的自由比男人的自由受到更多的限制。她提出的唯一解決辦法是婦女應當不結婚、不生孩子和不承擔母親的責任。

Becker, Howard S.　貝克（1928－　）　美國社會學家，他在**象徵互動論**（symbolic interactionist）學派內的工作，對研究學生文化、**標籤論**（labelling theory）和**藝術社會學**（sociology of art）作出了重要的貢獻。他的最有影響的著作是《白衣男孩：醫學界的學生文化》（*Boys in White*：*Student Culture in a Medical World*，與 B. Geer, E. Hughes, A. Strauss 合著，

1961）；《獲取學業成績》（*Making the Grade*，與前二作者合著，1968）；《局外人：偏差行為社會學研究》（*Outsiders*：*Studies in the Sociology of Deviance*，1963）；《社會學工作》（*Sociological Work*，1970）。雖然貝克注重個人在團體和組織中的行為，但他對於這些主題的處理，堅定地採取社會學的角度。例如個人對醫療的反應取決於「病人個人心理狀態的程度，遠遠不及治療者與病人的關係的程度。行為者的偏差較少出自他們的人格，而更多源於他們與其他行為偏差者和社會控制者之間的關係」。參見 deviance *偏差行為*；hierarchy of credibility *可信度層級*；drug taking for pleasure *為快活而吸毒*。

behaviour **行為** ①任一實體，人或體系在一特定脈絡中行動之改變、運動或反應。②（*心理學* psychology）動物或人類機體對於環境刺激的可觀察外部反應。社會學中常常做一重要的區別：第②義下的自動行為形式（例如，坐在圖釘上後跳起來）和有意向的行動（action），後者也涉及了社會意義和目的。

behavioural approach **行為探究法** 見 behaviourism *行為主義*。

behaviouralism or behavioural approach **行為主義或行為探究法** 美國政治學（political science）中的一種理論及經驗探究法，強調政治行動和行為的社會學和心理學決定因素的重要性，而非像在傳統政治學中一樣，將注意力集中於狹義的政治過程，例如憲政配置、立法程序等。參見 behaviourism *行為主義*。

behavioural science（s） **行為科學** （尤指美國）人類和動物行為（behaviour）的科學，儘管有時候有人提議用這個詞語做為整體的社會科學（包括心理學和政治學以及社會學）的適當名稱，但此一詞語和行為主義密切相連，一般而言，在社會學中此一詞語不被接受或僅少數人接受。

behaviourism **行為主義** ①心理學的一學派，其中心信條是

心理學的題材只是可觀測的行為。②一般而言，透過動物實驗，對學習原理［也叫制約（conditioning）］的研究，以及將這些原理應用於理解及操縱人類行為。③［哲學，例如萊爾（Ryle）的《心的概念》（ *The Concept of Mind* , 1949）］「心理概念可以從外顯的行為或者是言語加以分析」的想法（Flew, 1979）。萊爾認為，第①義的行為主義，錯誤地假定了心理和物理的互斥性，假定了一種身心二元論（dualism of mind and body）。

美國的桑戴克（E.L. Thorndike, 1911）提出效應法則（the Law of Effect），將行為主義建立成為一種心理學派。此一法則認為受到獎勵的行為有重複的傾向，而不被獎勵的行為有減低的傾向。大約在同時的俄國，巴甫洛夫（I. Pavlov, 1846 - 1936）在研究制約反射（conditioned reflex）。他的實驗導致古典制約理論的提出（Pavlov, 1911）。

不過最具影響力而多產的行為主義者是史基納（B.F. Skinner, 1904 - 1990），他的名字幾乎等同於行為主義，而且他也發明了史基納箱（the Skinner Box），這項工具提供了研究動物學習的控制環境（操作化制約 operant conditioning）。

心理學行為主義學派的主要信條是：唯有可觀察行為才可加以科學研究。不過，這也包括了言語行為，後者可能表達出思想，然而行為主義者主要傾向於忽視心理功能，或有機體的作用，這是介於可觀察的刺激（S）和可觀察的反應（R）之間的東西。只有 S 與 R 是可控制及測量的，所以唯有這些東西才可以研究。

為了要嚴格地研究學習原理，所研究的行為需要是簡單的，而其程序在道德上是可以接受的。這表示說要專注於動物實驗上，常常是在史基納箱這種控制的環境中，通常是用老鼠或鴿子作實驗，研究它們在各種再增強表上（使用食物丸做再增強之用）如何連結 S（諸如槓桿或盤子）和 R（諸如壓或啄）。此類探討的結果是對於在何種情況下會發生制約，以及那些變項會影

響其力量及應用的知識的可觀發展。

這些觀念特別在1930年代和40年代發揮影響力，主宰了學院心理學並且深入到一般文化中，尤其是影響到育兒的作法。後來，其一般影響力在心理學史消褪了，但在心理健康的領域，這些原理仍然廣為使用。見 behaviour modification 行為修正。

史基納在語言學習的領域中也很有影響（《言語行為》，*Verbal Behaviour*, 1957），他主張兒童是透過制約的過程而學會語言——他/她的言語行為是由他/她對於母語的聲音的再增強而形成。這點和喬姆斯基（Chomsky）的理論形成對比。

behaviour modification or behaviour therapy　行為修正或行為治療　以各種建立在學習理論（見 behaviourism 行為主義）的技巧，有意地改變人類行為（behaviour），尤其是用在醫療心理學上。它建立在下列前提上：某些問題行為涉及錯誤的學習，因此最好是以再學習，即再訓練個體的反應，而加以處理。其中的特例有系統性去敏感化（systematic desensitization）、代幣經濟（token economics）及嫌惡療法（aversion therapy）。

系統性去敏感化最常用於恐懼症（非理性的害怕）的治療上，涉及以所欲求的反應（放鬆）來取代不要的反應（害怕）。其作法是在一開始時先引進該人所害怕的對象或情況中最不嚇人的形式，此時該人仍保持放鬆狀態，然後逐步（並有系統地）增加其暴露程度，而仍保持放鬆狀態。保持這改善過的反應的再增強機制是成就感、自我控制，以及較不受到限制的生活方式的可能性。

代幣經濟常用於控制精神病院或其他機構中病患的行為。此一技巧涉及的是當個體表現所欲求的行為，例如洗手、穿衣、打掃、和善、講道理時，以代幣加以獎賞。用於換取代幣的可以是外出幾天，或任何病患或入院者所喜歡的對待方式。

behaviour therapy　行為療法　見 behaviour modification 行為修正。

Being 存有 見 Dasein 此有；Heidegger 海德格。

belief system 信仰體系 存在於一個特定社會或文化中的信仰結構。信仰體系可能用來指一個社會內認知和信仰的總體，包括科學和技術的知識，但更常用來描述宗教信仰和**價值觀**（values），以及作為其基礎的主要原則，這一切使一個社會或文化內的思想模式具有本身的特殊性和一貫性。

Bell, Daniel 貝爾（1919 –　）　美國評論家和社會學家。他對現代社會的種種描述廣為流行，但也不無爭議。他在《意識形態的終結》（*The End of Ideology*, 1960）一書中，最早提示階級意識形態原有的主導地位已急劇下降（見 end-of-ideology thesis **意識形態終結論**）。後來在《後工業社會的來臨》（*The Coming of Post-Industrial Society*, 1973）一書中，他提出現代社會不僅已變成**後工業社會**（postindustrial societies）而且已變成以知識為基礎的**資訊社會**（information societies），在這樣的社會裡，科學和技術以及專業和技術工作已是主要的了。貝爾由此發出的信息是一個樂觀的未來和一個社會衝突日漸減少的社會。然而，在《資本主義的文化矛盾》（*The Cultural Contradictions of Capitalism*, 1976）一書中調子卻改變了。在該書中貝爾指出了現代社會三個相互競爭的「軸心原則」（axial principles）之間新的緊張關係尚未解決。這三個原則是：1.技術—經濟的效率；2.普遍的公民權利義務、政治平等和享受社會福利的權利；3.個人的自我表現和享樂主義的滿足（參見 legitimation crisis **正當性危機**）。因此，可以說貝爾對現代社會的社會學分析，已經抓住了現代社會正在變化的命運和基調。參見 futurology **未來學**。

Bendix, Reinhardt 本迪克斯（1916 – 1991）　德裔的美國社會學家。他以對**韋伯**（Weber）的社會學的解釋，特別是《馬克斯·韋伯：一幅知性畫像》（*Max Weber: an Intellectual Portrait*, 1960）和他在歷史和比較社會學方面的廣泛研究成果而聞

名。這些研究成果包括以下的著作：《工業中的工作和權威》
（ *Work and Authority in Industry* , 1956 ）；《工業社會中的社
會流動》（ *Social Mobility in Industrial Society* , 1959 ）；《國
家建立與公民權》（ *Nation Building and Citizenship* ,
1964 ）。參見 social mobility 社會流動。

Benedict , Ruth　潘乃德 (1887－1948)　美國文化人類學
家，她跟隨鮑亞士 (F. Boas) 的傳統，在比較人類學上採取一
個文化相對主義的取向。她在研究上的貢獻主要是對於文化和人
格的探討採取一種心理學的取向，她在種族的研究上也一直頗具
影響力。在她最爲著名的作品《文化模式》（ *Patterns of Cul-
ture* ）中，她試圖證明心理正常的想法是由文化所產生的，變異
性很高，而且某一社會高度評價的人格特質可能在另一社會中被
視爲是負面的。米德 (M. Mead) 可能是她最出名的學生。

Benjamin , Walter　邊雅明 (1892－1940)　與法蘭克福批判
理論學派 (Frankfurt school of critical theory) 有聯繫的德國文
化理論家。邊雅明的唯物辯證法同時根源於猶太神秘主義和歷史
唯物論。做爲進步的歷史必須被推翻，而文化商品可被拯救，或
轉化成「辯證的形象」(dialectical images) 以闡明當前革命的
可能性 [見《啓蒙》（ *Illuminations* , 1955) 和《單行道》
（ *One Way Street* , 1974 ）]。他的研究成果對於新馬克思主義
的美學 (aesthetics) 和「大衆文化」(mass culture) 理論所作
的貢獻，在今天被認爲特別重要。他的部分研究工作是對社會主
義劇作家布萊希特 (Berthold Brecht) 著作的理論分析。布萊希
特的影響使邊雅明的思想方向從批判地否定一個集體革命主體，
轉向革命性的肯定（ 見《理解布萊希特》, *Understanding
Brecht* , 1973 ）。與阿多諾 (Adorno) 不同的是阿多諾對「大衆
藝術」(mass art) 的前途持悲觀態度，邊雅明則仍然希望能出
現一種進步的潛能。阿多諾保留甚至加強了古典「現代主義」
（和資產階級）對高尙文化和其他大衆文化形式加以區分的態
度，邊雅明則對這種區分持懷疑態度。因此他接受了很多後來成

爲後現代主義（postmodernism）特點的傾向。

Bentham, Jeremy 邊沁（1748－1832） 英國的法學家、政治和社會理論家、社會改革家和現代哲學**功利主義**（utilitarianism）的奠基人之一。作爲法學家，邊沁對普通法（common law）傳統的適宜性提出質疑；他對自然法的概念（見 natural rights and natural law **自然權利和自然法**）甚至更加挑剔，把它形容爲「誇張的胡說」（nonsense on stilts）。爲了取代它們，邊沁提倡立法以及法律普遍法典化，以及**法律實證主義**（legal positivism）。他對監獄改革十分關注，因而提出關於現代監獄的設計。見 panopticon **環形監獄**。

Berger, Peter 柏格（1929－ ） 維也納出生的美國社會理論家和宗教社會學家。在《現實的社會建構》（ *The Social Construction of Reality*，與 T. Luckmann 合著，1966）一書中，他叙述了**常識**（common-sense knowledge）在日常生活和制度的社會建構中所起的作用，這是他從**舒茲**（Schutz）的現象學觀點發展而來的。他對宗教的研究成果有《宗教的社會現實》（ *The Social Reality of Religion*，1969），提出社會學家應採取一種「方法論的無神論」的立場，不必去討論宗教是否只是一種社會創造物，因而引起一番爭論。他還寫了一部可讀性很高的社會學入門《社會學的邀宴》（ *An Invitation to Sociology*，1966），他在書中頌讚社會學的樂趣——按照柏格的說法，社會學是「學術性學科中的一門皇家遊戲」。參見 structure and agency **結構和能動作用**；phenomenological sociology **現象社會學**。

Bergson, Henri 柏格森（1859－1941） 法國哲學家，他關於時間（time）的著作影響了社會學思想。在《時間與自由意志》（ *Time and Free Will*，1889）中，他將日常生活中體驗到的時間[「連續的綿延」（continuous duration）]和科學思想中的時間加以對比。

Bernstein, Basil 伯恩斯坦（1924－ ） 倫敦大學教育學院

BERNSTEIN, BASIL

教育社會學（sociology of education）教授。使他最負盛名的可能是他在社會語言學（sociolinguistics）方面的開創性工作，以及對社會階級以及兒童在家庭與學校環境中所掌握和運用的語言之間的關係的研究。他在20世紀60年代所寫的一些早期論文中，確立了在正式和公開語言中存在着工人階級使用的「限制」代碼和中產階級使用的「精密」代碼（見 elaborated and restricted codes 精密代碼和限制代碼）。這些關於語言的理論和他的經驗性研究在英國和世界其他各地廣爲傳播。

人們大多注意伯恩斯坦著作的社會語言學方面，因而忽略了他更深遠的旨趣：權力分配和社會控制的原理。這種旨趣表現在他的《階級、代碼和控制》（ Class, Code and Control vol. 13, 1971－1977）中。他的研究方法基本上是結構主義的（見 structuralism 結構主義），而且他從涂爾幹（Durkheim）的著作汲取了許多東西。這可從他關於教育知識的組織、傳布和評價的作品中清楚地看到。教育基本上是一種知識代碼的形式；它怎樣被組織、傳播和評價，則反映出了社會控制的模式。課程構成以某種方式分類（見 classification 分類）知識單位，有的分開有的結合，這種分類指涉各知識領域之間的界限。課程這個詞是與「構架」（framing）的概念並行的，這個概念指的是教育知識傳播的方式。伯恩斯坦的意思是說從經驗上看，分類和構架的信息系統就實現在支撐學校的課程的集合和整成兩種代碼中，對於秩序與控制會產生效果。集合代碼（collection code）是經過嚴格分類和劃定疆界的，學生們只能選擇明確劃定的內容，這些內容的形式就是專門界定的課目，例如歷史、地理、化學、物理和生物學。整成代碼（integrated code）由彼此有開放關係的內容構成，例如社會研究和科學。因此知識的組織反映在附著於每一種代碼的教育哲學中，及其與權力和控制原理的關係中。集合代碼意味着講授式的教學，即反覆灌輸事實；整成代碼意味着一種以個人或學生小組自我調整爲基礎的教學論。

由是可以看出伯恩斯坦以一種更複雜和更徹底的知識傳遞代

碼理論，發展了他最初的關於社會語言學的著作。實際上，限制性代碼與集合代碼相關，而精密代碼則與整成代碼相關。集合代碼建立在限制性選擇和有限許可結合方法的原則之上，而整成代碼則有更大的選擇和結合的自由。

Bernstein，Eduard 伯恩斯坦（1850 – 1932） 德國社會民主黨理論家，他最常以馬克思主義中的**修正主義**（revisionism）知名，在他的主要著作《社會主義的預設》（*Die Voraussetzungen des Socialismus*，1899）中，他主張資本主義社會中政治權利的普及擴大，會逐步轉化這種社會，並且避開經濟危機，不再有暴力革命或無產階級專政的必要性。

Beveridge Report 貝弗利報告書 確立英國在二次大戰後立即做爲一個**福利國家**（welfare state）的原則的一份報告。此一報告的正式名稱是《社會保險與相關服務》（*Social Insurance and Allied Services*，1942），但更常因其作者威廉·貝弗利而知名。

貝弗利一方面受到提倡充分就業的凱因斯經濟學模式的影響，一方面受到兩次大戰之間的經濟蕭條的刺激，他想要創造一種可以根除五大問題（怠惰、無知、疾病、骯髒、缺乏）的社會政策。這一份報告主張引進社會保險制度，以提供一個普遍的社會安全（包括家庭津貼）體系和一個普遍、廣泛、免費的**國民保健署**（National Health Service）。雖然貝弗利報告書得到了廣泛的支持，但有人批評它確立了一個薄弱的慈善體制，並且加強了妻子在經濟上對於其丈夫的依賴，因爲按照這個架構，在結婚的夫婦中，只有丈夫有聲請權。

bias 偏誤 ①指社會學數據或者是結論的正確性、**信度**（reliability）和**效度**（validity）等，由於所用研究方法的缺陷或研究者（或理論家）的先入爲主之見（如政治信念或道德信念）而受到歪曲的情況。參見 objectivity **客觀性**；value freedom and value neutrality **價值不涉入與價值中立**。②狹義指統計分析中母體某變數的假設「真值」（true value）與從具體回答者抽樣所得值

之間的差異。參見 biased sample 有偏樣本。

biased sample　有偏樣本　指沒有眞實反映母體實際情況的母體樣本（sample），亦即不是**代表性樣本**（representative sample）。

　　當要調查母體中發生的某些事件或行爲時，例如投票的意向，往往不可能調查全部母體，所以要從母體中抽樣。爲了使這一抽樣得出可以接受的數據，它必須能代表作爲抽樣來源的母體，因此有必要以能夠保證這一點的方法選擇抽樣。如果做不到就會產生偏差，搜集到的信息就不能眞正反映所要調查的母體情況。因此，若是以詢問街上行人的方法選擇抽樣，就會產生相對那些不上街、不逛商店或整天工作或上學的人的偏差。**問卷**（questionnaires）試圖克服這種偏差，但似乎又會發生相對於那些不想回答問卷，並不想寄回問卷的人和文盲的偏差。爲了使偏差縮小到最低程度，如果隨機抽樣不可能，就有必要通過比較母體的所有有關的參數，如年齡、階級和居住地來審愼選擇抽樣，或者通過親自訪問（interview）來保證盡可能高的回答率。

bilateral descent　雙系繼嗣　（人類學 anthropology）用以描述同時通過男女兩性來確認的親屬制度。

bilineal descent　雙重繼嗣　（人類學 anthropology）double descent 雙重繼嗣的同義詞。

bimodal distribution　雙峰分配　見 measures of central tendency 集中趨勢的測量。

binary conceptual system　雙元概念體系　見 deconstruction 解構；Lévi-Strauss 李維史陀。

binary system of higher education　高等教育的雙元體系
英國在1965到1991年之間施行的高等教育體系，由大學和技術學院（polytechnics）提供教育。大學本身授予學生學位；技術學院則由全國學位會議（Council for National Academic Awards）來授予。雖然在形式上地位是相同的，但這兩種機構的不同反映

了他們不同的歷史發展，雖然這兩類機構有重疊的部分，但技術學院則提供較廣的職業和兼業課程。畢業生的職業前途也存在著差異，技術學院的畢業生有時在獲取大學畢業生層級的工作時遭遇到較大的困難。1991年新型大學的設立，在形式上標示了雙元體系的結束。不過在以前的大學和技術學院之間的差異（不只是研究的層級），仍然存在於舊式大學和新型大學之間。

biographical method　傳記法　在建構社會學說明時，使用私人文件（例如信件、日記）。見 life history 生命史；Znaniecki 茲納尼茨基。

biomechanical（biomedical）model of illness　疾病的生物力學（生物醫學）模型　基於下述概念下所定義的疾病模型：身體被視爲一個可能發生故障，並需要治療以便恢復良好工作狀態的物質系統。儘管在醫療設施之外進行了大量非正式的保健工作，這種疾病模型指示當人們處於不能用自我醫療治癒的病痛或有生命危險的情況時，他們通常是去找醫生看病。這種疾病模型有下列諸元素：

(a)通常人們沒有生病的跡象，或者不知道自己有病；

(b)疾病是由於偏離一套生物規範所致；

(c)因生物原因產生的情緒上或身體上的變化使人們意識到出了毛病；

(d)對出了毛病作出的最初反應，就是使用非專業的治療方法，例如休息或者服用專利藥品；

(e)如果生病的跡象持續或更加嚴重，人們就會去找醫生；

(f)這時，人們或者被醫生診斷爲有病並給予治療，或者被告知沒有什麼毛病；

(g)被診斷爲有病的人經過一段使他恢復健康的療程，然後被宣布爲治癒。

社會學家們對這種模型提出了異議，並把疾病區分爲生物性疾病（disease）和社會性疾病（illness）。前者指生物學上的狀態，例如一肢骨折或肺結核；後者則包括主觀的感覺不適和病人

的社會身分。參見 symptom iceberg 症狀冰山；trivial consultation 瑣屑諮詢。

birth certificate　出生證書　一紙登記兒童出生所發放的證明書。最先在英格蘭和威爾斯建立的制度，證書上顯示出小孩的全名、性別、雙親的姓名（包括母親娘家的姓）以及父親的職業。出生證書提供歷史社會學家一堆研究生命史、生育模式及非婚生的資料來源。

birth cohort study　同期出生群研究　出生於某一年份的特定時間的樣本之貫時研究（longitudinal study）。英國方面的例子有1946年的《醫學研究會議之全國健康和發展調查》（*The Medical Research Council National Survey of Health and Development*），1958年的《全國兒童發展調查》（*National Child Development Survey*）。

birth rate　出生率　在不同年代中，一年之內每千人的出生存活人口數。二次大戰之後，英國的出生率不斷上升，到1960年代中期便開始下降。在1951年以後，出生率最高的是1964年，每千人有18.8存活出生人口；最低是1977年，每千人有11.7存活出生人口。

整體出生率有時稱為「粗出生率」（crude birth rate）。各種不同「特定年代」的出生率測量可加以計算，以提供更可靠的人口（population）趨勢圖像。有人提出說出生率變化可能和經濟周期有關，但這不是一個簡單的關係。影響出生率的變數包括結婚時間的長短、人口的年齡結構以及使用的避孕法，這些和經濟因素形成了複雜的互動關係。參見 demographic transition 人口轉型；population 人口。

black　黑人　指涉各種非白人族群的用詞。尤其在非洲裔的族群之間特別喜歡用這個詞，反映出對於身為黑人的自豪與認同。此詞的使用和1960年代美國黑人政治行動主義的興起有關，並反映在「黑就是美」（Black is Beautiful）這句口號中。其他描述

黑人的用語，像是有色人種（coloured）、尼革羅（Negro or Negress），現在一般被視為是有冒犯性的用語。

在英國（以及別處），使用這個詞以描述亞裔的「非白人」則有爭議。許多亞洲人士反對用「黑人」這個詞來描述他們，並且認為這個用法混淆了諸如巴基斯坦人、孟加拉人、印度人、西印度群島人、非洲人等許多不同族群的身份。反對的論證指出，不管他們的族群或國家出身，在英國的「非白人」都可能受到歧視（discrimination）和制度化的種族主義（racism）之害。就此意義而言，非裔及亞裔的團體在相當程度上都承受同一種經驗，參見 black power movement 黑人權力運動；negritude 黑人文化復興運動。

black-coated worker 黑上衣工人 （尤指男性工人）上下班的職員或辦公室工人。社會學用以指涉此類工人的用詞，更常使用白領工人（white collar worker）。

洛克伍（Lockwood, 1958）最先使得「黑上衣工人」這個詞在社會學中流通，他在書中對於一群這類工人加以歷史的解釋，並批判簡單的無產階級化（proletarianization）論證。洛克伍區分了「市場」、「工作」、「身分」情境（見 multidimensional analysis of social stratification 社會階層化的多元分析）。就歷史演進而言，大部分的辦公室工人和工人階級在身分、薪水和條件上存在著清楚的分別。最近以來，體力工人和上下班非體力工人的市場情境（market situation）在某種程度上有融合的跡象，不過在工作情境和身分情境（work and status situations）上，還是有顯著的不同。體力和非體力工人在工作的空間上有別，而黑上衣工人比體力工人享受更高層次的威望。這就說明了階級意識（class consciousness）和政治態度的不同，黑上衣工人更喜歡把他們自己視為是中產階級（middle class），並投票給保守黨。在新版的《黑上衣工人》一書的後記中，洛克伍否定任何辦公室人已體驗到無產階級化或徹底簡化操作技能（deskilling）。參見 subjective and objective class 主觀和客觀的

階級；relative deprivation 相對剝奪。

black economy　黑市經濟　見 informal economy 非正規經濟。

black Muslims　黑人穆斯林　一些美國—伊斯蘭黑人宗教、社會和文化運動及其信奉者。在20世紀美國黑人社群中，興起一些廣泛地以伊斯蘭原則並從可蘭經（Koran）中汲取資源的教派（sect）和社會運動（social movement）。這些教派中，以以利亞‧穆罕默德（Elijah Muhammad）從1950年代早期到1975年所領導的伊斯蘭國（the Nation of Islam）最具影響力。

伊斯蘭國相信「白人」社會是罪惡的根源，而美國黑人應該努力創建一個完全由黑人組成的獨立而自足的國家。黑人穆斯林相信不應和白人權力結構達成任何妥協，伊斯蘭國鼓勵創立自己的商店、學校、醫院工業和金融機構，以使得黑人能免於美國白人社會的經濟和文化力量的控制。

許多黑人穆斯林成為1960年代和70年代早期的美國黑人權力運動（black power movement）的靈魂人物。伊斯蘭國廣布的影響力又因為知名人物如馬爾孔‧X（Malcolm X，黑人激進分子）和阿里［Muhammad Ali，世界拳王，原名克萊（Cassius Clay）］等人的信奉而提高了。在以利亞‧穆罕默德於1975年去世之後，伊斯蘭國以及整個黑人穆斯林運動已經四分五裂，不再那麼具有影響力了。

black power movement　黑人權力運動　一個屢次訴諸武力抗爭的社會運動（social movement），起源於20世紀60年代中期的美國。它強調白人統治的權力結構使黑人處於從屬地位，主張必須從白人手中奪取權力以便從實質上改善黑人的處境。這個運動是黑人積極分子針對民權運動（civil rights movement）未能真正改善黑人狀況，並以犧牲城市貧民區為代價而把注意力集中在南方有種族歧視的農業州而作出的激烈反應之一。黑人權力運動特別與一批更激進的成員接管學生非暴力協調委員會（SNCC）有關，這些成員中最突出的是卡邁克（Stokely

Carmichael）。學生非暴力協調委員會從1960年成立之時起，就站在反抗更激烈和範圍更廣的民權活動的最前線，這些活動包括大學裡的靜坐抗議、「自由搭車」（Freedom Rides，沒有種族隔離的公共汽車）和選民登記運動。雅各斯（Paul Jacobs）和林道（Saul Lindau）在黑人權力運動湧現前不久所著一書（1966）中寫道：「那些居住在南方飽受騷擾、逮捕、毆打和心理折磨而疲倦的老鬥士們，當他們面對美國經濟和政治體制全面而且往往是狡詐的權力時，已經開始重新考慮自己的目標」。同年，在談到黑人權力出現時，卡邁克寫道：「我們必須爭取權力，因為這個國家不是靠道德、愛和非暴力，而是靠權力運轉的……大融合只不過是維持白人至上的一個藉口」（自 F. Barbour 著作中引述，1969）。這種源自於一些黑人分離主義和黑人自尊主題之轉變，嚴厲斥責美國的「體制」是種族主義和無法改革的制度，並且強調黑人自治和自力更生的精神。

Black Report　布萊克報告書　由布萊克爵士（Sir Douglas Black）為首檢討健康不平等狀況工作小組（the Working Group on Inequalities in Health）所作的報告書，出版於1980年，布萊克是健康部首席科學家及皇家外科醫生學院的主席。更簡明的版本由湯申（P. Townsend）和大衛生（N. Davidson）所出版，名為《健康的不平等狀況》（*Inqualities in Health*）。布萊克報告書檢討英國健康統計資料（罹病、死亡以及享有健保服務的機會）並和其他歐洲共同體及北歐國家的數字加以比較，發現：

(a)各年齡層的男性死亡率都要比女性高。

(b)第1級和第4級受雇男性的死亡率差距在1949至1972年之間加大了。

(c)第3、第4和第5級男性死亡率在同時間惡化或不變，但相對於第1和第2級合計男性死亡率，則有增加。

(d)女性的死亡率情況類似，人數最多的第4級的已婚與單身女性則有惡化。

(e)各群每千人出生的死亡率都逐年遞減，但在1959至1972之

間,第4和第5級合計的死亡率比第1和第2級合計的死亡率,相對
較高。

(f)各群母親的死亡率下降,可是一直有階級的差別。

(g)各級到14歲爲止的兒童的平均壽命和生命機會都沒有顯著
的改善。

該報告書發現疾病與死亡有階級成分在,而這成分在健保設
施的階層化取得和使用中又重複同樣的狀況。結論是影響健康的
重要因素是收入、職業特色、教育、居住和生活方式,這一切都
是國家保健署(NHS)的能力所不及之處。

該委員會做了一些深遠的政策建議,集中於三個區域:

(a)改善照顧母親和孩童的設施和資源。

(b)優先照顧殘障人士,以便改善他們的一般生活品質,讓他
們得以在自己家中被照料,並減低他們需要機構照顧所受到的風
險。

(c)優先鼓勵良好健康習慣以及去除不健康習慣(像抽煙)的
預防性和教育性措施。

不過整體的結論是,要是政策沒有減低貧窮的策略,這些建
議都不可能完全奏效。

Blau, Peter 布勞(1918-) 美國社會學家。最早使他獲
得組織理論家聲望的是他的著作:《科層制動力學》(*The Dy-
namics of Bureaucracy*, 1955)和《正規組織:一種比較研究方
法》(*Formal Organizations: A Comparative Approach*,與
W. Scott 合著,1962)。後來,他與鄧肯(O. Duncan)合作,
還撰寫了一部關於職業結構的經驗研究的經典之作《美國職業結
構》(*American Occupational Structure*, 1967)。在《交換與
權力》(*Exchange and Power*, 1964)一書中,他創立了一種**交
換理論**(exchange theory),這種理論的目的是「從比較簡單的
過程引導出複雜的過程,而免於化約主義忽視突發的原創性的謬
誤」。布勞認爲,「社會交換」是「社會生活的中心原則,即使
像愛情和友誼這樣的關係也可以被分析爲交換關係」。簡單社會

中的物物交換制度，具體而微地反映出社會交換的根本原則，例如「互惠創造了地位相等的人們之間的社會聯繫，不互惠則造成了身分的差別」。爲了避免一再重複使用社會交換這個概念，布勞把它限於這樣一些行動：即視他人作出回報反應而定，如果沒有回報反應，這些行動就會終止。

Bloch，Marc　布洛赫（1886－1944）　研究中世紀法國歷史的歷史學家，曾執敎於史特拉斯堡，自1936年起在巴黎大學文理學院任敎。他在社會學方面的影響主要是他的重要著作《封建社會》（*Feudal Society*），該書於1961年以英文出版。他在書中強調封建社會作爲一個整體所起的作用，而不是着重於別的理論家所關注的政治或經濟方面。他是《經濟與社會史年鑑》（*An-nales d'histoire e'conomique et sociale*，1931）的共同創建人之一（見 Annales school 年鑑學派）。他參加法國反抗運動而於1944年被蓋世太保殺害。

blue-collar worker　藍領工人　美國人稱體力勞動者的同義詞。與它相對的是白領工人（white-collar worker）。

Blumer，Herbert　布魯默（1900－1987）　美國社會學家，先後就讀和執敎於芝加哥大學。他以宣揚米德（G. H. Mead）所創象徵互動論派的敎師和作家而聞名。象徵互動論（symbolic interactionism）這個名字是他取的。參見 variable 變項。

Boas，Franz　鮑亞士（1858－1942）　德裔美籍人類學家，在創建現代文化人類學（cultural anthropology）方面扮演了先鋒者的角色。他反對演化理論，並在建立起主宰現代人類學的民族誌技巧方面有特別的影響力。他強調各文化的相對性，並強調以各文化自身的觀點理解文化的重要性。

body　身體　個別人類存在的物質形式，不過也同時是一社會產物，因爲人類的生物能力在許多方面不是由生物因素完全決定的，而是深受到文化界說和社會的影響而成形。

　　社會學中有許多主題區域〔例如保健醫療社會學（sociology

of health and medicine）或是戈夫曼（Goffman）所研究的身體在一對一互動時的取位〕提出身體爲核心問題，而且身體的基本特徵（例如它的脆弱性和有限性，它在時空運動上的限制）具有關鍵性的社會蘊涵。其中一個重要的社會蘊涵是每一個人類社會都必須保持人類的健康、福利和再生產的基本物質條件。身體的脆弱性也表示**暴力**（violence）的威脅對於維持和限制政治**權力**（power）而言，是一個決定性的因素。

最近社會學對於身體的研究已經成爲這門學科更爲核心的焦點了，可見之於對傅柯（Foucault）及艾里亞斯（Elias）關於調理身體歷史變遷的重視，以及對於透過手勢、姿勢、化粧品和服裝把身體視爲一種溝通媒介〔參見**身體語言**（body language）〕的研究之注意。女性主義理論尤其注重對於女性身體，或部分身體在**廣告**（advertising）及色情當中加以刻板地使用，以及西方文化中的男性身體典型和女性身體典型的差異（參見 anorexia nervosa **神經性厭食症**）。

在古典哲學，其中一個核心問題是身-心關係（見 dualism **二元論**），這個問題也反映在現代社會學的許多論爭中〔例如，**自由意志**（free will）的想法〕。不過，許多人像是梅洛龐帝（Merleau-Ponty）指出，任何行動必定牽涉到「身體的存在」（bodily being），所以全然的身心二元論並不適當。最後〔不管現代理論家對於**去中心自我**（decentred self）看法的可行性如何〕，做爲「人」（person）的物質存在，個人身體對於個人之識別、身份及連續性而言是重要的，儘管還不是其唯一的基礎。

body language　身體語言；肢體語言　用手勢、姿勢和其他非口頭語言（non‐verbal）的記號所進行的溝通。阿蓋爾（Argyle, 1967, 1969）和莫里斯（Morris, 1978）都記錄過對人類非口頭語言溝通的詳細觀察。身體語言可能不僅包括有意的溝通，而且還包括無心的符號（signs）。在社會學方面，社會理論家們，特別是戈夫曼（Goffman），都曾對於社會**會面**（encounter）時身體的適當取位（positionings）進行了研究。參見

face-work 保面子。

Bogardus scale　博加達斯量表　見 social distance 社會距離。

Booth, Charles James　布思（1840－1916）　英國企業家、船主和社會改革家，他認識到需要有系統的和可靠的資料才能支持社會改革事業。他是最早提出和使用調查法（survey method）搜集關於貧困（poverty）和收入資料的人。他的統計結果發表在《人民的生活和勞動》（*Life and Labour of the People*, 1889－1891）和《倫敦居民的生活和勞動》（*Life and Labour of the People in London*, 1891－1903）。他尤為關注貧苦老人，並對於制定1908年的《老年人養老金法》（*the Old Age Pensions Act*）發揮了影響。參見 social survey 社會調查；Rowntree 朗特里。

boundary maintenance　維持邊界　見 social system 社會系統。

bounded rationality　有限理性　一種人類行為模式：根據對情況和預期結果的知識之有限性和不完美性，因而行為絕不是完全合乎理性的。有限理性的概念來源於馬奇和西蒙（March and Simon, 1958）以及西蒙關於組織內部決策（decision making）的著作（1957 a & b）。他們的著作批評了企業經濟理論中的完全理性模型或理想型（ideal type）。與經濟理論中利潤最大化假定相反，馬奇和西蒙認為，組織內的實際行為從達到目標上看只能是滿足的（satisficing）而不是「最適的」（optimizing）。這種對「主觀理性」（subjective rationality）的研究方法對組織社會學（見 organization theory 組織理論）產生了影響，因為它表明組織結構（見 division of labour 分工；socialization 社會化）和溝通管道使解決方案的範圍受到限制。

Bourdieu, Pierre　波笛爾（1930－　）　法國巴黎法蘭西學院社會學教授。他嘗試在行動與結構之間找出一條中間道路而對一般社會學理論（sociological theory）作出了重要貢獻，並以他

對文化（culture）社會學的研究和把其中一些概念運用到教育社會學（sociology of education）（見 cultural capital 文化資本）而聞名於世。他受益於各派理論家，如馬克思（Marx）、涂爾幹（Durkheim）和韋伯（Weber）的著作，從而發展出一種關於維持社會秩序的獨特理論。他的主要著作有：《實踐理論提綱》（ *Outline of a Theory of Practice* , 1977）、《學校是一種保守力量》（ *The School as a Conservative Force* , 1966）和《教育、社會和文化的再生產》（ *Reproduction in Education, Society and Culture* , 1977）。他的其他有影響的著作包括《特異》（ *Distinction* , 1984）和《學院人》（ *Homo Academicus* , 1988）。參見 habitus 習性；structure and agency 結構和能動作用。

bourgeoisie　資產階級、布爾喬亞　在資本主義社會中，由資本的擁有者所構成的社會階級。因此資本家主要是一個經濟的範疇，而布爾喬亞則是一個社會的範疇。研究社會階層化（social stratification）的非馬克思主義社會學研究法，傾向於不用這個詞，其原因不只是因為環繞著二十世紀資本主義的管理革命（managerial revolution）的論爭，引出了以資本擁有權為基礎的社會階級到底還存在與否的問題。在更通常的用法中，布爾喬亞這個詞常用於描述中產階級（middle-classes）的生活方式。威廉斯（Raymond Williams, 1976）的作品中對於這個字用法的變遷和分化有一建設性的討論。參見 elite 精英；upper class 上層階級；ruling class 統治階級。

bourgeoisification　資產階級化　見 embourgeoisement 資產階級化；embourgeoisement thesis 資產階級化說。

Bowlby, John　包耳畢（1907－1990）　嬰兒—母親的依戀（attachment）理論的建立者［Bowlby, 1958；《依戀與失落》（ *Attachment and Loss* , 1969）］。包耳畢是在克萊茵（M. Klein）指導訓練之下成為兒童分析師的，在倫敦兒童指導診所（London Child Guidance Clinic）中擔任心理治療師。包耳畢研

究母親與嬰兒之間的連結本質的原始動機來自於世界衛生組織，後者關心在戰爭的破壞期間，尤其在1939－1945年，許多兒童受到機構照顧的不良效應之苦。他在1951年出版他的第一份研究，主要探討母親的照料在塑造兒童日後的心理健康狀態的角色。他在發展依戀論時不僅汲取他在心理分析領域的經驗，同時他的特出之處在於結合了心理分析對於兒童經驗的回憶式探究法，以及許多研究其他人種發展的人種學資料。包耳畢的一些原始觀念（例如母愛剝奪）在更新近的證據底下受到質疑，但是他的理想已經爲所有後起有關兒童對於母親人格的依戀的研究提供了一個架構。包耳畢的依戀論強烈影響了心理學、精神醫學和社會工作各學科，他較通俗的作品也形塑了許多人對於兒童的心理發展和福利的看法。

Braudel, Fernand　布勞岱（1902－1985）　有影響的法國歷史學家、**年鑑學派**（Annales school）成員。他最負盛名的著作《地中海世界和腓力二世時期的地中海世界》（*The Mediterranean World and the Meditarranean World of the Age of Philip II*；2卷本，1972－1973，最初發表於1949年，1966年增補），示範了年鑑學派成員研究方法的特點，即超越傳統的政治歷史之外，而集中注意政治事件的基礎材料細節，同時探究這些事件在全世界的相互關係。在對腓力二世統治下的西班牙外交政策轉向（從地中海轉向大西洋）的分析中，他把經濟方面的資料、人口統計和文化方面的資料與比較傳統的政治分析結合了起來。布勞岱熱中於研究不同時期社會變化的步伐速度，研究不同領域的社會現實。在傳統歷史學表面的短期「事件」（events）的背後，隱藏着需要幾個世紀或幾千年才能發生的變化。從這些觀點出發，布勞岱在《文明與資本主義》（*Civilization and Capitalism*，1973－1982，英譯本）一書中叙述了從中世紀到工業革命的世界經濟發展。布勞岱的批評者們指責說由於不重視政治「事件」的獨立意義，他的著作在糾正社會史與政治史的失衡上可能太過火了。但另外一些人則認爲布勞岱的著作是令人興奮

的，爲現代比較社會學歷史學家們指引了方向，例如**華勒斯坦**（Wallerstein）等人就把他的著作當作自己研究的楷模。

Braverman thesis　布雷弗曼論題　見 proletarianization **無產階級化**。

bricolage　拼貼、湊成　通過對不相關事物別出心裁的運用或非傳統的安排而改變了對象或符號的意義。此詞用於**文化研究**（cultural studies）方面，見 fashion **時尚**。

「拼貼」原本是一個法文詞，最初是由**李維史陀**（Lévi-Strauss）在《**野性思維**》（*The Savage Mind*）一書中使用的，後來爲此書的譯者所使用，因爲譯者找不到合適的與它相當的英文詞；指用手邊能夠得到的任何材料湊成物品的作法，拼貼的結構和結果比其原組成部分更加重要，這些組成部分本身透過創造的行爲已經改變了。

brideprice and bridewealth　聘金和聘禮　（**人類學** anthropology）新郎的親屬在結婚時付給新娘親屬的東西。「聘金」這個詞現在已經很罕用了，因爲言下之意有女性被買來的意思。這個詞被視爲是西方人對於發生在許多文化中，尤其是父系繼嗣制度中一種習俗的不當隱喻。

Buddhism　佛教　東亞的一種道德宗教，其教義源自佛陀——「覺者」，他是公元前六世紀時尼泊爾的印度教貴族。後來佛教傳布很廣，也形成了各種派別。

在佛陀看來，救贖之路是自我否棄、自我修持及靜坐之道，其目標在於逃脫永不止息的轉世輪迴，否則無法從其中解脫出來。涅槃（nirvana）或完全的靈性成就，是最終的目標，因此，在韋伯的用語中，佛教的傾向一直是出世的（otherworldly）。不過，有時佛教也成爲一種十分政治性的宗教，像是西藏的喇嘛教（Lamaism），或是第三世界社會中一部分的抗議運動。

bulimia　暴食症　見 anorexia nervosa **神經性厭食症**。

bureaucracy 科層制;官僚制 ①其運作基於不通融的成文規則和職位等級的組織類型,對「職位」(the office)與任職者有清楚的區分,職位的任用是以正式的資格為基礎的。**韋伯**(Weber)(見 ideal type **理想型**)最早對此作出系統的界定,為社會學對現代大規模組織的研究提供了參考架構。②(本義)官員的統治,因此有官僚(bureaucrats)或「官僚制」的字樣,指涉的是履行規條或實際上「治理」(govern)的人。這是18世紀法國重農學派(physiocrats)使用此一詞語的原義,後來在政治理論而非社會學中被採用(Albrow, 1970)。③(貶義)指的是由於煩瑣的規則、「官樣文章」(red tape)和費時的程序,而沒有效率的組織。科層制等同於無效率的想法,常在日常語言中被提及,也見於後來對韋伯的「理性科層制」(rational bureaucracy)理想型的批評中。

韋伯把科層制分析列入權力、**支配**(domination)和正當性(見 legitimate authority **正當權威**)理論之內。在這項理論中,現代理性科層制最接近於「合法—理性的支配形式」(legal-rational forms of domination)(Weber, 1922),這種形式依賴於貨幣經濟、自由市場和法典化的發展,以及行政權的擴大,特別是**國家**(state)行政權。韋伯的理想型科層制包括:

(a)在一個專業化職位等級制度下,以成文規則為基礎的統治;

(b)任用人員以資歷為依據;

(c)職位是不能通融的,並與任職者明確分開;也與私生活和私有財產無關。

因此,擔任職位是一項以專門訓練為基礎的「職業」(vocation),它提供有退休金和任期保障的薪資,並提供一個事業的晉升管道,在此管道上的提升取決於資歷和(或)能力。

純粹形式的理性科層制被認為在技術上優於所有以前的行政形式(如世襲制和父權制)。這是由於它的速度、可預測性、精確性和沒有個人考慮、不動感情地處理「案子」(cases)。因

此，韋伯對理性科層制和古代社會早期的科層制形式之間作了區分，後者的基礎是個人對統治者的效忠和以實物付酬。現代科層制滲透到國家行政和資本主義社會所有的主要機構中，包括軍事、教會、教育和私人企業中。

科層制的廣布體現了現代世界的理性化（rationalization）過程，其結果則是充滿弔詭的。一方面，科層制像一部機器一樣，有「形式理性」並且「有效率」，但在另一方面卻也帶著對於民主制和人類自由的威脅，是非人化的（dehumanizing），並否定了基本價值以及韋伯稱之為實質理性（substantive rationality）（見 rationality 理性）的東西，就此意義而言，科層制的基礎是非理性的（irrational）。

韋伯關於科層制的權力在資本主義下有所進展的悲觀論調，也反映在他認為科層制即使在社會主義下也不可避免的觀點中。唯一的問題只是「誰掌握科層制的機器？」（參閱 iron law of oligarchy 寡頭統治鐵律）。科層制與民主制之間的矛盾是貫串於著名的精英理論家如莫斯卡（Mosca, 1884）著作中的一個研究課題，也是所謂「管理革命」（Burnham, 1943）的概念。參見 corporatism 統合主義；elite theory 精英論；managerial revolution 管理革命。

相較於韋伯，馬克思（Max）將他對於科層制的簡短討論，限制於國家理論的一個側面。科層制是寄生性的，做為階級支配的工具而替統治階級的利益而服務；它沒有自主的權力基礎，而只是依賴私人資本的權力，在未來的社會主義社會中，科層制會如同國家一般「枯萎」（見 state 國家；ruling class 統治階級）。馬克思和韋伯對於權力和階級本質的相異看法，替日後有著根深蒂固的科層制的前蘇聯和東歐社會的權力結構的辯論提供了相當的基礎。科層制和社會主義間關係的問題由吉拉斯（Djilas, 1957）描繪得很清楚，他認為東歐的黨科層制是一種新階級（new class），基於控制國家而不是私有財產之上。

因此韋伯的影響力顯現於社會主義矛盾的分析上。反之，對

於韋伯的科層制分析的重要批評途徑之一則來自於馬克思主義的角度。例如高德納（Gouldner, 1955a）在一篇著名的論文中從另一個角度批判韋伯強調科層制不可摧毀性的觀點，他批評韋伯這種宿命論的陳述方式中所內蘊的「形而上悲情」（metaphysical pathos），將科層制呈現為否定一切人性選擇的可能性，忽略了其他能和民主制更相容的科層制形式。例如高德納（Gouldner, 1954）在另一項研究中便將「代表制」（representative）的科層制與「處分為中心」（punishment-centred）的科層制加以對比。

自韋伯以來，對科層制的研究包括為數眾多的對理想型進行的經驗研究和批評，它們構成了現代組織理論（organization theory）（參見 organization 組織）的基礎。理想型的研究結果表明實際的科層制並不按照韋伯的理想型運作，原因是科層制內部存在著非正式結構和各小團體之間互相衝突的利益，以及由於正式規則的僵硬性而導致效率低下。例如默頓（Merton）和塞爾茲尼克（Selznick, 1966）所作的研究，已經成為證明科層制規則可能是反功能的和導致非意圖結果的小型經典之作；規則本身成了目的而不是用來達到目的的手段（見 goal displacement 目標置換；functionalism 功能論）。布勞（Blau, 1955）對聯邦法律執行機構的研究證明非正式的做法比嚴格遵守僵硬的正式規則更有效率。而且正式規則可能被負責組織的成員用來謀取與正式目標相悖的個人私利（Crozier, 1964）。

在韋伯以後已經產生了一些本身很有意思的研究文獻，但它們作為對韋伯的批評所具有的意義則仍然是一個有爭議的問題（Albrow, 1970；Mouzelis, 1975）。無疑地，許多批評誤解了韋伯的研究方法，並把韋伯對科層制的更廣泛社會後果的研究貶低為狹隘的對組織效率的關注。對理想型的評價——對它怎樣估計和它是否掩蓋了一些假定——也發生了混亂。然而即使理想型被證明是正確的，韋伯的說法仍然存在問題，即對科層制底下的人員的行動缺乏任何「意義理解」（meaningful understanding）

（韋伯所提倡的方法），抑或有他種科層制的理想型被證明更爲有用。

最近的研究則顯示在批判勞動過程（labour process）理論和管理控制理論中，重新引進韋伯式的主題。對於內部**勞力市場**（labour markets）和科層控制的分析，已經用於修正以往基於科學管理的**簡化操作技能**（deskilling）邏輯來談勞動過程的觀點。較早的戰後狹隘的組織效率分析，已經讓位給馬克思和韋伯都很關心的資本主義發展和支配結構的問題。

busing　校車接送學童　指用公共汽車將一特定團體的兒童，特別是一族群團體的兒童，從一個居住區接送到另一不同族群混雜的居住區，目的是要在學校中達到族群或「種族」（racial）比例的平衡。校車接送學生起源於美國，用這種方法試圖達到種族或民族平衡的做法也主要限於美國。

校車接送學童是在1954年以後開始的，當時美國最高法院判定（Brown v. Board of Education）分隔教育在美國是違法的；爲黑人（black）和白人兒童提供不同的設施，並不能提供平等的機會。校車接送學童做爲一種創造平等教育機會的手段，在美國一直是一個爭論四起的主題。在1970年代英國的某些地方教育當局小規模地引進了校車接送學童的作法，但很快就放棄了。現在在南非還使用著。

C

carceral organization　隔離組織　指監獄制度或精神病院之類的任何組織，個人被監禁在其中接受懲罰或矯正，並被禁止在更廣大的社會裡進行「正常」社會聯繫。這種專業化監禁機構的存在被有些人認為是現代社會的一個特點（例如 Foucault 傅柯，1975）。參見 total institution or total organization 全控機構或全控組織；surveillance 監督。

career　事業；經歷　①指個人一生中先後擔任過專業性或職業性職務的歷程。②（由①類推）任何個人在非職業生涯中的模式或進程，例如吸毒者的「偏差經歷」（deviant career）（Becker, 1953）或精神病人的道德經歷（moral career）（Goffman, 1964）。

　　職業經歷或者是在地位和收入等級制度中不斷取得進展的歷程（如許多中產階級的典型經歷，見 professions 專業），或者是沒有任何明顯的結構和進展，如體力勞動者的普遍情況。性別差異對經歷的影響是近來勞力市場社會學（如 Dex, 1985）重要的課題。見 labour market 勞力市場；dual labour market 雙元勞力市場②。

cargo cult　船貨崇拜　一種信仰千禧年運動（millennial movement）的形式，廣泛盛行於現代殖民時期的美拉尼西亞。在這一運動中，崇拜（cult）的信奉者謀求用巫術（magic）和儀式（ritual），如建造飛機跑道和飛機的模型，以得到西方消費商品的運送。這種崇拜是當地文化在脫序（anomie）和被破壞的情況下，結合西方信仰及土著信仰而成，有時是由殖民主義浪潮造

成的。船貨崇拜運動的基礎不僅是對西方文化的不夠了解，並且是由於土著宗教中關於物質財富源自於超自然的假設，當對西方文化的了解增加時，這些運動便會趨向於政治—宗教性運動［見Worsley《號角將會吹響》（ *The Trumpet Shall Sound* ），1968］。

casework　個案工作　在社會工作（social work）和某些諮商情況中使用的一種調查、照顧和給予忠告的方法。它是在案主個人成長背景的脈絡中研究其當前的個人問題。這種工作的關鍵是由社會工作者保留一份關於社會工作者與委託人之間互動的記錄，以便明瞭案主當前問題的原因和結果的糾葛。

caste　喀斯特　一種社會階層化（social stratification）的形式，包括一個階級分明的、封閉的、族內通婚的多階層制度。這些階層成員的資格是天生的，階層之間的接觸受到限制，且理論上階層之間的流動是不可能的。雖然喀斯特由於其成員從事或獲准從事的典型職業不同，而反映了經濟上的不平等，但喀斯特分層的最終根源為非經濟的標準。最純粹的喀斯特形式存在於信仰印度教的印度，其喀斯特原則是宗教性的：喀斯特是根據賦與其成員和他們的活動的「儀式上的純潔度」（ritual purity）劃分的。然而有些評論家將喀斯特這個詞擴大應用到種族隔離的情況。在那裡種族仇恨加深了，也許還受到法律規定的支持，就像在南非的情況一樣（見 apartheid **種族隔離**），而且直到最近在美國南部仍存有種族隔離現象（見 Dollard: *Caste and Class in a Southern Town* , 1937）。這個詞的字源也有爭議，「caste」是從葡萄牙語的 *casta* 而來的，但到底它原先只是階級或範疇的一般用語，或者特別和潔淨和純粹的想法有關，仍然不清楚。

　　在歷史上，喀斯特分層的最發達形式，同時也有人認為是唯一真正的形式，發生在印度並和印度教（Hinduism）有關。這個制度歷時三千多年，其起源已不可考。可能起源於族群性和職業專門化的雙重基礎。印度廣闊的次大陸地區有各種不同的族群團體聚居，它們之間的關係往往由征服構成，及各自擁有的專門

化職業技能構成。因此，喀斯特制度似乎是從軍事、政治和社會上的從屬模式、職業的專門化和禁止接觸的禮儀和禁忌等等的種族仇恨中發展起來的。由此看來，以下兩個事實確保了這個制度的發展：第一，這些族群團體為統治者徵收賦稅和貢物的集體化安排提供了合適的單位；第二，存在著一個強大的僧侶集團（the Brahman 婆羅門），這些僧侶能夠把一些禁忌組織成一套有條理的禮儀規定，並與世俗的統治者聯合來執行。

由婆羅門加以改進的這個制度，建立在五大組織上，即四個喀斯特集團（Varna 瓦爾納）和一個喀斯特除籍者集團——「不可接觸者」（untouchables）。這些集團都被排列在一個關於禮儀純潔性的等級制度中，這種禮儀純潔性來自它們的成員被准許或壟斷的生活方式和職業；最高級的喀斯特是婆羅門（Brahmans）和刹帝利（Khasatriyas），後者是世俗和軍事的統治者和地主。這二者之下是商人中產階級（Vaishyas 吠舍）和工人、僕人和奴隸（Shudras 首陀羅）。最後，而且嚴格說來處於這個等級制度之外的喀斯特除籍者或不可接觸者（Harijans），他們只能從事最低賤的職業，被認為在禮儀上是不潔的。然而，瓦爾納（Varna）只不過是這個制度中的最粗略的劃分。在決定日常社會生活方面更有意義的是瓦爾納之下，又分為幾千個通常是按地域劃分的個別喀斯特和亞喀斯特，即查特（Jati）［嚴格翻譯應是分開的「種」（breed）和「類」（species）］。每個查特有它自己的社會等級和喀斯特規章，其目的首先是要通過限制或禁止越出喀斯特界限的通婚、共餐（commensality）以及社交與身體接觸，以保持集團在禮儀上的排他性。其次，這些規章規定了准許成員們從事與查特身份適當的職業和技術。這些規章有世俗和精神的制裁予以支持，這些制裁來源於喀斯特權威、輿論和印度教神義論（theodicy）的懲罰權力。

印度教神義論與關於轉世再生的信仰有關。每個人在喀斯特中的地位被認為是因他們前世信守或不信守喀斯特規則而得來的獎賞或懲罰。由於喀斯特級別是與生俱來的，而且在任何一生一

世中是固定不變的，因而向上流動的唯一希望就在於個人是否能
夠忠實履行喀斯特義務而得到較高級的再生。這就為遵守喀斯特
規則提供了強大的誘因，特別是由於違反規則要在今世受到懲
罰，而且確定來世會出生於更低等級。在印度教思想中，兩套普
遍的教義支持這種精神和社會的控制：法（dharma），指一切
自然和社會事物的全面秩序，包括適合於特定喀斯特成員的社會
行為和社會關係；業報輪迴（kharma）是指關於輪迴轉世的普
遍教義。

　　韋伯（Weber）追溯認為，印度教教徒的極端傳統保守主義
源自於此。他還認為，至少有三個原因使喀斯特制度妨礙了資本
主義在印度的發展：第一，由於喀斯特制度的等級劃分，使城市
「中產階級」不能聯合起來，建立作為資本主義基礎的人身和財
產的自由權利；第二，由於根據宗教利益專門制定的喀斯特法律
為數浩繁，阻礙了一個適合資本主義發展的統一和「普遍的」
（universalistic）法律制度的出現；第三，與喀斯特制有關的禮
儀對職業和技術加以刻板規定，妨礙了勞動力的流動和新技術的
應用。

　　然而，喀斯特的現實有別於它的理論上的制度。一個重要的
區別是梵化（Sanskritization）過程的存在。在此過程中，一定
的查特可以透過逐漸採取高一級喀斯特成員的行為和信念而提升
他們在等級制度中的地位。實際上，與韋伯的觀點多少有些不同
的是，印度自20世紀初以來工業興起，人們的工作行為類型有時
已適應了新的經濟要求，而並非受到喀斯特的束縛。因此，必須
把喀斯特制度和經濟發展之間的關係看得比以往靈活一些。從官
方來說，自從1947年獨立以來，喀斯特劃分不再受到國家的支
持。實際上，其社會意義仍然是不容忽視的。泛論喀斯特的著作
有 V. Bougle《喀斯特制度論文集》（*Essays on the Caste Sys-
tem*, 1970）以及 L. Dumont《階序人：喀斯特體系及其含意》
（*Homo Hierarchicus, the Caste System and Its Implications*,
1970）。參見 class 階級；social closure 社會封閉；參閱 estates

層級。

categorical discrimination 類別歧視 見 discrimination 歧視。

categorical imperative 定言令式 見 Kant 康德；hypothetical imperative 假言令式。

category 範疇 ①概念的類或集。②（哲學）指一個基礎類或種。例如亞里斯多德（Aristotle）的人類存在模式10大類。③康德（Kant）用此詞的複數形式表示知性的先天模式〔例如，「因果」（causality）和「實體」（substance）〕，他認爲此先天模式形成我們對世界的全部知覺。

causal modelling 因果模擬 一種統計模擬技術，旨在說明和檢驗構成一些變數之間關聯的因果關係。根據西蒙（Herbert Simon, 1957a）的著作，特別由於布拉洛克（Hubert Blalock, 1961）在社會學方面所作的開拓性工作，提出了這一種研究方法，要求研究者建立和檢驗關於變數之間因果關係的連續的理論模型，並尋求一個最符合數據的模型。一般的因果模擬包括**路徑分析**（path analysis）和**對數線性分析**（log-linear analysis）。人們對因果模擬的批評是它依賴於最初的假定，而這種假定並不能被視爲已經過數據的充分檢驗。技術上的複雜性可能會掩蓋這一點。儘管如此，因果模擬的重要性在於它比簡單的相關分析（correlation analysis）更能得到令人滿意的因果關係解釋。

cause 原因 促使某一後果產生的立即或較間接因素。

census 人口普查 一項由政府主持，針對一個地理區域內所有個人進行普遍而強制的調查。人口普查是次級資料（secondary data）的主要來源，因爲：

　　(a)它提供範圍廣泛的各種問題之數據資料，其中很多問題是其他調查項目所未包括的；

　　(b)它的龐大規模容許對某些問題進行十分詳盡的分析；

　　(c)它的規模和範圍容許對許多錯綜複雜的關係進行交叉分

析。

由於1911年引進穿孔卡處理方式，1961年又應用電腦，因此能搜集和處理的資料數量激增。

1920年的人口普查法案（Census Act），規定英國每五年以上就得進行一次普查。自1801年以來，英國已經舉行這多次人口普查了（1941年除外，未舉行普查），1966年是唯一一次五年一次的人口普查。

最早的普查（1801－1831）是簡單的數人頭式普查，1841年起引進自我填寫的表格，自1961年起普查形式為：多數家庭要填寫一份簡單的問卷，但每十家中有一家要填寫較詳細的問卷。

社會學家認為，人口普查有若干重要的應用，包括：

(a)對社會階層化（social stratification）的研究；

(b)對住屋、教育、工作等反映出來的變化趨勢的分析；

(c)對特定團體的研究。

此外，根據地方當局、學術研究人員、市場研究組織、中央政府以及其他組織的要求，也引進了小區域統計（Small Area Statistics），以便使得以平均500人為基礎的列舉地區，也可以就國會選區、學校行政區或是衛生機關區域之類的小區域進行總計，以便觀察。

人口普查也已成為歷史性研究的豐富領域，而且人們對時間序列研究或計量歷史學（cliometrics）有越來越大的興趣，在此一研究領域，現代統計技術被應用於歷史數據資料。參見 social survey 社會調查；official statistics 官方統計；statistics and statistical analysis 統計和統計分析。

central tendency　集中趨勢　見 measures of central tendency 集中趨勢的測量。

centre and periphery　核心與邊陲　對世界的一種劃分法，即把世界劃分為：居於支配地位的國家，主要是工業化和資本主義國家；其他國家，主要是第三世界的國家，這些國家的政治和經濟較為薄弱。雖然這兩個名詞現在已經廣泛用於社會學並且行

之久遠，用法不同，但它們最經常地與**華勒斯坦**（Wallerstein）和世界體系（world systems）的研究方法聯繫在一起。華勒斯坦（1974）認為，自16世紀以來，一個資本主義世界體系開始出現，以英國、法國和荷蘭作為核心國家，有強大而集中的政治制度和重商主義經濟。在這個過程中，別的國家就成了核心的附庸並提供廉價的勞動力，通常是以奴役（slavery）或**勞役償債制**（debt peonage）的形式進行不自由的勞動。這些國家成了邊陲國家，向支配世界貿易的核心國家的商人們提供原料、食物和奢侈品。

後來華勒斯坦和其他人用半邊陲（semiperiphery）這個概念描述一些國家，這些國家在20世紀達到了某種程度的工業化，較少受到核心國家經濟的支配，而且達到了某種程度的政治集中化並建立了公民政治組織。大多數南歐國家，部分拉丁美洲國家，例如阿根廷、巴西、智利，和一些亞洲國家，例如南韓，被認為是半邊陲國家。

雖然這種劃分世界體系的方法被批評為過度以市場為其主要的分析重點（Brenner, 1977），但是這種方法已被十分廣泛地應用，以致作者們使用這兩個詞時不一定表示是遵行華勒斯坦的用法。

Chicago school　芝加哥學派　兩次世界大戰之間，在芝加哥大學發展起來，具有開拓性意義的都市社會學理論及研究方法。

芝加哥大學在美國各大學中的傑出地位，和芝加哥市在國家事務中所發出明顯中西部的聲音，已經使得芝加哥成為一些現代社會思想主要運動的中心，包括哲學的**實用主義**（pragmatism）和**象徵互動論**（symbolic interactionism），以及都市社會學的芝加哥學派。建立於1892年的芝加哥大學社會學系是美國各大學中最早的一個社會學系。它的創立者**斯莫爾**（Small）和繼任者**帕克**（Park）創立了一種都市社會分析的方法，其特點是細心的經驗實證研究加上獨特的都市生態學模型。他們根據達爾文的思想發展出一種城市生態學過程的模型，這種模型呈現都市在土地和

住房方面的競爭：用一系列同心圓表示城市的空間組織，每一個同心圓有自己的不斷變化的功能，而且再細分為一些明顯的居民區和次文化（參見 urban sociology 都市社會學）。芝加哥被認為是都市社會研究的理想實驗室，芝加哥學派的成員們撰寫了大量都市社會學的經典著作，其中有托馬斯（Thomas）和茲納尼茨基（Znaniecki）的《歐洲和美國的波蘭農民》（*The Polish Peasant in Europe and America*, 1917）、帕克（Park）和伯吉斯（Burgess）的《城市》（*The City*, 1925）、沃思（Wirth）的《少數民族聚居區》（*The Ghetto*, 1928）以及佐爾博（Zorbaugh）的《黃金海岸和貧民窟》（*The Goldcoast and the Slum*, 1929）。

chiefdom 酋邦　主要依靠忠誠，而不是依靠正式強制性制度維持的一種權力集中的社會組織形式。美國一些演化論的人類學家認為它的存在是先於國家（state），而且是從部落（tribe）發展而來的。酋邦的特色是出現了社會階層化的模型，和一個以財貨重分配為基礎的經濟制度，但與國家和部落的區別往往很小。

child care 兒童保育　①一般來說指一切與兒童的撫育和福利有關的事務，既包括家庭撫育也包括福利服務。社會學家們對此兩方面均予以關注。兒童保育研究的重點在於跨階級和跨文化社會化（socialization）過程的沿革與比較。同樣地，諸如托兒設施、教育制度、初級保健和貧窮等與兒童福利有關的問題，也引起了社會學的極大注意。②狹義來說指社會工作者（social worker）的任務，他有責任調查下列危及兒童福利的情況：受虐、忽視、遺棄，或者由於兒童生性頑劣而被視為無法管教。

chi square（χ^2） 卡方檢驗　一種用於名目數據的統計檢驗法（見 criteria and levels of measurement 測量的標準和層次）。實驗假設（experimental hypothesis）預測在每一個被檢驗的分組中有多少研究對象將被劃入某一類，並假設各組之間沒有差別存在，卡方檢驗則把實際發生次數與期望次數作比較。實際發生次數與期望次數之間的差值越大，就越有可能在各類別間存在著

統計上的顯著差別。

church　教會　①構成明確宗教集團並與信仰行為有關的任一團體和社會機構，如衛理公會（Methodist Church）。②指整個基督教會。

　　從更專門的社會學含義來說（如特爾慈 Troeltsch 和韋伯所提出），還對作為公認的宗教團體的教會與宗派（denominations）、**教派**（sects）和崇拜（cults）之間作了區分，由教會到崇拜，可視為是構成了各種宗教組織類型之連續體（見 church-sect typology **教會—教派類型**）。

church-sect typology　教會—教派類型　宗教組織類型的概念化，最初是由**韋伯**（Weber）和特爾慈（Troeltsch）提出，貝克（Becker, 1950）和其他人後又加以擴充。這種分類法建議將各種類型的宗教組織，從**教會**（church）、宗派（denomination）到**教派**（sect）和**崇拜**（cult）組成一個連續的發展序列。有時還增加一個第五類，而用教會（Ecclesia）這個詞指超國家而正式組織的宗教組織，如羅馬天主教會。這種包含發展順序的分類法顯示新的崇拜和教派會不斷出現。教派尤其可以被視為宗教組織中的動態因素，它要求成員們有高度的奉獻精神；並能導致急遽的宗教改革，甚至在某些情況下造成政治和經濟改革（見 Protestant ethic **新教倫理**）。當然很多教派和崇拜形式未能得到發展，而自行衰落和消失。但是當教派存在和發展後，其長遠的趨勢是成立正式的組織，漸趨科層化及層級化，最終則是越來越保守。到了這時，它們對主流社會的挑戰性也就更弱了，甚至成為主流社會的一部分——這是對成功的獎賞，也是對成功的懲罰。

　　雖然教會—教派類型所包含的概念在討論大多數西方宗教形式時，可以用來作為一些理想典型，但因為它們主要反映了基督教的宗教組織類型，在討論到非西方宗教時就不那麼適用了。

教會 (Ecclesia)	教會 (Church)	宗派 (Denomination)	教派 (Sect)	崇拜 (Cult)
穩固	穩固	「冷卻」的教派	相對上有活力	流動;常消失
適應社會秩序	適應社會秩序	適應社會秩序	歧出於或挑戰穩固的宗教形式,或許還有脫離或挑戰社會——社會排他性	排斥或從外在世界中隱退;也和社會偏差有關
正式組織; 科層化; 層級化	正式組織; 科層化; 層級化	正式組織	相對上非正式組織;但有時是權威性的	非正式組織
超越民族界線的成員; 成員生下就是	成員廣泛; 成員生下就是	實質的,相對上安定的成員	相對上排他性的成員;有高度的忠誠;新成員是積極選擇加入的	有限的,常是地方性參與;出於個人抉擇而加入;常帶有社會邊緣性

圖3 教會－教派類型

Cicourel, Aaron 西庫雷爾（1928－ ） 美國俗民方法學學者。他的重要著作《社會學方法與測量》（*Method and Measurement in Sociology*）根據一切社會範疇化過程中的情境性、判斷性以及交涉性,來衡量統計工作和數學工作在社會科學中的地位。這本著作往往被認為是對正統社會學的嚴厲批評（見 measurement by fiat **人為規定的度量**；official statistics **官方統計**）,但它實際上開拓了廣闊的可能性。西庫雷爾後來的著作繼續謀求在**俗民方法學**（ethnomethodology）與其他種類的社會學之間修好（rapprochement）,他並從事了很多關於普通社會學問題的研究,例如**偏差行為**（deviance）和教育。這些研究出自於他對分類工作在社會生活中的地位和性質的重新思考。

circulation of elites 精英循環 巴烈圖（Pareto）用來描述**精英**（elites）不斷更新和替代的無止盡循環狀況的用語。在精

英循環中，一類政治精英被另一類所取代。巴烈圖所描述的趨勢具有一種心理傾向：如「獅子」（其特點是有保守情感，有利於保有已獵取到的東西）精英和較創新但不那麼值得信賴的「狐狸」（特點是「聯合的本能」）精英交替存在。在這一過程中，巴烈圖不認爲精英統治會被比較民主的統治形式取代。參見 residues and derivations 殘基和衍理；elite theory 精英論。

citizen rights　公民權利　公民被賦予或是他們可以要求的權利，特別是在現代國家中的公民權。按照馬歇爾（T. H. Marshall, 1950, 1963）的說法，以下三種權利可以說是重要的：

　　(a)市民權（civil rights），即言論自由和獲得資訊的權利、集會結社的自由和在法律面前平等的權利；

　　(b)政治權利（political rights），即投票權和在自由選舉中競選政治職務的權利；

　　(c)社會和經濟權利（social and economic rights），即享受福利和社會安全保障的權利，或許有充分就業的權利，但通常不會有參與管理經濟組織，以及打破管理者管理特權和資本家擁有並運用其資本之特權的權利。

　　在現代社會中給予公民權利，部分地反映了這樣一個事實：由於人們的期望已發生變化，現代社會的政府只能把暴力作爲最後的手段。因此必須把人民體制化，從文化上和意識形態上爭取他們，使他們至少在某種程度上承認政權在政治上的正當性（參見 legitimate authority or political legitimacy 正當權威或政治正當性；incorporation 納入；welfare state 福利國家）。然而與此同時，這些權利也必須通過政治活動和社會與階級的衝突去爭取。

　　雖然有些理論家，例如馬歇爾，把公民權利的擴大說成是削弱了階級衝突的基礎，或者至少是使階級衝突「馴化」（domesticating）和制度化了，但另一些理論家寧願強調階級衝突在保持和擴大公民權利，使之超出資本主義社會通常所施加的限制的作用。參見 entitlements 應得權利；social contract theory 社會契

CIVIL INATTENTION

約論：Dahrendorf 達倫多夫。

civil inattention　輕慢　一個人明知另一人在場而不予特別注意的方式（Goffman 著《公共場所行為》，*Behaviour in Public Places*, 1963）。例如一人對別人一瞥，但是並不直接注視，而且可能很快地轉移視線。輕慢的表現被戈夫曼認為是支持一般社會互動過程的一種互動秩序和互動儀式存在的有力旁證。見 interaction, interaction ritual and interaction order *互動、互動儀式和互動秩序*。

civilization　文明　①指一個穩固確立的複雜社會。文明社會的最重要的特點包括：城鎮和城市的出現；越來越專業化的分工（division of labour）；貿易、製造業和商業的發展；地方性和全國性政治和法律行政、交通系統、文化教育以及藝術和宗教精英（elite）文化的出現。在這個意義上，一些歷史上的社會，例如阿茲特克和印加、古中國、古希臘和羅馬帝國，全都可以視為文明。②現代用語，其內容幾乎與文化（culture）同樣廣泛，標誌着不同社會之間共同的政治、經濟和社會行為的標準，如「西方文明」。

　　就上述兩種情況來說，文明出現的物質先決條件是經濟必須超出僅夠維持生活的水平。正是這一點使文明這個詞有其正向價值的內涵：「文明」通常是與「原始狀態」（primitivism）、蒙昧狀態（savagery）或野蠻狀態（barbarism）相對的。用霍布斯（Hobbes）的話說，文明社會以外的生活是「惡劣、野蠻而且短暫」。因此，19世紀的許多演化論理論家認為，從原始社會到現代社會的道路是一個文明化的過程，這一過程不僅包括物質上的進步，更包括道德上的進步。

　　這種觀點不僅高傲，而且並不準確。例如第一次世界大戰非常清楚地說明即使是簡單社會中的野蠻人，亦從未從事如此巨大規模的或系統的屠殺〔更值得注意，具有諷刺意味的是，狩獵採集者（hunter-gatherers）的生活不僅受到與謀生有關的活動所支配，實際上它比發達的工業社會有更多時間從事餘暇活動〕。

參見 evolutionary theory 演化論；Montesquieu 孟德斯鳩。

civilizing process　文明化進程　按照艾里亞斯（Elias, 1939）的說法，人們在文明化這個歷史過程中獲得了更大的控制情緒的能力。艾利亞斯說明西方社會「文明的」生活方式——各種「情感的結構」（structures of affects）——包括對「正常」和「適當」行爲作出全新的定義。他在關於風俗、社會階層化和國家組成的一篇詳細的「社會遺傳學」（sociogenetic）研究報告中，說明了新的禮貌和憎惡的標準以及新人類是怎樣出現的。參見 figuration型態；court society 宮廷社會。

civil religion　公民宗教　半宗教的信念和禮儀，例如向國旗、遊行隊伍、加冕典禮或者國際體育競賽致敬（Young and Shils, 1953）。這種信念和禮儀被認爲在社會中促進了社會連帶（social solidarity）和實現政治正當性（political legitimacy）。公民宗教一詞由於涂爾幹（Durkheim）用於《宗教生活的基本形式》（*The Elementary Forms of Religious Life*, 1912）中，而在社會學方面有很大影響。參見 functional（ist）theory of religion 宗教的功能（論）理論。

clan　氏族　（人類學 anthropology）指一群宣稱有共同單系繼嗣（unilineal descent）的人之親屬關係術語。它可能是母系的（matrilineal）或者是父系的（patrilineal），但不能二者兼有。各氏族之間的區別往往是各有一個祖先，這個祖先可能是非人的或神話的（見 totemism 圖騰崇拜）。

class　階級　①指一個社會中個人之間或團體（如職業團體）之間存在的等級差別。在這個一般含義上，階級是可以代替社會階層化（social stratification）的。「社會階級」一詞也廣泛用來作爲「階級」的一般同義語。②指在一個社會階層化制度或階級制度中任何特定的位置，例如「中產階級」、「工人階級」等等。③（職業階級）指把整個人口劃分爲廣大的「職業階級」或「社會經濟地位團體」的描述性分類，如「體力勞動階級和非體

力勞動階級」,以及更細緻的劃分(見 occupational scales 職業量表)。④指現代工業社會中特有的「開放型」而不是「封閉型」的階層制度,在這種制度中,個人的和集體的社會流動(social mobility)相對來說是普遍的(參閱 caste 喀斯特;estate 層級)。⑤(馬克思主義)指由經濟決定並存在固有矛盾的社會劃分,這種劃分的基礎是擁有財產與否,如封建社會中的地主和農奴,資本主義社會中的資產階級(bourgeoisie)和無產階級(proletariat)。階級是所有大型社會的特點,並被認為最終決定每種類型社會的命運。馬克思還指出了很多較小的階級和團體,它們影響着政治和社會衝突的後果。⑥(Weber 韋伯,1922)指各類人或各團體的人們之間在「獲取物品」、「謀得生活中地位」以及「求得內心滿足」──即「生活機會」(life chances)的「類型機率」(typical probabilities)方面存在的差異。因此,對韋伯來說,「階級」意味着「所有處於相同階級狀況的人」,而不論其基礎是什麼,也不論其對社會的長期命運有什麼含義(參見 class, status and party 階級、身分和政黨)。韋伯指出階級狀況的一些彼此重疊的可能基礎,這些基礎除了建立在擁有財產與否上,還根基於與此有關的不同種類的財產和不同種類的收入上。他特別指出:

(a)財產階級(property classes);

(b)商業階級(commercial classes),這種稱呼多少有些令人誤解,因為這些人當中包括能夠透過政治活動或團體活動維護其地位的個人,例如,專業人員或其他具壟斷資格的人,以及擁有其他壟斷基礎的企業家;

(c)社會階級(social classes),指階級狀況的「總體」,在這種階級狀況下,「個人和世代的流動容易發生,且以典型的形式發生」。韋伯指出這種意義上的主要社會階級有:(i)工人階級,(ii)小資產階級,(iii)無財產的知識分子和專家,(iv)在財產和教育上享有特權的階級。

階級情境和由此產生的社會階級,有些可能享有特權,有些

則毫無特權，處於二者之間的是中產階級。由於階級地位的流動性和不穩定性很大，韋伯認爲「社會階級」是高度可變的，而且階級地位只有在某些情況是階級意識或集體行動的基礎。

在英國，「階級」一詞的辭典用法最早於17世紀出現在布朗特（T. Blount）的《辭彙注釋》（ *Glossographia* ）字典中。除了軍事用語和學校用語外，他還指出這個詞表示「按照幾個等級對人們所作的劃分」。這個詞以類似的方式普遍地描述出身、職業、財富、能力、財產等方面的差別。在主要用於描述的階級概念和比較側重分析的階級概念之間，可以作全面的但不是絕對的區分。

描述性階級劃分方法：關於主要的描述性方法，見 social stratification 社會階層化；occupational scales 職業量表。

馬克思的階級分析概念：關於階級分析方法在社會學方面最有影響的運用無疑來自馬克思（Marx），儘管他承認階級分析概念起源更早，尤其是在啓蒙運動時期社會理論家和法國社會主義者的著作中。在馬克思本人的著作中，這個詞有各種不同的用法，但馬克思關於社會階級一般模式的基本觀點是明確的：

(a)每個社會都必須生產出剩餘產品來供給兒童、病人和老人吃、住和穿衣。當一群人要求把那些不是直接用於生存的消費品資源作爲他們的私有財產時，階級差別就開始出現了。

(b)因此，應根據生產財的擁有與否——使剩餘產品發揮最大效益——來爲階級下定義。在人類歷史的不同時期，不同的財產形式（如奴隸、水、土地、資本）在形成社會關係上曾有其主要作用，但一切階級制度的特點都是存在兩個主要階級。就馬克思而言，資本主義最重要的階級關係是資產階級和無產階級的關係。

(c)馬克思認爲階級的歷史重要性在於其本質上具有剝削性：一個階級因佔有另一個階級生產的剩餘產品，就對另一個階級實行剝削和壓迫，因而衝突是階級關係的不可避免的產物。與階級對抗相聯繫的衝突是社會變革的最重要因素：歸根究底，正是與

根本的社會和經濟矛盾（contradictions）相聯繫的階級衝突改變了社會。

(d)馬克思在上面(b)項中提到階級的「客觀」面與下述的「主觀」面作了區分，即是，作為一個階級的成員並不一定就有對這種資格的自覺，也不一定就有對該階級利益的政治認同。只有當一個階級的成員認識到他們的共同利益並且共同行動去獲取這些利益時，那才談得上社會階級。

以上所述只是一個理論模式，因而不應把這看成是對任一歷史情況的描述，而應是為了說明社會關係和指導經驗工作的最重要的結構和過程。在馬克思的經驗著作中，他把一些因素引進他對社會階級的認識中。例如在《路易·拿破崙的霧月十八日》（ *The 18th Brumaire of Louis Bonaparte* , 1852 ）中談到19世紀中葉的法國農民，他的討論已接近於關於階級的正式定義。這個定義包含一些變數，如一種共同的文化和一個全國性的政治組織。

馬克思著作提出的主要問題激勵了後來大多數關於階級的社會學著作：

(a)馬克思對階級及其在前資本主義社會中的角色的叙述相當有限，以致人們提出這樣的問題：在這些社會產生變化上，階級是否有重要的作用。見 class divided society **階級分化的社會**；

(b)除了無產階級和資產階級以外，還存在並發展著其他的重要團體；

(c)階級內部的分歧經證明常常和階級之間的分歧具有同樣重要的政治意義（見 contradictory class locations **矛盾的階級定位**）；

(d)除了社會階級以外，還有其他的因素對人們的生活有重大影響，例如性相（gender）和種族。

(e)**階級意識**（class consciousness）實際上從未表現出與馬克思關於客觀階級情境的觀點有任何簡單的對應。而且，從歷史上看，就附屬階級而言，與馬克思所定義的「客觀」條件相衝突。

韋伯的階級分析概念：另一種最有影響的階級理論是韋伯的著作。和馬克思不同，韋伯強調那些促進不平等的其他因素。特別是身分、榮譽和聲望。他還強調階級與機會之間的關係，認爲階級就是一類或一群有着類似「生活機會」的人。馬克思把擁有財產與否視爲基本的標準，但韋伯強調階級內部的分歧（部分基於社會身分 status）和階級界線的實際變化，程度遠遠超過馬克思。舉例來說，韋伯把所有權與商業階級加以區別，還有他以不同的技術水平和生活機會劃分工人階級的方式。在此，韋伯強調的是「市場」的重要性，而不僅僅是把擁有財產與否視爲不平等的基礎，也就是說，技術水平和對技術的需求決定報酬的差異。

韋伯不同於馬克思的，還有他不僅把階級、而且把**科層制**（bureaucracy）看成是現代社會中基本的權力聯繫。韋伯強調有許多因素影響機會和報酬（參見 class, status and party **階級、身分和政黨**），這使他對階級和社會階層化的分析方法在社會學理論上有很大影響。例如，在英國社會學方面，洛克伍（Lockwood，1958）的著作和後來戈德索普（Goldthorpe）與洛克伍合作的著作（1968,1969），強調不僅要考慮「市場情境」和「工作情境」，而且要考慮「身分」的重要性（參見 multidimensional analysis of social stratification **社會階層化的多元分析**；affluent worker **富裕工人**）。紀登斯（Giddens，1981）強調個人在市場中的情境，對於修正馬克思關於階級和權力的觀點很重要。更早先對馬克思著作的批評者也強調韋伯的主題，包括倡導**管理革命**（managerial revolution）、**穩定民主政體**（stable democracy）和**意識形態終結論**（end-of-ideology thesis）的理論家們。

現代取向的階級分析概念：大多數晚近的研究取向傾向於以馬克思或韋伯作爲其出發點。人們曾經作出很大努力試圖修正或反駁古典研究方法的成分。有些著作爲了彌補馬克思的缺點，例如在波蘭扎斯（Poulantzas,1973）、卡徹迪（Carchedi,1977）和賴特（Wright,1978,1985）的研究著作，得到廣泛的討論。這

些理論家們的共同關懷是階級界線（class boundaries）的問題，和「中產階級」（見 intermediate classes or intermediate strata **中介階級和中介階層**）在馬克思階級理論中的地位問題。他們全都承認正統馬克思主義關於專業人員、管理人員和白領工人這些團體的觀點有不足之處（古典馬克思主義理論認為從長遠來看，這些團體將被融合到資本主義的兩個主要階級之一，或者自行消失）。但他們試圖解決由於這些集團長期存在並產生作用而出現的問題的方法則各不相同。

　　波蘭扎斯追隨阿圖塞（Althusser），認為階級關係有三個相對自主性：經濟方面〔**生產性勞動對非生產性勞動**（productive versus unproductive labor）〕、政治方面（監督對不監督）和意識形態方面（腦力勞動對體力勞動）。因此，社會階級的定義是無法純粹經濟性的。直接生產商品（經濟角色）仍被視為界定無產階級的主要標準，但情況由於進一步的權力關係而變得複雜化了。任何工人，無論是否為生產性工人，只要在這三個層面的任何一方占有一個附屬的地位，就應看成是一個有區別的階級成員：「新小資產階級」（new petty bourgeosie）。卡徹迪提出了這種研究方法的一種變化形式。他對所有制和資本主義勞動關係的功能加以區分。他認為，隨着資本主義的發展，生產變成越來越集體的過程，而且同樣地，資本家控制和組織勞動力的功能已經由於管理等級的發展而與所有權分離。**新中產階級**（new middle class）掌握了資本的運用（管制和監督）而沒有成為擁有資本的階級。同樣地，賴特（1978）區分所有權和控制，並論證道那些不擁有生產手段，但是作為經理或半自主的專業人員而享有重要權力的人是處於**矛盾的階級定位**（contradictory class locations）。在後來的一篇批判文章（1985）中，賴特再次強調財產和剝削的概念。認為這對於理解階級關係而言是核心的概念，這些作法都試圖克服「新中產階級」對於馬克思階級說法提出的問題，即把權力和對勞動過程的控制看成以某種方式獨立地限定階級關係。因此這些新的研究方法儘管在馬克思主義傳統中有其地

位和有不同的概念結構,但在某些觀點上與韋伯的研究方法有驚人的相似之處。不同之處是它們自認新研究方法復興了馬克思的觀點。階級的最終基礎和社會的根本動力,仍然是「客觀」經濟性的階級利益。

許多別的作家寧願直接選擇韋伯而不是馬克思,去發展一種比較滿意的階級理論。這些人中最有影響的,除了洛克伍和戈德索普之外,還有帕金(Parkin, 1971, 1974, 1979)。帕金受益於韋伯關於**社會封閉**(social closure)的討論,這個概念說明各個團體試圖為本身的利益而壟斷資源和機會,並排斥別人獲得資源和機會。關鍵在於排斥非團體成員的概念。在不同的社會裡,統治階級成員的資格標準是不同的:例如宗教、族群和性別,是不同社會排斥成員資格的基礎。出生在一個特定的團體是一個普遍的標準,因此親屬關係和家族世系非常重要,而且在這種類型的嚴格制度中,特權團體能夠成功並最大限度地把本身的利益封閉起來,不容外人染指。現代社會中的封閉不是以家族世系為基礎的,而是使用特別的排斥策略。

值得注意的是,關於階級和社會流動的大部分經驗之作是從「職業」的定義而非以「財產」為基礎的定義寫成的(見 social stratification **社會階層化**)。社會學研究階級的方法近來由於「無視性相」而受到很多批評,也就是說它們只是一些關於男性不平等的模型而已,並把婦女的階級地位看成是依附於男性夥伴的階級地位(見 gender stratification **性相階層化**;mediated class locations **中介的階級定位**)。

class boundaries　階級界線　在一個社會或特定類型社會中各**階級**(classes)之間存在的或多或少明確界定的分界線。特別是在資本主義社會各階級之間的界線上存有爭論。這種爭論在馬克思主義內部尤為重要,而且具有更普遍的意義,不但在理論上是如此(例如與衡量階級利益和階級行動有關,見 embourgeoisement **資產階級化**;affluent workers **富裕工人**;class imagery **階級形象**;multidimensional analysis of social stratification **社會階**

層化的多元分析），而且在構成分析和說明社會階層化（social stratification）和社會經濟地位（socioeconomic status）的模型上也是如此。在馬克思主義和新馬克思主義內部，爭論不僅集中在階級界線的定位和含義上，也集中在是否能維持下列的假設：一切個人或集體的階級定位可以「處在特定的的階級之內」，或者存在許多從階級立場來看是矛盾的階級定位（contradictory class locations）。

在理論上和政治上，很多事情依賴於如何決定階級界線的存在和定位，例如工人階級的規模、政治角色、重心和「領導權」，或是中介階級或中介階層（intermediate classes or intermediate strata）以及新中產階級（new middle class）的作用。賴特（E.O. Wright, 1985）等理論家認為像「資本主義社會的中產階級」這樣的團體是「由同時存在於資本家階級和工人階級中的立場形成的」。然而這種說法不一定能視為馬克思關於階級概念喪失其重要性的說明。

class cleavage　階級分裂　指西方民主社會中相互競爭的左翼政黨與右翼政黨之間的階級性衝突。正如李普塞（Lipset）在《政黨》（Political Parties, 1960）一書中所說，「在每個現代民主社會中，不同團體之間的衝突是通過政黨表現出來的，這些政黨基本上代表着『階級鬥爭的民主表現』」。李普塞特認為這種形式的「合法的」和「正當的」階級衝突取代了早先社會分裂較深的形式，是一個「穩定的自由主義民主政體」所必需的。現代穩定的民主社會包括共識（consensus）內的分裂，即根本上同意政治的「遊戲規則」（rules of game），也包括低層的階級逐漸進入政治體制。參見 end-of-ideology thesis 意識形態終結論。李普塞關於階級分裂特點的說明在兩個方面受到抨擊：(a)有些人不認為消滅比較「傳統的」階級衝突方式是現代西方社會中不可避免的長期傾向，也不承認這是為自由民主社會所必需的；(b)有些人認為一種更基本的階級重組（class dealignment）正在發生，以致階級的替代成為政治分裂的主要基礎（見 working class conservatism 工人階級保守主義）。

class consciousness　階級意識　一個社會*階級*（class）的成員對自身階級共同利益的覺悟，這種共同利益以自身階級情境爲基礎並與其他階級的利益相對立。階級意識一詞特別與馬克思主義有關，馬克思主義通常關注的是培養*無產階級*（proletariat）的階級意識，或者是討論爲什麼沒有發展出這種意識。基本的區別在於自在階級（class-in-itself）—即階級利益的客觀基礎，和自爲階級（class-for-itself）—即對這些利益的意識。基本的概念是一套價值觀念和信念和一個政治組織應當出現，以便代表和實現一個階級的客觀利益。在*工人階級*（working class）中，他們的工作和生活情境（剝削、疏離、周期性大規模失業、貧困等等）被認爲促使他們日益覺悟其共同處境和激勵其作出集體反應。然而大多數馬克思主義者同意，只有有限的意識和目標是自發而成的。例如列寧（Lenin）在一篇有影響的小冊子（1902）中說，如果任工人階級自發，只能發展一種「有效利用」（economistic）的意識，僅限於在資本主義制度內要求提高工資和改善狀況。和許多馬克思主義者一樣，列寧關心的是推翻資本主義，而不是改良資本主義。因此他說一個革命的（先鋒）政黨有必要把*工會意識*（trade union consciousness）轉變爲政治的、革命的意識和行動。這是馬克思主義關於無產階級的著作中反覆論述的一個問題，即那些資本主義最發達的國家中，工人階級爲什麼從來沒有培養出「革命的階級意識」。例如在二十世紀20年代和30年代，盧卡奇（Lukacs）和葛蘭西（Gramsci）對「粗糙的」馬克思主義提出了不同的批評，強調理論和文化因素阻礙了發展「眞正的」意識，或者促使發展了「錯誤意識」。

　　工人階級應當具有什麼樣的意識問題是不是一個適當的研究領域，頗值得辯論。社會學家們難道不應關注工人階級實際上擁有的觀念，而非關注理論家們認爲對他們有益的概念嗎（參見 false consciousness *錯誤意識*）？因此產生不少論述*階級形象*（class imagery），即社會行爲者（actors）擁有的眞實階級形

象的文章。與此同時,社會學家們也提出了馬克思主義所指「階級意識」概念的局限性和可能性的問題。這個課題也是構成關於**新工人階級**（new working class）辯論的基礎。社會學家曼（Mann）指出可能有階級成員身分的「覺悟」並覺悟到集體的團結,但工人階級「似乎不可能」獨立地產生一種對新社會的另類看法。然而這類社會學研究取向不僅止於重複70年前列寧的結論,相反地,他們試圖操作工人階級意識的概念,使其包含以下四個因素:

　　(a)「階級身份」──界定自我爲工人階級;

　　(b)「階級對立」──界定對立的（資本家）階級;

　　(c)「階級整體」──(a)和(b)合在一起構成「整個社會」;

　　(d)對社會的另類看法。

　　曼得出結論說英國工人通常限於(a),僅偶爾擁有(b)。參見 hegemony **支配權**。

class dealignment　階級重組　特別指與英國的**投票行爲**（voting behavior）有關的論題,即以前政治態度（political attitudes）和**階級**（class）之間的組合正被打破,而且正被較不穩定的結合和更靈活的投票狀況所取代（參見 working-class conservatism **工人階級保守主義**;affluent worker **富裕工人**;class imagery **階級形象**）。這個論題從下列的事實中找到了某些理由:工人階級對工黨的支持近年來已經減弱,而中產階級對工黨和除保守黨以外的其他政黨的支持則增強了。奧爾福（Alford, 1967）曾經提出一個選區內的階級投票情況可以用階級投票指標（index of class voting）加以計算。計算方法如下:體力勞動者投「左翼」政黨的百分比減去非體力勞動者投「左翼」政黨的百分比。社會學家克魯（Crewe）關於階級重組的論題似乎建立在類似的「階級投票」和「非階級投票」的概念基礎上。但是這僅僅提供了計算階級投票的一個基準,而且不一定是最有說服力和最有意義的基準。以下幾種可能性可能出現:

　　(a)採用另一個基準（如馬克思關於**階級** class 或部門利益的

概念，見 sectoral cleavages 部門劃分），則可以把中產階級對保守黨以外政黨支持程度的增加，看成是反映了非體力勞動者中一部分人對階級利益有了新的認識（參見 new middle class 新中產階級；middle-class radicalism 中產階級激進主義）；

(b)存在著如何考慮賴特（1985，1989）所謂的中介的階級定位（mediated class locations）的問題，特別是配偶或夥伴的工作對衡量一個投票人階級定位所產生的影響。在許多研究選舉行為的報告中，包括巴特勒（Butler）、斯托克斯（Stokes）與克魯（Crewe）的報告，都沒有考慮這種影響。實際上，這些研究報告通常採取男性家長（head of household）職業作為階級的主要指標。第二個理由的重要性絲毫不遜於第一個理由。因此很明顯地，關於「階級」或「偏離階級」的投票統計將會因不同的「階級」定義而有很大的差異。參見 party identification 政黨認同；class polarization 階級兩極化。

class-divided society　階級分化的社會　①存在基本階級劃分的社會。②紀登斯（Giddens, 1984）指存在階級劃分的一切農業國家，但這種劃分「不是社會組織原則的主要基礎」。因此，這些社會與現代社會（包括資本主義社會）形成鮮明的對比。在現代社會中，階級劃分是社會組織的主要基礎和社會的主要動力。紀登斯作這種區分是想要打破正統馬克思主義將階級視為所有社會的動力，亦即「一切社會的歷史都是階級鬥爭史」的說法。參見 class 階級；Marx 馬克思。

class formation　階級構成　指階級結構內有組織的集體，以及出現這種集體的過程。可以把「階級結構」與「階級構成」之間的區別視為階級分析中的一種基本的，經常是隱而不顯的區別（Wright, 1985）。如果說階級結構是由社會中建立階級利益、階級機會、生活機會等的具體模式因素組成的話，階級構成則指在這個結構基礎上所產生實際的集體階級行動等。古典馬克思主義認為階級結構和階級構成之間的關係相對說來並不構成問題。另一方面，新馬克思主義和韋伯的研究方法通常認為這是一種需

要經驗研究的關係，雖然階級構成的條件常可被辨認，例如**階級意識**（class consciousness）存在的條件。

class identity　階級認同　通常是指一**社會行爲者**（social actor）對階級定位的主觀概念（見 subjective and objective class **主觀階級和客觀階級**）。

classification　分類　（**教育社會學** sociology of education）指區別不同形式的知識之間的界線。在正規的教育過程中，分類與把知識組織成課程有關，或者與教育活動的各種領域有關。分類是伯恩斯坦（Bernstein）認知編碼理論的一個關鍵概念。

class imagery　階級形象　社會行爲者（social actors）擁有的關於階級和階級結構以及權力分配的概念和形象。

　　對於階級態度和階級形象已有許多經驗研究成果，其中大多數是關於體力勞動工人階級的。特別在二十世紀50年代和60年代，許多社會評論者——不僅是社會學家，熱衷於探究變遷的生活型態的含義，特別是在「傳統」工人階級社區內其家庭型態和工作關係的變化（參見 affluent society **富裕社會**；embourgeoisement thesis **資產階級化說**；working-class conservatism **工人階級保守主義**）。北美和歐洲一些具影響力的研究成果，如奇諾伊（Chinoy, 1955）和波皮茲（Popitz, 1957）等人也參加了這一討論。在英國社會學中，重要的研究成果是由艾布拉姆斯（Abrams, 1960）和茲韋格（Zweig, 1961）提出的，但經典的著作則是洛克伍（Lockwood）的《工人階級社會形象變異的源泉》（*The Sources of Variation in Working Class Images of Society*, 1966, 1975 年重印）。洛克伍的論文受益於博特（Bott, 1957）關於婚姻關係的重要研究成果，其中包括對「社會形象」的討論。博特的結論是她的受訪者有兩種不同的社會模式：一種是「權力」（power）模式（亦稱「自己人」和「外人」模式），在這種模式中，社會被認爲劃分爲兩個相當固定、對立的階級（「工人」階級和「中產」階級）；另一種是「聲望」模式，在這種模式中階級結構被認爲是由處於聲望等級中數

量極大的團體所組成。博特還指出選擇兩種模式中哪一種，可以解釋爲人們工作和社區經驗（「主要社會經驗」）的結果。洛克伍吸取了這些概念，指出工人階級內部有三種「社會意識」，以便定義工作和社區結構（見下圖）：

理想類型	社會脈絡	階級概念	可能的政黨認同
傳統的(無產階級的)	職業所在和居住所在社區	兩個主要階級, 自己人和外人(從能力及權威來看)	傳統的工黨
服從的	小公司; 農業的; 老工人; 工作投入; 身分等級	三個(或更多)階級; 從生活方式和社會背景來看——聲望模式	工人階級保守黨
私人化的/工具性的	沒有職業的或居住的社區	大型中央階級和殘餘階級(從財富和消費來看)	有條件的對工黨的支持, 但有集體的工具主義和潛在的戰鬥性

圖4 階級形象： 戈德索普和洛克伍的分類

(a)傳統的「無產階級」工人，即煤礦工人、碼頭工人和造船工人，具有「強而有力」的社會模式，即是工人們熱愛他們的工作和同事，並且居住在封閉、同質性高的社區裡。

(b)傳統「服從」的工人，他們承認傳統精英的領導權利，而且採取「聲望等級」的階級模式；在小型「家庭式企業」或農業、家長式雇傭關係、或在城鎮或鄉村廣大社區的固定身份等級中存在這種典型情況；

(c)私人化的工人，他們從一種「貨幣」的社會模式來看階級差異；這個團體被認爲是以「家庭爲中心」而非以社區爲中心，而且在工作和政治的態度上非常「工具化」。

後來，洛克伍把最初的著作擴展爲一些經驗的研究報告，特別是著名的關於**富裕工人**（affluent worker）的研究（Goldthorpe, Lockwood, et al., 1968, 1969)。

雖然洛克伍論述的價值得到人們廣泛承認，但是晚近的研究成果已經普遍地顯示出工人階級形象更為複雜矛盾的圖像。特別是洛克伍並沒有考慮到性別或種族的問題。波拉特（ Pollart, 1981 ）指出工廠女工的階級形象經常是「矛盾的」（ ambivalent ），經常由於性別角色和與性別劃分有關的權力關係而產生重大影響。另一些專家也認為大多數傳統的階級形象的研究忽略了那些與階級構成和發展有關的一般結構和理論問題。紐比（ Howard Newby, 1979 ）在他關於農業工人的研究中就認為把「服從」視為簡單的或單一的傾向是一個錯誤；相反地，它有各種各樣的形式，而且往往是一種權力關係，階級形象在其中並非最重要者（ 參見 deference 服從 ）。

綜合上述，與有關**階級意識**（ class consciousness ）的大部分文獻相比，關於階級形象研究的重點就在試圖用經驗研究畫出工人階級中既存的意識模式。

class-in-itself and class-for-itself　自在階級和自為階級　見 class consciousness 階級意識。

class location　階級定位　指階級結構中任何「客觀的」位置。見 contradictory class locations 矛盾的階級定位。

class polarization　階級兩極化　（馬克思主義）所指的一種傾向，即資本主義內部兩個主要階級固有之相互矛盾的利益導致分歧的意識日益增強，最後終於使兩個階級成為對立的集團。按照馬克思的說法，這個過程是無產階級在資本主義下「貧困化」（ immiseration ）並被置於激發集體行動的境地（ 例如在大工廠和城鎮裡 ）的結果（ 見 class consciousness **階級意識** ）。由於資本主義內部分化的危機日益加劇，那些在資本主義中處於各種**中介階級**（ intermediate class ）定位的階級也傾向於捲入對立的陣營，大多數是被捲入無產階級的行列。

很明顯地，馬克思的假說沒有得到證實，至少沒有以任何直截了當的方式得到證實，部分原因是貧困化沒有以馬克思預料的

那種程度發生，還因爲階級利益和階級意識的基礎比他預言的要複雜得多（見 class imagery **階級形象**）。另一方面，一種有廣泛階級基礎的政治形式已經成爲大多數西方自由主義民主社會的規範（見 stable democracy **穩定民主政體**）。儘管有人認爲**階級重組**（class dealignment）已經消除了階級意識，而且由於中間階級的持續存在而使問題複雜得多（參見 voting behavior **投票行爲**）。

全球富國與窮國之間的兩極分化是進一步促進階級分化的因素，這既可以用馬克思的概念來看，也可以視爲基本上脫離了馬克思的圖像。見 dependency theory **依賴理論**；Wallerstein **華勒斯坦**。參見 underclass **下層階級**。

classroom interaction　課堂互動　指課堂教學中各參加者的活動。隨着教育機構本身塑造教育成果的研究增加了，人們對課堂相互關係的性質也更加注意了。研究人員用民族誌的方法（見 ethnography **民族誌**）與象徵互動論的概念，分析構成課堂這一社會系統的社會互動和價值觀念。見 symbolic interactionism **象徵互動論**。

class,status and party　階級、身分和政黨　指三種理想型的（見 ideal type **理想型**）、相互競爭又相互聯繫的，如按照**韋伯**（Weber,1922）的說法，可以把社會作等級和政治區分的關鍵性形態。

根據韋伯及其解釋者的說法，下列情況可以說是階級：

(a)一些人有共同的「生活機會（life chances）上的特殊因果關係成分」；

(b)這種成分是由經濟利益決定的，即在商品或勞動力市場上所能擁有的商品和機會。

因此，也可以把階級說成是**市場情境**（market situation）。這個意義上的階級不一定是一些社群或集體；它僅僅代表集體行動「可能的」（雖是「經常的」）基礎。相對說來，韋伯認爲「身分」通常是一些個人實際構成集群（groupings）所處的條

件。與純粹由經濟決定的階級情境不同，**身分情境**（status situation）是關係人們生活命運的「典型成分」，它是由「對榮譽特定的、正面或負面的社會評價」所決定。儘管「身分」可能與「階級」有關，但有時可能與其相背。

　　「政黨」即政治黨派（political party）。在政黨的興起背景中——在現代社會中尤然，但非唯一原因——政黨可能以「身份」或「階級」為基礎，也可能同時以二者為基礎，或完全不以二者為基礎。因此，韋伯認為對階級和社會階層化的分析，不能簡化為如某些「粗糙的」馬克思主義和歷史唯物論所說的那樣簡單。據韋伯分析，雖然階級利益往往可能是集體的政治和社會行動的基礎，但不存在階級利益導致簡單的**階級兩極化**（class polarization）或導致革命變革（revolutionary change）的普遍傾向。韋伯關於階級、身份和政黨的概念產生了深遠的影響。見 multidimensional analysis of social stratification **社會階層化的多元分析**。參見 class **階級**；social stratification **社會階層化**。

class structure　階級結構　指一個社會中的**階級**（class）差異和階級關係的一般類型。參見 class formation **階級構成**。

clinical sociology　臨床社會學　流行於北美的一種注重實驗的社會學研究方法。其目的是對社會生活進行專業的介入，特別是對社會問題作出評價和尋求解決的方法。不過這種「臨床」模式是否適合社會學家採取，仍有爭論；臨床社會學一詞在北美以外很少流行。

cluster analysis　類聚分析　一種界定一群物件或一群人的方法，可使資料集內的人或物呈現明顯區別。用這種方法可以揭示出屬於各個類聚的人們的特徵。例如在市場研究中，類聚分析被用來認定不同銷售手段適用於哪類顧客。

　　有多種不同的分析方法可資運用。一個普遍的方法是分級分析，可以「自下而上」（bottom up）分級也可以「自上而下」（top down）分級。用「集結分級分析法」（agglomerative hierarchical clustering）（即自下而上分級）時，應先讓類聚數與

個案數一致。用標準化的歐幾里得距離之類的數學標準,可將物件或人陸續分類。在「分散分級分析法」(divisive hierarchical clustering)(即自上而下分級)中,開始只有一個包含所有事例的類聚,然後分裂成一些較小的分類。

等級結構往往以一種樹狀圖來表示。還有幾種可以用來合併類聚的方法。最簡單的一種是單線法(single link)或鄰近法(nearest neighbor)。最初結合的兩個物體是彼此之間距離最近的物體。其次加入其間的是本身與此類聚中之事例距離最小的物體。以後每次都取最小距離者合併。

另一種方法是完全連接法(complete linkage),或者稱「遠鄰」(furthest neighbor)連接法。採用這種方法時,兩個類聚之間的距離被認爲是兩個相距最遠的事例之間的距離。沃德(Ward)的分級分析(hierachical clustering)(以各組內的平方之和爲基礎)和威斯哈特(Wishart)的模式分析是另外兩種不同的方法。

運用分析時涉及許多實際問題。如分析中變項的選擇,距離尺度的選擇,以及把一些事例聚合成類的標準,都是很重要的問題。由於選定的類聚分析方法本身可能把一定數量的結構因素加入原始資料,而得到假性的類聚。一般說來,最好使用幾種不同的方法(Anderberg,1973和Everitt,1974曾對分析法進行過充分的討論,讀者可以參考)。

cluster sample 類聚樣本　一種抽樣(sampling)的方法,即從現有類聚(clusters)中選擇抽樣,而不是採取隨機樣本(random sample)。這種方法抽樣比較快花費也較少,但如果這些類聚不能代表母體的話,可能抽出偏差樣本(biased sample)。例如可以在某一國家被選定的地區舉行一次對政府政策反應態度的民意測驗,即使這些地區被認爲具有代表性,但由於當地的政治動態,情況可能並非如此。

cobweb theorem 蛛網定理　見 cycle or cyclical phenomena 循環或循環現象。

code 代碼 用以表示不同社會成員資格的一套符號（signs）系統或一批記號。代碼可能是有意識的或無意識的。最有影響的例子是伯恩斯坦（Bernstein）關於英語差異用法的概念，通過這種不同的用法就能傳達和再現人們基本身份的差異和階級差異。（參見 elaborated and restricted codes 精密代碼和限制代碼）。限制代碼是用於封閉的社區環境，在那裡期望有共同的設想和理解，而涉及的是非明確的、簡略的、索引性的（見 indexical expression 索引式表達）語言。精密代碼不是這樣，它的意義是明確的，並且運用完整表達形式的客觀參考標準。伯恩斯坦說英國社會各階級對每種語言模式熟悉程度不同，這種情況具有社會的和教育的含義。服裝和時尚也是一種代碼的例子，而且根據選用的品牌和種類，加上選用者的行為，可能被正式的和非正式的特殊利益集團、秘密社會、同性戀或吸毒者用來表明某種身份。

coding 編碼 一般用數字碼以代替某種特定的資料，使之有可能用電腦或手工操作分析。許多社會學研究項目需要使用有意義的編碼，不論是描述一種現象或是試驗一種社會學理論。

有兩種基本的編碼類型：結構編碼和非結構編碼，採取哪種則取決於需要分析的資料類型，儘管它們之間的差別是模糊的。結構編碼（structured coding）一般可用於原始資料，即研究者直接搜集到的資料。非結構編碼一般用於研究者搜集來的二手資料。結構編碼應用主要用於問卷（questionnaire）分析，非結構編碼則是用於內容分析（content analysis）。參見 unstructured data 非結構資料。

cognitive dissonance 認知失調 指各種相互競爭、對立或矛盾的思想、態度或行動導致一種緊張和需要協調的精神狀態。認知失調一詞是費斯廷可（Festinger, 1957）提出的。根據他的定義，當信念 A 意味着否定信念 B 時，就存在失調的認知。例如「吸煙引起肺癌」與「我吸煙」就是失調的。失調可以用各種方法減輕。可以調整信念 A，或者調整信念 B。調整信念 A 可以不理睬那些證實這種信念的醫學報告，也可以特別注意那些質疑這

種信念的報告。信念 B 的調整則可以用少吸煙或吸低致癌類型的香煙來達成。

cognitive relativism　認知相對主義　見 relativism 相對主義。

cohesion　聚合　見 social cohesion 社會聚合。

cohort　同輪；同期群　指一群有共同特點的人，例如生於同年或同日入學。這個詞通常用於量化的資料的概括過程（見 quantitative research techniques 定量研究法）。

collective behaviour　集體行為　人們在團體和群眾中的行為，後者稱群眾行為（crowd behaviour）。在團體和人群中，由於彼此接近，以及由於集體的庇護和感染，個人會出現異常行為，且偏離社會舉止的日常標準，甚至可能異乎尋常地爆發和不可預測。在早期的關於集體行為的社會學和社會心理學的理論［特別是在勒朋（G. LeBon）1895 年所著《群眾》（*The Crowd*）一書中］，和晚近的理論（如 Smelser, 1962）中，集體行為被認為是對社會正常秩序的潛在威脅。因此集體行為的各種形式，例如示威、暴動和叛亂等現象，有時在社會運動（social movement）和社會變遷（social change）中扮演重要角色。

collective conscience　集體良知　在社會中作為一種團結力量的共同信念及其相關之道德態度。涂爾幹（Durkheim）用這個術語專指以機械連帶為基礎，分工（divsion of labour）簡單的社會。按照涂爾幹的說法，在比較複雜的社會裡，集體良知變得較不重要，社會連帶以互惠而非相似性為基礎（見 mechnical and organic solidarity 機械連帶和有機連帶）。參見 collective representation 集體表象。

collective consumption　集體消費　指某種程度上只能由集體供應和經營的商品或服務的消費，因私有部門認為提供這種消費是無利可圖的（Castells, 1977）。卡斯特爾斯（Castells）所指的這種商品和服務包括公共交通、住宅和休閒設施。卡斯特爾斯

COLLECTIVE REPRESENTATION

提出這個術語是試圖使人們集中注意都市社會運動的特點，其中最重要的是影響和控制城市環境中空間有限的集體消費單位（collective consumption units）。

此後這個術語被其他政治社會學家和政治學家（例如 Dunleavy, 1980）所採用，並且以一種比較普遍的方式作爲全面分析**部門劃分**（sectoral clearages）（與比較傳統的階級劃分交叉）的基礎：首先是區分消費者或勞動者，誰是集體消費的主要受益者和非主要受益者。在卡斯特爾斯的著作和在後來的調查中，對集體消費關注的焦點在於：集體供應商品和服務的需求，與這種供應所承受的資本負擔（參見 state expenditures **國家開支**）之間的緊張關係。這種衝突被認爲是產生都市社會運動，和使部門劃分成爲現代資本主義社會政治分裂的一個重要因素。

collective representation　集體表象　指一個社會中共同的，因而是社會的，而不是個人的概念。這是**涂爾幹**（Durkheim）使用的術語，他認爲這些概念必須是社會學的基本內容。在涂爾幹看來，必須把集體表象作爲個人之外的「社會事實」（social facts）加以研究。見 social facts as things **社會事實作爲事物**。

collective unconscious　集體潛意識　見 Jung **榮格**。

collectivity　集體　組成一個複合單位的個人集群（Parsons, 1951）（見 social actor **社會行爲者**）。

Collingwood, Robin　柯靈烏（1889–1943）　英國考古學家和哲學家，尤以他對於形而上的看法以及他對於歷史說明和理解的方法而知名。柯靈烏拒絕實證論關於知識統一性的主張，並拒絕素樸的**經驗論**（empiricism），即認爲外部世界的知識可以用一種未經過濾的方式從觀察中獲得。在《形而上學論》（*Essay on Metaphysics*, 1940）中，他認爲一切學科在發展的特定階段上，其知識內容建立在爲每個學科以及每個時代所特有的先天的「絕對預設」（absolute presuppositions）上。因此預示了**孔恩**（Kuhn）關於科學典範（scientific paradigms）與科學革命（見

normal and revolutionary science 常態與革命性科學）的某些面。柯靈烏有時認爲似乎沒有衡量眞理與謬誤的共同尺度可以用作參考，以便判斷各種不同的絕對預設。然而柯靈烏更常認爲不同的命題群是不同認識模式的基礎。在那本對社會學有很大影響的著作《歷史的理念》（ The Idea of History，1946）中，他對「科學思維」和明顯的「歷史思維」作了區分，前者關注的是由觀察和實驗確立的規律，後者的目標則是探究證據以便發現作爲人類行動基礎的特定思想。因此他聲稱「全部歷史都是思想史」（ all history is history of thought）。柯靈烏的觀念與維根斯坦（ Wittgenstein ）所強調的不同生活形式（ forms of life ）有某些相似之處，這些觀念影響了社會學的思維，特別是影響了溫奇（ Winch ）的著作。

colour bar　膚色障礙　指對某些人享受資源或社會機會所施加的制度化限制。作爲限制基礎的歧視（ discrimination ）是由社會確立的種族出身標準決定的，特別是「白人」確立而施用於「黑人」的標準。

coming out　亮相　一種涉及公開和私下認同於男女「同性戀」身份的社會、心理和政治過程。關鍵是這個過程涉及把「同性戀」這個標籤內化和接受同性戀的生活方式。這個詞來自激進的性觀點，這種觀點是在二十世紀60年代政治文化的廣泛激進下出現。它是男、女同性戀政治活動的一個重要概念，因爲它對圍繞同性戀（ homosexuality ）的負面形象，以及使同性戀見不得人的社會政治過程提出了挑戰。「亮相」包括改變個人的自我形象，這是靠肯定自己的同性戀行爲來達成。作爲一種策略，亮相過程對圍繞着異性戀的制度化規範框架提出了挑戰。

commensality　共餐　指共同進餐，英文的字面意思是同桌進餐。社會共餐反映了象徵性的和社會性的意義，也反映了生物上的意義。家庭關係和身份關係通常反映在共餐的類型之上，見caste 喀斯特。廣義地說，就是李維史陀（ Lévi-Strauss ）提到的一種感覺，「食物無論是吃或是想像，都美味無比」。

commercial ethnography　商業民族誌　運用民族誌的方法提供設計和行銷的信息。由於商業性的市場研究與學術性的社會調查工作的相互影響，企業公司越來越常採用調查人類活動的「定性」（qualitative）分析方法。最明顯的是發展**參與觀察**（participant observation）和利用**社會人類學**（social anthropology）的方法作爲詳盡了解生活方式的手段，以便精確地修改產品設計。調查者利用一種掩飾，以便就近模倣目標社區的社會生活。這種方法是日本的汽車公司在美國首創的，並取得了驚人的成功。具有諷刺意味的是通常被認爲「弱勢」（soft）或「不科學」（unscientific）的社會科學方法，在商業上卻是非常有用。

commodity-sign　商品-符號　見 Baudrillard **布希亞**。

common law　普通法　以法官建立的法律前例爲基礎的法律體系，英國法律是最主要的實例。因此這個體系與較正規法典化的民法法系是對立的，如以羅馬法爲基礎的法系（如蘇格蘭法律）。然而在普通法法系中，**國家**（state）的立法活動日益增多，意味着「成文法」的作用增加。

common-sense knowledge　常識　指導日常生活一般行爲的知識。按照舒茲（Schutz）的說法，常識是通過**社會化**（socialization）獲得的大量認識構成的。常識類似一些從事一般活動的訣竅，例如如何回答人家的問候或如何使用電話。**俗民方法學**（ethnomethodology）研究**實際推理**（practical reasoning），即怎樣將常識運用到社會行動中。見 practical reasoning **實際推理**②。

communication（s）　傳播　①資訊（information）的傳遞或交換。傳播可以是口頭的或非口頭的，有意的或無意的（見semiotics **符號學**；body language **肢體語言**）。②所傳播的訊息及資訊單位。③（複數）「傳播的手段」，例如大衆傳播媒體。

　　人類的傳播能力，尤其是通過**語言**（language）傳播的能力，遠遠高於任何其他的動物。由於書寫（writing）、印刷

（printing）、電信——電報、電話、無線電——和大眾傳播媒介的發明，以及交通運輸的機械化，跨越時間和空間的傳播能力在現代有了巨大的發展（見 time-space distanciation 時空延展）。地理學家所說的「距離阻礙」（friction of distance）的縮短，在二十世紀以高速遠距離發送訊息的能力方面表現得尤為顯著。這一點有多方面意義，其中之一便是使現代國家（state）的社會控制能力越來越強。參見 communicative competence 溝通能力。

communicative competence　溝通能力　在一個社區中人們與其他人進行交換和互動的手段及規則。溝通能力一詞作為社會學術語是海姆斯（Hymes, 1966）提出的，着重於與人際溝通有關的技能和知識上。它反映語言學只注重語法能力的局限性。海姆斯用他創造的字首縮寫語 S、P、E、A、K、I、N、G 來說明社會情境的某些因素，這些因素包括背景和情景（setting and scene）、參與者的目標（participants' ends）、行為的順序（act sequence）、「語調」（key）、手段（instrumentalities）、規範準則（norms）和體裁（genres）。想用一套規則來解決這麼多問題似乎野心過大，而且很多批評者會懷疑找出一套「規則」是否合適。然而海姆斯的概念指出一個重要的研究領域，而他試圖塑造「溝通能力」模型的努力，將繼續引人注目。例如哈伯瑪斯（Habermas）不援用「心理學主義」或「社會學主義」，而指出溝通能力蘊含一種「理想的語言情境」，從這種情境可以得出關於真理和正義的概念。參見 speech acts 言語行為；ethnomethodology 俗民方法學。

community　社區；社群；共同體　（社會學家和地理學家所指）在某些邊界線、地區或領域內發生作用的一切社會關係。社區一詞的一般用法和學術用法都有描述性和規定性含義。它可以指在地理學定義的區域內或者在鄰里（neighborhood）之間發生的社會關係，或者指不是在地區內發生而是存在於比較抽象的、思想上的關係。例如「女同性戀者社區」這個詞可以指一個實際

上的婦女居住區，如「女同性戀者聚集區」（lesbian ghetto），它也可以指一群有共同的觀念和生活方式，但不一定居住在同一個地區的婦女。

這個概念是現代社會中最不明確和最有爭議的概念之一。社會學家洛（Lowe，1986）指出社區的概念「其難以界定，堪與階級的概念相比」。這的確是一個引起多種不同解釋的術語，而且已被廣泛使用和濫用。

在一般的用法上，這個詞往往與積極的意義相聯繫，如在「社群意識」或「社群精神」一類詞組中那樣。顯然這個詞不僅是描述性的，而且是規範性和意識形態的。社會學的論述往往強調這個詞規定性的用法。由於受19世紀浪漫主義思潮的影響，有些社會學家認爲社群必然有益於人類的需要和社會互動。這種說法在19世紀喧騰一時，而在20世紀的社會學思想中也時有所聞。

19世紀德國社會學家**屠尼斯**（Tönnies）對**禮俗社群**（Gemeinschaft）和**法理社會**（Gesellschaft）作了區別。前者表示社群關係，其特點是關係密切而長久：身分是與生俱來而非靠成就取得，親屬關係是在一個共同的區域內產生的，而且因共同的文化使這種關係有意義。相反地，法理社會產生的關係是非個人的、短暫的和契約性的。這種關係是理性計算的而非感情的，身份以成就爲基礎奮鬥來的，而且法理社會的關係富競爭性，常是隱匿疏離的。屠尼斯認爲工業化和都市化的過程將會破壞禮俗社群的關係，而法理社會的關係卻因此而興盛。他關注傳統社會、權威和社群的崩潰。從屠尼斯的著作中我們可以看出，他雖未明言卻對舊的社會秩序有高度評價，而對工業化和都市化有一種矛盾心理（參閱 Simmel **齊默爾**）。

正是這種對「傳統社會」的浪漫主義觀點，導致將社群的概念與社會支持、親密關係和安全等概念聯繫在一起。因此，傳統社群往往被描述成緊密團結，使成員之間合作和互相幫助的社會。相反，**都市化**（urbanization）過程卻被說成是對「社群」和「社區」造成了破壞。然而社會學家楊和威爾莫（Young and

Willmott, 1960）和甘斯（Gans, 1962）進行的研究，對於這種輕易地把都市化和社區消失相關聯的作法提出了強烈的質疑。

社會學家通常對社區的物質和地理特點投注較少關心和分析說明，而較關心研究社區所維繫的社會關係之性質和品質。近年的社會學還分析了社區行動以及對社會問題的集體抵制（Castells, 1976）。

無論定義有何困難，實際的以及象徵性的一切社區都存在和活動於一定的界限或領域之內。界限可用來區別社會成員與非成員。社區被認為是容納一些人和一些社會團體，但排除另外一些人。在某些情況下，社區的界限是嚴格保持的（例如某些宗教社會）；而在另一種情況下，界限則比較鬆動和開放。

沃斯利（Worsley, 1987）曾說儘管對於社區的理論化存在一些困難，但在社會學文獻中可以指出三種廣泛的含義。第一種含義是「地域性的社區」（community as locality）。這個解釋最接近其地理學意義，即「在一個固定而有邊界的地區內的人類定居地」。第二種含義是社群被用來表明一個「相互關係的網絡」（Stacey, 1969）。在這一用法中，可以把社區關係的特點說成是衝突的、彼此交纏和相互作用的。在第三種用法中社群被視為一種特殊類型的社會關係，它擁有某些特定性質，即含有一種「社群精神」（community spirit）或「社群情感」（community feeling）的存在。這一用法最接近於常識的用法而且並不一定意味着地理學上的地區或鄰里。社群在社會學方面仍是一個重要而有爭議的概念。見 Chicago school 芝加哥學派；community studies 社區研究；community care 社區照護。

community care 社區照護、社群照護　在社區內提供照護以替代機構或長期住院療養的照護方式。社區照護的起源與精神病和1950年代對制度化的批評有關，這種批評導致在1963年發表了《健康和福利：社區照護的發展》（Health and Welfare: the Development of Community Care）。從那以後，社區照護一詞也被用於指對其他一些團體的服務，例如兒童和老人。到1980年

代，社區照護的概念被政府發展以援助日益增多的需求者。這一趨勢是1982年在英國開始的，當時出版了《社會工作者：他們的作用和任務，巴克利報告》（ *Social Workers: Their Roles and Tasks, The Barclay Report* ）。雖然社區照護被譽爲替代機構式照護的辦法，但在一些方面也受到了批評：

(a)定義不明確；而且評論者指出很難斷定社區照護與公共機構照護是否爲兩回事，它們依靠的都是福利措施；

(b)由於缺少定義，可能意味着社區照護只不過是由親戚、朋友和鄰居給予的很少或微不足道的照護；

(c)女性主義的社會學家曾經爭辯說社區照護是婦女在家庭和社區中所做工作的婉轉說法，而提倡社區照護就是加強婦女在社區中執行照護任務的意思；

(d)社區照護的資金來源往往是不明確的，有些批評者說社區照護是一種減少福利措施開支的策略。

一些經驗研究顯示大多數照護工作是由婦女進行的，通常是由女兒和兒媳來做的。不過在20世紀80年代，參加照護工作的男性數目有所增加，而且有些作者推測說男性照護者的比例可能還會增加，因爲更多的婦女被鼓勵「回到勞力市場」，以填補21世紀勞動力的預期短缺。另一方面，對婦女工作的歷史分析證實婦女往往在擔任付酬工作的同時還要在家庭中照護他人。

因此對於社區照護有一種諷刺說法：這是一種以最小的政府開支爲他人提供福利的辦法。然而像瑞典這樣的國家有社區照護計劃，顯示社區照護可能是使需要的人在社區內過某種程度獨立生活的好辦法。不過從這類計劃得到的證據證實，有效的社區照護可能比公共機構照護花費更多。

community politics　社區政治　居住在特定地區或地方而產生的對政治利益的關注，以及居民與**國家**（ state ）的關係。

社區政治往往是由於地方城鄉利益而產生的，例如工作場所、居住和生活區，以及**都市化**（ urbanization ）政治。從這個意義上說，早期的社會學對社區政治的解釋可以從**屠尼斯**

（Tönnies, 1887）和齊默爾（Simmel, 1903）的著作中找到。他們兩人都對歐洲的轉型所帶來的社會與政治效應提出了批評，並看到從鄉村向都市的流動，標誌着越來越脫離社會生活和政治生活。沃思（Wirth, 1938）發展了他們的觀點，他認爲某些社會與政治行動是城市的特點。沃思是芝加哥學派（Chicago school）的主要成員，這個學派提出了一種城市分區模型。這種全面的研究方法被稱爲都市生態學（urban ecology）。它的主要設想是都市社區是按照法則運作的有機體。這些法則不同於大社會的法則。這種研究方法認爲必須把都市生活和社區政治看成是一種獨特的生活方式（見 urbanism as a way of life 都市生活做爲一種生活方式）。

另一種對都市和社區政治的經典概念化可以從馬克思（Marx）和韋伯（Weber）的著作中找到。在其中，城市居民區被認爲是一種由政治界定的環境。都市化的經歷和人口湧入城市是階級（class）和權力（power）造成的結果，是以一種特殊的方式組織人口、勞動力、商品和福利措施。因此，居住在都市社區中的人是被置於匱乏的資源裡與政府和政府機構直接對峙。

在二十世紀60年代和70年代，在包括美國、英國和法國在內的工業社會的人口稠密的城市裡，社區和社區行動急遽增加。這一點反映在若干作者對都市化的政治經濟學（political economy）和社區政治產生越來越多的興趣上，他們力求結合馬克思主義中關於「社會生產」與空間組織理論。例如卡斯特爾斯（Castells 1977、1978）關注以下的「都市問題」：一系列日常情況、住宅、交通、都市更新、族群團體的分布以及購物和休閒的提供。卡斯特爾斯把這些領域稱之爲結構社會過程（structured social process）。他建議爲了理解這一過程，必須將之與國家資本主義和國家壟斷資本主義（state capitalism and state monopoly capitalism）的政治經濟學聯繫起來。卡斯特爾斯認爲由於介於社會生產能力與利用生產能力的社會能力之間的矛盾加大，都市政治將有新的發展方向。正因爲如此，參與社區行動的

社會抗議團體將透過都市問題向現存秩序提出挑戰。然而哈維（Harvey，1973）指出通常都市問題並不是城市所特有的，而是社會普遍存在的，只不過在都市背景下更加明顯而已。在這種研究社區政治的方法中，地方問題不論是如何地被當地社區團體強烈地感受並提出爭論，也不能被認爲僅僅是地方或都市的問題。參見 sectoral cleavages 部門劃分；social movement 社會運動。

community power 社區權力 指一個地社區內的權力（power）分配。亨特（F. Hunter）的《社區權力結構》（*Community Power Structure*，1963）和達爾（R. Dahl）的《誰在統治？》（Who Governs？1961）是專門研究地方政治權力的重要著作。在主張權力「信譽」（reputational）研究（問受訪者他們相信誰掌權）和直接分析地方社區內實際「決策」（decision）之間有激烈的爭議。不同的研究方法對於社區權力得出明顯不同的結論。當「信譽」研究方法傾向於發現「精英」時，研究「決策」的方法往往說明：社區掌權者當中不存在精英。這一點說明所選用的研究方法對研究結果方面有重要的影響。另一種可能是研究方法的選擇也與研究者的政治傾向有關。

研究社區權力的另一個困難是如何看待無決定（nondecisions）的問題，無決定指的是存在大量偏見（mobilization of bias）的情況（Bachrach and Baratz，1962），以致關鍵問題從未列入政治議程。例如克倫森（Crenson，1971）對印第安那州鋼城蓋瑞（Gary）的研究，像污染這樣潛伏的問題就沒有成爲實際的議題。參見 S. Lukes，1974。

community study 社區研究、社群研究 對一個明確劃定的地區內的社會關係和社會結構進行經驗（通常是民族誌）的研究。美國這類研究的重要成果有沃納（L. Warner）的《美國佬城市》（*Yankee City*）。英國的例子有丹尼斯（Dennis）等人的《煤是我們的生命》（*Coal Is Our Life*，1956），描述約克郡礦工社區；還有斯特西（M. Stacey）的《傳統和變革：班伯里研究報告》（*Tradition and Change：A Study of Banbury*，

1960），重點是研究一個變革中的社區，研究者認為它是兩種文化，即傳統的地方文化與外來者帶入的新文化的匯合點。在美國的**政治學**（political science）方面，這些研究報告提供一種可控制規模的單位，可用以檢驗關於**權力**（power）的分配問題（參見 community power **社區權力**）。

community work　社區工作　①**社會工作**（social work）的一種方法。　②旨在促進地方發展計劃，特別是教育計劃的一種社會運動，興起於第二次世界大戰後的殖民地社會中。最初稱為社區發展（community development），即「由地方社區積極參與和倡議，旨在為整個社區創造更好生活的運動」[英國文書局：《社區發展手冊》（*Community Development, A Hand-book*, 1958）]。這一運動作為英國人在非洲和美國人在東南亞採取的一種策略，其本身有着互相矛盾的目標，既要力圖維持社會控制，又要實現獨立。

在1950年代的英國，它被視為在**福利國家**（welfare state）脈絡下，對城鎮中日益嚴重的社會緊張作出的適當反應。

有些作者說社會工作有一個哲學目標，力圖在分散的都市定居點中重建某種形式的**禮俗社群**（Gemeinschaft）。雖然導致其發展的政治價值觀可以是多元的或共識的，但在60年代，隨着社區發展計劃而出現了一種更激進形式的社區工作，他們的作法受到結構主義者（見 structualism **結構主義**）對於資本主義社會的批判之影響。最近人們批評社區工作過分依賴婦女出力，但同時又忽視婦女在社區內的性質和工作。

comparative method　比較法　①研究某些現象或各類現象之間的相似和相異處的方法，其目的在於：(a)建立社會現象的分類和類型；(b)透過研究各種因素之間的經驗聯繫和時間順序來檢驗因果關係的假說。②基於上述目的，具體地對社會現象之相似與相異處進行跨文化或跨社會研究，包括歷史的比較研究（見 cross-cultural comparison **跨文化比較**；human relations area files **人類關係區域檔案**）。

COMPARATIVE METHOD

由於比較法是在社會學中沒有嚴格試驗的情況下運用的，因而它也有時被稱爲準實驗法（quasi-experimental method）。參見 experimental method 實驗法。

早期比較法的系統化是由英國哲學家彌爾（J. S. Mill）作出的。社會學常用的三種比較法見圖5，明白使用彌爾的比較法的古典社會學作品有涂爾幹（Durkheim）的《自殺論》（*Suicide*, 1897）和韋伯（Weber）的《新敎倫理與資本主義精神》（*Protestant Ethics and the Spirit of Capitalism*, 1904 – 1905）。共變（concomitant）比較法在現代統計學分析之中得到進一步的設計和系統化（見 statistics and statistical analysis 統計和統計分析；correlation 相關）。

與實驗方法相比，運用比較法時發生的問題來自不能掌握眞正「獨立」的變項。主要的問題是一些未知變項可能產生的影響，也就是說在所觀察的自然背景中，這些未知變項可能以未知的方式影響那些被認爲有直接的因果或共變關係的變項。

最早把比較法用於跨文化分析方面的是演化論社會學家的研究；他們往往被指責對相同點和相異點的判斷不正確，和研究單位脫離了社會脈絡。

一般說來，運用比較法不會因這些問題而失去效用，但這些問題確實表明採用這種方法的困難，而用在跨文化研究方面時尤其如此。

對於在社會學方面使用比較法更爲徹底的反對，來自於那些強調意義性的理解與解釋（meaningful understanding and explanation）或瞭悟（Verstehen）的理論家。在一些極端的情況下（如 Winch 溫奇,1958），社會學中並不存在檢驗傳統科學性質的假說的餘地。然而大多數社會學家反對這種觀點中包含的相對主義（relativism），而且繼續對概括性的假說進行檢驗。

現代哲學分析否定了彌爾的下述觀點：歸納法和歸納邏輯（induction and inductive logic）與比較法，可以提供演繹邏輯（logic）可能得到的確定性證明（見 empiricism 經驗論；falsificationism 證偽主義）。這一點對於實驗法和準實驗法有深遠的影響。然而這並不損害比較法，就像它不損害實驗法的有用性一樣，只不過指出確立因果關係的秘方並不存在而已。

	前提	結果
(a)吻合法		
(method of agreement)		
經驗事例 1	A,b,c	x
經驗事例 2	A,d,e	x
經驗事例 n	A,f,g	x
	當結果是 x 時, A 是唯一可能發生的前提, 因此, A 可能是 x 的原因。	
(b)差異法		
(method of difference)		
經驗事例 1	A,b,c	x
經驗事例 2	b,c	非 x
	當 x 發生時, A 是在兩個其他方面相同的事例中被發現的一個差異, 因此, A 可能是 x 的原因。	
(c)多事例的共變法		
(method of concomitant variations over a number of cases)	A 變化量 因此, A 可能是 x 的原因。	隨 A 的變化量而變化的 x 變化量

圖5　彌爾的比較法

comparative sociology　比較社會學　涉及跨社會或跨文化分析的任何型式社會學。參見 comparative method 比較法。

competence and performance　語言能力和語言行為　（語

言學）指使用語言的能力（competence）和實際運用語言（performance）之間的區別。在心理語言學（psycholinguistics）上尤其有這一區別，即「語言能力」更具體指理解和講母語所需的語言學知識和文法，而「語言行為」則是指講者和聽者實際講話和理解的具體話語。見 sociolinguistics 社會語言學。

competition　競爭　個人或團體與其他個人或團體競相追逐某個目標而採取的一切行動，競爭尤其發生在所追求的東西稀少，而且並非所有的人都能成功地達成目標的情況下。競爭可能是直接的或間接的；它可能是，也可能不是規範性或由社會約束的。

在經濟學上，賣方在市場經濟——調整經濟生活之無形的手——中競爭的「理想」狀況，被認為導致價格降低、利潤平均和經濟效益提高。在19世紀中，許多社會理論學派，如**功利主義**（utilitarianism）、**社會達爾文主義**（Social Darwinism）和**史賓塞**（Spencer）的社會學，都廣泛地強調競爭的社會益處。受經濟學和生物學理論的影響，芝加哥學派（Chicago school）的成員們也把競爭列為**都市生態學**（urban ecology）的中心。因此，競爭往往被認為是人類生存條件的一個普遍的和有成效的因素。

與此相反，馬克思主義把競爭看成是資本主義的特殊需要，競爭中的表面公平和效率掩蓋了實際的權力不均和由競爭所產生的根本矛盾和衝突。還有很多理論強調除非有其他價值觀的調整或補償（見 cooperation 合作；altruism 利他主義），競爭會帶來有害的社會和個人效應。

這些彼此相反的觀點似乎表明：最好不要把競爭看成是一種普遍的驅力。也不應把它看成具有完全正面意義或完全負面意義的現象。而是應當把它看成（就像韋伯所作的那樣）社會關係中經常出現的一面向，對於具體的競爭事例則須作個別的分析。

競爭與**衝突**（conflict）在概念上有彼此重疊之處。儘管衝突的概念常被用來指缺少制度化或規範性管理的情況，或者指導致破壞性的社會緊張狀況，但這兩個概念之間並無嚴格的區別，正如「制度化衝突」（institutionalized conflict）這樣的概念存

在所代表的意義。

componential analysis　成分分析　以音位語言學爲基礎，從複合因素中分析出各個成分的方法。例如在語義學中，「女人」的意義可能分析爲「人」＋「女性」，這二者就是它的成分。因此在認知人類學（cognitive anthropology）領域進行的研究可能包括搜集那些明顯有親屬關係含義的詞語，然後指出其基本的成分或方向，把它們放在一起就會產生一個特定的詞語。因此「阿姨」可能包括「女性」＋「年長一輩」＋「最近的非直系親屬」。「嬸婆」則屬年長兩輩，以此類推。理想的分析將能說明某一領域內術語的所有變化。關於行動本身也一直有人在尋找類似的關係和對比系統。

Comte，Auguste　孔德（1798－1857）　最先造出「社會學」（sociology）一詞的法國社會思想家。孔德是否是社會學的創始人尚有爭論，這取決於人們怎樣看待孔德社會學的先驅（包括孟德斯鳩 Montesquieu；聖西門 Saint-Simon 或18世紀蘇格蘭的思想家們，像是弗格森 Ferguson），這些人的思想當然是社會學的，儘管他們沒有使用這個術語。

　　孔德出生於法國的革命時代，經歷了革命後的動盪，也目擊了法國工業革命的開端。他與現代實證主義（positivism）的創立有關係，而且是一位致力於積極社會改革的社會運動創始人。他的目標可以用他自己的口號概括爲「秩序和進步」。他廣泛影響的一個顯例是這句話今天仍然是巴西國旗上的標語。他的目的是要建立一種新的社會科學，這門科學是認識社會及帶來激進社會改革的基礎。孔德一生行爲怪誕，而且晚年幾度被人認爲是瘋子，他在某個時候曾自信地指望教宗讓位給他。儘管如此，他對現代社會思想的貢獻卻是巨大的。

　　孔德的社會學研究方法得益於聖西門的著作，後者也是一位怪誕的社會思想家，曾一度雇用孔德作他的秘書。關於社會以一定階段發展，而歐洲社會是這種發展的最高階段思想，盛行於法國啓蒙時期（見 Age of Enlightenment 啓蒙運動時期）。聖西門

即生活於這個時期，而孔德則是它的繼承者（參見 Condorcet 康多塞）。孔德的社會發展階段觀點是他關於社會和思想發展的「三階段法則」（law of the three stages）。他提出這是一個「在科學上有堅固基礎」的法則。根據這種觀點，孔德認為社會發展經歷了「神學」（Theological）階段和「形上學」（Metaphysical）階段，然後最終達到現代「實證」（Positive）階段，這個階段是由孔德本人的實證主義和社會學引進的。在實證階段中，是一個有「可靠」知識、新的合理政府，以及「人道宗教」的時代，孔德希望社會由實業家和銀行家統治，這些人受社會學家的教育和指導。他把這個新的時代說成是「積極的」（positive），把它與那個「消極的」、批判革命的「形上學」時代對比，後者的任務僅僅是為了結束更早的「神學」（和君權）時代。議會在這個新時代裡無關緊要，而且任何人無權反對即將建立的新的科學道德。自由來自於符合自然規律要求的行為，包括那些被社會學發現的規律。

孔德在他的一般社會學理論之中區分了社會「靜學」（statics）和社會「動學」（dynamics）。社會「靜學」闡述社會秩序的要求，在後來的涂爾幹學派和**功能學派**（functionalist）的社會學中得到了回響。他認為家庭是「社會細胞」（social cell），女性的自然處所是在家裡；宗教則扮演了本質性的社會功能。他對社會「動學」的說明強調**分工**（division of labour）在現代社會中日益增長的重要性，這也強烈地影響了**涂爾幹**（Durkheim）。

孔德的早期著作《實證哲學教程》（*Cours de philosophie positive*, 1830－1842）現在被認為是他對社會學最重要的貢獻。他後來的一些著作，包括《實證政治體系》（*Système de politique positive*, 1875－1877）被認為比較怪異。現在閱讀孔德的著作，最好是閱讀由湯普森（Thompson, 1975）和安德列斯基（Andreski, 1974）編錄的選集最方便。

由於有一些明顯過份之處，因而很容易非難孔德的社會學，

但在他有生之年，他的影響是巨大的。**彌爾**（Mill）是一位著名的嚴肅學者，他就很讚賞和推崇孔德的著作。**史賓塞**（Spencer）則步孔德的後塵，採用「社會學」這個術語，儘管他對社會有顯然不同的觀點。孔德留給現代的遺產也不應予以忽視。他強調社會學中仔細觀察和比較研究與歷史研究的重要性，這種觀點仍然是正確的。他的**科學層級說**（hierarchy of the sciences）的概念，即每個層次各有自己獲得知識的適當方法，表明他在把普遍「科學」知識的模式運用到社會科學方面絕不是盲從的。一般的看法是孔德還是低估了社會科學和自然科學之間的差別。因此在現代社會學方面儘管有人極力推崇他（如 Elias 艾里亞斯，1970），但並沒有道地的孔德派社會學者。

conation　意動　行動的意念，與感覺（affection 感情）和思維（cognition 認知）相對。這個術語現在用的人有限，但是**帕森思**（Parsons）曾使用過。

concept　概念　一個詞所傳達的思想或意義。建構描述性或解釋性概念是一切學科的重要任務。由於在社會學沒有嚴謹說明的解釋性理論，因而通常所指的**社會學理論**（sociological theory）是由比較寬鬆的描述性和解釋性概念構成的。參見 sensitizing concept **感性概念**。

concomitant variation　共變；伴隨變異　指一種經驗關係，即第一個變項值隨第二個變項值而變化（見 comparative method **比較法**）。一些變項之間的共變或**相關**（correlation）可用於檢驗變項（variable）之間的因果關係（causal relationship）。涂爾幹《自殺論》（Suicide, 1897）中的主要因果假設就是用這種方法檢驗的。

conditioning　制約　用於學習理論（learning theory）或行為主義（behaviourism）的一個術語，意指經由聯繫（association）和增強（reinforcement）來訓練或改變行為的過程。有兩種基本類型的制約——古典的和操作的。

古典制約（classical conditioning）是由巴甫洛夫（I. Pavlov，1911）在他關於狗唾液反射的研究中所定義。他指出如果一個中性刺激（NS）與一個非制約刺激（UCS）同時發生從而互相「關聯」的話，則中性刺激會引致一種與非制約刺激相同的反應能力。因此中性刺激就成了一種制約刺激（CS），而反應則成了一種制約反應（CR）。這種類型的制約作用只發生在非意志的行為上，如分泌唾液、出汗、心跳和其他由自主神經系統控制的行為，因此這種制約反應被稱為制約反射（conditioned reflex）。增強是在不顧反應的情況下進行的，因為它是在反應之前而且也是典型的非制約刺激（如巴甫洛夫實驗中的食物）。

操作性或工具性制約（operant or instrumental conditioning）是由史基納（Skinner，1953）定義並作過廣泛研究的。它包括訓練有意識的反應，因為增強只在反應之後進行而且要視反應的情況而定。學習或制約涉及造成一種刺激與反應之間的聯繫或結合，作法是當反應發生時增強反應。由於增強是在反應之後進行，反應者的行為能夠在增強作用進行時透過各種變化加以控制。如果在訓練中使用的增強表（schedules of reinforcement）與反應有關而且是不可預測的話，學習就比較能夠避免行為的消失。例子之一是玩吃角子老虎。消失（extinction）就是行為由於缺乏增強而逐漸減弱和不見。例如不為社會所接受的行為應當予以忽視和不再增強。行為可以塑造（引導）朝向一個理想的目標，其方法是不斷增強使之逐漸逼近這個目標。用這種方法可以訓練動物演出一些不在牠們正常行為能力範圍以內的「把戲」。塑造原則強調我們對他人行為施加的控制，特別是對兒童。

Condorcet，Antoine，Marquis de　康多塞（1743 - 1794）

法國貴族、哲學家和社會理論家。他在討論發現歷史發展的規律上，啟發了許多後來的思想家（包括孔德 Comte 和聖西門 Saint-Simon）提出廣泛的演化論（evolutionary theory）思想。康多塞的主要著作是《人類精神進步史梗概》（*Sketch of an*

Historical Picture of the Progress of the Human Spirit，
1795），將人類社會的演化發展加以概念化並分十個階段。最終
的階段是實現完美人性的革命時期。這一世界觀使康多塞主要屬
於啓蒙運動（見 Age of Enlightenment 啓蒙運動時期）和現代主
義思潮，這種思潮相信進步，並相信知識分子有能力使世界得到
理性的認識和控制。

康多塞認爲進步有賴於普及教育，並強烈主張**機會均等**（e-
quality of opportunity）。同樣激進的是他關於解放婦女、節制
生育、離婚和公證結婚的主張。康多塞的思想——演化、樂觀和
激進——影響深遠，除孔德和聖西門外，還影響了許多其他的思
想家。

conflict 衝突 社會中的個人之間或團體之間，或各民族國家
之間進行的公開鬥爭。在任何社會裡，衝突都可能發生在如兩個
或兩個以上的人、社會運動、利益團體、階級、性別、組織、政
黨，以及民族、種族或宗敎團體之間。衝突的發生往往是因爲爭
奪對稀少的資源或機會的取得或控制。這一點也適用於國家之間
和社會之間的關係層次上。

衝突可能是制度化的：由各方同意的一系列規則規定的，例
如企業仲裁程序，或民主社會裡的選舉程序；或者是沒有規制
的，例如由恐怖主義組織或革命運動部署的暴力事件。

制度化的衝突往往被認爲是健康民主過程的證據。權力的**多
元論**（pluralism）觀點認爲社會是由各種相互競爭的利益組成的
複合體，民主的規則和制度容許發生衝突也能消除衝突，並防止
任何利益集團（如一個統治階級）在一切爭論問題上總是占有優
勢，從而提高公民個人享受自由社會的能力。簡言之，多元論主
張一個使經濟、政治和社會衝突的表現受到規制的社會，比沒有
這種機會的社會，更可能是自由的。這種觀點與**社會共識**（con-
sensus）理論相反，後者傾向於認爲衝突是消極的，是社會組織
有某些缺點的徵兆，或者是對社會最主要的**價值**（values）缺乏
一致看法的徵兆［見涂爾幹關於強制分工（division of labour）

的討論，或見帕森思（Parsons）對家庭角色或專業人員與案主互動的分析）。

最後必須指出這一點：雖然所有的衝突都是謀求行使權力的證明，但並非所有行使權力的事例都涉及衝突。事實上當衝突得以避免時，一個行為人才能對另一行為人最有效地行使權力。參見 conflict theory 衝突理論。

conflict theory　衝突理論　①強調衝突（conflict），特別是人類社會中各團體之間或各階級之間衝突作用的各種理論。②特指1960年代反對帕森思（Parsons）式結構功能論（structural-functionalism）的一些理論，反對它強調社會主要是由價值共識和制度化的共同價值的內在化來統治。這些衝突理論的主要特點是：

(a)指責功能論社會學無視人類社會中的價值和利益的衝突，或者至多只把這些衝突視為次要的現象；

(b)作為功能主義的替代，這些理論提出一種社會整合和社會變革的說法，強調權力（power）和強制（coercion）以及追求經濟和政治利益在人際事務中的作用，也強調衝突更普遍的作用。

雖然某些衝突理論是馬克思主義的理論或者是受馬克思主義影響的理論（如高德納 Gouldner），另外一些理論則並非如此，而是從比較折衷的立場上提出的。例如一種重要的研究取向是以齊默爾（Simmel）的著作為基礎（例如 Lewis Coser, 1956），強調衝突的社會功能以及衝突的破壞性後果。另外一些人（如達倫多夫 Dahrendorf, 雷克斯 Rex）則強調韋伯（Weber）和馬克思（Marx）關於衝突研究的重要意義。洛克伍（Lockwood）在一篇影響深遠的論文〈社會整合和系統整合〉（Social integration and system integration, 1964）中強調一種研究方法，即衝突在社會整合中的地位要比功能論中所強調的要更具核心位置。他指出「社會衝突」和「系統矛盾」（system contradictions）的存在，正如社會整合和系統整合一樣，都是社

會生活的重要因素（參見 social integration and system integration 社會整合和系統整合）。1970年代以來，由於一系列衝突理論的出現，功能論和衝突論的簡單區分不再重要，衝突理論第②種意義的應用也因此消失了。

conformity　從眾　指受團體壓力控制的行為。各種團體都有希望團體成員遵守的一些規範（norms），以便維持團體的整合。個人感受到團體期望的壓力而傾向於遵守這些規範。

社會心理學家（例如 Allport, 1924；Sherif, 1935；Asch, 1952；Crutchfield, 1955）曾經對團體壓力的效果進行過調查，所調查的團體是一些非永久性的，成員互不相識，如同在一種實驗的場合。他們發現從眾的程度取決於某些變項，如團體的威信高低、團體判斷的模糊程度，以及團體的大小。調查者還區分兩種類型的從眾：

(a)內化（internalization）──相信團體的意見並把它化為自己的意見；

(b)屈從（compliance）──包括表面同意但內心不同意。

connubium　近族通婚權　（人類學 anthropology）指限定婚姻團體之間的關係。如果某一群男性有權力或有義務與某一群女性通婚，他們之間便有近族通婚權。

consanguinity　血親　（人類學 anthropology）指從同一個祖先傳下來的繼嗣（descent）關係。因此，這種關係是建立在生物學事實而非文化事實的基礎之上的，即父子或兄妹關係，而不是配偶關係。從理論上講，這種關係不同於以婚姻為基礎的姻親關係（affinal relationship），但事實很難這樣截然劃分。收養和一些虛構的親屬關係使許多社會裡的這種區別複雜化了。雙邊血族（cognatic）是血親關係的替代術語。

conscience　良知　一個人對正確與錯誤的意識，這種意識約束人們的行為，如果不符合這種意識的要求則會引起罪疚感。

這種道德上的約束是通過社會化（socialization）產生的，

因個人及文化不同而異。最重要的影響是來自父母的影響,他們以自身的榜樣和確立的規則爲子女的行爲樹立標準,而且用一系列獎勵和懲罰(見 conditioning 制約)加強實現所要求的行爲。於是父母和社會的標準便內化爲良知。

佛洛依德(Freud)的理論特別談到良知,他稱之爲超我(superego)。這種超我是子女透過與同性別父母的認同(identification)而發展的,而且主要是透過子女對父母的道德價值觀念加以理想化而培育出來的。

這種對父母或社會角色的強調,可能被那些視道德判斷爲絕對的人認爲是有侷限的。這些觀點主張先天的道德意識,這種意識特別表現在宗教和神秘主義方面。參閱 collective conscience 集體良知。

consciousness 意識 意識是人類思想的一部分,它使人們認識自我、環境和心理活動。意識包括記憶、當下的經驗與思想。在佛洛依德(Freud)理論中,意識僅占心理生活的一小部分,大部分則隱藏在潛意識(unconsious)之中。參見 practical consciousness 實際意識;stratificational model of social action and consciousness 社會行爲與意識的階層化模型。

consensus 共識 指在一個社會、社區或團體中對於基本價值觀存在根本的共同看法。儘管有些社會學家,特別是帕森思(Parsons)強調這種共同價值觀念的存在是一切持久的社會秩序的基礎,其他社會學家卻不這樣認爲,他們指出社會制度常常是由互惠或武力維繫着的。參見 legitimate authority 正當權威;normative functionalism 規範性功能論;social integration and system integration 社會整合和系統整合;dominant ideology thesis 主導意識形態説。

consensus theory of truth 真理共識論 見 truth 眞理。

conservatism 保守主義 ①一切謀求維護現存秩序的制度和社會價值的社會學説和政治學説。②一切支持現狀的相對穩定的

政治態度，即謀求維持或恢復而不是重建社會結構的那些政策。因此，保守主義是激進主義的對立面。③對共和黨（美國）或保守黨（英國）的支持。

保守主義政治意識形態的現代形式，最初表現在對法國大革命的反應。柏克（E. Burke）在他的《法國革命省思錄》（*Reflections on the French Revolution*, 1790）中作出維護舊秩序的一種經典論述。他的主要的論點是既定的社會和政治制度應當加以維護，因為它們存在並「有機地」成長起來。因此，它們比任何理論構想更能好好地指導行動，無論這些構想看來多麼合理。伯克的思想提出了一個核心的論題。保守主義很少建立在任何公開（overtly）陳述的政治哲學基礎之上，因為這樣做有被認為是「抽象的」和「意識形態的」危險。

傳統保守主義的另外一個永久性論題是社會秩序必須由一個領導集團來加以維護，而這個集團則由一些擔負政治責任關鍵職位的**精英**（elites）組成。**國家**（state）的作用在於保證社會秩序、權威和維護社會層級等方面。不平等被認為是社會的必要因素。保守主義者還強調習慣和傳統作為穩定社會秩序之前提條件的重要性。但是，匈牙利社會學家**曼海姆**（Mannheim, 1953）對保守主義與「靜態傳統主義」（static traditionalism）作了區別。保守主義政治往往包含一些被認為對保存社會秩序來說是必要的變革：恢復而非重建社會結構。這些觀點建立在保守思想的另外一個重要論題上，即認為大眾有一些固有的特點，包括無知和自私，而難以透過自己的努力建立一種令人滿意的社會秩序。參見 working-class conservatism 工人階級保守主義；deference 服從；property 財產。

conspicuous consumption　炫耀性消費　韋伯倫（Veblen）為界定**有閒階級**（leisure class）的特點而創造的一個術語。韋伯倫指出某些消費不是為了需要使用消費品或服務，而僅僅是為了擺闊，或顯示自己的社會身分（status）。這種觀點近年來又有赫希（F. Hirsch, 1977）論述稀貴財物（positional goods）和**波**

笛爾（Bourdieu, 1984）的著作加以重新研究。

conspiracy theory 陰謀論 一種信念系統中的一項要素，相信某些團體的活動，能以偷偷摸摸的方式影響權力的運作、經濟的決策等，造成有害的或不受歡迎的社會後果。成功的宗教團體或少數民族的成員、政治極端分子、共濟會會員（freemasons）等，都可能在陰謀論中被認定爲這類份子。例如50年代早期美國由麥卡錫參議員（J. McCarthy）推行對共產黨員（及其同路人）的「獵巫行動」（witch hunt），或者1953年史達林去世前蘇聯的所謂「醫生陰謀案」（Doctors' Plot，一些猶太醫生被指控陰謀毒死史達林）。無論在這些陰謀論中提出的說法是否有眞實成份，其中誇大和所提出的薄弱性證據，使得陰謀論被認爲是一種需要解釋的現象而非眞實的理論。因此，這些理論可以被解釋爲來自信仰者的軟弱無力和結構上處於不穩定的狀況，以及信仰者本身找出這種狀況的某種「原因」（reason）和希望加以解決的需要。

constraint 約束 任何導致個人遵守社會*規範*（norms）或符合社會期望並起抑制作用的社會影響。在*涂爾幹*（Durkheim）看來，社會學家們所研究明顯的社會事實或社會學現象，可以被認爲是「能夠對個人施加外部約束的……行爲方式」。涂爾幹認爲這種社會的約束力量也可以被個人內化，但他這種約束概念的一個基本特點是這些約束源自個人之外。因此涂爾幹使用約束一詞遠比另一種「約束」概念廣泛得多，這另一種概念是個人想要以某種方式行事，但不得不以另外一種方式行事。正如路克斯（Lukes, 1973）提出的，涂爾幹對「約束」這個術語的使用，有時候相當含糊，未能明確區分以下幾點：

(a)法規、習俗等的權威，表現在對違反者施加制裁上；

(b)爲了成功地進行某些活動就必須遵循某些規則（如語言規則）；

(c)「形態因素」（morphological factors）的因果影響，如現有的通信或運輸管道對商業或遷徙的影響；

(d)在群眾或社會運動中感受到的心理壓力；

(e)文化決定因素和社會化（socialization）的影響。

不過涂爾幹的總體意圖是清楚的：促使人們注意這樣一個事實，即「社會」（social）現實的約束是明顯的，而且（在上述每一個或任一個意義上）是「外在於」（external to）個人的。參見 collective conscience 集體良知；free will 自由意志；determinism 決定論。

construct　構念　一切理論性或啟發性的社會學概念。使用「構念」這個術語，可以說明社會學許多概念的人造性、心理建構性、啟發性或解釋性目的。參見 ideal type 理想型。

consumer culture　消費文化　①指現代資本主義社會中以商品和服務之銷售和消費為導向的文化主導地位。②指現代社會中「身分分化」（status differentiated）和「市場區隔」（market segmented）的文化。在這種文化中，個人品味不僅反映消費者的社會位置（年齡、性別、職業、族群等），而且反映消費者的社會價值觀和個人生活方式（life style）。

以前與經濟學相反，社會學傾向於認為消費文化是可以操縱和掌握的；而現在已很明顯，文化操縱模型或（經濟學的）個人消費者主權模型都不能單獨而恰當地描述有關過程。正如費瑟斯通（Featherstone,1990）指出的，在現代資本主義消費社會中，消費：

(a)不斷受到鼓勵，以便促進生產，提供工作刺激；

(b)已成為所有社會團體身分分化的一個重要來源；

(c)是人們樂趣和夢想的主要來源。

消費文化的這三個方面全都應被視為包含複雜的，甚至是相互矛盾的關係。一方面，新需求的操縱無疑已發生了，例如「復古」與旅遊事業和新的「文化遺產」產業相聯繫而產生了虛擬的「懷舊情緒」（nostalgia）。另一方面，如後福特制（post-Fordism）理論所顯示的，生產日益趨向於滿足特殊的需要，容許更大的文化差異和更多的個人選擇和自我表現。因此，現代對

消費文化所感到的興趣已經把文化問題置於顯著地位，並且力求擺脫與以前許多大衆文化（mass culture）理論相關的負面評價。參閱 advertising 廣告；cultural studies 文化研究。

consumerism　消費者保護運動　旨在保護或促進消費者權利的社會運動。參見 consumer movement 消費者運動。

consumer movement　消費者運動　提供消費者商品和服務信息並保護其權益爲目的而發展的組織。在美國，《消費者報導》（*Consumer Reports*）的出版就是重要一例。

contemporary history　當代史學　自50年代開始運用歷史學方法，包括以文獻分析之類的傳統方法和口述歷史等較新的方法，對當代事件（人們記憶猶新的事件）進行的研究。

雖然關於當代史的概念似乎有些自相矛盾，而且它面臨諸如無法得到關鍵性文獻之類的困難，當代史研究仍是一種合理而且並非新的研究方法，因爲歷史學家們總是在研究最近的過去。

content analysis　內容分析　對傳播媒介內容進行客觀的、定量的和系統研究的方法。包括圖解或計算屬於一系列（通常是）預先確定類別的具體事項的發生率或同時發生率。例如人們曾用內容分析法來發現傳播媒體中的政治平衡和偏見，其方法是計算提到各政治團體的次數或分配給它們的時間。內容分析法還被用來測驗各種概念之間的關係，如哈特曼（Hartmann）和赫斯本德（Husband）研究英國報紙處理種族和族群關係之問題的方式。這些研究表明在關於族群關係的報導中，可以辨認出一種含有衝突和仇恨語彙的「種族語言」（language of race）。內容分析法的批評者對於可通過定量研究詞彙含義的說法提出質疑，他們認爲意義旣可能在言內，也可能在言外，還可能依情境而不是依出現頻率來表達。在內容分析中使用的範疇有客觀而不受價值觀左右的眞實性，對此說法，他們也抱持質疑的態度。

contest and sponsored mobility　競賽式和贊助式流動　透過教育所產生社會流動（social mobility）的兩種相對模式，由

美國社會心理學家特納（R. H. Turner, 1960）提出。兒童被挑選或進入一個經過選擇的學校，並且得到資助和其他方式的支持，使他們得以透過這個教育系統最終獲得精英的位置，這便是贊助式流動（sponsored mobility）；兒童為獲得教育和社會的有利條件而不得不斷進行公開競爭，這便是競賽式流動（contest mobility）。因此，英國的初級中學屬贊助式流動，而綜合教育（comprehensive education）則旨在產生競賽式流動和更具連續性的機會均等（equality of opportunity）。實際上，在任何基本的競賽式系統中都可能有贊助的因素。

contextual fallacy　背景謬誤　見 ecological or wrong level fallacy 生態謬誤或層次錯誤謬誤。

contingency theory　權變理論　組織理論（organization theory）中的一種經驗研究方法，它把組織結構的特點與環境、技術的偶發性及其對組織的行為和表現的影響聯繫起來。因此，權變理論否定古典的最佳組織原則的概念，並把組織形式的變異解釋為是由環境和技術條件決定的。

contingent　偶然的　見 analytic and synthetic 分析和綜合。

continuous variable　連續變數　見 variable 變數。

contract　契約　見 social contract theory 社會契約論。

contradiction　矛盾　①指某事物同時既是又非的情況。科學上的所有論證和理論都要經過系統的檢驗，以杜絕矛盾的出現，因為任何包含或導致矛盾的命題，都是邏輯上不成立的陳述，可以先驗地加以否定。必須指出以此義的矛盾涉及了各種陳述句之間純粹邏輯上的關係。因此說駱駝既能穿過針眼又不能穿過針眼就包含一種邏輯上的矛盾，而且我們知道所描述的情況不可能是真實的，實驗是多餘的。但是，如果只說駱駝能夠穿過針眼就沒有邏輯上的矛盾。只不過這個主張（到目前為止）實驗的結果，顯示它在經驗上是不可能。②經濟與社會矛盾是馬克思論著的一個主要用語，表示在整體社會之社會結構或進程兩方面的緊張、

對立或衝突。據說「矛盾」是社會動態性質的成因。一切現象皆由「對立面」（opposites）組成是唯物辯證論的三個規律之一。馬克思本人尤其重視的是把辯證分析用於歷史研究，從而有歷史唯物論（historical materialism）這一術語。在歷史唯物論學說中，矛盾的概念在對社會變遷的分析上扮演主要的角色。馬克思認爲在（共產主義以前的）一切生產方式中，矛盾最終在生產力（forces of production）與生產關係（relations of production）之間發展。實際上，這種矛盾表現在階級衝突上，而且最終以階級衝突解決。由代表新生產關係的階級所進行的成功的革命鬥爭，則又開始新一輪的變革。

contradictory class locations　矛盾的階級定位　指非兩極的階級定位，即「在資本主義中既非剝削者也非被剝削者的階級定位」（Wright, 1985, 1989）。因此，這大致上相當於馬克思的*中介階級或中介階層*（intermediate classes or intermediate strata）概念，但被賴特（Wright）更加系統化了，他試圖在此基礎上提出一種可能的「階級聯盟」（class alliances）理論。與以前各種分析相比，賴特分析的主要新穎之處是他考慮到所謂的「組織資產」（organizational assets）和「技術資產」（skill assets）（如學業證書）以及更傳統的「生產工具資產」。他以這種方式指出十二種主要的階級位置（見圖6）。賴特分析了各種階級地位在政治態度上的差異，但有些批評者認爲他的研究方法流於形式主義和類型化。

	生產手段所有者	非所有者[工資勞動者]			
擁有足夠資本雇用工人而且不參加勞動	1.資產階級	4.專業經理人	7.中等資歷經理人	10.低資歷經理人	+
擁有足夠資本雇用工人但必須參加勞動	2.小業主	5.專業管理人員	8.中等資歷管理人員	11.低資歷管理人員	>0
擁有足夠資本為自己勞動但不雇用工人	3.小資產者	6.專家但非經理人員	9.中等熟練工人	12.無產者	—
	+	>0		—	

組織資產

技能與資歷資產

圖6　矛盾的階級定位　在此表（載於賴特1985年著作）中，個人擁有的三類「資產」有12種階級定位，其中只有第1和第2種沒有矛盾的因素。組織資產指的是「根據等級制度」對剩餘的專享獨用，「技能與資歷資產」指的是靠教育和訓練得來的資產。

control　控制　見 social control 社會控制。

control condition　控制條件　見 control group 控制組。

control group or control condition　控制組或控制條件　實驗中在各方面都與實驗組（experimental group）相對應的一個組，只不過未受自變項（independent variable）影響。控制組是實驗法（experimental method）設計的一個主要部分，這是因為必須在兩個組之間進行比較，其中一組受變項影響，另一組則不然，否則就很難下結論說變化是由於該變項而產生的。

conurbation　集合城市　因一些以前各自獨立的城鎮合併，而形成日益擴大的城市地區。這個術語是英國社會學家格迪斯（P. Geddes）在《演變中的城市》（*Cities in Evolution*, 1915）中提出的。有關的術語有都市（urban）集群和都會地區

（metropolitan area）。

convention　約定　①一切現存的規則化社會實踐，或公認的規定或習俗。在大多數情況下，這個詞在社會學上的意義與它的日常用法並無多大的差異。②在政治方面尤指政治機構工作程序中已有的先例或預期，如閣揆可宣佈舉行選舉。這種預期或約定並非成文法或正式寫定的規則，因而有時要加以解釋或引起爭論。③在美國，convention 指推選總統候選人而召開的政黨代表大會。④指各民族國家之間達成的一項正式協議。

conventionalism　墨守成規；約定論　①（心理學 psychology）指過份固執地遵循社會約定，有時被視為權威人格（authoritarian personality）的一個成分或一種表現。②（哲學）指下述觀點：科學知識是一種約定的事物，而不是可以根據事物性質得出一個完全肯定論據的某種事物，也不是從不變的方法論規則或程序產生的某種事物。作為一種認識論和本體論的觀點，約定論不同於經驗論（empiricism）或實在論（realism）。參見 pragmatism 實用主義；positivism 實證論。

convergence　趨同現象　指不同工業社會的結構越來越趨向於彼此相同的現象。關於趨同現象的論點〔最初是由克爾等人（Kerr et al., 1962）提出的〕得益於功能論分析（見 functionalism 功能論），就是說工業主義代表一種特定的社會系統，其需求（needs）（見 functional prerequisites 功能性先決條件；functional imperatives 功能性規則）在任何社會中最終都根據社會結構以類似的解決方法加以滿足。例如某社會一旦致力於工業生產的科學和技術方面，就需要受過教育的、流動的和多樣化的勞動力。必須要有普遍的教育制度，以便從中挑選人才，進一步培訓專門技術。在工作中，需要建立管理人員的等級制度來協調複雜的分工（division of labour）。此外，為了最大限度地利用天賦和能力，必須開放社會階層化（social stratification）制度，容許從底層招收人才。然而權力、威信、身分和物質報酬的等級制度也是必要的，以誘使最有才能的人接受長期訓練，以擔任最

困難而重要的職務。

市場導向的西方自由民主工業社會的其他主要特點（如科層制 bureaucracy、都市化 urbanization 和國家提供的基礎設施和社會服務），也是從類似的邏輯得出的。甚至價值體系也趨向於相同。韋伯（Weber）認爲工業主義意味着在組織、經濟和科學中理性（rationality）的工具形式有決定性作用。帕森思（Parsons）認爲先進工業社會的角色（role）關係必須圍繞成就、普遍性以及情感中立等核心價值觀念（見 pattern variables 模式變項）構成。

功能分析的結果是現狀（這裡指美國和類似的西方社會的社經和政治結構）對他國也是必要的，而且是可取的。與這種模式不同的工業社會必然是偏差的。這一重要意識形態上的後果將在下文中論及。

趨同理論也是技術決定論（technological determinism）的一個例子——該理論認爲技術形式決定社會組織的性質。人們認爲工業社會將圍繞著許多核心特色而趨向一致，這些特色很容易被視爲致力於科學和技術發展的結果。這就表明一個社會的性質受到它的技術工具的影響，要比受到它的政治價值觀念的影響更大。實際上，趨同理論正是這樣論述「工業主義的功能要求」和「技術的社會後果」，而使它（如其本義所示）成爲一個有力的反社會主義的宣言。趨同理論認爲不平等是不可避免的，社會主義方案從經驗上看注定要失敗，而且以資本與勞動之間的階級鬥爭爲基礎的政治，在下列一些事實面前是多餘的，這些事實包括：社會流動的機會、富裕、理性的工具形式的決定性，以及從技術上有效管理經濟的需要。因此，趨同理論看出了「意識形態的終結」（見 end-of-ideology thesis 意識形態終結論；Bell 貝爾）。換一種說法，這總是意味着「社會主義的相干性之消逝」。

50年代和60年代是趨同概念的全盛時期並不足爲奇，當時是經濟樂觀主義和擴張的時期，也與前蘇聯集團和北大西洋公約

（NATO）國家之間的冷戰有關。隨着敵對態度在1989－1990年之間開始緩和，波蘭、匈牙利、捷克斯洛伐克、羅馬尼亞和前蘇聯開始經濟自由化和政治改革，趨同理論也許能重新盛行。

強式趨同論，不是太過誇張就是老生常談。如果認爲現今的工業社會向目前的開發中社會顯現了它們自身未來的形象，那就忽略了國際經濟關係造成的低度發展（underdevelopment），而指出工業社會「需要」複雜的分工雖然對，卻無關緊要。重要的是價值觀念、政治和文化造成的差異。例如英國和日本都是先進的工業社會，但關於工作場所（和家庭等）的價值觀念在這兩個社會裡有明顯的不同。參見 neo-evolutionism 新演化論。

conversation(al) analysis 談話分析 俗民方法學（ethnomethodology）的一種研究方法，分析自然發生的對話形式。目的是揭示有組織對話的一般原則。例如，輪流對話（turn taking；交談者如何控制談話，H. Sacks et al., 1974）的規則，以及這些規則在特定情況下的含義（如 Atkinson, 1981）。對話分析與分析哲學有某些相似之處（比較 analytic philosophy 分析哲學）。

Cooley, Charles 庫利 （1864－1929）美國社會學家，以他「鏡中自我」（looking-glass self）的概念而知名。這種關於人格的形成和維持是反映在別人對自己的評價（實際的和想像的）之理論，是由米德（G.H. Mead）和象徵互動論者提出的。庫利還提出初級團體和次級團體之間的區別（見 primary group 初級團體）。總之，他的社會學與芝加哥學派（Chicago School）同樣關注自我（self）和社會團體（group）之間的關係。參見 symbolic interactionism 象徵互動論。

cooling-out process in higher education 高等教育冷卻過程 指「提供另一種容易達到的成就」（例如，從工程學科轉到較低層次培養「工程助手」的學科，Clark, 1960b）。在這一過程中，學生並不感到明顯的失敗（除非他們自己認爲是失敗），而只是轉到某種期限較短的學科。爲了減輕在這種情況下的「失

敗」情緒，「冷卻過程的一般結果是社會能繼續鼓勵學生作最大限度的努力，而不因未實現原來的諾言和期望而受到太多的干擾。」

cooperation　合作（社）　①爲了達到一個期望的目標而採取的共同行動。②生產者或消費者之間的自願組織，稱爲合作社，其特點是有關成員之間是合作而非競爭的資本主義關係。

在①的一般意義上存在某種弔詭，那些相互衝突甚至彼此交戰的各方往往必須合作，至少在某種程度上的合作，以便維持這種衝突。因此廣泛存在於社會組織和社團之間的合作，未必需要回答究竟合作或競爭孰爲決定性的社會凝聚力，即**分工**（division of labour）的基礎爲何。

②的含義主要指的是一些合作社組織和歐洲從19世紀初以來廣泛的合作社運動。合作社和合作社運動起源於羅伯·歐文（R. Owen, 1771－1858）等社會主義者的思想和由英國羅奇代爾先鋒社（Rochdale Pioneers）確立的民主和參與原則，後者於1844年建立了第一個零售合作社。作爲生產者的組織，合作社在農業方面尤其有效。一般來說，在更廣泛的資本主義體制的背景下，合作社組織的缺點常是顯得資金不足和組織薄弱。

cooperative organization and cooperative movement　合作社組織和合作社運動　見 cooperation 合作（社）。

core and periphery　核心和邊陲　見 center and periphery 核心和邊陲。

corporatism　統合主義　①指由國家控制主要「社團」（corporation）（如工會），如在佛朗哥統治下的西班牙，或更普遍而言是與法西斯主義（fascism）相關，目的是消除或壓制社會衝突，以助長民族主義等。②政府與主要利益團體（見 pressure groups 壓力團體）特別是大企業和工會（trade unions）之間的關係，包括：

　　(a)居間（intermediation）關係——一些社團居於政府與公

民個人之間，代表成員與政府談判協議，例如關於工資和價格的協議；

　　(b)納入（incorporation）關係──這些組織擁有一種特殊的地位，以致在某些方面實際上成了政府的延伸，即米德馬斯（Middlemas）在《工業社會中的政治》（*Politics in an Industrial Society*, 1979）所說的「管理機構」（governing institutions）。英國往往被認爲在1960－1979年期間已經走向②的統合主義方向，這一傾向由於1979年柴契爾（Thatcher）政府的當選而發生逆轉。現代奧地利有時被視爲統合主義②更充分發展的例子，有一些特點是英國所沒有的，包括對社會合作的價值有廣泛的一致意見、強制參加工會和雇主組織，以及資本家和勞動者之間的有效合作。

　　涂爾幹（Durkheim）從更普遍的意義上提出居間組織，即統合主義的社會結構，是解決現代社會弊病的一種方法。統合主義往往被視爲政府干預以便管理先進資本主義的一種方式。然而在英國和其他國家裡，統合主義已經因積累的危機以及共識政治之逆轉而基礎動搖。見 Habermas **哈伯瑪斯**；參見 sectoral cleavages **部門劃分**。

correlation　相關　兩個**變項**（variables）之間的一種關係，即當一個變項的量有所變化時，另一個變項也起變化，即有一種**共變**（concomitant variation）關係。相關可能是正的，也可能是負的。正相關表示：如果一個變項增大另一個變項也增大。負相關表示變項的變化是相反的，一個增大而另一個減小。

　　相關可以用一個統計值度量，即**相關係數**（correlation coefficient），它有幾種形式。大多數相關係數屬於一種線性關係，即一個變項的變化與另一個變項的變化成比例。在用圖形表示時，各變項間的關係可由曲線上的各點連成的直線來表示。相關係數主要是計算脫離這條直線的程度。相關分析法主要用於定距層次資料（見 criteria and levels of measurement **測量標準和層次**），但對其他層次的資料也要進行檢驗（見 Spearman rank correlation coefficient 史匹曼等級相關係數）。

　　發現一種相關關係並不意味着因果關係。也可能發現各變項之間有虛假關係，因而必須有其他的證據證明關於一個變項影響另一個變項的推論。必須記住，兩個變項之間的明顯聯繫可能是由有系統影響二者的第三個因素造成的。就涉及三個或更多變項的情況而言，須採用多元分析（multivariate ana-lysis）的技巧。參見 regression 迴歸；causal modeling 因果模擬；path analysis 路徑分析。

correlation coefficient　相關係數　兩變項之間關係的一種量度。見 correlation 相關；Pearson product moment correlation co-efficient 皮耳森積動差相關係數；Spearman rank correlation co-efficient 史匹曼等級相關係數。

corruption　腐化　「掌權者爲了獲得不合法的個人利益而放棄被期望的行爲標準」（Pinto-Duschinsky, 1987）。這樣的定義存在的一個問題是：許多社會對法律或行政規章所定的腐化行爲，往往習以爲常並廣泛承認爲正常行爲。就像在某些第三世界國家或受控經濟中那樣，這種行爲可能是爲達到社會需要的某些結果所必須的。腐化並不限於不發達的或國家社會主義的經濟中，如水門事件之類的醜聞就是一例。

cost-benefit analysis　成本效益分析　對一切經濟活動和社會活動，特別是新計畫的整體經濟成本和效益（最理想的是表現爲經濟成本的全部社會成本和效益）進行評估的一種方法。

　　迄今爲止，這種方法主要用於評估新的、大型的、公共的計畫。但是在一個越來越具有生態意識的時代，人們現在建議對許多現有的經濟活動和社會活動進行充分的成本效益分析時，應比以前更充分地把多種其他成本（如環境資源）列入分析之內。不過成本效益分析不是一種直接有效的方法，因爲它是對假設的成本所做的分析。必須注意把一系列外在成本和一系列效益納入計算，也必須注意成本計算的基礎。成本效益分析的結果常常有爭論。

counselling 諮商 在人一生的某個階段，需要作出個人或其**生命歷程**（life course）重新評價或決斷時，對他施予指導的過程。它與**心理治療**（psychotherapy）有關，但不像心理治療那樣進行臨床診斷，而是與當事人對正常生活事件的正常反應比較有關。對某些人來說，這些事情可能造成**壓力**（stress），因而他們決定尋求幫助和支持。如果家庭和朋友不能充分給予這種幫助和支持，他們就可能去求助於一位顧問。

羅嘉思（C. Rogers）提出的案主中心或人本諮商法（person-centered counseling）在最近幾十年影響很大。這種方法強調顧問的角色在使個人達到更大程度的自我認識和個人體驗，而非任何指導性作用。其他方法如理性感情療法或認知行為取向，其指導性則強得多。

廣泛的專業領域都有諮商人員——婚姻或職業指導、學生問題、債務處理、手術後諮商，等等。諮商可能是有報酬或自願性的工作。在過去，諮商培訓一般是由學員選擇去工作的組織所負責，因此培訓是針對特殊需求的（如公共部門培訓職業顧問，自願部門主辦婚姻指導訓練）。但到80年代後期和90年代初，開始有了標準化的和政府資助的一般性培訓課程。

counter culture or alternative culture 反抗文化或另類文化 生活方式、信念和價值觀與主要文化或居主導地位的文化不同，而且可能對其主要信念、理想和制度提出挑戰的次文化和對立文化（oppositional cultures）。這些團體可能通過隔離、威脅，或圍繞共同利益而發展。自60年代以來，反抗文化運動蓬勃發展，如西方社會的**綠色運動**（green movement）。

counterfactual or counterfactual conditional 反事實句或反事實條件句 一種條件句，其形式為「若 a，則 b」，其中的含義是「如果發生了 a，b 便會接着發生」。如下列的說法：「如果希臘人在馬拉松戰役中失敗，其結果是西方走向現代的獨特道路之歷史將會不同」。由於在這種反事實陳述句中的「前提」（antecedent）（陳述句的第一個子句）沒有實現，對「結

論」（consequent）（第二個子句）中包含的說法所作的經驗估計就很難證明。這種陳述句要說得通，取決於能否提出令人信服的證據來證明條件陳述句。

court society　宮廷社會　產生於後封建時期西歐各君主國宮廷中，講究禮儀和有教養的舉止標準之社會風氣（Elias 艾里亞斯：《宮廷社會》，1969）。《宮廷社會》詳細描述了法國路易十四統治時期國王及其朝臣們的生活。艾里亞斯認為宮廷社會的發展使武士貴族最終被宮廷貴族所取代，這是歐洲社會內部普遍文明化過程（civilizing process）的一個例子。因此，宮廷社會是一種重要的社會形式和現代世界發展重大的一步。參見 figuration or configuration 型態或全貌；figurational sociology 型態社會學。

covering-law model and deductive nomological explanation　含蓋法則模式和演繹律則解釋　科學解釋（explanation）的一種模式，特別與亨佩爾（C. Hempel）和巴柏（Popper）有關。在這種模式中，科學解釋的定義特點表現在以一般科學法則和初始條件陳述句（二者合稱為解釋項）的作用為根據，這些法則和陳述句在邏輯上推衍出所解釋的現象（被解釋項）。基本的模式如下：

(a)法則。

(b)初始條件陳述句，它指出如何使選擇的法則適用於面臨的情況──解釋項。

(c)由上述演繹出的被解釋（或預測）現象──被解釋項。

有關的法則是普遍條件陳述句（universal conditional statements）（「就任何 a 而言，若 a，則 b」），例如「任何的水在海平面的氣壓下加熱至100℃都會沸騰」。雖然基本模型認定科學包含決定論的法則（deterministic laws），但是「機率法則」（probabilistic laws）（聲稱「如果有 a，則有一定機率產生 b」）也可以適用。根據這一模式還可以在科學預測與非科學預測之間作出重要的區分：科學預測（prediction）不是無條件

的，而是以相關的前提之發生為條件的。這個模式旨在為科學的解釋、預測和試驗提供一個統一的說明，包括解釋和預測在「邏輯上的對稱性」（logical symmetry）（參閱 falsificationism 證偽主義）。

對含蓋法則模式的批評，集中在其聲稱提供一個關於科學解釋的定義模式上。一般並未承認在經驗的概括法則下所包含的東西是科學解釋的一個充分或必要條件。沒有這些令人滿意的解釋基礎也可以得出成功的概括法則。還有一個意見是科學解釋包括認證基本的因果關係「機制」（mechanisms），這種機制可能不取決於經驗的概括法則，或者包括預測（見 realism 實在論）。例如當達爾文的理論提供一種重要的解釋說法時，它是根據普遍機制提出的，而且不是預測性的。在社會學方面，同樣明顯的是重要解釋的作出既不依靠含蓋法則，也不依靠普遍機制。因此儘管含蓋法則模式可被視為適當地描述了科學解釋的一種形式，但人們並未普遍承認它提供了一種適當的科學解釋的全面模式，或所有領域中的解釋。參見 hypothetico-deductive explanation and method 假設演繹解釋和方法；explanation 解釋。

craft apprenticeship　手藝學徒制　許多國家學習手藝的傳統方法。學徒以一項有法律約束力的協議即「定期契約」（indenture）的方式附屬於一位師傅，在約定的年限內作無償的勞動者。學徒的目標是成為一個熟練的工匠師傅。但是還存在一個中間的階段，即期滿學徒工（journeyman）的階段。實際上，這往往是許多手藝工人成就的極限。手藝學徒制度與中世紀初期的手工業行會有關，作為傳授與某一種手藝有關的技能和「行業秘密」（trade secrets）的方法，手藝學徒制度也是限制人們進入手藝行業的方式（見 labour aristocracy 工人貴族；參閱 profession 專業；trade unions 工會）。

在現代，工業和工廠生產迅速發展，手藝學徒仍然存在，但已發生了一些改變。不過近年來由於學徒制度結合了一些限制性作法，而且它在某些部門被視為是對技術改革和更靈活的勞動管

理的障礙，現已實際上廢止把學徒制度作訓練手藝技能的普遍制度。至少在英國代替手藝學徒的是以專科學校和特殊機構爲基礎的培訓制度，而不是存在於某些其他國家（如德國）的那種系統化的技術訓練方式。參見 deskilling 簡化操作技能。

credentialism　文憑主義　指根據具體證明文件，安排人們社會地位和職業的作法。儘管這些證明具體地說是學歷資格，但這並不一定導致教育符合社會的有關需要，或者導致在工作上能作出更好的成績。在現代經濟中求職的人衆多，以致求職者之間的競爭頗爲激烈。這就要求學歷證明（證書、文憑、學位），可藉以調節人力。把要求證明本身當成了目的，就導致多爾（Dore，1976）所稱的文憑症（diploma disease）［參見伯格（Berg）《大規模強迫訓練》（*The Great Training Robbery*，1970）］，而教育的形式和內容成了次要的東西。最主要的是能夠達到什麼層次的資格。這個過程被批評爲不符合工業社會的實際需要，因爲這似乎是作爲挑選人員就業的主要方法，而不是爲就業作準備（見 screening 學歷甄選）。人們還批評這種作法使許多接受高等教育並指望獲得更好職業的人們失望，因爲合適工作的增加趕不上「有資格」擔任這些職務的人員之增加。

按照多爾的說法，還有一個在許多方面隱憂更深的現象是在第三世界的國家中，文憑主義和力求仿效西方的中等和高等教育制度的結果，導致一種不適合這些社會經濟需要的擴大教育系統。然而對已開發的和較未開發的經濟而言，都可以提出一個相反的論點，即「文憑主義」的理論貶低了額外的教育的應有價值，不論是在就業方面提供專門的或一般的技能上，或它本身是一種爲人所追求的消費利益而不僅僅作爲謀職的手段。

crime　犯罪　觸犯刑法的行爲。早自開始有文字記載的歷史時代，學者們就已經在討論犯罪的性質和原因。一個相關的問題是道德問題，因此直至近代，犯罪尙被認爲應由神學和哲學來討論。一般說來，社會學家們傾向於反對關於犯罪的絕對論概念，而且反對對於犯罪所作的心理學和生物學的解釋。許多社會學家

從道德的角度討論犯罪問題，但不像大多數早期的作者那樣，他們傾向於不使用關於道德的絕對概念或普遍概念，而是從特定的歷史和文化背景來看待道德規條。例如涂爾幹（Durkheim）認為法律隨社會結構的變化而變化；他把從**機械連帶到有機連帶**（見 mechanical and organic solidarity），即從傳統的簡單社會到複雜的工業社會的這一歷史變化，看成是社會關係的轉變，這種轉變可以從道德的角度來理解和通過法典的變化加以研究。他還認為某種程度的犯罪對社會來說具有其功能；這一點可由這樣的事實表明，即沒有任何已知的社會能夠免於犯罪。更有意義的是，犯罪具有使社會團結起來，反對犯罪、加強道德的作用。

儘管不像早些時候的哲學那樣絕對化，涂爾幹的理論仍然對犯罪有高度概括化的討論。其他社會學傳統則以更具體的方式集中討論犯罪問題。這樣的例子包括討論雇用法的變化，例如罷工是犯罪或合法行為取決於雇主與雇員相對力量的複雜平衡。這種把刑法的發展與特定階級的利益或既得利益聯繫起來的研究方法顯然有某些優點，但更普遍的道德面向也顯然是重要的。例如有關性行為的法律可能與財產和繼承有關，但很難從特定的階級利益的角度進行分析。同性戀行為就是這樣的例子。在英國，直到1969年以前，男同性戀欲望的表現是一項刑事犯罪。根據沃爾登芬報告（Wolfenden Report, 1967）的建議，成年人之間彼此同意的私人同性戀行為不算犯罪，這表明刑法對規約私人行為方面的概念起了變化。實際上，這顯示了犯罪和罪犯的概念並不反映絕對的標準，而是隨時代變化，並在各種文化中都各不相同。然而這些法律上的變化仍然是有爭議的，而且有同性戀行為的男女遭到人們的疏離和歧視，正如對愛滋病的**道德恐慌**（moral panics）所表明的那樣，這些事實說明刑法與文化之間的關係是複雜的。

一般說來，社會學的研究取向是試圖說明犯罪和犯罪原因的相對性質，以及犯罪對社會和被害人的影響。參見 criminology **犯罪學**；labelling theory **標籤論**；deviance **偏差行為**。

crime statistics 犯罪統計 記錄「重大犯罪」（serious crime）的官方統計，一般要求警察部門搜集數據。正如所有的官方統計（official statistics）一樣，對於以這些統計數字作爲犯罪發生率指標的可靠性存在着爭論。很明顯，這些統計只能記錄報案的犯罪。此外，在搜集統計數字中存在着偏見和資料來源不準確的情況。例如某些種類的犯罪——白領犯罪（white-colar crime）和婦女犯罪——似乎習以爲常地少有記錄，這是警方決定不予起訴的結果。與此同時，其他種類的犯罪，例如流氓和毒品犯罪，這類公衆關注的問題可能引起警方過分的注意。在搜集統計數字的效率上，也可能因時間和警察部門的不同而異。犯罪發生率數據的另一個來源是犯罪調查（如 Jones et al., 1986）。例如在英國，這些調查指出官方的犯罪統計數字低估某些種類的犯罪達五倍之多（如破壞文化藝術、小型竊案等犯罪），其他種類的犯罪估計雖然相差少一些，但仍然非常低。

criminology 犯罪學 一門在傳統上集中於研究犯罪的性質和原因等諸多方面，和研究社會中犯罪因素的學問。犯罪學本身是否可稱爲一門學科是有爭論的，因爲它只是從很多學科和認識論的觀點研究一個問題，及其各方面的發展。

在整個有文字記載的歷史中都可發現對犯罪和觸犯刑律的關注。關於違法後果的道德故事出現在古希臘，及其以前巴比倫於公元前2000年制定的法典中。在現代，對犯罪的系統化關注，隨着18世紀資本主義興起帶來了大規模社會變化而發展。傳統社會的崩潰，小型農業社會中有效的社會控制形式的解體，以及新的財產和階級關係的出現，所有這些反映在當時政治革命的事實，導致人們對社會秩序及其負面狀況投注越來越多的關注。對犯罪的研究便是這必然的結果。

在18世紀，「古典」的法學學派認爲人類具有理性和自由意志，會對任何行爲的成本和效益採取理性的評估。刑事政策的含義就是要使違法的代價大於可能得到的利益（這一模式與晚近的嚇阻理論有很多相似之外）。

實證主義犯罪學被視爲是部分地對「古典」傳統的反動,也可被視爲19世紀實證主義解釋普遍發展的一部分。其最著名的倡導者是一位義大利的醫生龍勃羅梭(Lombroso)。龍勃羅梭及其追隨者們主張一種與自由意志概念相反的生物學決定論。根據對監獄囚犯的身體進行測量和對某些被判有罪的人進行死後的驗屍,他認爲犯罪行爲與「隔代遺傳」(atavism)有關——他所說的隔代遺傳指的是人類演化中較原始階段的某些特點又重新出現。這些遺傳學上的「返祖現象」(throwbacks)與「原始人類和低級動物的凶殘本能」有關。到20世紀初,龍勃羅梭的著作遭到徹底的否定。然而遺傳/生物學的解釋不時重現,如心理學家們對犯罪學的研究成果。

研究犯罪和犯罪行爲有多種社會學取向,它們大多數是反對個人主義和生物學說法的。把一些理論傳統融合起來的傾向是社會病理學(social pathology)。它的基本理論是導致犯罪行爲的不是個人問題而是社會問題。

古典的馬克思主義理論,如恩格斯(Engels)和邦傑(Bonger),把犯罪與資本主義固有的特點相聯繫,這些特點包括:工人階級的貧困和地位低下,貪婪和剝削的結果造成了一個「誘發犯罪」(criminogenic)的文化。這種強調說法在70年代隨着馬克思主義對社會學的影響漸增而重新出現。在美國,關於社會學對犯罪的解釋一直受到關注,大部分是受芝加哥學派(Chicago school)的影響。早期的芝加哥學派的學者們提出「文化傳播」(cultural transmission)的概念。研究了1900-1925年間芝加哥的高犯罪地區以後,他們認爲青少年犯罪在這些地區已是一種傳統。偏差的價值觀念由一些同儕團體(peer groups)和幫派互相傳輸。個人被有效地社會化爲違法者。對於偏差行爲(deviance)的廣義解釋,人們也給予了應有的關注,如脫序(anomie)理論和標籤論(labelling theory)。

這些論點在青少年犯罪次文化(delinquent subculture)和差別結合(differential association)學說方面廣爲傳播。特別是

克洛沃德和奧林（Cloward and Ohlin, 1960）在綜合這些不同理論傾向方面作出一些嘗試，他們把文化傳播和脫序理論結合起來，說明合法和非法利用資源的「機會結構」（structures of opportunity）之間有所不同。克洛沃德和奧林指出一部分下層階級特別有可能抓住實現違法行為的機會：即那些「在自己文化背景中爭取獲得較高身分」，並在中產階級生活方式以外，尋求一條在「下層階級」文化中尋求富裕捷徑的人（參閱 Merton 默頓對脫序一詞的用法）。

這樣的研究方法已經受到一些批評。例如批評它們接受正當手段和目的之正當性，而且認為每個人都會採取同樣的行動。還批評它們只集中研究下層工人階級的男性，很少研究女性的犯罪行為、白領犯罪（white-collar crime），或所謂「當權者的犯罪」（crimes of the powerful）。

70年代在美國和英國，社會學家們再次將標籤論與馬克思主義，以及關於犯罪、社會階級和資本主義的問題混和在一起。在英國，這類著作的例子是泰勒、沃爾頓和楊（Taylor, Walton and Young, 1973）的所謂「批判犯罪學」（critical criminology）。激進派犯罪學家們是由共同的精神而不是由意見一致的理論結合在一起的。他們批判實證論的、功能論的和標籤論的研究取向，而代之以在更廣泛認識資本主義國家和社會階級關係的基礎上分析犯罪和法律。因此，刑法、警察和監獄制度被描述為階級統治的各個層面。這種研究方法有明顯的標籤論的痕跡，但強調把特定的行為標為偏差行為是基於資本主義的邏輯和需要。這種激進觀點對於重新促使社會學關注及仔細分析刑事司法制度的各個層面——警察、法院、審判和監獄——來說是很重要的。

70年代以來的進一步發展是女性主義對於研究犯罪和偏差行為所作的貢獻。除了婦女運動的復興以外，對犯罪的關注大部份是由於激進犯罪學的發展，但是越來越體認到性相問題不能簡單地融入以階級為基礎的觀點之中。關於犯罪統計學、次文化

（subcultures）、侵犯婦女的暴力、婦女的犯罪行為、審判、監獄和其他問題的著作，全都表明性相作為一個特殊的爭論問題，在推動犯罪學一般理論與經驗之辯論方面具有重要性。

近年來的新發展是把重點從只關注罪犯轉而也關注受害者。

criteria and levels of measurement　測量標準和層次　為所觀測現象確定適當價值、符號或分數的規則。最廣泛應用的分類是由史蒂文斯（Stevens 1946, 1951）設計的，他指出測量的四個層次為：定名（nominal）、定序（ordinal）、定距（interval）和定比（ratio），這是根據它們在次序和差距方面的特點加以區分。

定名層次的測量（nominal-level measurement）：測量中每一個值代表一個不同的類，這個值僅僅是一個標籤或名稱。值被賦與一些變項，而不參考各種類別之間的次序和距離，很像人們被賦與如托馬斯、理查、凱瑟琳和馬莎之類的名字一樣。因此定名層次的測量缺少實數所有的許多特點，而且不可能對這些變項進行加、減、乘、除。

定序層次的測量（ordinal-level measurement）：測量中各個值被排列成一種等級次序，例如如果"a"大於"b"，"b"又大於"c"，則"a"也大於"c"，儘管定序層次的測量沒有說明各類之間的相對差距。例如可以將各政黨排列成從左翼到右翼的次序，也可以說英國工黨比自由民主黨更左一些，而自由民主黨比保守黨又左一些，但我們不知道這些政黨之間的相對差距有多大。

定距層次的測量（interval-level measurements）：是定序層次變量的延展，只不過各類之間的距離現在是固定的和相等的。攝氏溫度計是這種變項的一個例子，溫度從2℃到3℃的變化，與從64℃上升到65℃的變化大小相同。然而定距層次的尺度純粹是人為制定的，零點（zero point）不是自然決定，而是根據一種武斷的決定。實際上，零點甚至在這種量度上的負數也可以代表實數，例如，可能有0℃的溫度和0℃以下的溫度。定距尺度由於

是人爲的和武斷的性質,因而缺少成比例的特點,例如20℃不是10℃的兩倍熱度。

定比層次的測量(ratio-level measurements):使用實數,而且各類別之間的距離是固定的、相等的和成比例的(Nachmias, 1976)。零點是自然確定的,因此可以進行比例比較(ratio comparisons)。例如一個二公尺高的男人比一個一公尺高的男孩高一倍。

史蒂文斯分類的重要性在於可用的統計檢驗是由變項類型決定的。把史蒂文斯的變量按順序排列——定名、定序、定距和定比——可以說明一個適用於較低層次變量的統計測驗也可適用於較高層次變項。在定名層次變項上很少可能進行統計檢驗,而在定比-定距測量中可以進行任何統計檢驗。遺憾的是社會科學中通常使用的大多數變項屬於定名或定序的性質,結果只有有限的檢驗方式可能適用於它們。例如在定序變項的情況下,不容許有計算平均值(mean)的統計檢驗。但是如果有可用的比較精密的檢驗,許多社會科學家寧願使用有計算平均值和**標準差**(standard deviation)的統計檢驗,儘管這些檢驗只有在用於較高層次的測量時才是完全合理的。拉博里茲(Laboriz, 1970)和泰勒(Taylor, 1983)曾經對這種方法的有效性作過一系列統計檢驗,所得結論證明:一般來說是可以接受的,只要所使用的定序變項不是屬於兩分(見下文)或三分的性質。

另一些社會科學家試圖使史蒂文斯的方案更完備。固定的和定比-定距的資料往往被列在一起並被稱爲連續(continuous)資料。最後,兩分(dichotomous)變項(只能從兩數值中選一個,如性別)往往被視爲本身就是一個個別的測量層次,因爲它能被視爲定名、定序或固定定距測量,這要視情況而定。參見 measurement by fiat **人爲規定的度量**。

criterion of demarcation(of science) **(科學)分界標準**
　　見 falsificationism **證僞主義**。

critical cultural discourse **批判的文化論述** 對社會議題無

限制的、公開的討論，這種討論有可能否定從意識形態上認為社會合理化的理由，建立對社會過程如實的敘述，因而有可能達到人類的解放。與大衆社會（mass society）理論相反，受過教育的「公衆」在現代工業社會中的重要性日益增大，被某些理論家（如高德納 Gouldner，哈伯瑪斯 Habermas）認為替這種批判論述提供了條件，儘管不保證能夠充分實現。

critical rationalism 批判理性主義 見 falsificationism 證偽主義；Popper 巴柏。

critical theory 批判理論 見 Frankfurt school of critical theory 法蘭克福批判理論學派。

cross-cultural comparison 跨文化比較 對一社會現象在不同的社會中、或不同歷史時期中的情況加以比較，目的是確定構成其特點的共同「因果」基礎，包括任何社會演化秩序模式，或是確定一個特定文化或社會之獨有特點。

　　社會學家們對跨文化分析這兩個目的之相對重要性，往往持有尖銳的對立看法。大多數理論家已經意識到在跨文化比較中，為分析單位下定義和在彼此相似的事物間進行比較是相當困難的。當那些持第一種看法的理論家和研究者準備冒險提出人類社會的一般形式和類型的建議時，那些持第二種看法的人則把比較的重點放在突出相異之點，通常僅僅把一般概念用於輔助比較（即作為啓發的理想型 ideal types），他們的主要目的是了解特定的文化。參見 comparative method 比較法。

cross-cutting ties 交切紐帶 個人矛盾的或可能發生矛盾的忠誠，例如忠於族群和忠於階級之間，或忠於宗教和忠於階級之間的衝突。人們認為與這種交切紐帶有關的關係網有助於社會穩定，因為它抑制或緩和了群體之間的衝突。受交切紐帶影響的個人似乎被雙向牽制，因而想要採取行動阻止或限制衝突，如呈現出問題的兩面性。交切紐帶的存在有時被認為在維護穩定民主政體（stable democracy）方面，例如在反對極端的階級意識方面

是重要的。參閱 cognitive dissonance 認知失調。

cross-sectional study　橫剖研究　在時間的某一點上研究變動的人口的方法，目的是搜集關於人們在不同生活階段或不同環境中的資料。這種方法與貫時研究（longitudinal studies）相對，後者是調查一段時間內的群體的情況，以便研究其發展的過程和變化中的環境影響。

橫剖研究的優點是比較迅速，不依賴不定的人力財力，而且減少了由於時間的推移而造成的新異變項。缺點則是不能說明變化的情況。

crowd behaviour　群眾行為　見 collective behaviour 集體行為。

cult　崇拜　①在已開發的和較低度開發的社會中最不正規而且往往最短暫的宗教組織或運動形式，它與其他形式的宗教組織（見 church-sect typology 教會-教派類型）的不同之處，往往是它偏離了當地社會的正統思想。崇拜有時包括對一個精神（inspirational）或感召領袖（charismatic leader）的效忠，可能把來自各種宗教的因素結合起來（見 syncretism 綜攝），或者像教派（sects）那樣（崇拜與教派並不總是有嚴格的區別），它也可能是由於從一個已存在的宗教分離出來或與它並肩活動而造成的。在工業化以前或過渡的社會裡，崇拜往往與比較正式的組織性宗教並存，而且具有特殊的功能，包括巫術性儀式。在未開發的和已開發的社會裡，崇拜的特點是它吸收的是一些自願參加的個人。在這一點上，它不同於那些主流的宗教組織，那些組織的成員通常是在出生時就入了教或因家庭的關係而入教的。崇拜和崇拜者多存在於以下的條件下：不良的社會環境和（或）迅速的社會變化和巨大的社會流動性（如現代的加州）。參見 cargo cult 船貨崇拜。②在羅馬天主教會內部指與一個特定的實際地點相關的信念和作法，如某一聖殿。

cult of personality　個人崇拜　極權主義政權中的一種作法，

即其領袖（如希特勒、史達林或毛澤東）被抬高到至高無上的地位，並被奉爲一切政治智慧的源泉、所有有價值的政治成就和社會成就的締造者等等。在這種情況下，批判和反對領袖就會遭到鎮壓，而公衆的政治活動限於儀式性的歌頌領袖生平和功績。

cultural anthropology　文化人類學　在美國指研究人類文化的人類學（anthropology）。它與英國的**社會人類學**（social anthropology）不同，因爲它的焦點擺在特定民族的器物和實踐而非社會結構，不過這種差別很容易被人誇大。實際上，這意味着一種強調文化的物質基礎的傾向，儘管文化的思想意義也是重要的，而且表現在認知人類學和象徵人類學上。文化人類學和社會人類學這兩個詞語仍被分別開來，但二者是否準確地反映了美國和英國當前的人類學狀況，則是可疑的。

cultural capital　文化資本　表現爲知識或思想形式的財富，它支持着身分和權力的合法性。如**波笛爾**（Bourdieu）所特別提出文化資本的概念擴展了馬克思對經濟資本的概念。人們認爲擁有這種形式資本的人能對其他群體行使相當大的權力，用這種資本可獲得想要得到的職業地位並使他們獲得更大額度的經濟資本的要求合法化。因此，居支配地位的階級經由這些象徵（語言、文化和器物）可以建立起其**支配權**（hegemony）。波笛爾認爲學校通過頒發證書和文憑的機制，是維持既有秩序的一種關鍵制度。在學校裡學到的語言、價值觀念、假說和成功與失敗的模式都屬於居支配地位的群體的。因此教育系統的成功大多取決於個人吸收主導性文化的程度，和居支配地位群體分享了多少文化資本，從而在意識形態上使現存的社會秩序正當化。

　　文化資本發揮作用的部分結果是工人階級在競取教育和職業機會時往往處於不利的地位。這是因爲文化資本不僅帶來學習等方面的固有優勢，可能也是導致輕視正式資格和技能等的一個因素，而且可能使某些雇主選擇較爲寬鬆規定的「社會特點」，例如從精英學校中選擇中產階級的畢業生，儘管他們只有較低的正式資格。

文化資本的概念還涉及一種對人力資本優勢的看法，這種看法不同於另外一種主要的理論，即**人力資本**（human capital）（參見 intelligence **智力**）。它也是對人力資本的另外一種理論，即篩選論的補充，這種理論有某些共同的特點和某些不同的強調重點。見 screening **學歷甄選**；參閱 functionalist theroy of social stratification **社會階層化的功能論理論**。

cultural deprivation　文化剝奪　指缺少能夠在教育制度中取得成功的適當形式語言和知識。這種解釋已被用來說明工人階級和少數族群兒童教育受限制的情況。這在20世紀60年代末期和70年代初影響尤大。美國的教育領先計劃（Headstart Project）和英國的教育優先區計劃（Priority Area Project）旨在彌補工人階級兒童缺少父母關懷、缺乏家庭和鄰里的照顧和不能受到適當文化教養的情況。

　　這種教育失敗的虧損理論（deficit theory）已受到嚴重的批評，因為它暗示這是個人的不足。有些社會學家認為問題在於文化上的差異：也就是說，學校所包含的社會價值觀念和社會知識概念不同於工人階級成員所持有的觀念和概念。參見 elaborated and restricted codes **精密代碼和限制代碼**；Bernstein **伯恩斯坦**。

cultural diffusion　文化傳播　見 diffusion **傳播**。

cultural evolution　文化演化　見 evolutionary theory **演化論**；sociocultural evolution **社會文化演化**。

cultural hegemony　文化支配權、文化霸權　見 hegemony **支配權、霸權**。

cultural incorporation　文化納入　見 incorporation **納入**。

cultural lag　文化失調　一種假說，認為社會問題和衝突是由於社會制度趕不上科技變化的結果，亦稱文化滯後。這種假說根據的是技術決定論（technological determinism），而且與社會變遷的新演化論有關。文化失調一詞最早是由奧格本（Ogburn, 1964）所使用。參見 modernization **現代化**；technology **技術**；

functionalism 功能論；neo-evolutionism 新演化論。

cultural materialism　文化唯物論　（人類學 anthropology）
一種研究方法，例如美國人類學家哈里斯（M. Harris）在其著
作（1978）提到人類文化的許多方面應當用物質因素來加以解
釋。在某些方面，這種研究方法與馬克思（Marx）的相似，但
在哈里斯的著作中，重要的決定性特點通常具有人口學或環境的
性質。例如，哈里斯曾經對諸如人吃人、禁忌（taboos）和食物
禁忌等社會現象提出過生態學和環境影響的解釋。參見 environ-
mental depletion 環境枯竭；geographical determinism 地理決定
論。

**cultural relativism and linguistic relativism　文化相對主
義和語言相對主義**　認為一個社會或文化區域的概念和價值觀念
不可能完全翻譯成另一種語言，也不能被另一種語言完全理解的
說法，這就是說真正普遍的概念和價值觀念是不存在的。參見
relativism 相對主義；forms of life 生活形式；incommensurabil-
ity 不可公比性；translation 翻譯；Sapir-Whorf hypothesis 薩丕
爾─沃夫假說。

cultural reproduction　文化再生產　指文化形式、價值觀念
和思想的永久長存。波笛爾（Bourdieu）認為支配階級的文化不
斷再生產並永久傳承下去，以確保他們的長久統治。參見 cul-
tural capital 文化資本。

cultural studies　文化研究　對文化和社會進行多學科研究的
學術領域，在社會學方面特別與英國伯明罕大學的當代文化研究
中心（CCCS）的工作有關。這個中心由霍加特（R. Hoggart）
於1964年創立並任中心主任。此中心基本的信條主要是受他的重
要著作《識字的用途》（*Uses of Literacy*）所影響。研究中心
的宗旨是支持和鼓勵在當代文化和社會領域內研究文化形式、制
度和實踐，以及與更廣泛的社會變遷情況的關係。霍加特於1968
年在聯合國教科文組織（UNESCO）任職後，另一位社會學家

霍爾（S. Hall）繼任中心主任，直至他於1979年到空中大學
（the Open University）任教。

　　這個中心和英國社會學界文化研究的主流都關注以下的課
題：(a)文化生產和象徵形式的社會制約；(b)文化的「生命體驗」
及其受階級、年齡、性別和族群關係的影響；(c)經濟、政治體制
和過程與文化形式之間的關係。這些方面的研究成果有社會主義
文化批評家威廉斯（R. Williams）的著作［特別是《文化和社
會》（*Culture and Society*），1958；《長期革命》（*The Long
Revolution*），1960］。受威廉斯和霍爾的影響，文化研究的很
多概念得自馬克思主義，但卻一直避免「化約主義」，而是強調
這樣的思想：文化是以年齡、性相、族群以及經濟劃分（階級）
為基礎的不同社會群體之間權力鬥爭的產物。例如在20世紀70年
代，該中心的一些研究人員提出了一系列的《文化研究工作報
告》（Hall and Jefferson, 1976）。這些報告集中研究青年次文
化（subcultures），引起了廣泛的關注（見 resistance through
ritual 以儀式反抗）。後來由於受到葛蘭西（Gramsci）和阿圖塞
式馬克思主義（Althusserian Marxism）思想的影響，伯明罕學
派成員開始探索「柴契爾主義」（Thatcherism）的文化含義。

　　更晚近，由於經濟中「文化工業」（cultural industries）的
地位日漸重要，除了原本在 CCCS 的作品中核心的研究領域之
外，也加入了無數新的「文化形式」的領域。見 consumer cul-
ture 消費文化；postmodernism and postmodernity 後現代主義和
後現代狀態；sociology of art 藝術社會學。

culture　文化　人類創造和使用的象徵和器物。文化可以被認
為是構成整個社會的「生活方式」（way of life），包括行為舉
止、服飾、語言、禮儀、行為規範和信仰系統。社會學家們強調
人類的行為主要是教養的結果（社會決定因素）而不是先天的
（生物決定因素）（見 nature-nurture debate 先天後天之爭）。
實際上，人類有別於其他動物可能是因為他們能夠集體地創造和
傳達象徵意義（見 language 語言）。要想獲得一種文化的知

識，就需要通過一個基本上起源於社會的複雜過程。文化作用於人類，人類也反作用於文化，從而創造出新的文化形式和意義。因此，各種文化因其歷史性質、相對性和多樣性而各具有特點（見 cultural relativism 文化相對主義）。它們隨社會的經濟、社會和政治組織的改變而變化。而且人類由於其特有的反省能力（見 reflexivity 自反性）而引致文化變革。

在許多社會中都可以察覺到這樣一種信念：文化與自然是彼此衝突的，而且文化必定要經過文明的過程來征服自然。這種看法可以在西方社會的自然科學傳統中看到。它也是佛洛依德（Freud）文化理論的一個重要因素。他認為文化起源於人的內在驅力（愛欲本能 eros 和死亡本能 thanatos）的壓抑和昇華。然而許多文化認為此相互關係不是彼此對立而是相互補充的。近年女性主義者的文化理論提出堅持自然與文化之間存在一種敵對關係的信仰體系，已被證明在生態學上是反功能的。可以說人即是自然，人也擁有對自然的意識（Griffin, 1982）。

人類不僅有能力創造文化形式，而且能夠靠這些文化形式存活下去；他們還有能力將文化本身理論化。許多研究多文化的社會學方法中，都包含有認為某種生活方式和文化形式相對優越的規範性想法。例如社會學界內部和外部的文化理論家們已經劃定出「高級」和「低級」文化、通俗文化（popular culture）、民間文化和大眾文化（mass culture）之間的界限。激進和保守的批評家們皆使用大眾文化這個概念對當前藝術、文學、語言和文化的一般狀況表示不滿。儘管這兩派人各有其不同的政治意識形態，但他們都認為20世紀的文化是貧乏的和稀薄的。繼那些自有獨立見解、博聞多知並持批判態度的公眾而起的，已是一批散散漫漫，而且大多是冷漠無心的群眾了。

激進派理論家們曾經爭辯說對文化品質的威脅不是來自下層而是來自上層。更具體說，此威脅來自法蘭克福批判理論學派（Frankfurt school of critical theory）所說的「資本主義文化產業」（capitalist culture industry）。按照這種觀點，資本主義大

眾傳播媒介能夠操縱群眾的品味和欲望與需要。相反地，保守派和上層文化理論家，如奧特加·加西特（Ortega y Gasset, 1930）和艾略特（T.S. Eliot, 1948）等學者，則指出威脅來自群眾自身。保守派理論家們認為勢力越來越大的群眾，將會危害那些在文化上有創造性的精英。一般說來，社會學家們指出任何人類行為都不能不受文化的影響。那些初看起來似乎是我們生活中自然的東西，如性行為、衰老和死亡，全都被文化賦予意義而且為其影響所改變。即使顯然屬於自然行為的飲食，也被滲入了文化的意義和習慣。

culture of poverty　貧窮文化　由貧民創造和再現的生活方式；根據貧民本身的文化特徵對貧窮的存在所作的一種解釋。最初使用貧窮文化一詞的是劉易斯（O. Lewis, 1961, 1968），他強調「宿命論」（fatalism）是下層階級（underclass）次文化的一項特徵，它使貧窮代代相傳。劉易斯認為匱乏循環（cycle of deprivation）是自我永存的，而且認為兒童很快就會被社會化而接受貧民的價值觀念和態度。劉易斯認為在低度開發社會中由現金經濟和高失業率形成的「貧窮文化」，阻礙了人們接受有助於社會和經濟發展的「現代」價值觀念。貧窮文化的概念已經受到批評，特別是受到瓦倫丁（Valentine）的批評（《文化和貧窮》*Culture and Poverty*, 1968），因為貧窮文化論強調家庭和當地貧困的觀點，這種觀點大都把貧困的責任加在個人和家庭的頭上，而不研究可能阻礙社會和經濟發展的那些外在影響。

在具體應用於第三世界時，貧困文化的論點可被視為是由帕森思（Parsons）的著作引起的關於價值觀（values）是促進抑或阻礙經濟和社會發展（economic and social development）之爭的一部分。在這方面，「落後的」（backward）價值觀念，如「宿命論」和「聽天由命」（resignation），與富裕的資本主義社會中「進取」（enterprise）和「成就」的現代化價值觀念（參見 achievement motivation 成就動機）形成對比。

近年來的研究顯示居住在劉易斯所描述的窮鄉僻壤中的人並

不持有屬於貧窮文化的宿命論態度；反之，其家庭和鄰里共同設法適應和對付經常變化的社會和經濟環境。第三世界偏僻地區的貧苦居民並不冷漠無情。有些研究清楚表示（如 Roberts, 1978；Lomnitz, 1977），僅僅爲了在那種惡劣的環境中生存下去就多麼需要有進取心和創造力。典型的是家庭和鄰里設想出複雜的生存之計，往往涉及多種不同形式的，或合法的和地下的經濟活動。因此，相對來說，很少經驗證據支持「貧窮文化」的論點。對於第三世界的貧困，需要另作別的解釋。

culture shock　文化震撼　由於面對一種陌生的或外國的文化，一個人的正常社會觀（對於自己社會、次文化、所屬群體的觀點）遭到的破壞。儘管文化震憾可能在個人的心理上產生不安和混亂——例如當被強迫遷出自己的社會或者這個社會遭到外來的破壞時——但它也可能是解放的，導致對有社會學意義的關係有新的理解。正是在此種意義上，社會學和人類學往往爲本學科的新生提供一種文化震撼因素而自豪。參見 stranger **外來者**。

custom　習俗　一個社區或社會中的既定行爲模式。習俗一詞在日常用法中，指的是規矩化的社會活動，或者公認的行爲準則，它們是約定俗成的，並使一個文化群體區別於別的群體。在另一個層次上，習俗性行爲可能有別於理性（rational）行爲（見 types of social action **社會行動類型**）。例如在**傳統行動**（traditional action）中很少考慮其他可能的行動過程。

cybernetic hierarchy　控制論層級　認爲社會系統像動物機體或任何複雜系統一樣，由一個分層級的聯繫網絡和調節機制所支配，而且在社會系統中這意味着文化**價值**（values）和**國家**（state）和政府在形成和維持這種系統方面有着決定性的作用。例如正是在這種情況下，**帕森思**（Parsons）指出社會系統中的政治子系統成爲「達成目標」（goal attainment）的介入者。

　　帕森思認爲社會生活是靠兩個相互關聯的層級系統組織起來的（見圖）：

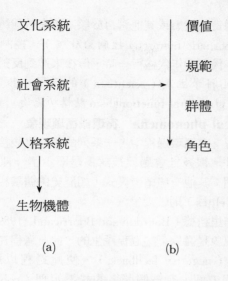

(a)

圖7 控制論層級

(a)從文化系統、社會系統和人格系統到生物機體的四層層級系統；

(b)在社會系統內從價值、規範到群體、角色的層級系統。

參見 cybernetics 控制論；social system 社會系統；structural-functionalism 結構功能論；cultural materialism 文化唯物論。

cybernetics　控制論　「研究動物和機器中控制和通訊的科學」。控制論一詞是美國數學家維納（N. Wiener, 1949）在40年代提出的。受到電腦出現的激勵，促使人們注意到在一切類型的系統中發生作用的共同過程，無論是機械的伺服機制（如由溫度控制的中央空調系統）、生物機體，還是**社會系統**（social systems）。由此得出的推論是這些系統都經由一個反饋迴路（feedback loop）的作用調節它們與外部環境的關係。在反饋迴路中，環境的變化以某種方式傳達給系統，使這個系統作出相應

的調整以維持穩定的狀態或其他適合於該系統有效運轉或存在的狀態（參見 cybernetic hierarchy 控制論層級）。控制論和控制論類推法在50年代和60年代盛行一時，但後來遭到反對社會科學中的功能思想和科學主義（scientism）的反擊。參見 systems theory 系統論；structural-functionalism 結構功能論。

cycle or cyclical phenomena　循環或循環現象　一切重複或重複發生的過程。在循環過程中，一系列的事件之後接着又發生同一系列的事件。很多社會過程被認為是顯示了一種循環的模式，如生命周期；其他一些循環模式，如歷史的循環和精英循環（circulation of elites）則較受爭議。

布爾東和布里科德（Bourdon and Bourricaud, 1989）指出一類普遍的循環現象是從以下的過程產生的，此「過程在發展中引起一種負反饋（negative feedback），使此過程以逆轉為終結。」在經濟學方面，有一個著名的蛛網定理（cobweb theorem）即以此為基礎：生產者傾向於根據眼前過程估計未來的價格，他們往往生產過多他們認為最有利可圖的產品，而過少生產他們估計利潤較小的產品。若用圖表表示，就會出現一種循環的蜘蛛網式的運動，從一個均衡的位置走向另一個均衡的位置。一個更直接的例子是疫苗注射：多進行疫苗注射就少發生由特定病菌引起的疾病，這就導致少進行疫苗注射，而疾病便又復發，然後又重新增加疫苗注射。把社會現實加以概念化使之包含循環過程，這樣做頗有誘人之處，因為循環過程往往可以用數學表述。不過這樣的數學模型，很少以純粹的形式反映在社會生活中。

cycle of deprivation　匱乏循環　對持續貧窮的一種解釋。它強調社會匱乏主要是出於家庭（family）的代代相傳，雖然也包含個人和社會的病因。這個概念與所謂的貧窮文化理論有關，而且在英國由社會服務大臣約瑟夫（Keith Joseph）於1972年賦予政治上的重要性。

英國歷屆政府所執行的城市救濟計劃反映了社會對假定有匱乏循環的社區的關注。匱乏循環論否認了更廣泛的結構性不平等

的重要性，但作爲社會政策的唯一基礎，它現已不令人信服了。

還出現許多其他的公式或模型是匱乏循環論的不同說法。這些解釋承認結構特點的重要性，如就業結構和失業的變化等。這些變相的匱乏循環論還認爲個人、家庭和社會與更廣泛的結構特點之間的相互關係要比約瑟夫的簡單化說法複雜得多。

D

Dahrendorf, Ralph 達倫多夫 （1928－ ）德國出生的社會學家，現在是英國上議院的成員，在英國作了大半生研究工作，一度曾任倫敦政經學院院長。他最著名且有影響的著作是《工業社會中的階級和階級衝突》（ *Class and Class Conflict in an Industrial Society* , 1959）。他在書中提出改造傳統上以生產工具擁有與否作為階級的主義，代之以基於權威模式的階級定義。他仍然保留階級衝突的概念，卻指出在多數發達的資本主義社會中，階級衝突已經經歷了**制度化**（institutionalization）的過程。他還寫了多種比較研究的著作，以檢驗現代社會中的**公民權**（citizenship）和民主（democracy），包括《德國的社會和民主》（ *Society and Democracy in Germany* , 1967）和《新自由》（ *The New Liberty* , 1975）。他反對建立在**權力**（power）差別之上的利益衝突可以消除的想法，認為那只是一種烏托邦的想法，但他主張維護公民權利和擴大**機會均等**（equality of opportunity），這樣就有減少和控制衝突的可能性。

Darwin, Charles 達爾文 （1809－1882）英國生物學家，他的自然選擇或天擇（natural selection）說提出了一個對於生物分化起源的革命性解釋。達爾文在他的《物種原始》（ *On the Origin of Species* , 1859）一書闡述了自己的思想。他所維護的科學研究方法——涉及物種在漫長歲月中不斷的演化——影響很大，但在最初人們對它的態度，特別是教會的態度，卻是反對的。事實上，達爾文的理論被錯誤地解釋為對教會生活、上帝、聖經和基督教神職人員的根基所作的攻擊。

　　儘管人們通常把關於演化的假設歸功於達爾文，但在他以前就有人提出過類似的思想，例如他的祖父伊拉斯莫斯・達爾文（Erasmus Darwin, 1731 – 1802）和拉馬克（Lamarck, 1744 – 1829）。以這樣的歷史基礎加上馬爾薩斯（Malthus, 1766 – 1834）在人口學方面作出的重要理論貢獻，指出了競爭和衝突是人口增長的主要因素，以及萊爾爵士（C. Lyell, 1797 – 1875）在地質學方面作出的重要理論貢獻（關於地質時間，亦即地球年齡的假設，比原來想的久遠得多），達爾文演化論的出現是可以預期的。因此，達爾文並非獨步當時是毫不奇怪的：華萊士（A.R. Wallace, 1823 – 1913）幾乎在同時也獨立地得出完全相同的演化結論。

　　與早期的生物演變理論相比，達爾文理論的決定性貢獻在於它指出了支配演化的主要機制——自然選擇（天擇）。達爾文認為任何物種的後代都會存在一定程度的隨機突變和自然變異。任何增加生存機會的變異，經過許多代便成為一個正面的選擇過程。結果是那些缺少此一特性的後代將較難於生存與繁衍。

　　達爾文未能解釋在繁衍過程中如何發生變異或同一性，這有待於遺傳科學的發展。儘管如此，此關於變異的觀點既簡單明白又令人信服：變異使族群中的某些成員能在一個新的或變化的環境中去競爭得勝，在幾千年後產生新的物種。總而言之，達爾文思想充分地說明了少數簡單的物種是如何能夠發展出多種多樣的物種。

　　達爾文思想對於社會學的重要性主要有兩方面：首先是對社會變遷（social change）的研究，特別是涉及到許多19世紀社會哲學家及其追隨者的演化論（evolutionary theory）、20世紀的新演化論（neo-evolutionism）和經濟與社會發展（economic and social development）和現代化（modernization）理論；其次是社會達爾文主義（Social Darwinism）學派所追隨的社會/種族工程哲學。

Dasein　此有　（德文）指人們參與世界的基本模式：「在世

169

存有」（being-in-the-world），這是德國海德格（Heidegger）哲學的中心概念。海德格區分了此有的三個主要觀點：

　　(a)「事實性」——「既與的存有」（given being），即一個人自身的起源；

　　(b)「實存性」——一個人「有目的的存有」（purposive being）和創造的潛力；

　　(c)否認個人獨有潛力——本眞性（authenticity）喪失，「非本眞的」行動發生在行動「非人格化」（depersonalized）或被認爲是「客體化」（objectivized）的存有模式。

data analysis　資料分析　對通過研究——諸如調查或實驗等獲得的訊息所進行的檢驗和處理。社會資料可以用不同的方法進行分析，包括交互列表（cross tabulation）、統計檢驗（見 statistics and statistical analysis 統計和統計分析），以及電腦程式（見 statistical package for the social sciences 社會科學用統計套裝軟體）。穿孔卡片則是複雜的電腦分析尚未普遍使用之前常用的一種整理訊息的方法。參見 research methods 研究方法。

data archives or data banks　資料檔案或資料庫　歷次社會調查搜集所得原始資料的貯存處。這些資料現在通常經由電腦可讀方式爲人們所利用，通常用於重新分析資料和次級分析（secondary analysis），即利用一段時間內幾項調查的資料。資料庫不僅保存許多關於經典研究成果的原始資料，而且還常常廣泛地保存長期以來公衆輿論變化的資料。資料庫可以是一個便宜的、寶貴的資料源。利用這些資料的缺點是，研究者對於這些資料的局限性不如當初收集者了解得那樣清楚，而且在綜合幾項調查的資料時，可能會出現比較性的問題。參見 official statistics 官方統計；human relations area files 人類關係區域檔案。

data set　資料組　對一群人調查所獲，並與調查者所要調查的一定變項（variables）有關的訊息（觀察）。這些資料可以通過訪問、調查和實驗等方法獲得。參見 data analysis 資料分析；research methods 研究方法。

debt peonage　勞役償債制　勞動者由於負債而從屬於雇主或土地所有者的一種強制勞動形式。這是20世紀以前農業社會（agrarian societies）爲確保勞力供應的一種常用方法，現在第三世界某些地區仍然有這種非法行爲存在。不同的負債形式有：地主有時爲農民交稅，而要求他們以勞役償還稅款；有時勞動者由於旅費而負債，如19世紀中國移民前往美國的例子，他們以無償勞役直至償還了路費爲止。最極端的情況是個人無力以勞役償還原先或後來的債務，甚至可能要由其後代繼續以勞役償債。在這種情況中，稱其爲債務奴隸（debt slavery）可能更爲恰當。見peasants 鄉民；peasant society 鄉民社會。

decentred self or decentred subject　去中心自我或去中心主體　關於自我（self）或思維和行動中的主體（見 subject and object 主體與客體）的概念，其中的自我不再被認定爲哲學傳統形式（如 empiricism 經驗論）中說：爲認識論思維提供了最終的根據。去中心自我的概念與結構主義（structuralism）和後結構主義（poststructuralism）關係特別密切，其來源主要是：

(a)心理分析（psychoanalysis），認爲自我（ego）並非「自己的主人」，而是受潛意識（unconscious）的影響；

(b)索緒爾（Saussure）的語言學，認爲語言是由差異（differences）構成的符號系統，因此「我」「僅僅是一個符號」，是通過與「你」、「我們」、「他們」等差異構成的，並且是這個系統中的一個元素，因而不存在賦予其哲學上特權的問題（Giddens 紀登斯，1987）；

(c)對於文化或文本（text）的「自主性」的強調，其中不存在有「個人」或「作者」。

從這一觀點來看，對於任何「單個」的人而言，不存在唯一的一個「自我」，而總是存在着「多重自我」或「擬自我」（quasi-selves），其中自我只是作爲「語法鏈」（syntagmatic chain）中的一個要素。在結構主義中，自我的去中心化導致了把結構（structure）提高到作爲說明現實的最重要基礎，而在後

171

結構主義中，無論自我或結構均不被認爲提供了可靠的基礎。參見 Althusser 阿圖塞；Althusserian Marxism 阿圖塞式馬克思主義；deconstruction 解構；Derrida 德希達；Foucault 傅柯；Lacan 拉岡；structure and agency 結構和能動作用。

deconstruction　解構　一個後結構主義（poststructuralism）的學派，自20世紀60年代以來在美國和法國尤其具有影響。解構這個詞尤其與法國哲學家**德希達**（Derrida）的著作有關，他特別對於**現象學**（phenomenology）、索緒爾語言學、**結構主義**（structuralism）和拉岡的心理分析學提出了強有力的批評。

德希達指出語言是一個不穩定的中介，絕不可能直接具有意義或是**眞理**（truth）。他把注意力集中於西方哲學靠隱喩（metaphor）和修辭比喩來建構「起源」、「本質」或「二元概念系統」（binary conceptual systems，如自然和文化、雄性和雌性、理性主義和非理性主義），把其中一個詞放在優先的地位，建立起意義的等級，然後由社會加以制度化。解構的方案是揭露一切**文本**（text）的模稜兩可，它們只有在與其他文本（intertextuality **互爲文本性**）而不是與任何「**本義**」（literal meaning）或規範性眞理相關時才能被理解。

德希達反對我們可以不經語言的中介而直接接觸現實，對**實證論**（positivism）和現象學都作了批評。他還研究了西方語言學和哲學被語音中心論（phonocentrism）和理體中心論（logocentrism）滲透的程度。前者主張言語爲意識的聲音或「呈現」（presence）；後者相信作爲先驗能指（transcendental signfer）的道（the Word），如上帝、世界精神等，能爲整個思維系統提供一個基礎。顯然，德希達認爲這樣的先驗起源和意義的本質純屬虛構。他進一步認爲社會意識形態把一些特定的詞（如自由、正義、權威）抬高爲所有其他意義的來源。但在此的問題是：這類詞是如何先於其他的意義而存在？因爲實際上這些詞的意義是由其他意義所構成的。因此，德希達認爲任何依賴首要原則的思維體系都是「形而上」的。

　　德希達認爲李維史陀（Lévi-Strauss）堅持一種自然高於文化的族群中心主義的觀點；結構主義一般說來是以二元對立爲基礎建構通則的方案；拉岡（Lacan）從語言的角度來看潛意識（是很有創見的），但墜入了把潛意識作爲眞理的起源的陷阱。更進一步說，解構與馬克思主義之間的關係是複雜的。一方面，德希達指出馬克思主義理論中靠隱喩的層面（如基礎與上層結構）來提出對於世界的全體化說明。另一方面，他時而宣稱自己是一位馬克思主義者，認爲解構是一種旨在揭示社會制度中賴以維持其權力的錯誤邏輯的政治實踐。德希達仍在繼續強調這種進步的、激進的批評，但他的研究成果已爲美國文學評論家們（尤其是解構主義者所組成的耶魯學派）所接受，並且抽掉它的政治力量，轉向研究意義的「不可決定性」（undecidability）。具有諷刺意味的是，德希達本人已指出，解構的策略最終可以用來替宰制的政治和經濟制度服務。

deference　服從　①基於優等、劣等人構成一自然秩序之信念所衍生出的一種態度，承認優等人有統治的權利。②權力關係的一個層面，要求下屬的個人或群體作出順從的反應。

　　屬於定義①框架內的大多數早期著作，是受英國學者白芝浩（Bagehot）的政治學（political science）研究傳統的影響下完成的。白芝浩是19世紀的社會評論家，他在《英國憲法》（*The English Constitution*）一書中指出英國社會的相對穩定得益於它本質上是服從的，而且是精英主義的。研究英國投票和政治態度的一些著作，使用服從這一概念來談論20世紀50年代工人階級的投票行爲（voting behavior）。當時體力勞動者的投票傾向，明顯支持了保守黨政府執政。在這些著作中，服從的概念與那些保守主義（conservatism）和傳統主義的概念糾纏不清。甚至有的調查會提出這樣的問題：被調查人是否認爲畢業於公立學校的人比畢業於初級中學的人更適於管理國家。如果回答問題者回答「是」，那麼他們被認爲是有服從性的（或可能他們被認爲是畢業於公立學校的人）。這種調查研究遭到以各種理論和經驗的理

由提出的批評。例如服從一詞用得不準確，對於服從後果的說法互相矛盾，以及缺少支持這一概念的證據，不一而足。這些不同的批評雖出現於政治學研究的框架之內，但卻逐漸代之以一個更具社會學性質的觀點，即根據社會關係，而不是個人態度或投票行為，重新定義服從的概念。

定義②的特殊社會意義可以認為是英國社會學家重新發現的，那時對工人階級意識的研究已由對**態度**（attitudes）、傳統主義和投票行為的研究轉移到對其他意識形態和結構，如**納入**（incorporation）和**霸權**（hegemony）的關注上。這一發展與學者對**社會階級**（social class）和**階級意識**（class consciousness）問題更感興趣有關（如 M. Bulmer, 1975；參見 class imagery **階級形象**）。如紐比（Newby, 1977）認為這一發展的邏輯是：服從應被認為是一種「社會互動的形式，它發生於涉及傳統權威之行使的情境」。從這個意義上說，服從的概念可以被認為是由社會學家「重新揭示」（recovered）的。六十年以前，對簡單游耕社會中權力的研究表示，服從的態度已構成酋長與他人或年輕人和智者之間的關係的一部分（參閱 G. Lenski, 1966）。這種研究通常指出服從的行為不必然涉及由於出生、才能等產生的真正的低劣感，但確實涉及在一個權力結構中對一套期望、一個**角色**（role）的遵行。這些期望可能在意識形態上以不同的方式正當化，但有着相同的結構基礎。

隨着女性主義理論的興起，「服從」也在性別關係中得到研究。在這一方面，如同**工人階級保守主義**（working class conservatism）和服從理論受到的批評，關於天然服從性的假設和這個詞的使用都受到了挑戰。

definition **定義** 將一個詞的意義表達出來的陳述句或過程。理想條件下，定義的定義項（definiens）在邏輯上應與被定義的字或詞（被定義項）（definiendum）相等。不過除了這種嚴謹表述的定義外，還有一種實指定義（ostensive definitions），這種定義列舉實例或提供一般的用法說明，而不是嚴格的界定。例

如在指出顏色一詞的意義時就是如此。此外，還必須指出「定義」概念的一些具體區分，包括：

(a)「描述性」（descriptive）的定義與「規定性」的（stipulative）定義之分。前者陳述既有的意義；後者是對意義提出陳述句或重新陳述。

(b)「名目」（nominal）定義與「真實」（real）定義之分。後者意在超越傳統性關於意義的陳述，而提供一個根據現象蘊含的或真實的結構性決定因素所作出的界定。見 conventionalism 約定論；realism 實在論。參見 analytic and synthetic 分析和綜合；operationalism 操作論。

definition of the situation　情境界定　指從特定的社會行為者、團體或次文化的「主觀」（subjective）觀點來看待的社會情境。雖然不否認社會生活中「客觀」（objective）因素的重要性，但社會學分析中，行為者情境界定的重要性經常被引用的社會學格言中總結為：「如果一個人把一情境界定為真，則就其結果來說為真」（W.I. Thomas, 1928）。

degradation ceremony　貶降儀式　貶低一個人的全面地位和身份的溝通工作（Garfinkel 葛芬可, 1956）。例如在法庭審訊中有罪的被告，被貶低到「謀殺犯」或「小偷」的地位。這對於被告整個人做為人的身分有所影響。葛芬可認為這種儀式的存在，是對社會中「對人和行動的極度推崇和例行公事」的「辯證對照」（dialectical contrast）和證明。參見 deviance amplification 偏差行為渲染化；ethnomethodology 俗民方法學。

delinquency　青少年犯罪　主要指男性青少年所做的非法或反社會的行為。強調青少年男性並非侷限在嚴格的意義上，而是關於這一主題的社會學研究的顯著特徵。這種研究通常集中在工人階級（working class）青少年同儕團體（peer group）、幫派（gangs）或次文化（subcultures），或是青少年的盼望和機會方面。

最先系統性研究這一問題的社會學家與美國的芝加哥學派

（Chicago school）有關。自20年代帕克（Park）和伯吉斯（W.E. Burgess）的研究產生影響以來，芝加哥大學的社會學家們受到啟發，着手從事關於鄰居、幫派的經驗研究，把城市當作爲「社會實驗室」。他們持續的影響在於開展區域研究（area studies）（這是他們著作最受批評的地方）和關於「社會解組」（social disorganization）的論證和次文化（或文化傳遞）的重要性。後來美國的一些研究，提供了芝加哥派以外的其他研究方法，或者試圖發展芝加哥學派社會學家已經確立的主題。

例如默頓（Merton）採用了涂爾幹（Durkheim）的脫序（anomie）概念指出受到高度推崇的目標與達到目標的正常機會之間的不一致，可能會導致許多偏差的反應（見 criminology 犯罪學）。其他的研究者，主要是科恩（A.K. Cohen, 1955），發展出了與工人階級青少年男性犯罪相關的次文化的概念。他認爲犯罪的次文化爲男孩子們提供了另一種獲得地位和受人尊重的途徑，他們沒有機會取得接受高等教育，或者和中產階級價值取得穩定的調適等「解決辦法」。青少年犯罪次文化的價值觀念被認爲是對於中產階級價值觀念的一種反動和顛覆。一些批評科恩的人指出下層階級的文化有其自身的價值觀念，而這種價值觀形成犯罪的價值觀。最常被人強調的是所謂「大男子主義」，即「狠勇」（toughness）、自主和刺激的價值觀。克洛沃德和奧林（Cloward & Ohlin, 1960）着重研究合法的和犯罪的生活方式的地位和機會，以試圖將默頓的脫序概念與次文化理論結合起來。批評美國次文化理論的人指出他們基本上是採取功能論（functionalism）中對於價值的設定，指出研究中的實證論、過分決定論的性格（見 delinquent drift 青少年犯罪漂向），還指出這樣的事實，即婦女和中產階級青少年幾乎完全被忽略，最後指出「古典」的次文化理論的許多假設和論證缺乏經驗的支持。

在英國，對於青少年犯罪和政策問題存在着長期的興趣。青少年是制定1907年觀護法案（Probation Act）的人關注的對象。刑事司法制度（Criminal Justice System）（自1933年）爲青少

年制定了專門的規定，而且70和80年代的許多法案都是專門針對青少年罪犯的犯罪和處理的問題。這種興趣是對於青少年文化（youth cultures）持續的道德恐慌（moral panics）而激起的——自50年代的不良少年（teddy boys），經過形形色色的青少年次文化而發展到近年來的足球流氓行為（football hooligans）和所謂的放蕩子（lager louts）。許多社會學家對於把這些現象看作是全新現象的論點持懷疑態度（Pearson, 1983），而另一些人認為在把工人階級青少年說成是一個問題，並且歪曲和誇張這一問題的性質和意義方面，大眾傳播媒介扮演了一個重要的角色（S. Cohen, 1973, 1981）。即使承認這些論點是有道理的，青少年犯罪和違法是嚴重的問題，並且需要社會學加以研究也是毋庸置疑的。80年代的犯罪統計（crime statistics）顯示除了汽車犯罪以外，男女青少年犯罪率是最高的。這一事實以及「青少年問題」（youth problems）的高度亮相（通過大眾媒介的鼓動），引致英國社會學家作了大量的研究。早期的研究質疑了美國對於英國情況所作的幫派研究的價值（Downes, 1966）。這些研究採用了較為不同的次文化模型，特別與伯明罕大學現代文化研究中心有關（見 cultural studies 文化研究）。其他研究則關注於反學校（anti-school）文化的重要性（Willis, 1977）和父母監督以及家庭生活（Wilson and Herbert, 1978）。種族則是一個單獨的研究領域，其中許多研究工作集中於種族歧視（racism）、治安和政治疏離等剝奪行為的影響（Beynon & Solomos, 1987; Institute of Race Relations, 1987）。同樣重要的是性相問題的提出方式，不再只是承認男性和女性之間在違法上存在着巨大差異，而是試圖解釋女性在司法制度中所受到的差別待遇及低參與率的原因（Carlen & Worrall, 1987）。現在有大量的英國文獻藉由不同的研究趨向和策略探討青少年犯罪的各個層面。參見 criminology 犯罪學；delinquent subculture 青少年犯罪次文化。

delinquent drift　青少年犯罪漂向　此一觀點認為青少年罪犯，本來會尊重遵守法律的價值和人，卻可能「漂向」青少年犯

罪（delinquency）。這種少年犯罪漂向的提出，尤其與美國社會學家馬查和賽克斯（Matza, 1964；Sykes & Matza, 1957）有關。馬查反對當時頗具影響力的其他青少年犯罪理論的實證論和決定論，他指出罪犯可能比那些理論所認為的更加積極地參與了偏差行為。漂向偏差行為與社會控制的弱化有關，違法者想要自圓其說或者「中和掉」（neutralizing）規範限制，以使社會控制更加軟弱。賽克斯和馬查認為，重要的是透過中和的技巧，讓違法者可以尊重可敬的行為和保持自尊，同時保持偏差行為者的身分。強調偏差行為者對其行為的解釋，是這些理論家非實證主義立場的基礎。馬查還仔細研究了偏差者對不公平的感覺，這種感覺削弱了對於規範的執著並使犯罪有了藉口（1964）。賽克斯和馬查描述了中和的五種手法：

(a)推卸責任；認為是出於意外、漫不經心等；

(b)行為未使任何人受害：沒有人因此受到傷害，因而「沒有發生危害」（no harm done）；

(c)有人受害：但受害人是咎由自取；

(d)譴責那些譴責你的人：警察、法官、治安推事、報紙編輯——他們也都曾犯錯；

(e)以高尚義氣作為藉口：違法的行為是出於幫助親戚或是朋友之心。

這些手法所以重要是因為「中和使漂向成立」。這種自圓其說的手法在*青少年犯罪次文化*（delinquent subculture）中十分普遍。

delinquent subculture　青少年犯罪次文化　指所持價值觀，在居支配地位的價值體系中，被認為是犯罪的和反社會的*社會群體*（groups）。

最先在這一領域進行社會學研究的是*芝加哥學派*（Chicago school）。最早的研究者（如 Shaw, 1930），把由*米德*（Mead）和其他人在芝加哥大學中提出的互動研究方法運用於研究「內城區」（inner city）——較常發生犯罪和大批移民（義大利人、

波蘭人、愛爾蘭人等）的地區。在對於芝加哥不同區域的研究中，蕭和麥凱（Shaw & McKay, 1929）發現在相對貧窮的內城區，有較高的曠課率和青少年犯罪率，並且80％有記錄的犯罪是由相同年齡的男性少年群體所爲。因此研究的重心便直接集中於群體，而不是個人，並且芝加哥學派強調*社會化*（socialization）和犯罪價值觀的習得，即偏差道德觀的文化傳播。他們反對個人主義的犯罪解釋，並認爲這些群體的社會狀況導致了次文化的形成，且失業和缺乏社會接納（結構脫位，structural dislocations）的問題促成了犯罪次文化。走上犯罪道路的群體具有一套明確的價值觀，決定了在次文化中的身分和「接納」態度。科恩（Cohen, 1955）運用互動論方法進行的經典研究表示「他們『走上這一道路』的過程與其他人成爲社會的守法成員的過程並無不同之處。」因此他認爲這種次文化是「內城區」中的青少年對貧窮、地位低下和缺少機會的反應和「解決方法」。在學校和其他地方的身分挫折感被青少年犯罪次文化的價值觀念體系內所獲得的身分和自尊所克服。

Delphi method　德爾斐法　一種旨在盡量預估（forecasting）到未來事件的研究方法。這種方法包括通過訪問或交談，搜集那些被認爲在相關的領域內善於預測未來趨向的「專家們」的意見。這種方法是以古希臘德爾斐的阿波羅神廟命名。阿波羅神廟以其神諭聞名於世，它的女祭司以其預言的極端神秘的特點而聞名。「專家們」提供事件的預估究竟有多少符合實際，人們對此仍有爭論。專家被定義爲他們對世界有自己獨特的見解，可能擅長以外推法推測已有的趨勢和趨向，但他們不大可能準確地推測出隱蔽的變化或「意料之外」（unexpected）的事件，而這由局外人或許還會做得好一些。參見 futurology 未來學。

democratic élitism　民主精英論　認爲在複雜的現代社會中，民主參與不可避免地主要限於參加定期選舉政治領袖的理論。正因如此，民主精英論是*多元精英論*（plural elitism）的另一說法。民主精英論遭到那些強調增加「發展參與」（developmental participation）機會以擴大民主能力的人的攻擊（如Bach-rach,1967）。參見 elite 精英；elite theory 精英論。

demographic transition　人口轉型　伴隨工業化（industrial-ization）而來的出生率和死亡率的變化，這種變化導致了人口平衡的一種新類型：前工業社會所特有的類型爲另一種不同的平衡所取代，後者是成熟的工業社會所特有的。

人口轉型包括三個階段（見圖8）

(a)前工業社會階段，高出生率與高死亡率相平衡，屬於一種大致平衡的狀況；

(b)中間階段，死亡率下降而出生率仍然很高，是人口快速增長的階段；

(c)終結階段，出生率下降，形成了一種新的平衡。

通常提出關於這種人口變化類型的解釋是：在(b)階段中公共衛生獲得改善。隨後在(c)階段中經濟和文化取向發生了變化，導致所偏好的家庭規模縮小。

如果這種類型的人口變化可以視爲典型的歷史工業化過程的特徵的話，現在提出的問題是這一類型變化是否有可能在新興的工業化社會，或其他正經歷現代化（modernization）的社會中重新出現。在許多這樣的社會中，人口增長速率和社會混亂程度大大地超過了早期歐洲人口轉型的中間階段。在一些社會中難以達到顯著的經濟成長，但是人口的增長卻未與生活水平的改善相關。在這些不同的環境下是否會建立一種新的平衡，仍然要拭目以待。

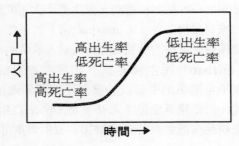

圖8 人口轉型理論 伴隨工業化而來的出生率和死亡率的變化，其中經過一段人口迅速增長的時期以後，先前的高出生率和高死亡率的人口平衡類型，被低出生率和低死亡率的不同的平衡所取代。

dependency theory 依賴理論 一種關於經濟、社會和政治變遷的理論，它試圖解釋許多貧窮國家長期的貧困、社會狀況惡化和政治不穩定，是被富裕的強國支配的結果。

依賴理論是50年代拉丁美洲的經濟學家們首先提出的，用以反對流行的正統觀點，亦即是認爲第三世界國家只要仿效已經工業化的世界榜樣就可以達到**現代化**（modernization）和**工業化**（industrialization）。正如**法蘭克**（Frank, 1967）所提出的，這一理論認爲第三世界的問題是由歐洲和美國的殖民和貿易控制所造成的。首先，它們的經濟是根據已開發國家對於農產品和礦產品的需要形成的，其次是根據北半球國家的工業產品對市場的需要形成的。第三世界中的任何本地的製造業，都遭受到**競爭**（competition）和政治脅迫（coercion）的雙重壓迫。經濟的剩餘經由把利潤匯回本國，而流出第三世界，而且實行不平等交換（unequal exchange）條件，即第三世界的出口價格遠低於他們進口的工業產品的價格。因此，第三世界爲歐洲和美國的經濟增長和工業化作出了貢獻，而且這一過程造成了第三世界的經濟結構難以或不可能真正工業化。第三世界不能重複美國或歐洲的經驗，因爲他們的起點不同。如法蘭克所說，它是低度開發（underdeveloped）的，而不是未開發（undeveloped）的。

在70年代，這一理論在社會學中具有影響力。儘管往往被說成是新馬克思主義，但卻也日益受到馬克思主義作者們的批判，尤其批評它只將注意力集中於市場而不是生產關係。最嚴厲的批評者之一是泰勒（Taylor, 1979），他認爲經濟剩餘（economic surplus）這個核心概念是極爲脆弱的。更普遍的批評包括批評這種理論相對忽視內在社會關係對於貧窮國家的問題所起的作用，

和相對忽視這些國家日益增長的各種經驗等。到80年代，許多被列入第三世界的國家，經歷了顯著的工業化和快速的經濟增長過程，這是大多數依賴理論分析認為不可能的。依賴理論中的主要分析最能站住腳的似乎是卡多索和法勒托（Cardoso and Faletto, 1979）的研究。他們指出由於時間和空間不同，依賴的形式也有所不同；他們的研究還包括有對拉丁美洲階級結構的詳細分析。然而正如穆澤利斯（Mouzelis, 1988）所認為，這是過於一般化的分析，它似乎無法涵蓋非洲、亞洲和拉丁美洲的不同經驗。羅克斯巴勒（Roxborough, 1984）補充指出這些對於歷史過於圖解式的分析，現在可以隨着社會科學和歷史研究的進展來加以改進。

dependent variable　應變數、因變量、依變項　相對於自變數（independent variable）效果的測量。因此在一項實驗或一項資料分析中，自變數（如學校中學習年限）是可以控制（增減）的，這種控制的效果通過應變數（如學習成績）的變化來檢驗。參見 experimental method 實驗法。

deprivation　剝奪、匱乏　人們生活基本必需的經濟和情感支持的缺乏，這包括收入、住宅和父母對於子女的關懷。關懷、住宅和安全乃是人類之所需（參見 Maslow 馬斯洛），擁有這些東西就能促成一個更美滿舒適的生活境遇，並能使個人才幹得到更充分的發揮。參見 cycle of deprivation 匱乏循環；relative deprivation 相對剝奪。

derivations　衍理　見 residues and derivations 殘基和衍理。

Derrida, Jacques　德希達（1930 -　　）　出生於阿爾及利亞的法國哲學家。他的思想影響了社會學思想的許多領域，尤以人類語言（language）的方法論為著。德希達是近年來提出哲學家們錯誤追求深層「本質」或「第一原理」的哲學家之一。德希達主要批評胡塞爾（Husserl）和索緒爾（Saussure）的思想，認為語言作為一種內在「差異」（differences）的系統，不可能以許

多傳統哲學的支派和李維史陀（Lévi-Strauss）等許多社會科學家所設想的方式成爲眞理（truth）無可置疑的載體（參見 text 文本；deconstruction 解構；decentred self 去中心自我）。在德希達的後結構主義（poststructuralism）思想和美國與英國的「後經驗論」（postempiricism）、「反認識論」（anti-episte-mological）的學術派別之間存在着共同點，但也存在一些着重點上的重要差異。參閱 Kuhn 孔恩；Feyerabend 費若本。

descent 繼嗣 （人類學 anthropology）指把個人劃歸特定同祖先群體的方式。如果一個社會具有繼嗣規則，它們便會規定世系（lineage）構成的基礎，並規定與這種成員關係相關的一切權利和義務。繼嗣可以建立在父系（patrilineal）、母系（matrilineal）、雙系（bilateral）或非單系（non-unilineal）原則之上。這些都成爲戰後英國社會人類學（social anthropology）討論的中心問題。

descent group 繼嗣群 所有成員有一個共同祖先的群體。

deskilling 簡化操作技能 一種工作降級的過程——工作不斷被分解，並去除其複雜性、自行裁決的內容以及知識基礎。這一概念最重要的解釋見於以馬克思（Marx）理論爲基礎的布雷弗曼（Braverman）的勞動過程理論。簡化操作技能被認爲是對勞動過程實行資本主義控制的結果，其間運用了科學管理（scientific management）的原則，使得思想與行動分離，逐漸使勞動過程脫離工人的控制，並使他們只從事單調而重複性的操作。關於技能（skill）水平隨着資本主義和技術（technology）的發展而降低的論點，是以19世紀的手工勞動作爲技能操作的模式爲基礎的，根據這一理論，簡化操作技能是促使階級結構無產階級化（proletarianization）的一個重要因素，它使熟練的技工和職員都降成同質的工人階級。

與勞動過程理論尖銳對立的是後工業社會（postindustrial society）的主張，這種主張認爲普遍提高技能是以工業化（industrialization）爲基礎的；新技術被認爲導致需要新的技能，用

多方面技能以及更高層的專業資格和技術專長，代替19世紀的古老手工技藝。然而關於技能水平變化的爭論，大多涉及對技能的不同定義和不同的證據。例如技能提高的證據有賴於正規的職業分類和資格分級，而簡化操作技能的證據分析了一個操作崗位所需的實際技能。簡化操作技能論點被批評為宿命論和安於為手工工人描繪一幅浪漫的圖景。運用權變理論（contingency theory）進行的比較研究，發現在不同的工業部門和社會中，既有崗位升級的例證，也有簡化操作技能的例證，反映出不同的管理策略、勞動力市場和其他偶然性因素等。從社會的角度來看，是難以評估技能水平的總體變化，因為經濟調整可能摒棄舊有的工業技能並在擴展的部門中創造出新的技能。此外，當某些崗位可能要簡化操作技能時，工人們可能並不須降低技能水平，因為他們可能要麼提升職位（如當男職員）或是轉入從事要求更高技術水平的新崗位。儘管如此，簡化操作技能的經驗事例，正隨着製造業和服務業中機械化和電腦化的進展而大量出現。參見 new technology 新技術；Fordism and post-Fordism 福特制和後福特制；craft apprenticeship 手藝學徒制。

determinism 決定論 ①一種假設，認為一個假設性全知的觀察者將會根據在時間 t 掌握的情況，預測出在時間 t+1,…t+k 等的結果。早期的古典社會學［如孔德（Comte）的學說］可以被視為是常常採用這樣一種關於社會結構的決定論觀點，以至於至少在原則上能以現有的系統狀況預測出未來的社會系統。②一種不甚嚴格的假設，認為任何事件都不可能無緣無故發生。不過由於在社會科學中社會行為者（social actors）可能有不肯定或不穩定的選擇，這就可能改變社會結果，因而即使在原則上，一個包括各種選擇（動機、理由等）作為「原因」的普遍性因果關係概念，是不能自動地具有預測性的。

甚至在自然科學的某些領域中，例如量子力學中所稱的非決定論（indeterminism），在原則上也不總是具有預測性。再直接一點說，甚至一些極其簡單的現象如落葉，儘管原則上是可預

測的,但在實際上仍是不可預測的,因爲這涉及到許多變數。

在一個社會系統結構嚴密,而且任何一個行爲者個人行爲的結果對社會系統的整體結構不會產生或很少產生單獨(independent)影響的條件下,才能談得上對社會現實作相當決定論的「結構式」說明,如馬克思談到的所謂「完美市場」(perfect markets)中競爭的作用。另一方面,當行爲者的選擇和社會結果在行爲上和結構上都是「非決定性」的條件下,通常提出假設某一程度上實際的非決定論模型,即第②種意義而不是第①種意義的解釋。後一種說明不必認爲是「不科學的」,反而可以認爲是提供了適合於現實的解釋。參見 explanations 解釋;free will 自由意志;reflexivity 自反性;historicism 歷史主義;unanticipated consequences of social action 社會行爲的非預期後果;evolutionary theory 演化論;functionalism 功能論。比較 overdetermination 多重決定。

de Tocqueville,Alexis 德‧托克維爾 見 Tocqueville 托克維爾。

deurbanization 非都市化 見 urbanization 都市化。

deviance 偏差行爲 在一社會或社會環境內與被認爲「正常的」(normal)或爲社會所接受的行爲相背離的一切社會行爲。偏差行爲包括犯罪行爲,但其範圍遠較後者爲廣。更進一步說,並非所有的犯罪行爲都被認爲是偏差行爲。如輕微的交通肇事罪(參見 crime 犯罪;criminology 犯罪學)。

儘管在被認爲是偏差行爲的社會行爲形式中存在某些一再發生的因素,但絕大部分的社會偏差行爲,都應看作是一種社會的相對現象,正常和偏差的概念是相對於社會脈絡來說的,而且在不同的社會和不同的次文化中存在着極大的差異。

如戈夫曼(Goffman)所強調,甚至可以說一切社會行爲者都是偏差的,因爲沒有人能夠完全遵守社會所規定的一切行爲準則,我們中沒有人能夠完全符合一切社會理想,而且我們有時處於誰都是社會偏差者的情境中。

DEVIANCE AMPLIFICATION

一個更關鍵的問題是「由什麼或由誰在社會中決定偏差行為？」如貝克（Becker, 1963）所強調，「偏差不是行為的一種性質……，而是他人應用了法規和制裁的結果」。因此，由誰和如何「標定」偏差行為，就成了解釋偏差行為的關鍵（見 labelling theory 標籤論）。

可以指出兩種研究偏差行的主要社會學方法。第一種研究方法包括對於偏差行為作出功能論的說明。例如，在**涂爾幹**（Durkheim）的著作之中，可以發現「偏差行為」一詞兩種相互補充的用法。在《社會學方法的規則》（*The Rules of Sociological Method*, 1895）一書中，他認為犯罪是「正常的」，因為那是各種社會的普遍現象；犯罪是功能性的，因為關於犯罪的概念和慣例，正好提供了社會對於犯罪的「反應」，且儀式性的「重新肯定」旨在加強社會秩序的社會價值觀念。在《自殺論》（*Suicide*, 1897）一書中，涂爾幹則關注於把偏差行為視為一個社會問題，它是因社會連帶的「異常」或「病態」形式產生的，特別是因為極端個人主義（「利己主義」）和**脫序**（anomie）而產生。

現代功能論者對犯罪的說明大都沿襲了涂爾幹的觀點。例如**帕森思**（Parsons）認為偏差行為是由不當的社會化造成的，而**默頓**（Merton）則直接以涂爾幹的脫序概念為基礎。

第二種研究方法的發展尤其反對把**實證論**（positivism）看作正統犯罪學與偏差行為相關研究方法的基礎。第二種研究方法的出發點是貝克（Becker）等人的**標籤論**（labelling theory）。尤其在激進派偏差行為理論家如泰勒等人（Taylor et al., 1973）的著作中，這種研究方法又與關於偏差行為和社會控制的一般批判性辯論（包括馬克思派的犯罪理論）結合起來。參見 primary deviance 初犯偏差；secondary deviance 再犯偏差；deviance amplification 偏差行為渲染化；national deviancy conference 全國偏差行為討論會。

deviance amplification   偏差行為渲染化　指偏差行為的範

圍和嚴重性被歪曲和誇大的過程。其結果是社會控制機構對於假想的現象有了更大的關注，並且因此而大幅揭露或報導，實際上卻製造出更多的例子，給人以原來的歪曲已成眞實情況的印象。

「渲染螺旋」（amplification spiral）的典型模式如下：不論出於什麼理由，大衆傳播媒介會選取一些問題，這類問題可能是吸毒、足球流氓行爲（football hooliganism）、所謂的「放蕩子」（lager louts）行爲、虐待兒童或其他任何可以成爲「新聞」的東西。對這些事情作聳人聽聞的描述，使其看起來是必須予以重視的新的危險問題。事實上這一問題儘管危險或對社會有威脅，但並不是新問題，只是可能會吸引傳媒注意力的戲劇性事例。對這類事情的歪曲和渲染報導造成道德恐慌（moral panic），從而也導致警察行動的增加和更多的犯罪者被捕。而被捕率提高可看作是問題嚴重的證據。法官作出典型判例，以表明社會反對這類假想的新社會問題。這些判決本身又成了新聞，並將問題訴諸公衆輿論。警察對公衆的關注作出反應，於是又逮捕更多的人。在這一過程中，渲染化的一個更深遠的層面是那些新被認定爲偏差的人意識到自己已與他人不同，於是成爲新的偏差網絡的一部分，而被迫採取防衛行爲，所有這一切會使渲染進一步複雜化。

威金斯（Wilkins, 1965）提出很重要一點，即少數族群是這種誇大和歪曲的對象。英國關於偏差行爲渲染化的研究，還關注到嬉皮和搖滾樂（Cohen, 1971, 1973）、搶劫犯（Hall et al., 1978）、吸毒者（J. Young, 1971）之類的群體。偏差行爲渲染化的概念同樣還被用於討論諸如黑人社區的犯罪化、男女同性戀的呈現以及愛滋病恐慌等問題。

更普遍的是提出了操縱公衆對少數族群看法的問題，以及少數群體無力確立自身形象或影響社會對他們的反應等問題。參見 hierarchy of credibility 可信度層級；Becker 貝克；labelling theory 標籤論。

deviance disavowal　否認偏差　指「那些被裁定爲犯有偏差

行爲的人的否認」（F.Davis, 1964）。這一概念旨在有助於人們理解社會上偏差行爲者、身體殘疾者或犯罪者可能試圖與正常人、健全的人、無污點的人建立相互關係的方式，以便把自己的偏差行爲對這種關係的影響減至最小限度。參見 stigma *污名*。

deviant career　偏差經歷　個人自認是偏差者並經常認同某個偏差次文化（subculture）的過程。這一概念與標籤論（labelling theory）有關，指出人不是生來就越軌的，而只是通過整體社會反應（societal reaction）的過程使他們自認爲是這樣的。參見 secondary deviance *再犯偏差*；Goffmann *戈夫曼*。

deviant case　異常事例　（研究方法論）指異於一般事例的任何社會現象，因此異常事例分析（deviant case analysis）在分析正常事例和異常事例的原因和結果時都特別有用。

dharma　法　見 caste *喀斯特*。

dialectic of control　控制的辯證性　指權力作爲一種控制形式的雙向特性，其中權力較小者通常可以對於權力較大者發揮一定的控制作用。例如經理要讓助理好好工作，他就必須使助理保持高興。這裡的假設是完全可轉讓的權力形式是比較少見的。見 types of compliance *服從的類型*。

differential association　差別結合　美國學者薩瑟蘭（E.H. Sutherland）提出的一種犯罪（crime）理論，認爲犯罪行爲是學來的行爲，是與贊許犯罪的環境接觸的結果。他認爲這一理論也可以解釋犯罪的類型。因而在適宜的環境內，贊許逃稅和工作中欺騙的態度，可能被那些本來是守法和令人尊敬的人們所學習。

　　沿襲芝加哥學派（Chicago school）的研究傳統，薩瑟蘭尤其對街頭幫派和青少年犯罪次文化（delinquent subculture）感興趣。不過他是將自己的理論作爲犯罪行爲的一般理論，它的重要性在於這樣的論點：一個人學會犯罪的方式與他們學會守法的方式完全相同。他因此反對根據個人精神病理學來解釋犯罪。但是社會學不承認「差別結合」可以解釋犯罪的一切面向和犯罪的

一切形式。參見 criminology 犯罪學。

differentiation　分化　見 social differentiation 社會分化。

diffusion　傳播　指文化特質（如宗教信仰、技術思想和語言形式）或社會實踐從一社會或群體向另一社會或群體的散播過程。傳播的概念首先是由英國人類學家泰勒（Tylor）在《原始文化》（*Primitive Culture*, 1871）一書中用來解釋在許多社會中發現的非當地固有文化的特徵。這種文化傳播廣泛發生在整個人類歷史中，因此甚至可以說今天存在的各種社會都是一個單一世界社會的一部分。

在社會人類學，或可說在社會學中，文化傳播的存在可以看作是提出一些問題，特別是對直線發展（unilinear）理論；它作出這樣的假設，即單個社會——主要是內生的——是通過一系列階段發展的（參見 intersocietal systems 跨社會系統）。另一方面，不應認為任何文化特質或社會制度是與任何其他文化特質或社會制度相容的，因為這樣就會認為單個社會沒有內在的一貫性。

傳播的概念還與經濟和社會發展（economic and social development）理論和現代化（modernization）理論之爭有關。帕森思（Parsons, 1964）等理論家認為如果第三世界要發展，西方資本主義民主政治特有的社會制度（見 evolutionary universals 演化普遍模式）與文化價值的傳播是根本的。這種見解受到了左派作者們尖銳的批評，最為著名的是法蘭克（Frank, 1969），他指出從歐洲到第三世界的文化和制度的傳播已有數百年歷史了，但是不僅未促進發展，這種殖民關係反而造成了低度發展（underdevelopment）。

在傳播一詞更精確的用法上，可以看到在社會傳播的模式和流行病的模式之間有着相似之處，例如傳染病傳播的方式先是傳播很慢，只有少數人被傳染，然後由於更多的人被傳染而變得更加迅速，這些人又傳染其他的人，之後便減慢了，因為新被傳染的人少了。然而儘管自然科學中使用的正規數學模型能解釋這種

情形,但這類模型通常被認爲是「啓發性工具」(heuristic devices),而非完全適合社會傳播情形的模型。看來社會傳播在形式上比自然界的傳播更複雜,變項也更多;原因是個人和群體通常抗拒變化,並且傳播極少是被動模仿的結果。參見 two-step flow of communications 大眾傳播的二級流程;opinion leadership 意見領袖。

Dilthey, Wilhelm 狄爾泰(1833 – 1911) 德國唯心論哲學家。他主張在自然科學和人文科學之間作出方法論的區分。他的主要著作有《史萊瑪赫的生平》(*Life of Schleiermachers*, 1870)和《文化科學中歷史世界的建構》(*The Construction of the Historical World in the Cultural Sciences*, 1910)。他是一位新康德主義者(neo-Kantian),認爲自然科學應當以一種基本上是自然主義的方式進行研究,而社會科學則應當以對文化現象的同理心理解(empathic understanding)和心理理解爲特徵。理解時代精神(Zeitgeist)的唯一正確方法,是解釋時代參與者的世界觀。他從神學引入詮釋學(hermeneutics)這一術語來描述這種研究,但也使用了對於韋伯(Weber)思想有重大影響的Verstehen(瞭悟)一詞。兩種方法由此得以區分,儘管兩者均被劃歸詮釋性的。狄爾泰的歷史相對主義、融合主體與客體(subject and object)(我們是我們的研究對象的一部分)、和他對於瞭悟的心理學研究,均受到了批評。他認爲試驗是生命客體化的觀點,在迦達瑪(Gadamer)的研究之中得到繼承。參見idealism 唯心論;Geisteswissenschaften and Naturwissenschaften 精神科學和自然科學;ideographic and nomothetic 特殊規律研究和一般規律研究。

discourse(s) and discourse formation 論述及其構成 特定的「科學」和專門語言以及相關的觀念和社會結果。傅柯(Foacault)認爲必須把論述視爲是社會權力(power)的重要現象,而不僅僅是描述世界的一種方式。例如作爲醫學和科學論述的結果,關於性欲或瘋狂(madness)的概念和社會態度在20

世紀中與以前的「非科學」觀點相比發生了大幅變化。傅柯的論述概念的一個重要觀點是社會現象至少部分是在一種論述內構成的，不存在處於論述之外的現象。參見 episteme 認識；參閱 paradigm 典範。

discrimination 歧視 社會上某個特定群體的成員由於其所屬群體而受到不同對待，特別是不公平對待的過程。遭受不利對待的社會群體，可能是由涉及種族、群族、性別或宗教的特徵構成的。歧視有「類別歧視」和「統計歧視」之分。類別歧視（categorical discrimination）是對於社會所認定的一個特定社會類別的所有人不公正對待，因為歧視者相信這種歧視是他所屬的社會群體所要求的。統計歧視（statistical discrimination）指的是對於個人的不利對待，這種歧視是認為那個人所屬的社會群體會使其具有不良的特徵。

discursive consciousness 言理意識 「行為者對於社會條件，尤其包括他們自身行動的條件，所能夠說明或給予的口頭解釋」（Giddens 紀登斯,1984）。他認為值得重視的是這種意識並非是行為者所「知道」的全部，與「言理意識」同時存在的還有實際知識（practical knowledge），即每個行為者在社會中生活知道的和需要知道的，但卻並不總能夠加以解釋。參見 stratificational model of social action and consciousness 社會行為與社會意識的階層化模型。

disfunction 見 dysfunction 反功能。

dispersion 離勢 見 measures of dispersion 離勢的測量。

dissonance 失調 見 cognitive dissonance 認知失調。

division of labour 分工 ①指生產任務被分割並更加專業化的過程。早期古典經濟學家亞當·斯密（Smith,1776）用這一術語描述了工場和工廠系統中的專業化，並且解釋了這種新安排因效率和生產率提高而產生的優勢。在經濟學方面，分工也導致基於「比較利益法則」（law of comparative advantage）的貿易、

商品交換和勞務的增加。在社會學方面，生產任務專業化包含的
內容遠比狹義的經濟效益為多，包括了工作任務再分工的技術性
分工、技藝的層級、和勞工與管理階層關係的權力與權威結構
（見 scientific management 科學管理）。②指社會勞動分工
（social division of labour）一詞，表述整體社會中的職業專業化
以及社會生活分為不同活動方面和制度，如家庭、國家和經濟。
在涂爾幹（Durkheim）或帕森思（Parsons）等演化論社會學家
的著作中，這一概念與社會分化（social differentiation）（參見
evolutionary theory 演化論）相似。對職業專業化的社會學分析
可能涉及社會內部的分化（見 class 階級；local labour markets
地區勞力市場），部門間雇傭模式（如農業、製造業和服務業）；
並涉及第三世界或已開發資本主義社會中特定職業或生產任務的
集中化等。

　　社會和技術分工的效果在社會階層化理論中占有重要地位。
近年來人們的注意力不僅集中於階級差別，還集中於族群區分，
尤其是勞力市場中工作崗位的性別、私人領域和公共領域（pri-
vate and public spheres）的劃分以及家庭中的分工等（見 sexual
division of labour 性別分工；patriarchy 父權制；domestic labour
家務勞動；dual labour market 雙元勞力市場）。因此就有可能
論及多元化的分工，不僅包括生產，而且包括再生產以及商品和
非商品生產之間的關係。

　　涂爾幹（Durkheim, 1893）提出一個對社會分工影響很大的
說法。他在發展社會變遷演化論時，對原始社會和現代社會進行
了比較；前者的特徵是較低的分工、環節的結構以及強烈的集體
意識或稱「機械連帶」（mechanical solidarity）作為社會秩序的
基礎，現代社會則展示了一個分化的結構，較強的個人意識和
「有機連帶」（organic solidarity，社會各部分之間相互依存）
（見 mechanical and organic solidarity 機械連帶和有機連帶）。
分工本身具有促成有機連帶的功能，這種連帶是以受專業化支持
的個人意識和對他人相對的依賴為基礎的，因此涂爾幹強調分工

的社會功能以及道德功能。這與史賓塞（Spencer）的理論和功利主義（utilitarianism）相反，後者專注於個人在只有契約關係的勞動分工中追求自己的利益。然而涂爾幹認識到有機連帶在現代社會中不可能完滿實現，因而提出了分工的異常形式（abnormal forms of the division of labour）：即脫序性分工（anomic division of labour）和強制性分工（forced division of labour）等兩類。前者指的是分工沒有適當的道德規定與它相配合的情況（見anomie 脫序）；而後者指的是分工的強制形式，其中階級鬥爭和遺產阻礙人們從事適合於他們自身能力的工作。

馬克思（Marx）對於分工的分析與涂爾幹有着顯著的不同。涂爾幹認爲對脫序的解決辦法，在於全面發展有適當管理的分工，而馬克思則將分工的發展視爲與私有財產、階級分化、剝削和疏離（alienation）的出現有關。在資本主義制度下，生產線上的分工涉及腦力勞動與體力勞動的分離，以及勞動從屬於商品生產的需要。馬克思追溯了分工在歷史上各個時代的發展，包括從鄉村發展出城市，從一般社會發展出國家以及從商業發展出工業，最後是資本主義生產中極度的工作分散。與此同時，在財富日益增加，和分工中需要經濟合作的情況下，資本主義矛盾的特徵十分明顯，它預示資本主義經濟將爲社會主義所取代。在《德意志意識形態》（*German Ideology*）一書中，馬克思預言在社會主義制度下，分工將隨着階級和私有財產的消滅而消失。然而在他的後期著作中，提出了依然存在一個「必然王國」（realm of necessity）的看法，其中分工的形式將繼續存在，但將會是一種沒有疏離或強制專業化的分工。

由於近年來人們對勞動過程感到興趣，馬克思對於生產過程中分工的批判分析再度出現，尤其是出現在布雷弗曼（Braverman, 1974）的著作中。勞動過程理論關注的是，通過採用科學管理方法、實現機械化和自動化來推進管理控制，這樣勞動就變得更加分散並簡化了操作技能（見 deskilling 簡化操作技能）。

divorce and marital separation　離婚和分居　離婚指合法

或經由社會承認解除婚姻的方式。離婚不同於分居，後者是婚姻關係暫時的或永久的破裂，它可能導致離婚。關於離婚的社會學研究大多集中於兩個問題上；首先是社會內或不同社會中的離婚率差異；第二是離婚所需的各種社會調整。

離婚率的差異是由於個人的期望和婚姻在家族群體中的角色不同。當期望主要是為了家人，例如在相親結婚中，婚姻的破裂率是較低的。而在個人期望很高的地方，如在大多數西方社會中，通常離婚受到社會贊同，使個人的期望能在其他地方實現。

社會學家和從事家庭諮商工作的人，詳盡地研究了社會和個人對離婚的調適。離婚或分居事實上存在著多方面的問題，包括感情的破裂、對子女監護和照顧問題的協議、財產以及贍養費問題的解決、社會和社群關係的重新確定，以及由此產生的個人的調整等。

domestic labour　家務勞動　①為了維持家庭而必須從事的繁瑣的、經常重複的工作，包括家務工作和照顧子女。在大多數現代化國家中，家務勞動是無償的、私人的和性別分工的。婦女主要負責這些服務性工作和滿足家庭對物質和感情的需要。②（馬克思主義）專指家庭中的特定形式的工作，這種工作產生「使用價值」而不產生「交換價值」。馬克思主義認為**家庭**（family）是一種生產方式（mode of production），因而要研究家庭作為一個社會經濟實體的特徵，就要修改傳統看待家庭的觀點，即認為家庭是一種從市場經濟中脫離出來的表現感情的制度，男女在其中發揮各自表現感情的角色。家務勞動的概念反映了家庭（私人領域）與工廠和機關（公共領域）之間的聯繫（參見 private and public spheres **私人領域和公共領域**）。

從以上兩種意義中的任何一種意義上說，家務勞動都以被家庭和私生活的意識形態所掩蓋的方式而服務於經濟——它屬於**文化再生產**（cultural reproduction）和**社會再生產**（social reproduction）的範疇，人們是作為家庭的成員被撫育長大，並作為勞動者進入經濟領域。在家庭經濟中，婦女主要以私人服務的方

式爲男人服務，而不被認爲是眞實的工作且是無償的。家務勞動儘管在國民經濟中起着重要作用，但它通常不被包括在國民生產總值（Gross National Product）之內，這正是英國戰後一些婦女團體要提出「給予家務勞動報酬」（Wages for Housework）的原因之一。她們認爲家務勞動是婦女受壓迫的一個主要面向。在奧克利（A. Oakley）的《家務勞動社會學》（The Sociology of Housework, 1974）一書出版之前，**工作社會學**（sociology of work）和組織社會學忽視了此一生活領域。

在**性別分工**（sexual division of labour）中對家務勞動存在一種更進一步的觀點，認爲婦女因爲參加薪資勞動和無酬的家務勞動，承受了雙重的工作負擔。她們在家庭中的首要責任是加重她們在公共領域中受到的剝削，並屈居從屬地位的一個主要因素。這在歷史上已是慣例。但自19世紀以來，在歐洲由於家庭從工作中分離出來，以及主婦（housewife）概念的產生而變得愈加嚴重；一位已婚婦女扮演的主要角色是從事家務勞動，而家庭以外的薪資勞動是其次。尤其在英國維多利亞時代的上層和中產階級中，這種角色已成爲其他階級所追求的一個理想，但由於家庭經濟需要，一人的薪資和收入並不足以負擔，因而通常不能實現這種理想。當家庭是工資收入和自給自足的中心時，婦女通常扮演了較家務更重要的經濟角色，如達維多夫和霍爾（Davidoff and Hall, 1987）的研究顯示，19世紀初伯明罕的男性企業家是如何依賴於他們妻子的無償勞動來建立他們的事業的。只有在隨着生意的擴大、新廠房的擴展、新郊區住宅的建成之後，妻子們才不再參與生產勞動而成爲家庭主婦。

自20世紀70年代以來，資本主義社會對家務勞動和子女撫養進行政治分析的嘗試，引致關於家務勞動的辯論。這場辯論主要起因於詹姆斯（S. James, 1974）和達拉·科斯塔（Dalla Costa, 1972）的研究，他們採用了義大利的社會資本理論。他們在研究中強調不僅對有工資的工人進行地位分析，而且對無工資者的地位進行分析也是重要的。詹姆斯和達拉·科斯塔都認爲無

工資者應當要求工資，而且認爲家庭婦女尤其應當要求家務勞動的工資，然而這樣一來，勢必會使發達的資本主義中的固有矛盾更加激烈。詹姆斯和達拉・科斯塔認爲**生產性勞動和非生產性勞動**（ productive and unproductive labour ）之間的區分在政治上是多餘的，並且認爲家務勞動也創造了剩餘價值。他們的著作引起兩種主要的馬克思主義的反應，其中之一試圖揭示「要求家務勞動工資運動」的含義，而另一反應則關注剩餘價值的問題。家務勞動的辯論關注於馬克思主義的概念可以用來說明家庭中的勞動分工到何種程度，以及把家務勞動私人化是否是資本主義的一個必要特徵。這一辯論在突出婦女勞動的雙重性，和說明婦女勞動對於資本主義的益處方面起了關鍵性的作用。這一辯論的中心主題之一是工人階級中無工資者與有工資工人，以及所謂的「家庭工資」間的關係的性質。然而這場辯論未能解釋爲什麼是婦女，而不是男人有責任從事家務勞動。邁爾斯（ Miles, 1986 ）認爲這場辯論未能討論許多重要的問題，它並未解決關於性別支配的問題，也未探討同一階級的婦女和男人的利益爲何有可能有分歧。辯論只是集中注意力於工人階級男女的共同利益，避而未談男人用暴力使婦女在家庭中處於從屬地位所起的作用。這一辯論亦未談到婦女休閒時間比男人少的問題，以及子女的地位，和男人在控制婦女性生活和生殖能力方面所起的作用等等。家務勞動辯論同樣未探討激進的女性主義者在分析性相和階級之間的關係中所作出的貢獻。最後，女性主義者試圖考察婦女實際上普遍受壓迫的作法，被認爲是在社會關係中以性別分析取代階級分析的一種非歷史的研究。不過重要的一點是承認了在發達的資本主義中，以及事實上在大多數社會裏，社會階級、性相和種族乃是一些相互作用的特徵。

dominance　支配、主導　（馬克思主義）指一個社會形態中的支配因素，無論是意識形態、政治或經濟，都是由一個時期的經濟基礎的特殊需要決定的（ Althusser 阿圖塞, 1966 ）。阿圖塞希望引起人們對社會形態內在複雜性的注意，儘管「最終」（ in the final instance）是由經濟決定的。他將這一觀點與黑格爾式的社會「整體」（totality）概念相對照。

dominant ideology thesis　主導意識形態說　（馬克思主義）關於資本主義社會中工人階級所處從屬地位，主要是由於資本主義統治階級取得文化主導地位的結果的論點。對這一理論的強烈批評來自艾伯克龍比（Abercrombie）等人的《主導意識形態說》（ *The Dominant Ideology Thesis* , 1980）。他們認爲這一理論的鼓吹者高估了現代社會中文化整合的重要性，而低估了從屬群体能夠產生自身的信仰和價值觀與主導意識形態相對峙的程度。因此主導意識形態說可以被認爲是結構功能論的一個反映，後者被廣泛地認爲是過於強調了共同價值觀念的重要性。參見 ruling class or dominant class 統治階級或支配階級；Gramsci 葛蘭西；ideology 意識形態；incorporation 納入；consensus 共識；social intergration and system intergration 社會整合和系統整合。

domination　支配　①一般含義指一個人或一個群體施加於另一個人或群體的權力（power）。②狹義乃指韋伯（Weber）所用德文詞 Herrschaft 的翻譯，原意是「在一個特定組織或社會內，命令被服從的機率」，這是與權力（Macht）不同的概念，權力是指一個社會行爲者將其意志強加於他人的能力，儘管受到他人的抵抗（參見 legitimate authority 正當權威）。

　　韋伯還區分了「以權威施行的」支配和經濟形式的支配，後者指社會行爲者（social actor）儘管形式上是自由和積極追求自己的目標，事實上是極度地被限制在某種行動方式之中。

double descent（ or bilineal descent ）　雙重繼嗣　在同一群體中，存在父族（patriclans）和母族（matriclans）的繼嗣（descent）制度。這可能分別用於不同的場合，例如土地可能由男性繼承，姓氏則可能由女性繼承；這種情況的結果是個人成爲既是父系又是母系繼嗣群的成員。

double hermeneutic　雙重詮釋　英國社會學家紀登斯（Giddens, 1984）提到的一種假設，認為社會學和社會科學的理解包括從兩個層面對於社會行動（action）的理解：

　　(a)「由普通行為者構成的意義性社會界」的理解；

　　(b)「由社會學家和社會科學家所發明用以理解和解釋社會行動的後設語言」。參見 hermeneutics 詮釋學；ethnomethodology 俗民方法學；Verstehen 瞭悟。

Douglas, Mary　道格拉斯（1921－　）　英國社會與文化人類學家。她對儀式（ritual）、象徵體系和禁忌（taboo）進行過特殊的研究［如《純潔與危險》（*Purity and Danger*, 1966）；《自然象徵》（*Natural Symbols*, 1970）］。她的多項研究與婦女研究有特殊的關係。她指出一些禮儀禁制，包括限制婦女活動的禮儀，存在於那些社會現象被視為「威脅」現有分類體系的場合。

downward mobility　向下流動　見 social mobility 社會流動。

dramaturgy　編劇法；擬劇法　一種社會分析的方法，尤與戈夫曼（Goffman）有關。這種研究方法把戲劇作為與日常生活類比的基礎，在這種類比中，社會行動被認為是行為者同時扮演角色，以及在舞臺上控制他們行動的一種「表演」（performance），力圖控制他們所要表達給他人的印象（impression management 印象經營）。行為者的目標是將自己置身於一般來說有利的角度，以及適合於特定角色和社會「背景」的表演方式。戈夫曼用「背景」來說明那些象徵著特定角色或地位的物質裝飾。社會行為者（social actor）還以相應的方式像劇團成員那樣合作，力求保持「臺前」（front）形象，而把社會關係的「後臺」（backstage）隱蔽起來。由於行為者在不同的情境中扮演不同的角色，他們也經常發現有必要實行觀眾隔離（audience segregation），即在當前情境下藏起他們所扮演另一角色的任何表現，因為這種表現如果明顯，便會破壞當前所要表

達的印象。例如一位同性戀的法官由於其同性戀行為被曝光而會產生的問題。擬劇法中涉及的互動模式顯示人們不得不部分地依靠推理而行事。戈夫曼認為社會秩序是一種不牢靠的成果，老是由於在臺上露出馬腳和出洋相而遭到破壞。

drug taking for pleasure　為快活而吸毒　僅為獲得或增加快感而服用毒品。有些社會學家〔如貝克（Becker）的〈成為吸大麻者〉（Becoming a Marijuana User），1953〕不把某些偏差行為的衝動和動機歸因於「濫用」（abuse）毒品，反而更注意揭示導致為快樂而吸毒的社會機制。貝克認為包括在這些事例中的動機鏈與通常心理學家所指出的相反：如同一切其他嗜好一樣，吸毒「動機」也是作為社會習得的一種嗜好而興起，其中社會行為者（social actor）首先是受誘導嘗試了毒品，然後學會了享用它獲取快樂的感覺。正因如此，「吸毒者」心理上與其他社會行為者毫無二致，他們吸食毒品完全可以用社會學的概念來解釋。參見 labelling theory 標籤論。

dualism　二元論　一種學說，認為事物、「實體」（substance）和現實等的基本形式都屬兩種對應的類型，絕不可能把一種類型化約為另一種類型。例如：

(a)（哲學）「物質」（material）事物與「精神」（mental）理念之別；

(b)（社會學）先天和後天（見 nature-nurture debate 先天後天之爭）之別，或社會後果的個人能動作用和結構決定之別。

在哲學方面，與二元論相對的是一元論（monism），認為事物、「實體」等均屬同一個本原，不是「物質」形式就是「精神」形式。更進一步的學說，實在論（realism）認為只存在一個現實，儘管這個現實是分層次的，即雖然包含各種不同的類型，終究不是二元論。

在當前的哲學和社會學方面，雖不是一種完全的二元論，但常見的是承認形式的二重性（duality）（精神與物質或結構與能動）這種思維的功用，認為在兩類「事物」之間存在著一種辯證

的相互作用，但並不聲稱存在著某種最終不可化約的本原。見 duality of structure 結構的二重性，參見 structure and agency 結構和能動作用。

duality of structure 結構的二重性 英國社會學家紀登斯（Giddens, 1984）提出的關於社會結構（social structure）的概念，即把它視為社會行動（action）的「媒介和結果」（the medium and the outcome）。見 structuration theory 結構化理論。

dual labour market 雙元勞力市場 認為勞力市場（labour markets）可以系統地分為主要（primary）和次要（secondary）兩個部門的假設。主要部門包括薪資相當高並有職業前途的工作；而次要部門中的工作則沒有這些特徵。這一劃分的道理是雇主試圖抵消為維持一個穩定的、有技能的工人核心所需的高昂代價，而其方法是以較差的雇傭條件和較少的報酬，雇用無技能的工人去從事較次要的工作。另一種方式是公司把工作轉包給在外部環境中，次要勞力市場上運作的一些小公司。典型的例子是白種成年人享有易於得到主要部門工作的機會，而婦女和少數民族成員則過分集中於次要部門。

Duhem-Quine thesis 杜衡-蒯因論 與法國科學哲學家杜衡（Pierre Duhem，1861－1916）和美國邏輯學家蒯因（Willard Quine, 1908－）有關的一種「整體」觀點，這種理論認為科學是由一個複雜的假設、概念、假說和理論網絡所組成的，應將其「視為一個整體」（as a whole）予以評價，將個別命題脫離人們整體信念體系而予以評價是不可能的。參見 analytic and synthetic 分析與綜合。

Durkheim, Emile 涂爾幹（1858－1917） 與馬克思（Marx）和韋伯（Weber）齊名的社會學三巨頭之一，對創立現代社會學的貢獻最大。在這三位代表人物中，涂爾幹是最典範的社會學家，他斷言「社會自身」（society sui generis）是社會學的主題，並且認為「社會事實必須用其他的社會事實來解

釋」。涂爾幹在一系列開創性著作中提出了許多命題，並且對許多在現代社會學中仍具有重要地位的概念作出了貢獻。

雖然承襲由聖西門（Saint-Simon）和孔德（Comte）建立的**實證主義**（positivism）傳統，他並不希望自己的著作也被認為是實證主義的，涂爾幹的名言是「把社會事實視為事物」（treat social facts as things）。他用這句話說明社會現象是作為一個客觀的範疇而存在的，並且是在個人之外而存在的；通過它們對於個人限制或強制的影響而產生作用，而且它們是普遍的和集體的。參見 social facts as things 社會事實作為事物。

他的第一部重要著作是《社會分工論》（*The Division of Labour in Society*, 1893），是以他定義的**機械連帶和有機連帶**（mechanical and organic solidarity）之間的重要區別為基礎的。他的論點為：小型社會中只有有限的**分工**（division of labour），人們由相同點和一種共同的**集體良知**（collective conscience）結合在一起，而在較複雜的、進一步分工的社會中，分工本身則成為社會整合的基礎。涂爾幹社會學中有兩個關鍵性的概念，也就是在《社會分工論》一書中首次提出的，一是他指出在現代社會中分工往往被**脫序**（anomie）（即不受社會或社會價值觀規制）所破壞，一是分工通常也是「強迫性的」（forced），也就是說，由於教育系統運作和職業選擇過程中的不公和無效，許多人被迫從事不適合他們的工作。涂爾幹著《社會分工論》及其後的目標，都是要在理論和實踐兩方面創造現代社會中將個人主義與集體主義結合起來的社會團結條件。他反對**史賓塞**（Spencer）等人的觀點，即認為社會可以在沒有集體規範的情況下，根據個人利益的原則有效地運作。另一方面，他也同樣反對過分集中化的國家，他指出，以介於國家和個人之間、以職業為基礎的中介集團來組織社會，是管理一個以分工為基礎的現代社會的最佳方式。這些中間群體構成的網絡，有可能對利己主義產生道德約束，並且約束在現代社會中必然會出現的群體衝突。

在《社會學方法的規則》（ *The Rules of Sociological Method* , 1895）一書中，涂爾幹提出他的社會學解釋的全面方法，包括「把社會事實視爲事物」的學說。這部著作本身及其對創建現代**功能論**（functionalism）所作的貢獻具有同等重要的地位。涂爾幹功能論的核心是區分健康的和病態的社會組織形式。涂爾幹指出，「生理學家研究的是普通機體的功能，社會學家的研究也是如此」。他認爲，「如果最普遍的組織形式不是最優越的，那是令人難以置信的」。因此，「健康的」或「具有功能的」（functional）社會形式，通常存在社會發展特定水平的平均數上。因爲在現代工業化社會中這種類型的演化尚未充分發揮出來，涂爾幹承認功能性的評估是比較困難的。因而在這方面人們要謹慎地證明現象的普遍性實際上是與這種社會類型的「集體生活的普遍條件」（general conditions of collective life）相關的。在確立現象的功能同時，通常還必須獨立地弄清其原因。

涂爾幹所著《自殺論》（ *Suicide* , 1897）一書一方面被有些人視爲「方法論的經典」，另一方面又被另一些人認爲存在着極大的缺陷。涂爾幹在書中運用了現在被稱爲**次級分析**（secondary analysis）的方法，即對現有的**官方統計**（official statistics）進行分析，試圖說明**自殺**（suicide）是一種社會的，因而是社會學的現象，而不是個人的事情。在首先排除了現有的一些非社會學的解釋，包括氣候因素以及「正常的」和「異常的」心理因素 [如種族（racial）特徵和精神錯亂] 之後，涂爾幹指出了自殺的三種主要類型，各與一種社會情境相對應。因此他認爲利他型自殺（altruistic suicide）是由強烈的機械連帶導致的（例如，在原始社會中老人和病弱者的自殺，或者軍隊中爲了榮譽而自殺）；利己型自殺（egoistic suicide）是由現代社會中極端個人主義導致的（例如與猶太教徒或天主教徒相比，新教徒中自殺的較多；與結婚的人相比，離婚的人中自殺的較多）；脫序型自殺（anomic suicide）則被認爲是正常的社會期望破滅的結果（例如經濟環境的突然變化，或現代社會普遍趨勢的突然變

化）。自殺的第四種類型是宿命型自殺（fatalistic suicide），也同樣發生在社會規定除了死亡以外，沒有給自主行動留下餘地的情形下，例如奴隸的自殺。對於那些認同這一學說的人來說，《自殺論》旣是一本精深的著作，也是後來多元分析（multivariate analysis）形式的先驅。然而對於批評它的人來說，這是涂爾幹以一種人爲規定的度量（measurement by fiat）方式運用統計學，而不管行爲者的信念和價值觀是否像他所設想的那樣。

在《宗教生活的基本形式》（*Elementary Forms of Religious Life*, 1912）一書中，涂爾幹再次檢驗了簡單社會內部「集體良知」（collective conscience）的性質。對最基本形式的宗教信仰和行爲進行的這一研究，特別是對澳大利亞土著社會的研究，成爲多種有關宗敎的現代社會學研究的基礎（見 religion 宗敎；functionalist theory of religion 宗敎的功能論理論；sacred and profane 神聖的與世俗的）。涂爾幹在宗敎研究中的決定性思想，是認爲宗敎具有社會象徵性表像的作用，其中與「神聖」相關的信仰和行爲不斷重申共有的價值觀。以此觀點來說，涂爾幹社會學的任務之一就是在日益世俗化的現代社會中發現能代替宗敎的所謂功能替代物或功能等價物（functional alternatives or functional equivalents）。

在這四部主要的著作之外，涂爾幹還發表了許多其他著作，包括大量的論文。這些著作中最重要的是《原始分類》（*Primitive Classification*, 與 M. Mauss 合著，1903），書中把人類思想的基本範疇，包括時間、空間和數量，視爲社會組織類型的反映。例如分類反映了人類社會劃分爲氏族的情況（參見 sociology of knowledge 知識社會學）。涂爾幹關於圖騰崇拜（totemism）和親屬關係（kinship）的論文也很重要。除《宗教生活的基本形式》一書中包含的思想外，這些論文對於現代結構主義（structuralism）的形成也產生了巨大影響（參見 mythologies 神話）。

除了在涂爾幹生前出版的多種著作外，他的許多講稿以及未

完成的書稿，是在他逝世後出版的，包括《道德教育》（*Moral Education*，1925）、《社會主義和聖西門》（*Socialism and Saint-Simon*，1928）和《專業倫理和公民道德》（*Professional Ethics and Civic Morals*，1950）。身為現代社會學奠基者之一，涂爾幹還創辦學報吸引了許多著名的社會學家、人類學家和歷史學家，這些學者有牟斯（M. Mauss）、阿布瓦許（M. Halbwachs）、李維布呂（Levy-Bruhl）。

對於社會主義，涂爾幹抱同情的立場，但並非馬克思主義式的。正如高德納（Gouldner）在為《社會主義和聖西門》一書英譯本所寫導言中指出的，與一般認為涂爾幹的見解是保守的看法相反，因為強調社會衝突和社會變遷是他得益於聖西門社會學的一個恆久的主題。涂爾幹認為的中介職業集團在現代社會中可能扮演的角色促使他傾向於行會社會主義（guild socialism）；涂爾幹有時在「道德上」可能是一位「保守人士」，但他在政治上是不保守的。而規範性整合也不是涂爾幹唯一關注的焦點，相互依存的關係也像規範性整合一樣，被視為社會秩序的基礎。

圍繞涂爾幹著作的爭論中，總的說來，在於它們是否能令人滿意地把強調社會結構的觀點與社會學解釋中的個人能動性結合起來（參見 structure and agency 結構和能動作用）。涂爾幹社會學被認為過份強調了一般規範和社會結構的影響，而犧牲了個人能動性，儘管涂爾幹總是力圖在他的社會學中為後者留有餘地。涂爾幹的兩個主要目標是將社會學確立為一個自主的「科學」（scientific）學科，以及確立現代社會的社會秩序的實際需求。對於以上兩者，涂爾幹並未得到最後的定論。然而他對於現代社會學的深遠影響卻是不可否認的，許多有關社會學的現代論點，不是被認為支持涂爾幹就是反對涂爾幹。

關於涂爾幹生平和著作的兩種重要傳記性和批判性研究成果是路克斯（Lukes, 1973）和帕森思（Parsons, 1937）的著作。

dyad and triad　二元群體和三元群體　包括二元或三元的社會互動或社會關係。作為齊默爾（Simmel）形式社會學（formal socioloy）的一個面向，他指出二元群體和三元群體各有其特點，無論參與互動或處於相互關係中的是個人、組織或國家，例如調解或分治在三元群體中是可能的，在二元群體中則是不可能的，而且二元群體二者之間的親近度大於三元群體三者之間的親近度。關於二元群體和三元群體的分析，為形式社會學的性質提供了極為明顯的例證，因為它強調社會互動反覆發生的形式。

dysfunction （ or **disfunction** ） **反功能** 指對於維持一個**社會系統**（ social system ）或其有效運作產生負面作用的一切社會活動。見 functionalism **功能論**。

E

eclecticism 折衷主義 一切從理論上調和不同觀點的分析或研究方法。

ecological fallacy or wrong level fallacy 生態謬誤或錯誤層次謬誤 把從總體（aggregate）層次上衡量的多個變量之間的關係推論爲個體上也存在同樣關係的錯誤。在以地區作爲分析單位的調查研究中，必須小心地避免這種錯誤。例如，在一個地區內發現有高的失業率和高的精神病發病率，但若欲從個體層次作出任何因果關係的推論都是無效的。魯賓遜（Robinson, 1951）和賴利（Riley, 1963）討論過這一問題。

ecology 生態學 研究生物與其環境（environment）之間相互作用關係的學科。二十世紀八十年代以來，隨着人們對地球作爲一個生態系統的脆弱性的日益關注，生態學的概念愈來愈廣爲人知。各種跡象都顯示出這樣的危險，即經過上百萬年演化的自然系統由於工業革命導致的技術發展和人口爆炸而飽受威脅。這種情況的指標包括多種植物和動物的滅絕、臭氧層的耗竭、全球變暖和氣候類型的變化、大面積土壤和水域的汙染，破壞了許多小系統的生態平衡。參見 green movement 綠色運動；homeostasis 自穩態；cost-benefit analysis 成本效益分析；environmental depletion 環境枯竭。

economic and social development 經濟和社會發展 導致經濟生產率增長繁榮以及更複雜的新型社會結構（social structure）和組織形式的一切變化。研究這種發展是古典社會學理論

（見 evolutionary theory 演化論；social change 社會變遷）的關注中心。在當代的著作中，「經濟和社會發展」通常指社會主義和資本主義形式的工業化的特殊過程。儘管摩爾（B. Moore, 1967）的比較歷史研究仍具影響，關於發達資本主義世界變化的新研究已引起人們的注意（見 convergence 趨同現象；Fordism and post-Fordism 福特制和後福特制；postindustrial society 後工業社會），許多理論工作現正致力於第三世界當前的發展問題。界定第三世界國家的一個特徵（但不是唯一的特徵），顯然是經濟和社會發展的水平，而這種水平是以個人所得、工資就業人口比例等來衡量。參見 dependency theory 依賴理論；neo-evolutionism 新演化論；modernization 現代化。

economic sociology　經濟社會學　研究經濟（economy）與其他社會制度之間關係的社會學分支。對經濟生活進行社會學分析不是這個學科的一個專門研究領域，而是多種普通社會學的關注中心，也是一些主要的古典社會學家關注的中心，如馬克思（Marx）、韋伯（Weber）和涂爾幹（Durkheim）。以經濟問題為主的社會學研究的專門領域有組織理論（organization theory）、工業社會學（industrial sociology）、工作社會學（sociology of work）。

economism　經濟主義　（馬克思主義）指強調社會形式中經濟決定因素的一切理論或研究方法。經濟主義不太考慮意識形態（ideologies）、國家（state）等以及人的能動作用（agency）所擁有的相對自主性。

economy　經濟　①對人類物質資源、商品和服務的有組織管理。②有關人類資源管理、生產和分配的社會制度。

所有主要的社會學派別都涉及一種經濟形式。歷史學家和社會學家根據男女所用工具及其經濟實力，區分不同的社會形式。在社會學方面，最有影響的經濟模式及其與社會類型的關係，是由馬克思（Marx）和韋伯（Weber）提出的。大多數社會學爭論的中心問題是經濟起決定作用的程度，或其他活動在制度上和

文化上不依賴經濟的自主程度。參見 division of labour 分工；economic and social development 經濟和社會發展；economic sociology 經濟社會學。

ego　自我　佛洛依德（Freud）理論中人格三要素之一。自我是人格直接與現實發生關係的那一部分，它力圖根據超我（superego）的限制和對現實世界的感知來控制本我（id）的要求。因此與本我相比，它是基於現實的原則，而本我則基於快樂原則。本我要求以直接方式得到直接滿足，因而自我的任務是評估這些要求是否具有現實的可能性，如果沒有則強制延遲滿足，直至可以用一種社會適合的形式表現爲止。

egoistic suicide　利己型自殺　涂爾幹（Durkheim）於1895年在《自殺論》（*Suicide*）一書中定義的自殺（suicide）形式，與極端利己主義或個人主義有關。正如涂爾幹所指出的，利己型自殺事件「隨社會整合的程度而變化」。例如爲什麼新教徒比天主教徒較常自殺，涂爾幹指出這是因爲後者的集體信念和行爲實踐中個人融入宗教團體中的程度較高，而對個人主義較少贊同。

eidos　理型　一個特定社會的思想觀念的基本特性，推而廣之，指其主要社會制度和活動的基本特性〔這個不太常用的詞是貝特森（G. Bateson）於1936年提出的，也爲馬奇（C. Madge, 1964）所使用。〕

Eisenstadt, Shmuel Noah　艾森史塔　（1923－　　）以色列比較社會學家和比較歷史學家，以移民群體和現代化（modernization）的研究成果而著名。最引人注目的著作是《帝國的政治體制》（*The Political System of Empires*, 1967），這是一項高度系統性的研究成果，試圖比較歷史的、非部族的、前工業社會的政治體制，和對影響這種普遍政治體制的有效或無效因素作出概括說明。書中約用100頁篇幅將一些國家列表比較，其中採用了幾種衡量方法，從若干方面來比較劃分各種體制的等級。書中提出的基本假設爲：非部族的、前工業社會的政治體制若要有

效，就必須能夠動用、能夠創造出新的「自由流通的」（free-floating）物質和文化資源，使其不受傳統控制，而且必須獲得至少一些當地世系群（lineage）領袖的支持。儘管如此，如同大多數的政治體制一樣，與對東方專制政體（oriental despotism）的看法相比，這些體制通常包含有相互矛盾的因素，天生就是不穩定的。

艾森史塔以其廣泛的興趣和豐富的學術成就而聞名，他涉獵的範圍從移民的效果直到年齡階層化對社會的穩定效應。見 ageing 老化；參見 patrimonialism 世襲主義。

elaborated codes and restricted codes　精密代碼和限制代碼
由特定社會脈絡產生的特殊語言和言語形式，涉及不同類別的意義。這二種概念是伯恩斯坦（Bernstein）在他早期著作中提出來的，與他的**社會化**（socialization）理論，及語言相互作以獲得肯定社會身份的**文化資本**（cultural capital）的重要性有關。

伯恩斯坦指出不同的社會化形式，會將兒童引向二種不同的言語模式；一是控制泛意的（universalistic）表達，另一是控制專意式的（particularistic）表達。在兒童以及後來的成人可能使用精密代碼的情境中，原則和運用都是清楚的，所以聽者能容易而迅速地理解講話者的意圖。但是在他們可能使用限制代碼的情況下，原則較不明確，而且脈絡受到限制，只適用於特殊的交往關係。伯恩斯坦進而指出工人階級使用限制言語代碼，而中產階級則使用兩種代碼。由於正規教育系統傳播是使用受階級影響的精密代碼，這對於工人階級的子女或學生來說是相當不利的。

上述這些思想由伯恩斯坦發展成為一種更精緻的文化傳播理論，並闡明文化傳播與社會階級結構中各種權力形式和社會控制的關係。然而，把精密代碼和限制代碼的概念分別運用到中產階級和工人階級群體的言語形式，並未被廣泛接受，而且這種概念一提出來，人們就對其正確性和有效性表示懷疑。

electoral sociology　選舉社會學　有關選舉和投票的社會學研究。這一社會學研究領域是純理論社會學家和行為科學取向的政

209

治學家的共同活動領域。見 voting behavior 投票行為；psephology 投票學。

Elias, Norbert 艾里亞斯 （1897－1990）出生於德國的社會學家，在希特勒時代離開德國，先在英國、後在迦納、荷蘭和德國工作。他自稱他的社會學分析方法屬於型態社會學（figurational sociology），把正在變化的社會「形貌」（configurations）而不是把社會當作是一種互相依存的個人互動所產生的非預期結果來分析（參見 figuration 型態）。他最重要的著作《文明化過程》（*The Civilizing Process*，1939）在德國發表時尚未引起人們注意。然而當該書英文版（2卷，1978，1982）問世時，一個致力於促進「型態社會學」的「艾里亞斯學派」已在荷蘭和英國形成（見 P.Gleichman et al.，1977）。《文明化過程》論述的主題是歐洲國家形成與個人行為方式和人格變化（包括新的道德形式和個人自我控制）之間的關係（參見 civilizing process 文明化過程）。《宮廷社會》（*The Court Society*，1969）也探討了相關的主題。型態社會學的理論基礎在《什麼是社會學》（*What is Sociology*？1970）一書中有簡要的論述。艾里亞斯集中注意於「型態」，而不是把個人或社會作為彼此分離的實體來研究，與其相類似的，是現代社會學中強調社會分析模型的重要性，承認結構與能動作用之間的相互關係的研究方法（見 structuration theory 結構化理論）。艾里亞斯的其他著作還有《臨終者的孤寂》（*The Loneliness of the Dying*，1982）和《涉入與超然》（*Involvement and Detachment*，1986）。

élite 精英 字面義為社會中最出色和最有才能的人（如教育精英），但在社會學方面這個詞通常指政治精英。在此，**精英論**（elite theory）認為在精英和大眾之間存在的界限是所有複雜的現代社會一個必然的特徵，而且也認為激進的民主主義者宣揚人民能夠進行統治的願望是錯誤的。

élite theory 精英論 認為在複雜的現代社會中必然存在政治精英的假設。這一理論的最初形式是社會學對現代民主運動相對

上是失敗的、未能達到自己所設定的最高目標作出的反應。現代民主政體的產生並未帶來人民的權力，而是爲精英成員提供了新的基礎。這種理論尤其與巴烈圖（Pareto）對現代民主所持的悲觀看法有關；而莫斯卡（Mosca）在較小的程度上也持有這種看法，即精英是精英與大衆（masses）的心理差異以及現代社會組織需要的一個必然結果。參見 iron law of oligarchy 寡頭統治鐵律；Michels 米歇爾斯。參閱 ruling class 統治階級。

近代精英理論（見 democratic elitism 民主精英論）改變了對現代民主的悲觀態度。在莫斯卡和米歇爾斯等理論家的著作中已有所表示，認爲精英權力的基礎不同會產生重要的社會後果；一些理論家（如 Dahl, 1961）現在提出的觀點是彼此競立的精英代表之間的民主競賽構成現代政府最切實可行的形式。參閱 power elites 權力精英；參見 stable democracy 穩定民主政體。

對精英的研究和對精英理論的檢驗，是一個非常有爭論的領域。一些研究者（如 Hunter, 1963）採取「聲望」（reputational）研究——詢問「誰有權力」（who holds power）；而達爾（Dahl）等人則爭辯只有對於實際「決定」（decisions）——權力運作的結果——進行仔細研究才能夠令人滿意地回答眞正擁有權力的人是誰。然而甚至這一點也無法肯定，如巴克拉克和巴拉茲（Bachrach & Baratz, 1962）認爲（見 community power 社區權力），因爲許多達成權力平衡的狀況，可能已預先排除政治辯論和政治競爭，以致實際上看不到任何公開的「決定」。參見 power 權力；mass society 大衆社會。

emancipatory theory　解放理論　見 Habermas 哈伯瑪斯。

embourgeoisement or bourgeoisification　資產階級化或中產階級化　變成爲資產階級，或更一般性的說法，變成爲中產階級（middles class）的過程。

embourgeoisement thesis　資產階級化說　認爲現代資本主義社會的工人階級採取了中產階級（middle classes）生活方式和政治態度的論點。例如在英國，這一論點在20世紀50年代和60年

211

代曾在不同的範圍盛行。社會評論家、政治分析家和政治家將30年代以前**工人階級**（working class）的狀況從收入、住宅、就業、衛生和休閒嗜好等各方面與1950年以後改善了的情況相比較。他們論道或假定**福利國家**（welfare state）的建立，帶動充分的就業，生活水平確實提高，加上消費品的大量生產，已消除了各個階級之間在物質和文化上的差異。他們還把保守黨在整個50年代的成功歸功於這些改革，認爲物質和社會的變化對於工人階級的政治意識產生了重大的影響，再一次導致對中產階級的認同（如 Rose, 1960）。福利國家、政治保守主義等因素使得許多社會學家推測意識形態的終結（the end of ideology）是投票和社會行爲的一個因素。

資產階級化說的一個最有趣的效果是對於那個時期主要政黨和大衆傳媒政治報導的影響。在社會學方面，一些研究（如家庭關係的研究）的成果與資產階級化的論點相一致；但是對於這一論題最具影響和最直接的反應，即對**富裕工人**（affluent worker）的研究，卻依據工人的態度駁斥了這一論點，而較早期關於貧困程度和分布的研究則表明依然有很多人並未達到「中產階級」的生活水平。參見 class **階級**；class consciousness **階級意識**；class imagery **階級形象**；underclass **下層階級**。

emergent properties　突現性質　一個社會系統或群體的一種特性，這些特性被認爲不能簡單地以其起源或組成部分來加以解釋，因而有「整體大於部分」（the whole is greater than the parts）的說法。這個概念尤其與功能論社會學有關，如涂爾幹的著作強調相對於其他學科的**社會學自主**（autonomy of sociology），即社會學理論不應受**化約論**（reductionism）的支配。另外，突現性質是突現規範理論（emergent norm theory）下的一種概念，在緊急情況下群衆似乎具有一致性而會產生一種規範，限制參與群衆的行爲。所以突現性質並不是常態，它是在特殊情況下發生，而且對群衆有一定的約束力。突現性質的觀點常常受到批評。例如它被認爲是導致對社會現實作物化說明（見 reification 物化），而且導致無法察覺和不承認個人行為者的影響。然而突現性質的概念並非表示它與現實的各潛在層面互不銜接或互不影響，而僅僅表示不能用化約論完滿解釋社會現實的某些方面。在自然科學中，突現性質同樣具有不可缺的作用（例如氣象學方面的天氣系統），現實的複雜性和潛在變項的不可預見性都限制了作全面化約的說明。科學中彼此獨立學科的存在正是突現性質存在的證據；至少可以證明突現性質在分析上是不可缺少的。這些重要性並不一定意味着試圖作出化約論分析存在著任何絕對的障礙，但是這類嘗試不太可能完全成功，而且即使成功也無法推翻突現性質此概念的用處。參見 holism 整體論，methodological individualism 個體方法論。

emic and etic　自觀的和他觀的　源於語言學（Pike，1967）的區別，現在社會學和人類學方面已廣泛應用這二種概念，用於區別從一種語言或社會情境固有的或內部的觀點所作出的說明（自觀的說明）和那些從這種語言或社會情境外部觀點，包括社會觀察者作出的說明（他觀的說明）。參見 hermeneutics 詮釋學；forms of life 生活形式。

此區別是從語言學「音位的」（phonemic）和「語音的」（phonetic）二詞發展而來的。音位的依據是講話者本人對於聲音模式的認識，而語音則基於觀察者對這些差異的模型和測量。

Emmanuel，Arghiri　伊曼紐爾　（1911－　）出生於希臘，活躍於法國的馬克思主義發展經濟學家，他試圖將國際貿易理論的觀點與馬克思的一般價值理論相結合。

empathic understanding　同理心理解　自己設身於社會行為者處境而取得理解和解釋的形式。因為這種解釋形式似乎建立在可疑的內省心理學上的，其方法通常被認為是「非科學的」而遭到摒棄（Abel,1977）。對同理心理解的認識有時不免誤解，如阿貝爾認為一切形式的意義性理解與解釋（meaningful understanding and explanation）都同樣是可疑的，因為那完全取決於內省。然而在社會學方面最廣泛運用的詮釋形式說明（如在韋伯

Weber 的著作中）只有當行爲的意義能夠爲現行社會規範和價值觀確認時，才把意義算作行爲者的。見 Verstehen 瞭悟。參見 empathy 移情作用。

empathy　移情作用、同理心　指能夠設身處地替別人想而得到的感覺。在許多人際交往關係和社會場合中移情作用的能力是關鍵的。如果家庭成員相互之間沒有設身處地的替彼此著想，不融洽的情況就容易發生。從定義來看，親密的朋友之間就存在移情作用的關係。

移情作用是羅嘉思（Rogers, 1951）提出的案主與顧問間關係協調的三個條件之一，其他兩個條件分別是熱情眞誠（genuine warmth）和無條件地正向關懷（unconditional positive regard）。移情作用對於人本諮商法（person-centered counselling）是很重要的，因爲這種觀點堅持認爲顧問只能通過對案主現象學領域的體驗來了解案主的問題。就這一點而言，移情作用是需要的。

移情作用有時也被認爲是社會學中廣泛使用的意義性理解與解釋（meaningful understanding and explanation）方法中主要的（儘管可疑）決定因素，不過此觀點現在正面臨挑戰。見 Verstehen 瞭悟。

empirical sociology　經驗社會學　任何強調搜集資料的社會學形式。然而經驗社會學尤指採取社會調查（social surveys）或仔細記錄的參與觀察（participant observation）的社會學形式。

此一晚近的社會學代表了整個學科的主要部分，美國社會學尤其是如此〔例如關於社會階層化（social stratification）、階級（class）、投票行爲（voting behavior）的經驗研究〕。這種基本的社會學研究方法，有時被批判爲不能探討重要的理論問題（見 abstracted empiricism 抽象的經驗論）或者在以問卷調查爲基礎的統計研究中包含有人爲規定度量的成份（見 ethnomethodology 俗民方法學；official statistics 官方統計）。不過這些指責被認爲過於概略，因爲可以指出不少經驗社會學研究也探討

了重要的理論假設（見 empiricism 經驗論；Lazarsfeld 拉札斯斐；theories of the middle range 中程理論）。

empiricism　經驗論；經驗主義　①（貶義）是指不用更適當的理論研究方法而運用經驗方法（參見 abstracted empiricism 抽象的經驗論）。②認爲一切知識源於經驗，而非來自於先天範疇的學說（Hume 休姆、Locke 洛克、logical positivists 邏輯實證論者等人的認識論觀點）。參閱 idealism 唯心論；epistemology 認識論；positivism 實證論。③（馬克思主義和近年的科學哲學）指缺乏對概念，從而對「事實」（facts）所包含的理論內涵及由社會構成和重建特性的認識。

哲學和科學方法中的「經驗論問題」，長期以來被認爲是「歸納問題」：即僅根據有限的經驗觀察結果推論出的只有暫時性地位的普遍化概說（見 induction and inductive logic 歸納法和歸納邏輯）。

哲學經驗論的另一個方面是對歸納問題缺乏任何明確的解決辦法，因而引向懷疑主義或相對主義（relativism）。例如作爲一個學說來加以闡述時，「對於現實的認識，僅止於自身的感覺；而超越自身之外的知識，我們卻無從得知」。因此這種形式的經驗論變得與唯心論（idealism）相合，而且都可能以懷疑主義和相對主義爲終點。

面臨這些困境，許多哲學家和社會學家強調概念、假設和理論在科學和社會學中的重要性，並且肯定實在論而不是經驗論的方法論（見 realism 實在論）。不過在確立某種哲學的或方法論的立場上仍存在着問題（見 methodology 方法論）。

儘管經驗方法和經驗知識的重要性在社會學方面得到廣泛的承認，但這並不意味着等同上述的那種經驗論。參見 empirical sociology 經驗社會學。

employment　就業　人爲了工資或薪水而從事的一切活動。社會學方面一直存在着一個合理的懷疑，亦即付酬就業是否簡單地與工作是同一回事；然而在範圍廣泛的社會中，這個詞的普遍的

意義就是如此，所以「一位操持家務和撫養子女的能幹婦女不同於一位工作婦女，就是說不同於掙錢的職業婦女」（R. Williams, 1976）。社會學家們早就意識到所謂的工資勞動（wage labour）（給它一個技術名稱），也只是工作的一種特殊形式，它是從資本主義、市場交換經濟中的特殊生產關係中獲得它的中心地位和定義。在資本主義社會裡，工作與就業是同一回事，因為雇用即「勞力作為一種商品在市場上買賣，根據勞動雙方訂定的契約，購買勞動者擁有權利要求出賣勞動力者在一定「工時」內從事勞動」（Purcell, 1986）。參見 productive and unproductive labour 生產性和非生產性勞動；sociology of work 工作社會學；private and public spheres 私人領域和公共領域；domestic labour 家務勞動。

encounter 會面 兩人或多人面對面進行互動中的一切相會，或稱相遇。日常生活造成許多這類的相互聯繫，其中一些互動發生在我們與熟人之間，但大多數只是一面之緣。戈夫曼（Goffman, 1961, 1967, 1971）把會面描述為共同在場的情境，它包括社會行為者（social actor）置身於適當的場合並有意識地保面子（face-work），創造和保持無數多種會面機會。參見 interaction, interaction ritual, and interaction order 互動、互動儀式和互動秩序。

encounter group 交心治療小組 見 group therapy 團體療法。

enculturation 濡化 （文化人類學 cultural anthropology）指對於文化規範和實踐的非正式和正式吸取。正因如此，這一名詞幾乎與社會化（socialization）同義。使用濡化一詞，反映了文化（culture）概念在文化人類學中的重要性。參見 acculturation 涵化。

end-of-ideology thesis 意識形態終結論 50年代後期和60年代初，在美國政治社會學中尤其盛行的一種觀點，認為舊形式中

對立的左派和右派意識形態已經過時,並已爲西方民主國家中一種更共識性、更具競爭性的政治活動所取代。這一理論是由貝爾(Bell, 1960)和李普塞(Lipset, 1959)所提出,假設資本主義的性質已經發生根本的變化(如 managerial revolution 管理革命),並且認爲這些變化伴隨工人階級充分參與自由民主政治,消除了革命政黨的基礎。按照李普塞的說法,在以勞動爲基礎的政黨和與資本相關的政黨之間的政治分裂(political cleavage),在西方民主國家中仍然發生着重要作用,但是階級衝突已經「馴化」(domesticated),而不再成爲資本主義政治體制的恆久威脅(參見 stable democracy 穩定民主政體)。但是隨着1968年和70-80年代的多次動亂,勞資間尖銳對立再起,新的城市和種族騷亂不斷,政黨重新往兩極分化,「共識政治之終結」(the end of consensus politics)有時候看起來似乎是更說得通的假設(見 legitimation crisis 正當性危機)。然而如果衝突依然存在,但依然缺乏一個有效的社會主義社會來取代西方資本主義社會——特別是隨着1989年東歐社會主義的崩潰——意味着社會民主政治已經廣爲人們所接受,甚至在左翼政黨中也是如此。從這個意義上說,意識形態爭論雖然沒有「終結」,已比過去有限得多了。

endogamy　内婚制　指一特定社會群體內通婚的規則。這個群體可能屬於一個世系群(lineage)、一個喀斯特(caste)、一個**階級**(class)、一個族群集團,或其他社會分類。內婚制的反義詞是**外婚制**(exogamy)。由於一切婚姻制度不是內婚制就是外婚制,所以有必要具體指明允許通婚的群體和禁止通婚的群體。

Engels,　Friedrich　恩格斯　(1820－1895)德國社會主義者。出生於德國一個從事紡織工業的家庭。恩格斯在學生時代就深受黑格爾主義(見 Hegel 黑格爾)的影響,並成爲一位社會主義者。他因家族事業移居英國的曼徹斯特,1845年出版了《英國工人階級狀況》(*The Condition of the Working Class in England*)一書。這是當代對於隨着工業化而產生的工人階級所作的

最重要的分析之一，他在該書中認爲工人階級肩負社會主義革命的使命。他從1845年起與馬克思（Marx）保持了長期的關係，而於同年合作寫作出版《神聖家族》（*The Holy Family*），1845－46年出版《德意志意識形態》（*The German Ideology*），1848年出版《共產黨宣言》（*The Communist Manifesto*）。這些著作構成馬克思和恩格斯政治工作的基礎，以此形成第一國際。恩格斯在第一國際中具有關鍵性的組織作用。在此後二十年間，在馬克思致力於研究資本主義的政治經濟學時，恩格斯給予馬克思及其家庭經濟上的支持，而且是馬克思的一位重要密友和馬克思思想的重要傳播者。恩格斯進一步完善辯證唯物論（dialectical materialism）的概念，最先使用了「歷史的唯物論解釋」（materialist interpretation of history）一詞，因此被認爲推動了馬克思著作的決定論闡釋。馬克思逝世後，恩格斯編輯並出版了《資本論》（*Das Kapital*）的第二卷和第三卷，並致力於第四卷的工作直至逝世。他也積極籌劃建立第二國際。

在社會學和人類學方面，他最具影響的著作是《家庭、私有制和國家的起源》（*The Origin of The Family, Private Property and the State*）。此書於1884年首次出版（見 matriarchy **母權制**），這是19世紀將婦女地位納入研究的少數歷史分析之一，書中試圖探討性別不平等的根源。它爲許多近年研究婦女的歷史作用，和以往社會中婦女依附於男人的原因提供了根據。他的論點不免有經驗的弱點，即存在着一個從其中婦女主宰家庭的「母權社會」過渡到「父權社會」的歷史過程，而父權社會中出現了私有財產和男人控制婦女婚姻和性生活，以確保把財產傳給他們的後代。近年的研究對於他基於生物學的性別分工的假定提出了進一步的懷疑。然而，他的著作的價值在於提出了社會經濟與性別之間的關係問題（Sayers et al., 1987）。

enterprise culture　企業文化　包括激勵創造利潤、進取心、革新與首創精神、自信心、創造性和競爭精神的一系列價值觀

念、象徵和實踐活動。例如在1980年代，英國政府發起了一個
「企業創新」（enterprise initiative）計畫，目的是想透過資
助，鼓勵高等教育推廣與企業有關的技術與價值，以開發出一批
具有企業所需的技術與經驗的畢業生來。對於社會學的流行批評
常常是社會學對於企業、利潤和個人主義所採取的批判立場。對
於企業文化最大的批評在於其主要目的是企業及追求利潤和個人
主義。關於企業文化的社會學研究，多見於**組織文化**（organiza-
tional culture）、**福利國家**（welfare state）和**社會政策**（social
policy）等研究領域。

entitlements　應得權利　存在於大多數現代社會中所有公民都
享有的社會對他們提供福利的權利，不過應得權利也是一個有爭
論的題目。例如**米德**（L. Mead）[《超越應得權利》（*Be-*
yond Entitlements），1985]認為片面討論應得權利導致了對
「義務」（obligations）的忽視。所有西方資本主義國家都經歷
了同時維持福利保障和「資本積累」方面存在的問題（見 legiti-
mation crisis **正當性危機**）。另一方面，許多人認為如果要維持
和擴大現代公民身分（citizenship）的概念和**公民權利**（citizen
rights），承認所有公民和工人有權享受較高的基本生活水平就
是必要的。參見 underclass **下層階級**。

environment　環境　人類、動物或物體存在或活動的周圍空
間或範圍。因此環境一詞的含義較為廣泛，而且只有根據它的使
用脈絡方能較準確地把握它。

特別是當把「環境」與「學習」和「經驗」聯繫起來時，其
含義是外界對有機體影響的總和；而且應與遺傳潛能區別開來，
後者對於進化和行為也有影響（見 nature-nurture debate **先天後
天之爭**）。

「環境」一詞相當明確的用法是在與自然世界系統相關的時
候。自然世界系統現在被認為比較脆弱，它受到自工業革命以來
人類技術發展和隨之而來的人口增長的威脅。這是**綠色運動**
（green movement）和**生態學**（ecology）首要關注之點。

　　「環境」一詞的這兩種用法不能完全涵蓋其多方面的含義，但能說明各種可能用法的多樣性。參見 systems theory 系統論。

environmental depletion 環境枯竭　　人們可獲得的物質和經濟資源存量由於農業集約化、工礦業污染、空間擁擠等原因而趨於耗盡或惡化的過程。世界已經達到這樣一種境地，以致人們必須格外注意自然和社會環境相對甚至絕對惡化的情況，這樣的看法直到最近才引起人們注目（見 green movement 綠色運動；positional goods and positionality 稀貴財物和稀貴性）。然而一些理論家如哈里斯（M. Harris, 1978）甚至指出這種過程在人類社會已存在很久了。哈里斯認為石器時代的人們可能過着遠較後人幸福和健康的生活。哈里斯還從文化唯物論（cultural materialism）的觀點出發，指出現代歷史時期社會中的許多文化、政治、社會和經濟變化都可解釋為環境壓力的結果。這些後果包括婦女處於依附地位，需有對定居農業和國家方向的指導，及某些禁食肉類的文化等等。不過這樣的看法顯然遠比那些一般的看法，即認為環境枯竭並非近年的問題且有很廣的蘊含，更有爭議。

epiphenomena and phenomena　副現象和現象　　見 appearance and reality 表相和實相。

episode　歷史片斷　　任何「一段有歷史定位的變化」（historically located sequence of change），如原生國家（pristine states）的起源。這段變化有「自己的開端、事件的趨向和結果」，但不是社會發展的必然結果的一部分（Giddens 紀登斯，1981）。參見 episodic characterization 歷史片斷特徵化。

episodic characterization　歷史片斷特徵化　　社會變遷研究的一種理論取向，這裡說的變遷指的是「間斷」（discontinuous）的「歷史偶然」（historically contingent）事件，而非符合演化或發展類型的事件（參見 episode 歷史片斷）。

這種方法是一批著名歷史社會學家的主要研究方法，其中包括曼（Mann, 1986）、葛耳納（Gellner, 1964）和紀登斯（Giddens）。如曼所表述，這種觀點的內在思想是：一般演化論可用於追溯包括新石器時代在內的時期，但是「一般社會演化則隨文明的出現而終止」，此後特殊的歷史變化不再遵循規律。用葛耳納的話說，歷史並不按任何簡單的「世界發展故事」（world growth story）變遷。

這些強調「歷史片斷特徵化」的社會學家，通常反對歷史唯物論（historical materialism）和社會學方面的演化論（evolutionary theories）之類的學說。然而支持後一種學說的人聲稱，把歷史解釋為系統化發展的唯物論觀點或是說變遷是演化結果的觀點，與承認歷史變遷不僅有一般特點而且有某些相對「偶然」特點的說法並不相悖（見 Jary, 1991）。

episteme　認識　決定世界被經驗或「理解」（seen）的知識結構，或者用傅柯（Foucault）的用語叫「論述的構成」（discourse formation）。因此，在認識的概念與**典範**（paradigm）或**問題意識**（problematique）的概念之間存在着相似之處（參見 epistemological break **認識論的斷裂**）。傅柯認為書本或知識沒有分離的作者或「主體」（subjects）。相反，它們都是一些無名論述的產物，這些論述包含了作者或個別的主體。傅柯認為談論知識發展和「進步」（progress）或談論「真理」（truth）的可能性也不存在。關於客觀性和相對主義的類似問題會提到傅科的知識概念，也會提到孔恩（Kuhn）和費若本（Feyerabend）關於典範之間**不可通約性**（incommensurability）的想法。

epistemological break　認識論的斷裂　（在科學上）指一種理論框架——**典範**（paradigm）或**問題意識**（problematique）——革命性地為另一理論所取代。根據孔恩（Kuhn）或阿圖塞（Althusser）的觀點，對立的或相承的典範之間的關係永遠趨向於分裂和**不可通約性**（incommensurability），其中一典範或問題意識的中心概念和步驟，無法用另一典範或問題意識的語言

來表達。在費若本（Feyerabend）的表述中，不同的典範包含不同的「世界」（worlds）（參見 forms of life 生活形式）。在阿圖塞的著作中，認識論斷裂的概念是他在馬克思早期的「人道主義」（humanistic）著作與後來的「科學」（scientific）著作之間作出嚴格區別的關鍵。

epistemology　　認識論　　（源於希臘文 episteme 一詞，意為認識）研究知識理論的哲學分支，告訴我們如何才能夠了解世界。認識論與**本體論**（ontology）兩者都是一切哲學思維和一切知識的基礎，後者以確認存在的事物種類為己任。

　　認識論中一個重要的分歧，是**經驗論**（empiricism）與**理性論**（rationalism）或**唯心論**（idealism）之間的分歧。經驗論者將我們對於世界的直接經驗作為所有知識的基礎，而理性論者和唯心論者則認為我們對於世界的認識是由固定的和「先驗的」（a priori）概念或範疇（categories）［如「實體」（substance）和「因果」（causality）概念］所決定的，它們對我們的每種思想和論點，及經驗或對現實的感知加以結構化（參見 Kant 康德）。

　　在大多數認識論形式中，哲學家個人「自我」（ego）的純粹思想被認為提供了最終理解知識的途徑，並提出了認識論賴以建立的基礎。然而近年來認識論出現了更具社會學色彩的形式，力圖去除傳統上個人「主體」（subject）在哲學中所扮演的中心角色（見 subject and object 主體和客體；decentred subject 去中心主體；structuralism 結構主義），轉而強調社會結構、生活形式（forms of life）等構成知識的方式。因此先前為哲學所占據的大部分領域，現在可以為知識和科學的社會學理論所代替（見 sociology of knowledge 知識社會學；sociology of science 科學社會學；Kuhn 孔恩；Feyerabend 費若本）。

　　由於一切知識理論都必須說明其自身，於是認為社會學知識理論比傳統哲學更能避免一切知識理論都難以避免的循環因素便是錯誤的。社會學知識理論所能做到的，只是避免一種認識論思

維中故步自封的傾向，這種傾向在那些聲稱已發現眞理傳統理論中往往是很明顯的。一旦知識——包括科學知識，明確地被認爲是一種由社會構成的現象時，再期望對知識的性質定下什麼最終的敎條，那就文不對題了。

epoché 懸置 爲了方法論的緣故而把存在的所有層面置於括弧內，或者說加上括號（bracketing），例如在對結構進行分析時把個人的能動作用置於括弧存而不論（見 Giddens 紀登斯，1984）。懸置的概念出自胡塞爾（Husserl）的現象學（phenomenology）。他把懸置作爲一種方法，置傳統的假設——包括科學假設於不顧，逕行穿透我們認識的深層基礎。這種方法已在社會學方面得到應用，特別是爲舒茲（Schutz），而受他影響的俗民方法學（ethnomethodology）方面也得到應用，其目的在於揭示我們日常社會知識和社會能力的基礎。

equality of opportunity 機會均等 一切人不分階級、年齡、種族或性別，享有平等權利競爭並獲取所追求的社會地位的思想。在20世紀，這個概念在爭取更公正、更平等和公平分配社會財富、利益方面具有重要的作用。機會均等尤其是敎育問題有關辯論的中心。

　　1944年在英格蘭和威爾斯通過的《敎育法案》（*Education Act*）中，「機會均等」指的是平等接受中學敎育的機會，使得每個孩子不因其階級地位，都能良好發展其自然能力。因此，11級的考試制度被認爲是「客觀公平的」，並且適合於評量孩童的需要和性向。1950年代之後，在英國和美國的研究發現原先預定的結果並沒有達到，於是人們將注意力由「接受敎育機會均等」（equality of access）轉到「結果的均等」（equality of outcome）。這促使敎育制度發生改變，以補償社會上的弱勢團體，於是在1960年代末和1970年代初，許多敎育改革措施被引進，如普遍敎育（comprehensive education）、補償性敎育（compensatory education）計畫和「積極的差別待遇」（positive discrimination）。

223

社會學文獻及更廣泛的公衆辯論集中在狹義和廣義機會均等的兩個主要問題：(a)機會均等在社會上合乎需要、可行和現實的程度；(b)旨在增加受教育機會均等的特定教育改革獲得成功或失敗的程度。在第一點上，批評者認爲試圖製造平等的結果個人自由相矛盾。批評者還認爲受教育機會均等這一點未做到，因爲社會背景的差別太過顯著，以至不能僅僅通過教育改革加以消除。

Eros 愛欲本能 佛洛依德（Freud）人格理論中的生命本能。愛欲本能包含導向生命存續的一切本能，因而它不等於性衝動，儘管後者是其中心內容。愛欲本能與**死亡本能**（thanatos）相反，前者是創造性的，而後者是破壞性的。

essentialism 本質主義 認爲哲學或科學能夠達到並絕對**眞理**（truths），即對象的必然性、本質性或「本質」（essences）的觀點。柏拉圖（Plato）的理型論（theory of ideal forms）就是本質主義的一例。

現在本質主義一詞往往是貶義的，爲反對本質主義，並強調知識的暫時或約定性質的哲學家們所使用。參見 conventionalism **約定論**；nominalism **唯名論**；operationalism or operationism **操作論**；relativism **相對主義**；post – empiricism **後經驗論**；deconstruction **解構**；realism **實在論**。

essentially contested concept 本質性爭議概念 社會科學中注定引起爭論的一類基本概念，例如按照加利（Gallie, 1955）和路克斯（Lukes, 1974）的說法，**權力**（power）在應用時就是這樣的概念。對此的解釋是：對於權力之類的概念存在着各種對立的觀點，必然涉及到**價值觀**（values）的相對性。根據這一觀點，運用權力之類的概念的假設，可以進行經驗的評估，但是仍必須相對於評價的框架才能成立，因爲在此框架內部表達的是特定的觀點。這一概念和早先韋伯的觀點之間存在着相同之處，即社會科學的命題是價值相對的（value-relative）。參見 value freedom and value neutrality **價值不涉入和價值中立**；power **權力**。

estate　層級　前工業社會中社會階層化（social stratification）體系中的一個社會階層（social stratum），擁有法律規定的一系列特殊權利和責任。層級制度尤其與歐洲的，特別是法國和德國的封建和後封建時期所謂層級國家社會（ständestaat society）有關，但在俄國、日本和中國也有過十分相似的制度。層級的劃分可能因地區而異，但在一領域內部有嚴格規定的界線和價值系統，傳統上主要劃分爲貴族、敎士和平民。「仕紳」（gentry）、「專業人員」（professional）和其他階層群體的出現，可能使地方上的地位劃分複雜化，但是規定什麼人有權任官職，什麼人有權獲稱號，什麼人可以擁有財產，以及非正式地，適合「認識」誰，以及如何適當地認識他們，則是層級制的一個重要特徵。

　　層級形成了韋伯（Weber）所說那種意義上的「社區」（communities），他的身分團體（status group）的概念大多得自他對層級歷史結構的了解。排斥和「接納」（acceptability）、共同的生活機遇和共有的文化與經驗等因素，出現在不同的歷史情境中，但是各種層級法規和相對固定的界線決定了層級制度的形式。參閱 caste 喀斯特。

ethical indifference　道德冷漠　主張社會學在其主要研究和理論中不應比自然科學更關注道德問題的學說。這種觀點近年爲俗民方法學（ethnomethodology）所採納，他們試圖建立詳細「描述」（descriptions）社會成員的日常社會能力和社會實踐的這個新關注點，而無須轉而去「判斷」（judge）這樣做是否適當。然而，對於「道德冷漠」的這種主張，部分旨在促進對社會行爲的「經驗」（empirical）理解，它還來源於這樣的觀點，即社會學並未擁有社會平民百姓尙未擁有作爲價值判斷的特殊基礎。社會行爲者（social actor）所擁有的社會能力，被認爲能使每個行爲者成爲一個「道德主體」（moral agent）。參閱 value freedom and value neutrality 價值不涉入和價值中立。

ethics　倫理學　①構成社會、文化或組織的道德價值的信念和

態度。②哲學的一個分支，研究人們應當如何行動才合乎道德。可以指出兩個主要思想學派；(a)強調事物的是與非只應由分析行爲的後果來決定，如**功利主義**（utilitarianism）；(b)如不撒謊，至少有些行爲是不決定於後果的。一般說來，在社會科學中(a)比(b)更爲重要。倫理學的其他主題與社會學的情況相似，例如圍繞**事實─價值區分**（fact-value distinction）和**價值不涉入和價值中立**（value freedom and value neutrality）的一些問題。③指導職業群體（如醫生或律師）的行爲道德準則。例如在英國，對於社會學家和社會研究者有二種行爲道德準則存在，分別由英國社會學協會（British Sociological Association）和市場研究會（Market Research Society）制定。

ethnic group　族群集團　由特定歷史背景的集體意識形成共享一種身分（identity）的群體。族群集團各有自己的**文化**（culture）、**習俗**（customs）、**規範**（norms）、信仰和傳統。通常還存在着一種共同的**語言**（language）；不同集團成員之間維持着一定的界限。典型族群集團是世代相傳的，在生物學方面則是繁衍不息的。然而並非所有族群集團都是同族內婚的（見 endogamy **內婚制**），成爲族群成員的資格也可以通過婚姻或其他社會允許的途徑來獲得。雖然社會認知的種族特徵可能是族群集團的一個特徵，但族群集團與種族群體（見 race **種族**）是不同的。

　　人類學家納羅爾（Narroll, 1964）強調共有的文化價值觀念和文化特徵的群體意識，爲族群集團成員的關鍵因素。不過巴思（Barth, 1970）在批評中將重點放在群體組織和通過**族群標誌**（ethnic markers）保持族群集團的界線上。巴思認爲文化特徵是族群集團組織塑造的一個結果，而族群界線包含有一種複雜的行爲模式和社會關係。但是族群集團之間的界線，並非如納羅爾所認爲的通過隔絕，而是通過排斥和納入的社會過程來保持；即族群集團成員是依族群類別來確認自己，並且反過來被族群以外的人所承認的。

一個族群單位的延續依賴於社會界線的維持。雷克思（Rex, 1986）批評巴思未考慮族群集團之間的衝突問題，以及對「群體」（group）一詞使用不精確。雷克斯還提出了這樣的問題：若不論移民，族群性（ethnicity）是否依然是複雜的工業社會中一個重要的分類方法。參見 ethnicity 族群性。

ethnicity 族群性 一個社會群體所共有的（無論是設想的或真實的）種族的、語言的或民族的身分。這是一個含混的詞，已引致一定程度的概念混淆。因此族群性一詞常與種族群體（racial group）等詞混用。

族群性可包含幾種集體身分，包括文化的、宗教的、民族的和次文化的。族群性可區分為文化族群性和政治族群性。前者指的是對共有的語言、宗教之類的文化價值觀念和實踐的一個信念。後者指的是群體在真實的或設想的族群基礎上的政治意識或動員。

儘管族群性通常用於與一個群體假定的種族身分相關，但是嚴格地說，種族屬性（見 race 種族）並不一定是，甚至並不常常是所有族群集團的一個特徵。社會學家傾向於根據文化現象來識別社會群體，包括共同的習慣、制度、儀式和語言。

在族群集團之間還有一個重要的區別：有些團體有意識地努力確認自己的族群性；有些團體則被更強大的團體稱之為少數族群團體。在有些情況下，族群特點可能被誇大或創造出來，以服務於群體的利益和凝聚力。族群標誌（ethnic markers）或複雜的象徵性作法，可能被用來強調族群之間的界線和區別。而在有些情況下，文化上的界線又被忽略，以便將整合同化極大化（見 integration 整合）。例如在當代英國，巴基斯坦基督徒難民可能力圖把民族差別降低至最小限度，而東非來的錫克教徒則可能力圖通過嚴格遵守一定的傳統來誇大族群特徵。因此，文化實踐可能被用來極大化控制隔離和界線。

如杰弗里（Jeffrey, 1979）所指出，印度的皮爾扎道（Pirzade）教派就是一個社會群體利用儀式活動來區分本教派

與其他敎派之間界線的例子。因此，族群性意味着認定成員資格或排除於特定群體之外的假定。奧克利（J. Okley, 1975）在她對吉卜賽（Romany）文化的硏究中認爲婦女可能靠遵守某些特定的行爲規範，尤其是遵守與污穢有關的身體禮儀而成爲集體身份的載體。

在一些情況下，族群性可能成爲少數族群地位的基礎。這些群體的歧視行爲，可能通過制度化的手段使之正當化。沃斯利（P. Worsley, 1985）指出少數族群的地位可能嚴重危害個人或群體生活中的機會，尤其是與健康、住房和就業有關的機會。

皮奇等人（C. Peach et al., 1981）認爲英國學術界對於族群性問題的注意增加，是戰後黑人移民的一個結果。因此儘管在這段時期以前就出現了移民、難民和少數民族，但是種族和族群特徵的融合，使這一問題引起了公衆和學術界的關注。結果是英國文化中「少數族群」一詞便與少數種族一詞混淆起來。還應指出的是：以經濟不平等爲基礎的社會階層化硏究方法，正面臨適切看待族群性問題的困難。見 status consistency and inconsistency 地位一致和不一致；racism 種族主義。

ethnic marker　族群標誌　在族群集團（ethnic groups）之間保持社會界線的手段。領土、歷史、語言（language）和象徵（symbols）都可能作爲族群標誌，以強調一個族群集團與另一個族群之間的區別。禁止異族通婚和限制宗敎信仰的規定，也可能形成族群標誌。儘管不同的族群集團之間可能爲了某種目的，如經濟活動而發生互動，但族群標誌確保了個別群體認同的延續性。

ethnocentrism　族群中心主義　①指可能存在於一個社會群體中對於外來者持偏見或不信任的態度；認爲自己的文化群體（內群體）不同於其他群體（外群體）的觀念。族群中心主義一詞是美國社會學家孫末楠（W.G. Sumner）於1906年提出的，其信念是認爲自己的群體是最重要的，或者文化上是優於其他群體的。因此本族群文化被認爲在道德和文化上較之其他族群文化有

更大的價值或意義，並且人們變得不信任外族的人。此外，沒有能力認識文化的分化作用並不意味着本族群以外的族群比本族群低下。②指某些人格類型的一個特徵。族群中心的人格是德國社會思想家阿多諾（T. Adorno, 1950）在《權威人格》一書中首次描述的（見 authoritarian personality **權威人格**）。最初這一研究專注於瞭解反猶太主義產生的社會學和心理學方面的原因，但後來進一步發展成爲關注於解釋美國社會對「外群體」（out-group）的態度，如同性戀者和少數民族；並且認爲對於一個「外群體」（如猶太人）的敵視極少是孤立存在的，而是整套態度的一部分。他們發現族群中心主義大多與權威主義、教條主義和頑固、政治和經濟保守主義以及潛在的反民主的意識形態有關。因此對於一個「外群體」（見 in-group and out-group **內群體和外群體**）的敵視，通常會導致並形成對於其他「外群體」普遍的和有意的敵視。

族群中心主義人格的概念將族群身分的出現與對「外群體」的強烈敵視過程聯繫起來。對於外群體的敵視越強烈，對於內群體越認同。但是對於這項研究結果也存在批評意見，一些社會心理學家強調要探討在族群中心主義和權威主義發展中更廣泛的社會文化因素。參見 prejudice **偏見**；discrimination **歧視**；racism or racialism **種族主義**；attitude **態度**；attitude scales **態度量表**。

ethnography　民族誌　對於一組織或小型社會的直接觀察和由此產生的文字描述。觀察的方法通常包括**參與觀察**（participant observation）。民族誌的方法（有時也被稱作田野調查 field work）是**社會人類學**（social anthropology）的一個基本方法，並且這也是用於社會學一些領域的一種方法，如**社區研究**（community studies）。研究者通常在被研究的社會或社會環境中生活和工作來收集資料，力求盡可能完全地投身於被觀察的活動之中，但同時對這些活動保持着詳細的記錄。

人類學強調民族誌方法的重要性，首先與功能論學派有關，這個學派提倡對簡單社會的內部結構和功能進行分析，而不着重

歷史或比較的研究（見 functionalism 功能論）。然而認爲民族誌和比較研究不能互補的看法，或認爲民族誌只應與一種理論學派相結合的看法都是沒有道理的。

ethnomethodology　俗民方法學　社會學的一種理論和特殊的研究方法，由葛芬可（Garfinkel）首先提出，又稱民族方法論。俗民方法學力圖揭示我們作爲社會群體的成員自己來建構我們對社會現實的感覺時所使用的方法（成員法 members' methods）和社會能力。俗民方法學認爲大多數主要的社會學家並未對成員擁有的社會能力進行研究，甚至對此一無所知，僅僅把成員視爲「文化呆子」（cultural dopes），而不承認社會現實是由個人創造的。

　　俗民方法學者認爲社會現實應被看成是個人的「理性成就」（rational accomplishment）。傳統的社會學家［如涂爾幹（Durkheim）在《自殺論》（*Suicide*）一書中所說］，或象徵互動論者，被認爲把行爲者建構「意義」的能力僅僅看作爲一種未經檢驗的「來源」，但是俗民方法學則把成員擁有的「方法」和默會知識（tacit knowledge）變爲一個分析的課題。俗民方法論者要做的是分析成員在特定情況下提供的說明（accounts）（因而廣泛運用日常談話的記錄）。在這一點上，俗民方法論與象徵互動論（symbolic interactionism）存在着一些相似之處和連續性。但是除此而外，俗民方法學者還試圖揭示在「做」（doing）社會生活時較常普遍重複運用的成員法，例如「輪流」（turn-taking）對話（參見 conversation analysis 談話分析）。

　　當俗民方法學聲稱已達到普遍的概括，而概括的形式如指出成員敘述中持續的索引性（見 indexical expression 索引式表達）時，這就意味着社會學傳統上所追求的那種型式的概括不太可能達到，或者至少宣稱已達到的概括是還未成熟的。由於同樣的理由，傳統社會學的許多研究方法及關於方法和測量的假設，被俗民方法論者批評爲包含人爲規定的度量（measurement by fiat）。參見 fixed-choice questionnaires 定題選答問卷；aggregate data analysis 總體資料分析；official statistics 官方統計；practical reasoning 實際推理。

ethnosciences　民族科學　（社會人類學 social anthropology）指一文化地域內本地知識體系的研究。因此，民族植物學（eth-nobotany）記載本地的植物知識和植物分類，民族生態學研究（ethnoecology）記載本地對生態因素的知識，而民族史學（ethnohistory）與「下層人民的歷史」（history from below）有相似之處，它利用社群內口頭歷史記錄，從被研討的社會角度出發提供一種歷史說明。總的來說，在這裡作為字首的民族（ethno）指的是從被研究的「民間」（folk）文化角度出發所作的一種分析。

民族科學現在被認為有助於尋求一種發展方式，既顧及生態，也配合到地方需要。並且民族科學重新發現已「佚失」的知識，也對正統科學的進步性和理性（rationality）提出了疑問。

ethology　性格學；動物行為學　①英國哲學家彌爾（Mill）用語，意為「性格的科學」（science of character），他認為若運用逆演繹法（inverse deductive method）時，這將成為道德科學的解釋基礎。②動物行為的科學，特別是指利用動物行為研究的成果來作為外推人類行為的研究基礎。對於這種意義上的動物行為學可能存在着激烈的爭論，尤其為那些強調人類意識獨特性的社會學家們所反對。參見 sociobiology 社會生物學。

etic　他觀的　見 emic and etic 自觀的和他觀的。

eugenics　優生學　研究人類遺傳的學科，為英國學者高爾頓〔F. Galton，《遺傳天賦》（*Hereditary Genius*），1870〕所創立。高爾頓和他的追隨者提出改進品種的選擇政策（如財政等政策），勸阻那些先天智力低下的人生育子女。除了更廣泛的倫理考慮外，這些政策認為在遺傳與知識和文化特徵之間有一種尚未證明的關係。

Evans-Pritchard, Sir Edward Evan　伊凡普里查　（1902

－1973）英國結構功能論社會人類學家。他的主要著作有《阿贊德人的法術、巫術和神諭》（*Witchcraft, Magic and Oracles among the Azande*, 1937）、《努爾人》（*The Nuer*, 1940）、《努爾人的親屬關係和婚姻》（*Kinship and Marriage among the Nuer*, 1951）和《努爾宗教》（*Nuer Religion*, 1956）。伊凡普里查受教於**馬林諾斯基**（Malinowski）之後，在蘇丹南部從事**民族誌**（ethnography）的工作。他的著作闡述了阿贊德人的前邏輯思想的理性，並以努爾人為例討論了建立和平的無政府、無國家社會的可能性。雖然他常被劃分為一位結構功能論者，但他的著作強調人類學與歷史而不是與科學的密切關係。與他的牛津前輩**芮克里夫布朗**（Radcliffe-Brown）相反，他認為研究社會行為的普遍規律是無意義的。他對於宗教的強烈興趣，被認為是他1940年改宗天主教的結果。

　　他關注人道主義的描述，使他的影響至今仍十分深遠。他自認「首先是民族誌工作者，其次才是社會人類學家」。

evolutionary sociology　演化論社會學　強調生物演化與社會文化演化之間有連續性的一切形式的社會學。儘管許多以前的**社會學演化論**（evolutionary theory）過分誇張或過分簡單，但如**朗西曼**（Runciman, 1989）指出的，「人們不能不承認一切實質的社會理論都是或只能是演化的」。朗西曼在這裡所說的意思是：

　　(a)雖然大部分是「超機的」（extra organic）（參見 super-organic **超機的**），但人類的社會能力是有生物基礎的；

　　(b)雖然沒有出現過簡單的**直線發展**（unilinear）的社會模式，而且預測是不可能的（生物演化也不可能預測），但仍然可能根據歷史發展的序列來討論社會的演化（參見 evolutionary universals **演化普遍模式**），因後來的發展依賴於先前的發展；

　　(c)在這些情況下，有必要運用社會「選擇」（selection）的概念〔在確定什麼是「優勢」（advantage）後〕，來解釋為什麼某種社會行為會被確立。

　　並非所有的社會學家都贊同朗西曼的評論，儘管有許多人持贊同態度（參見 neo-evolutionism 新演化論；sociocultural evolution 社會文化演化）。如果就朗西曼的三個觀點中的(a)和(b)較不常引發爭論，那麼爭論的主要來源就在於諸如「選擇」（和有關的術語如「適應」）之類從生物學借用的術語是否有如生物學上那樣準確的內容（參見 functional explanation 功能解釋）。一些社會學家（特別是紀登斯 Giddens 和曼 Mann）也反對「連續歷史」（serial history）的概念，而另外提出社會變遷的**歷史片斷特徵化**（episodic characterization）的觀點，並且認為這是對於演化的和功能論思想的否定。不過事實上，他們看來也發覺迴避像朗西曼那那種廣義的演化思想是困難的（Wright, 1983；Jary, 1991）。

　　問題往往出在現代演化論社會學家們對於「適應」、功能上有效的**社會分化**（social differentiation）等比較特別的主張上（見 modernization 現代化）。然而一個更一般的爭論問題是**進步**（progress）這類評價性概念，是否在現代演化論思想中占有一席之地。演化論學者們對於這類問題也同樣存在着分歧：即「演化」的基本原則是否意味着在無計劃的和逐漸的演化［**社會突變**（social mutations）］或和有計劃的發展（見 historicism 歷史主義②；rationalization 理性化）之間進行選擇。演化論社會學的現代形式已經從19世紀開始發展的粗糙的**社會達爾文主義**（Social Darwinism）之觀點［誤用生物學的**類比**（analogies）以及種族理論、適者生存觀點的推廣］前進了一大步，但仍然存在着爭論。參見 Spencer **史賓塞**；Parsons **帕森思**。

evolutionary theory　演化論　①由**達爾文**（Darwin）和**華萊士**（A.R. Wallace, 1823－1913）提出的關於生物物種起源、發展和變化的學說。②根據達爾文的理論所作的關於**社會變遷**（social change）的解釋。

　　達爾文的著作影響了19世紀的許多社會理論家，包括**摩根**（Morgan, 1818－1881）、**霍布豪斯**（Hobhouse, 1864－

1919）、泰勒（Tylor, 1832－1917）、沃德（Ward, 1841－
1913）和史賓塞（Spencer, 1820－1903）。由於維多利亞時代英
國經濟和政治在國際上達於鼎盛，創造了一種特別容易接受進步
和進展思想的社會氛圍和知識氣候。達爾文理論似乎確立了生物
發展的必然趨勢，於是就此而言，是呼之欲出了。大英帝國勢力
和西方文化的支配地位，可以大致地解釋爲永遠保證「最優者」
占據統治地位的自然法則作用的結果。

　　因此在社會方面，演化論認爲19世紀新興工業國家代表長期
發展過程中的最先進階段，而這種發展是以極簡單的社會類型開
始的。古代的前工業社會或農業社會或簡單的採獵社會，可以認
爲是發展初期階段的實例，不過這些社會已被工業社會遠遠地抛
在後面。因此綜合而論，典型的演化論通常結合了兩個主題：首
先，演化發展包括從簡單的社會形式發展成複雜的社會形式，這
種發展是通過社會結構的日益分化（見 social differentiation 社會
分化）和功能專門化實現的；其次，這種結構變化包括一個平行
持續的道德、知識和美感發展過程。如此達爾文理論應用於社會
發展方面時，就在文明（civilization）和野蠻狀態（barbarism）
之間劃出了一條界線，這種區分在帝國主義（imperialism）時代
就尤爲好用。因爲殖民帝國都以爲自己已演化到文明階段，必須
去教化仍處於野蠻狀態的殖民地。

　　達爾文思想對於19世紀社會理論的影響是深遠的。社會演化
論的政治學對於那些想要使現狀合法化的人和那些（如馬克思
Marx）想要改變現狀的人來說是同等可取的。不過社會理論家
接受這些思想到什麼程度則應謹慎一些。達爾文發展其變化的理
論主要是用來解釋物種之間的差異和適應，這些物種的意識、反
應性和創造力（或文化 culture）可以被視爲不重要的變項。然
而正是這些東西使人類社會成爲可能。具有諷刺意味的是，當時
已存在一個演化的典範，可使文化的變項對社會變化的解釋發生
作用。但這不是達爾文所說的，而是由他的理論對手拉馬克
（Lamarck, 1744－1829）提出的。拉馬克宣稱演化過程中學得

的（acquired）特徵是可以遺傳的。達爾文曾對此持反對意見，轉而求助於隨機（random）變異和自然選擇（natural selection）的原理。然而個人的和社會的能力正是要吸收彼此的長處，獲得文化或複製決定性的文化發展（如寫作、測量等），這是人類社會生活所獨有的。奇怪的是社會學理論在大力宣揚達爾文主義這個注定是最成功的演化論典範時，卻大大地忽略了實際上作出更多貢獻的拉馬克的觀點。

在20世紀前幾十年內，演化論在社會科學家中並未受到青睞。一個突然的原因可能是第一次世界大戰的大屠殺和野蠻狀態，很難讓人認為是經歷過文明過程的開化歐洲的表現。而更重要的原因是19世紀社會演化理論的三個主要難題此時變得更加明顯。首先，是關於直線發展的假設（見 unilinear 直線發展），即認為存在着一切社會都要共同經歷的一條發展道路；第二，演化論無法說清楚介乎簡單社會與複雜社會之間的中間發展階段以及引起變化的過程；第三，帶有價值觀的命題：社會發展涉及道德啓蒙，這是以歐洲人的眼光的族群中心想法，即演化論具有歐洲民族中心論的色彩，認為社會演化是以歐洲工業社會為最終目的。

到了20世紀後半葉社會學界對於發展問題的興趣再度出現，因為第三世界的問題已成為政治議題。於是產生了演化論的新觀點（見 neo-evolutionism 新演化論；sociocultural evolution 社會文化演化；evolutionary universals 演化普遍模式），並且最終引致批判辯論重新開始，特別是由低度發展（underdevelopment）學派引發的辯論。參見 economic and social development 經濟和社會發展；evolutionary sociology 演化論社會學。

evolutionary universals　演化普遍模式　美國社會學家帕森思（Parsons, 1964）所定義的社會變遷的發展步驟，這些步驟使人類社會「增加了適應的能力」。如果沒有這些步驟，進一步的重要發展步驟就會受到阻礙。帕森思認為，演化普遍模式是不止一次發生的組織發展，相似於有機界視覺的發展。帕森思進一步

解釋，所謂「適應」（adaptation）的意思不僅指「適應環境」（adjustment to environment），也指應付日益增多環境因素的能力，包括對其他較不發達社會的「適應優勢」（adaptive advantage）。一旦象徵替代了基因成爲人類發展的主要動力，社會條件的下列四個基本領域就十分重要：

(a)宗教（religion），行使着涂爾幹所說的整合社會的功能；

(b)溝通（communication），特別是語言；

(c)親屬關係（kinship），包括亂倫禁忌（incest taboo）、外婚制（exogamy）和內婚制（endogamy）等規則（rules）；

(d)技術（technology）。

這四個領域最初變化的結果，帶來了人類社會在經濟和組織「功能的優勢」（functional advantage）。帕森思認爲以下兩個優勢對於脫出原始發展階段非常重要：

(e)社會階層化（social stratification），社會聲望和經濟優勢爲某些群體、世系群等所擁有；

(f)分化結構提供了政治的和文化的正當化。

如帕森思所指出某些群體優勢的分化，趨向於「與責任集中化的功能需要相一致」。階層化解放了和集中了進一步發展的資源，破除了傳統主義。識字（literacy）最初只是少數人的專利，在這一階段加劇階層化，並出現文化分化居於首要地位的趨勢。反過來，一切方面的階層化本身，又成爲加強新文化正當性的壓力來源。

建立在上述各項基礎上的是以下五種進一步的演化普遍模式：

(g)科層制（bureaucracy），即韋伯所說的把行政職務與親屬關係和傳統主義分開的作法；

(h)貨幣（money）和市場，貨幣作爲「資源的象徵性媒介」增加了資源的流動性，「將它們從天生的束縛中解放出來」（參見 pattern variables 模式變項）；

(i)建立起普遍適用的法律體系；

(j)出現了「民主結社」（democratic association），雖然民主社團淵源於古希臘羅馬和早期基督教會，但自18世紀以來才廣泛盛行於大型社會中；

(k)科學（science）。

對於帕森思的演化普遍模式概念的批評，在許多方面通常就是對社會學中演化論（evolutionary theory）的批評：例如，在使用諸如「適應」之類的術語時缺乏準確性，並且缺乏與生物演化概念直接相似的內容。值得注意的是，帕森思在演化普遍模式的描述中頻繁地使用像「可能是決定性的」（probably decisive）、「大體上」（by and large）和「很難說」（very difficult to pin down）之類的字眼。不過，就大體上來說，帕森思認定的對於人類發展非常重要的普遍階段，與韋伯（Weber）或馬克思（Marx）所說的並無顯著的區別。換句話說，最引起爭論的是在帕森思的闡述中是否有什麼新意，以及這些發展步驟是否在具體的「演化論」參考架構中講得最清楚。參見 neo-evolutionism 新演化論；evolutionary sociology 演化論社會學；sociocultural evolution 社會文化演化。

exchange　交換　①經濟貨物或服務的轉換，不管是經由市場交易或其他方式。②人們在他們的日常社會關係中彼此獲得好處的任何過程。（見對等性（reciprocity））。③一方面可能是貨物和服務的交換，但同時也為社會契約目標服務的一切社會互動（見 gift change and gift relationship 禮物交換和禮尚往來）。在簡單社會中存在着各種貨物和服務的一般交換方式，包括儀式祭品甚或婚姻配偶，其中給予者並不立即直接接受受者的回報。在各種表現形式中的交換不僅僅，且基本上不是經濟性的，而是用來加強已有的社會關係，例如提高給予者的聲望。參見 kula ring 庫拉環。④一切可解釋為涉及相互利益或「交換」的社會互動，例如上級和下屬（甚至主人和奴隸）之間的關係，以及包含相互感情和愛情的關係。參見 exchange theory 交換理論。

exchange theory　交換理論　以德國社會學家齊默爾（Simmel）下述意見為基礎提出的一種理論觀點：「人與人之間的一切聯繫是建立在相等的給與還原則之上」（見 Blau **布勞**，1964）。這種觀點同樣採用了經濟學和行為心理學，認為個人總是力求從與他人的交往中獲取最大回報（見 Homans **霍曼斯**）。作為一種分析模式，交換理論是與社會行為的一種有趣假設有關，例如布勞指出人們願與有能力提供同等社會資產的伴侶結婚。然而對這種觀點的批評者認為交換理論至多只提供了能代表對人類社會關係的部分解釋。人們認為這一理論觀點的缺陷是它的同義反複假設，即社會關係總是（always）包含交換關係；交換理論也未能適當地研究這樣一些現象：如傳統行為或一般價值，以及各種各樣的人類感情。見 reciprocity **對等性**；utilitarianism **功利主義**；rational choice theory **理性選擇理論**；theory of games **博奕論**。

exogamy　外婚制　必須與特定社會群體以外成員通婚的規定。這個群體可能屬於一個世系群（lineage）、**喀斯特**（caste）、**階級**（class）、族群，或其他的社會類型。結構人類學家認為這種行為是在群體之間交換婦女，而這種方式有助於社會的穩定。因此，外婚制可能因**亂倫禁忌**（incest taboos）的施行而加強。與外婚制相反的是**內婚制**（endogamy）。

experimental group　實驗組　在一項實驗中接受**自變數**（independent variable）的一組。典型的作法是在**實驗法**（experimental method）中，對**實驗假設**（experimental hypothesis）的檢驗是將實驗組加上自變數，並且與**控制組**（control group）中觀察到的任何變化相比較［用**應變數**（dependent variable）衡量］。如果在實驗組和控制組的相依測度中發現有統計上顯著的差異時，實驗假設即得到證實。如果沒有統計意義上的差異存在，則**虛無假設**（null hypothesis）得到證實。實驗組的一個替代術語是實驗條件（experimental condition）。

experimental hypothesis　實驗假設　指實驗組（experimental group）與控制組（control group）間存在統計上顯著的差異，而且這種差異是由調查中的**自變數**（independent variable）引起的說法。

因此設定一項實驗或收集觀察資料，是爲了檢驗由先前的研究發展而來的假設或理論是否正確，這就是實驗假設。如果理論正確，就可以期望實驗組與控制組之間存在某種差異。相反的假設或**虛無假設**（null hypothesis）則表示從理論出發的預測是不正確的。見 dependent variable **應變數**；experimental method **實驗法**。

experimental method　實驗法　用以檢驗一個實驗假設（experimental hypothesis）的科學方法，即將一個受**自變數**（independent variable）影響的**實驗組**（experimental group）與不受其影響的**控制組**（control group）相比較。這就是**心理學**（psychology）的選擇法，但是社會學發展了各種方法論以處理不太可控制的資料。見 comparative method **比較法**；causal modelling **因果模擬**。

explanation　解釋　對發生的事或一般現象所作的說明，通過指出該事件或現象的**原因**（cause）、性質和相互關聯等使之能被人理解。用更精確的術語來說，被解釋的事件或現象稱爲待解釋項（explanandum），用以解釋的說明稱爲解釋項（explanans），後者在自然科學中通常包括科學法則（scientific laws）、**解釋理論**（explanatory theories）等，但在社會科學中可能還包括行爲者意圖、理由（reasons）等。因此在社會學方面，解釋可以採取下列任一種不相互排斥的形式：

(a)因果解釋（causal explanation），可能包括不同形式的解釋，但其最基本形式是指出一個直接的引發原因或一特定事件發生的多種原因。例如指出一場火災是由丟棄的烟頭引起的。在更嚴格的形式中，因果解釋通常涉及許多未經證明的自然規律之背景假設（參見 cause **原因**）。

EXPLANATION

(b)演繹解釋（deductive explanation），其中被解釋項是經演繹推論出來的，即由已有的一般規律之概括邏輯地推論出來的（見 hypethetic-deductive explanation 假說演繹解釋；Verstehen 瞭悟；interpretative sociology 詮釋社會學；covering law model and deductive nomological explanation 含蓋法則模式和演繹律則解釋；formal theory 形式理論）。

(c)機率解釋（probablistic explanation），用低於100％大於0％的機率（即在機率論中一個小於1但大於0的機會）來解釋事件的發生。例如一位婦女可能患乳癌是因爲她的母親和姊妹中有人患這種病，以致於增加她比別人容易得這種病的機率。嚴格來說，解釋不是要說明某具體事件發生的可能性，而是指出一系列數量不定事件發生的特定分配的可能性。解釋本身通常被認爲並不令人滿意，至少在找出可能性的進一步背景因素之前是如此，例如從乳癌的事例來看，必須首先發現有遺傳的傾向。

(d)意義性和目的性解釋（meaningful and purposive explanations），用行爲者的意義和（或）欲望、原因、企圖、意圖等說明一事件或一社會情境（見 purposive explanation 目的性解釋）。

(e)功能（論）解釋，用系統的「功能需要」（functional requirements）說明結果（見 functional（ist） explanation 功能（論）解釋）。

(f)演化解釋或生態解釋（evolutionary or ecological explanations），根據自然物種、各類型社會系統被外部環境的選擇和適應來說明其存續狀態（見 evolutionary theory 演化論）。

(g)目的論解釋（teleological explanations），把意圖和目標，而非事前的原因看作是決定性的。作這種解釋可能涉及人類或動物的意圖、人類社會的需要和目標，或更神秘的進程，如「世界精神」（world spirit）（見 Hegel 黑格爾）或人的命運。另外，多種社會學形式的「功能解釋」也涉及目的論解釋，儘管原則上在此情況下依賴這種解釋不一定與化約爲事前原因不一

致。

explanatory mechanism　解釋機制　對於普遍現象的深層因果因素［或「因果力」（causal powers）］所作的一切科學說明，如「自然選擇」（natural selection）（見 evolutionary theory 演化論），或生產方式的矛盾關係及階級衝突。近年來，解釋機制一詞的流行是哈勒（R. Harré, 1970；& E. Madden, 1975）和巴斯卡爾（R. Bhaskar, 1975, 1979, 1986）的科學實在論（scientific realism）在社會學中的影響造成。對「解釋機制」的表述被認爲是科學解釋（explanation）的核心。這種對科學和科學解釋的說明，比那些以經驗性規律和普遍規律（如 covering law model 含蓋法則模式）所作的說明有更多可取的理由，首要的理由是規律可以是經驗規律性或「普遍的」（universal）和「超事實的」（transfactual）規律，但並不兩者兼而有之。用「解釋機制」一詞既迴避了與經驗論（見 empiricism 經驗論；參見 positivism 實證論）有關的問題，又承認科學解釋形式的多樣化。

explanatory theory　解釋理論　提出對一現象或一類現象解釋（explanation）的一切理論。儘管解釋理論可以採用多種形式（參見 hypothetico-deductive explanation and method 假說演繹解釋和方法；sociological theory 社會學理論；functional（ist）explanation 功能論解釋），一般的假定「事實」（facts）極少自行提出對現象的解釋，而必須由研究者加以詮釋。

exploratory data analysis　探索性資料分析　統計分析的一種形式，從探索資料而不是從檢驗明確表述的先在假設開始。探索性資料分析的作法是：在分析中探索資料組的類型，考慮到資料的範圍、層次和極端值，在圖示和轉換前先進行成批處理。例如米尼塔布（Minitab）電腦套裝軟體在其子程式中就包含了這種分析方法。無論是定性分析形式還是定量分析形式，探索性資料分析的目的都是沿襲統計調查的平行步驟，即在轉向確認統計之前通過探索資料分析而產生假設。

extended family　擴展家庭　指由核心家庭的成員和那些不屬於核心家庭但被認為是近親的人組成的單位。核心家庭是由一對夫妻及其子女組成，而將家庭群體擴展開時則包括祖父母、姨、嬸、伯、叔、堂兄弟姐妹、侄子和侄女，或者從這些人中挑選的任何人。

擴展家庭在前工業社會中比工業社會中為多，在工業社會中核心家庭有時被認為更符合現代經濟的需要。參見 family 家庭；sociology of the family 家庭社會學。

extraversion and introversion　外向和內向　人格特質（見 trait theory 特質理論）。外向特質是傾向於外部世界，喜歡交際而衝動；內向特質則是傾向於自我內心世界，腼腆而謹慎。外向—內向人格類型最早由瑞士精神醫學家榮格（Jung）於1928年提出，也是英國心理學家艾森克（H. Eysenck, 1953）提出的人格結構模式的三向度之一，而且可以用「艾森克人格量表」（E.P.I.）來測定。他於1967年提出了以腦皮質抑制—刺激來區分外向—內向的生物學基礎。

F

face－work　保面子　指在一系列互動行為中，互動中的人應付可能或實際「喪失面子」（loss of face）的作法。**戈夫曼**（Goffman）認為這些作法已經充分標準化，成為一種「儀式」（ritual）。例如一個違規行為被人指出；違規者則承認過失（如表示「我真傻」）；他的認錯被互動中其他各方所接受；過失者為此表示感謝。在戈夫曼著作和相關形式的社會學，如**俗民方法學**（ethnomethodology）中，這種相對標準化程式的存在被認為是日常社會秩序的一個重要因素。

factor analysis　因素分析　一種多元（multivariate）的統計方法，在一大批被觀察**變數**（variables）之間的共變數（covariances）（或correlations **相關**）可以用少數被稱為因素的新變數來解釋。這個方法源於高爾頓（Galton）和史匹曼（Spearman）關於相關的著作，而在智力研究方面得到發展。因素分析被廣泛應用於心理學和社會學方面。

　　因素分析法是「變數導向的」，而不區分資料裡的**自變數**及**應變數**（independent and dependent variables）。因素分析有四個步驟。第一步是導出一相關矩陣，其中資料裡的每一變數都與其他所有變數相關。下一步是抽取因素。這一步的目的是決定最小數目的因素，且這些因素能夠適當地說明原始變數間已觀察到的相關關係。但是如果確定的因素數目與原始變數數目接近，因素分析就沒有什麼意義了。有時則難以給這些因素定名。第三步（非必須的）是旋轉（rotation），其目的是發現較簡單和較易於解釋的因素。如果得到一個滿意的模型，第四步就是為資料裡

每種情況的每一因素計算分數。因素的分數就可用於隨後的分析。

因素分析受到不少批評（Chatfield & Collins, 1980）。經分析得到的相關矩陣，一般被認為是使用積動差相關（product moment correlation）建構的。因此，必須進一步假定資料是定距測量且呈常態分配和變異數同質。與此相反的觀點認為，這種分析方法頗為粗糙。另一個問題是抽取和旋轉方法不同，就會得到不同的解釋。再說根據分析雖然可能明確地識別出因素，但卻難以對它作出有意義的詮釋。儘管在採用因素分析法時需要作較多判斷性決定，但它仍不失為一種有用的解釋工具。

factors of production 生產要素 （經濟學）指生產中配合使用的不同資源：包括自然資源、勞動和資本。社會學分析和馬克思主義把重點放在對生產過程涉及的社會經濟關係的理解。

fact-value distinction 事實－價值區分 指在事實主張和道德主張之間的區分（通常與英國哲學家休姆 Hume 及邏輯實證論者有關），即兩類是不同的主張，並宣稱道德的主張不能由事實主張中邏輯地推論出來。雖然有些社會學家接受這種區分的含義（包括**韋伯 Weber**），但另外一些社會學家則拒絕接受對社會科學的意義所作的這種限制。他們的理由是：實際上事實和理論都反映和影響價值觀念，而否認這一點就等於提出一種不當價值的非理性主義（irrationalism）。如高德納（Gouldner, 1973）所指出的，「在社會科學中，『客觀性』一詞的一個可能的意義，是它可能對人類統一作出的貢獻」。參見 value freedom and value neutrality 價值不涉入和價值中立；value relevance 價值相關性；Becker 貝克；hierarchy of credibility 可信度層級。

false consciousness 錯誤意識、偽意識 與行為者「真實的」或「客觀的」階級狀況或階級利益（class interests）不相稱的一切形式的**階級意識**（class consciousness）、**意識形態**（ideology）或社會形象。這一概念雖然不是**馬克思**（Marx）所提出的，卻是從他的理論發展而來的。尤其它來自以下的論點：意識

形態和意識通常是社會結構的產物，並且呈現統治和壓迫的眞實關係。由此而來的是**無產階級**（proletariat）終將認識到它處在被壓迫和被剝削的階級地位，並且通過革命鬥爭在政治上實現這一認識。

馬克思主義者面臨的一個主要問題是無產階級從來未出現過廣泛的革命意識。因此在選舉權擴大至幾乎所有的成年男性之後，恩格斯曾寫信給馬克思抱怨工人階級在選舉期間在政治上支持自由黨是「丟自己的臉」。而直至20世紀50年代以前，錯誤意識的概念一直都被用來解釋爲什麼革命的工人階級未能形成。

列寧提出並堅持的一個主題是在不予幫助的情況下，無產階級將只能發展出「改良主義的」、「經濟主義的」或工會的意識；它需要一個革命的先鋒黨來加以組織，將有限的工人階級覺悟轉變爲建立在以工人階級現實狀況爲基礎的一種眞正進步的「政治」意識。其他的解釋包括革命的無產階級的形成受到諸如民族主義（nationalism）或帝國主義（imperialism）之類因素的阻礙，甚至認爲體育運動和非政治性文娛活動也有效地轉化革命的動機（參見 leisure **休閒**，incorporation **納入**）。

理論上，這一概念對於修正馬克思主義的中心觀點來說同等重要。例如**盧卡奇**（Lukacs, 1971）於20年代主張對於意識問題所給予的關注要更多於「庸俗」的馬克思主義者所給予的，他們認爲世界性的革命是不可避免的。這些論題一直是大衆文化（mass culture）研究、**法蘭克福批判理論學派**（Frankfurt school of critical theory）以及近年伯明罕當代文化研究中心（Birmingham Centre for Contemporary Cultural Studies）的興趣所在（見 cultural studies **文化研究**）。

一般說來，社會學家認爲「錯誤意識」的觀念提出了許多問題。錯誤意識派因宣稱「我們比工人階級自己更了解工人階級的需要」而被批評爲「精英論者」。確切地說，這可能被認爲轉移了人們對於需要研究工人階級團體的意識、思想，以及社會資源的注意力。但這也同樣要求人們接受馬克思主義的**階級**（class）

理論，並接受革命是社會階級關係的必然邏輯和不可避免的結果。儘管近年來錯誤意識的理論漸漸被人摒棄，在馬克思主義和馬克思主義社會學中，霸權（hegemony）思想已取代了它而成爲工人階級意識討論中一個廣爲人用的概念工具（如伯明罕中心的作品）。不過值得爭論的是，「霸權」同早期的概念一樣存在着某些相同的缺陷。參見 ideology 意識形態。

falsificationism　證偽主義　特別與科學哲學家巴柏（K. Popper, 1934）有關的方法論思想。其基礎觀點爲：由於總是存在新的和潛在的反駁證據的可能性，歸納出的普遍通則就永遠不能被最終地檢證，只要有一件相反的事件出現，就能否定了原來的假說。例如只要有一隻黑天鵝，就能否定「一切天鵝都是白色」的一般假說。根據這一觀點（參見 logical positivism 邏輯實證論；empiricism 經驗論），就可以把科學的理論和假說定義爲「可證偽性」（falsifiability），而不是「可檢證性」（verifiability），並承認科學知識實質上的暫時性。巴柏認爲一個學科命題的「可證偽性」，是科學與非科學間的決定性分界判準。

這種實在論而非經驗論的立場的一個優點，是它承認科學中假設和理論的重要性，以及科學知識變化的重要性，因而就抓住了科學的某些「批判精神」（critical spirit）。因此，這一立場有時被稱爲批判理性主義（critical rationalism）。

證偽主義雖然得到社會科學家中一些人的支持，但批評者根據以下的理由對其說服力提出質疑：

(a)作爲理論和假說的「獨立」（independent）檢驗基礎而被提出來的「事實」（the facts），其本身是「負載著理論」（theory-laden）的實驗，例如它既是被理論形成的，又是用理論解釋的；

(b)實際上，在科學領域中眞實情況與所謂素樸的證偽主義相反，單一的反駁很難是決定性的，對理論的反駁和替代，是針對理論的說服力和效力作更全面判斷的問題；

(c)以精緻的證偽主義來取代素樸的證偽主義的嘗試（Lakatos & Musgrave, 1970），雖然在改革的與衰退的科學研究綱領之間作出全面判斷，並未解決證偽主義的問題，因爲如果沒有任何單一的觀察有決定性作用，證偽就失去其獨特的立場，它就不能再爲科學進程提供清晰明確的經驗法則，或在科學和非科學之間劃出任何清楚的界線。

如許多評論家（Feyerabend, 1975）所認爲，證偽主義者提出的科學的步驟，確實不符合過去和現在的科學活動，如果硬要求用，則可能會使科學陷於癱瘓。參見 covering law model and deductive nomological explanation 含蓋法則模式和演繹律則解釋；hypothetico-deductive explanation and method 假說演繹解釋和方法；sociology of science 科學社會學。

family　家庭　由親屬關係（kinship）或類似親密關係維繫的團體，其中成年人擔負照顧和撫養其親生或領養子女的責任。

從歷史的角度和比較的角度來說，普遍存在着各種家庭形式。爲了分析不同的家庭構成，社會學家採用**擴展家庭**（extended family）和核心家庭（nuclear family）的基本概念。擴展家庭指的是這樣一群人，他們由親屬關係維繫着，其中有多於兩代（generations）的親人住在一起或毗鄰而居，通常組成單一的戶（household）。核心家庭則僅由父母（或單親）和依靠他們的子女組成。社會學家認爲核心家庭的形式是伴隨工業化（industrialization）發展起來的（不過近年有另外的說法，指出較先存在的個人主義家庭結構可能促進了工業化的出現）。由於地理上和社會上人口流動通常是與工業發展相聯繫的，社會學家認爲核心家庭在社會上和地理上已脫離了廣泛的親屬網絡，導致所謂的私人化核心家庭（privatized nuclear family）。

擴展家庭和核心家庭的形式隨社會和文化規範（norms）不同又有很大的差異。例如擴展家庭隨親屬結構而異，包括多配偶的家庭形式。同樣地，核心家庭中的子女數也大爲不同。例如在英國有養育較少孩子的趨勢，而在中國每一對夫婦僅限生一個孩子。

與社會間的差別一樣，每個家庭都經歷自身的生命周期，而且多數人在自己生命過程中扮演的家庭角色發生過幾次變化。

近年來，英國和許多西方國家中家庭生活形式有如下的一些變化：

(a)越來越重視個人的自我實現，遠遠超過以前以經濟爲主的考慮；

(b)傳統婚姻方式以外的穩定同居關係和生殖關係的比例日益增長；

(c)離婚（divorce）和再婚事件日益增多；

(d)單親家庭數目增加，尤其是無父親的家庭增多。

核心家庭未來的變化可能是人口老化帶來的結果，導致照顧父母的核心家庭的數目增加（見 community care 社區照護）。參見 sociology of the family 家庭社會學，socialization 社會化；marriage 婚姻；divorce 離婚。

fashion 時尚 行爲或服裝的模式，「主要特徵是風格變化快和變化多」[E. Wilson，《裝飾在夢中：時尚與現代性》（*Adorned in Dreams*：*Fashion and Modernity*），1985]。時尚反映了現代性的兩個面向：

(a)由廣告（advertising）造成，並由大衆傳播媒介（mass media of communication）推波助瀾的持續變化；

(b)服裝、家具或類似商品的風格和選擇，使人們得以控制當下的社會環境和表現其自身及社會的身份。

赫布迪格[D. Hebdige，《次文化：風格的意義》（*Subculture*：*The Meaning of Style*），1979]認爲不同的次文化以不同式樣的服飾或用品進行創意性並置（見 bricolage 拼貼），從而創造出各自的風格。因此時尚與其他形式的大衆文化一樣要接受人們的評價，它包含創造性表現和操縱的因素。

fatalistic suicide 宿命型自殺 法國社會學家涂爾幹（Durkheim）於1897年定義的自殺（suicide）的一種形式，由「強制性管束」（oppressive regulation）和「肉體上和精神上專制」

（physical or moral despotism）造成，如奴隸的自殺。因此，涂爾幹指出這種自殺形式與*脫序型自殺*（anomic suicide）相反。

feminism　女性主義　①指一種整體理論，它關注婦女在全球範圍內受壓迫和從屬於男人的狀況；②一種社會政治理論和實踐，旨在使所有女性從男人的主宰和剝削下解放出來；③一項社會運動，包括對性別—階級體系的戰略性對抗；④一種意識形態，以辯證法的立場反對一切歧視女性的意識形態和行為。

女性主義已有悠久的歷史，論證起來可追溯至15世紀（Kelly, 1982），當然女性對從屬地位的反抗比作為完整意識形態和實踐的女性主義更早出現（Rowbotham, 1972）。現代女性主義思想的根源，從傳統上可追溯到18世紀後期和沃斯通克拉芙特（M. Wollstonecraft）的著作。自19世紀以來，女性主義活動風起雲湧，不久又稍稍沉寂。「第一次女性主義浪潮」通常被認為出現在19世紀中葉和20世紀初。「第二次浪潮」（second wave）是20世紀60年代末的女性主義復興，並且作為一個社會運動一直持續至今。不過實際上存在過多次的「浪潮」，薩拉（Sarah, 1982）曾批評關於第一次和第二次浪潮的說法，認為那是族群中心論的概念。

雖然20世紀60年代末的女性主義關注於了解和記述一切女性受的壓迫，但許多現代女性主義著作強調的不僅是婦女與男性社會秩序之間的關係；而且也強調她們自身彼此之間關係的多樣性。因此更準確點說，存在着多種女性主義而不只是一種女性主義。西貝斯蒂恩（Sebestyen, 1978）談到了女性主義的十種以上的政治派別，從主張自由、平等權利的立場直到婦女至上的立場。帕爾默（Palmer, 1989）列舉了如下一些派別：學院派女性主義、文化派女性主義、女同性戀派女性主義、自由派女性主義、心理分析派女性主義、政治派女同性戀主義、激進派女性主義和社會主義派女性主義。此外，黑人女性主義關注於女性主義思想中潛在的和明確的種族主義，並強調與黑人婦女生活的特殊問題（Lorde, 1979）。第二次浪潮最初提出的四個要求（立即實

行同工同酬、教育和機會平等、避孕自由、根據要求墮胎，以及全天24小時服務的免費托兒所），被認爲是西方白人婦女首要關注的問題。而食品、燃料和水的供應，則是許多第三世界國家婦女的首要要求。女性主義被認爲是白人女性的文化，許多黑人女性則贊成使用「婦女主義」（womanist）這個字眼（Walker, 1983）。生態女性主義（ecofeminism）認爲婦女受壓迫的結束取決於生態學的價值觀，而女性應當積極關注結束生態系統的壓迫（Collard, 1988）。生態女性主義在激進女性主義和**綠色運動**（green movement）中尤爲強大。

凱斯（Case, 1988）贊同女性主義兩種主要理論派別之間的傳統區分：激進派（radical）女性主義和唯物主義派（materialist）（社會主義派）女性主義。前者的信念爲：**父權制**（patriarchy）是女性受壓迫的主要和普遍原因，賦予男性權力是癥結所在。激進派女性主義是美國主要的女性主義形式，已產生一種婦女獨有的文化觀點，同時還有需要成立獨立於男性的組織之信念。唯物主義（社會主義）派女性主義批評激進派女性主義所信奉的本質主義和對父權制的非歷史觀點。唯物主義派女性主義植根於馬克思主義，並把**社會階級**（social class）視爲決定資本主義制度下婦女地位的首要因素。因而這一派關注階級與性相（gender）的辯證關係。這也不是沒有理論問題的，哈特曼（Hartman, 1979）把馬克思主義與女性主義的「聯姻」（marriage）說成是一個不幸。激進派女性主義者希望組織起來擺脫男人，而唯物主義派女性主義者則力圖團結「支持她們的」男人，這兩派的分歧仍未解決。

學院派女性主義在許多學術機構教學和研究方面擁有影響力。**婦女研究**（women's studies）課程牽涉到對各種學科包括社會學、歷史和文學的修正和質疑。學院派女性主義關注的焦點是批判學院知識「忽視性別」的特徵。因此，在社會學內部有關婦女在社會中地位和創造特殊的女性主義研究方法論的文獻日益增加（Stanley and Wise, 1983）。

　　雖然不存在統一一切女性主義者的單一意識形態立場，但大多數人接受這樣的觀點，即認爲婦女對於男人的從屬地位是社會經濟因素的結果，而不是生物決定論的作用。因此存在一個普遍的信念，認爲巨大的社會變遷最終會導致婦女解放。現在，女性主義仍是一個生氣勃勃、令人注目的社會運動，在文化創造的領域中尤爲成功。儘管大衆傳播媒介已提到後女性主義時代（Post-Feminist Era），但持續的婦女社會地位不平等以及如何消除這種狀況，仍是一切形式的女性主義的核心問題。參見 matriarchy **母權制**。

feminist epistemology　女性主義認識論　指女性主義的知識理論，認爲傳統的**認識論**（epistemology）未能闡釋女性體驗和婦女生活中最重要知識領域的重要性。科沃德和埃利斯（Coward and Ellis, 1977）認爲傳統的認識論不是過於經驗論，就是過於理性論。斯坦利和懷斯（Stanley and Wise, 1983）以及羅斯（Hilary Rose, 1986）則認爲女性主義研究方法和眞正的女性主義認識論，必須反映婦女的生活體驗，並更強調感情的合理性。

feminist theory（ies）　女性主義理論　特別與60—70年代政治和社會變化有關的女性主義運動的理論，它對傳統的女性和性別觀念提出挑戰（參見 feminism **女性主義**）。例如韓姆（Humm, 1989）所指出，女性主義理論「既是來自於學術界和社會，同時又是由它們的挑戰」。首先，近年來出現的各種理論，包括米利特（Kate Millet, 1970）、米切爾（Juliet Mitchell, 1974）和羅博頓（Sheila Rowbottom, 1973）以及其他許多學者的著作，都「描述了婦女歷史的、心理的、性別的和種族的經驗」，這不僅限於學術性的描述，而且說明了「女性主義如何能夠成爲力量的一個來源」。正因如此，在女性理論和社會學之間存在着一種緊張關係，尤其是因爲前者抨擊大部分社會學是男性社會學的事實，闡述的是男性觀點。女性主義理論從它自身來說並不總是社會學，但卻又在許多領域對於社會學觀點的重建作出了貢獻，包括**工作社會學**（sociology of work）、**家庭社**

會學（the sociology of the family），以及對於**階級**（class）和社會**階層化**（social stratification）的分析。

Ferguson, Adam 弗格森（1723－1816）　蘇格蘭哲學家，蘇格蘭啓蒙運動（Scottish Enlightenment）的中心人物，在孔德（Comte）提出社會學一詞前的一位社會學實踐者。弗格森的著作影響了**馬克思**（Marx）和許多其他人，他尤對歷史變遷的過程感興趣，認爲這一過程處於廣泛演化的基本框架（見 evolutionary theory **演化論**）之內。他在《文明社會史論》（*An Essay on the History of Civil Society*, 1767）之中討論了從以「蒙昧」（savage）和「野蠻」（barbaric）爲特徵的古代社會發展而來的文明社會的出現，成爲後來思想家社會理論的一個普遍論題。

弗格森認爲文明社會就是文雅的、道德上敏感的和政治上精明的社會。但是達到這種狀況並不能保證其穩定和持久。**蒙昧狀態**（savagery）區別於**野蠻狀態**（barbarism）的是私有財產制度，這種制度鼓勵一種利己的、個人主義的和爲了自身利益對財富的追求，實際上它逐漸植根於作爲文明社會特徵的日益複雜的**分工**（division of labor）和商業關係網絡中，這將解開個人與社會之間的社會紐帶，並且導致文明社會墮落成爲政治上的專制主義。如同後來的**涂爾幹**（Durkheim）一樣，弗格森敏銳地意識到由經濟個人主義產生的社會秩序問題；他還如馬克思那樣，理解資本主義分工的疏離作用（見 alienation **疏離**）。

fetish 物神　①（宗教信仰或巫術）認爲有神靈附於其上的物體。對於這種物體的崇拜就是拜物敎（fetishism）（參見 animism **泛靈信仰**）。②［廣義，特別是在心理學和**心理分析**（psychoanalysis）方面］指一切引起狂熱崇拜或戀癖的物體，尤其是身上的東西或身體的一部分，但那些通常被認爲是性感的東西除外，例如衣着物品或脚。

feud 世仇　指群體間持久的相互敵對的關係，其中一個群體曾受到另一群體的危害（例如群體中的一成員被謀殺）並因此試

圖報復。世仇通常涉及不同的世系群或氏族。世仇發生在親屬團結的狀況下，其中的成員能夠依賴親屬的支持。世仇尤其出現在環節社會中，這種社會缺乏中央的政治或法律權威，不過由於擔心捲入世仇行動，成爲制止危害行爲的主要嚇阻力量。一次報復性的殺戮可能結束一場世仇，不過也有其他的解決辦法，如支付賠款也同樣可能了結世仇。

Feyerabend, Paul K. 費若本（1924－ ） 奧地利出生的科學哲學家，先後在美國、英國和歐洲工作。他曾經受維根斯坦（Wittgenstein）後期哲學的影響，其著作主要對於**巴柏**（Popper）的**證偽主義**（falsificationism）提出否定。其中最著名的是《反對方法》（*Against Method*，1975）和《自由社會中的科學》（*Science in a Free Society*，1978），他在後書中反對有一個普遍的科學方法的觀點。

費若本的研究成果與**孔恩**（Kuhn）的研究成果有許多共同之處，他們兩人都認爲談論科學應特別強調科學是一個「實實在在有血有肉的活動領域」，並且是有社會位置的活動領域，這是不能以形式主義或簡單的理性主義來理解的。對於那些聲稱已經找到普遍科學方法的「科學的理性主義者」，如巴柏和拉卡托斯（I. Lakatos）等，費若本的回答是科學中唯一的普遍規律是什麼都行。費若本反對證偽主義作爲普遍方法的一個主要理由是，科學術語的**不可通約性**（incommensurability）和從而對一切可能的否證經驗資料在解釋上有理論相對性。在這種情況下，費若本認爲「多元論」（pluralism）和「理論的百花齊放」可能是最好的辦法，但這也就是不爲證偽主義所贊成的那些東西。費若本的主要目標（特別是在他後期的著作中）是批判現代科學的過分理性主義的矯飾，以及它在現代社會中「有如教會」的身分，以致常導致「專家統治」。他的目的是把科學判斷交回到公衆手中，其部分的論證是根據**彌爾**（Mill）《論自由》（*On Liberty*）一書而來。

常有人指控費若本涉及「非理性主義」的科學觀點，這是他

爭辯和打破偶像的姿態所激起的。然而費若本常常巧妙地在這些問題上設置陷阱，讓教條的理性主義者們迷誤，以致對自己的立場做出更加教條的解釋。不過，他自己的一般立場明顯地並非想提倡哲學的相對主義，因爲那只是哲學教條主義的另一種形式。與此相反，費若本和孔恩一樣力圖強調科學和知識一般要依賴各種各樣的方法。在這樣的情況下，雖然知識主張有時與一特定的科學典範（paradigm）或特定的生活形式（forms of life）有關，如同在一個簡單的社會裡，但在另一些場合下也可能提出「實在論」的主張［費若本於1981年談到「兩個論證的鏈條」（two argumentative chains）］。然而費若本的觀點是不存在任何方法的終極法則，而理性也沒有唯一可辨識的基礎。與此相反的理性主義者則是錯了，因爲如此背叛了他們主張自己是「批判」（critical）的哲學或科學的立場。在費若本和伯恩斯坦（Bernstein, 1983）的觀點之間存在着一個相同之處，後者曾呼籲對這些問題進行哲學和社會學的思考時要「超越客觀主義或相對主義」（beyond objectivism or relativism）（參見 Habermas 哈伯瑪斯，費若本自認和他有連續性，但也有分歧）。

figuration or configuration　型態或全貌　「人們互依互賴的網」、「功能鏈」以及「張力軸」，是可以在任何社會脈絡中指認出的合作與衝突的關係（Elias, 艾里亞斯1978）。型態是艾里亞斯的型態社會學（figurational sociology）的中心分析概念。艾里亞斯反對任何把人述爲封閉的或分離而互不關聯的單一個人（homo clausus）。

　　不過，他同樣也反對純結構主義形式的解釋。艾里亞斯認爲「舞蹈」和「遊戲」的模式最能說明他試圖在社會分析中達到的焦點。「在舞場（或運動場和遊戲場）上，相互依賴的人們的活動型態，可以使人較容易地想像國家、城市、家庭以及整個社會系統都是型態」（Elias, 1939）。參見 civilizing process 文明化進程；court society 宮廷社會。

figurational sociology　型態社會學　由艾里亞斯（Elias）和

受他著作影響的一些人所提出的社會學研究方法。**型態**（figuration）的概念是由艾里亞斯提出的（1939，1970）並且在古德斯布洛姆（Goudsblom, 1977）、鄧寧和希爾德（Dunning & Sheard, 1979）、門內爾（Mennell, 1985）的著作中得到進一步的闡述。型態社會學有時稱爲艾里亞斯式社會學（Eliasian sociology），在歐洲尤其是在荷蘭和艾里亞斯的祖國德國的影響，比在北美和英國深遠。

在英國，主要的應用領域在**體育社會學**（sociology of sport）、**休閒社會學**（sociology of leisure）和**文化研究**（cultural studies）方面。

fixed-choice questionnaire　定題選答問卷　問卷（questionnaire）中所有的或大部分問題是固定供選擇的，即提供給回答者（respondents）一系列可選擇的（常常是預先編碼好的）答案，要求回答者回答哪些答案是合他們意的。雖然這種形式的問卷在收集標準化資料中是有用的，但採用定題選答問卷，有時被批評爲錯誤地強加入研究者的意圖（見 measurement by fiat 人爲規定的度量；Cicourel 西庫雷爾）。參見 coding 編碼。

folk devils　浪蕩群　由社會建構並被其他社會成員指爲對社會有危害的文化群體，如60年代曾風行一時，並造成轟動新聞的摩登派和搖滾派（Mods and Rockers）之類的青年次文化。

浪蕩群是一種「好漢」、「流氓」和「無賴」的次文化群體。「浪蕩群」一詞是犯罪學家科恩（Cohen）在《浪蕩群與道德恐慌》（*Folk Devils and Moral Panics*，1973）一書中提出的。他探討了摩登派和搖滾派現象，並試圖說明對「破壞規矩者」社會塑型或貼標籤的作法何以會發生。替這類人貼以「社會偏差行爲者」和危害社會者的標籤，以後對於他們行爲的一切解釋，都是根據指派給他們的身分作出的。對於浪蕩群和道德恐慌（moral panics）的研究屬於更大的大衆傳播媒介（mass media of communication）與社會問題建構關係的研究範圍。參見 labelling theory 標籤論；deviance 偏差行爲；deviance amplification 偏差行爲渲染化。

folk society 俗民社會 關於原始社會或簡單社會的一種理想型（ideal type）的概念。俗民社會一詞是美國社會學家雷德費（Redfield）爲定義小型、孤立的群體而提出的，這類群體有神聖的價值觀並受這些觀念的無形控制。俗民社會以親屬關係爲主，文化靠口頭傳授，道德秩序至高無上，導致一個相對靜態的社會。雷德費將俗民社會與其對立的都市社會（urban society）進行對比，並且認爲所有的社會都處於這兩者之間的一個連續體內。

folkways 民風 一個社會群體或社區的日常習慣（W. Sumner, 1906）。民風是與民德（mores）相對來說的，民風沒有民德那樣強的制約力和抽象。

football hooliganism 足球流氓行爲 足球場上的暴力人群失序以及與足球賽有關的騷亂。足球流氓行爲最早在60年代引起公衆和傳播媒介的關注。最初試圖根據「流氓」的心理特徵解釋足球暴力（Harrington, 1968），近年來又提出多種社會學解釋：(a)反對足球商業化以及球員、俱樂部老板與普通工人階級球迷的隔閡日益加劇所造成的（Taylor, 1971）；(b)與「眞正的」暴力不同，看起來失控和威脅的行爲事實上總有其「失控規律」（rules of disorder），並形成了一定的程式（Marsh et al., 1978）；(c)由標籤論（labelling theory）和偏差行爲渲染化（deviance amplification）（見 Cohen, 1973）看來，「流氓行爲」被認爲是由傳播媒介誇大了的道德恐慌（moral panic）；(d)由於足球暴力有着長期的歷史，社會對它越來越大的關注反映了社會一種「越來越文明」（civilizing）的傾向，以致於社會不能容忍那種長期與工人階級陽剛之氣概有關的暴力（Dunning et al., 1988）。參見 civilizing process 文明化進程；figurational sociology 型態社會學。可以說，上述每種解釋都有一定的道理。

Fordism and post-Fordism 福特制和後福特制 美國汽車大

王福特（Henry Ford）創造的，在先進工業社會中組織生產的方法。這兩個概念主要指的是生產過程，但這兩個術語通常被用來表述相關的社會和政治結果。因此福特在製造業中的偉大創舉，在於以一種能推動大眾消費的價格進行標準化產品的大規模生產，但也這包括以下幾個方面：

　　(a)資本密集型的大型工廠；

　　(b)一個固定的生產過程；

　　(c)嚴格的等級制和科層制的管理結構；

　　(d)使用半熟練工人從事重複不變的操作，通常要**科學管理**（scientific management）的紀律管束；

　　(e)有一種強化工會以及生產受制於工業行動的**趨勢**；

　　(f)保護本國市場。

　　儘管福特的革新始於兩次世界大戰之間的汽車生產，他的方法很快爲製造業的其他部門所採納，並越來越受到重視，被認爲是先進經濟賴以發展，特別是第二次世界大戰以後，得以繁榮的組織基礎。同樣應該指出的是福特關於規模、集中控制、標準化和大眾消費的思想，不僅影響着資本主義的生產過程，同時也確認了前蘇聯工業化的性質，而且在自由市場的民主國家中創造、實施了福利服務制度。

　　後福特制指的是在生產和資訊與商品交換過程中，應用晶片技術、電腦和機器人而開啓的新的經濟能力。與福特制相比，後福特制時代的顯著特點通常被認爲是建立較小的企業單位，靈活的生產專業化商品或服務來迎合分散的市場。

　　從歷史的角度看，這種提供顧客選擇的技術理論，與新右派政治的經濟個人主義相一致，並且可能是這種哲學在80年代西方世界一些主導經濟體選舉勝利的因素之一。後福特制轉變涉及的有關社會和經濟變化有：

　　(a)舊的製造業和烟囱工業衰退，同時出現了以電腦爲基礎的所謂朝陽（sunrise）企業；

　　(b)更加靈活的、分散的勞動過程和工作組織；

(c)以技能適應性強的雇員爲核心所重新組織的勞力市場，輔以隨時雇用的低酬非固定的契約勞工；

(d)在職業結構中傳統的、參加工會的藍領工人階級必然減少，而白領、專業性、技術性、管理部門和其他服務部門的雇員居於主要地位；

(e)因採用新技術導致的許多操作過程多由女工掌握；

(f)圍繞個人選擇生活方式概念出現的新的消費類型，強調口味、獨特性、包裝和外觀；

(g)跨國公司在全球資本主義生產中居支配和自主地位；

(h)建立在新的靈活性基礎上的新國際分工（new international division of labour），使全球性生產得以組織起來。

福特制和後福特制的準確年代界限是無法劃分的。事實上，關於這兩個概念的使用和內容的爭論仍在進行，甚至關於兩者是否存在過渡關係也存在爭論。但起碼可以指出國民經濟的不同部門所受的影響不同（例如快餐業在所謂後福特制時代仍以典型的福特制原則擴展），而且從國際範圍來說，後福特制的含義對於英國的經濟和孟加拉國的經濟存在着明顯的不同。

formal and informal structure 正式和非正式結構 一組織中的程序與溝通是由書面法規規定或多靠工作群體內部特殊人際來往的區別。正式和非正式機構或組織的比較，是從組織理論（organization theory）中韋伯（Weber）論述科層制（bureaucray）的理想型（ideal type）的爭議產生的。對韋伯理想型的批評主要指它忽略了非正式組織，和遵循正式規則行事可能導致無效率和脫離組織的正式目標。參見 goal displacement 目標置換。

霍桑試驗是研究在工作群體中非正式組織規範和期望的一個著名的例子（見 Hawthorne effect 霍桑效應；human relations school 人性關係學派）。組織社會學的研究已表明非正式作法以各種方式繞過或迴避正式法規。以功能論者的觀點看來，這種作法可以認爲有益於對組織的忠誠（Katz,1968），而其他研究（如 Beynon,1973）則強調非正式工作團體所起的抵制和反對管

理目標的作用。

正式機構與非正式機構的區分，還被用來作爲解釋組織的一個關鍵變項。藉著經驗性地測量組織正式化的程度、比較組織的類型（見 contingecy theory 權變理論）。這種方法與規則協商和非正式組織文化的研究大大不同。見 ethnography 民族誌。

formal and substantive rationality　形式理性和實質理性

形式理性與實質理性的區分以經濟行爲來說，形式理性指的是「技術上可能而且實際可行的數量計算或核算」；實質理性是指在某種「最終價值標準（過去、現在和將來可能的）下發生的理性社會行爲」（Weber, 1922）。

韋伯懷疑前者狹義用法所具有的社會後果（見 rationalization 理性化），但他認爲後者「充滿了歧義性」以致沒法將之加以系統化，因爲這涉及「無窮的可能價值尺度」。正因如此，韋伯有時被認爲是「非理性主義者」。另外一些社會學家和哲學家（見 Frankfurt school of critical theory 法蘭克福批判理論學派；Habermas 哈伯瑪斯）則持有不同的觀點，並認爲改善實質理性應成爲社會學研究的一個中心課題。參見 rationality 理性。

formal sociology　形式社會學　社會學的一種理論研究方法，它注重於研究各種社會互動之下普遍重複的社會「形式」（forms）（見 form and content 形式和內容；dyad and triad 二元群體和三元群體）。齊默爾（Simmel）的社會學常被視爲屬於這類研究方法，他把這些形式的說明說成是「社會生活的幾何學」。齊默爾追隨康德（Kant），指出這些形式有一種先驗的或必要的特徵以及一種經驗的表示法，他表示這些「形式」爲先驗綜合（synthetic a priori）的概念。因此，這些概念既不同於傳統的先驗概念（這種概念純屬「分析的」），又不同於傳統的經驗概念（這種概念純屬「綜合的」）。齊默爾所討論的社會形式和其他一般概念還有「競爭」（competition）與「衝突」（conflict）、交誼活動（sociability）及外來者（stranger）。

形式社會學不同於功能論（functionalism）等包羅萬象的宏

觀理論，也不同於特殊主義的**意義社會學**（見 meaningful sociology）。齊默爾雖然未建立起一個嚴格意義的學派，但是他的形式社會學後來的重大影響則是顯而易見的，如對馮‧維瑟（Von Wiese）、芝加哥學派（Chicago school）和戈夫曼（Goffman）的研究。參見 conflict theory **衝突理論**。

formal theory and formalization of theory　形式理論和理論形式化　指把理論觀點與一特定現象相聯繫，從而使這些觀點構成一系列邏輯上和演繹上相互聯繫的命題，其中一些命題被認為是公理（axioms）或前提（premises），而其餘的命題則可推為定理（theorems）。例如澤特貝格（Zetterberg, 1965）試圖用這種辦法將涂爾幹的《分工論》（*Division of Labour*, 1893）形式化，提出以下十個命題：

　　⒜分工越細，越能形成共識

　　⒝連帶越緊密，每個成員聯繫的人數越多

　　⒞每個成員聯繫的人數越多，越能形成共識

　　⒟共識愈大，拒絕偏差者的數目便愈少

　　⒠分工越細，拒絕偏差者的數目便愈少

　　⒡每個成員聯繫的人數越多，拒絕偏差者的數目便愈少

　　⒢分工越細，連帶就越緊

　　⒣連帶越緊；就越有共識

　　⒤每個成員聯繫的人數越多，分工就越細

　　⒥連帶越緊，拒絕偏差者的數目便愈少

　　澤特貝格選出⒢至⒥作為公理，其餘的可從中演繹得出。這種理論形式化有其用處，特別是在揭示原來的非形式陳述存在的邏輯缺陷時有益，但它們通常不被認為在科學或社會學上是必要的。

form and content　形式和內容　在社會學方面指德國社會學家齊默爾（Simmel）對社會互動的兩個方面所作的區分：一方面是普遍的、重複發生的（抽象的和先驗的）社會互動形式（如衝突或競爭）；另一方面是在特定社會情境下賦予這些形式的可

變的內容。形式社會學（formal sociology）研究社會生活一切領域中形式的相似性。參見 dyad and triad 二元群體和三元群體；sociability 交誼活動。

forms of life 生活形式 指一定範圍內，以語言爲基礎的多樣性社會實踐，維根斯坦（Wittgenstein, 1953）認爲這些社會實踐構成了社會生活的特徵。維根斯坦強調所有語言的社會定位和約定俗成的特性。在對語言性質和局限性所作的這種解釋中，所有的「描述」（descriptions）和說明，即所有的社會行動（social action）都與語言和使用特定語言的社會脈絡有關。嚴格地說，離開語言和社會脈絡便無法談論，因此翻譯也成問題。

維根斯坦的觀點倡導了傾向於以「相對主義」（relativism）看待社會研究的哲學和社會科學形式。它對於現代語言哲學的構成也具有重要的影響，使現代語言哲學強調需要對語言的多種特定用法進行分析（參見 speech acts 言語行爲）。

在社會學方面，這一概念旨在支持以下的觀點：社會學這個學科的主要任務應當是對特定社會或社會運動的特殊信念和實踐作出意義性理解與解釋（見 Winch 溫奇），並且對歷史上各種社會作出「同理心的」（empathic）理解（參閱 Collingwood 柯靈烏）。

與上述情況相關，這一概念在科學變化的非連續性（discontinous）這一觀點的爭論中同樣是重要的。因此孔恩（Kuhn）和費若本（Feyerabend）關於科學典範的概念以及與此有關的不可公比性（incommensurability）概念，明白地受益於維根斯坦關於生活形式的觀點。

描述一種科學典範究竟包含些什麼，最好的方式之一是說它是一種「生活形式」。參見 truth 眞理；relativism 相對主義；參閱 hermeneutics 詮釋學；fusion of horizons 視域融合。

Foucault, Michel 傅柯（1926－1984） 法國哲學家，他在法國關於理性、語言、知識和權力的哲學討論中是一位重要人物。他的著作深受馬克思（Marx）、佛洛依德（Freud）和尼采

（Nietzsche）的影響。雖然有時被認爲是一位「結構主義者」（見 structuralism 結構主義），但他通常是反對這個標籤的。從這樣一種意義上看，他也許更應被視爲是「後結構主義者」，即他希望發現理性的非理性骨架，但並不認同建構中的深層秩序或最終決定力。他發掘「歷史殘骸」，擴大尼采關於知識與權力的聯繫，試圖查明各種「論述實踐」（discursive practices）（見 discourse（s）and discourse formations 論述及其構成；episteme 認識）在不同的地點和時間對人體發生的作用。他雖不認爲自己是社會學家，但他關於瘋狂（madness）、醫學知識、監禁和性的研究，都使社會學家感到極大的興趣。他反對那種認爲知識導致解放的思想。相反的，他認爲知識更是新的社會控制手段（參見 surveillance 監督）的基礎。由於人們總是不斷想控制自己的生活，遂有抵制運動出現，但這並不能保證這些運動將會成爲疏離的社會權力的新基礎。

frame of reference　參考架構　界定任何學科或研究方法主題的基本假設。例如帕森思和希爾思（Parsons & Shils, 1951）宣稱「行動理論的參考架構包括行爲者、行動情境和行爲者對這種情境的取向」。

Frank, Andre Gunder　法蘭克（1929 -　　）　德國出生的經濟學家，在拉丁美洲，歐洲和美國的許多大學擔任發展研究和經濟學教授職位。原來的訓練是經濟學，他關於經濟剩餘的主要概念來自於馬克思主義政治經濟學家巴蘭（Paul Baran），是發展社會學（sociology of development）方面最具影響的著作家之一。法蘭克最著名的是他的低度發展（underdevelopment）理論，他在《發展社會學和社會學的低度發展》（*Sociology of Development and the Underdevelopment of Sociology*, 1967a）一書中對於受帕森思（Parsons）、阿蒙和科爾曼（Almond & Coleman, 1960）結構功能派發展理論的批判，對於社會學有直接的影響。他最著名的著作是關於拉丁美洲的經濟，特別是《拉丁美洲的資本主義和低度發展》（*Capitalism and Underdevel-*

opment *in Latin America*，1967b）以及論文集《拉丁美洲：低度發展或革命》（*Latin America*：*Underdevelopment or Revolution*，1969）。在70-80年代期間，他的著作爲世界體系理論家所吸收，法蘭克本人仍從事關於資本主義的全球狀況和對於第三世界國家影響的寫作。但他後來的一些著作，例如《世界經濟中的危機》（*Crisis*：*in the World Economy*，1980）對社會學方面的影響較其早期著作爲小。參見 centre and periphery **核心和邊陲**；dependency theory **依賴理論**。

Frankfurt school of critical theory　法蘭克福批判理論學派
一個左翼思想家團體，也是與法蘭克福社會研究所（the Frankfurt Institute for Social Research）成員有關的一種激進社會理論形式。該研究所是由魏爾（F. Weil）於1922年創立的，他是一位熱烈追隨馬克思激進主義的政治學家。在納粹當權時期這個研究所遷至紐約，1949年遷回法蘭克福。研究所於1969年解散，但它的影響仍然存在，尤其是**哈伯瑪斯**（Habermas）近年的研究工作。許多傑出的左翼理論家都與這個學派有正式的關係，包括**阿多諾**（Adorno）、**邊雅明**（Benjamin）、**佛洛姆**（Fromm）、**霍克海默**（Horkheimer，他於1931－1958年期間任研究所所長），波拉特（Pollart）、諾伊曼（Neumann）和**馬庫色**（Marcuse）。

　　法蘭克福批判理論學派的獨特研究方法，是以一種新馬克思主義的和新左派思想的姿態，旣與西方**實證論**（positivism）也與馬克思主義的**科學主義**（scientism）進行爭論，同時旣批判西方資本主義，也批判由布爾雪維克創建的社會主義社會形式。法蘭克福理論學派學者們的重要貢獻有以下幾個方面：

　　(a)對適合於社會科學的非實證論認識論的辯論；

　　(b)對資本主義和社會主義社會的支配結構和文化構成的說明；

　　(c)融合**馬克思**（Marx）和**佛洛依德**（Freud）的思想，使佛洛依德理論激進化，並爲馬克思主義提供一種更完整的人格理

論。

學派成員著作的這些特徵，首先是以重新研究馬克思年輕時的哲學思想和修正盛行的前蘇聯官方對馬克思主義的解釋爲基礎的，法蘭克福理論學派的學者認爲這類解釋是屬於經濟主義且太過決定論。

儘管有着這些共同的主題，學派成員們的著作並未形成一個統一的觀點。不僅個別的理論家追求他們自己獨特的研究方向，而且總的來說，學派成員們經常改變他們關於現代社會分析中使用的方式，以適應研究所成立以來發生的大規模政治和經濟變化，包括法西斯主義的崛起和西方革命運動的失敗。最初，研究所的成員們期望競爭性的資本主義會轉變成壟斷資本主義和法西斯主義，從而直接導致社會主義。後來，學派中一些成員的思想，尤其是阿多諾和霍克海默日益變得悲觀，認爲工人階級總是被新的大衆文化（mass culture）模式所左右，將來不太會發展出革命的意識模式。但其他的理論學家，尤其是馬庫色仍是比較樂觀的，他指出在傳統的無產階級之外已有了新的革命意識泉源，如少數族群和學生。然而不論對革命的前景抱持悲觀或是樂觀的看法，所有的法蘭克福學派理論家仍是在探討一個共同的主題：西方資本主義和蘇聯馬克思主義的社會組織形式均展現出的狹隘和非人性化的「技術理性」（technical rationality），倒轉了啓蒙理性的理想。這種技術理性又與社會科學的實證論形式和科學主義形式串聯起來，這一點正是批判理論必須予以抨擊的。杰伊（M. Jay）所著《辯證的想像》（*The Dialectical Imagination*, 1973）和赫爾德（D. Held）的《批判理論導論》（*Introduction to Critical Theory*, 1980）對法蘭克福批判理論學派作了清楚的介紹。

free will　自由意志　人可以依自己意志行事（參閱 determinism 決定論）的觀點。自由意志學說有多種形式，例如：

　　(a)人要在道德上對自己的行爲負責——如新教徒的世界觀；

　　(b)他們有能力實現自己的計劃，如果在行事時不這樣想，那

就是行動建立在不誠實上；

(c)他們有反省（見 reflexivity 自反性）的能力，這對於理解人類行為的特性和現實的社會構成是重要的，例如現代形式的象徵互動論和詮釋社會學都強調人的能動作用（agency）。

某些結構社會學和行為心理學似乎未給「自由意志」留下餘地，而傾向於揭示社會行動和社會結構的因果關係說明。然而承認行為者的理由和意圖，對於說明他們做出「選擇」和「決定」（如購物和投票）是有作用的。理由和意圖可以改變結果，從而有了因果關係，即使也涉及更廣泛的社會影響。因此，社會事件中的「因果關係」（causality）不一定排斥「自由意志」，只要自由意志的概念不是神秘的，即並不意味着人類行動是被排除在心理的和社會的因果關係之外。

不過在社會學方面沒有必要使用「自由意志」這樣的詞。大多數使用自由意志的說明不用此詞也能使人了解，可以用「選擇」或「決定」這樣的術語作更好地闡述，而不必求助於「自由意志」這樣一個有可能會誤導的詞。例如：在兩種情境之間做出區分，一種情境是我們並不覺得被強迫以某種方式行動，另一種情境是我們感到很少或沒有選擇的餘地；或者將注意力集中於這樣一些社會結果，即如果行為者能夠以不同的方式行動，其社會結果本來可能不同，以及那些看上去更多地是由結構決定的社會結果。參見 cause 原因；explanation 解釋；structure and agency 結構和能動作用；power 權力；rational choice theory 理性選擇理論；methodological individualism 個體方法論；unanticipated consequences of social action 社會行為的非預期後果。

frequency distribution　次數分配　一批觀察中一變項每個值出現的次數。

次數分配是表示社會學觀察的最簡單方式。它至少由兩欄組成：左欄包含一個變項可能取得的值，右欄包含每個值出現的次數。右邊附加的欄還可包括表明分布的百分比。圖9表示一份問卷中男性和女性回答者的人數。參見 histogram 直方圖。

性別	人數	相對頻率	修正頻率
男	2,300	56.1%	60.5%
女	1,500	36.6%	37.5%
不詳	300	7.3%	—
總計	4,100	100.0%	100.0%

圖9 次數分配表

Freud , Sigmund 佛洛依德（ 1856－1939 ） 心理分析（ psy-choanalysis）學派奠基人，並把心理學（ psychology ）發展成爲一門學科的最有影響的學者之一。他畢生研究和發展人格（ per-sonality）結構、人格發展及其動力的理論。佛洛依德影響了許多學生和同事。他們常是根據自己的觀念發展佛洛依德的理論觀點（ 見 Jung 榮格 ）。這意味着出現了幾個精神分析「 學派 」，各採取與佛洛依德觀點不同的立場（ 見 neo-Freudians 新佛洛依德學派 ）。

佛洛依德創建了一種心理的理論和一種心理疾病療法。他的心理理論包括將心理體驗區分爲意識的和潛意識（ the uncon-scious），並將人格結構區分爲本我（ id ）、自我（ ego ）和超我（ superego ）。他認爲本我是基本的，包括個人從遺傳得來的生物習性，而自我和超我是在生命的頭五年中發展形成的。因而他的理論是「 發展的 」（ developmental ），描述了作爲社會化（ socialization ）一部分的人格發展過程。這一過程是分階段的，每一階段都爲獲得滿意的肯定結果而努力。如果在一個階段的正確決定方面發生問題，那就會產生人格的問題，並且促使成年失調。因此，心理分析需要在潛意識中找到原因，將其導入意識之中，從而解決出現的問題。

佛洛依德理論要素已經成爲公認的心理學概念，即潛意識和早期經驗的作用在人格發展中尤爲重要。現在廣泛應用的「 談話

療法」（talk therapy）是由他創始的病人與分析者對話發展而來的。佛洛依德的理論在社會學和哲學方面也有廣泛影響。見Marcuse 馬庫色；Lacan 拉岡；Fromm 佛洛姆；neo-Freudians新佛洛依德學派。

friendship　友誼　相互熟識的人們之間的一種關係，包括喜歡和愛慕，還可能包括相互間的義務，如忠誠。與親屬關係或其他天生地位（ascribed statuses）相比，友誼關係一般說來更難以確切界定，因爲友誼畢竟有很大的變動性和自願性，而且持續的時間和強烈的程度也有很大差別。如西摩—史密斯（Seymour-Smith, 1986）所指出，「友誼研究是社會網絡、對等性（reciprocity）以及社會中個人間建立但不屬於親屬系統或其他義務性關係的關係研究的一部分」。根據對現代社會友誼所作的有限研究可以指出友誼是個人快樂的一個重要因素，但大多數成年人都認爲知己難逢（Suttles, 1970）。不過在友誼上存在着性別上的明顯差異，女人通常比男人有更多的親密朋友，而且認爲這種關係在她們的生活中更爲重要。在兒童中間，友誼和同儕關係在社會化（socialization）過程中起着重要的作用。參見 peer group 同儕團體；sociometry 社交測量法。

Fromm, Erich　佛洛姆　（1900－1980）德國出生的激進派社會心理學家和心理分析理論家，一度是法蘭克福批判理論學派（Frankfurt school of critical theory）的成員。1934年遷居美國。在他最著名的著作《逃避自由》（*Escape from Freedom*, 1941）一書中，佛洛姆認爲人常常缺乏心理資源（psychological resources）對應個人自由。他指出法西斯主義的產生，至少可以部分地歸因於渴望回歸「前個人主義社會」的權威主義。佛洛姆提出的解決辦法是自發性的愛：肯定別人。在《健全的社會》（*The Sane Society*, 1955）一書中，他認爲缺乏利他主義的技術發展會是社會的災難。佛洛姆有許多著作反覆說明這一主要主題。參見 neo-Freudians 新佛洛依德學派。

front region　前臺　指社會行爲者（social actor）需要特別

「表現」自己以造成或保留一種特殊印象的社會環境或公衆場所。例如醫生的診所或演說的講壇。參閱 back region 後臺。見 role 角色；dramaturgy 編劇法；Goffman 戈夫曼。

frustration-aggression hypothesis 挫折－侵犯假說 認爲挫折增加侵犯行爲的可能性，而侵犯行爲是因挫折而來的理論。這一假說包括一種循環的論點，而且這一理論最初的支持者事實上也承認侵犯是一種先天的驅力（見 Freud 佛洛依德）。這種理論的一種修正提法考慮到實際觀察結果後，指出並非所有的侵犯行爲都涉及挫折，也並非所有的挫折都導致侵犯；行爲也同樣受情境因素和社會化（socialization）的影響。然而挫折與侵犯之間的聯繫仍被人們所承認。

function 功能；運作 ①作爲名詞，指社會上發生的事件對社會系統產生的結果，這一事件的發生被認爲對於社會系統的運作和維持起了主要的作用。見 functionalism 功能論；structural-functionalism 結構功能論；Parsons 帕森思；functionalist explanation 功能論解釋；functional prerequisites 功能性先決條件；postulate of functional indispensability 功能必備性設定。②作爲動詞，是實現爲維持一個社會、社會系統等有效運轉所需的整體社會要求。

在行爲者參與有意達到（intended）和認識到的社會行動結果，與行爲者參與而無意達到（unintended）和未認識到的結果之間也存在着區別。見 manifest and latent functions 顯性功能和隱性功能；Merton 默頓。

functional alternative or functional equivalent 功能替代物或功能等價物 能完成同樣功能（function）或更廣泛相同功能，以滿足一個社會或社會系統基本需要的一切制度性安排。因此，現世公民宗教（civil religion；見 sociology of religion 宗教社會學）可能與傳統的宗教發揮同樣基本的功能（如保證社會整合）。然而證明功能等價的條件是有爭議的，而且可能是難以令人滿意的［見 functional (ist)explanation 功能（論）解釋］。參

見 functionalism 功能論；functional prerequisites 功能性先決條件；postulate of functional indispensability or universal functionalism 功能必備性設定或普遍功能論設定。

functional imperatives **功能性規則** 見 functional prerequisites 功能性先決條件。

functional indispensability **功能必備性** 見 postulate of functional indispensability 功能必備性設定。

functionalism **功能論** 社會學和社會人類學中主要根據社會制度完成的功能（functions）來解釋這些社會制度的理論。談論某事物的功能，就是通過指出一社會活動或現象對於其他社會活動、制度或整個社會運作所起的作用來說明此社會活動或現象。現代功能論者把社會作為由相互作用的和自我調整的各部分組成的整體或系統（systems）來對待。

在十九世紀，社會思想家用有機類比（organic analogy）的方法對社會進行理論概括。如史賓塞（Spencer）寫道：「一切種類的生物由其各個部分間為了整體利益而表現出相互合作來看都是相似的；它們的這一共同的特徵，也是社會的一個共同的特徵」。根據社會功能來研究社會生活的思想，也同樣為20世紀早期英國社會人類學（social anthropology）所採用。芮克里夫布朗（Radcliffe-Brown）和馬林諾斯基（Malinowski）都用功能的概念來說明社會從概念上是由相互依賴的部分（interdependent parts）組成的，這些部分共同作用以滿足不同的社會需要。

在五十年代和六十年代初，「結構功能論」（structural-functionalism）是北美社會學的主要理論觀點。在50年代，功能理論特別與哈佛大學的帕森思（Parsons）所闡述的一種系統論（systems theory）有關（參見 structural-functionalism 結構功能論）。帕森思的理論有深遠的影響，儘管不為其他功能論者（見 Merton 默頓）和非功能論者（如 Mills 米爾斯）所贊成。在七十年代和八十年代期間，功能論開始失勢，部分是由於內在的理論缺點所致，但也是由於政治氣候的改變（參見 Gouldner 高德

納）。

　　爭論的一個中心議題是**功能論解釋**（functionalist explana-tion）的性質。一個更主要的爭論議題則是功能論對待社會秩序、社會衝突和社會變遷的態度。一種批判的觀點認爲功能論學說忽視了單一社會行爲者的獨立「能動作用」（agency），而傾向於運用人類主體的「過於社會化的觀點」（見 oversocialized conception of Man **過分社會化的人觀**；ethnomethodology **俗民方法學**）。從功能論的觀點來看，社會角色（roles）基本上是由**規範**（norms）和對行爲固定的期望所規定的，而不是通過與其他人互動（interaction）來積極扮演和重演的（參閱 symbolic in-teractionism **象徵互動論**）。人們還常常指出，功能論的論點難以說明社會衝突和不穩定狀況。

　　所有這些對功能論的批評都有某種根據，但同時也不免有誇大之處。帕森思特別想把「行動的參考架構」（action frame of reference）與強調系統和社會功能的作法結合起來。雖然功能論通常集中注意力於「社會秩序」（social order）的條件，包括**社會衝突**（social conflict）的功能，但無論從歷史上看（如史賓塞的觀點）還是從帕森思後期研究來看，功能論同樣常常要將社會秩序分析與社會變遷的**演化論**（evolutionary theory）相結合：一種日益擴大的**社會分化**（social differentiation）和日益加強的社會功能性適應的模式（參見 evolutionary sociology **演化論社會學**；evolutionary universals **演化普遍模式**）。這種社會變遷模式同樣也受到廣泛的批評（見 modernization **現代化**；dependency theory **依賴理論**），但是它們的存在表明功能論是一種特殊（particular）的變遷模式，而不是完全忽略變遷的理論。

　　儘管受到許多批評，「功能」這個術語和功能論觀點在社會學中都有深遠的影響，因爲它們涉及人類社會部分與整體的相互關係、**社會結構**（social structure）與人的能動作用（agency）之間的關係、以及社會秩序和社會變遷等關鍵問題。

functional（ist）explanation　功能（論）解釋　對於一個

社會（society）或社會系統（social system）的某一特徵得以維持的原因所作的解釋（explanation），同時也是對於社會或社會系統本身得以維持的原因所作的解釋，其中這一特徵通常和其他特徵一起被認爲對於社會或社會系統的維持起了重要作用。反常地，一些評論者認爲，功能解釋的一個面向是行爲的部分結果就是其自身存在的解釋。

通常功能解釋要靠有機類比（organic analogies）的方法，社會和社會系統被認爲與生物學中的有機體相似，而有機體可以指出特定的器官滿足特定的系統「需要」（needs）。例如心臟的功能是使血液循環，而政府的必要功能可以說是爲社會制定和實施政策（參見 functional prerequisites **功能性先決條件**；evolutionary sociology **演化論社會學**）。此外，還可以與伺服機械系統相類比。見 system **系統**；systems theory **系統論**；cybernetics **控制論**。

根據亨普爾（Hempel, 1959）的意見，由於功能解釋證明是解釋的一個合適的基礎，因而這種解釋可以是演繹律則解釋的一種形式（見 covering law model and deductive nomological explanation **含蓋法則模式和演繹律則解釋**）。它具有以下的特徵（當系統「s」處於時間「t」時，「i」代表某一事項或某一特點，而「c」代表系統運作的「條件」或「環境」）：

(a)在時間 t,s 在 c 類的情況下有效運作，而 c 決定於特定的內部和外部條件（對初始條件的陳述）；

(b)s 只有在一定的必要條件 n 得到滿足時才能在 c 類的環境中有效運作（定律）。

(c)若在 s 中出現特點 i，其結果是條件 n 會得到滿足（定律）；

(d)（因此）在時間 t，在 s 中出現特點 i（待解釋項）。

亨普爾等人對於功能解釋的例子提出以下批評：

(a)人類社會和社會系統不同於生物的機體，因爲它們沒有精確的界限，形式隨着時間而改變，不像種類明確的物種那樣存

在，其產生或滅亡不像生物體那樣明確，因而也沒有明確的功能
需要或滿足這些需要的特定器官。因此就存在一個主要的問題，
即如何確定一般社會系統或某種社會系求生存、效率、調整、
適應等的條件；

（b)至今還沒有人能夠提供關於人類社會的一個適當、全面的
功能論的和演化論的說明，並識別「所選擇的單位」，或證實制
度事實上是在這些單位的基礎上演化出來的；

（c)即使可能識別廣泛的「功能需要」（functional needs），
但有任意數目的不同事項或特點能夠滿足需要的功能，如現代社
會的社會福利制度可能是由國家、私人保險或由政黨或犯罪組
織，或這些方面合起來提供的（見 functional alternatives 功能替
代物；Merton 默頓；postulate of functional indispensability 功能
必備性設定）；

（d)即使能夠解釋一種系統特點或制度得以維繫的原因，如其
目前的狀況，功能解釋也不能代替歷史因果關係的解釋，即解釋
一種體制何以能出現，特別是在「演化說明」不能提供恰當解釋
的情況下；

（e)鑒於(a)、(b)、(c)中提到的問題，而且人類社會系統是「開
放」的系統，功能解釋並不比因果關係解釋或目的解釋更能說明
問題（見下圖，參見 Giddens 紀登斯，1976b）。尤其可以提出
這樣一個反對功能解釋的論點，即社會學關於制度如何得以維繫
的功能解釋，未能指出將所說的功能需要與結果聯結起來的機制
（參見 social reproduction 社會再生產）。因此紀登斯將所有這
一切都考慮在內以後認為，一種所謂「隱性的功能」，如霍皮人
（the Hopi）的祈雨舞對於小型社會起了社會整合和建立「統一
價值體系」的作用，可以無所漏失地重新陳述為僅是一種「無意
達到」（unintended）的結果。如果我們說這是「功能需要」，
那就只會使現象神秘化。在這種情況下，功能的概念是多餘的。
我們可以用「功能」一詞指一臺機器的設計用途。例如一個「浮
球閥」的功能是調節水箱的水量。同樣地，也可以正確地指出一

個政黨的「功能」，包括意圖功能。但是，像上述的「功能解釋」那樣，在意圖之外提到隱性功能或系統需要仍是令人費解的。

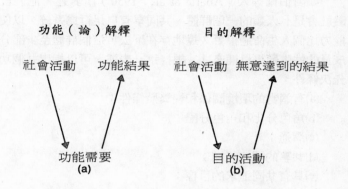

功能（論）解釋　　　　目的解釋

社會活動　功能結果　　社會活動　無意達到的結果

功能需要　　　　目的活動
(a)　　　　　　(b)

圖10　**功能（論）解釋**　　對比於其他類型的解釋，如目的解釋(b)，功能解釋(a)以一系統的功能需要解釋現象的發生。反對功能解釋的一種看法認為若該系統的「運作機制」尚且不明，則訴諸「系統的需要」實與目的解釋無異，且有誤導之可能。「無意達到的結果」尚可被承認，但「系統的需要」則不然。

(f)一般來說，人們可能總是把一種制度或特點界定爲一個特定的系統所「必需的」，但是這不免陷入同義反覆的危險，並且只是「描述性」而非解釋性的，除非有某些獨立的原因可藉以建立系統與具有功能重要性的制度之間的關係。

儘管存在這些批評，而且無論功能解釋存在什麼問題，功能分析仍是社會學說明的一個普遍特徵。認爲特定社會或社會系統有特定需要的觀點，看來在社會學之分析中是不可避免的（Davis, 1948），即使這些需要不能準確指出來時也是如此。這些需要是否應稱爲「功能」需要，則要冒被誤解爲生物類比的危險，而這正是問題所在。

functional prerequisites　功能性先決條件　一切社會得以存續都必須具備的條件。對於功能性先決條件（又稱**功能性規則** functional imperatives）的認定尚有爭議。

如阿伯爾等人（Aberle et al., 1950）所表述，他們首先定義社會是「人類的一個群體，共同享有自足行為系統，以使其有能力比個人生命過程更久遠地存在下去，這個群體至少部分地靠成員的性生殖得以補充」。根據這一表述，可以指出九個功能性先決條件：

　　(a)有適當的環境關係和性繁殖條件；
　　(b)角色分化和角色分配；
　　(c)溝通；
　　(d)共享的認知組織；
　　(e)具有共同追求的目標；
　　(f)對於手段有規範性規則；
　　(g)感情表達的規則；
　　(h)社會化；
　　(i)能有效地控制破壞性的行為。

帕森思（Parsons, 1983）對功能性先決條件作出一種不同的表述，他提出四重的功能問題集合（見 subsystems model **子系統模型**）。

除功能論者對功能性先決條件的所有提法傾向於「規範性整合」（見 oversocialized conception of Man **過分社會化的人觀**）外，表述中的一個基本問題是就功能性先決條件的確切數目和細節表述如何取得一致意見。例如，**紀登斯**（Giddens, 1976）提出阿伯爾等人的功能性先決條件是「同義反覆」（tautologies）且只是由這些作者最初對社會所下的定義中邏輯地推導出來，不然就是涉及「適應能力」（adaptive capacity）的假設，而這些假設在社會學中是有爭議的，是不適宜的。參閱 evolutionary universals **演化普遍模式**。

functional（ist　）theory of religion　宗教的功能（論）理

論 對宗教（religion）的理論說明，根據宗教對社會所做的貢獻解釋宗教的起源及其持續存在的原因［參見 function 功能；functional（ist） explanation 功能（論）解釋］。迄今爲止這些理論中最著名的是涂爾幹（Durkheim）的理論，而且他的思想爲芮克里夫布朗（Radcliffe-Brown）所進一步探討。馬林諾斯基（Malinowski）的理論也是功能論的，而且在許多方面對宗教的廣泛的功能論說明（雖然在強調的重點上有所不同）是多種主流社會學說明所採取的立場。如果用「功能」的一般含義來說，則宗教的功能（論）理論始自孔德（Comte）和早期演化論社會學者，一直到現代的功能主義，甚至包括馬克思主義。雖然馬克思（Marx）認爲宗教最後可以被拋棄，但他認爲宗教是「無產階級的鴉片」，起着一定的社會和個人的作用。

功能論宗教理論的現代形式有兩個部分：一部分在現代結構功能論理論中，另一部分在結構主義理論中。同時還有多種理論和經驗說明，被認爲是與此對立的理論。

在現代結構功能主義中［特別是在帕森思（Parsons）的著作中，功能論宗教理論大多直接來源於涂爾幹］，宗教的三種重要功能與帕森斯理論所闡述的三種動機取向模式（modes of motivational orientation）相對應：

(a)提供一種主要的、始終統一的信仰體系——宗教的「認知」（cognitive）功能；

(b)提供儀典和儀式（ritual），這在促成社會團結方面起了主要作用——宗教「感性」（affective）的方面；

(c)宣布道德原則，並從鼓勵和貶斥兩方面來支持道德價值觀——宗教的「評價」（evaluative）方面。

這一切有助於宗教扮演維護社會連帶的「根本」角色（見 civil religion 公民宗教）。不過涂爾幹認爲宗教信仰直接代表社會的觀點已被人們拋棄。

宗教的結構主義理論同樣是建立在涂爾幹的功能論基礎上，但與結構功能論的方式不同。其中涂爾幹理論的「知識社會學」

（sociology of knowledge）方面，雖然爲結構功能論者所輕視，卻特別被重視，例如**神話學**（mythologies）在組織社會行動或親屬關係方面所發揮的作用（見 Lévi-Strauss 李維史陀）。

在關於宗教的許多經驗研究方面存在着對功能派理論或結構主義理論的抗衡，以各種更加獨特的方式探討宗教的作用，不受任何一般假設的束縛。

作爲說明宗教對於社會作出的貢獻的不大嚴謹的一般架構來說，功能論仍然廣爲流行，特別是它一般反對考察「隱性」功能（見 manifest and latent functions **顯性功能和隱性功能**）和**社會行爲的非預期後果**（unanticipated consequences of social action）。宗教既有團結性又有分化性這一事實並不成爲問題，這一點可以爲功能派理論所接受，因爲正是由宗教提供的社會連帶使社會既合又分。然而主要的問題在於說宗教滿足功能需要時要有一個精確的含義。一旦人們開始談論傳統宗教的**功能替代物**（functional alternatives）（例如「公民宗教」或現代國際體育）時，功能論說明便顯得論證乏力，因爲它最主要的論點是宗教爲（universal）人類普遍的需要，只有宗教才能回應。

functional（ist） theory of social stratification　社會階層化的功能（論）理論　根據**社會階層化**（social stratification）對於人類社會的作用，來說明其起源和持續存在的理論。這一理論是由現代美國功能論社會學家，特別是戴維斯和摩爾（Davis & Moore, 1945）提出的。戴維斯和摩爾認爲社會階層化是作爲一種制度化的形式出現的，並以作爲「社會確保最重要的地位由最具資格的人士擔任的手段而存在」。那些帶來最豐厚的報酬和最高級別的地位，是那些「對於社會最爲重要的」同時也「最有素養和才能」的人擁有的的。這兩種因素相互作用，遂決定了一切階層化系統的特殊形式。隨着社會的演化，對於社會階層化系統的特定要求也隨之變化（例如敎士轉變爲高科技專業人士），但新的要求不會導致社會階層化的消亡。功能理論的批判者提出一些重要的觀點（Tumin, 1953）：

(a)功能論未對**權力**（power）的運作導致報酬和地位的不同之方式進行必要的討論。認爲收入與教育是相互關聯的，但有三種因素可解釋這種相互關係：

(i)技能的優勢；

(ii)社會背景和（或）社會價值觀；

(iii)天賦才能。

其中的第一條可以包括其餘兩條，但只有當勞力市場是充分競爭性的時候才是如此。反對功能理論的論點認爲通常勞力市場並非充分競爭性的，即「天生地位」（ascription）和**文化資本**（cutural capital）等因素通常在決定個人收入，地位方面起重要的作用。

(b)對於「功能需要」的評價也同樣值得懷疑；似乎包含一個循環論證，即認爲在社會上最受優遇的人，同時也是供給上最重要、最稀少的人，而未獨立證明他們對於社會是不可缺的。

(c)沒有說明爲什麼階層化必須涉及不同的經濟收入或懸殊的身分等級，而不涉及個人聲望多方面的差異，因爲戴維斯和摩爾認爲，僅「幽默與娛樂」和「自尊心和自我膨脹」就可能引發社會行爲者的動機。因此，功能理論尚未提出反對更平等社會可能性的理由。

(d)沒有適當的理由解釋社會階層化阻礙參與教育和社會目的的達成。戴維斯和摩爾指出在現代社會中過於強調天賦，從功能上看是不適當的。不過他們並未討論各種社會階層化是如何趨向於產生這樣的天賦因素。

功能論者對這類批評極力辯駁，如**涂爾幹**（Durkheim）認爲一切在社會中成立的事物似乎都起了重要的作用。不過涂爾幹同意功能重要性的獨立論證是必要的，特別是針對那種未完成演化過程的特定類型的社會來說更是如此。反對功能論的社會結構理論的論點認爲這種獨立的論證尚未出現。

這裡的意思不是說對社會階層化作功能分析原則上是不可能的，而是說應更謹慎地對待。參見 functionalist explanation **功能**

（論）解釋。

fusion of horizons　視域融合　指觀點（perspectives）的融合，在詮釋學（hermeneutics）中被認爲是理解一種不熟悉的原始文本（text）或文化的一個基本特徵。德國哲學家迦達瑪（Gadamer）認爲，「理解不是要忘記我們自己關於意義的視域，並且將我們置於陌生的文本或是社會的視域中」（Outhwaite,1985），因此不是超然（detachment）的問題，相反倒是涉及「我們現在的世界……和我們追求了解的世界之間的和睦修好（rapprochement）。」

　　這一理論見解反對下面兩種思想：(a)通過強加外部「框架」，我們可以期望理解和解釋陌生的文化和社會；(b)我們永遠不能指望理解（或者是翻譯）這樣的思想。勿寧說「眞理」（truth）可能是這種融合的結果。

　　互爲主體性（intersubjectivity）這思想作爲科學知識或政治協議的基礎，有一個類似的基礎（參閱 Feyerabend **費若本**；Habermas **哈伯瑪斯**），儘管迦達瑪認爲視域融合是如哈伯瑪斯所認爲的是「解放性知識」（emancipatory knowledge）的基礎。然而這種相似性表明迦達瑪的詮釋學不一定涉及**相對主義**（relativism）。

futurology　未來學　①聲稱預言未來的科學（Flechtheim, 1965）。②一切從事長期大範圍社會和經濟預測的研究。與其把未來學定義爲一個獨立的學科，還不如把它看作是多種社會科學學科的接合面，而以社會學爲其中的主角。

　　貝爾（Bell, 1965, 1973）認爲對於各種不同的社會科學活動，凡是涉及未來的論述，都應仔細地區別開來，包括：

　　(a)有學術依據的一般性推測；

　　(b)根據現在已知人群的現有行爲或自然現象，作出傾向、趨勢或可能性概括的外推；

　　(c)與馬克思主義有關的一般理論模型，以及各種形式的社會演化理論，包括指數成長模型；

(d)對特殊事件的預測。

如巴柏（Popper）所指出，對於「一般預言」（prophecy）（例如由庸俗的馬克思主義或演化論的普遍觀點作出未來預言）和「科學預測」（scientific prediction）必須加以區分，後者通常是一種普遍的條件陳述，而且採取「如果，便會」的形式（參見 historicism 歷史主義）。除了貝爾所指的「結構確定性」（structural certainties）知識（如下屆美國總統選舉的日期）之外，準確的預言在社會學之中是罕見的，因為所涉及的變項很複雜，包括人的選擇和大多數社會系統都是「開放系統」這一事實。不過只要不忽視始終與預言相聯繫的局限性和告誡，描繪未來可能性的種種嘗試還是有價值的。

G

Galbraith, John K. 蓋伯瑞（1908－　　）　加拿大出生的美國經濟學家、社會評論家、暢銷書作家以及受人歡迎的節目主持人。他對現代資本主義社會的分析，形成爲對現代社會和正統學院派經濟學的批判。蓋伯瑞的研究方法使其成爲制度經濟學派。不是創立抽象的經濟模型，而是強調對現實世界和歷史上經濟制度的研究，把這作爲認識經濟生活的一條最佳途徑。他的著作往往不爲較正統的經濟學家們所重視，這並不足爲奇。

他在最有影響的著作《富裕社會》（ *The Affluent Society* , 1958）一書中，認爲現代工業社會如美國社會，已經走出了經濟蕭條期，但尚未能調整其經濟理論或經濟實踐以使適當的資源服務於公共支出。而且，蓋伯瑞認爲與「私人富裕」（private affluence）同時存在的是「公共的簡陋」（public squalor）。

更早一些時候，他在《美國資本主義》（ *American Capitalism* , 1952）一書中，提出了關於現代美國經濟是由「相互抵銷的力量」（countervailing forces）左右的這個看法，認爲美國旣不是由傳統市場驅動的資本主義經濟，也不是直接受公衆控制的體制。他還在《新工業國》（ *The New Industrial State* , 1967）一書中提出了相同的基本主題，其中指出美國的權力掌握在一個新的技術專家階層（technostructure）手中。

蓋伯瑞的思想對於形成六十年代和七十年代公共支出增長的趨勢做出了貢獻。他八十年代的研究工作，由於大環境退回到市場經濟和公共支出的新約束，而開始顯得過時。或者說，他的研究可以被認爲是對限制公共支出作法的持續批判。

Garfinkel, Harold 葛芬可（1917- ） 美國社會學家和
俗民方法學（ethnomethodology）的創始人。

　　葛芬可深受**舒茲**（Schutz）的影響，他在《俗民方法學的研
究》（*Studies in Ethnomethodology*, 1967）一書中的論點認
為，傳統的社會學忽視了對於社會普通成員所擁有並運用於社會
生活正常行為中的俗民方法（members' methods 成員法）的研
究。葛芬可聲稱他通過非正式實驗的結果揭示了這些方法，例如
在實驗中他鼓勵他的學生在自己家裡扮演顧客。葛芬可認為這些
實驗和類似的實驗表明，在社會互動中存在著「視為當然的假
設」（taken-for-granted assumptions）和成員說明（accounts）
的索引性（見 indexical expression 索引式表達）。成員說明的特
徵以及成員的創造能力，同時被認為使得大部分傳統社會學的科
學立場歸於無效。參見 degradation ceremony 貶降儀式。

gatherings 集會 社會行為者（social actors）在時間和空間
「片段」（strips）內聚在一起進行面對面的互動交流（Goff-
man, 1963）。在進入或開始處於共同參與的情境時，社會行為
者使自身是「有閒的」，其中包括相互監視的過程。集會可能是
短暫的，包括日常問候性的禮節性交談，或較長時間的集會布置
可能事先有所計劃和規定，如學術研討會的時間安排和桌椅布
置。但是一切集會不管看起來多麼次要，都會牽涉到較廣的社會
結構，而且反過來對於這些社會結構產生某種影響。

**Geisteswissenschaften and Naturwissenschaften 精神科
學和自然科學**　（德文）指人文科學與社會科學（精神科學）和
自然或物理科學。德國人特別是德國哲學家**狄爾泰**（Dilthey）
的用法，似乎部分地源於英國哲學家**彌爾**（Mill）對「道德」
（moral）與自然科學區分的譯法。這種區分現在主要與下述的
觀點有關：認為人文和社會科學因是研究人的意義和目的，必須
建構和運用不同於那些適合於物理科學的方法。見 Verstehen 瞭
悟；hermeneutics 詮釋學；Rickert 李克特；Windelband 文德
班；Weber 韋伯。

Gellner, Ernest 葛耳納（1925 -　　） 捷克出生的英籍社會理論家、社會哲學家和社會人類學家。他著述範圍廣泛，多是反傳統的著作，包括批判分析哲學的《詞與物》（*Words and Things*, 1959）、民族誌研究方面的《阿特拉斯的聖徒》（*The Saints of the Atlas*, 1969）、心理分析研究方面的《心理分析運動》（*The Psychoanalytic Movement*, 1985）、民族主義研究方面的《民族和民族主義》（*Nations and Nationalism*, 1983）、蘇維埃思想研究方面的《蘇維埃思想中的國家和社會》（*State and Society in Soviet Thought*, 1988），以及關於社會變遷和歷史發展一般研究方面的《犁、劍和書》（*Plough, Sword and Book*, 1988）。他還有許多關於方法論問題的文章和著作，如《社會科學中的相對主義》（*Relativism in the Social Sciences*, 1985）。爲理性主義辯護的堅持，貫穿於所有這些著作之中，並認爲知識的變化在社會變遷中起着決定作用。葛耳納特別對於根源於維根斯坦（Wittgenstein）第二期哲學體系的社會科學研究方法不耐煩，他認爲那是一種「新唯心論」。參見 Winch 溫奇；episodic characterization 歷史片斷特徵化。

Gemeinschaft and Gesellschaft 禮俗社群和法理社會 德國社會學家屠尼斯（Tonnies）於1887年提出的一對理想型（ideal-type）概念，指的是互相對照的社會關係類型，廣而言之是互相對照的社會類型。Gemeinschaft [通常譯爲「社群」（community）] 指自生的和「感情的」（affective）關係，傾向於與一個人全面的社會身分有關，是重複或長期持續的關係（如親屬的關係），並產生在涉及文化同質的情境內。就特徵而言，這是家庭內與在簡單的、小規模的和前現代社會內的關係，包括農業社會內的關係。Gesellschaft [通常譯爲「結社」（association）] 指個人主義的、非人格化的、競爭的、斤斤計較的和契約性的關係，往往用明確的理性和效率概念表示。這種類型的關係是現代城市工業社會的特徵，在這裡已出現了分工（division of labor）。屠尼斯認爲這類關係已喪失了早期禮俗社

群關係的自然性和互助性。參見 community 社區。

屠尼斯的觀點根源於梅因（Maine）對身分和契約的區分。參閱韋伯的社會行為類型（types of social action）；帕森思的模式變項（pattern variables）。

gender differentiation　性相分化　指男女生理差別被賦與社會意義並用作社會劃分標準的過程。在大多數已知文化群體中，生理性別（anatomical sex）被用來作為性相分化的基礎。在有些文化群體中，性別間的生物學差別可能被誇大，而在其他文化群體中則可能被縮小。因此，性別的生物學差別不能被認為是固有的或有普遍意義的。

gender identity　性相認同　與男女氣質的文化定義有關的自我意識。性相認同與其說是外顯的不如說是主觀經驗。這是男性或女性特徵的心理內化。性相認同產生於自己與他人之間互動的複雜過程中。異性裝扮和變性身分的存在，表明性相並不僅僅依賴於性別（sex），而且是由性相認同建構產生的。

gender ideology　性相意識形態　指性相差異和性相階層化（gender stratification）獲得社會公認（包括根據「自然」差別或超自然信念的承認）的觀念系統。如奧克利（Oakley, 1974）所論證，社會學家有時傾向於以非批判的態度重新製造有關性相差異的「常識」（commonsense）意識形態。

gender role　性相角色　圍繞性別概念產生的社會期望和表達這些期望的行為，包括講話方式、風度、舉止、服飾和姿勢（參見 gender identity 性相認同）。男人和女人的觀念通常被認為是相互排斥的，並且在一些社會中角色行為可能是兩極分化的，例如女性角色的被動性和男性角色的主動性。關於性相角色行為的限定，尤其可見於男女工作環境中的性別分工。參見 dual labor market 雙元勞力市場。

gender stratification　性相階層化　性相成為社會階層化（social stratification）基礎的過程。其間，性相差異在社會上有

系統地有高低之分而被人區別對待。早期的社會學家常常無視性相階化層或加以歪曲解釋。性相階層化常被納入社會階級和族群性之下。性相成爲一種階層化的基礎，分出男高女低，以致受到不同待遇的情況，主要爲那些受女性主義影響的社會學家所強調（見 feminism **女性主義**；feminist theory **女性主義理論**）。例如女性主義社會學家利用父權制（patriarchy）概念對現在和歷史上婦女受壓迫的情況加以概念化和分析。

generalized other　概化的他人　指「其他社會行爲者」（other social actors）的一般概念，即個人從其他人的態度和行動中發現的共同因素加以抽象而成。根據創造這一術語的美國哲學家**米德**（Mead）的意見，個人由於「扮演概化的他人的角色」，將共同的價值內在化，並由此能參與複雜的合作過程。

general systems theory　一般系統理論　見 systems theory **系統論**。

generation　代　①生於同一時期內的人群，但對同一時期有不同的定義。②指自一群體之出生至其子女出生之間的時期，在人口統計學通常是以30年爲期。

　　曼海姆（Mannheim）對定位代（generation as location）、（同期出生群 birth cohort）和事實代（generation as actuality）又作了區分，後者中有着屬於一個群體的感覺，因爲有共同的經歷和共同的感情（如六十年代一代、越戰一代）。參見 age set **年齡組**；aging **老化**；life course **生命歷程**。

geographical determinism　地理決定論　認爲人類文化和社會組織的不同類型是由地理因素（如氣候、疆域等）決定的觀點。這種觀點由來已久，可以追溯到古希臘時代。不過儘管許多社會理論家，如**孟德斯鳩**（Montesquieu）極力強調地理的重要性，但是大多數人認爲它只是影響社會形式的一個因素，並不總是決定的因素。參閱 cultural materialism **文化唯物論**；Wittfogel **維特弗格**。

gerontology　老年學　研究老化（aging）和老年人問題的學科。它着重研究人口中老年人的比例日益增加所產生的社會結果、老化的個人經驗（特別是在重視年輕人的社會中）和老年人在社會中的地位。當前社會學界辯論的是老年問題有多大程度是由於歧視老年人的思想意識造成的，這種思想否認老年人的地位和作用，使老年人不得不退休，並依賴不充分的社會服務生活。從歷史和文化的角度來說，老年學是對老年人群體社會地位的比較研究；是建立在老化基礎上的社會階層化體系的研究。一個新出現的問題是經常不把年齡作爲社會學的一個理論問題，就像直至最近爲止不把性相作爲社會學的一個理論問題一樣。參見 old age 老年。

Gesellschaft　法理社會　見 Gemeinschaft and Gesellschaft 禮俗社群和法理社會。

ghetto　少數民族聚居區　在城市中以共同民族和文化爲特徵的隔離的居住區。ghetto 一詞源於中世紀的歐洲，用以表示在城市中限定猶太人居住的區域。此詞後由芝加哥學派（Chicago school），特別是沃思（Wirth）的《少數民族聚居區》（*The Ghetto*, 1928）在社會學中廣泛使用。「少數民族聚居區」現在不僅指族群和文化相同的居民，而且指最貧窮的內城中在社會上處於不利地位的少數族群的聚居區。人們現在常常帶着感情色彩、種族主義、不精確的意思使用這個詞。

Giddens, Anthony　紀登斯（1938 –　）　英國社會學家。他首先是以古典社會學理論的主要闡釋者確立了自己的學術地位，例如他所著《資本主義和現代社會理論》（*Capitalism and Modern Social Theory*, 1971）一書就說明了這一點。其次，他對現代階級分析和階層化研究作出了重要貢獻，如所著《發達社會的階級結構》（*The Class Structure of the Advanced Societies*, 1973）一書。再其次，他在近十年內對於結構化理論（structuration theory）的形構，使他成爲自有其地位的一般社

會理論家。在最近這一時期，他發表了《社會學方法的新規則》
（ *New Rules of Sociological Method* , 1976 ）、《社會學理論的
主要問題》（ *Central Problems of Sociological Theory* ,
1979 ），直到後來的《社會之構成》（ *The Constitution of Soci-*
ety , 1984 ）一書，他發展了關於結構和能動作用（structure and
agency）相互關係的說明（參見 duality of structure 結構的二重
性），而不是偏於二者的一方。在後來的一系列著作中，如《歷
史唯物論的當代批評》（ *A Contemporary Critique of Historical*
Materialism , 1981 ）和《民族國家與暴力》（ *Nation State and*
Violence , 1985 ），他又用了這一思想批判了現存的演化理論和
發展理論，同時提出對於社會變遷的另一種說明。參見 life-
world 生活世界；stratification model of social action and con-
sciousness 社會行為與意識的階層化模型；power 權力；evolu-
tionary sociology 演化論社會學；time-space distanciation 時空延
展；intersocietal systems 跨社會系統；nation-state 民族國家。

gift exchange or gift relationship 禮物交換或禮尚往來
交換物品或是服務的互惠關係。法國社會學家牟斯（ M.
Mauss, 1872 – 1950 ）寫了一本重要的著作《禮物》（ *The Gift* ,
1925 ），他在書中認為禮物的贈予和接受是維繫社會的紐帶之
一。有些習俗如庫拉環（ kula ring ）和誇富宴（ potlatch ）形成
一種饋贈禮品的制度，涉及一個人群網絡，把經濟、精神和政治
價值觀念合入一個統一系統中。法國人類學家李維史陀（ Lévi-
Strauss ）把觀察到的這種習俗發展為一種群體聯合的結構理
論。他認為以個人和群體名義贈予、接受和回贈的形式，反映了
最深層次的社會結構。這一點尤其被用於父系世系群交換婦女的
情況。

梯特馬斯（ Titmuss ）在所著《贈與關係》（ *The Gift Rela-*
tionship , 1970 ）一書中應用了這些思想，此書是關於美國、英
國和前蘇聯捐血者的研究成果。梯特馬斯認為在英國捐血是沒有
物質報酬這一點，反映了其他兩國所不具備的的社群意識（在美

國多數但不是所有的捐血者會得到報酬）。梯特馬斯在研究英國捐血服務中對**利他主義**（altruism）的分析和單方面不留名自願贈予的思想在**社會政策**（social policy）的討論中是很重要的。

交換禮物的思想也用於指工業化社會中的禮儀性贈予（如交換生日禮物），但是現在的複雜市場機制使得簡單的禮物交換方式複雜化了。

Ginsberg，Morris　金斯伯格（1889－1970）　立陶宛出生的社會學家和社會哲學家。他追隨**霍布豪斯**（Hobhouse）的道路，成爲倫敦政經學院的社會學教授。在此，作爲兩次世界大戰之間少數英國社會學教授之一，金斯伯格的教學和著作，包括《社會學和社會哲學論集》（*Essays in Sociology and Social Philosophy*，1956）、《社會學》（*Sociology*，1934），影響了好幾代英國社會學家。他的許多著作中論據不太堅實的道德說教，現在看來已屬過時。他的作品可以被認爲是與霍布豪斯相關的傳統之結束，而非新方向的指引。

globalization of production　生產全球化　靠著私人資本單位實現的全球規模的經濟活動的一體化。全球化是後福特制（見Fordism and post-Fordism **福特制和後福特制**）的一關鍵要素，是以多國公司或集團的能力進行協調、整合，使生產更加靈活爲條件的。這種能力因採取新的通訊技術和機器人而大大提高了。最終產品可在許多個別的單位組裝，可在許多國家中製造，可能適應變化的要求和各種具體市場需要而靈活生產。因此生產可以在廣泛的空間內組織，通過多國公司的國際化組織活動，以便利用不同的工資水平和不同的工會化程度，促使雇員之間相互競爭，以發展全球性協調的積累策略。

goal displacement　目標置換　原設計用來達到目標的手段本身變成目的的過程。這一概念首先是美國社會學家**默頓**（Merton）於1949年提出的，用以解釋正式法規的不靈活性如何能夠導致個人利用生存策略代換組織的公開目標。默頓舉例揭示政府官員們是如何試圖採取保護他們自身利益的方式而不是服務於大

衆的方式行事。目標置換研究的一個典型例子是塞爾兹尼克（Selznick）於1966年對田納西河流域管理局的研究，它揭示了田納西河流域管理局的民主理想，由於官員們更加關注本部門的利益而敗壞。德國社會學家米歇爾斯（Michels）雖沒使用目標置換一詞，但他的**寡頭統治鐵律**（iron law of oligarchy）就是目標置換的一個早期例子，呈現在民主原則與科層制之間的衝突。

目標置換的概念屬於功能論的語言，表示組織目標和反功能行為同時存在。參見 manifest and latent functions **顯性功能和隱性功能**；bounded rationality **有限理性**；dysfunction **反功能**。

Goffman, Erving 戈夫曼（1922－1982） 加拿大出生的美國社會學家和多產作家。他對若干有關領域內日常生活中面對面互動的研究作出了獨特的貢獻。《日常生活中的自我表現》（*The Presentation of Self in Everyday Life*, 1959）一書的主要觀點是**編劇法**（dramaturgy），這個研究重點在《會面》（*Encounters*, 1961）和《公共場所行為》（*Behavior in Public Places*, 1963）兩書得到進一步的研究。他在《污記》（*Stigma*, 1964）和《避難所》（*Asylums*, 1961）兩書中探討了各種偏差身份的社會構成和行為者處事方法。在《構架分析》（*Frame Analysis*, 1974）和《交談方式》（*Forms of Talk*, 1981）兩書中他轉移注意力，檢驗人們把世界解釋為構架（frame）真實的方式，研究這種構架為什麼總是不牢靠的。貫穿於戈夫曼各階段著作中的是他能夠不斷提出的新概念和高超的概念圖式。其著作的一個持久焦點是展示社會形式，即掩蓋在社會生活特定內容之下普遍重複的特徵（參見 form and content **形式與內容**）。

戈夫曼雖然很贊成象徵互動論的傳統，並且集中注意力於面對面的現象，但他的興趣在於呈現即使是最瑣碎或看起來無關宏旨的行為也是由社會架構及**儀式**（ritual）所規範的。在他的後期著作中，重點放在構架的條理化，他更向**俗民方法學**（ethnomethodology）和談話分析（conversation analysis）研究方向

前進一步。

戈夫曼的研究方法包括**參與觀察**（participant observation）和仔細分析各種自然發生的社會事件和事例，如廣告形象和廣播談話。他的形式概念圖式的精確性來自他有說服性的展示這些圖式的分析和解釋力（把**形式社會學** formal sociology 與**分析歸納法** analytic induction 相混合）。戈夫曼成功的一個主要因素是作爲一位社會觀察家的才能，而這是不容易仿效的。

戈夫曼社會學的批評者批評它所謂的「魔鬼式的超然」（demonic detachment）是由一些「缺乏個人特色」的行爲者組成，批評它把社會表現爲一個「大騙局」。儘管戈夫曼的研究方法未能全方位地表現人群，他的社會學仍然是強有力的，尤其是它持續地提出許多**感性概念**（sensitizing concepts），而且這些概念爲其他社會學家所接受並獲得很好的效果。參見 career **經歷**；role distance **角色距離**；stigma **污記**；encounter **會面**；interaction **交互作用**；interaction ritual and interaction order **互動禮儀和互動秩序**；symbolic interactionism **象徵互動論**；total institution or total organization **全控機構或全控組織**。

Goldthorpe，John　戈德索普（1935-　　）　英國社會學家。他以**社會階層化**（social stratification）、**階級**（class）和**社會流動**（social mobility）的經驗研究而著稱。他的研究成果包括與**洛克伍**（David Lockwood）合作完成、（1968—1969）頗有影響的關於**富裕工人**（affluent worker）的研究，另外牛津大學納菲爾德學院（Nuffield College）關於社會流動的研究是由他指導進行的，並出版爲《現代英國的社會流動和階級結構》（*Social Mobility and Class Structure in Modern Britain*，1980、1987）一書。以上兩項研究蘊含的方法論和經驗性的結論皆很重要［見他和霍普合著的《職業的社會分等》（*Goldthorpe and Hope, The Social Grading of Occupations*，1974）］，並引致了一番爭論（Bulmer，1975；參見 multidimensional analysis of social stratification **社會階層化的多元分析**；class imagery **階級形象**；occupational scales 職業量表）。戈德索普偶爾也介入關於社會學理論、俗民方法學（ethnomethodology）的優缺點、勞資關係（industrial relations）、階級和性相以及通貨膨脹的辯論。

Goldthorpe-Llewellyn scale　戈德索普－盧埃林量表　見 occupational scales 職業量表。

Gouldner, Alvin　高德納（1920－1980）　美國社會學家，他對社會學理論有廣泛的貢獻。他雖深受馬克思主義影響，但從任何嚴格意義上說都不是馬克思主義者。他最著名的著作是《西方社會學面臨的危機》（*The Coming Crisis in Western Sociology*, 1971），可以認爲是對現代結構功能論（structural-functionalism）的檢討報告。他最初是因《工業科層體制的模式》（*Patterns of Industrial Bureaucracy*, 1954）一書而成名，此書成爲現代經典之作。他在書中提出一個經驗，驗證說明無效率的行政管理和勞資糾紛可能是由於力圖引入規章制度，從而使人無自主餘地所造成的。他還有一些著作，包括《兩種馬克思主義》（*The Two Marxisms*, 1980）和《知識分子的未來和新階級的興起》（*The Future of the Intellectuals and the Rise of the New Class*, 1979）（見 new class 新階級；intelligentsia 知識界），試圖在社會科學中建立一條批判思維的新途徑，這條途徑應介於有嚴重缺陷的功能論（functionalism）與有待革新的馬克思主義之間。他一生都關注於探討社會科學中出現的介入與超然關係，對極力主張超然的韋伯（Weber）等人［見《支持社會學》（*For Sociology*, 1973）］或否認可能有關於價值的客觀基礎的人都持批評態度。他在《意識形態和技術的辯證》（*The Dialectic of Ideology and Technology*, 1976）一書中發展了這些主題，探討了認識論新思維和傳播技術變化對於公共參與的含義。參見 bureaucracy 科層制；critical cultural discourse 批判的文化論述；new class 新階級；value freedom 價值不涉入。

Gramsci, Antonio　葛蘭西（1891－1937）　義大利革命的馬克思主義者和政治理論家，他的支配權（hegemony）概念在現

代社會學中深具影響。

　　葛蘭西出生於一個貧窮的撒丁尼亞家庭。1911年獲獎學金入杜林大學學語言學。因越來越投入政治活動而離開大學，成為一位重要的社會主義記者並成為1919－1920年杜林工廠工人會議運動的理論家。葛蘭西認為以工廠工人會議為基礎的直接民主注定要替代議會民主，這將使得大多數人能直接參與作出政治決定。1924年葛蘭西成為義大利共產黨的總書記。但是隨著法西斯主義得勢，他於1926年被捕。在對他的審判中，官方檢察官要求法庭「讓此大腦停止工作二十年」。監獄並未能使他沉默，反而激勵他寫出他的主要理論著作《獄中札記》（*Prison Notebooks*）一書。其中論及眾多的課題，一條主線是把馬克思主義運用到義大利的歷史和社會問題上來。他的變革戰略是建立在組織北方工人階級和南方鄉民的基礎上，並在他們之間形成一個革命聯盟。參見 intellectuals 知識分子。

grand theory　大理論　見 Mills 米爾斯。

gratification　滿足　實現需要或達到目的的過程，和由於實現需要或達到目的而產生的滿意狀態。

green movement　綠色運動　以關注生態問題為己任的社會運動（見 ecology 生態學）。綠色運動活動範圍極廣，包括關注環境污染、保護野生動植物和傳統鄉村，以及控制建築的發展。綠色運動有強大的政治組織，在二十世紀80年代曾是一個強大的遊說力量。綠黨（Green Party）在西德和荷蘭最為突出，八十年代後期興盛於英國，更名為生態黨（Ecology Party）。然而許多綠色運動的支持者認為他們的追求並非傳統政治性的，而是建立在與生態直接有關的實際問題基礎上，他們以調整消費習慣、休閒方式或向生態保護團體捐獻來表示對綠色運動的擁護。

green revolution　綠色革命　指引進新的作物品種和新技術以獲得更高的作物收成。這一運動始於1950年代的墨西哥，自60年代中期新的高產稻和小麥品種被引進許多第三世界國家，從此綠

色革命運動進入高潮。最引人注目的引進是在印度次大陸,新的水稻作物可以一年兩作,從而消除了農耕周期中的休耕期。有一個時期,這種改良被許多人認爲解決了糧食供應問題。但是新的問題又出現了,最重要的問題之一就是新作物需要投入大量化肥、殺蟲劑和農業機械。對於第三世界國家來說,這些可能是昂貴的進口物資,而且小農場主不可能獲得採用所有先進技術所需的資金保證。總的說來,貧苦農民更加貧窮的過程因之加劇,伴隨的問題是收入更加不平等,土地占有權更加集中,而糧食供應越來越不穩定。如格里芬(Griffin)於1979年所指出這是一項技術困境(technological fix)作法的例證,它是以一種假想爲基礎,即認爲技術性解決辦法可以獨立地在複雜的社會環境內起作用。他最後說:「綠色革命的故事是一個革命失敗的故事」。參見 intermediate technology 中間技術。

grounded theory　紮根理論　紮根理論是在對選擇的社會現象進行仔細的自然主義觀察基礎上逐漸形成的社會學理論(參見 analytical induction 分析歸納法)。例如格拉澤和斯特勞斯(Glaser & Strauss)在《紮根理論的發現》(*The Discovery of Grounded Theory*, 1968)一書中所概括,這種形式的社會學理論是與假設演繹形式的抽象普遍化理論相對立的。見 hypothetico-deductive explanation and method 假說演繹解釋和方法。參閱 theories of the middle range 中程理論。

group　群體、團體、集團　以非正式或正式成員資格結合在一起的個體(人或事物)之集合。社會群體存在於群體成員參與包括交互角色(roles)和整合性聯繫的社會互動的條件下。因此,對於社會群體和社會範疇(social category)之間就可以作出區別,後者指的是共同具備一個社會有關特徵(如年齡或性別)的任何範疇,而並不與任何有約束力的互動模式或整合性聯繫有關。因而一切社會群體都有一特定的社會互動基礎,儘管這種基礎的性質和程度在各群體之間的差異極大。各種類型的社會群體可以被看作是其他類型和不同層次的社會組織得以建立的基石。

「社會群體」一詞,如斯莫爾(A. Small)於1905年所指出,是「社會學用以指稱個人結合的最普通的中性詞」。參見 primary group 初級團體;group dynamics 群體動力;reference group 參考團體;social integration and system integration 社會整合和系統整合;society 社會。

group dynamics　群體動力　涉及社會群體(groups)內部互動的過程。社會學尤其關注的是群體內部的緊張、衝突、調整和凝聚力的模式,以及領導方式的變化情況。在群體動力研究方面,最著名的理論和實驗方法是美國社會心理學家勒汶(K. Lewin)在《社會科學中的場論》(*Field Theory in Social Science*, 1951)一書中提出的。然而,對更一般意義上的群體動力重要性的認識,明顯地存在於許多社會學家和社會心理學家的著作中,包括齊默爾(Simmel)、梅約(Mayo)、莫雷諾(Moreno)、貝爾斯(R. Bales, 1950)和帕森思(Parsons)。見 dyad and triad 二元群體和三元群體;Hawthorn effect 霍桑效應;sociometry 社交測量法;opinion leaders 意見領袖;conformity 從眾;group therapy 團體療法。

group therapy　團體療法　通過面對面群體共享經驗和情感,以達到更好的自我理解和自我調適的過程來治療心理困擾的作法。團體療法是美國社會心理學家莫雷諾(Moreno)於二十世紀三十年代提出的,他創造心理劇和社會劇,這兩個詞即由此而來。自四十年代以來,羅嘉思(Rogers)積極地發展這種方法,特別是他的「交心治療小組」(encounter groups),旨在提供「精神正常」(normals)人的發展體驗。治療小組一般有一位小組長或稱為「指導員」(facilitator)。小組的組成和計劃需要仔細地設計和管理,以便在所有組員中達到預期目的。還有多項理論研究是有關團體療法的,如心理動力學(psychodynamic)、羅嘉思方法或女性主義。

guild　行會　手工業者的聯合會,尤指前工業社會中的手工業協會,或稱基爾特。建立行會的目的在於互相幫助、控制工藝標

準和入會。行會是社會封閉（social closure）的一種形式。見 social closure 社會封閉；比較 profession 專業；trades union 工會。

Guttman scale, scalogram analysis or scalogram method
格特曼量表、量圖分析或量圖法　格特曼量表是美國社會心理學家格特曼（Guttman）所創的一種態度量表（attitude scale）。用格特曼量表首先要評估的是所研究態度（如種族歧視）是否僅涉及單一維度。如果是單一維度，則有可能從等級和順序上排列出一組強度遞增的態度問題，即如果同意一特定說法則意味著同意更低強度的說法。也就是說，在任何一組態度說法中都存在一個截止點，即如果不贊成一特定項，就意味著不贊成強度更高的項。回答者的態度可以用簡單的得分來加以比較，而且任何人對於任何事項的回答都可以由得分而知其態度。事實上，不存在絕對精確的格特曼量表，10％的界限誤差一般認為是可以接受的。比較 Likert scale 利克特量表。

H

Habermas, Jürgen 哈伯瑪斯（1929 －　）　德國社會理論家，他是*法蘭克福批判理論學派*（Frankfurt school of critical theory）激進社會學說依然健在的主要代表人物。哈伯瑪斯理論範圍異常廣大。他對早期批判理論家們發展的大多數廣泛的主題進行研究，包括認識論問題和有關發達資本主義社會基本動力的辯論。此外，他試圖全面綜合社會科學和哲學，包括分析哲學、科學哲學、語言學、政治學、和系統論的發展，深信此探討對於在社會主義路線上對社會加以理性重建具有基礎性的相干性。

　　以批判「政治科學化」爲起點，哈伯瑪斯致力於使社會科學和政治辯論重新成爲「開放論述」的場域。雖然從歷史上看，理性和科學曾被用來反對無知和壓迫，但從哈伯瑪斯的觀點，科學和技術的理性現在常常起著意識形態的功能，妨礙提出人類目標的根本問題。在《知識和人類利益》（*Knowledge and Human Interests*, 1972；德文原版，1968）一書中，哈伯瑪斯力求區分科學知識三種形式的適當範圍：

　　(a)「經驗分析性」研究，關注建立因果關係，尤其是以駕馭自然的旨趣爲基礎。

　　(b)「詮釋性」研究，基於意義性理解（meaningful understanding）和源於人類相互溝通的需要。

　　(c)「批判性」和「解放性」知識形式，被認爲超越了其他兩類知識的界限。

　　哈伯瑪斯闡釋第三類知識特徵的方式，涉及對「普遍語用學」（universal pragmatics）的表述，即作爲人類一切溝通形式

理想基礎的規範性預設（Habermas, 1970）。對溝通的一切眞正的努力，本身都自有其有效性主張，即眞實、適當和誠懇（參見 communicative competence 溝通能力）。眞正的理性只有在符合理想語境（ideal speech situation）的條件下才能達到，在這種條件下所有各方都有同等的機會對話，毫無一方不適當地操縱，毫無限制，毫無意識形態的歪曲。這一模型闡述了建立批判性和眞正「解放性」社會科學的條件。即使實現這一模型存在困難，但它建立了一個判斷的標準，用這個標準可以衡量現有的社會科學形式中包含的意識形態歪曲。

在《正當化危機》（*Legitimation Crisis*, 1975；德文原版1973）中，哈伯瑪斯將注意力集中於研究發達的資本主義社會中的危機傾向。他描述這些社會的特徵是持續的經濟和階級矛盾；行政決策的更加政治化，這是由於經濟矛盾需要不斷加強國家干預的結果；而這些政治干預造成新的矛盾。「正當化危機」的一個顯著趨向出現在下列情況下：以前的正當性基礎（如 deference 服從）沒有被更新，同時新的社會取向（如新的福利專業主義）開始作爲資本主義內部的「外來體制」發生作用時，遂產生了更批判性的政治文化，潛在地威脅著資本主義。哈伯瑪斯承認資本主義社會中這種導致危機的趨向，是能得到成功控制的，而且沒有人敢說資本主義將會被取代。儘管如此，他仍堅持認爲一旦批判性理論的程序開始作用，資本主義社會中的經濟與階級矛盾和理性扭曲的現象就會明顯地浮現出來。

哈伯瑪斯把他對他人著作的批判性注解，與自己精辟的理論體系結合起來，產生了廣泛的影響。他的著作數量之多和內容之龐雜，這裡不可能用有限的篇幅對所有方面都加以介紹。除上文提到的以外，他的其他重要著作還有（英譯本）《理論和實踐》（*Theory and Practice*, 1974）；《通向理性社會》（*Towards a Rational Society*, 1970）；《溝通與社會演化》（*Communication and the Evolution of Society*, 1979）；《溝通能力理論》（*The Theory of Communicative Competence*，2卷，1984和

1988）。麥卡錫（McCarthy, 1978）和伯恩斯坦（R. Bernstein, 1976）對哈伯瑪斯的著作作了摘要和評價。

habitus **習性** 「長期養成的生發原理」，這些原理生產並再生產出一個階級或其一部分人的「實踐」（Bourdieu 波笛爾，1977, 1984）。歸根結底，習性由一系列所謂的「分類架構」和「終極價值」組成。根據波笛爾的說法，這些因素比意識或語言更為根本，同時也是群體成功或不成功地採取顯然有利於其自身利益行為的手段。雖然每一種習性都是在歷史和社會的條件下產生的，但它也容許新的形式和行為；但決不容許「不可預測的（無條件）新東西」。參見 structure and agency 結構和能動作用。

Hagerstrand，Stig **哈格斯特朗**（1916－　　） 瑞典社會地理學家。他在空間傳播和時空關係方面的研究，對社會學頗具影響（見 Giddens 紀登斯，1984）。哈格斯特朗的早期研究是統計學方法的，涉及總體資料及電腦模擬。他後來的研究更多關注於對個體運動的分析，但他的目標是證明總體分析與個體分析是互補和相互關聯的。參見 aggregate data analysis 總體資料分析。

Halsey，A．H． **哈爾西**（1923－　　） 英國社會學家，牛津大學社會學和行政學教授。他發表了大量有關社會階層化（social stratification）、社會流動（social mobility）、教育社會學（sociology of education）的著作。其著作的中心思想在《英國社會的變革》（*Change in British Society*，1978）一書中有最好的闡述，這是他同年在瑞斯講座（Reith Lectures）的提要。他在書中著重自由、博愛和平等等根本價值在不同社會，尤其是在發達的工業化社會中能夠實現的程度。他對比韋伯式，自由派與馬克思主義對於社會變遷（social change）的闡述，認為並不是所有的不平等都是由階級造成的。和韋伯（Weber）一樣，他認為政黨和身分（status）的觀念是理解社會變遷複雜性的基礎，特別是理解經濟、社會和政治進程中權力和利益分配變遷的基礎。他斷言在英國沒有一項根本價值得到實現，卻存在著巨大的

障礙妨礙其實現。儘管如此，他以審慎的樂觀態度認爲在英國民主和公民權利的「豐富傳統」所提供的博愛基礎，終將超越由階級引發的鬥爭，並會導致一種新的社會整合。這一社會哲學已成爲八十年代新成立的英國「中間派」政黨政治主張的一部分。

哈爾西對於社會流動研究的貢獻是他所著的《起點和終點》（ *Origins and Destinations*, 1980）一書（與 Heath 和 Ridge 合著）。此前，在教育社會學方面，他所著的《教育、經濟和社會》（ *Education, Economy and Society*, 1961）和《社會階級和受教育的機會》（ *Social Class and Educational Opportunity*, 1956，兩讀本均與 Floud 和 Anderson 合著）均是極有影響的著作，影響社會學方面的教育調查幾乎達二十年。教育社會學對平等、機會不均等和教育成就等的關注，均源於哈爾西早期重要著作。關於綜合教育、補償教育和社區教育等社會實驗，旨在消除英國戰後的不平等現象，是哈爾西及其同事們所推動的工作的直接結果。

Hawthorne effect　霍桑效應　得自霍桑調查（見 human relations school 人性關係學派）的一個術語。那項調查是專爲伊利諾州西塞羅市的西方電力公司霍桑工廠進行的。調查中所進行的試驗使試驗對象的行爲產生了變化，因爲首先試驗對象知道他們正在被觀察，其次，調查者同他們建立了友好的關係。在第一例中，霍桑效應弄清了一個令人困惑的試驗結論，即照明（環境變化）與工人生產率成反比的關係。在第二例中讓一些工人脫離他們日常工作環境，試圖估計一些變量對工人行爲的影響，但結果是有問題的，部分是由於調查者在一段時間內對試驗對象保持了一種友好的監督關係。那些難以控制的變化對工人產量提高的影響很難查明，在有爭議的情況下只好大部分歸因於工人樂意接受凝聚性強且非正式工作小組友好監督的作用。事實上，這個結論成爲人性關係理論家們爲有效的管理提出解決辦法的主綱。在這兩例中，霍桑效應是與試驗對象對難以控制的試驗變化所作解釋和反應的方式有關。當調查者們開始意識到必須考慮工人對其工

作環境的理解方式時，便採用了一些其他的調查方法，如訪問和觀察周圍自然環境。儘管如此，如同對調查結論的解釋一樣，對調查大綱的各個階級都有所批評（ M. Ross, 1988 ）。參見 unanticipated consequences of social action 社會行動的非預期後果。

head of household　家長、戶長　傳統上指家庭中年長的男性［「掙錢養家者」（ breadwinner ）］，這一傳統影響了社會研究的定義。在政府調查中，家長被定義爲住宅的男主人或男性租房人，或與住宅女主人或女租房人共同生活的男人。因此「女家長的家庭」（ female - headed households ）限指獨自生活的女人，或指以單身母親爲家長的家庭，或與年老者一起生活的女主人或女租房人。

　　家長的定義影響對家庭狀況的分析：對一個家庭成員是否應根據通常爲男性家長的經濟或社會地位來定他們的社會地位？關於這個問題的辯論與如何定義社會**階級**（ class ）的辯論有重疊之處。在社會調查中，社會階級是用各種變量來衡量的，如職業（現任職務、職務級別、職責）和（或）教育程度（學歷），和（或）家庭地位。這些變量是否應該用來衡量一個家長及其社會階級，然後賦予其他的家庭成員呢？用這種方法衡量的社會階級能夠賦予其他家庭成員，例如與家長共同生活的女人和「他的」子女等等嗎？換句話說，社會階級是一個用來衡量每個成年人的職業、教育、或家庭地位的單一屬性嗎？或者說，是否應該考慮上述變量在家庭中對男女成年人的影響，來衡量家庭所處的社會階級呢？這些問題對於政策有重要的影響。例如在英國，對收集貧困統計數字的過程中，人們假定家庭收入是平等地享有的。如果家長收入多，全家便處於貧困線之上。然而許多調查者對這一假定提出質疑，他們認爲儘管在有些家庭收入可能平均分配；但在另外一些家庭中並不如此，婦女和兒童的生活可能處於貧困線以下，而從政府的標準來看，這些家庭的收入都是富裕的。

Hegel, Georg Wilhelm Fredrich　黑格爾（ 1770 - 1831 ）

德國有影響的唯心主義哲學家，也是後康德派的哲學家。其主要著作有《精神現象學》（*Phenomenology of Mind*，1807）、《歷史哲學》（*Philosophy of History*，1817）、《法哲學原理》（*Philosophy of Right*，1821）。他認為社會根本上是由理念組成的，表現在關於「世界」（或「絕對」）精神（Geist）理念上。這種理念通過自我意識「疏離」的思考過程而被認識。世界精神通過理念在時間上的辯證運動而表現為歷史，即一個正題與一個反題合起來便產生出一個更高的合題。歷史就是這種樣子展現的，而個人只不過是歷史發展中的棋子（拿破崙常被引用來說明這個觀點）。黑格爾認為歷史的發展最終會以到達一個永恆的歷史合題而告結束，他似乎相信普魯士國家就是這樣一種結局。儘管他經常自認為是右派哲學家，但他對疏離的商業主義的批判對青年**馬克思**（Marx）起了決定性的影響。馬克思聲稱他讓辯證法的腳站在物質世界上，而從唯心論中解救出黑格爾思想。參見 idealism **唯心論**。

hegemony　支配權、霸權　①指一社會群體對另一群體行使的權力。②一個階級主宰另一個階級的意識形態及文化，通過控制文化內容和建立重要習俗以統一意見來達到支配目的。就定義項②來說，支配權一詞源於**葛蘭西**（Gramsci, 1971）。他是一位二十年代被法西斯分子監禁的義大利馬克思主義者。他用這個詞來抨擊僅專注於資本主義國家中潛在壓迫的研究方法的狹隘性。葛蘭西認為資本主義社會主要制度（天主教會、法律體系、教育系統、大眾傳播媒介等）對思想的支配，促使人們接受有利於**統治階級**（ruling class）的觀念和信念。葛蘭西把公民社會比喻成站在國家背後強大的「堡壘和工事」體系。結果可以看出文化支配權的問題對於理解資本主義的生存來說是十分重要的。葛蘭西斷言工人階級在奪取政權以前，應當摧毀統治階級的支配權，並發展自己的支配權。如同發揮領導作用一樣，這也需要經過文化和意識形態的鬥爭，從而建立一種新的社會主義「常識」，並以此改變人們的思想和行為。因此，一個從屬的、被壓迫的階級除

了組織起來反抗肉體上的威脅和壓迫外，還要對統治階級的思想觀念不斷進行駁斥。在此意義上，支配權的概念以及這個詞本身已被廣爲運用在政治和理論鬥爭方面，例如在俄國的馬克思主義運動中就是如此（Anderson, 1977）。

葛蘭西對於後來最有影響的是重點從「反抗性支配權」（counter hegemony）是被壓迫群體的政治需要，轉向強調支配權是穩定現有權力結構的一個因素。總的說來，這對於社會學家來說並不是什麼新問題。例如韋伯先於葛蘭西十多年就撰文強調赤裸裸使用暴力，對於保證一個體制的延續並不是穩妥的辦法。一個穩定的政權體系同樣需要一個爲公衆所接受的正當化原則（見 legitimate authority 正當權威）。葛蘭西卓越的貢獻和近二十年來對社會學的影響，在於他鼓勵對特定制度在權力關係的社會再生產中運作方式進行調查，鼓勵對理解信仰結構、意識形態（ideology）等方面更廣泛的理論問題進行研究。近年來，在諸如工人階級青年次文化、電視新聞的製作、國家教育的發展問題許多研究中都使用了支配權。

Heidegger, Martin　海德格（1889－1976）　德國哲學家，現象學（phenomenology）和存在主義的主要代表。他的哲學在許多方面對現代社會學理論有影響，特別是他關於人類的獨特之處的概念，此有（Dasein），即所謂「對人的存有的分析」；與此有關的是關於時間（time）的概念。人類的特點在於能夠了解自身，儘管不能掌握自身的出生，但人們有能力採取「本眞的」行動，即這些行動不會流於匿名性，不會流於無人格的客體化的存有模式，從而否定人類所獨有的能力。在《存有與時間》（*Being and Time*, 1929）一書中，海德格指出「本眞的自我」是行動的潛勢，是通向未來（變化）的定向，涉及可能性並需要選擇。海德格遭人異議主要是因爲他與法西斯主義的關係，但他的哲學基本理論則爲其他哲學家所引用（如 Sartre 沙特），並被引入社會科學（見 structure and agency 結構和能動作用），說明他與法西斯的關係與學術觀點無內在關連。

herding society **畜牧社會** 基本生活資料來源於放牧馴養的牲畜的一切社會（見 pastoralism 畜牧生活；nomads and nomadism 游牧民族和游牧生活）。實際上，畜牧社會的物質生活資料來源往往是從牧畜、狩獵、採集和些微農業種植中獲得的。參見 hunter-gatherer 狩獵採集者。

hermeneutics **詮釋學** 詮釋人類行爲和人工製品的理論和方法。源於解釋聖經經文的用語，原義包含詳解所謂「眞本」聖經的工作。狄爾泰（Dilthey）用這個詞（還有 Verstehen 瞭悟）指文化科學（促進創造者與詮釋者之間共享理解的學問）的方法。曼海姆（Mannheim）提出同樣的看法，並進一步認爲文本可以被看作是特殊世界觀的文書。迦達瑪試圖通過用詮釋學循環（hermeneutic circle）的概念來證明他的「現象詮釋學」是正確的，即我們所以能夠認識和概括一特殊觀點，是因爲我們可以對其事例進行解釋，但我們也只有借助於產生那些特殊行爲或人工製品的「世界觀」才能理解它們。迦達瑪堅持認爲這一證成過程永遠是暫時的而且絕不是完整的，我們所認爲的「眞理」總是片面的並且需要不斷的修正。近年詮釋學由法國哲學家呂格爾（Ricoeur, 1981）加以發展，他把重點放在文學批評方面。他認爲文本（text）爲傳統和獨特性的重要媒介，從而處於對世界和自我（self）都可以批判的立場。哈伯瑪斯（Habermas）的「批判詮釋學」也存在同樣的看法，這種詮釋學試圖說明任何詮釋都必定在被資本主義權力關係扭曲的溝通中採取一種立場。詮釋學因明顯贊成相對主義（relativism）和主體性（subjectivity）而常常受到批評，直至現在，詮釋學仍是引起社會學界爭論不休的對象。如哈伯瑪斯所指出，詮釋學有兩個重要的特點：(a)它提醒社會科學注意由於象徵性預構其題材而產生的問題；(b)它從根部摧毀對自然科學的「客觀主義」的理解。參見 Kuhn 孔恩；Feyerabend 費若本；fusion of horizons 視域融合；double hermeneutic 雙重詮釋。

hidden curriculum **隱藏性課程** 體現在學校教育組織和過程

中，潛移默化傳給學生的價值觀、態度和知識框架。

儘管所有學校都設有期望學生從中獲得學問知識的正式課程，但是學校教育形式和作爲學校教育組織和實踐結果而傳達給學生的訊息比學科內容更有影響力。隱藏性課程促進了社會控制，並使學校和社會的權威結構爲學生所接受。

社會學家認爲學校的基本功能是再生社會的**價值觀**（values）和**規範**（norms）。對此，結構功能論者和馬克思主義都持相同觀點，但其理由卻大相徑庭。前者認爲從全民利益出發是保持社會秩序的穩定所必須（Parsons **帕森思**，1959），而馬克思主義者認爲教育的基本功能是資本主義經濟生產的社會關係的再生，藉以維持使無產階級處於附屬地位的階級秩序。後者的功能主要就是通過隱藏性課程而實現的（Bowles & Gintis, 1976）。

hierarchy of credibility　可信度層級　美國社會學家貝克（Becker）在〈我們站在誰那邊？〉（Whose Side Are We On? 1953）提出的一種見解，即社會是如此組織的，以至於那些處於頂層和權威地位的人士關於眞理的說法很容易被人們所接受，而那些失敗者和局外人的觀點則往往不被人理睬或不受到重視，或者只能通過「官方的」說明來代表。貝克的想法認爲社會學家要想獲得對社會應有的全面了解，就必須與失敗者和局外人站在一起。僅自覺地保持客觀性和避免**偏誤**（bias），或者僅從事權威人士付錢的調查研究，其結果僅僅是片面的。

在與失敗者站在一起的方面，貝克受到的批評（如 Gouldner **高德納**，1973）是他提出了一些破壞客觀性的建議，而且同**韋伯**（Weber）一樣，指出社會學總是「與價值觀念相關聯」（參見 value relevance **價值相關性**）。但是更能說明其立場的是他指出「客觀性」在社會學方面極難作到，現在許多試圖達到客觀性的作法可能得到相反的結果。參見 objectivity **客觀性**；value freedom and value neutrality **價值不涉入和價值中立**；truth **眞理**；fusion of horizons **視域融合**；deviance **偏差行爲**；labelling theory 標籤論；amplification of deviance 偏差行為渲染化。

hierarchy of the sciences　科學層級說　法國哲學家孔德
（Comte）首先提出的關於科學的一種觀點，認為不同的科學是
以一定的順序出現的，每門科學都依賴於，但性質又不同於，而
且也不可化約為其下層級的科學（見圖11）。儘管孔德認識到各
門科學有基本的統一性（見 positivism 實證主義），但他把社會
學置於「科學女王」（queen of the sciences）的地位，居於層級
之頂，認為它是一門綜合的科學，遠較其下層級的學科複雜。

孔德對於科學層級排列的觀點一般說來尚能為人所接受（如
Rose，1973）。不過對於社會學作為「科學」的確實依據和它與
自然科學差異的程度，仍存在不少爭論。

社會學依賴於其他學科但不能化約為其他學科的一個原因，
是它涉及的變量太多也太複雜。因此，社會學就不可避免地涉及
那些把許多變量和關係加以簡化和綜合的高層級概念和理論。不
過在生物學和社會學中，有機體追求自己的目標，和行動者為
「意義」所驅動，這就要用完全新的分析層級，而不是簡單化約
所能做到的了。但這些新「層級」對於社會學的確切涵義是有爭
論的，而且往往與孔德的理論不同。

社會學和道德科學	↑ 遞增的專門性
生理學（生物學）	複雜性
化學	綜合性
物理學	
天體物理學（天文學）	相對簡單性
數學	普遍性
	↓ 分析性

圖11　科學層級　根據孔德首先提出的科學層級說，科學可以按其
複雜程度的順序排列，處於較高層次的學科依賴於（但不僅依賴
於）其下層級的學科。因此，社會學對物質世界和生物界作出假
設，但同時也包含「實現」的分析層級，不同於和不能還原為其
下層級的學科。

histogram　直方圖　由一些相鄰矩形組成以表示**次數分配**（frequency distribution）的圖形，用以表示分類的定距層次資料（見 criteria and levels of measurement **測量標準和層次**）。在直方圖之中，矩形的寬度與所統計的那一類區間成正比，高度顯示相關的次數。每一個矩形的面積與每一類區間的次數成正比（見圖12）。

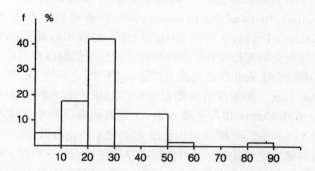

圖12　**直方圖**　表示次數分配的圖形（十二次數），由相鄰的一些矩形組成，每一個矩形的寬度與考慮中的那一組的時間間隔成比例，每一矩形的面積則與其相關的次數成比例。

historical sociology　歷史社會學　①專門研究過去的社會或使用歷史資料的社會學。②尤指研究歷史上的社會及其內部秩序和變革的比較社會學（參見 comparative method **比較法**）。②義的歷史社會學在沈寂一段時期沈寂之後，近幾十年來由於一些學者，如美國的摩爾（Moore）和華勒斯坦（Wallerstein），英國的安德森（Anderson）、曼（Mann）和艾里亞斯（Elias）等人的研究而再度盛行起來。也有觀點認為所有社會變遷的一般理論都是歷史社會學。在此脈絡中歷史社會學的支持者們，如艾布拉姆斯（Abrams, 1982），論證說歷史社會學是傳統的社會學的核心，在現代社會學中還應重申其重要性。

historicism　歷史主義　①強調各個歷史時代都有其獨特性的

歷史研究方法，它指出對每一個歷史階段或時期只能根據其本身特點去加以理解。歷史理解和歷史解釋通常只涉及那些特別適用於社會研究或人文科學的解釋模式（見 hermeneutics 詮釋學）而不包括那些在自然科學方面被廣泛認為最重要的解釋形式（見 covering law model and deductive nomological explanation 含蓋法則模式和演繹律則解釋）。參見 Collingwood 柯靈烏；edeographic and nomothetic 特殊規律研究和一般規律研究；Geisteswissenschaften and Naturwissenschaften 精神科學和自然科學。②巴柏（Popper）對定義①的延伸，他提出兩種不同的觀點，認為歷史研究和社會研究的解釋不同於我們對自然世界的理解：(a)非自然主義的歷史主義，如定義①的歷史主義；(b)自然主義的歷史主義，指某些哲學和社會學理論家（著名的有黑格爾Hegel、孔德 Comte 和馬克思 Marx）誤解歪曲了科學預測的真正性質，因為他們聲稱能夠預測歷史變化（Popper, 1957）。巴柏認為兩種歷史主義都不了解科學規律和理論的真正特點，亦即科學解釋和預測並非「無限的」，而是與具體的「超始條件」（initial conditions）有關。巴柏提到歷史預測（如定義②(b)中馬克思關於資本主義崩潰的預測）是非科學性的預言。根據巴柏的意見，既然覺察到科學規律的局限性，那麼反對在歷史解釋（非自然主義的歷史主義）方面適當應用科學規律的論點也就消失了。因為參照科學規律並不一定要否認社會情境中存在相對特殊的因素（參見 situational analysis and situational logic 情境分析和情境邏輯）。

　　巴柏的觀點與韋伯（Weber）反對歷史唯物論的觀點，以及後者在歷史社會學分析中運用意義性解釋和理想型（ideal types）有某些相似之處，也有某些不同之處。例如巴柏和韋伯都以理性經濟模型作為基準點。批評巴柏觀點的人認為他為所反對的理論家製造了一個「稻草人」，並指出他的許多觀點建立在事先接受有爭議的含蓋法則模式（covering law model）之上。這就是說，雖然在歷史和社會現實與自然現實之間存在程度上，

或許還有種類上的差別，在社會學和歷史主義①之類的概念上廣爲人們所承認，但歷史主義①中所包含的一種觀點並未被普遍接受，這個觀點就是對科學與非科學可以輕易地加以區分。參見 sociology of science 科學社會學。

historicity　歷史性　一定社會情境中明顯的歷史性質或特徵。社會現實的這個方面，爲那些相信只有以歷史探究法才能將現實性注入社會說明的社會學家所強調。參見 historicism 歷史主義；hermeneutics 詮釋學。

history　歷史　①全部過去的時期。②對過去的一切文字描述。③有記錄的過去（有記載的歷史）；有文字記載的社會的歷史；有文字記錄的口頭傳說流傳下來的社會（比較 archaeology 考古學）。④研究過去的專門學科，稱爲史學。

　　歷史著作有多種形式，有通俗形式、宣傳形式和學術形式。儘管就學術形式來說，大部分工作是由史學家（historians）完成的，但學術性的歷史著作並不僅限於那些歷史學界的作者。許多社會學著作以特別的歷史社會，或者歷史社會的若干普遍特徵爲焦點（參見 historical sociology 歷史社會學）。此外，每一種學科也都譜寫其自身的歷史，例如科學史、藝術史等等。

　　作爲學術性學科，歷史和社會學的關係是複雜的。史學家的目標通常是對特定的歷史情境作出理解和解釋，而社會學家的目標則傾向於把對特定歷史社會的調查結果作爲實驗室檢驗關於社會或特定類型社會的更一般性的命題（參見 comparative method 比較法）。然而這種總體上的區別，因爲旣存在社會學之內的意義性解釋﹝例如韋伯的《基督新教倫理和資本主義精神》（*Protestant Ethic and the Spirit of Capitalism*），1904－1905﹞，而學院派史學常訴諸普遍性命題，顯見只有部分的道理（參見 hermeneutics 詮釋學）。

　　如果說在十九世紀的史學家與社會學家之間充滿不信任，那麼近年來則建立了相互共生的關係。在這種新的和更富成果的關係中，史學家更積極地參與了對原始資料的細心收集和分析，社

會學家則在其歷史考慮中，經常利用史學家的調查結果作爲第二手資料，藉以探索歷史現實的更普遍模式和解釋。然而由於史學家和社會學家之間的角色互換並不罕見，這種形式的分工是常有變化的。

history of mentalities　心態史學　一種史學方法，旨在對歷史人物的思想、情感和精神活動進行歷史揭示和重構，例如法國史學家**布勞岱**（Braudel, 1949）和拉杜里（E. Le Roy Ladurie, 1978）年的研究成果。心態史學尤其重視對普通人思想，而不僅是對偉人和名人思想進行研究。艾里斯（P. Aries, 1962）的著作把重點放在過去的心理學調查，即心理史學（psychohistory）方面。

　　在布勞岱的著作中，心態是植根於各種制度下的精神傾向、典範和觀點，不僅使一個歷史時代有融貫性，並且形成了這一時代的「整體」（totality）。

Hobbes, Thomas　霍布斯（1588－1679）　英國哲學家和政治學理論家。他最早自覺地試圖根據設想人在沒有政治、道德和社會權威的自然狀態下是什麼樣子的第一原理，來建立一門關於公民社會的「科學」。他的方案遵循了幾何學的演繹推理，他的第一原理是受機械論和唯物論哲學支配。社會就像組成它的最簡單元素的人一樣，是一部機器。要理解社會是如何運轉的，人們必須想像將這個整體分解成最簡單的元素，然後根據這些組成成分的運動規律將它重新組成一個健康運轉的整體。霍布斯區分人工創造的事物，和在物質世界中發現的自然事物。其次他聲稱人們只能掌握人類所創造或製造事物的某些知識。人們可能有幾何學的某些知識，那是因爲人們自己創造了幾何定理、命題和圖形。對公民社會也可能有類似的知識，因爲人們也創造了公民社會。霍布斯政治思想的實質包含在《論公民》（De Cive）和《利維坦》（Leviathan, 1651）兩部著作中。在這兩部著作中，他試圖說明人的自然狀態，是沒有任何權威，對有助於其自我保護的一切事物都享有**自然權利**（natural right）的狀態，而

這種狀態是對任何人類的目的都沒有保障的狀態絕對的奮鬥。他其次宣稱由於人擁有理性——人類認識事物來由的能力，因此他能夠發現行為的準則，並小心地遵守這些準則以保證自身的安全和平安。霍布斯稱這些準則為「相宜的和平條款」（Convenient Articles of Peace），根據這些條款人們同意放棄他們對一切事物的自然權利並接受絕對的、完整的權威統治。霍布斯的結論是指君主的統治，但他在提及這種權威時總是十分謹慎，使用「一個人或一群人」這樣的稱謂。他寫作的時期正是英國內戰和承受其後果的時期，刺激保皇黨人和議會的敏感之處都不是謹慎的作法。麥克弗森（MacPherson, 1962）等評論家認為霍布斯的思想反映了一種資產階級的個人主義。而其他人則認為這接近於康德對於「道德義務」的觀點。霍布斯所提出的問題，即「霍布斯式秩序問題」，如帕森思（Parsons）所稱，一直是社會學的中心問題。

Hobhouse, Leonard Trelawny　霍布豪斯（1864 – 1929）
英國社會學家，英國早期社會學主導人物。今天人們主要懷念他在比較社會學（comparative sociology）——特別是發展社會學（sociology of development）方面作出的貢獻。霍布豪斯興趣廣泛，他的研究是理論與實踐相結合的典範。他在任教倫敦政經學院社會學之前曾從事新聞工作。他在政治上傾向於左派，但他對社會主義官僚制國家底下的個人自由問題有清楚的認識。霍布豪斯認為，市場和增加個人自由的計劃之間必須保持平衡。他的社會哲學在所著《社會正義的要素》（*Elements of Social Justice*, 1922）一書中有最好的闡述，書中關於在經濟上實行管制的國家與個人自由之間關係的想法，對社會主義思想仍然適用。

　　他對社會學的主要貢獻包括比較研究性的《道德的演化》（*Morals in Evolution*, 1906）和三卷《社會學原理》（*Principles of Sociology*, 1921—1924）。除此以外他還撰寫有關動物心理學和社會心理學、邏輯學、認識論、倫理學、形而上學以及社會哲學等方面的著作。然而，其著作最重要的主題是思想和社會

的演化（見 evolutionary theory 演化論）。霍布豪斯認為演化過程可分三個邏輯明顯的層次來檢驗、描述、解釋和評價。社會發展本身可用源於生物學的四個標準來衡量：

　　(a)控制和引導社會的效能提高；

　　(b)社會組織在規模和複雜程度上增大；

　　(c)為滿足人類需要的社會合作擴大；

　　(d)人類成就的能力提高。

　　霍布豪斯利用歷史和比較的證據來說明社會發展階段與知識進步之間有總體的關聯，這表現在科學和技術的進步、道德和宗教的深思以及藝術發展。其最終關注的是以道德標準來檢驗發展。為此，他運用其《合乎理性的善》（*The Rational Good*，1921）的理論指出：發展就其為了促進社會的和諧與人類能力和潛力的發揮而言在道德上是合宜的。進步並不是必然的，第一次世界大戰的爆發就證明了這一點。然而在二十年代，他持謹慎樂觀的態度認為工業社會的秩序、效率、複雜性已真正地顯示出與個人自由和互助是相容的，進步已經實現，並通過民族國家之間的合作和自覺努力還會進一步發展。歷史將會證明他的謹慎要比他的樂觀更為合理。

holism　整體論　①著重社會結構、社會系統等在決定社會後果和社會學解釋方面首要性的社會學理論。其相反的觀點是**個體方法論**（methodological individualism）。英國科學哲學家**巴柏**（Popper）使用此詞主要有貶義。參見 situational logic 情境邏輯。②更中性的詞義指社會學的一種傾向，同其他比較專門的社會科學學科相比，保持著對社會現象進行全面觀察的傾向。

Homans，George　霍曼斯（1910－　　）　美國社會學家。他在題為〈把人們帶回來〉（Bringing Men Back In, 1964）的美國社會學會主席致詞中認為，只有參照個人的動機才能夠解釋社會現象。他在《人類群體》（*The Human Group*，1950）一書中表示「所有偉大的社會學必須正確地對待群體社會學」。他在《社會行為：其基本形式》（*Social Behaviour：Its Elemen-*

tary Forms，1961）一書中指出他相信在以前著作中的「經驗命題極易用已有的兩個普遍經驗命題加以解釋：即行為心理學和普通經濟學」。霍曼斯同他的美國同行**布勞**（Blau）都被認為是**交換理論**（exchange theory）的主要倡導者。

homeostasis　自穩態　調整或維持一系統相對於所在外部環境變化成為穩定狀態的一切過程。自穩態一詞既適用於機械系統或伺服機制（servomechanisms），也適用於**生物或社會系統**（social systems）。儘管自穩態已成為社會學理論的一種重要假設（見 functionalism **功能論**；structural functionalism **結構功能論**），但是關於社會系統是以自我維持或自我平衡的方式運轉的觀點仍有爭議。參見 systems theory **系統論**。

homo clausus　單一個人　見 figuration **型態**。

Hope-Goldthorpe scale　霍普－戈德索普量表　見 occupational scales **職業量表**。

horizontal division of labour　橫向分工　見 sexual divison of labor **性別分工**。

Horkheimer，Max　霍克海默（1895－1973）　德國社會理論家，**法蘭克福批判理論學派**（Frankfurt school of critical theory）的代表人物。自二十世紀三十年代以來，他寫了許多論文和專著來闡述他和法蘭克福學派的「批判理論」概念。他的觀點是從青年馬克思（Marx）和黑格爾（Hegel）的作品出發。他的特殊觀點是若要現代文明從目前的疏離和剝削形式中解脫出來，一種理論和實踐的基本轉化是必不可少的。在認識論方面，霍克海默主張拒絕一切絕對的教條，尤其反對一切滿足於社會現象之表相的看法。因此**實證論**（positivism）和**經驗論**（empiricism）均不可取。在政治上，霍克海默反對無產階級革命能導致全人類解放的觀點。認為需要的是建立一種開放型的理性概念，這種概念能夠使人認識人的價值並打破「知識」與人的疏離之間的聯繫。霍克海默的著作有《理性的蝕黯》（*Elipse of Reason*，1947），

《批判理論文選》（ *Critical Theory* ： *Selected Essays* ，1972 ）和與阿多諾（ Adorno ）合著的《啓蒙之辯證》（ *Dialectic of Enlightenment* ，1972；德文原版，1947 ）。參見 negation 否定。

household　戶　「單身一人或以同一地址作爲唯一或主要居所的一群人，他們或者一天共餐一次或者共用生活設施」［在英國，此定義是由人口普查局（ The Office of Population Censuses and Surveys ）提出的 ］。無親屬關係的成員是此項定義的問題所在，社會學家討論家戶問題時使用兩種主要的家戶類型。

(a)以家族結構爲基礎組成的家戶，能表示該家戶的人數、大小和家族型式；

(b)以年齡和性別結構爲基礎組成的家戶，能表示家中兒童、成年人，有時還有可領退休金之人的人數。

英國的人口普查（ census ）使用以上兩種類型。誰是家長（ head of household ）讓回答調查問卷的人們按照「主要經濟支持者」的標準作出選擇。

這兩種定義把戶的組成與家的組成緊密聯繫起來，而新的社會組織形式，如分租公寓、爲老年人提供的住所，還有學生宿舍，使這種類型定義的適當性發生了疑問。批評者同時也對家長這一定義有無用處產生疑問，因爲人們往往認爲男人是家長，不論生活在同一個家戶中的婦女的社會地位爲何。

housewife　家庭主婦　見 domestic labor 家務勞動。

housing　住宅　見 sociology of housing 住宅社會學。

housing class　住宅階級　見 urban soiology 都市社會學。

human capital　人力資本　對人而不是對工廠和機器進行的生產性投資。在經濟上，這種對人力資源的投資要相對於其他形式的投資獲得的經濟利益來評估。顯然人才投資是從家庭開始，經學校和高等敎育繼續，還受到保健衛生設施等方面的資金投入的影響。

作爲一種經濟理論，並與經驗研究相聯繫，人力資本理論把收入差別解釋爲至少部分是對人力資本的回報，例如對於受正規教育的年限與收入之間的關係就是這樣解釋的。因此人力資本理論家常常得出的結論是從受教育中得到的回報是巨大的。同樣的，貧窮有時被解釋爲由於缺乏人力資本造成的。

一些與人力資本理論相反的觀點出現在許多方面，特別是認爲與教育有關的回報實際上來自其他方面，也就是說教育可能只是作爲篩選的工具，天賦的才能和家庭背景才是教育和收入之間關係的重要部分。見 screening 學歷甄選。比較 functionalist theory of social stratification 社會階層化的功能論理論。參見 cultural capital 文化資本。

human-centred technology　人本位技術　一種技術設計和工作組織方法，旨在將人和組織問題提到與技術設計需要同等重要地位，以提高操作者的技能。在製造業中也稱作人本位生產體系（anthropocentric production systems），這種方法是與技術設計哲學直接對立的，後者建立在工程假設之上，認爲人是生產中不穩定和造成錯誤的因素，最終將被「未來的無人工廠」中的電腦統合系統所取代（參見 technological determinism 技術決定論；new technology 新技術）。在這種理想形式中，人本位技術體現一種設計標準，可把概念與具體執行統一起來，有助於技能的提高（特別是承認那些默會的技術），並通過參與系統設計使工人控制操作過程和技術。

人本位技術首先與60—70年代提倡的工作人性化（work-humanization）運動相配合，例如富豪（Volvo）汽車公司的小組技術試驗、豐富崗位和擴大崗位計劃和社會技術系統法（sociotechnical systems approach）。參見 quality of working life 工作生活品質；human relations school 人性關係學派。近年來，人本位技術被認爲是建立在彈性專業化（flexible specialization）基礎上的新式生產系統的關鍵特徵。這種彈性專業化理論導致後福特制製造策略的出現（見 Fordism and post-Fordism 福特制和後

福特制），即以擁有多種技能並有功能彈性的技術工人取代大規模生產的泰勒工作制。根據彈性專業化理論，人本位技術在管理方面更有成效，在管理者和工人關係方面則更富人情味和民主氣息：非一方得益一方受損的工人與管理者關係。儘管勞動過程理論所包含的**簡化操作技能**（deskilling）的簡單邏輯已由此得到重大改進，人本位技術的批評者對這種技術實用程度仍有懷疑，並指出在個例研究中發現有消極後果。例如導致壓力和工作緊張程度加大。此外，彈性專業化的批評者懷疑工人參與的實際程度，並指出非全日制或臨時合同工日益增多，他們使核心工人享有較大的就業保障和較好的工作條件（Wood, 1989）。

humanistic movement　人本主義運動　心理學和社會學中一個頗有影響的流派。它強調**自我**（self）和個人的力量以發揮人的潛力。在心理學方面，人本主義思想主要由**馬斯洛**（Maslow）和**羅嘉思**（Rogers）發展起來，他們認為心理學太關注於變態心理（見 psychoanalysis **心理分析**）和機械論的方面。人本主義學派著重研究人的價值，通過**移情作用**（empathy）的理解，和人在一個獨特的**現象學**（phenomenology）領域活動的複雜性來糾正這種不平衡。

human nature　人性　人作為自然界的物種之一所擁有的特徵。社會學家們一般同意，與其他動物相比較，人性的顯著特點是它的**可塑性**（plasticity）。由於沒有與生俱來的特殊本能或天性，隨著成熟而發展或由環境所自動激發，人的**行為**（behavior）是受**文化**（culture）和**社會化**（socialization）影響。因此認為貪婪和掠奪是人的本性的看法，可用無戰爭和無掠奪存在的社會的例子加以反駁。最重要的是人類已有**自反性**（reflexivity）的能力，因此有可能採取理性的行動和理性的社會發展。然而與此相反的觀點認為**文明**（civilization）是一個表面現象而已［如佛洛依德 Freud 的《文明及其不滿》（*Civilization and Its Discontents*）］，人天生的本能總欲突破，傾向於限制**進步**（progress）或者理性的發展。

Human Relations Area Files 人類關係區域檔案 設於耶魯大學，這是一項雄心勃勃的計劃，試圖建立一個編碼的描述性資料庫，收集對世界上各種文化進行民族誌（ethnography）調查的結果。美國人類學家默多克（G.P. Murdock, 1887—1985）是該計劃的負責人，其中的成果包括他的《民族分布圖》（Ethnographic Atlas, 1967）。

human relations school 人性關係學派 建立在工作小組規範、溝通和監督技巧重要性上，旨在理解和指示工場行為的研究學派。人性關係研究首先是從著名的霍桑試驗開始的（見 Hawthorne effect 霍桑效應）。霍桑試驗是在美國伊利諾州西塞羅市西方電力公司霍桑工廠進行的，當時正處於20—30年代大蕭條時期（Roethlisberger & Dickson, 1939）。人性關係學派承認社會和非正式組織的重要性，而拒絕唯物主義和個人主義的科學管理（scientific management）之假定。根據科學管理原則設計的組織機構不能滿足工人獲得社會支持和承認的需求。這些問題反映在研究方法和分析層次的一些變化方面，研究者對這種結果的解釋表明團體規範和領導風格對於工人行為的顯著作用。這一點說明試圖把組織當成是經濟上理性的以及個人主義傾向的理解與設計作法是不對的。正相反，他們的架構是假設一個在工廠的社會體系之中「社會人」的模式（Eldridge, 1971）。

梅約（Mayo）有時被認為是人性關係學派理論基礎的奠基人。他借鑒巴烈圖關於非邏輯行為和感情的概念（見 Pareto 巴烈圖）及涂爾幹關於脫序（anomie）的觀點，認為工作場所提供的社會支持可以補償整個社會更廣泛的無組織狀態。工業中的人性關係方法可將管理者變為社會和諧的代理人。不過有些作者認為梅約主要是一位受歡迎的公關人員（M. Rose, 1988）。

人性關係學派在後來的發展中又有一些不同的方法，首先是一種無結果的嘗試，即試圖顯示人性關係監督作風和組織變革的參與方法的優越性（Coch & French, 1949）。其次，另一些人將注意力集中於考慮工人的任務及其對互動的影響。例如注意技

術對工作任務、工作流程、互動、群體形成和監督者與工人間關係的影響。這導致一種更廣泛的研究方法，開始探討態度和管理作風是否可以在不依賴重新調整的互動情況下加以改變，從而不依賴正式組織的某些特點。這種分析層次上的轉變已開始彌合早期反泰勒制、社會心理上強調非正式組織的觀點，與需要考慮正式組織安排之間的裂痕。同樣的爭論發生在後來的新人性關係理論家之間，他們提出「自我實現的人」（ self－actualizing man ）的模式（ Maslow 馬斯洛，1954；Herzberg, 1968 ），還發生在社會技術系統論理論家之間（見 sociotechnical systems approach 社會技術系統法 ）。

對於這種研究方法已有一些有關的批評文章，其中關於**衝突**（ conflict ）的不適當概念化的批評就頗爲重要。由於傾向把衝突放在人際關係之內，這一社會心理層次的分析就忽略了它與結構安排及組織內外資源分配的關係。因此而產生了這種方法在正確對待工會問題上的困難。相連地就有了一種傾向，即將分析終止在工廠大門，根據有爭議的雇員社會需要的社會心理學假定來解決廠內的問題（ Goldthorp, 1968 ）。最後，這些研究的焦點和其中問題的定義，被認爲反映了這樣一個未受質疑的價值觀，即不僅明顯地反映管理者利益而不是工人利益；而且在霍桑調查中，從設計不良的實驗中對結果作選擇性的詮釋（ Carey, 1967 ）。然而值得注意的是，這些批評並不全部同等適用於那些通常被歸入人性關係領域但不易歸爲一個「學派」或「運動」的作者（ M. Rose, 1988 ）。

Hume, David 休姆（ 1711－1776 ）　蘇格蘭啓蒙運動哲學家，通常被認爲對現代**經驗論**（ empiricism ）有重要影響。休姆對演繹邏輯和歸納邏輯的檢驗使他認識到兩者的局限性，並使他懷疑理性論的主張。他自己的哲學觀點強調一種限於「印象」和「觀念」的知識，除這些印象和觀念外就不可能對世界有肯定的認識，例如就沒有關於「因果關係」的主張的基礎。雖然休姆撰寫過大量關於歷史、社會和經濟方面的著作，但他在方法論方面

的思想才對社會科學具有重大影響（見 fact-value distinction 事實—價值區分），促進了社會研究中對經驗的重視。

hunter-gatherer　狩獵採集者　利用非馴化或野生食物資源維生的社會。這種生存方式包括獵取大小野生動物、捕魚、採集各種植物作食物。採獵者的典型生活方式是由親屬關係組成的小營隊或**隊群**（band）。這種隊群一般說屬游牧性質，隨著獲取食物的可能性而遷移，而且有按年齡和性別的勞動分工：婦女採集植物食品，男子狩獵。狩獵和採集曾維持過人類生活達人類歷史的99％之久，但今天世界上大約只有三萬人仍以狩獵和採集維生。

Husserl, Edmund　胡塞爾（1859–1938）　德國唯心主義哲學家，現代**現象學**（phenomenology）的創始人。他的主要著作有《關於純粹現象學和現象哲學的觀念》（*Ideas for a Pure Phenomenology and Phenomenological Philosophy*，1913）和《人類科學的危機和先驗現象學》（*The Crisis of Human Sciences and Transcendental Phenomenology*，1936）。爲了得到確實的知識，胡塞爾採取了笛卡爾的懷疑方法，將所研究的對象簡化爲我們能夠直接感受的現象，即內心狀態。他將外部世界懸置而專注於意識，這就有可能避免沒有根據的本體論主張。儘管他的哲學因其主體性而遭受廣泛批評，但他的影響仍是巨大的。**舒茲**（Schutz）的現象社會學和**海德格**（Heidegger）的存在主義都建立在感知現象的重要性上。參見 phenomenology 現象學；social phenomenology 社會現象學。

hydraulic society　水利社會　德籍社會學家維特弗格（Wittfogel, 1955）指稱亞洲社會所用的詞。他指出中央集權和專制統治的國家政權，可以解釋爲是這些亞洲社會依賴由國家直接領導的大規模公共工程，以提供和維護灌漑和防洪體系的產物。不過維特弗格的主張經不起嚴謹的經驗檢驗。不僅許多專制政權並沒有顯著水利方面的基礎，而且許多以水利爲基礎的政權並不是專制的（見 Leach, 1959；Eberhard, 1965；Harris, 1978）。起

碼，維特弗格的解釋是過於牽強了。

維特弗格還進一步宣稱他已完全駁倒了馬克思（Marx）關於唯物主義蘊涵的假說，這同樣是言過其實。他認為他的研究證明了：(a)俄共和中共的極權主義都可以說是建立在專制和水利的傳承之上，(b)未來的任何自由都依賴於抵制國家政權的侵害，這種看法同樣是值得懷疑的。比較 geographical determinism 地理決定論；cultural materialism 文化唯物論。

hypergamy　高攀婚　指喀斯特（caste）制度中的一種攀附的婚姻關係，即女方（男方則不可）通過婚姻躋身於丈夫的喀斯特。

hypothesis　假設　為了驗證一現象或概括一現象而提出的論述。參見 experimental hypothesis 實驗假設；null hypothesis 虛無假設；hypothetico–deductive explanation and method 假設演繹解釋和方法。

hypothetical imperative　假言令式　康德（Kant）關於行動的建議，即「如果你希望達到 X，就去做 Y」。這種基於經驗證據的建議並不具有約束力，但是可以選擇的。因此，它缺乏定言令式（categorical imperative）的效力。定言令式是康德用於認為有普遍約束力的道德強制的術語。這種定言令式（例如「你不能殺人」）的基礎就是「只能根據這樣的準則行事，同時可以指望這種準則能成為普遍的法則。」

hypothetico-deductive explanation and method　假設演繹解釋和方法　取代歸納（induction）的方法，基於假設（hypothesis）為科學所必需的觀點，它既是擬議的普遍命題的基礎，也是驗證這種普遍命題的基礎。採取這種研究方法時，假設和理論的提出，以及普遍命題和預言的繼而作出，都是根據下述觀點：

(a)成功的預言是對假設和理論合理性的檢驗。

(b)只要作出了成功的預言，解釋也就有了。

假設演繹解釋和方法以其最完整的形式（有時也加以邏輯形式化）產生出演繹上相關的命題和理論之網絡。強調提出和驗證假設或猜測（conjectures）的重要，也意味假設演繹法常常與證偽和證偽主義（falsificationism）同行，不過有時也並不盡然。參見 covering law model and deductive nomological explanation 含蓋法則模式和演繹律則解釋；explanation 解釋。否認假設演繹法是科學方法的觀點，也是值得重視的（見 realism 實在論）。

用假設演繹法檢驗理論和形式理論的建構，在社會學方面既有支持者（見 formal theory and formalization of theory 形式理論和理論形式化）也有堅決的反對者。見 grounded theory 紮根理論；比較 analytical induction 分析歸納法。

I

id 本我 佛洛依德（Freud）人格（personality）理論的三要素之一。它是人格的基礎，包含所有遺傳資源，特別是本能（instincts），其他兩要素*自我*（ego）和*超我*（superego）都是從本我發展出來的。

本我指的是心理中的潛意識部分，是與生物過程緊密聯繫的，本著快樂原則（pleasure principle）行事，以此謀求本能的滿足。佛洛依德指出兩種主要的本能——性和侵犯。性顯示了生命的本能（eros *愛慾本能*），侵犯則顯示了死的本能（thanatos *死亡本能*）。

本我的願望是不可能實現的，因此自我的發展是確保能量以一種可以為社會接受的方式釋放出來。一種將本能能量轉變為可接受的形式的方法是通過防衛機制（defense mechanism）。

idealism 唯心論 ①（哲學）認為世界部分或全部由理念（ideas）組成的理論。②（社會學）指主要以人的主觀和自覺意圖來解釋社會的理論。

哲學的唯心論側重心靈（mind）或主體與世界或客體（見 subject and object *主體和客體*）兩種基本可能的一項（見 epistemology *認識論*）。主體若要感知世界，唯心論認為必須有指導性的理念或理論，這些理念或理論無可避免地組成被認識或被想像的世界。唯心論認為在認識論上與其對立的*經驗論*（empiricism）是天真的，因為經驗論者認為實在的世界本身可以透過感官，形成一開始是空白而被動的心靈。

柏拉圖的唯心論認為世界上的事物是理想事物的不完善形

式，而理想事物爲其本質。現代唯心論始於康德（Kant）和黑格爾（Hegel）。康德認爲在心靈與世界之間存在着一種雙向關係，心可以提供普同的形式，通過這些形式可以感知和思考物質和經驗的世界。對於康德來說，這種觀點的意思是世界就其自身，若未經心靈加以結構化，是不可知的，而存在於心的是意識而非知識，即「本體的」（noumenal），不是由經驗知識的形式（如空間、時間和因果關係）構成的。黑格爾反對康德的不可知的「世界自體」（world-in-itself）的觀點，認爲心靈和主體基本上是社會的和歷史的，而同時世界本身又是由心靈和主體的系列範疇構成的或決定的，從而達到唯心主義的調合。他試圖對邏輯（logic）作出修正，認爲世界的本身（不僅是「心靈」）是一連串的論證。

心靈建構世界而反之不然的觀點，在定義②更爲明顯，見於廣泛的社會學理論，主張社會是自覺的人類行爲的產物，也就是說行爲必然涉及人類思想和意識。人是主體，基本上能夠意識自己所處的情境，作他們想作的事（見 intentionality 意向性）。對於行爲的解釋必須參考這些意向，而且通常是參考意向、動機和理由來詮釋行爲的意義。參見 Winch 溫奇。

對於定義①的唯心論最有名的批評是馬克思提出的，他力圖發展黑格爾的唯物論（把黑格爾的腳放回地上來），認爲社會歷史和發展的形式不是由接續的理念建構、即由接續的特定時代的精神的內在思想活動決定，而是由一系列的社會力量，尤其是經濟力量決定的。馬克思認爲經濟變革是一切意識形態變革的基礎。馬克思把強調社會經濟基礎，視爲一種新的唯物論形式，儘管其中保留了大量黑格爾的辯證法觀點。

近年在一些旨在恢復唯物論活力的討論中，已將馬克思的批評擴大到社會學的唯心論方面，強調主觀性的「物質」面，特別是在社會定位方面反對唯心論的主體。這樣一來，這種批評就認爲「主體」與「客體」、「心靈」與「世界」本質上都是在社會的和潛意識的指號（semiosis，指代作用）過程中所構成的，並

植根於社會實踐中。

ideal speech situation　理想語境　見 Habermas 哈伯瑪斯。

ideal type or pure type　理想型或純粹型　普遍現象或特殊現象的概念化［理想化（idealization）］，為分析和解釋的目的，只表現這種現象的抽象的或純粹的（理想化的）形式。社會學中理想型分析的基礎來源於韋伯（Weber），他深受經濟學中使用理想型的影響。

理想化因素，無論在科學、社會科學或日常生活中都是使用一般概念時的特點（參見 typification 類型化）。但是在概念達到理想化的程度上存在着區別（參閱 type 類型；typology 類型學）。

抽象的、理想化的概念最明顯的運用，在自然科學（如真空的概念）和社會科學（如經濟學中完全競爭的概念）皆然。

在自然科學中，使用理想化的概念使現象的解釋更趨簡單。這樣就使得高層次的普遍概括（科學規律）的表述成為可能，用這種表述，可以對現實世界中更複雜、在經驗越出常軌的事物加以分析和解釋。

韋伯使用理想型有某種不同的目的。最明顯的是韋伯不認為是理想型的東西：

(a)它們不陳述一種道德理想；

(b)它們不陳述一種平均的類型；

(c)它們沒有窮盡現實，即它們不完全符合任何經驗事例。

韋伯關於理想型的更明確的說法是：

(a)從邏輯意義上說，它們是理想的心理建構物，即它們說明邏輯的極端；

(b)它們是從現實中扭曲和抽象出來的；

(c)它們可以用來說明一般形式的抽象模型和重複發生的複雜現象的起因和結果（如 bureaucracy 科層制）。

進一步的要求是這些概念必須是客觀上可能的，即它們必須盡可能地接近具體的現實，同時在主觀上是適當的，即必須為假

定有主觀取向的個體行為者所理解（參見 methodological individualism 個體方法論）。

韋伯主要用理想型來清楚說明一般的概念［例如理性的（rational）或傳統的（traditional），見 types of social action 社會行為類型］，而用這些概念又可明確說明有關歷史的概念，把它們表述為偏離於一般理想型的概念。用這種辦法便易於對現象進行分類和比較，易於評估因果關係的假定。例如新教倫理的理想型特殊概念（Protestant ethic），以韋伯的觀點解釋是貼近理性行為的，並與西方資本主義興起有顯著的因果關係，而天主教和非西方宗教則被解釋為傳統的，非理性行為的歷史特殊類型，這種類型阻礙了資本主義的發展。韋伯將理想型用於「思想實驗」（例如韋伯估計如果亞洲擁有與基督新教相似的宗教組織的話，理性的資本主義在亞洲也會像在歐洲一樣興起）。把歷史概念說明為脫離理想型的特殊情況也使比較分析變得精確。

由此清楚地看出韋伯發展了理想型概念，這使他能運用明示的（或默示的）類型普遍化（type generalizations），即假定在經驗上與理想型概念和模型相近似者的發生有所謂法則性規律。因此韋伯提到「典型的意義叢」或「從經驗確立的概括」，例如格雷欣法則（即「劣幣驅逐良幣」）。沒有這樣的假定，便不能對理想型分析中因果關係的重要性加以評估。

與理想型在自然科學中的地位相比，韋伯大致上並未設想對於理想型概念在社會學方面會出現一致的看法，或者這些概念將會成為高層次一般法則體系的基礎。他有時指出理想型概念作為啟發（heuristic）性概念，僅是有助於更清晰地描述和分析歷史事件。韋伯看到由於各種矛盾價值觀產生的社會學界多種觀點並存，使社會學的科學性受到這種限制（見 objectivity and neutrality 客觀性與中立性；fact-value distinction 事實-價值區分）。由韋伯觀點造成的難題是使社會學中的理想型分析任意性很大。

對韋伯的研究方法中的這一問題存在着兩種主要的反應。批評者如帕森思（Parsons, 1937）認為不管承認社會學與自然科學

間有多大程度的差別，只有通過謀求一般概念的累積發展，和社會學可能的一致理論的發展，理想型分析才可能是一致的，避免出現韋伯的「類型原子論」（ type atomism ）。另一些批評者（ 如 Winch, 1958 ）認爲理想型分析完全不適用於社會學分析，既然社會學分析是追求對具體事例的意義性理解而不是普遍概念和理論的發展，那麼就應當加以揚棄。

identity 身分 自我（ self ）的意識，它隨兒童離開父母和家庭並在社會上取得一席地位而發展。

新佛洛依德學派（ neo-Freudian ）理論家愛力克生（ E. Erikson ）認爲青春期存在一種身分危機。正是在這一發展階段，青年人追求一種身分，試圖結交不同的朋友，採取不同的生活方式，想出不同的未來計劃。理想的情況是在青春期後期，身份便已穩定下來，青年人已自我認可，並爲擁有這種身分而感到輕鬆愉快。

因此，愛力克生認爲身分的形成是社會互動的結果，當一個青年由於種族歧視或失業而感到和社會疏離時，便會出現身分的問題。

ideology 意識形態 ①作爲社會活動或政治活動的基礎或指導的一切思想體系。②較狹義指證明一群體統治另一群體合理或合法的一切思想體系。③一種包羅萬象的廣博知識，它能消除偏見，並用於社會改革。這個意義似乎是意識形態一詞的最初用法，這一用語是由特拉西（ Antoine Destutt de Tracy ）在法國啓蒙運動的社會樂觀主義時期提出的（ 見 Age of Enlightenment 啓蒙運動時期 ）。

因此，在定義③與②之間存在着對立的含義。現在，定義①和②是人們廣爲關注的。

馬克思（ Marx ）和恩格斯（ Engels ）的著作對於意識形態理論的發展有最重要的影響，在他們的著作中意識形態一詞有幾種涵義。在《 德意志意識形態 》（ German Ideology ）一書中，馬克思和恩格斯強調兩個方面。首先，意識形態代表了從**統治階**

級（ruling class）的觀點出發對世界的看法。第二，這種看法必然是一種扭曲的看法，因為統治階級的利益從定義上說是部分的，而且因為它們並不代表全人類的利益。在後來的批評和發展中，意識形態被認為是由某社會階級（class）把這個階級特殊的部分利益說成是自然的和普遍的利益（如國家利益）。

後來的許多作者使用類似此詞的②義，但以更一般的方式提到，例如**性相意識形態**（gender ideology）、種族意識形態和世代意識形態。這些用法包含這樣的觀點，即所有的權力關係中都包含有證明這種關係合理的理論。例如在帝國主義時期，黑人受統治就是用強調白人天生優越，和帝國主義能帶來啓蒙的思想來證明的。

對馬克思的意識形態論點最著名的挑戰，來自**曼海姆**（Mannheim）的**知識社會學**（sociology of knowledge）。曼海姆認為說一個階級的觀點對，而另一個階級的觀點錯是錯誤的。在社會學方面，更有價值的是把一切信仰體系都看成是代表特定集團的利益，包括共產主義和社會主義思想，同時也包括保守主義思想。曼海姆循着馬克思的用法，把那些支持有權者的思想稱為「意識型態」，而那些反對特定體系或者力圖使另一體系合法化的思想稱為**烏托邦**（utopias）。

現代馬克思主義者對馬克思的意識形態理論作出新的發展，他們這樣做是因為在西方資本主義社會未出現革命的工人階級，他們力圖把這個事實至少部分地解釋為是意識形態的結果。這種研究方法的例子有：

(a)**法蘭克福批判理論學派**（Frankfurt school of critical theory）。

(b)**葛蘭西**（Gramsci）對**支配權**（hegemony）的說法，這種說法又影響到大眾媒體和大眾文化的研究。

(c)**阿圖塞**（Althusser）的意識形態國家機器的概念。

然而所有這些理論都招致了批評，即過分誇大了文化思想和**價值觀**（values）與經濟和政治**權力**（power）或者日常慣例相

比時，在保持社會共識上的重要。見 dominant ideology thesis 主導意識形態說。參見 false consciousness 錯誤意識；class imagery 階級形象。

idiographic and nomothetic　特殊規律研究和一般規律研究

　　社會探討（及其有關方法）的兩種不同取向：前者把重點放在文化和歷史的特殊事件上，採用民族誌（ethnography）和傳記等方法；後者強調根據明確的自然科學知識模式謀求建立普遍的規律。兩者的區別最早由德國新康德派哲學家文德班（Windelband）用這兩個提法加以概念化。在19世紀末的方法論論戰（Methodenstreit）中，德國理論家如狄爾泰（Dilthey）、李克特（Rickert）和文德班，曾經就哪種方法適合於哪種社會科學或兩種方法是否可以結合的問題進行了辯論（見圖13）。這些問題也影響了韋伯（Weber），他同其後的許多社會學家試圖將兩種方法結合起來。參見 Geisteswissenschaften and Naturwissenschaften 精神科學和自然科學；ideal-type 理想型；Verstehen 瞭悟；hermeneutics 詮釋學；double hermeneutic 雙重詮釋。

學科	研究方法的重點
歷史 文化科學	特殊規律研究 有意義的現實；情理法［狄爾泰］ 唯由價值觀決定［李克特；文德班］
科學包括社會學的一般化形式［李克特］或不包括社會學［狄爾泰］	一般規律研究 因果關係法則性解釋

圖13　**特殊規律研究與一般規律研究**

idiographic method　特殊規律研究法　有關個人的或獨特經驗而不是有關一般性的調查研究方法。因此它與一般規律研究法是對立的。見 idiographic and nomothetic 特殊規律研究與一般規

律研究。比較 ethnomethodology 俗民方法學；Dilthey 狄爾泰；Rickert 李克特。

Illich, Ivan 伊利奇（1926 - ） 維也納出生的解放主義哲學家與社會批評家。一度爲天主教神父，現定居於墨西哥。他關於經濟發展的挑戰性批評文章引起廣泛的注意。伊利奇認爲所謂的經濟發展，實際上導致自給自足的前工業經濟中人們所擁有的民間技藝（vernacular skills）的消亡。伊利奇認爲人們越來越依靠專業人員、行家和專家來滿足許多基本的需要，如醫療保健服務和義務教育。用伊利奇的話說，這些服務常常變爲極端壟斷（radical monopolies），因爲隨着古代傳統的消失，現在通常已別無選擇，只能依靠這些專業提供服務，而在許多方面這些專家提供的服務是使人無力且缺乏人情味的，導致被動消費和依賴。伊利奇提出的解決辦法是要有更民主的、參與性的機構，以促進人的自立，例如用可選擇的教育網路（educational frameworks）來代替義務教育；建立相互間交換服務的聯繫網絡（communication networks）以代替層層控制的專業服務。伊利奇的另一項意見是「大量能量惡化了社會關係」，正如損害了自然環境一樣，據此他認爲自行車是最符平等參與原則的交通工具。雖然伊利奇的想法是烏托邦的和有爭議的，但他把宗教性的浪漫保守主義與激進的批判結合起來，引起了社會學界的反響。伊利奇的主要著作有《無學校社會》（*Deschooling Society*，1972）、《宴飲交際工具》（*Tools for Conviviality*，1973）、《醫藥復仇：健康的剝奪》（*Medical Nemesis*：*The Expropriation of Health*，1975）和《影子工作》（*Shadow-work*，1981）。參見 hidden curriculum 隱藏性課程。

imperative coordination 命令性協調 指在一個特定的組織或社會中，命令會得到執行的機率。此詞是蒂瑪謝夫（Timasheff）對韋伯（Weber）的 Herrschaft 概念的英譯，也爲帕森思（Parsons，1964）所採用，更多的是譯爲支配（domination）一詞。如帕森思所指出，Herrschaft 沒有適當的英文譯法。帕森思

和蒂瑪謝夫力圖將韋伯著作中的 Herrschaft 與 Macht（能力、權力）嚴格區分開來才這樣譯的，因為後者是*社會行為者*（social actor）所擁有的雖受到旁人抵制但仍可實現自己意志的能力。韋伯尤其常用 legitime Herrschaft（正當權力），而帕森思則用 authority（權威）一詞。參見 legitimate authority or political legitimacy *正當權威或政治正當性*。

impression management　印象經營　見 dramaturgy *編劇法*。

incest taboo　亂倫禁忌　禁止有一定親屬關係的人們之間的性關係，通常指具有近親血緣關係的人。在一切已知的社會中都有一定形式的亂倫禁忌，儘管禁忌涉及的關係範圍不同。最普遍的是指子女與父母和兄弟姐妹之間的關係。有些社會鼓勵堂（表）兄弟姐妹之間的性關係，而在另一些社會中這些關係會被認為亂倫。還有一些社會可能不禁止有一定親屬關係人們之間的性關係，但禁止他們之間通婚。

　　對亂倫禁忌的普遍性有種種解釋。有的人認為現在人們了解的遺傳後果已說明了一切。但不是所有的人類群體都承認這種後果，否則堂（表）兄弟姐妹之間的婚姻也許就不會存在了。*李維史陀*（Lévi-Strauss）認為這種禁忌為的是確保人們與其他社會群體的人結婚，從而與其他社會群體結盟。不過禁止性關係有別於婚姻規則。*佛洛依德*（Freud）的解釋着重於亂倫關係的強烈吸引力，尤其是母子間，而亂倫禁忌則減少了核心家庭內部的衝突。佛洛依德認為禁忌的內化是個人心理發展的一個重要部分。

　　由於此禁忌有各種不同形式，因而強調其普遍性從而強調普遍性解釋，可能是不對頭的。更着重研究為什麼在特定社會中特定的關係被認為是亂倫而另一些關係卻不然，可能會更有益。

incommensurability　不可通約性、不可公比性　①指各種科學理論之間命題與全部內容不能直接比較。②一種科學理論概念，認為一切觀察都是與理論相關的，並認為不存在與理論無涉的資料語言，如歸納的、邏輯實證論的或者證偽主義的科學概念

所假定。這種概念與孔恩（Kuhn）和費若本（Feyerabend）有關，而且通常被認爲隱含有更一般的相對主義（relativism）。但這並不是費若本的觀點，他認爲不可通約性是各種理論之間一種可能的但並不是必然的關係。如果理論都不能用與理論無涉的資料語言（或者用任何明確的、不可更易的原則）來進行嚴格比較，各種對立理論的支持者們可以進行互相了解彼此觀點的對話，並由此達成一個決定。參見 truth 真理：positivism 實證論；falsificationism 證僞主義。

incorporation 納入 ①指工人階級的職會組織和政治組織順應於既存體制的過程。②關於工人階級意識爲其統治階級價值觀和利益所塑造的論點。

　　納入的概念在關於工人階級的階級意識（class con-scious-ness）和階級形象（class imagery）的爭論中有其地位。例如前一用法與工人階級中有一個獨特的地位團體的論點相聯繫，尤其在19世紀指工人貴族（labour aristocracy）。後一用法可與支配權（hegemony）的論點相比較。通常①②兩義的區別是分析的，實際上組織和意識被看成是統一的、內涵相同的東西。

independent variable 自變數、自變量、自變項 經實驗性的操作或是控制，以觀察其效果的變數。例如對某些公路上的車速限制可能不斷改變，其效果根據公路上交通事故統計數據來衡量。車速限制就是自變數，公路交通事故數字就是應變數（dependent variable）。然而在社會研究中通常不可能以實驗來驗證理論，而且觀察必須通過回顧已發生的事件進行。因此可能進行這樣的一項研究，例如結婚的年齡對於家庭規模的影響。在此例中結婚年齡是自變數，家庭規模則是應變數。參見 experimental method 實驗法。

indeterminism 非決定論 見 determinism 決定論。

indexical expression 索引式表達 僅與其用途的直接脈絡相聯繫時才有意義的一切詞語或表示，如人稱代名詞。索引性

（indexicality）可以視爲是社會概念和許多社會學概念的一個普遍的特徵，這一特徵意味着社會行爲者（social actors）與社會學家一樣必須經常謹愼地從事詮釋工作，以決定在特定社會環境中通用的意義（參見 hermeneutics 詮釋學）。

俗民方法學學者認爲社會概念和社會說明的索引性，意味着正統社會學家試圖找尋普遍化的社會學與科學說明是不可能達成的。然而索引性的要素可以被認爲是所有概念的一個特徵，包括自然科學的概念（參見 incommensurability 不可通約性；relativism 相對主義）。這當然意味着科學不能再合理地根據單純的實證論和經驗論的觀點認爲是直接指涉現象，但這並不妨礙一般理論的提出。同樣地，索引性因素在社會學說明中並不排除可以採用一般性說明。參閱 ethnomethodology 俗民方法學。

indicator 指標　見 social indicators 社會指標。

indigenous group　原住民群體　起源於並依然存在於殖民統治下的區域內的一切少數族群群體。美洲印第安人、澳洲土著和毛利人都是在殖民擴張以前就已定居在北美、澳大利亞或紐西蘭土地上的少數民族的例子，並保持着他們的獨特身份。這些群體如果沒有被滅絕，或他們的文化沒有被殖民統治完全摧毀的話，通常都歷經了失敗、絕望和新生的過程。「原住民群體」的概念是聯合國所使用的，用以使這些群體重獲被剝奪的權利。一個與它相近的詞是「土著居民」（native people）。參見 multiculturalism 多元文化論。

individual level data　個人層次資料　通過任何形式的研究方法論［例如訪問（interviews）、觀察、問卷（questionnaires）］從個人搜集來的訊息。從個人搜集到的資料最終可能匯入群體資料中，如家庭、學校班級、或社會階級的資料。

induction and inductive logic　歸納法和歸納邏輯　通過一系列經驗觀察得到兩個或更多變項間有規律性聯繫的一般陳述的過程。與演繹（deductive）論證相反，後者是從最初的命題開始

經過邏輯推理而得到的結論［邏輯的推論（logical inference），見**邏輯 logic**］，而歸納沒有如此嚴格的邏輯必然性。儘管如此，在彌爾（Mill）的解釋中（見 comparative method **比較法**）有時稱爲歸納邏輯（inductive logic）。關於歸納性陳述沒有必然性的原因，是歸納論證依賴於從一系列已知事件得出一般的結論：若「A_1是 b，A_2是 b，A_3是 b」，那就意味着任何 A 都可能是 b。科學的結論只有通過進一步的程序規則如證僞（falsification）或實在論標準（見 realism **實在論**）才能證明其合理，理由在此。參見 empiricism **經驗論**；Popper **巴柏**。

industrialization　工業化　從原先由農業和手工生產占主導地位的經濟和社會，轉變成以製造業和與其有關的採掘業爲中心的社會和經濟的全盤過程。這一過程首先發生在英國的**工業革命**（Industrial Revolution）時期，不久相繼發生在其他西歐社會中。由此產生了生產和分配上社會組織的深刻變化，尤其是**分工**（division of labour）迅速擴大，既發生在個人與職業群體之間，也發生在工業化與非工業化國家之間，這就導致農業技術和農業社會組織（見 agricultural revolution **農業革命**）同採掘業和製造業一樣發生轉變。

　　劃分工業化國家和正在工業化的國家的標準各有不同，最常用的指標是：(a)在工業和服務行業中就業勞動力的百分比與初級產業中百分比的比較；(b)工業產值在國民生產總值中所占的比重。不過其他標準如投資水平、**都市化**（urbanization）程度、識字率，也都是衡量工業化和現代化（modernization）及發展水平的基本指標。因此像紐西蘭這樣的國家主要是一個初級產品出口國，但有高度現代化的農業，高識字率等，從工業化這個術語的一般意義來看可認爲是工業化國家。

　　工業化過程是與社會全面現代化密切相關的，尤其與都市化過程、科學和**技術**（technology）發展，以及**政治現代化**（political modernization）緊密相聯的。其中每種變化都可認爲是(a)工業化的先決條件；(b)工業化的直接後果和需要；(c)兩者兼有。

在歐洲第一波工業化社會中，工業化的全盤模式存在着相似之處，但重要的不同之處也很明顯，例如國家推進工業化作用在英國是有限的，而在德國則作用較大。在那些作為第一波工業化的國家，和那些工業化較遲的國家間也存在着差別。例如儘管後來者可以借鑒先行者的經驗教訓，但通常發現難與更發達的工業經濟社會相匹敵，因此有時後來者被侷限於一種經濟依賴（economic dependency）的關係。同這種時間上的差別一樣，還存在着重要的區域上的差別。

industrial relations　勞資關係　雇員與雇主之間的關係和對此的研究。

研究勞資關係的人關注社會內和社會間不同雇傭關係的形式、基礎和含義。社會學僅是研究勞資關係的各種學科之一。在歷史上，勞資關係研究或者是描述性的，或者是規範性的。

各種理論爭論導致福克斯（Fox, 1965）對一元論和多元論觀點作出區分。一元論觀點認為合作是正常的，而且在管理特權下才有組織效率和理性；衝突是非理性的，是由於溝通上的問題、煽動者等引起的。多元論者則恰恰相反，認為正當利益團體之間的衝突是正常的，但通過互利的集體討價還價的談判過程可以解決。唐納文考察團（Donovan Commission, 1968）是這方面的例子，在七十年代幾次英國勞資關係改革中起了支持作用，但也遭到一些批評，例如：

(a)在集中注意勞資關係機構調解衝突失敗時，**多元論**（pluralism）忽視了權力和優勢上的不平等是引發衝突的起因（Goldthorpe, 1974）；

(b)統合主義或馬克思主義理論對於勞資關係有更好的解釋（見 corporatism **統合主義**）。

因此理論家們集中注意戰後歷屆英國政府通過國家干預的方式，其中包括三方安排（工會、雇主和國家）來處理勞資關係問題的嘗試。但是馬克思主義學者對於激進派多元論者的嘗試不予重視（Wood & Elliott, 1977）。馬克思主義的基本觀點是雇傭

關係的特點是階級剝削，不存在合理工資這種事情。衝突是固有的，雇主們總是要把他們的控制正當化。因此對於一些馬克思主義者來說，雇主和工會雙方爲了互利而作出的任何努力都是值得懷疑的，因爲現存的不平等狀況依然如故。此外，多元論者和統合主義者對於國家的看法被認爲是天眞的，因爲資本被認爲是國家干預的主要受益者。

在強調必須考慮是在資本主義社會動力中的雇傭關係時，一個關鍵性特點是如何用階級關係和國家活動來解釋資本與勞工之間的衝突。馬克思主義者提出有價值的觀點，並擴展了對於勞資關係的研究。儘管如此，這種看法仍有其批評者。例如克勞奇（Crouch, 1982）指出一些馬克思主義者沒有強調雇員必須經常對目標和方式作出選擇，而試圖將勞資糾紛歸咎於階級關係的嘗試是不能令人信服的。很明顯，二十世紀八十年代一元論的復興也說明勞資關係的力量平衡問題仍在進行辯論。八十年代後期英國推行的新自由主義政策，理論上是以海耶克（Hayek）和富利曼（Friedman）的著作爲依據的，是基於對統合主義機構和工會的明顯不信任，並闡述了這樣的觀點，認爲許多勞資關係問題是由於工會幹部過分行使權力造成的（MacInnes, 1987）。

總的來說，如同大多數社會調查領域一樣，對勞資關係的研究也存在着理論上的爭論。上述各種觀點說明對勞資關係問題的認識、處理和解決，與特定的理論有不可分的聯繫。

Industrial Revolution　工業革命　通常指1760－1850年期間大規模的、相互關聯的經濟、技術和社會的變革。在這些變革中，英國（隨後是其他許多國家）發展了以新機器技術和工廠體系爲基礎的製造業經濟。這些變革的結果使英國成爲第一個**工業社會**（industrial society）。見 industrialization **工業化**。

工業革命的重要特點是：

(a)資本家更多地控制了勞動過程，勞動分工大幅擴大，以及因此使工廠和工場的效率和產量全面提高。

(b)新機器的發明，以及首先把改進水力和其後的蒸氣動力用

於採礦業、製造業（尤其是紡織業和鋼鐵工業）和交通運輸（公路、運河、鐵路和海運）。

工業革命一旦展開也帶來了人口的迅速增長（見 demographic transition 人口轉型）和都市化（urbanization），也附帶產生了一些社會問題，諸如城市髒亂、疾病流行和缺乏有效的城市管理。

工業革命初期是否肯定導致了生活水準（standard of living）下降，是一個有爭論的問題（Ashton, 1954）。毫無疑問，許多工種的工人（如手工紡織工人）被新式機器所替代，而那些在嚴重衰退時期處於高失業率中的人們受到了沉重的打擊，儘管如一些評論者所說的，新工業社會的主要作用一般說來是擴大消費和提高社會福利。可以肯定越來越多的勞動紀律，對勞動過程和工時的新的嚴酷控制，是廣大工人所不歡迎並抵制的一個新的面向。

英國工業革命的起因是複雜的，經濟歷史學家對此衆說紛紜。但是人們一致同意的是一旦上路了，新的工業就有能力提供新的產品，如廉價的棉織品和家庭用品，供應國內和海外，保持了促進經濟發展和社會變革的勢頭。參見 economic and social development 經濟和社會發展。

從英國開始的工業革命，很快便以相似的方式發生在其他歐洲社會和美國。結果是一些有能力超過英國的社會率先進入新的經濟和技術（包括電力、新型化學工業、無線電和電信）發展時期，有時被人稱爲第二次工業革命。

一個重要的問題是工業化與資本主義之間的關係。顯而易見第一次工業化是資本主義社會關係出現後的產物，同樣明顯的是社會主義社會也同樣開始了工業化過程。

industrial society　工業社會　①已發生工業化（industrialization）和現代化（moderniaztion）的社會形式或具體的社會。

這一概括用語是聖西門（Saint-Simon）所創始的，他用它來反映18世紀製造業成爲歐洲主要角色的現象，以與先前的前工

業社會（preindustrial society）和農業社會（agrarian society）相對比。

作為現代社會的基本形式，「工業社會」一詞涵括了資本主義社會和社會主義社會。有一種觀點認為所有的工業社會都具有由其工業化性質帶來的一系列相關的特徵：以工廠為基礎的生產；農業人口比例下降；家庭與生產脫離；生產水平和生產率提高；都市化；消費和社會福利改善；大眾教育發展；識字率普遍提高。對工業社會爭論較多的一般特徵通常有擴展家庭和親屬關係不再是社會組織的基礎的趨勢（見 family 家庭；kinship 親屬關係）及宗教因世俗化而衰退。②一種有爭議的現代社會模型，用以代替資本主義社會和社會主義社會。工業社會一詞在此有更嚴格的含義，對於現代社會提出了一些更具體的論點：

(a)形成現代社會的決定因素的，是工業化而不是資本主義或社會主義。

(b)與其說是馬克思主義的階級鬥爭，不如說階級（class）和地位（status）差別的發生是所有工業社會中職業結構內部差別的簡單反映。雖然這種差別導致許多階級和地位衝突（包括 sectoral cleavages 部門劃分），它們通常不會破壞維繫這些社會的基本效能（參見 social stratification 社會階層化；Dahrendorf 達倫多夫）。

(c)資本主義與社會主義社會間存在着明顯的最終趨同現象（convergence）的徵兆（包括由管理和技術專家組成的技術體制的支配，參見 managerial revolution 管理革命），因此這些社會最終將會以既非典型資本主義社會又非典型社會主義社會的形式出現。

industrial sociology　工業社會學　研究支付工資的雇傭勞動和工業的社會學分支。主要研究重點是：分工，包括社會分工和技術分工（參見 occupational structure 職業結構）；工作經驗；**技術**（technology）在工業中所起的作用及其成果。另外，這一社會學分支還涉及工業的科層制和**勞資關係**（industrial relations）（Burns, 1962）。參見 organization theory **組織理論**。

　　工業社會學起源於馬克思（Marx）、**韋伯**（Weber）和涂**爾幹**（Durkheim）對於**工業化**（industrialization）的分析，還涉及對各先進工業社會間的比較研究。但是，許多工業社會學研究着重於工作場所的研究，以北美文獻（如 Blauner, 1964）探討跨文化的一些問題，而把更明確的比較分析留給**經濟社會學**（economic sociology）或是**比較社會學**（comparative sociology）。結果，這一分支學科便專門研究**科學管理**（scientific management）、人性關係（human relations）和工業內部的**疏離**（alienation）和**權力**（power）關係，特別關注從工人態度和動機引起的問題來看工業化的影響。

　　這種對於社會關係和工廠中工人士氣的專注，由於二十世紀六十年代的後工業化理論的發展（見 postindustrial society **後工業社會**）和服務部門成為主要雇主而備受壓力。一些更嚴厲的批評，根據其對學科完整性的影響來說在七十年代出現，首先是隨着勞動過程的再發現（P. Thompson, 1989），其次是隨着**女性主義理論**（feminist theory）的發展而出現。這些批評的共同點是說工業社會學過分侷限於工廠工作。但這兩種批評在各自強調的重點上有顯著不同。對勞動過程的批評更多是從政治經濟學角度出發，一方面關注組織機構和勞動控制，另一方面關注剩餘價值的實現與占用。來自女性主義理論的批評，關注的是擴大問題的討論範圍，以便把下列問題包括在內：付酬與不付酬工作間的關係；性別問題；工作與社會間的關係。這些批評的結果使工業社會學的重點近來已由「工業」轉向「工作」方面。參見 sociology of work **工作社會學**。

informal economy　非正規經濟；地下經濟　正規形式的付酬職業以外的各種付酬工作的總稱。它不受註冊和稅收等正常約束，通常是以現金支付形式進行。

　　人們知道對正規雇傭關係的研究並未涉及**工作社會學**（sociology of work）的全部。社會學家帕爾（R. Pahl）和經濟學家格爾申尼（J. Gershuny）發表一篇挑戰性的文章（1980），其中提出這樣的觀點，即事實上存在着三種不同的經濟——正規的、非正規的和家庭的經濟。正規經濟是爲政府所承認的，人們出售自己的才智勞動以獲取工資和薪水；在非正規經濟中，人們可能逃稅，即收受現金而不向國家申報，或者爲鄰居或親戚辦事而得到實物作爲給付；在家庭經濟中婦女承擔做飯、打掃衛生和看家的角色，和男女均從事「自己動手」的工作。

自1980年以來，舉行過討論會，研究工作大爲發展，關於雇傭以外行爲的著作和文章不斷發表。圖14摘錄了由研究者列出的不同種類的工作和經濟。

付酬	不付酬
工資勞動	家務勞動
正規經濟	家庭經濟
影子工資勞動	雇傭方式以外的工作
黑色經濟	社區經濟

圖14　非正規經濟　不同類型的工作和經濟

弄淸差別的一個方法（Pahl, 1984），是想像一位婦女在家熨衣服。她熨好後將衣服送到雇主處以換取工資（正規經濟中的工資勞動）。她也可將衣服熨好出售，以得到一些額外的收入，並且不向國家申報（非正規經濟中的工資勞動和自我雇傭）。她也可能作爲家庭主婦，爲丈夫熨衣服，而她的丈夫是她的經濟依靠（家庭經濟中的家務勞動）。最後，她可能是不取報酬地爲一位朋友、鄰居或親戚熨衣服或者出於對她所屬的當地教堂、俱樂部或其他自願組織的義務而熨衣服（「社區經濟」中雇傭方式以外的工作）。

　　儘管一些研究指出在二十世紀八十年代的經濟危機期間，非正規經濟得到發展，但必須適當地看待它的規模和意義。總的來說，在正規雇傭方式「以外」的工作其研究必須顧及正規雇傭方式下的情況。研究者需要考慮這兩者之間的聯繫，並研究工資勞動關係怎樣滲入到不付酬工作，社會上的意識形態怎樣影響付酬工資的形式。參見 domestic labour 家務勞動；private and public spheres 私人領域和公共領域。

information society　資訊社會　參見 postindustrial society 後工業社會。

information technology（IT）　資訊技術　以電腦爲基礎的人際溝通技術的總稱。資訊技術可被視爲**新技術**（new technology）的一大類。辦公自動化是資訊技術最廣泛的應用形式，對辦公室工作的組織和經驗有重大意義。這一發展引起社會學對於辦公室工作簡化操作技能（deskilling）和**無產階級化**（proletarianization）以及辦公室工作女性化等問題的研究和評論（Crompton & Jones,1984）。資訊技術同時也利於機構內的資訊交流（亦即資訊系統），還可用於輔助管理，對企業行爲進行控制和協調，並對企業環境中的各種問題有所回應。資訊技術的發展導致社會學關注資訊技術對於管理工作可能產生的影響，特別是實行集中的高層次控制，或者，相反地，在整個機構中實行民主化（Lenk,1982）。

　　社會學對於資訊技術的興趣超出了辦公自動化和組織管理的範圍。至少有兩個有關的焦點。第一個焦點是對於說資訊技術有助於**後工業社會**（postindustrial society）之演進的主張進行評估（Lyon,1988）；第二個是資訊技術是由社會形成而非技術決定所達的程度。資訊技術不是在一個社會真空狀態中發展的，現今電腦系統聯網與整合的發展趨勢使人們越來越關注保密問題和資料的可能誤用。

　　從歷史上來看，資訊技術可以認爲是從1943年英國建成巨人（the Colossus）計算機開始的，設計這臺機器的目的在於破譯

德國謎語代碼（Enigma code）。與其同步發展的是美國製造的
具有更廣泛用途的 ENIAC（電子數字積分計算機）。這些早期
的計算器是第一代商用電腦的鼻祖。資訊技術的早期形式是以電
腦主機與成批處理爲基礎的。作爲限於普遍應用於日常數字處理
的技術，它更多的是計算數據而不是交流訊息。隨着更大的交互
式（實時）電腦系統和小型電腦（小型和微型）的出現和發展，
以及現成的用於文字處理、帳單、數據統計和類似功用的電腦程
式的出現和發展（通稱套裝軟體），資訊技術開始在工業和工業
以外的廣泛領域得到應用（已進入家庭和娛樂領域）。近年來，
在零售行業中也開始使用同樣的系統，即所謂的電子售貨系統
（EPOS），它能對零售活動的各個環節進行電子監視和控制。
在圖書館系統中也同樣有效，使用者與系統間以條形碼和光筆進
行交流。這種人—機相互作用的方法已擴大到其他類型的組織
中，用以識別、編目和統計人和物，如在醫院用的電腦系統。資
訊技術的研究和發展，近年多集中在探索其他交往形式，而不是
只依靠 Qwerty 鍵盤。條形碼和光筆是解決標準化操作的一種辦
法。然而最主要的研究和發展趨向集中在語音識別系統的發展。
這一研究是世界範圍的「第五代」電腦的研究課題之一。這項研
究首先是由日本人於七十年代發起的，不久美國人、英國人和歐
洲人跟進並競爭。當語音識別成爲一大課題時，人工智能
（AI）則是主要的研究重點。人工智能雖尚未達到其原先預期
的目標，但這並沒有使人感到悲觀（如 Feigenbaum and McCor-
duck, 1984）。以前不太成功部分可能是由於技術的原因，但一
些觀察者認爲問題難度很大，因爲這主要屬於哲學問題
（Weizenbaum, 1984；Searle, 1984）。

　　另一發展重點是將資訊與通信技術結合起來。這種結合是在
電信技術數位化之後發生的，例如能在傳眞機上對文件進行瞬間
的遠距離傳眞。同樣地，電子郵件的發展可用於聲音和電視會
議。資訊技術與通訊技術間的界限正在逐漸消失，現在兩者已被
泛稱電訊技術。

infrastructure　下層結構　一個社會或組織的物質基礎，尤指一個國家的固定資產設施，如交通運輸設施、學校和工廠。

in-group and out-group　內群（體）與外群（體）　由孫末楠（Sumner, 1906）定義的一對反義詞，指在特定的「我們」關係中的局內人和與此相對的在此關係之外的局外人。

inner city　內城區　指城市中存在大量社會問題和貧困的居民區。有些人認為這類居民區的問題是少數族群的問題而不是資本主義社會問題的集中反映，他們於是用內城區作為「移民區」（immigrant area）的代名詞。參見 zone of transition 過渡區；urban sociology 都市社會學；urbanism as a way of life 都市生活做為一種生活方式；urbanization 都市化。

inner-directedness　內在導向　見 other-directedness 他人導向。

institution　制度　已確立的秩序，包括規則約束的和標準化的行為模式。制度一詞被廣泛的用在各種不同的方面，因此其含義往往是模糊不清的。社會制度指對許多人的安排，他們的行為受規範（norms）和角色（roles）指導。在功能派理論（見 functionalism 功能論）中，制度的概念是與功能性先決條件（functional prerequisites）或功能性規則（functional imperatives）相關的。馬林諾斯基（Malinowski）列舉了七種滿足生物和社會心理需要（needs）的社會制度。戈夫曼（Goffman）用全控機構（total institution）一詞來指科層制機構（見 bureaucracy 科層制），其中人們不可能擺脫行政機構的規範和角色。制度化（institutionalization）指規範和角色在不同的社會環境中發展和被學習的過程。儘管這通常涉及過分社會化的人觀（oversocialized conception of Man），受現象社會學（phenomenological sociology）影響的研究者強調社會生活的創造性和適應性。

institutionalization　制度化　①社會行為趨向正規化和定型化，從而成為穩定的社會結構特徵的過程及其結果。參見 institution 制度。②指一種過程及造成的條件，在此過程中社會行為者（social actors）在全控機構（total institution）如監獄或精神病院中長期受到監禁，而離開這類機構便成為沒有或缺乏獨立社會生活能力的人。

instrumental rationality 工具理性 指「行為只服從於有效性標準」（Gellner 葛耳納, 1988）。這一形式的理性，通常被認為是現代化以前的前工業社會向現代的**工業社會**（industrial societies）轉變過程中的**理性化**（rationalization）過程的基礎。參見 types of social action 社會行為類型；rationality 理性。

integration 整合 ①個人感受到從屬於一個社會集團或集體，這種感受是通過分享該集團或集體規範、價值觀和信念等得來的。整合是**涂爾幹**（Durkheim）社會學的主要概念，而且是他用以解釋**自殺**（suicide）率變化的兩個主要變項之一。②社會內部不同的機構或子系統其行動和功能相互補充而不是相互矛盾的狀況。例如家庭在某種程度上是整合入發達的工業社會的經濟體制的，即作為一個消費（而不是生產）單位時它保持並再生勞動力（而不是其他商品）。③促進社會其他子系統行為相互補充和互相協作的特殊制度。這種整合制度（例如文字或正式的法律體系）的發展是一切社會體制中的**功能性先決條件**（functional prerequisites）或**功能性規則**（functional imperatives）之一，也是新演化論中社會發展的關鍵（見 neo-evolutionism 新演化論）。

　整合概念在所有這三種意義上的應用，都是**功能論**（functionalism）的一個特徵，**帕森思**（Parsons）的著作亦然。整合不良（malintegration）就含有缺乏或沒有整合或整合機制的意思。例如涂爾幹認為利已型自殺是個人未能在集體中整合的結果；如果教育體制未將其活動和目標與經濟活動和目標整合，則經濟增長就會遭到挫折。如果法治所代表的整合機制不具優越性，由民主結社體現的權力與職務分離的重要演化發展（見 evolutionary theory 演化論）在歷史上便顯現不出來。參見 social solidarity 社會連帶；mechanical and organic solidarity 機械和有機連帶；social integration and system integration 社會整合和系統整合。

intellectuals　知識分子　典型的受過良好教育的人們，他們將知識運用到他們認為具有文化重要性的工作中。在英語中「知識分子」作為名詞，最早出現於十九世紀初，而早期的用法常為貶義。社會學對於知識分子的關注，主要在把他們作為一個特殊的社會群體（見 intelligentsia 知識界）。此外，法國社會思想中的三個插曲值得注意。首先，在十九世紀初的社會思想中，社會科學家聖西門（Saint-Simon）引入了先鋒或者先鋒隊（avant-garde）這種軍事性質的概念，儘管他的比喻並非指一般的知識分子，而是專指科學家，他們的有益知識能使他們獨自成功地指引法國和其他工業社會的發展。第二，1896年政治家克里蒙梭（Clemenceau）稱德雷福斯（Dreyfus）的辯護人為「知識分子」，開始有了其現代的用法。這一個稱呼很快就被涂爾幹（Durkheim）和其他人作為譽稱而採用。第三，哲學家邦達（J. Benda）在其《學者的背叛》（*Trahison des Clercs*, 1927）一書中，譴責知識分子準備為特定的社會和政治事業服務，而背棄了他們真正的追求，即對普遍真理和正義的無私追求。儘管這本書不是社會學著作，但是在社會學討論中常常被提到。參見 hegemony 支配權。

intelligence　智力　個人對理性思維和行為的認知能力或潛力。智力可通過專門的智力測驗（intelligence tests）來衡量，根據兒童在測驗中的表現讓他們接受不同種類的教育方式。

　　關於智力性質的爭論，大都集中在智力是經由生物遺傳得來的，還是由環境經歷和社會化得來的（見 nature-nurture debate 先天後天之爭）。存在着多種不同智力的模式，每種模式對教育過程有不同的意義。一種最具影響的模式用認知發展理論的解釋，這種理論強調天生的潛力和環境經歷之間互動的重要性。這項研究的實例是皮亞杰（Piaget, 1932）和布魯納

（Bruner, 1968）的著作，他們劃分了智力發展的階段，及每個階段的學習方式。這兩位理論家對近幾十年教育方式的形成產生了重大影響。其他模式是建立在相信人類行為的無限可塑性基礎上，強調群體之間特徵和成就的差異而不是強調相似點，而相似點才是一般學習理論的出發點。發展研究和比較研究都對智力發展理論和智力測驗模式的發展作出了貢獻。

intelligence quotient（IQ）　智商、智力商數　智力（intelligence）測量和測驗中所使用的一種單位，智商是一個人智力與年齡相仿的人的智力相比的指數。智商用智力年齡（經測驗得出）與生理年齡之比乘以100來計算，以避免小數。

　　智商 IQ＝智力年齡（MA）÷生理年齡（CA）×100

　　因此，在任何生理年齡上的普通兒童在適當的智商測驗項目上都將得100分，這是早1916年最早在史丹福—比奈測驗中使用的原始的智商測量方法。

　　現代測驗使用標準得分法，這種方式以標準差來表示個人與平均數的距離，並假定有常態分配。這種測驗法之一稱離差智商（deviation IQ），當一般人得分是100時，標準差為15或16是正常的。

　　值得注意的是這些測驗方法間的差別，因為離差智商不是智力年齡對生理年齡的比，以此測得的智商將取決於測驗所用的標準差。參見 intelligence test 智力測驗。

intelligence test　智力測驗　用一系列不同的題目測試被認為對一般認知能力有意義的各種心智能力。題目通常是按由易到難的順序安排的。測驗的結果是用個人智商表示（見 intelligence quotient 智商）。

　　測驗過程的發展建立在認為大部分智力來自遺傳的觀點上。因此測驗旨在衡量天生的能力，盡量控制任何環境和文化的因素。然而對於達到這個目標的可能性有多大則意見不一，而且對這種測驗的運用存在許多爭議。通過這些測驗難以確定得分是取決於天生的能力還是取決於社會地位、種族、或性別。更有甚

者，一些批評者認爲這些測驗並不是與文化無關的，而是偏向於社會上統治階級的規範和價值觀，因此測驗結果不能反映被統治階級智力的眞實水平。

智力測驗的教育意義和政治意義在對詹森（Jensen）著作的反應中可見一班，他於1969年重開先天後天之爭（nature-nuture debate）。他在文章中特別注意種族的智力（intelligence）差異。他區分開遺傳和環境對於智力的影響，得出遺傳因素占智力的80％的結論。在承認美國黑人的窮困環境的同時，詹森認爲這一點本身並不能充分說明問題，因此不能成爲在測驗中得分差異的理由。其結果被認爲是對不同的社會集團在學校所得的教育資源不平等加以正當化。詹森的觀點引起激烈的爭論，這些爭論集中在他的數據的脆弱性和他提出的教育意義〔L. Kamin 著《智商的科學和政治》（*The Science and Politics of I.Q.*）〕。

在教育領域，進步分子認爲對於智力測驗的重視和高智商就意味聰明和成功的看法束縛了教育體制已達半個多世紀之久。而另一些人則一直爲智商測驗的預測力進行辯護。但是近年來對這一問題的爭論已不那麼激烈了。人們傾向於得出這樣比較一致的意見：即智商測驗旣不是完全中立的，也不是完全可靠的或有效的（見 validity 效度）。

intelligentsia　知識界　一個以指引國家未來繁榮和發展爲己任的知識分子（intellectuals）社會階層（social stratum）。此術語出自十九世紀中葉的波蘭和俄國，如同喀斯特（caste）的概念那樣，一些社會學家認爲它適用於特定的地點和時間，而另一些人相信它有着更廣的範圍。②受過教育但無財產的一群個人，他們多少意識到在一國的社會中和超越國界的文化領域中的重要作用。例如在一些非洲國家獨立前後就存在這種意義的知識界。③一切種類的知識分子，不管他們是否擁有任何共同意識或獨特的社會地位。因此按照蓋格（Geiger，1949）的看法，知識界是由文化商品的創造者和消費者組成的，加上一切學位和文憑的擁有者。然而看來不使「知識界」與「知識分子」成爲同義詞，而

使知識界保留①和②的含義是適宜的。這種研究法可說美國有知識分子，但沒有知識界。

「知識界」的第一種含義是在19世紀波蘭被普魯士（1871年後是德國）、俄國和奧地利（1867年後是奧匈帝國）瓜分時出現的。那些少數擁有離校證書的人、那些了解波蘭文學和歷史的人，認為他們是民族文化的衛士。因此，他們領導了多次抵抗運動。他們多是沒落貴族和仕紳的子弟；他們保留有仕紳的價值觀，鄙視資產階級的商業和工業追求。隨着1918年波蘭復國，知識界在政府行政部門中起了領導作用，但在第二次世界大戰中死傷甚多。

在1945年至1989年的國家社會主義下，共產黨聲稱自己是波蘭發展的主要領導者，並著手消滅一切反對者。古典的知識界不復存在。然而按照馬克思主義官方的解釋，新波蘭存在兩種「非對抗的階級」，工人與農民，和知識界階層。提到一個單獨的知識階層（不是階級）就是承認它與生產工具的關係是和工人階級相同的，但它的文化和意識兩方面仍然有所不同。現在對知識界的定義是受過高等教育而不是中等教育，大多數畢業生現在在科學和工程技術領域工作。由此產生了創造性的和文化的知識界（creative or cultural intelligentsia）與人數眾多的技術知識界（technical intelligentsia）的區分，後者對於舊知識界的價值觀的依附遠不那麼明顯。高等教育的不斷擴大也使知識界不再是少數的精英（elite）。自1945年後，大多數新知識界成員的社會來源是工人階級和農民。後來到了六十年代，韋索洛夫斯基（Wesolowski）等人指出擴大了的知識界利用選擇性的中等教育系統而一代一代地傳下去。自1955年以來的的改革者和自1968年以來的反對派，反映出知識界某些原有的作用，但值得注意的是當團結工聯在1980年崛起時，它是作為一個工會和工人的運動。儘管如此，在波蘭，有知識的男人和女人受到較美國或英國更多的社會尊敬。

在俄國，知識界的地位在某種程度上是不同的。一部分沒落

貴族，試圖在城市範圍內保持其傳統的生活情趣（以保證有別於**資產階級** bourgeoisie），同時指引民族邁向自己的目標。後者包括不惜以一切方式廢除沙皇制度和封建制度殘餘，並廣泛致力於進步事業。1917年十月革命以後，創造性的知識界起初是繁榮發展的，但史達林不能容忍其獨立性，從而加以取締。馬克思主義關於兩個階級和知識階層的官方解釋，使知識界這個名稱得以依然存在。今天俄國傳統知識界的延續比波蘭還不如並不令人奇怪，因為它衰微已久。另一方面，前蘇聯的異議人士和舊的改革派和（或）反對派的知識界之間存在着某些相似之處。

在第二種含義上，知識界一詞與德文的 Intelligenz 是一致的。韋伯（A.Weber）首先提出不從屬於社會的知識界的概念。但**曼海姆**（Mannheim）對此的解釋更爲人們所熟知：「在每個社會中都存在以爲該社會提供對於世界的解釋爲特殊使命的社會群體，我們稱這樣的群體爲知識界」（Mannheim，1936）。他指出他們要麼試圖自願地加入「這個或那個相互對立的階級」，要麼試圖完成「他們天生擁護全體人民知識利益的使命」（Mannheim，1929）。然而，有爭議的是知識分子在德國是否比在其他社會更加感到彼此親近，並且獨自享有「宣傳、教導和解釋世界的權利」。

關於知識界的第二種概念有以下不同的觀點：即康拉德和塞倫伊（Konrád & Szelényi, 1979）關於國家社會主義社會中知識分子獲取階級力量的理論，和**高德納**（Gouldner，1979）關於知識分子和**新階級**（new class）崛起的理論。康拉德和塞倫伊指出，「主要在理性分配原則的經濟體系中，知識界轉變成爲一個階級，事實上意味着在工業落後的東歐農業社會中知識界組成了政府科層制的統治階級，在現代化進程中起着領導作用，取代了不能與封建主義決裂的軟弱的資產階級」。高德納則論證說，在正在出現的世界社會經濟秩序的所有部分中，人本主義的知識分子和技術知識界組成了一個新的階級，向由商人或政黨領袖們把持的經濟控制提出了挑戰。

intentionality 意向性 ①人類行為的意圖性。例如舒茲（Schutz）和俗民方法學者（見 ethnomethodology 俗民方法學）指出，意向性不像有時認為的，由一系列不連續的計劃構成。它也以更加「默會的」（tacit）方式存在於行為者的「認識能力」（knowledgeability）中，即紀登斯（Giddens, 1984）所說的實際知識或實際意識（practical knowledge or practical consciousness），同樣也存在於行為者的言理意識（discursive consciousness）中。②（哲學）胡塞爾（Husserl）和沙特（Sartre）認為是「人的意識向一個對象趨近」。

interaction 交互作用 （統計學）指兩個或兩個以上自變數（independent variable）共同作用於應變數（dependent variable）時得到的綜合效果。在檢驗變數效果的實驗中，每個單一的效果可能不能解釋整體的變化。因此最好是採用一個統計方式的測驗如變異數分析（analysis of variance），它的設計既可評估變數間相互作用的效果，又可評價每個變數的特殊效果。

interaction, interaction ritual, interaction order 互動、互動禮儀、互動秩序 社會行為者相互聯繫的過程和方式，尤其是在面對面的會面（encounters）中。

儘管互動的模式久已為社會科學家［例如研究小團體的社會心理學家，或研究身體語言（body language）的心理學家］所研究，但這些研究通常對互動的注重常帶有很大的偶然性，對互動基本的、超越情境的結構很少加以重視。只是由於戈夫曼的研究工作才使這些結構得到更全面的探討。戈夫曼（Goffman, 1963）將社會秩序定義為「以任何形式的道德規範對人們追求目標的方式進行調整的結果」。這些道德規範等同於社會互動中的交通規則。這種公共秩序或互動秩序控制着社會互動的形式和過程，儘管沒有控制互動的內容，在戈夫曼的社會學中仍占有核心地位（見 civil inattention 輕慢）。戈夫曼所說的互動禮儀意味着存在一種禮儀性的合作和禮儀規則，以維持一個共同及現實的存在，例如容許所交往的行為者保全面子（見 face-work 保面

子）。早在1951年，貝特森（G. Bateson）就指出互動可以視爲
一種溝通系統，也許帶有語法（syntax）。戈夫曼的著作看起來
是以這些前人的觀點爲基礎的（Kendon, 1988）。

interests 利益 有利於特定個人或群體的特定社會結果。這
種利益可能爲這些個人或群體所承認並追求，或者是被其他人
（包括社會科學家們）指出，但被受益者所忽略的潛在的或客觀
的利益。對於馬克思主義來說，區別表面利益與潛在的客觀利益
具有重要的意義。見 false consciousness 錯誤意識。

**intermediate classes or intermediate strata 中介階級或中
介階層** （馬克思主義）指在資本主義社會中那些處於資產階級
（或布爾喬亞）與無產階級（proletariat）之間的階級
（classes），它們不屬於這兩個階級中的任何一個（見圖15）。
由霍奇斯（Hodges, 1961）歸納的這些階級集團可視爲由四種基
本類型的轉變中的階級所組成：

(a)「工匠」（artisans）：他們既不受雇於人也不雇傭他
人，因此可認爲是處於「資本主義體系之外」，也處於階級體系
之外；

(b)小資產階級（petty bourgeoisie）：他們相對來說資本較
少，雇傭較少的工人，而且他們本身經常在政治上受資本主義的
壓迫；

(c)爲資本家服務的從事商業或管理的中介階級群體，基本上
是剩餘價值的實現者（realizers）而不是生產者。他們的收入是
通過剝削無產階級得到的，但他們本身通常在政治上受到壓迫，
有時也會由於生產剩餘價值而受到剝削；

(d)新中產階級（new middle class），亦即專業人員和技術
專家，從他們創造剩餘價值而且本身可能受到剝削的意義看，他
們部分是生產者，但同時他們也得到工資，這是剝削來的部分成
果。他們也可被看作是在資本主義下被否定了全面的權力，因而
在取代資本主義中有潛在的利益，儘管原也部分受益。

馬克思主義的傳統觀點認爲，以上的這些階級定位在資本主

(A)資本主義下階級的兩種理想型：

資產階級	無產階級
(a)資本的擁有者	無資產—領取工資者
(b)「不從事生產」	「從事生產」並被剝削
並剝削剩餘價值	—創造被資本家剝削的剩餘價值
(c)政治壓迫者	政治上受壓迫

(B)三種階級類型：實際的世界階級狀況

資產階級　　　　　　　中介階級　　　　　　　　無產階級
　　　　　　（一切處於兩種階級類型之外的人）

(i)工匠—處於資產階級「之外」，旣不是
　　資本擁有者，又不受雇於資本家

(ii)小資產階級—有較少的資本和雇傭較少
　　的勞動力

(iii)從事商業性和管理性的群體—爲資本家
　　服務的剩餘價值的「實現者」而不是
　　（通常的）剩餘價值的創造者

(iv)新中產階級—專業人員和技術人員

圖15　**中介階級或中介階層**　資本主義底下，幾種無法以簡單的馬克思主義的階級和階級衝突二分法模型來分類的階級團體。

義制度下很可能是過渡性的，儘管方式不同。因此(a)和(b)可認爲主要是由前資本主義遺留的階級類型構成的，而其重要性正在降低；而(c)和(d)在資本主義社會發生*階級兩極分化*（class polarization）時則可能上升爲資產階級或下降爲無產階級。這種分化的過程可能主要是朝著*無產階級化*（proletarianization）的方向進行，或者至少其利益與資本主義相悖的那些階級的成員越來越認識到這一點。

　　然而存在於中間群體中的階級定位、**階級意識**（class consciousness）和階級行為的經驗類型，說明了階級利益的複雜性，從而導致多種新馬克思主義和非馬克思主義關於資本主義社會中階級和中介階級群體地位的說明和理論。

intermediate group or secondary group　中介團體或次級團體　可視為介於中央國家機構與**初級團體**（primary groups）（如家庭或其他面對面群體）間中間地位的團體。這種中介團體或次級團體數量之多和種類之雜，有時被認為是抵消現代工業社會向**大眾社會**（mass society）發展的一個重要因素。

intermediate societies　中介社會　規模和複雜性處於簡單社會與現代工業社會之間、在發展順序上也處於中間的社會。

intermediate technology　中間技術　既未採用新技術（new technology）亦非西方生產體系那種資本密集性質，而只是對原有方法加以改進的生產技術。中間技術越來越被認為是適合於第三世界國家的技術，這些國家基礎設施落後，使其不能完全地運用先進技術，而且可能不會在政治和經濟上從出口型的資本主義生產中受益（參見 dependency theory 依賴理論；green revolution 綠色革命）。

　　依照舒馬赫（E.F. Schumacher, 1973）「小就是美」的說法，採用本地技術和本地資源實施的灌溉、水土保持、有機耕作等當地計劃項目受到讚揚，以使人們更好地掌握其命運。這些項目也被認為是「對生態有利的」（ecologically friendly），避免了因建立不適當的企業可能導致的環境枯竭（environmental depletion），並被認為提供了一個長期發展的良好基礎（這些發展越來越被認為是生態上適合更「先進」的社會）。

internal colonialism　國內殖民主義、內部殖民主義　由一居支配地位的群體將有文化差異的諸群體納入於一個民族身分，有集中的政治統治和國家經濟。許多分析認為這種過程同外來殖民主義有相似之處，後者是一個國家把另一個國家置於其統治之

下。論述這一主題的當代文獻存在着兩個主要地區以此概念為討論的重點。一方面是拉丁美洲的學術界，他們用此術語分析歐洲化社會集團與有不同語言、信仰和生活方式的本地集團（通常稱印第安人）之間的關係。施塔芬哈根（Stavenhagen, 1975）論證道：國內殖民主義是拉丁美洲國家在19世紀脫離西班牙和葡萄牙獨立、並隨着資本主義經濟發展而出現的。印第安社群失去了他們的土地，被迫為外來者工作，被整合入了貨幣經濟，並被納入國家的政治結構中。這導致了一種族群階層化的形式，在施塔芬哈根的分析中這是隨着社會階級關係的變化而形成的。

在歐洲和美國，此概念被用以討論種族與族群關係和已建立的民族國家中民族主義運動的出現。美國二十世紀六十年代的民權運動和黑人運動更使這一術語廣為流傳，當時人們把美國黑人的地位，同歐洲殖民主義消亡後獨立的非洲國家中的黑人地位相比較。赫克特（Hechter, 1975）對此概念提出最具影響的一種學術表述，用以分析英國國家發展過程，從而擴大了辯論的範圍。赫克特運用世界體系的觀點進行分析，認為國內殖民主義把處於外圍的文化群體從屬於核心的支配群體，這部分地是因各地區之間工業化程度不同的結果。那些最發達地區的集團支配着那些較不發達地區的群體。久之，這可能會導致那些地區民族主義運動的出現，如六十年代末在一些歐洲國家和加拿大出現的情況。

internalization　內化　個人吸收和納入他人的或社會的準則和信念的情況。內化是*佛洛依德*（Freud）人格發展理論的基本概念。兒童的良知（見 superego *超我*）是把社會習俗（見 mores *民德*）內化而形成的，這些習俗體現在父母的個人價值觀和準則上。作為心理動力學的用法，表明內化更普遍的用法是對信念和價值觀的全面接納。與此相反，某些表現出來的態度和行為，可能是基於社會壓力，例如*從眾*（conformity），而且是出於服從（compliance），不是內化。

interpretation　詮釋　強調理解人的意向行為的重要性的方法。從語義學的角度看，任何說明都是一種詮釋。使詮釋典範不

同於其他流派的是承認一切關於社會界的陳述都必然相對於其他陳述。這不可避免地使詮釋本身與涂爾幹的「社會事實」（social fact）的觀點相對立，因為就詮釋來說「事實」總是由特殊的人在特定的環境中出於明確的原因造成的。由於詮釋社會學家有大不相同的認識論立場，在具體問題上很少能夠達成一致的意見。極端的主觀主義者或相對主義派（見 hermeneutics 詮釋學）認為沒有任何單個的註釋能夠左右另一個註釋。舒茲（Schutz）的現象社會學力圖對社會生活的互為主體性進行系統研究，在此典範中占有中心的位置。另一方面，韋伯（Weber）認為瞭悟（Verstehen）是解釋行為動機（而不是行為的經驗）的一種方法，因而不能阻礙社會學家依此資料得出普遍性結論（參見 ideal type 理想型）。俗民方法學（ethnomethodology）通常被列為一種詮釋社會學（interpretive sociology），但這僅部分地正確，因為它接受了美國經驗論（empiricism）的許多觀念。總的說來，雖然人們普遍支持移情作用（empathy）及理解行為者的觀點，但從詮釋出發的研究卻紛雜得難以歸為一個學派，這可能是因為詮釋的意義本身就需要詮釋。

interpretive（or interpretative）sociology　詮釋社會學

強調社會學家必須理解或詮釋行為者意圖（參見 interpretation 詮釋；Verstehen 瞭悟；hermeneutics 詮釋學；double hermeneutic 雙重詮釋）而結合起來的各種形式的社會學，包括象徵互動論（symbolic interactionism）、現象社會學（phenomenological sociology）和韋伯（Weber）的研究取向。根據這一論點，一切社會現實都是「預先詮釋的」（pre-interpreted），即是由社會行為者（social actors）的信念和詮釋的結果而具有形式（和由這種結果構成的）。因此這是（或者應該是）不言自明的，即沒有任何形式的社會學可以在沒有至少是初步理解行為者意圖的情況下進行研究。涂爾幹在《社會學方法的規則》（*Rules*）中認為我們可以對「社會事實」（social facts）進行客觀研究而不涉及任何行為者意圖，這是錯誤或不對頭的。

如果我們採取更寬容的讀法的話，涂爾幹想要指出的是社會學如果真正想成為一門「科學」的話，就不能僅滿足於行為者意圖所包涵的社會說明。然而即使如此，大多數自稱為「詮釋」的社會學形式都會和涂爾幹分道揚鑣，認為社會學家研究預先詮釋的現實排除了實證論方法，尤其是因為社會行為者的行為能夠改變意義，而且不僅是已有的意義的結果。

在採取這種態度的各種社會學中，有些社會學（如溫奇Winch 的方案）認為對於行為人意義的理解就足以對社會行為進行描述和解釋。但是更多的是認為社會現實的「意義性」特點和社會學解釋限制了（但並未消除）探討在行為者意義以外起作用的社會現實的可能性。例如韋伯認為理想型（ideal types）在形成和檢驗歷史假說方面起着重要作用；而在象徵互動論（symbolic interactionism）中一般感性概念（sensitizing concepts）也以類似的方式在對特定事例的分析中起着重要作用；而在戈夫曼（Goffman）的社會學中，產生普遍概念框架則是重要的。所有這些研究方法（儘管有許多分歧）的目標是得到一種非實證論的社會科學的陳述，它不違背這樣的前提，即必須了解行為者的意義，而且行為者的社會能力和選擇排除了決定論對社會現實所作的「法則式說明」。更一般性的結構形式或者甚至科學性因果形式的社會學分析是否最終仍可能建立在詮釋的基礎上，已激發一系列有各種不同答案的問題。試比較帕森思（Parsons）的功能論或紀登斯（Giddens）的結構化理論（structuration theory）。參見 structure and agency 結構和能動作用。

intersocietal systems　跨社會系統　跨越各種社會（society）或任何社會整體間界線的社會系統（Giddens, 1984）。紀登斯認為社會學家常常忽視跨社會系統的重要性。根據英國社會學家曼（Mann, 1986）的觀點，社會學家通常認為社會是「一個沒有問題的統一的整體」，是「供分析的整個單位」，而事實上這種概念只有在現代民族國家（nation states）的條件下才最適用。從歷史上看，社會通常缺少這樣明確的邊界。而且由於現代民族

國家相互依賴成爲世界經濟和民族國家體系（nation-state system）的一部分，現代民族國家不能再被理解爲孤立的社會系統。參見 time-space distanciation 時空延展。

intersubjectivity　互爲主體性　人與人之間共享的經驗、認知上的共識等。互爲主體性的存在由於不主張客觀主義（objectivism），所以與唯我論（solipsism）、相對主義（relativism）和不可通約性（incommensurability）等理論是對立的。這些理論都認爲在「認知」上達成共識存在著障礙。參見 life-world 生活世界。

intertextuality　互爲文本性　見 deconstruction 解構。

intervening variable　中介變數　將自變數（independent variable）效應傳遞給應變數（dependent variable）的中介性變數（variable）。這可能是一種內在的機制，其存在是根據觀察得來的結果加以假定的［例如在行爲心理學中介於 S（刺激）和 R（反應）之間的有機體的效應］，或者是另一個外部解釋變數（例如社會階級對於發病率有可以覺察的影響，但還有收入、飲食、住房等因素的介入）。

interview　訪問、訪談　從個人層次（individual level）收集社會資料的方法。這種面對面的採訪能保證比郵寄問卷（postal questionnaires）更高的回應率（response rate），但由於訪問員偏誤（interviewer bias），不同的訪問員會對收集來的資料的素質、效度（validity）和信度（reliability）產生影響。

　　訪問可以是事先設計好的，訪問員提出一系列問題，對被訪問者的回答加以分類。這種程序化形式便於分析，並減少訪問員偏誤的可能性。但資料不像事先沒有設計的訪問那麼全面，也可能出現人爲規定的度量（measurement by fiat）等問題（參見 Cicourel 西庫雷爾）。在對一領域進行初步的調查，要在進一步調查中產生假定時，或在所需的資料深度比分析的容易性更爲重要時，宜採用不經事先設計的訪問辦法。見 qualitative research techniques 定性研究法；quantitative research techniques 定量研究法。

interviewer bias 訪問員偏誤 由於訪問員的社會背景（如社會階級、族群背景或性相）可能帶進訪問結果的的偏誤（bias）。例如訪問員與被訪問者間存在不信任或缺乏親密的關係，或存在過於親密的關係（over-rapport）。由於訪問員與被訪問者有這種關係，就可能假定某種視爲當然的回答，從而歪曲了調查結論。

iron law of oligarchy 寡頭統治鐵律 政治組織（政黨和工會）不管多麼追求內部民主也有變成寡頭統治的趨向。米歇爾斯（Michels）1911年在《政黨論》（*Political Parties*）一書中道出這條鐵律：「說組織的人，說的都是寡頭統治」（He who says organization, says oligarchy）。米歇爾斯指出政黨一旦越出它成立之初那種活潑的參與的結構階段，就必定變得更加官僚主義和更加集權控制，而落入職業的領導集團的統治之下。在這個過程中，組織的最初目標也可能被更狹隘的手段性目標所取代，包括一心維繫組織的目的（參見 goal displacement 目標置換）。米歇爾斯指出以下三種因素是這個過程中的關鍵：

(a)技術因素，即保持一個有效的戰鬥機器的需要，但當這種情況發生時，戰鬥機器即按其自身的既得利益發展，並控制議事日程和傳播手段，對付內部的反對派，等等。

(b)領袖的心理特徵，即他們可能是有天賦的演說家，喜歡領導的滋味，進而分享更大範圍的政治精英的動機和利益，從而趨向於不惜一切代價保有權力。

(c)大眾的心理特徵，即政治組織中的一般成員缺乏活力，願意接受領導，容易爲群眾演說所左右，並崇拜領袖。

米歇爾斯「鐵律」的批評者指出政治組織中寡頭統治的趨勢變幻莫測。例如比起政黨，這更可能是工會的特徵。獨裁的程度也受到成員的性格和組織運作環境氣氛的影響（Lipset, 1960；MacKenzie, 1963）。

　　儘管如此，米歇爾斯的著作對於政黨和工會民主的研究產生了重大影響。參見 elite theory 精英論。

irrationalism　非理性主義　見 rationalism 理性主義。

J

Jakobson, Roman　雅克慎（1896－1982）　俄裔美國語言學家，語言學和形式主義文學研究中的後索緒爾理論家。他對現代理論語言學和**結構主義**（structuralism）的發展有重要影響。在文學和詩歌分析方面，他的研究方法具有變革性，採用一種形式與內容脫離的結構分析方法。作為所謂「布拉格語言學派」的創始人之一，他對語言學的主要貢獻在音韻學［phonology，**語言**（language）的語音系統］方面。他對語音的分析揭示了人類言語中簡單的雙元對立關係。更廣義地說，在對語言和人類符號系統（參見 semiotics **符號學**）研究方面，他指出「結構不變項」（structural invariants）的存在，以及各種文化間明顯的差異只是表面現象。他被納粹主義驅逐出歐洲後，在新大陸以作為一位歐洲文化理論家產生過廣泛的影響。深受他的思想影響的有**李維史陀**（Lévi-Strauss）和喬姆斯基（Chomsky），兩位都是他在紐約的同事。他強調語言學普遍性的觀點，與美國人類學家鮑亞士（Boas）和薩丕爾（Sapir）提出的文化相對主義觀點相對立（見 Sapir-Whorf hypothesis **薩丕爾—沃夫假說**）。他在語言學理論中所運用的心理學，也與美國二十世紀四十年代和五十年代的主流觀點有所不同。美國語言學先驅理論家如布龍菲爾德（L. Bloomfield）執著於行為主義觀點，而雅克慎則強調哲學的「理性論」，強調普遍的天賦認知結構，而不強調與社會環境互動，和由刺激與反應而獲得語言能力。特別是由於喬姆斯基獲得成就的結果，雅克慎的理性形式主義總的來說在語言學方面取得了勝利。但這種形式主義和相關地強調語言作為普遍性結構，儘

管不重視行爲主義解釋，也存在着局限性，例如缺乏對**語義學**（semantics）和語言的脈絡關係或語言學與社會「創造性」及「能動作用」（agency）的適當研究。這些過火之處和疏略之處也都造成了作爲現代流派出現的結構主義的缺陷，而這一流派的出現部分是因爲雅克愼的影響。參見 structure and agency **結構和能動作用**；pragmatics **語用學**；poststructuralism **後結構主義**。

jati 查特 見 caste 喀斯特。

Jim Crow laws 吉姆·克羅法 用於美國南部各州的一些法律的名稱。這些法律規定在交通、教育、婚姻、娛樂設施等方面實施白人與黑人種族**隔離**（segregation）。雖然1865年黑人已獲得解放，這些法律仍在南方盛行於1883年至1954年。在南方到處可見的「白人專用」和「黑人專用」的標誌，明顯地反映了美國黑人的低下地位。1896年美國最高法院在「普利西訴弗格森」（Plessey v. Ferguson）一案中，裁決所謂對黑人與白人「隔離但平等」的措施是合法的。直至1954年最高法院在「布朗訴地方教育委員會」（Brown v. Board of Education）一案中推翻這種觀點以前，隔離、極低下的和不平等的待遇一直是南方當時的政策。「吉姆·克羅」是常用的貶義性奴隸的代名。

job redesign 工作重新設計 一種勞動操作的設計法。這種設計法力圖通過更廣泛的操作任務、更多的自主和對表現的反饋來消除直接監工、簡單而繁瑣的操作帶來的社會和心理的消極因素。參見 quality of working life **工作生活品質**，sociotechnical systems approach **社會技術系統法**。

有幾種工作設計法，可用於不同的層次，藉以消除**科學管理**（scientific management）的消極層面。第一層次的工作再設計包括調整橫向分工。工作輪換（job rotation）制的目的在於使操作多樣化，使一個工人在專業工作上有更大的靈活性。擴大工作（job enlargement）是將原先的兩種或多種專業操作合併爲一種操作。對這一層次工作重新設計的批評者指出，工人不會對剝奪

他們發揮判斷力和責任心的工作感到滿意。將一種煩人操作加諸於另一種操作上是難以取得成效的。因此有人建議豐富工作（job enrichment），爲此需要重新調整縱向分工，以使一些傳統的管理工作如決定工作方法，改由工作操作工人決定。社會技術系統理論強調要考慮比個人責任和判斷更多的事情，這種理論認爲豐富工作的作法適用於技術上更加相互依賴的操作（Child, 1985）。例如自我管理的多技能工人小組減少了直接監工的需要，並提高了工人的判斷力、責任心和操作技能。

joint conjugal-role relationship　合作的夫妻角色關係　家庭內部的分工，包括配偶間分擔家務。合作的夫妻角色關係是由博特（E. Bott, 1957）首先提出來的，她指出這種關係在有高度地域和社會流動性的社區中最爲常見。這種條件造成家庭和親屬分離，破壞了傳統形式的**分工的夫妻角色關係**（segregated conjugal role relationship），使男人更常待在家裡。工作婦女和失業男子的增加及新的社會價值的存在，促進了20世紀末性別角色的倒換。這種家庭雖被認爲更加平等，但很多證據表明家務勞動中性別分工依然大幅存在。參見 domestic labour 家務勞動；sexual division of labour 性別分工。

joking relationship　戲謔關係　指儀式化的冒犯行爲。**芮克里夫布朗**（Radcliffe-Brown）指出廣泛流行的外甥（姐妹的兒子）冒犯和偷竊舅舅（母親的弟兄）的習俗。他將此解釋爲一種化解某種特定的社會結構安排中固有的緊張氣氛的方法。丈母娘開女婿玩笑常被認爲是同一類現象的例子。

Jung, Carl Gustav　榮格（1875-1961）　瑞士精神醫學家，學醫後成爲精神病醫生和佛洛依德（Freud）的崇拜者。然而在《潛意識心理學》（*The Psychology of the Unconscious*, 1912）一書中他的觀點明顯地脫離**心理分析**（psychoanalysis）學派，他本人也疏遠了佛洛依德。他後來的研究被稱爲分析心理學（analytic psychology）。他一生廣爲遊歷，考察了非洲文化和美洲印第安人與東方印度人，並多次遊歷歐洲。

榮格把對多種文化的宗教、神話、哲學和象徵系統的廣博知識都融入其集體潛意識（collective unconscious）理論中。他認為潛意識的最深層次包含了遺傳的普遍原型（archetypes），即一切文化共有的理念或象徵，這些是通過夢幻、神話和傳說反映出來的。榮格心理學趨向於神秘，這也許能說明它近些年來流行的原因。他的治療方法包括幫助病人以其自身力量治療，這種力量存在於集體潛意識中。

他對心理學和分析的特殊影響包括用**外向和內向**（extraversion and introversion）來描述人的性格特徵；字詞聯想測驗（the Word Association Test）；人格情結（complexes）說，即相關的情感或理念，透過字詞聯想或夢的解析來顯現。

jurisprudence 法學 尋求建立全社會性法律和法律制度的法律與社會學理論。因此法學在某種程度上與**法律社會學**（sociology of law）重疊。

從歷史上看，可以指出以下的法學分支；

(a)法律實證論，例如凱爾森（Kelsen）認為法律是客觀上穩定的階序性規範系統，哈特（Hart）認為法律是建立在基本規範之上。這種法律觀點被認為是與傳統法律專業性「同調的」，而其實踐者認為這種法學思想涉及的理論很少需要引進社會科學的概念。**邊沁**（Bentham）將功利主義用於法律改革，也可認為是法律實證論的一種形式。

(b)自然法理論，法律實證論者的主要攻擊目標（見 natural rights and natural law **自然權利與自然法**）。

(c)歷史與演化理論，例如**梅因**（Maine）的理論和薩維尼（Savigny）的法律說，認為法律反映一個國家或民族的習慣或民心。

(d)衝突理論，強調利益的衝突是法律制度的形成及其控制功能的基礎，如龐德（Roscoe Pound）的多元論。

(e)法律現實主義，深受**實用主義**（pragmatism）影響的美國研究方法，重視法律的社會基礎和法律的靈活性及生活性。

上述所有的研究方法對於法律社會學都有影響，但近年社會法律研究的復興在很大程度上得益於一種新的法律系統和法律執行的經驗社會學研究。

justice　正義　①個人應獲得他理所應得的普遍原則。這一屬於常識性的定義也有多種哲學解釋，包括那些古典哲學家，從亞里斯多德（Aristotle）到康德（Kant）的解釋。近年美國哲學家羅爾斯（J. Rawls）《正義理論》（*A Theory of Justice*, 1971）的思想有廣泛的影響。②法律正義，有時稱「矯正正義」（corrective justice），指法律的運用和法律機構的管理，在現代社會中主要是由訓練有素的法律專業人員實施。在此，形式的和程序性的公正概念是首要的，即法律的運用要根據規定的原則或正當程序〔法治（rule of law）〕。③社會正義，指社會公正的一般概念，它可能與個人正義的概念或者②義的正義概念相牴觸。關於社會正義也存在各種對立的思想。例如功利主義的正義思想強調對集體利益的衡量是壓倒一切的考慮，即與強調個人權利和集體權利平衡的思想抵觸。

雖受到哲學思想的影響，社會學家總是力圖迴避關於正義的哲學著作那種抽象和定義上的辯論。社會學著作主要着重於討論政治權利和公民權利，特別是福利和社會政策。中心議題集中在「分配的正義」（distributive justice）上，即利益的實質分配，而不僅是形式的或程序性正義。

羅爾斯把形式分析和實質分析結合起來的哲學研究範例，尤其引人注目。將正義定義為「公正」（fairness），羅爾斯問道：在假定的「原始立場」（original position）上，什麼是人們有可能認為是公正的？而站在這樣的立場上「無知的面罩」阻礙人們認識他們所擁有的社會特徵。羅爾斯指出不平等只有在使所有人都過得更好時，才是可以接受的。因此羅爾斯也支持國家干預。一個相反觀點〔如諾齊克（R. Nozick, 1974）對「最低綱領國家」（minimalist state）的精采辯解〕認為正義在於承認和保護個人的權利，包括財產（property）權利。

　　儘管各種正義觀念千差萬別，而且往往受意識形態的支配，仍不應輕視經驗解決方法。例如明顯不同的理論如羅爾斯、諾齊克或海耶克（Hayek, 1944）的理論，全都包含有這樣的論點，即關於經濟利益的集中和分配至少有可能通過經驗的方法來解決，儘管在實踐中不太容易辦到（比較 essentially contested concept 本質性爭議概念：Habermas 哈伯瑪斯）。例如，摩爾（B. Moore, 1972, 1978）採用的一種方法是著重於什麼是「不義」（injustice），他認為在這一點上達成一致可能會容易些。

K

Kant, Immanuel 康德（1724－1804） 卓越的德國哲學家。他的主要著作有《純粹理性批判》（*Critique of Pure Reason*，1781），《實踐理性批判》（*Critique of Practical Reason*，1788），《判斷力批判》（*Critique of Judgement*，1790）。他認為人的心結構化人對世界的經驗，我們永遠不能認識「物自身」，而只能認識「物表象」；永遠不能認識「本體」，而只能認識「現象」（參見 rationalism 理性主義）。他進一步指出特定的**範疇**（categories）（特別是實體和因果）可能在眞實世界中並不存在，但它們是我們認識眞實世界的條件。

這些「知性的純粹規則」是「**先驗**（a priori）綜合」的眞理，因爲離開它們就無以理解世界。康德的批判哲學如他所形容是「哲學上的哥白尼革命」，將知識從懷疑論中拯救出來，但只有摒棄主張絕對知識的傳統才能做到這一點。

作爲一位社會和道德哲學家，康德尤爲著名的是(a)他關於人的概念：現象領域中的決定論不被認爲與行動的自由不相容；(b)他的定言令式（categorical imperative）概念，即引導人們自由行動的方法，可以表述爲「你應當這樣行動，使你的行爲同時成爲人人所普遍遵循的道德原則」，或者「想一想如果每個人都這樣做將會發生什麼事情」。

康德的影響巨大有很多原因：(a)這可能是他試圖結合**經驗論**（empiricism）與**唯心論**（idealism）的結果；(b)他對現象領域和本體領域所作的區分，和他關於人的概念，提供了區別自然科學與社會科學的基礎。見 neo-Kantian 新康德主義；Rickert 李克

特；Windelband 文德班；Weber 韋伯。

kharma 業報輪迴 見 caste 喀斯特。

kibbutz 基布茲 現代以色列建立的小型社會主義農業社區（由50至1000人或更多成員組成），又稱合作農場，除其他目的外，旨在建立一種形式取代傳統的家庭（family）。目標是在男子與婦女之間建立社會平等，透過共擔撫養子女和工作責任來實現，但子女與生身父母之間仍保持牢固的關係。對於基布茲的評價（Bettelheim, 1969）表明這種農場在子女撫養上比在分工（division of labor）以及兩性關係的平等上更為成功。

kinship 親屬關係 （人類學）指明確規定的習俗、權利和義務制度為特點並以此聯繫起來的社會關係和世系群體。親屬關係可能是世代相傳的，也可能是通過姻親關係建立的。在所謂的簡單社會中，最重要的身分（statuses）主要是由親屬關係來決定的。因此人類學家十分重視關於親屬關係和親屬稱謂的結構和意義。許多早期的人類學家（如 Morgan 摩根, 1870）認為可在親屬稱謂系統的類型與特定社會發展階段之間建立一種聯繫。近年來的人類學研究對這種看法提出了質疑。

在社會學方面，親屬關係並未受到太多的重視，因為總的來說親屬關係系統對現代工業社會的影響並不顯著。社會學家將更多的注意力集中於家庭（family）的功能、角色和結構而不是更廣泛的親屬網絡。吉廷斯（D. Gittens）對任何一種可資識別的家庭形式的存在提出疑問，並建議社會學家應關注「各種家庭」而不是「一種家庭」。女性主義社會學家指出婦女在保持和維繫親屬關係網絡上有重要作用。婦女被認為是「親屬關係的保持者」（kin keepers）。

親屬關係研究關注家庭範圍內關係的結構，和這些關係涉及社會經濟和政治領域的方式。親屬關係被許多理論家認為是人與人之間基本聯繫紐帶，而且是最不容易改變的紐帶。人類學家佛提斯（M. Fortes, 1969）認為親屬關係鏈特別具有約束力，它創造出（大部分是）不可推卸的權利和義務。總而言之，親屬關係

系統的研究者關注以下三個主要方面：

  (a)繼嗣（descent）和繼承（inheritance）的方式；

  (b)婚姻（marriage）的形式和有關的居住規則；

  (c)亂倫禁忌（incest taboos）對兩性關係的規定。

  親屬關係系統似乎是社會組織的一種普遍性特徵，而古第（Goody）與其他一些人則強調各個社會之間存在着從具體親屬關係來看的重大差別。古第指出各個社會之間在繼承制度上有很大差異。在歐亞社會中分散繼承形式是普遍的，這是一種雙邊繼承形式，子女都可繼承財產。在非洲大部分地區則不存在這種制度。繼承既可以發生於財產持有者死前（inter vivos）的婚姻中，如在嫁妝制度中那樣，也可以在財產的持有者死去的情況下（mortis causa）。古第還指出在許多歐亞社會中婦女可繼承男子的財產，儘管對於財產的種類和數量有各種限制。例如薩利克（Salic）法規定婦女不能繼承土地，而穆斯林法則規定婦女只能繼承一半的財產。在一些歐亞社會中，婦女不是通過財產持有者的死亡繼承財產，而是通過婚姻即以嫁妝形式繼承。嫁妝制度多種多樣，有直接的或間接的。在非洲，嫁妝制度僅出現在受地中海的法律和風俗影響的穆斯林或基督教社會中。

  未受這種影響的社會中，財產轉讓則是採取聘金（bride wealth）的形式。在這種情況下，財產轉讓是在新郎和新娘各自的男性親屬間進行的。古第指出非洲社會由於他所稱的「同質繼承」（homogeneous inheritance）而十分特殊。在這種情況下，男子的財產完全轉交給他的氏族或世系群成員。

  親屬關係的多種研究都集中於繼嗣體系的結構和婚姻的形式。主要的繼嗣類型有父系、母系、雙重單系和雙系。古第指出不同的繼嗣體系的存在並不必然與各社會主要的經濟差異相一致。莫多克（G.P. Murdock, 1949）認為婚姻制度是社會的普遍特徵。他主張婚姻的存在「使經濟和性的功能結合成為一種關係」。莫多克相信婚姻必然包括同居關係，並且成為核心家庭（nuclear family）的基礎。許多理論家對此提出異議，如古第

（Goody，1971）。而且婚姻並不一定是異性伴侶的結合。在特定情況之下，努爾人、夏延人、阿贊德人（the Nuer,Cheyenne,and the Azande）都允許同性間的婚姻。所謂的「鬼婚」在努爾人和傳統的中國社會流行。

在許多社會中，婚姻對象的選擇由法律規定或禁止，內婚制（endogamous marriage）規定只能在特定的群體內通婚，外婚制（exogamous marriage）只允許在特定的群體外通婚。在大多數社會中，社會和（或）法律規範都規定女人或男人可擁有配偶的數目。總的說來，婚姻制度分爲多偶（polygamous）制或單偶（monogamous）制。群婚實際上並未發現過。

多偶制婚姻有兩種主要形式：一夫多妻制（polygyny），即一個男人可以有一個以上的妻子；和一妻多夫制（polyandry），即一個女人可以有一個以上的丈夫。一妻多夫制相對來說是罕見的現象。單偶或一夫一妻制，即一個人只能有一個配偶，是最普遍的婚姻形式。**李維史陀**（Lévi-Strauss,1949）認爲交換制度成了婚姻規則的基礎。

所有的人類社會都對某些親屬間的性關係作出規定和限制。亂倫關係就屬於侵犯了此類戒律。雖然限制基本親屬間性關係的**亂倫禁忌**（incest taboos）實質上普遍存在，但這些禁忌的確切性質因文化不同而有差異。亂倫禁忌的結果之一是任何家庭在選擇性伴侶時不能自作主張或者由家庭內部供給。

婚姻通常要求婚姻關係的一方或雙方遷入新居。親屬關係居住規則各有不同。隨夫居（patrilocal）的新娘通常被期望住在新郎父母住所或附近。這是最普遍的定居形式。隨妻居（matrilocal）則要求新郎住進新娘父母家或相鄰。婚後新居（neolocal）要求夫妻建立新的住所，與雙方父母住所分開。隨舅居（avunculocal）即雙方應與新郎的母舅居住在一起或毗鄰。兩可居（bilocal）方式則允許與夫或妻的父母同住。

人們對親屬的稱呼還能提供文化和社會組織其他方面的信息。區別親屬地位（親屬類型）和親屬稱謂是十分重要的。例如

在英國社會中人們可能將一切年長者稱為母親或父親，但這並不意味着他們具有親屬身分。同樣地，宗教和政治團體都採用親屬稱謂（姐妹、兄弟），也並不意含親屬身分。儘管各文化之間差別很大，但不同的親屬稱謂還是為數有限的。參見 extended family 擴展家庭。

Kuhn, Thomas 孔恩（1922 -   ） 美國科學史家。他的科學社會學理論沉重抨擊了經驗論（empiricism）和證偽主義（falsificationism）之類傳統抽象的和概括的哲學理論。孔恩認為沒有普遍的科學方法能以抽象的形式表示科學的成就（參見 Feyerabend 費若本）。

孔恩的中心論題是：科學只能作為歷史和社會的產物才能被正確理解。要理解一種科學作法，科學史家必須學會採用其中心概念，正如一位科學家在某一特定傳統中採用這樣的概念一樣。因此，科學研究便與社會學家和人類學家對於任何其他群體和社會的研究毫無二致。孔恩並特別強調自己的方法與詮釋學（hermeneutics）和意義性理解與解釋（meaningful understanding and explanation）之間，以及他的科學典範（scientific paradigm）中心概念與維根斯坦的生活形式（forms of life）概念之間的密切關係。

他在其最有影響的著作《科學革命的結構》（ *The Structure of Scientific Revolutions* , 1962）一書中提出一種普遍性的科學理論，認為科學經歷了一些革命性的變革時期，在這些時期中原有的觀念被推翻。這一理論的中心是孔恩認為變化如此激烈﹝例如在此前或此後都占有絕對地位的兩套科學概念之間的不可通約性（incommensurability）﹞，以至傳統的科學進步是由累積而來的觀點也不能維持了（見 normal science and revolutionary science 常態科學與革命性科學）。

孔恩的批評者反對這一種科學理論的哲學相對主義（relativism）傾向。其中一種批評意見認為科學與暴民心理學（mob psychology）已無差別。然而反對傳統科學理性主義的哲學理論

和提倡歷史的、社會的和心理的科學理論，並不一定意味着支持一種完全的哲學相對主義。但是必須指出孔恩本人對這些問題是模稜兩可的。

Ku Klux Klan　三Ｋ黨　美國秘密種族主義組織，於1865年在美國南部各州成立，旨在鼓吹和維護所謂白人優越論。這是美國最殘忍的白人種族主義組織，並有國際上的聯繫。三Ｋ黨致力於維護盎格魯－撒克遜白人新教徒的優越地位。

　　這一非常秘密的地下組織在過去125年中對黑人和其他群體實行私刑、謀殺、爆炸、和脅迫活動。三Ｋ黨的宣言聲稱「我們主要的和基本的目標是維護白種人的至高無上地位……歷史和生理學告訴我們，我們所屬的種族被自然賦予顯然優於其他一切種族的地位。」

　　他們以身着白色長袍和頭戴面罩恐嚇被害者而聞名。不過三Ｋ黨也從事暴力程度較小的秘密政治活動，其成員人數雖不可能準確計算，但曾被估計越過百萬。直至近年，三Ｋ黨的影響仍然十分明顯。

kula ring　庫拉環　美拉尼西亞群島上的交換回報制度。英國人類學家**馬林諾斯基**（Malinowski）在所著《西太平洋的航海者》（*Argonauts of the Western Pacific*，1922）一書中對此有所記載。在初布蘭（Trobriand）群島上，某些部落群體中經常交換儀禮性物品。項鍊按一方向流通，而手鐲則按另一方向交易。馬林諾斯基認為這一些長途旅行和複雜的儀式是為保持社會穩定所必需。社會身分和威信都是由此而產生的，人們常把這種情況同加拿大西北部的**誇富宴**（potlatch）習俗相比較。牟斯（Mauss）和**李維史陀**（Lévi-Strauss）的理論都強調了這種交換的重要性。參見 exchange theory **交換理論**。

kurtosis　峰度　見 measures of dispersion **離勢的測量**。

L

labelling theory　標籤論　一種社會對行為、個人或群體賦予肯定或（更常為）否定特徵（貼標籤）的過程的分析。這種研究分析對於偏差行為社會學尤有影響。標籤論是從互動論觀點中提出來的（見 symbolic interactionism 象徵互動論），有時也稱整體社會反應（societal reaction）論。

經典的標籤論表述是由貝克（Becker, 1963）提出的，他繼承了較早的理論家坦南鮑姆（Tannenbaum, 1938）和勒梅特（Lemert, 1951）的觀點，認為行為並非先天就已肯定好壞，正常行為和偏差行為是由社會所定（參見 drug taking for pleasure 為快活而吸毒）。貝克的著名公式是「偏差並非一個人行為的性質，而是由他人把規則和制裁施於「違反者」（offender）的結果」。這可能與日常說的「人言可畏」或「毀謗重複多次會有人相信」沒有什麼不同。使標籤論擺脫老生常談或陳腔濫調的是採取象徵互動論方法來探索反面標籤對個人自我概念所產生的效果，尤其是對偏差身分、**偏差經歷**（deviant career）、偏差次文化發展的影響。一些事例能表明整體社會反應（特殊社會行為類型被法官、媒體、警察等譴責或定罪）會使社會行為者改變其個人身分，並接受偏差次文化的價值觀，這正是貼標籤過程所幫忙造成的（參見 deviance amplification 偏差行為渲染化；moral panics 道德恐慌；folk devils 浪蕩群）。

標籤論方法在二十世紀六十年代和七十年代曾盛行一時，在偏差行為的研究上形成一股反「實證論」的潮流。反實證論觀點表現在不同於以前的許多研究方法，正常或偏差並不被認為是無

可置疑的，它們自身反而是有待研究的問題。標籤論方法的一個重要成就是建立了一種對於社會問題（social problems）鮮明的互動論研究法。研究者還用這種方法研究了精神病的社會建構和控制（見 antipsychiatry 反精神醫學）、教室內貼標籤的效果和性相標籤。由於互動論研究不僅提出「誰被貼標籤？」這樣的問題還提出「誰在貼標籤？」，以及為什麼表面相同的行為由不同社會背景的人作出時，貼標籤的人（如警察或法庭）就會作出不同的反應，所以馬克思主義者和衝突論者也對標籤論有興趣。

標籤論受到以各種理由提出的批評，例如批評它對貼標籤的效果作了過分決定論的解釋，批評它忽視了行為者作出道德選擇的因素，還批評它把偏差行為浪漫化而忽視受害者。這種研究方法也忽略原有的個人心理傾向，而這種個人心理傾向可以部分解釋個人的偏差行為，並提供可與標籤論互相補充的說明。最後，還有多種形式的犯罪或偏差行為不能用社會控制機構的反應來解釋，例如挪用公款之類的犯罪（crimes）或是男同性戀的社會身分。

labour aristocracy　工人貴族　在英國維多利亞時代的工人階級（working class）內部，被認為在經濟或社會（或二者兼有）上享有特權地位的一個或多個群體。大多數論述工人貴族的著作着重於這類工人實際上是否存在的問題，如果存在，其基本特徵為何，在英國維多利亞時代工人階級分裂上起了什麼作用。

一些學者（Crossick, 1978；Hobsbawm, 1968）曾指出這是工人階級的一翼，他們大致上是那些手工藝行業的工人，他們在一些方面不同於其他工人階級，也不同於中產階級。這包括有穩定的高收入，很少與其他階級群體通婚，特殊的娛樂趣味和社會價值觀念，堅信工會主義和自願合作行動。

然而對此的一種批評認為這種論點沒有充分考慮工作場所的政治性和產生工人貴族的過程。有人（Foster, 1974；Steadman-Jones, 1975；Gray, 1975）對這一問題作了進一步的研究。另一問題關心工人貴族的政治角色。佛斯特（Foster）聲稱工人貴族

削弱了工人階級和資本主義的對立，認爲工人貴族是散播資產階級價值觀的一個渠道。格雷（Gray）提出一個複雜的**支配權**（hegemony）概念，認爲工人貴族具有一定程度的自治權，但承認工人貴族的任何鬥爭仍限於工人階級從屬地位的框架中。

工人貴族可被認爲是英國資本主義發展的一個特殊階段的時代產物。從十九世紀中葉以來，他們與其他工人階級有更多共同的經歷，而不再是獨特的集群。

labour market　勞力市場　勞動力的買主（雇主）與賣主（工人）間的經濟關係。古典經濟學認爲勞力的供應由其價格（即工資水平）決定。一些非傳統經濟模式指出存在一種相對獨立的，即沒有競爭的工廠內部的（internal）勞力市場，這不能用古典的模式來解釋，而克爾（C. Kerr, 1954）稱之爲巴爾幹化的勞力市場。這些內部（特指工廠）市場通過補充職工機制（選用標準）而與外部（external）勞力市場聯繫，這種機制被稱爲「進入港」（ports of entry），明確強調教育程度、技術才幹和經驗，同時也包含建立在傳統、地理位置甚至偏見上的標準。

在二十世紀七十年代初，社會學家對勞力市場分析表現出特殊的興趣，他們試圖更清楚說明不同社會範疇，尤其是婦女、少數族群團體和青年間就業經歷的差異。這些研究最先是從研究雙重（dual）勞力市場模式開始的，它包括兩個部分：主要（primary）部門和次要（secondary）部門。這種模式同樣首先是由經濟學家提出的，特別是多林格和皮奧里（Doeringer & Piore, 1971），他們認爲雇主支付高額工資和提供良好的工作前途只是爲了保持主要部門有一批穩定的工人，這些工人擁有所需的技能並願意順應一切必要的技術變遷使工廠保持競爭力。正因如此，人們爭辯主要部門的工作僅存在於大公司中，因爲正是這些公司用最大的投資引進新技術，以保持對市場的控制地位。然而維持一批主要部門工人的政策是代價高昂的，而且爲了這一政策其他工人群體只能得到較低的工資和較差的就業條件，即被稱爲次要部門的工作。在這次要部門中，雇主可以承受較高的工人

解雇率，因爲從事的操作通常被認爲是缺乏技能的和對生產過程不甚重要的。這種次要部門也可能出現在大公司或根據轉包合同爲大公司提供服務的較小工廠中。因此這一般模式提供了一個解釋，即爲什麼成年白人男性被任用從事收入較高的和穩定的工作，而其他人包括婦女、黑人和少數族群團體以及青年只能得到收入較少、不穩定和低層次的工作。

一般說來，雖然雙重市場（dual market）模式可以認爲是勞力市場條件變異的原因，但人們發現這種說法的說服力是有限的。部分因爲這是基於技術決定論的假定，即認爲公司執行的勞力市場政策僅僅是爲了採用技術來保持經濟上的支配地位（Rubery, 1978）。還有一個原因是這模式不能解釋爲什麼不同的社會群體與雙重勞力市場的兩部分有不同的聯結，例如爲什麼婦女只能得到次要部門的工作。在對勞力市場類型的分析中，社會學家試圖克服這種局限性，特別是提出市場分裂（segmentation）和地區勞力市場（local labour market）的概念。這兩者都強調社會歷史類型決定勞力市場行爲，和強調工作機構與非工作機構（如家庭）間的相互作用關係。

labour migration　勞工遷移　人們爲尋求工作在國內或國外的流動。社會學家認爲勞工遷移是經濟發展的一個重要特徵。工作位置空缺和勞工短缺的國家和地區對移民有吸引力，而失業率高或不能充分就業的國家和地區則有向外移民的壓力。遷移過程的一個結果是輸出勞工資源的國家和地區維持低度發展。羅馬條約（The Treaty of Rome）及其後的修正案規定歐洲經濟共同體內部的勞工可自由遷移。參見 labour market 勞力市場。

labour power　勞動力　①對被機構雇傭的職工的統稱。②（馬克思主義）指由資本家購買或雇傭並從中攫取剩餘價值的勞動能力。**馬克思**（Marx）對「勞力」和「勞動力」所作的區別，在馬克思主義經濟學和他的資本主義與資本主義生產方式理論中十分重要（Althusser and Balibar, 1968；Hodgson, 1982）。勞動力與勞力不同在於勞動力可以被擁有並且可以在市場上交

易。在資本主義制度下，雇傭勞動力涉及一項協議，即在一定時期內工人服從雇主的權威。因此雇主可以隨意使用此勞動力，及其創造的剩餘產品。勞動力正是剩餘價值的來源。

Lacan, Jacques 拉岡 （1901－1981）法國心理分析學家。他的研究工作與**結構主義**（structuralism）有特殊關係，包括以結構語言學概念對**佛洛依德**（Freud）的著作做重新解釋。佛洛依德對於**自我**（self）的觀點認爲它既是在特定環境下產生的實體，又是在其產生過程中天然分裂的，這種觀點與人本主義者認爲主體統一、完整和有創造力的主張相反。拉岡脫離早期接受的人本主義**現象學**（phenomenology）後，深受結構語言學的影響，藉以揭示潛藏於透明意識中的未知秩序。他以符號學重新研究佛洛依德，提出一套相對的結構，即認知和意識領域是「欲望」默默轉化的產物。意識主體是**論述**（discourses）中的符號學的產物，意識主體並不控制論述，論述也無法輕易地進入意識中。自我在社會（包括性相）地位的定位留下和創造出符號解釋的空間。拉岡的貢獻影響很大，如女性主義創造性相身份即爲一例。拉岡的早期著作均收入《拉岡文集》（*Ecrits*, 1977）中。參見 decentred self and decentred subject **去中心自我及去中心主體**。

Laing, Ronald David 萊恩（1927－1989） 蘇格蘭精神醫學家，正統精神醫學的批判者。他激進的批判（見 antipsychiatry **反精神醫學**）出自他複雜的經歷和興趣。他早期的臨床經驗是在一家大型精神病院與長期精神病患者（見 psychosis **精神病**）接觸而獲得。後來他在倫敦的塔維斯托克診所（Tavistock Clinic）開始對神經質患者及其家庭從事心理分析（見 psychoanalysis **心理分析**）工作。他開始對存在主義和人格的現象學經驗發生興趣。他提出一種觀點，認爲精神疾病必須被理解爲個人在一種社會情境中的體驗，特別是個人在家庭情境中所感受的經驗。他認爲精神疾病可被認爲是對這種現象學經驗的有效反應，理解這一點可以有效地治療並幫助精神病患者克服這種體驗。他

把這種理論應用於他所建立與工作的金斯利大廈（Kingsley Hall）這個醫療團體。

在二十世紀五十年代和六十年代，萊恩發展出他自己的思想，出版了論述精神分裂症的《分裂的自我》（*The Divided Self*, 1959）一書，而《自我和他人》（*The Self and Others*, 1961）及與埃斯特森（Esterson）合著的《精神健全、瘋狂與家庭》（*Sanity, Madness and the Family*, 1964）兩本書都論述家庭的動力學。他還出版了《經驗的政治學和天堂鳥》（*The Politics of Experience and the Bird of Paradise*, 1967）。他對於精神疾病及其治療的激進觀點，和他拒絕將人們劃分為「精神健全」和「精神不健全」，認為這只是人們對於不同的現象學經驗作出的不同反應，這些對於正統觀點有着巨大的影響，實質上使這正統觀點人性化。然而經過四分之一個世紀的考察，他的觀點並未被認為對於治療精神分裂症具有重要的理論價值，而只被認為對某些病例有用。家庭動力學對於說明大體上精神病的病因的重要性其其治療，在家庭療法（family therapy）的發展中得到承認。

Lamarck, Jean 拉馬克（1744－1829） 法國生物學家，以其今天不被接受的理論而聞名，即生物體在其生命過程中習得的特性可以遺傳。這一理論主要遭到**達爾文**（Darwin, 1809－1882）的反對。達爾文的生物演化論現在為人們所廣泛接受，即認為生物演化是隨機變異與自然選擇的結果。

拉馬克思想能傳到二十世紀並與政治理論聯繫起來，是因為史達林領導下的蘇聯偏愛拉馬克的理論而不喜歡達爾文的理論。創建新的社會主義國家和創造社會主義新人的計劃，意味着任何主張後天獲得特徵都能遺傳（從而可臻完美）的發展與變遷理論都會受到青睞。俄國園藝學家米丘辛（Michusin, 1855－1935）是最早因力圖證明拉馬克理論而受到蘇聯政府贊揚的人。聲名狼藉的生物學家和農學家李森科（Lysenko, 1898－1976）繼續了米丘辛的計劃。在史達林的支持下，身為蘇聯科學院遺傳研究所

所長和全國農業科學院院長的李森科（1940-1965）將這一套理論強加於科學界。李森科對於前蘇聯科學的有害影響直到六十年代中期才得以消除。參見 evolutionary theory 演化論。

land 土地 ①保有自然資源價值或可被人用來耕作、作爲居住空間或欣賞自然景色的地域。②某一民族與之認同的領地，如「這塊土地是我們的土地」。

在經濟學上，土地一般被認爲是**生產要素**（factor of production）。社會學家和人類學家主要對於**土地使用權**（land tenure）和土地利用中涉及的社會關係感興趣。在**無國家社會**（stateless societies）和**農業社會**（agrarian societies）中有各種形式的土地所有制，在前者有公有和集體所有制，在後者有各種形式的國家所有制和私有制。不過在這類社會中土地所有制問題通常被認爲是次要的，甚至沒有土地所有制概念，比較重要的問題可能是誰擁有土地使用權（收益權）和享有土地產品的權利。

不同的土地使用權和土地利用形式，通常被社會科學家認爲對於區別不同型式的社會十分重要。例如以向長官級提供勞役作爲擁有土地的條件是封建社會（feudalism）的特徵，這與作爲資本主義特徵的私有制的性質是相對的。然而在資本主義社會中土地並不僅是與其他要素相等的生產要素。因此可能劃出一些地區禁止土地的利用，如在美國被闢爲國家公園的地區。大多數社會都對土地的利用制定了管理法規。近年來，環境壓力團體的興起已經導致對土地的利用加以限制的呼籲，例如要求對砍伐森林和使用硝酸鹽類化肥施行控制。

land tenure 土地使用權 擁有土地所涉及的權利，不論是否涉及所有、租借和公有的形式。在現代工業社會中最普遍的形式是完全所有權（freehold，涉及所有權）和租賃保有權（leasehold，涉及某些租借形式）。

language 語言 ①一種象徵交流系統，即聲音（和書寫）符號，這可說是區別人類與其他物種的特徵。語言受規則所控制，並由大量約定俗成的符號構成。這些符號對於使用相同語言的群

375

體的所有成員都有同樣的含義。②「人類主體賴以建構並成爲社會存有的關鍵性指意實踐」（W. Mulford, 1983）。③人類社會最重要的，但不是唯一的符號系統，其中有若干也可以稱爲語言（參閱 body language 身體語言）。

語言是使主觀性穩定化和具體化的憑藉，包括知識和科學，並且使得社會能在時空中延展（見 time-space distanciation 時空延展）。語言也作爲一種不依賴於任何個別使用者的客觀體制而存在。與人類文化各方面相同的是語言可被認爲是有歷史性的，而且會變遷。現今有約三千到五千種在使用中的語言，以及相當多已不使用的語言。

人類是透過一道複雜的社會化（socialization）過程而取得某一特定語言的知識和能力的。雖然特定語言的知識和能力不是人類天生的特質，可是有可能人類在遺傳上賦有一種語言取得設計（language acquisition device, LAD）。最有名的是喬姆斯基（N. Chomsky）論證道我們具有一種把握語法結構規則的天生能力（參見 Saussure 索緒爾；Jacobson 雅克慎）。

通常社會學家和社會心理學家較少關心句法結構及其相關語言形式上的特點，而較關心語言、意識形態、知識和語言互動的社會性質間的關係。社會心理學家對最後一點尤有興趣，而社會學家則傾向於研究語言與非語言結構（如階級和性相）的關係。然而伯恩斯坦（Bernstein）的著作（1971－7）說明不同的社會關係產生不同形式的語言代碼。伯恩斯坦認爲學校的環境對於低層的工人階級子女可能是不利的，因爲他們使用的是限制代碼（見 elaborated and restricted codes 精密代碼和限制代碼）。

斯科特（Scott, 1977）和圖里爾（Turiel, 1983）對語言能力與社會溝通能力作了區別。他們認爲溝通技能取決於個人能否將兩種能力結合起來。語言能力指的是個人對詞彙和語法規則的掌握。社會溝通能力指的是編碼者（encoder）（發送信息的人）對解碼者（decoder）（聽者）的社會和語言特徵的反應程度。近年來人們認爲社交能力與語言能力是緊密相關的，例如語義學

（semantics）只能借助語用學（pragmatics）來解釋，即語言的用法必須聯繫上下脈絡才能理解。

社會學家和社會心理學家（以及哲學家——見 forms of life 生活形式；language games 語言遊戲；speech acts 言語行為；Wittgenstein 維根斯坦）越來越對考察支配語言行為的複雜的、社會決定的規則感興趣。例如言辭互動的特徵是由與構成交談和輪流對話（turn-taking）的有關規則決定的。俗民方法學者尤其重視那些未經明言的支配溝通互動的規則（Garfinkel, 1967；H. Sacks et al., 1974）。

人們一般感興趣的其他方面集中在語言的相對性上。語言與我們對於世界的感知和理解之間的關係的本質，已經過多方面的研究，其中影響最大的是語言學家沃夫（B.L. Whorf）和薩丕爾（E. Sapir）的著作。薩丕爾一沃夫假說（Sapir-Whorf hypothesis）認為某人使用的語言種類決定了他對世界的看法。另一些理論家則認為語言並沒有這種決定性功能，而且認為事實上語言本身主要是由經驗決定的。

一個發展很快的研究領域是性相和語言之間的關係。學者們如斯彭德（D. Spender, 1980）認為語言是「男性創造的」，而戴利（Daly, 1981）則指出語言的「男性中心」（androcentric）或「陽具中心」（phallocentric）的性質。與此相反，她主張「女性中心」（gynocentric）語言的必要性。這些不同研究方法之中的共同之點是這樣一種假說，即壓迫婦女是在語言和語言交流中得到表現並藉以維持的。儘管這些研究方法並不新穎（如 Herschberger, 1948；Merriam, 1964），「第二波女性主義」已經推動了這些批判和分析形式的發展。

最後的一個重點是語言越來越被作為總括的社會關係的一種模型，尤其是基於二者都有「結構上」受規則支配的特點。在結構主義（structuralism）（參見 Lévi-Strauss 李維史陀；Lacan 拉岡）方面，社會關係不僅僅像語言，它本身就是一種語言；因此進一步的引伸是個人的行為（一如具體話語）可以認為是「結

構」的效果（參見 decentred self 去中心自我）。然而對於結構主義的批評者來說這就忽略了主體的創造能力，這一點對於語言使用甚為重要，包括「創造性地」掌握規則並且加以詮釋，有時則加以轉化。鑒於句法依賴於上下文這一點越來越被人承認，結構語言學已被廣泛認為連提供一種適切的語言模型都不行了，它未能為社會提供這樣一種模型也就不足為奇。參見 sociolinguistics 社會語言學；semiotics 符號學。

language games　語言遊戲　把語言（language）看成類似於各種遊戲（如西洋棋、足球、兒童遊戲等）集合體的概念，每種遊戲各有一套不同的規則，而且各處於不同的生活形式（form of life）中，只有最籠統的家族相似性（family resemblances；Wittgenstein, 1953）。根據維根斯坦的意見，我們不能對語言作出有用的概括，只須注意一點，即語言的使用是遵循特定用途（如開玩笑、問候、講故事，以及科學和哲學方面）和特定社會情境中起作用的規則和實踐。正如許多遊戲一樣，語言規則不是被盲目遵守的，而總是加以詮釋的。這就是語言一個更深的層次，它具有明顯的相對主義的和固有的非普遍性特徵已如維根斯坦的第二哲學所闡述，並經後來的哲學家和社會學家對此作了各種不同的解釋。參見 rules and rule following 規則和遵循規則；incommensurability 不可通約性；Kuhn 孔恩；Feyarabend 費若本。

langue and parole　語言和話語　（語言學）指語言（language）作為一種共享資源、一種約定俗成的語言單位和規則（langue）之系統與作為實際產生的話語（parole）之間的區別。索緒爾（Saussure）所作的這一區別不僅對於理論語言學，而且對於社會科學中結構主義（structuralism）這思潮的影響都是十分重要的。

　　索緒爾在其著作中認為理解語言（langue）是理論語言學最重要的課題。其重要性就在於強調語言內在的結構關係，儘管語言常因話語（parole）的作用而變化，即因使用語言而變化。在

結構主義中更普遍的是同樣強調結構性解釋，有時還排除個人主體或能動作用（agency），這是最重要的而且界定了研究方法，但也因其片面性而受到不少批評。

latent function　隱性功能　見 manifest and latent functions 顯性功能和隱性功能。

law　法律　見 sociology of law 法律社會學。

Law of the Three Stages　三階段法則　孔德（Comte）提出的一種歷史社會學的法則，根據這一法則，知識和社會的一般形式都經歷了三個階段：

(a)知識充滿了神學（Theological）觀念，社會由教士和君主統治。

(b)「形而上學」（Metaphysical）的思辨知識，與社會批判、政治動亂和革命的消極時代相聯繫；

(c)「實證」（Positive）科學知識的現代（見 positivism 實證主義），孔德期望出現由科學知識指導的社會重組，並包括科學的社會學的應用。

社會學家認同孔德的這一觀點，即科學知識重要性的增長是現代社會一個重要的普遍特徵。然而究竟能在多大程度上把社會學視爲與自然科學一樣的一門「應用科學」這問題卻存在很大分歧。不管人們是否接受社會學中追求科學法則這目的，但都一致認爲孔德的三階段法則缺乏精確性，或甚至缺乏正確的可檢證或可證僞的形式（見 historicism 歷史主義），尚不被承認爲一種真正的法則性陳述。

Lazarsfeld, Paul　拉札斯斐（1901－1976）　奧地利出生，在美國從事社會調查的社會學家。他對社會學中調查研究和定量數據分析法的發展作出卓越的貢獻。經過早期在奧地利進行的關於階級和失業的研究之後，他於1933年移居美國，先是研究大眾傳播媒介，後任職於哥倫比亞大學，在該校建立了應用社會研究部（Bureau of Applied Social Research），後來成爲重要的經驗

社會學研究中心。他參與的最著名研究是關於投票行爲,包括與貝雷爾森(Berelson)和高德特(Gaudet)合著的《人民的選擇》(*The People's Choice*, 1944)及與貝雷爾森和麥克菲(McPhee)合著的《投票》(*Voting*, 1954)。對他著作的批評包括米爾斯(Mills),後者認爲那不過是**抽象的經驗論**(abstracted empiricism)而已。這種批評是不公正的,因爲只有拉札斯斐有資格宣稱首先建立了系統的**社會調查**(social survey),並將其作爲社會學的一種分析工具,而不僅僅是收集事實或意見的手段。

他運用交叉分組列表使檢驗假設(hypothesis)方法系統化的做法在社會學中仍很重要。在其他領域,他同樣對於調查方法的發展作出了重大貢獻,包括建構指標。他對於**數理社會學**(mathematical sociology)的貢獻有助於它成爲社會學的一個重要分支。他自稱他的研究目標一直是追求**中程理論**(theories of the middle range)。他的許多理論對於大衆傳播研究(見opinon leader 意見領袖;two-step flow in mass communications **大衆傳播的二段流程**)的持續性影響證明了這一點。

leadership　領導　與群體領袖這角色(role)有關的能力、素質和行爲。這一角色可能是根據個人的特點和經驗,或通過傳統和(或)所處的地位賦予個人的。但是權變理論對於領導的調查發現稱職的領導者並不僅憑特殊的性格或行爲。而是不同的領導風格(如任務型與關係型)爲不同的情境所需。參見 group 團體;group dynamics 群體動力;legitimate authority or political legitimacy 正當權威或政治正當性;opinion leader 意見領袖。

left-right continuum　左右派連續體　存在於激進或左翼政黨(political parties)和傾向與保守或右翼政黨和傾向兩端之間的區分。左右之稱來源於法國國民議會中兩邊座位的安排。儘管把政治問題和政黨排入單一連續體內的做法顯然過於簡單化,但是左右派的叫法一直被用作政治傾向的一般用語。僅以左右劃分來進行政治分析之所以過份簡單化,一個理由是其他的向度如自由

主義的與權威主義的向度貫穿了左右的向度。見表16。參見 authoritarianism 權威主義。

圖16　**左—右派連續體**　左右連續體在政治中的存在已廣爲人們承認，但還存在一個縱向向度並且貫穿這個連續體。

legal positivism　法律實證主義　一種法律理論，把法律視爲可用形式的和客觀的詞語表現爲一個由一般原則組成的階序系統。見 jurisprudence 法學。

legitimate authority or political legitimacy　正當權威或政治正當性　統治者成功地宣稱他們依據法律、傳統或類似的理由有權進行統治的政治統治形式。

　　韋伯（Weber）劃分了正當權威的三種純粹類型：

　　(a)法律—理性權威（legal-rational authority），相信現行法規的合法性，並相信通過這些法規獲得權威的人，如當選的代表或公務員。

　　(b)傳統權威（traditional authority），相信傳統的尊嚴，並承認那些根據這一傳統的習俗和做法被推選出來進行統治的人，如國王、女王或高級宗敎人士。

　　(c)感召權威（charismatic authority），建立在對一位非凡個人或領袖（如一位先知或軍閥）的崇拜上，和由這個人制定的法則上。

　　三種類型中最後一種爲韋伯全面的政治正當性的觀點提供了

動態性的或革命的因素。然而從長遠來看，例如當卓越的導師或領袖去世或離開後，便會發生一場感召力例行化（routinization of charisma），而且回到傳統權威或法律－理性權威的形式。參見 bureaucracy 科層制；state 國家；power 權力；nation-state 民族國家；Hobbes 霍布斯；legitimation crisis 正當性危機。

legitimation 正當化 一個國家（state）或政治體制（political system）獲得辯護的方式和過程。見 legitimate authority 正當權威；legimation crisis 正當性危機。

legitimation crisis 正當性危機 現代政治體制的一種趨勢：這些體制依賴「同意」以維持其政治權威（athority），但卻面臨由此而產生的達到危機程度的重大問題。這些問題主要是由資本累積的邏輯與要求更多的社會福利、參與和社會平等之間的矛盾和衝突引致的。

以新馬克思主義觀點來看，哈伯瑪斯（Habermas）在《正當性危機》（*Legitimation Crisis*，1975）一書中指出資本主義社會的三種主要「危機趨勢」是：

(a)經濟危機，國家作為無意識的「法律或價值的執行機構」扮演了「統一的壟斷資本」的計劃執行者，從而導致經濟危機。

(b)理性危機，由於下列情況發生的「行政理性的破壞」：(i)資本家之間利益對立（如資本主義下的壟斷和非壟斷形式之間）；(ii)產生了為維繫體制繼續存在所必需的而「對於體制來說又是外在的」結構，例如福利的提供（包括持有新價值觀的新型福利工作者）。

(c)正當性和動機危機，由上述危機引起行政干預的政治化所導致，也由於先前重要傳統（如服從）沒落，以及由於現存政治、經濟體制「因普遍的價值觀體系（「新」的需要）」而「負擔過重」所導致。

哈伯瑪斯認為國家在將來可能無力解決相互競爭的價值觀之間的緊張關係，尤其在鼓勵對理性批判論述予以新的重視的環境下。然而大多數西方國家在過去十年中，走向危機的趨勢靠採取

原來的福利國家（welfare state）政策，重新對市場經濟加以辯護以及通過私有化方案等得以緩解。

leisure 休閒 ①工作和日常家務以外的時間，被利用來休息、消遣、滿足嗜好、娛樂，實現文化和藝術追求。②這種「自由時間」內的活動。

研究休閒的理論家一般或是強調休閒中「個人的自由」（與工作和家庭責任相比的自由）或是強調這種自由的幻象，指出家務責任對自由選擇的限制（尤其是婦女休閒受到的限制）。二十世紀八十年代以來，社會學對於休閒的興趣逐漸增加，並由於失業的增加而變得更加緊迫。休閒社會學最初是在五十年代由**工業社會學**（industrial sociology）發展出來的，那是富裕時期，同時還產生了**後工業社會**（postindustrial society）理論。杜賓（Dubin, 1955）甚至認為休閒正在取代工作成為主要的生活情趣。後來的研究集中於對工作與休閒之間關係的探討（Parker, 1971；Roberts, 1970），這說明了工作的持續重要性與工作—休閒關係的複雜性。

近年來從兩種批判的理論傳統也產生了一種對於休閒研究的興趣：馬克思主義的結構主義和激進的文化研究。早期的馬克思主義和對休閒的批判分析傾向於認為休閒在現代社會中受到資本主義的限制，但上述兩種新觀點都認為休閒是一個角力場，以越來越反對商品化和標準化為特徵（Hall & Jefferson, 1976；Gruneau, 1983）。參見 cultural studies **文化研究**；resistance through ritual **以儀式對抗**。

「休閒」一詞源於拉丁文 licere 一詞，與 license（執照）同詞根。因此休閒本身就包含自由與控制，以及個人能動性與約束的雙重性，這些都是現代社會學理論家所關注的。參見 play **遊戲**；sociability **交誼活動**。

leisure class 有閒階級 美國經濟學家韋伯倫（Veblen）在《有閒階級論》（*Theory of the Leisure Class*, 1899）一書中使用的一個名詞，用以指十九世紀後半葉美國上層階級的一個特殊

階層。韋伯倫憎惡暴發戶，這些人輕視一切形式的手工勞動和生產勞動，並以炫耀性消費（conspicuous consumption）和脫離勞動來保持其身分。

leisure society　休閒社會　指勞動失去原有重要性的社會。十九世紀以來，不同的評論家在使用「休閒社會」這個詞時都缺乏嚴格的和前後一致的含義。二十世紀後半葉，這一名詞被學者們與後工業社會（postindustrial society）等詞一道使用，認爲在這樣的社會中付酬的平均工時減少，導致對於休閒的較大關注。人們認爲休閒已比過去幹活掙錢更重要了。不過對休閒社會的概念存在着激烈的爭論。認爲現代工業社會工作所占的時間比過去少這種觀點由於某些理由而有爭議，歷史研究和比較研究得到的證據均說明休閒（leisure）是前工業社會生活中的中心部分。

Le Play, Fréderic　勒普累（1806－1882）　法國採礦工程師和冶金學教授，後成爲一位獨立的學者和研究者。他對於社會學的研究及其涉及的工業管理和公共生活（如組織大型國際展覽），對於早期經驗社會學的發展作出了廣泛的貢獻。特別是他首先把從訪問中所收集到的資料，用來報導工人階級家庭生活和家庭經濟狀況（例如他所著的《歐洲工人》，*Les ouvriers Européens*，1855）。他認爲家庭是社會的基本單位，家庭的健康和穩定是一個社會全面狀況的指標。他同時試圖對家庭類型進行更概括性的劃分，認爲現代家庭越來越趨向於不穩定，是不受節制的城市和工業變化、惡劣的居住條件和婦女參加工作的結果。勒普累政治保守，他強調傳統價值觀（包括「原罪」）的重要性。這使他更重視證明社會各相互依賴的部分間有內在聯繫這一社會事實，但他本人的先入爲主之見常常影響他的研究工作。

lesbianism　女同性戀　①雙方均爲女性的同性戀。性行爲和性身分爲女同性戀的主要因素。②（女性主義用法）指女性間的性欲望，或更廣義地指女性對女性特殊的社會、感情和情欲體驗。從這一用法來看，女同性戀被認爲主要是一政治範疇，較少性行爲的含義，較多女性認同方面的含義。

政治性的女同性戀強調女同性戀「不僅是一種性的偏好；它更是一種政治立場」（Abbott & Love, 1972）。內斯特爾（Nestle, 1981）對這種觀點提出疑問，認爲它歪曲了女同性戀的歷史，並去除了女同性戀的性的特徵。然而里奇（Rich, 1980）認爲女同性戀應被認爲是反對「強制的異性性行爲」的一種基本形式。在此，里奇區別開女同性戀存在（lesbian existence）與女同性戀連續體（lesbian continuum）。前者指有意識的女性同性戀身分，後者指廣泛的女人身分體驗或姐妹情誼。在兩者中，里奇都不甚強調以性欲作爲女同性戀的基本標準，而較強調婦女對異性戀特權的主動的、政治性的反抗。

在許多當代社會中，女同性戀受到社會和法律兩方面的控制。在英國，除在軍隊中女同性戀行爲不屬於犯罪。但是女同性戀者屬民事法庭管制的對象，尤其是在監護案件中涉及同性戀母親的子女時。女同性戀史和法律與習俗所加的管束不同於男同性戀，而且是被曲解和忽視的主題。

Lévi-Strauss, Claude 李維史陀（1908－　　）比利時出生的法國社會人類學家，通常被認爲是涂爾幹（Durkheim）和牟斯（Mauss）的接班人，雖然他同時也深受馬克思（Marx）、佛洛依德（Freud）和雅克慎（Jakobson）的影響。身爲一位重要的現代**結構主義**（structuralism）者，李維史陀聲稱馬克思和佛洛依德通過更深結構層次的研究，力求了解表面眞實，從而發展了結構主義分析的方法。李維史陀的作品主要關注原始分類和對**部落社會**（tribal societies）之中**親屬關係**（kinship）和**神話學**（mythologies）的研究，他主要著作的英譯本有《結構人類學》（*Structural Anthropology*, 1963）、《親屬關係的基本結構》（*The Elementary Structures of Kinship*, 1969）、《野性思維》（*The Savage Mind*, 1969）、《圖騰崇拜》（*Totemism*, 1963）和《神話集》（*Mythologies*, 4卷，1969—1978）。他的著作的顯著特點是力圖探尋隱藏在日常活動和風俗中的普遍規律。文化是原則的體現，而原則反映出人類思想的基

本特徵，即「雙元分類系統」（binary classificatory systems）。語言學特別是音韻學的影響使李維史陀認爲人類學的主要任務是發現深藏在社會活動表面之下符號學的，亦即認知的結構。他正是用這樣的方式說明了掩藏在婚姻制度和神話下面由對照的類別構成的體系。這些結構是分層次的，同樣的結構可以處於不同社會的不同表面模式之下，因此一種結構可以說明另一種結構。李維史陀認爲最深的層次是認知性的，這就使得改造人的思想的普遍概念成爲可能。儘管結構的層次是系統的和有序的，但不能由它們所構成的意識直接獲得：它們是潛意識結構，可以用科學邏輯加以重構。近來的思想家們對這種邏輯系統的存在提出疑問，例如後結構主義者堅持認爲符號的基礎是零碎的、開放的、含混的和可變的。但在他們對理性意識的批評和進行主體的「去中心」（decentering）時，他們繼承了社會學應歸功於李維史陀對行爲、溝通、制度和歷史的透明性批判。

life chances　生活機遇　特定社會中一群體或階級的典型成員能夠期望的物質利益或損失（例如物質報酬和社會與文化機會，或缺乏這樣的機會）。生活機遇最初是拿伯（Weber）提出的一個概念，尤其與韋伯的階級和身份分析有關，這一概念也爲達倫多夫（Dahrendorf, 1979）所採用。它的重點在不平等上。生活機遇中最突出的也許是保健醫療服務的不平等和與此相關的平均壽命的不平等。

life course　生命歷程　一個人從幼年到老年和死亡的變化過程，是個人事件與社會事件相互作用的結果。許多人寧願用生命歷程一詞而不用生命周期（life cycle），因爲認識到人的生活並非嚴格按年齡經歷，生命歷程著重社會歷史的過程，視爲人的行爲的結果，也是個人一生的背景。

　　生命周期可以被認爲是一個人、一個機構或一個實體變化和發展的過程，因而與「生命歷程」同義，但由於它意味着一個不斷更新變化的過程，如同「季節周期」那樣包含有必然性、相似性和決定論的意味，這可能不適於解釋人的生活是在個人人際關

係的層次和在受社會與歷史力量影響的情形下經歷的。這兩個詞本可以互相替代使用，但由於上述理由現在人們寧願選用「生命歷程」一詞。

社會學和心理學近年來對於生命歷程的關注日益增加。艾力克森（E. Erikson, 1963）是最早提出人在成年之後發展並未結束的理論家之一，他描述了八個接續的心理發展階段。其他重要學者還有比勒（C. Bühler, 1953），他同艾力克森一樣專門致力於說明先天論（nativist）的研究，強調人的生命歷程中的共同過程（這與生命周期的定義最接近）。其他學者如兩位多倫溫德（Dohrenwend & Dohrenwend, 1974）強調不同經歷的作用，即生活中不同之處多於相同之處（這與生命歷程的定義最接近）。

life history and life history method　生活史和生活史法
個人的社會歷史的或心理的記錄，可從面對面的訪問、信件或文件中獲得。

life-world　生活世界　德文為 Lebenswelt。指日常對現實的看法中的「自然態度」，包括「不僅是經歷過的『自然』世界……還有社會世界」［Schutz and Luckmann：《生活世界的結構》（*The Structures of the Life-World*, 1973）］。雖然胡塞爾（Husserl）的現象學（phenomenology）把「生活世界」放入括弧，但舒茲（Schutz）認為社會現象學（social phenomenology）的主要任務是揭示這種社會生活的「自然生境」（natural habitat）（行為者的社會能力）的基礎，而其主要的問題是人的「理解」。對於舒茲來說，生活世界被視為當然的日常特性是最突出的（例如與科學相比）。「知識的庫存」（stocks of knowledge；參見 mutual knowledge 相互認知）和社會行為者對日常行動所用的「詮釋模式」（interpretive schemes），經舒茲解說而變得明白，成為俗民方法學（ethnomethodology）的主題。舒茲的思想也影響了紀登斯（Giddens）對結構化理論（structuration theory）的表述。參見 practical knowledge or practical consciousness 實際知識或實際意識。

Likert scale　利克特量表　衡量個人對他人、物體、觀念、現象等態度（attitude）之強烈程度的方法（Likert, 1932）。利克特量表假定態度處於簡單的、二分的連續體內，由一個極端通過中立部分到另一個極端，例如從資本主義到共產主義，從宗教到無神論。

　　利克特量表在性質上是主觀的，它以個人對於一系列問題的回答爲基礎。在建構這一量表時從目標母群體抽出樣本，要他們對大量與調查主題有關的陳述表達看法。例如在建構測量宗教信仰度的量表時，可能向被調查者提出：「我們可以完全肯定人類是由低等動物演化而來的」；「每個婦女都有權根據自己願望中止不想要的懷胎」；「聖經裡的奇跡正如所說的那樣」。回者者用分爲三分、五分或七分的量表表明他們對每項說法同意或不同意的程度。五分量表一般被認爲最佳。然後對每個問題的回答編碼（見 coding 編碼），分數越高表明對該主題的傾向越強烈，低分數則表明與此相反。最後，利克特量表用得分與總分最相關的調查題目構成，就是說利克特量表具有內部的一致性，而每一題目都有預見性。於是便可將最後形成的量表用於所要調查的母群體。

　　建構利克特量表的主要問題是保證量表中所包含的每個題目只涉及一個方面的問題。如前面討論的對宗教態度的測量，人們對於墮胎的看法是由許多因素決定的，其中個人的宗教信仰只是一個因素。各種統計方法如因素分析（factor analysis），都是爲了使調查者能夠計算他們所用量表的內部一致性。參見 attitude scale and measurement 態度量表和態度測量；Guttman scale 格特曼量表。

lions and foxes　獅子性格和狐狸性格　見 circulation of elites 精英循環。

Lipset, Seymour M.　李普塞（1922 - 　　）　美國重要的政治社會學家。他早期寫過論述激進主義和工會內部民主與集權的著作［《工會民主》（*Union Democracy*, 1956）］，但他以論

述自由民主和「非民主政體」的社會基礎的多部重要著作而聞名,其中包括《政治人》(*Political Man*, 1960);《第一個新民族》(*The First New Nation*, 1963);《政黨制與投票人聯盟》(*Party Systems and Voter Alignments*,與 S. Rokkan 合著,1967)。參見 end-of-ideology thesis 意識形態終結論;iron law of oligarchy 寡頭統治鐵律;social mobility 社會流動。

local labour market **地區勞力市場** 指一定區域內的就業市場。在此分析層次上,與本區環境內家庭、社會關係網和雇主等角色有關的具體情況,都對發展和保持個人和集體的工作期望、態度和行為發生作用。這在各地區之間可能有很大的差別,而且影響個人、集體、雇主對於外部**勞力市場**(labour market)壓力(如經濟衰退)的反應(Ashton et al., 1987)。對地區勞力市場的研究可增加人們對勞力市場動力的了解,特別是對市場分裂(segmentalism)的理解,並重視這些關係中的當地社會歷史和文化模式的意義。

Locke, John **洛克**(1632 - 1704) 英國哲學和政治理論家。他的主要政治著作《政府二論》(*Two Treatises of Government*, 1690)是他針對斯圖亞特王朝極力恢復專制主義(absolutism)而寫。在《政府初論》中,他試圖推翻關於政治權威來自家長制的論點。根據自然法,人類對於上帝的責任就是運用人類的特殊才能──理性和自由意志。所謂政治權威,僅限於保障讓人類追求這些目標的條件(見 natural rights and natural law 自然權利與自然法)。這表示他們的財產必須受到保護,而洛克說的「財產」(property)指的是人們的「生命、自由和產業」。因此政治權威是由自然狀態的人通過契約樹立的,旨在保證他們更大的安全;政治權威是靠信任行使的,由一個默認的契約予以維持,而人們的同意也可能撤消,如果這個權威證明是無能的,或如洛克認為他可能超出了信任的限度。由於政府被委托給一批不可完全信任的人,公眾永遠保留有抵制政治權威的權利,以便遏制剛冒出來的專制和暴虐的苗頭。洛克提出社會契約

論（social contract theory）和有限的立憲政府，對於北美殖民地及其獨立後的憲法產生了深遠的影響，比他對於英國政治體制的影響大得多。他同時也是勞動價值理論的早期支持者，他認爲人們靠付出勞動而從公地中占用土地是合法的。

在認識論（epistemology）方面，洛克同樣奠定了現代經驗論（empiricism）的基礎。他否認人生而知之，反對笛卡兒的理性論。在《人類理解論》（*Essay on Human Understanding*，1690）一書中，他認爲一切知識來自經驗，不是直接通過感覺就是反思得來。人類對於自身存在和數學眞理可以直覺認識，但他們對於外部世界的知識是推測性及或然性的。洛克認爲心靈是一塊白板（tabula rasa），這表明他的經驗論的程度。他對於兒童學習和觀念獲得的興趣，表明他的思想對哲學心理學也有貢獻。例如關於自我（self），洛克認爲它是個人應對其負責的一系列觀念和行爲。與霍布斯（Hobbes）一樣，洛克的中心學說是個人主義的，而且甚於霍布斯，而他提出公民社會（civil society），旨在保障思想自由和制衡。

Lockwood，David 洛克伍（1929－ ） 英國社會學家，主要任教於倫敦政經學院和艾色克斯大學。他致力於階級（class）和社會階層化（social stratification）的研究，特別是對所謂黑上衣工人（black-coated worker）（1958）和富裕工人（affluent worker）（Lockwood，1966；Goldthorpe，Lockwood et al.，1988—1989）的研究。參見 multidimensional analysis of social stratification 社會階層化的多元分析；class imagery 階級形象。

除對階級和階層化研究的貢獻以外，他還介入了社會學理論（sociological theory）的大辯論，特別是對於帕森思（Parsons）和結構功能論（structural functionalism）提出了批評〔〈對於社會系統的若干評述〉（Some Remarks on the Social System，1956）；〈社會整合與系統整合〉（Social Integration and System Integration，1964）〕。參見 social integration and system integration 社會整合和系統整合。

logic 邏輯 哲學的一個分支，研究健全推論和正確推理（可從初始前提出發推導出結論）的普遍的和不受脈絡影響的（a priori 先驗的）原理。這些普遍原理屬於「形式」理論，其性質是抽象的，通常可以用符號來表示。一種古代對邏輯的表述是亞里斯多德（Aristotle）的三段論［又稱命題邏輯（propositional logic）］，其影響之久遠及於現代。十九世紀在此基礎上增加了邏輯的高級形式，越來越與數學有關。

logical action and non-logical action 邏輯行為和非邏輯行為 見 Pareto 巴烈圖；residues and derivations 殘基與衍理。

logical positivism 邏輯實證論 一哲學流派的哲學理論。這一哲學流派的成員有卡納普（R. Carnap, 1891—1970）和諾伊拉特（O. Neurath, 1882—1945），總稱維也納學圈（Vienna Circle）。見 positivism 實證論。

log linear analysis 對數線性分析 一般用於數據交叉列表的統計分析方法。這種方法利用對數將非線性模型轉換成線性模型。這種轉換所以必要是因為社會數據通常是定名和定序的，不符合許多統計方法要求的條件（見 criteria and levels of measurement 測量標準和層次）。這是一種因果模擬（causal modelling）的方法，涉及建立檢驗數據的模型，不斷調整模型直至達到最佳配合。

logocentrism 理體中心主義 見 deconstruction 解構。

longitudinal study 貫時研究 在一系列的時間間隔內對同一群體進行觀察的調查研究。例如可以對同期群（cohort）兒童進行貫時研究，以便衡量社會階級對於學習成績的影響。貫時研究不僅適於人的發展和變化的研究，也可以用來觀察在組織內部隨着時間發生的變化。與橫剖研究（cross-sectional studies）相比，貫時研究的優點在於利用在變化前後採集來的數據可以直接發現一系列變化中包含的因果因素（例如對學校課程表變化的影響的分析）。主要的缺點是重複研究的花費較大，重複研究可能

產生的霍桑效應（Hawthorne-effect）和其他可能同時發生變化的影響（例如學校課程表變化可能與對教育事業資助變化同時發生）。比較 panel study **小組重訪研究**。

looking-glass self　鏡中自我　因對他人意見作出反應而產生對社會自我的看法。這個術語是庫利（Cooley）創造的，但這種想法是他和威廉·詹姆斯（W. James）與**象徵互動論**（symbolic interactionism）共有的。

Lukács，George　盧卡奇（1885－1971）　有廣泛影響的匈牙利馬克思主義者、哲學家和文學理論家。靑年盧卡奇就讀於布達佩斯、柏林和海德堡等大學。在這些地方他師從**齊默爾**（Simmel）和**韋伯**（Weber）。他在第一次世界大戰末加入了共產黨，並於1919年擔任過短命的匈牙利蘇維埃共和國的副人民敎育委員。他的文學著作試圖發展馬克思主義**美學**（aesthetics）理論，這使他成爲一位國際知名的理論家。盧卡奇最著名的著作《歷史與階級意識》（*History and Class Consciousness*，1923）涉及幾個重要題目，其中包括論**黑格爾**（Hegel）對於詮釋馬克思理論的重要性；馬克思的**疏離**（alienation）理論；意識形態、階級意識與革命的關係。盧卡奇後來對西歐新左派和**法蘭克福批判理論學派**（Frankfurt school of critical theory）成員產生過影響，因爲他反對對馬克思主義的科學主義解釋，強調歷史**實踐**（praxis）的重要性。然而與這一觀點多少有些矛盾的是，他也極力支持列寧主義的共產黨專政的想法。1930年盧卡奇移居蘇聯，直至1945年他被任命爲布達佩斯大學的美學和哲學敎授。他一直是一位有爭議的人物，批評者指責他爲史達林主義辯護。但是，在1956年匈牙利人民起義期間，他被任命爲納吉（Imre Nagy）政府的文化部長。盧卡奇的其他主要著作有《小說理論》（*Theory of the Novel*，1920）；《歷史小說》（*The Historical Novel*，1937）；《靑年黑格爾》（*The Young Hegel*，1948）；《當代寫實主義的意義》（*The Meaning of Contemporary Realism*，1963）；《論美學》（*On Aesthetics*，1963）和

《索忍尼辛》(*Solzhenitsyn* , 1969)。

lumpenproletariat　流氓無產階級　字面意為「衣衫襤褸的無產者」，源於德文 lumpen 一詞，原意為「破布」。**馬克思**（Marx）和**恩格斯**（Enegls）是19世紀最先認為存在一個從各個階級中分離出來的階級的兩位著作家。這個階級生活於社會邊緣，沒有正當職業，主要靠犯罪取得生活所需。馬克思認為19世紀中葉巴黎的流氓無產階級的組成包括流浪者、被遣散的士兵和囚犯、潛逃的奴隸、騙子、扒手、詐騙犯、賭徒、皮條客、妓院老板、拾破爛的人和乞丐。這些群體由於政治態度和處於正常工資勞動的社會關係以外的地位，而與產業工人階級大大不同。馬克思和恩格斯不信任流氓無產階級，因為他們在工人階級爭取社會主義的鬥爭中並未作出什麼貢獻。因此他們認為流氓無產階級是「危險的階級」，是「社會渣滓」，他們的寄生生活方式使其易受誘惑成為被統治階級中反動分子收買的間諜。他們有把工人引入隨意使用暴力的危險，而且他們最高級的政治行動是暴亂和街頭鬥毆。按照馬克思和恩格斯的說法，這些只是最原始的政治行動方式。他們堅持認為何處存在資本主義大規模生產，現代革命便在何處要求工人階級大量奪取和控制生產工具。

　　與馬克思主義的觀點不同，非洲社會主義者法農（Fanon）在《大地的不幸者》(*The Wretched of the Earth* , 1967)一書中強調生活在第三世界貧民區中的流氓無產階級和「無階級遊民」在革命鬥爭中能夠擔當重要角色。

M

macrosociolgy　宏觀社會學　社會學分析的層次，內容涉及整個社會及整個社會結構與社會系統（參閱 microsociology 微觀社會學）。社會學中使用宏觀社會學、微觀社會學這兩個名詞時，其區別不像經濟學中的宏觀與微觀那樣明確，也不像那樣具有重要含義。

madness　瘋狂　攪亂個人正常社會功能並造成怪異與不可預測行為的精神錯亂（insanity）。在現代醫學或精神醫學的論述（discourse）中，瘋狂已被概念化，並且把它當成有生理基礎的一些醫學狀態之一，因而也就可以用藥物治療；有時也把它當成臨床上可以診斷的人格錯亂（參見 psychosis　精神病）。在社會學文獻中，這種現象多半被分析成社會標籤（labelling）和社會控制（social control）這兩種廣義現象中的一種例證。比如在傅柯（Foucault）看來，現代處理瘋狂的方式一定要將之分析成現代社會中社會權力（power）和社會監督（surveillance）及社會排他等廣義現象中的一個面向。因此對於社會學說來，所謂的專家加上的科學標籤都不可簡單地予以接受。在其他的社會和其他的時代中，當代通常被稱為「精神錯亂」（insane）的各種行為有各種不同的名稱，例如薩滿術（shamanism）、妖術（witchcraft）等；因之對這些現象的社會處理也同樣會有所不同。為了把握瘋狂的社會特性，就必須對瘋狂的社會基礎和社會含義進行分析。醫學以及與之有關的精神醫學的概念將會是這種分析中的一部分，但這些概念並不因為本身的性質而理所當然地具有優先地位。參見 Laing 萊恩；Szasz 沙什。

magic　巫術　為了達到特定目的，而用儀式化的手段，召喚超自然存在或精靈的做法。巫術和宗教活動往往是不易區分（見 religion 宗教），在運作上往往和宗教活動相關聯；然而識別某一活動是巫術行為的依據是巫術較為工具性，而且往往更加直接地與所欲達到的特定目的有關。用功能學派的話來說（見 Malinowski 馬林諾斯基，1948），巫術是在缺乏有效的技術手段來達到所想望的目的時才用的，因此巫術的社會功能是安慰焦急盼望的情緒，並且體現盡人事的需要，因而它也具有淨化功能。

從最廣義的角度來說，巫術不僅僅是所謂「原始社會」的一種特徵，而且也在現代社會中運作，比如對星象學等等偽科學的信仰以及迷信活動的殘餘等。「真的」技術和儀式化巫術活動之間的交相滲透，可以視為在社會中廣泛且流傳的特點，甚至在現代醫學中也不免。在一切有關巫術的討論中都有一個難題存在：既然經驗科學和非科學之間的區別從來就不是那麼明確固定，因而科技與巫術之間的區別也就相對地變得模糊了。許多施用巫術的人的確並沒有把自然界和超自然界明確地區別開來。因此巫術往往是觀察者本身的概念，而非參與者與之共有的概念。

Maine，Henry James Sumner　梅因（1822－1888）　英國社會哲學家和法學家，最享盛譽的是他的著作《古代法》（*Ancient Law*，1861），他在書中通過法律制度的演化來探討社會發展的問題（參見 evolutionary theory 演化論）。梅因對社會變遷（social change）的理解所包含的基本要素是如下的社會發展或演化過程：即以親屬關係、家庭關係、財產共有制、身份關係和政治專制主義為基礎的社會，過渡到以領土、公民身份、私有財產、契約關係與自由為基礎的社會。在梅因看來，法律名詞只有結合到社會變遷之中才能被充分理解。

身分和契約（status/contract）這一對二元式的概念是將「傳統」社會與「現代」社會在演化上的區別加以概念化的許多說法中的一種，有關的說法還有史賓塞（Spencer）的軍事社會與工業社會（militant and industrial society）、涂爾幹

（Durkheim）的機械連帶與有機連帶（mechanical and organic solidarity）、屠尼斯（Tönnies）的禮俗社群和法理社會（Gemeinschaft and Gesellschaft）。

Malinowski, Bronislaw Kaspar　馬林諾斯基（1884－1942）　波蘭籍功能學派的人類學家。他的主要著作包括《西太平洋的航海者》（*Argonauts of the Western Pacific*，1922）、《野蠻社會中的性與抑制》（*Sex and Repression in Savage Society*，1927），以及《野蠻人的性生活》（*The Sexual Life of Savages*，1929）等。他強調**民族誌**（ethnography）或詳細的**參與觀察**在**人類學**（anthropology）中的重要性，這一點使他最享盛譽；在這方面他表現突出的是使用一部詳細記錄的民族誌日記。他曾經在新幾內亞和初布蘭群島（the Trobriand Islands；參見 kula ring **庫拉環**）進行研究工作，因而能對這些民族的全部文化面貌提供詳細的專著。他於1927—1938年間在倫敦政經學院當教授時，和芮克里夫布朗（Radcliffe-Brown）一起創造了英國結構功能學派人類學（參見 structural functionalism **結構功能論**）。他雖強調社會文化體系的功能需求，但這並不妨礙他在許多著作中運用心理分析理論。

managerial revolution　管理革命　對於自己所管轄的公司不具有產權的經理人數日益增加並且專業化的過程。企業組織的經營管理與所有權分家的理念，有時候被稱為產權與控制權（管理權）的分家。這一理念的主要基礎是股權日益分散，同時企業組織的規模又日益擴大，而且在專業性質上日益複雜化。有人指出，一方面由於股權的分散，而股權人又「不親自參與企業」（absentee），另一方面對於自由職業、技術與經營管理的專業人才的重視又日益增加，於是專業化的經營管理工作就促使相對上同質的經理階層出現，他們對於企業組織取得了有效的控制權，而且他們對雇員和對廣大社會的態度都與傳統的資本家有所不同。然而即使這種說法成立，關於經理人員究竟是根據自身特殊利益而行動（Burnham，1942）還是以專業價值觀為主導而具

有更加廣闊的社會良知（Berle & Means，1933），依舊是有爭論的問題。不管怎樣，這一現象對於社會階層化和資本主義的發展所具的意義是深遠的。例如，有一位理論家指出新的權威關係取代了雇主與雇員之間傳統的利益衝突（見 Dahrendorf 達倫多夫，1959；參見 postindustrial society 後工業社會）。

然而這個論點並非一直沒有受到質疑，後來對這個論點的評價涉及了以下各種更爲複雜的分析：(1)股權所有制的形式（Zeitlin，1974；Barratt-Brown，1968）；(2)董事會的穩定性以及人員補充的辦法（Stanworth & Giddens，1974）；(3)經理人員的價值觀和意識形態（Nichols，1969）；(4)決策制定過程（Pahl & Winkler，1974）；(5)公司網絡（Scott，1979）等。這些研究雖然各有其局限性，但總地來說，它們指明了管理革命論還是不成熟的。有些研究者指出股權所有者和經理人員之間在價值觀、目標和社會出身上存在類似性，並且提醒人們注意這些類似之處透過人際關係和社會活動維持下來（Nichols，1969；Stanworth & Giddens，1975；Whitley，1974）。有人指出以股權集中作爲分析論據的理論家所用的方法論是成問題的，例如，伯爾和米恩斯（Berle & Means）所採取的方法是一方面對於經理控制權所需要的股權分散程度做了可疑的假定，同時又鼓勵人們不考慮公司與公司之間的關係，對企業公司作孤立的理論分析（Barratt-Brown，1968；Zeitlin，1974）。有人試圖避免這些理論缺陷，在其研究中顯示出股權集中和所有權控制之間的關係更爲複雜多變。因此公司內部和公司之間的投資形式的某種安排，會影響一般只掌握了一小部分股權的董事會人員是否能夠而且實際上控制了公司。因此有些理論家指出雖然許多股東和公司控制無關，所有權卻並非如此。有些結論揭示出在某些情形下和在特殊部門中，有些大公司始終保持着個人和家族的所有權和控制權，這一點又進一步證明了上面的說法。社會公共機構對公司的投資和貸款日益增加，只能使得所有權—控制權的關係更加複雜化，而並未消除這種關係。誠然，以上各種趨勢和連鎖的董事職位齊頭並

進地發展，使得人們對於股權不斷分散、企業之間的關係及其涵義，以及經理人員的獨立性都提出了懷疑（Hill, 1981）。

針對上述問題所提出的解答對於**上層階級**（upper class）的分析是有意義的。在這一方面，將企業資本家、後臺資本家和金融資本家做出區別顯示出**階級**（class）的世代間基礎發生了微妙的變化，然而這並不排除凝聚成一體的上層階級始終存在；再加上連鎖董事職位網絡的幫助，這種上層階級並沒有把資本的重要控制權交給「經理人員的技術結構」（Galbraith, 1979；Scott, 1979）。

經營管理權和控制權的涵義不明確，這一點無助於上述的辯論。有人指出公司的的方針和資源分配是由最高層的經理機構進行控制，而日常的業務和本部門的利益則由低層的經營管理人員實行行政管理，這兩者之間至少是必須加以區分的（Pahl & Winkler, 1974）。不論這種精細的區分有什麼好處，經理部門的選擇程度和內部劃分的意義始終是爭論不休的問題。例如有些理論家指出，管理革命論有一個主要缺點是它傾向於忽視產生經理權力的經濟制度的本質。例如經濟競爭迫使人們注意在企業發展和股東收益之間如何平衡的問題；而這一方面限制了、另一方面又統一了經理部門的目標。但要了解在公司的決策過程中經理人員的類型（不論是運籌決策人員還是行政人員或者是董事會人員），就必須考慮到其他的歷史因素和結構因素。比如在美國，人事經理便顯得沒有會計師和律師那麼重要。

有人企圖通過資本主義、後資本主義、**後工業社會**（postindustrial society）等概念來對當代社會做出理論探討，對於由此而引起的爭論來說，上述管理革命論顯然是一個重要的論題。

manifest functions and latent functions　顯性功能和隱性功能　一個社會體系中的參與者所意圖或者公開承認的功能謂之顯性功能，潛藏的、不為參與者承認的功能謂之隱性功能。關於這一區別最有影響力的論述是由**默頓**（Merton）所提出的，他指出霍皮（Hopi）族印第安人的求雨舞雖然意在求雨，但是實

際上可以看出它具有增強社會整合的功能。參見 functionalism 功能論；unanticipated consequences or unintended consequences（of social action）社會行為的非預期或非意圖後果。

Mann，Michael 曼（1942 -　） 英國歷史社會學家和社會階層化（social stratification）分析家。他的著作《社會權力的泉源》（*The Sources of Social Power*，1986，計劃出三卷中的第一卷）博得了歷史學家和社會學家批判性的讚揚。他原先在當代的政治文化和階級方面寫過一些有深度的論著［例如《西方工人階級的意識和行動》（*Consciousness and Action in the Western Working Class*，1973）］，後來他轉而注意歷史分析，目的在於徹底改變社會學中有關權力（power）和社會變遷（social change）論述的方向。曼研究權力的方法有一個與眾不同的焦點，即始終堅持權力（power）具有四個主要來源：經濟來源、意識形態來源、軍事來源和政治來源；其中沒有一種是決定性的，而且社會變遷也沒有一個簡單的演化或發展模式（參見 episodic characterization 歷史片斷特徵化）。他描述了自新石器時代起經近東文明，下傳至古典時期和中世紀歐洲、最後到1760年為止（他以此為《社會權力的泉源》一書第一卷的終結）的權力發展與運作，其論述範圍廣泛，見解精闢，令人矚目。

Mannheim，Karl 曼海姆（1887 - 1947） 匈牙利籍社會學家，1933年被迫移居英格蘭。他對社會學最重要的貢獻是在知識社會學（sociology of knowledge）和他對當時政治問題的論述，其中包括教育問題和計劃問題。他的主要著作是《意識形態與烏托邦》（*Ideology and Utopia*，1929）。在這部書中，他系統地描述了意識形態（ideology）和烏托邦（utopia）的區別，說它們是不同的信仰系統，前者的作用是保存一個體制並為之提供辯護，而後者則意圖使之發生變遷。他在知識社會學的著作中從更為廣泛的角度指出知識的主要形式通過不同的方式受到社會群體需求的制約，但是卻並不單純僅受到階級利益的制約，如馬克思（Marx）所說。他說有一條道路可以避免知識的相對主義（relativism），只需知識分子採取「自由飄浮」（free-floating）或不偏不倚的立場就行。參見 intelligentsia 知識界。

Marcuse, Herbert　馬庫色（1898－1979）　影響廣泛的德國哲學家和社會理論家。他在柏林大學和弗萊堡大學學哲學（在後一大學中師從德國哲學巨擘**胡塞爾**及**海德格**（Husserl and Heidegger），1933年參加法蘭克福社會研究所［後來該所被稱爲**法蘭克福批判理論學派**（Frankfurt school of critical theory）］，並且在納粹上臺後和其他成員一道移居美國。該所遷至哥倫比亞大學，馬庫色繼續參加該研究所工作。1942—1950年間他擔任美國政府的研究員。隨後在美國的著名大學中任教，後來成爲柏林自由大學的榮譽教授。

　　馬庫色的興趣廣泛，涉及他那個時代所有流行的辯論議題，如藝術與革命、**現象學**（phenomenology）、存在主義和德國古典哲學遺緒、科技變遷的性質、資本主義生產方式的變化、心理分析的興起、個體的本性與社會主義問題，以及馬克思主義與社會批判理論。皮平等人（Pippin et al., 1988）曾經指出這些論題貫穿着一個主導思想，即馬庫色矢志針對古典的馬克思主義的缺陷展開批判理論。

　　他在《蘇聯的馬克思主義》（*Soviet Marxism*, 1958）一書中說馬克思主義在蘇聯失去了革命意識形態的作用，相反地它卻變成了蘇聯現狀意識形態上的支柱。另外，馬庫色分析資本主義社會的特徵時認爲消費主義的壓力使得工人階級整個納入到現存制度中去了，因此他不把工人階級看成革命的先鋒，而是像在《單向度的人》（*One-Dimensional Man*, 1964）一書中，把信念寄托於激進知識分子和「被驅逐的人、外來者、其他種族與其他膚色人種中被剝削與被迫害的人，以及失業者與無法就業者」之間所結成的聯盟。1968年5月間，他的「無壓迫文明」和人類全面解放的先見激發了國際**新左派**（New Left）運動的學生激進分子。他的主要著作有《理性與革命：黑格爾與社會理論的興起》（*Reason and Revolution*：*Hegel and the Rise of Social*

Theory, 1941)、《愛欲與文明：對於佛洛依德的哲學探討》（*Eros and Civilization: A Philosophical Inquiry into Freud*, 1955)、《蘇聯的馬克思主義：一個批判的分析》（*Soviet Marxism: A Critical Analysis*, 1958)、《單向度的人：先進工業社會意識形態的研究》（*One-Dimensional Man: Studies in the Ideology of Advanced Industrial Society*, 1964)、《論解放》（*An Essay on Liberation*, 1969)、《反革命和反抗》（*Counterrevolution and Revolt*, 1972)

marginality　邊際狀態　在一個社會群體中部分是局內人而部分是局外人的狀態。邊際狀態一詞可能是帕克（Park）於1928年首次使用的，他指的是所謂的「文化混血兒」，這種人「具有兩個不同的社會群體的生活方式和文化傳統」。帕克特別注意移民，強調邊際狀態使人產生無所歸依的效果。然而這個概念顯然可以用來指很多類型的社會邊際狀態，例如暴發戶和被污辱者等的邊際狀態。參見 stranger 外來者。

market situation　市場情境　個人或群體在社會階層化（social stratification）的地位中由市場力量所決定的那些面向。這是洛克伍（Lockwood）在1958和1966年出版以及戈德索普（Goldthorpe）和洛克伍在1968—1969年合著的著作中所強調的社會階層化三個一般面向中的一個。對於馬克思來說，是否具有生產工具的所有權是最終決定一個人的全面階級地位的關鍵因素。根據洛克伍和戈德索普的分析，有三個互相關聯的社會階層化因素最終必須考慮到：(1)工作情境（work situation）；(2)身分情境（status situation）；(3)市場情境。這種看法受到韋伯（Weber）的影響很大（見 class 階級；class, status and party 階級、身分和政黨）。參見 multidimensional analysis of social stratification 社會階層化的多元分析。

marriage　婚姻　成年男性與成年女性經過社會承認、或是法律認可的結合。某些前工業社會還承認多偶制（polygamy）：有的是一夫多妻制（polygyny），還有的是一妻多夫制（polyandry）。在前一種制度中，是一個男子與一個以上的婦女結婚；在後一種情形下，則是一個婦女和一個以上的男子結婚。然而單偶婚姻是較爲普遍的婚姻制度，即使在允許多偶制婚姻的社會中也是如此。參見 kinship 親屬關係；sociology of the family 家庭社會學。

在前工業化社會中，婚姻是受親屬關係所制約的，大部分反映着親族的利益。親族對成員婚姻的期望是或在社會群體之內婚配，即內婚制（endogamy）；或在群體之外婚配，即外婚制（exogamy）。在工業社會中，個人選擇更居主要地位，其中浪漫愛情的概念或重感情的個人主義有巨大影響。然而選擇對象一般都是在一個狹窄的社會範圍之內。

在工業社會中還有一種日益增多的婚姻形式，即同居（cohabitation）。在這種形式中，一個男性和一個女性住在一起，有性關係而不結婚，只不過這種形式往往是婚姻的前奏曲。還有一種更爲少數的婚姻形式則是同性戀（見 lesbianism 女同性戀），此外還有一種集體婚姻（communal arrangement）。

目前關於工業社會中婚姻的社會學研究有幾個主題，其中包括：

(a)結婚率：已婚成年人在成年人口中的比率，這一參數似乎受多種因素的影響，其中包括結婚年齡、生育率的變化、壽命的長短、移民、戰爭以及一般的經濟環境等（最後一項還包括已婚婦女的受雇方式的變化）。

(b)婚姻關係中的權力分配：事實證明這種分配可能正在發生緩慢的變化，然而縱觀各個社會階層可以看出，經濟方面的決策和居住地區的決策仍然是由男性作主。兩性平權家庭（symmetrical family）始終還是例外。

(c)婚姻關係中暴力行爲的發現：此事已有人作過大量研究，揭露出許多社會和各個社會階級中廣泛存在着婚後虐待婦女的現象（見 wife battering 毆打妻子），而這類研究提供了女性主義者批判婚姻與家庭制度的部分理由。

(d)影響再婚的因素：在工業社會中，離婚者和喪偶者再婚的現象越來越普遍。這種現象使得一種新的家庭形式得到承認，即重組家庭（reconstituted family）或繼父母家庭（stepfamily），由帶着前次婚姻中所生子女的男女雙方結合而成。在大多數工業社會中，儘管離婚率日益增長，但再婚現象卻越來越普遍，因而產生了階段單偶制（serial monogamy）的說法。

Marshall, Thomas H. 馬歇爾（1893－1981）　英國社會學家。他本是一個歷史學者，但他對公民身分與**公民權**（citizen rights）的研究成果《公民身分和階級》（*Citizenship and Class*, 1950）一直是大多數現代學者研究這個問題的出發點。馬歇爾立意探討公民權與福利權益的擴展對階級關係的含意，同樣也探討在資本主義經濟中階級分化持續存在對公民權的含意：即在公民與政治領域中民主制度與平等主義以及在經濟領域中非民主與不平等狀況之間的衝突。評論家有時認為馬歇爾對於現代西方社會中公民權擴展所帶來的利益看法過於樂觀。最近，特別是在英國出現了柴契爾主義（Thatcherism）以後，他所認為的關於近代西方社會中公民權與福利權益在建立社會公道，和維護政治正當性上的重要意義，越來越被人們認為是正確的。他關於上述各種問題的論文，以及關於歷史觀點對理解現代社會的重要性的論文，均被收入《十字路口的社會學》（*Sociology at the Crossroads*, 1963）一書中。

Marx, Karl 馬克思（1818－1883）　德國哲學家、經濟學家和革命家。出生在萊茵蘭的特利爾城，先後就讀於波昂和柏林大學，學習哲學與法律。在柏林大學他受**黑格爾**（Hegel）哲學的影響，並結識了一批激進民主主義者，那些人企圖發揚黑格爾哲學的批判方面，用以攻擊普魯士國家。馬克思因與這些人結識，而無法在國家支配的大學系統裡求得一職。於是他便在萊茵蘭開始了獨立學者、新聞記者和政治活動家的生涯，並自1843年起在歐洲旅行，後來到了倫敦，並且從1849年起定居於此。1864年他參加了國際工人協會（International Working Men's

Association，即第一國際）的籌建。馬克思的主要著作（有的與恩格斯 Engels 合著）有《哲學的貧困》（ *Poverty of Philosophy* , 1847 ）、《共產黨宣言》（ *Communist Manifesto* , 1848 ）、《政治經濟學批判大綱》（ *Grundisse* , 寫於1857—1858年，直至1939—1941年才初次出版）、《政治經濟學批判》（ *A Contribution to the Critique of Political Economy* , 1859 ）、《資本論》（ *Capital* , 第一卷出版於1867年，第二卷與第三卷在馬克思死後出版）。

　　一般認爲馬克思的思想有三大來源：

　　(a)法國社會主義思潮，其中聖西門（ Saint-Simon ）的思想是最主要的，馬克思在未進大學之前就已熟悉他的著作。

　　(b)黑格爾哲學，馬克思修改了黑格爾的原理，但是從來沒有全盤否定。

　　(c)英國政治經濟學，馬克思以此爲基礎，但加以發展。他在旅行中對許多社會狀況有了體驗，並且和激進分子及共產主義的團體及個人接觸（尤其是恩格斯，他和恩格斯之間維持著終生的友誼，並從1846年起有了知識上的合作），這對於他從激進的民主主義者轉變爲共產主義革命家是有影響的。

　　馬克思的全部理論工作計劃包括幾個目標，這裡簡述如下：

　　(a)對於他在資本主義社會中所見到的人的狀況加以理解和解釋；

　　(b)揭示該社會的動力，並揭開其內部運行狀況的面紗，以及其對人際關係的影響。

　　(c)從理論上加以把握，以便充分理解歷史變遷的全部過程之機制（資本主義在其中不過是一個階段）。

　　在馬克思的哲學、經濟學和政治學著述中，上述目標是實現了，但不很完善。這些理論嚴格說來都不是社會學理論，馬克思本人也不這麼認爲，然而他的思想對於社會學的發展卻具有深遠的影響：成爲範圍廣泛的學術傳統和研究工作的出發點，而且促使非馬克思主義學者提出許多建設性的批判。

　　馬克思的努力奮鬥是從這樣一個信念所啓發的：他認爲不但應當研究社會而且應當改變社會。因此他毫不猶豫地使社會科學輔助他所追求的社會解放這一目標。基本上他認爲資本主義下的人類境況的特徵是*疏離*（alienation），在這種狀態下人類不僅和他所在的世界疏遠，和他的工作疏遠，和他所製造的產品疏遠，和他的同伴疏遠，也和他們自己疏遠。

　　疏離是馬克思早期特別注意的問題，但在他後期的著作中並沒有占多大地位，在後期的著作中，他主要的目的是以所謂「唯物主義歷史觀」爲基礎，對資本主義經濟的內在運作加以分析。之所以稱爲唯物主義歷史觀，原因是它認爲經濟對於社會結構的形成與發展具有根本性的影響，而且對於人們有關自身以及有關社會的看法也具有根本性的影響。因爲人們在提出哲學理論、玩弄政治把戲、創造藝術作品等之前都必須先生產經濟必需品，而要生產經濟必需品，他們就必須結成生產的社會關係。在馬克思看來，經濟關係構成社會的基礎，而非經濟制度的上層結構則是建立在這個基礎之上的，上層結構的性質和範圍基本上是由經濟基礎所決定的。由於提出了這一論點，評論家有時把馬克思看成純粹的經濟決定論者。但是馬克思和恩格斯經常強調國家、宗教等非經濟制度在社會發展上也能起相對自主的作用，不過這種說法有時顯得十分模糊。總而言之，分析到最後，具有決定性影響的仍然是人們的生產關係。其原因是生產關係形成*階級*（class）關係，而階級關係又是社會結構和社會變遷的根本基礎。

　　由此看來，階級對於馬克思的理論分析說來具有根本性的意義，不過奇怪的是他從沒有對這個概念提出一個界說明確的定義。顯然這是一個經濟學的範疇；階級是由一群因爲對於生產工具具有共同關係而結合起來、從而具有共同利益的人組成的。階級只有在社會的生產活動能滿足社會成員的生活需要，並有剩餘時才會產生。這時占統治地位的人群便可奪取生產工具的所有權並加以控制，從而使自己成爲*統治階級*或*支配階級*（ruling class or dominant class）。這個階級將社會上其他人所生產的剩餘據

為己有，而其餘的人便成了被統治階級，他們被迫將自己的勞動置於有產團體的控制之下。馬克思把剩餘的奪取過程稱為剝削（exploitation）。剝削對於所有各種形式的階級社會說來都是基本要素，只不過形式有所不同罷了。

馬克思的理論討論過各種不同的生產方式。這些生產方式被視為一個發展序列，因為每一種生產方式都標誌着人類生產力的一種進步，從而也標誌着人類對自然的控制能力的一種進步。因此馬克思假定有一個原始共產主義（無階級）社會存在，後來被一系列階級社會取代了，這些階級社會依次以奴隸制、封建制和資本主義制度為基礎，而這種變遷的動力被認為是生產力的不斷發展所造成的階級衝突。在每一種生產方式中，生產關係都由統治階級維護，因為這一階級最適合於那種生產方式所發展到的生產力水平。然而在每一種生產方式中，生產力都以新的方式發展，從而造成新的階級構成、階級衝突和革命。階級衝突的產生，是因為統治階級所維護的生產關係往往扼殺新的發展，於是激發與新發展相關的新型階級起來推翻舊的制度，並且取而代之以新的制度。具體說來，封建的生產關係（領主—農奴關係）阻撓封建社會母胎中所孕育的資本主義的發展。因此資本家不得不推翻封建的生產關係，而代之以他們作為統治階級與無產階級（proletariat）作為被統治階級之間的一套新的生產關係。

在他有關經濟的論述中，馬克思試圖揭發資本主義體系的內在運作方式。他的分析使他相信該體系的諸多矛盾註定要使它瓦解；基於技術與經濟的理由，他認為資本家會面臨利潤比率的下降，而該體系會定期遭遇生產過量的危機。然而保證它最終瓦解的是無產階級工人與資本家階級之間利益衝突引起的對抗。

雖然馬克思看到在資本主義社會中存在着中介階級（intermediate classes），但他的理論分析使他相信社會會越來越兩極化為兩大敵對階級，一是資產階級，另一個是無產階級。這種階級對立是由於這兩大群體之間客觀的利益衝突造成的：資產階級付給無產階級的報酬少於他們的勞動價值，以此對無產階級進行

剝削，而且生產工具私有使全社會生產力的合理發展所能夠產生的集體社會利益遭到破壞。馬克思預言一旦工人階級意識到這些事實，便會起來推翻資本主義社會，並建立一個新形式的無階級社會。

在馬克思的理論分析中，必須強調「人的意識」。革命不會自動發生，階級必須認識到自身的利益，才能在推動社會前進中發揮自己的歷史作用。馬克思認為階級意識的發展是階級存在的物質條件的反映；不過他也認識到統治階級能夠阻撓被統治階級的階級意識的發展，在經濟上居支配地位的階級在生活的其他方面也居支配地位。他們主宰了國家、政治和宗教等等。因此他們也能夠創造一種意識形態（ideology），從而導致一種錯誤意識（false consciousness），使得被統治階級看不到他們的社會關係的真正本質。不過馬克思預言無產階級最終將在一次革命中取得勝利，並開創一個人類自由的新紀元。

馬克思思想在1917年的俄國革命中（他未曾預見到條件下）起了那麼大的作用，這一事實說明他的思想發揮了多麼大的威力，但同樣也說明了它們的弱點。

馬克思的社會經濟學分析鼓舞了好幾代政治活動家、社會評論家和社會科學家。這些人也像馬克思一樣，強調資產階級的社會科學和社會學思想往往是「表象」的，不能深入到資本主義經濟與社會關係內部的真實本質，也不能加以說明。馬克思去世後，特別是蘇聯的馬克思主義，將馬克思思想的某些方面拿來揭示「資本主義社會的運動規律」。在西歐方面，工人階級卻未能抵制法西斯主義（Fascism）這一事實使得獻身於政治的馬克思主義者［如法蘭克福批判理論學派（Frankfurt school of critical theory）］重新評估工人階級在政治中的作用。近年來馬克思主義者在解釋馬克思的思想時繼續產生了根本性的分歧，有些人（如Althusser 阿圖塞）拋棄了馬克思早期著作中受黑格爾影響的哲學人道主義論點，並且堅持認為只有後期著作中關於資本主義社會的科學分析才是重要的。另有一些人［例如湯普森

（E.P. Thompson,1978）]卻不同意這種看法，他們同樣重視馬克思的人道主義論點和他的作品中的連續性。

馬克思提出的理論也引起了極大的反對和尖銳的批判。他的經濟學著作和他對資本主義社會的評價引起了廣泛的質疑。有人攻擊他的階級分析，理由是這樣分析並沒有充分體認到新的中產階級團體的興起或富裕狀態的出現（Parkin,1979）。這也說明馬克思關於社會變遷和革命的理論是錯誤的。馬克思主義者則反駁說馬克思本人從沒有給革命規定一個時間表，他的理論分析的真實價值在於說明維持資本主義但卻也是造成其前途趨於不穩定的潛在機制。這一大堆分析的結果證明儘管有人提出批判，馬克思主義的傳統在許多社會學和社會科學領域中仍然是一種強有力的分析方法。

Marxist sociology 馬克思主義社會學 學院派社會學中運用馬克思主義觀點的研究方法，特別是本世紀60年代在歐洲和美國日漸受到重視。這是一種逆反潮流，用以對抗炙手可熱的**結構功能論**（structural functionalism）的主宰地位和傳統社會學中的政治保守態度。在20世紀，馬克思主義的理論發展主要產生在學院機構外，對於社會科學的直接影響有限。但是到本世紀60年代，人們針對共識的社會模型以及社會變遷理論中關於演化模型的假定提出了更加廣泛的質疑，因而馬克思主義的社會學不僅僅繞圍着社會的衝突模型和社會變遷的革命模型而發展（見 conflict theory **衝突理論**），同時也圍繞着方法論的質疑而發展。

人們認爲正統社會科學具有價值中立性，但是它在社會中的特權地位，以及其從業者在政府和大機構中的顧問地位破壞了它們的中立性，所以有人說：「社會學家的眼睛是朝下等人看的，而他們的手掌卻是朝上等人伸出的」（Nicolaus,1972）。對某些批評家來說，上述說法的邏輯意味着馬克思主義的社會學是自相矛盾的：在學院中追求脫離階級鬥爭的抽象知識，只能阻撓社會主義的政治目標。另一些人指出，馬克思主義的學院式理論具有一種政治作用，即它們能抑制學院內的資產階級意識形態，並

且能影響後世的學生。然而占主導地位的研究方法是利用馬克思的理論來發展一種更加完善的社會科學，並且使這種理論能為政治集團所用。

在本世紀70年代和80年代，馬克思著作首先是在社會學和歷史學的研究中具有廣泛的影響，接着又在其他社會科學和文學研究中發生廣泛影響。有關的辯論往往以折衷主義的形式出現，以致人們廣泛地運用馬克思的概念和理論卻不再一定反映他們在政治上信仰社會主義，也不一定反映運用這些理論的人皈依了馬克思主義。參見 Anderson 安德森。

Maslow，Abraham　馬斯洛（1908－1970）　美國心理學家和心理學**人本主義運動**（humanistic movement）成員。他以需要層次（hierarchy of needs）為基礎，制定了一種動機的理論[《動機與人格》（Motivation and Personality, 1954）]。

他指出人類的需要可以歸為以下幾類：生理需要、安全需要、愛與歸屬關係的需要、尊重的需要和自我實現的需要等。在低層次的需要沒有到得滿足之前，高層次的需要對於個人來說是不可能具有重要意義的。在《存有心理學探索》（*Towards a Psychology of Being*, 1962）一書中，馬斯洛論述了個人的獨特性如何能朝着自我實現方向發展。這涉及潛能的體現，也就是存有需要（being needs）的體現[這種需要和低層次的匱乏需要（deficiency needs）是不同的]。為了說明他的自我實現這一概念，馬斯洛研究了他認為已經自我實現的人的生活和人格。他指出這種人對自己和對別人都有更大的寬容，與全人類有更多的認同，具有更高水平的創造力和更高的感知能力，特別是對於自然界的感知能力。由於高度的知覺而能獲得巔峰經驗（peak experiences），這樣的人感到自己有一種與外在世界合一的精神境界。馬斯洛的思想已為許多社會哲學家和社會學家所接受。

mass production　大量生產　為大規模市場製造大量標準化產品的生產。這種所謂「**福特制**」（Fordism）的生產具有完善的分工和勞動過程標準化的傾向。後來在後福特制的生產中，由

於出現了電腦技術和更有靈活性的生產方式，大量生產便被取代了（見 Fordism and post-Fordism 福特制和後福特制）。

mass society　大眾社會　一種社會模型，研究者對於由於現代化所造成的社會變化，例如都市化、政治民主化、大眾傳播的擴展和民眾教育的發展都不免憂心忡忡，悲觀不已，認為照此發展下去，將使個人出現以下兩種情況：

(a)越來越脫離原先的社會群體，這是一種社會分散和分裂的過程。

(b)越來越容易被集權的少數精英（elites）作商業性和政治性的操縱。

在這過程中人民越來越被當成一堆（en mass）對待，因此可以稱之為社會的大眾化（massification）。

使用這個概念的著作家由於學術和政治傾向不同，遂產生出形形色色的理論含義。然而癥結仍然是社會價值觀（values）和社區（community）的衰落、缺乏道德核心和社會疏離的程度越來越增長。由於人際關係的薄弱，有人指出社會大眾容易受到操縱，容易聽信問題的簡單解決辦法，也容易接受大眾文化（mass culture）中最低級的共同成份——這種文化如同一切其他大眾商品一樣生產、銷售和消費。右派理論家如艾略特（T. S. Eliot，1948）從整體的角度強調大眾文化對「高雅文化」（high culture）的精英形式構成威脅，而且傳統精英人物的統治在社會上失去了後繼者。左派理論家也附和這些理論中的某幾種說法［如法蘭克福批判理論學派（Frankfurt school of critical theory）的成員］，但他們強調的是這使得右翼力量（如法西斯主義）有了新機會操縱群眾，並且強調大眾文化的商業形式之普遍的誘惑性使得工人階級納入資本主義制度。此外米爾斯（Mills）有關這一問題的論點現在已經成為現代論述的經典之作，他在這種說法中以更為普遍的方式將現代的大眾社會，和以往曾經存在的多元「公眾群體」（publics）做了對比，並歸納為以下三點：

410

(a)「發表意見的人比接受意見的人少得多」。

(b)提出意見的管道相對減少,並被集中控制。

(c)社會行動者在提出意見方面曾經具有的自主性日益消失。

大眾社會的概念最盛行的時期是第二次世界大戰前後,後來的研究和討論往往指出這個概念過於籠統。因此它在大眾傳播的早期研究中雖然影響很大,但由此所作的探討和結論卻是大眾媒體的聽眾並不是個渾然「一體」(mass);大眾媒體的操縱力量是相當有限的,而且通俗文化(popular culture)的發展並沒有犧牲藝術或社區。同樣的,有人研究現代西方民主社會的政治行為方式和參政方式,也沒有看出走向「大眾社會」的總趨勢(參見 pluralism 多元論)。

material culture　物質文化　①「關於人工製品的生產和使用的文化(culture)面向」(Douglas, 1964)。②社會實際生產的物質產品或人工製品。

有關這個名詞的含義的討論集中在一個問題上:這種物件或與這種物件相關的觀念和社會安排是不是具有重要含義。然而關於物質文化的研究必定涉及一個社會所生產的人工製品,特別是採集食物和狩獵的工具、栽培植物的工具、交通運輸方式、住房和衣着的資源、製作和烹調食物的技術、藝術品以及巫術與宗教器物等。物質文化的研究是社會學和社會人類學的重要組成部分,而在考古學(archaeology)中占有更加重要的地位,因為考古學除了人工製品之外沒有多少其他東西可供研究(參見 cultural materialism 文化唯物論)。

mathematical sociology　數理社會學　運用數學方法和數學模型進行研究的社會學。科爾曼(James Coleman)在《數理社會學導論》(*Introduction to Mathematical Sociology*, 1964)中說,大多數數理社會學的依據是「數學提供一套數學語言,如果和一套概念精心配合,便可以使這些概念獲得巨大的力量」。數理社會學家一般都不指望以數理方式所表達的高度普遍規律能在社會學中成立,他們只提出比較有限的要求,希望能用數學來說

明社會生活的一些領域,並取得良好的效果。

在社會學中運用數理方法取得一定影響的事例有以下幾種:

(a)博奕論(theory of games):出自西蒙(Herbert Simon)等人的著作。

(b)機率論的隨機過程模型(stochastic process models),如馬可夫鏈(Markov chains),用來說明人口發展過程和社會流動(Coleman,1964)。

(c)因果模擬(causal modeling),特別是導源於布拉洛克(Blalock,1961)。

(d)「非量化」有限(finite)數理模型的運用,如懷特(Harrison White)在親屬結構形式性質的分析中使用了這種方法[《親屬關係的解剖》(*Anatomy of Kinship*, 1953)]。

(e)在社會網絡的分析中運用數學圖論(graph theory)[(P.Doreian:《社會關係研究中的數學》(*Mathematics in the Study of Social Relations*, 1970)]。

數理社會學與統計及統計分析(statistics and statistical analysis)之間的界線是不易劃分的,但有一個區別是統計分析所運用的是比較標準化的方法,對於數據的性質做出標準化的假定,而數理社會學所用的數學方法卻比較廣泛,往往先制定理論模型,用以針對所分析的社會現實取得更直接、更符合目的的實用模式。

matriarchy 母權制 以婦女權力(power)爲基礎的任何社會組織。這個名詞的字面意義是指以母親爲家長的統治,因此這個名詞可以和父權制(patriarchy)相對,後者所指的是父親的統治。

母權制一詞在社會學和女性主義理論都引起很多的爭論。從歷史上說,19世紀研究社會組織和家庭起源的許多人類學家和社會學理論家都用了這個名詞。巴霍芬(Bachofen)於1861年指出家庭結構原來是母權制結構。1865年麥克倫南(McLennan)發表《原始婚姻》(*Primitive Marriage*)一書,在其中指出社會

組織的起源具有母權結構的性質。恩格斯（Engels）受摩根（L. H. Morgan）的影響寫了《家庭、私有制和國家的起源》（*The Origin of the Family, Private Property and the State*, 1884）一書，其中指出原始社會的母權氏族存在於父權制之前。恩格斯認為「母權」被推翻導致女性的失敗，最終建立起父權制的家庭，並因為婦女和兒童都服從成年男子的權力與控制，此後就出現以男子至上地位為基礎的單偶制家庭；而這種家庭單位的主要作用是生育父子血緣關係無爭議的子嗣。但是這種關於社會組織起源的說法受到梅因〔H. Maine：《古代法》（*Ancient Law*, 1861）〕等著作家的批駁，梅因說社會組織的最初形式是受專制的父權制家長統治的永久性家庭群體。在女性主義人類學和女性主義社會學興起以後，這類爭論又重新熱烈起來，人們對恩格斯的著作發生極大興趣，認為其中對婦女受壓迫的根源提供了可能的解釋。

上述爭論涉及母權制社會是否存在過的根本問題，而激進的**女性主義**（feminism）比其他流派的女權思想都更加注意這一問題。激進的女性主義者爭辯說這種社會確實曾經存在過，但父權制統治的歷史把有關的知識抹掉了。公元前600年希臘的萊斯沃斯（Lesbos）島便被用來說明母權制時代曾經存在的證據。

在當代的女性主義思想中，母權制一詞在廣義上用來指婦女占有統治地位、以婦女為中心或傾向婦女的社會和以婦女為中心的文化等。

Mayo, Elton　梅約（1880－1949）　**人性關係學派**（human relations school）中的翹楚人物，曾參加**霍桑效應**（Hawthorne effect）實驗並寫出有關著作。他參加霍桑實驗並加以解釋，使他在人際關係學派中成了有影響力的人物。他回應**涂爾幹**（Durkheim）的說法，認為科學與技術的發展超過社會技術和社會安排的發展時，由此造成的後果之一就是廣泛地出現**脫序**（anomie）。比如在企業內部便存在着自發的非正式群體組織可以說明上述的論點，而這一現象正也是霍桑研究所揭示的。梅約

因此主張為經理人員創造一套社會管理技術，使之能為企業內部
較小的工作群體提供物質條件、彼此交流對話，並有意識地加以
引導；這些措施可以為本來會脫序的工人提供一個社會立足點。
希望通過這種方式企業可在衰弱和個人分散的社會中建立起一種
令人滿意和相互合作的事業。

他的思想在不同程度上影響着經理人員的實踐和意識形態，
也影響了後來有關工業社會學與心理學研究，但是這一點究竟達
到了什麼程度則是有爭議的（Mayo, 1949；Bendix, 1974；
Rose, 1988）。

Mead, George Herbert　米德（1863－1931）　美國實用主
義哲學家、社會學家和社會心理學家，任教於芝加哥大學，他的
社會學研究方法現在多認為是屬於**象徵互動論**（symboic interac-
tionism）。米德本人把自己的社會學與社會心理學研究法稱為
社會行為主義（social behaviorism），以區別於華生（Watson）
那套更加正統的心理行為主義。他受和其本身屬於同一哲學學派
的杜威（Dewey）及庫利（Cooley）的影響，因而他的社會學與
心理學都強調**社會行為者**（social actors）的意識心理、自我意
識，以及自我節制。在米德看來，自我是從社會互動中產生的，
人類在互動中「扮演他人的角色」（taking the role of the
other），從而把真實的其他人和想像的其他人的態度都轉化為
自己的。他運用庫利的**鏡中自我**（looking-glass self）這一概
念，提出一種假說，認為（如自身實在情況的）「主我」（I）
和（如別人所見的）「客我」（Me）之間不斷地交相影響。後
一種自我代表着社會群體（generalized other 概化的他人）的看
法，並且通過扮演戲劇中的角色和「在想像中排練」（imagina-
tive rehearsal），把社會群體的價值觀內化為自己的價值觀。由
於不斷將他人對自己的看法反映在自己身上，我們逐漸勝任於生
產與表現社會象徵。米德認為人的本質是演化過程和自然界的一
部分，但語言和象徵的傳播作為這種演化過程的一個面向其重要
意義是促使人類的活動擺脫自然決定的影響。米德關於自我與社

會之間的關係的論述，代表了芝加哥學派社會學的縮影。**布魯默**（Blumer）在米德臨終時接任他的講座，擴充及深化了他的社會學理論，並且提出了**象徵互動論**這個術語。米德的主要著作和論文與講稿集都是在他死後發表的，其中包括《心靈、自我與社會》（*Mind, Self and Society*, 1932）。參見 pragmatism **實用主義**。

meaningful sociology 意義社會學 用下列的假定作為前提的社會學：(a)社會行為者主要是居住在一個具有社會意義的世界中；(b)社會行為（social action）是有意義的行動（meaningful action）；(c)社會事件必須從根本上解釋為社會行為者的「意義」的結果，所謂意義指的是信仰、動機、目的、理由等，導致了行動（actions）。此一詞語通常通用於韋伯（Weber）的行動理論（action theory），但也同樣用於相關的研究方法，例如**象徵互動論**（symbolic interactionism）。參見 Verstehen **瞭悟**；Weber **韋伯**；Winch **溫奇**；purposive explanation **目的性解釋**；empathy **移情作用**；interpretation **詮釋**；interpretative sociology **詮釋社會學**。

measurement by fiat 人為規定的度量 一種量度，如現象的間接指標，即「當我們只有前科學的或一般常識的概念，根據先驗的理由這個概念看來重要，但卻又不知怎樣直接測量時」所用的度量；並且對某事加上這種度量時，或多或少都帶有武斷性〔W. Torgerson：《標度的理論和方法》（*Theory and Method of Scaling*, 1985）〕。西庫雷爾（Cicourel, 1964）對於未經理論或經驗的論證就加上這種「等價的類別」（equivalence classes）的作法提出了批評，這種看法對**俗民方法學**（ethnomethodolgy）的建立具有影響。

measures of central tendency 集中趨勢的測量 針對一批觀察資料或數字等的中間或居中部位進行概念化的各種方法。集中趨勢有三種度量：衆數（mode）、中位數（median）和平均數（mean）。衆數是最常出現的數值。中位數是位置居中的數

MEASURES OF CENTRAL TENDENCY

值，在它以上和以下都有同樣多的數值。平均數（mean）英文常寫為 average，是將各個數值相加然後除以個案數目或觀察次數所得到的數值。下面的例子可以用來說明這幾個名詞之間的區別：如一組九次觀察得出一系列的數值為 1 2 2 2 3 5 6 11 22。

在這個例子中，眾數是 2，因為它出現的次數最多；中位數是 3，因為它的位置居中；平均數是 6，因為它等於觀察的總值（54）除以觀察的次數（9）。

有時一組觀察會得出雙峰分配（bimodal distribution），即其中有兩個不同的數值都是出現的次數最多的。另外，如果觀察的次數是偶數，便沒有代表中位數的居中數值了。在這種情形下，中位數可以認為是兩個居中數值之間的數值。

當分配中存在許多數值時，中位數的近似值可以用內插法（interpolation）計算出來。計算時首先將數據分成一定數目的區段，中位數便是中間這一組中的數值，計算其數值的方法是根據它的上區段和下區段的數值數的百分比來估計它的位置。

集中趨勢的測量中應該選用哪一種，由兩種因素決定：(1)所用的測量層次（見 criteria and levels of measurement 測量標準和層次）；(2)觀察體的離散趨勢。如果所用的是定名層次測量，那麼需要計算的僅僅是眾數。例如如果對不同的住房標了不同的數值，那麼眾數就能說明那一種是最普及的住房類型，但平均數和中位數在這裡都沒有意義。中位數最好用於定序層次的測量，在這種情況下，類別之間的相對距離是不知道的。應當指出的是，許多社會科學家在處理定序層次的數據時也用平均數，因為這樣一來便可進行大量的統計檢驗。最後，平均數一般最好用於定距層次（interval level）的測量，但是當有許多極端數值使分布發生偏斜（skew），便不適合使用平均數。舉例來說，一群答覆者的平均收入由於有少數高收入者納入樣本之中，便會發生偏斜。在這類情況下，往往用中位數來作統計分析較好。還有一種情形也要用中位數，即數據已經分類，而最高一類是無限制的。例如對於收入所作的分類使一切年收入超過十萬美元的都歸入一

類，而且對於這一類人的收入沒有規定上限。在這種情形下平均數就沒法計算，而中位數的數值卻可以用上述的內插法估計出來。參見 measures of dispersion **離勢的測量**。

measures of dispersion　離勢的測量　計算一組觀察值或數字等集中在一個中心點周圍程度的各種方法。離勢的測量和集中趨勢的測量是緊密相關的。前者包括六種度量，即：值域、變異數、標準差、標準誤、偏斜度、峰度。

值域（range）是離差度量最簡單的一種量度，它說明的是數值的實際分布，等於最大數值減去最小數值。

變異數（variance）是說明一組數值偏離平均數的量度，只能用於定距層次的度量。它所衡量的是各個數值集中在平均數周圍的程度。它的計算法是將偏離平均數的離散數值平方，再算出其算術平均數，這種計算不但計算了負數，而且把過高或過低的數值也計算了。變異數值低表示數值的一致性高，而變異數高則表示一致性低。

標準差（standard deviation）是變異數的平方根。這種度量的數值由於就在其本身進行計算的值域之內，較容易作出解釋，因而它比變異數好用。在下例中，平均數是6，變異數是45.5，後一數值比整系列中最大的數目還大兩倍以上；而標準差是6.74，這個數字是比較容易理解的：1 2 2 2 3 5 6 11 22。

標準誤（standard error）所計算的是從某一組樣本中取得的分數與母群的真實得分平均數相差的程度，它也只能用於定距測量層次。

偏斜度（skew）所估計的是一組計量值偏離常態分配對稱曲線的程度有多大，並說明它是朝左邊還是朝右邊傾斜。如果度量的位置是在曲線的右邊，它的數值便是負的；反過來度量在左邊，數值便是正的。

峰度（kurtosis）說明一組觀察的數值曲線相對於常態分配（其峰度是0）是更平還是更凸起。更凸起（更窄）的分布具有正數值，更平的曲線具有負數值。

mechanical and organic solidarity 機械連帶和有機連帶
法國社會學家涂爾幹（Durkheim）於1893年在兩種社會連帶
（social solidarity）之間所做的區別：一種是機械連帶，其基礎
是個人之間的類似性，這種連結形式在單純和落後的社會中占主
要地位；另一種是有機連帶，其基礎是分工（division of
labour）和個人之間的互補性，這是現代先進社會中出現的理想
連結形式。涂爾幹提出兩種連帶之間的區別時，是根據以下各種
標準來識別的：兩種連帶應有的人口和形態基本特徵、法律典型
形式和集體良知（collective conscience）的特徵和內涵（見圖
17）。涂爾幹說實際上現代社會中的有機連帶目前也還未完全體
現。參見 integration 整合。

mediated class locations 中介的階級定位 個人不以自己與
生產過程的直接關係（即個人的職業或個人對生產工具的所有
權）為依據，而以自己的親族關係網及家庭結構在階級結構中所
得到的地位。這個名詞是賴特（Wright）於1989年提出的，但
這種階級地位在影響階級取向及政治行為等方面的意義卻是早就
被證實過了。見 Goldthorpe 戈德索普；Lockwood 洛克伍。

medicalization 醫學化 ①（在醫學範圍內）醫學權威介入
了原先是以外行和普通常識的理解和方法占主要地位的領域。例
如在生育方面，按醫學界的參照標準便會貶低女性的看法，強調
要有醫學專業人員做出主動的安排以便減少母子的危險，同時又
強調要根據專業標準評估醫師助產的成功。②（在一般的情況
下）人們往往把不良行為看成需要醫師介入的病態，於是便把醫
學診斷的領域擴展到政治、道德和社會領域。

　　人們對這種概念提出以下幾種批評意見，認為醫學化把醫學
界變成了單一的機構，把一般人的參照標準和醫學界的參照標準
變成互相排斥的，單純強調醫學的社會控制而不承認醫務工作的
社會價值。但是醫學化的概念仍然很有價值，因為它專注於專業
權力和意識形態所占據的主導地位。參見 sociology of health and
medicine 保健醫療社會學。

	機械連帶組織	有機連帶組織
(1) 形態 （結構） 基礎	以相似性爲基礎（盛行於較未開發的社會）； 節段性類型（最初以氏族爲基礎，後來以領土爲基礎）； 相互依賴甚少（社會紐帶較弱）； 人口較少；物質與生活標準較低	以分工爲基礎（盛行於較先進的社會）； 有機組織類型（市場融合和城市發展的融合）； 相互依賴甚多（社會紐帶較強）； 人口密度較高； 物質與生活標準較高
(2) 規範類型 （以法律 爲代表）	壓制性制裁法規； 刑法爲主；	補償性贊許法規； 合作性法律爲主（如民法、商法、程序法、行政法和憲法等）
(3)(a) 集體良知的 形式特徵	量高 密度高 明確性高 集體權威是絕對的	量低 密度低 明確性低 個人主動與反省餘地較大
(3)(b) 集體良知 的內容	高度宗教性； 超越性（超越於人間利益，不容討論）； 對於作爲整體的社會及社會利益賦予最高價值； 具體而特定的	世俗性日益增加； 以人類爲導向（關懷人的利益，可作討論）；對於個人尊嚴、機會均等、工作道德和社會正義賦予最高價值； 抽象且一般的

圖17　機械連帶和有機連帶　涂爾幹的理想型（Lukes, 1973）

meritocracy　唯英才制　一種強調教育與社會成就是以個人才能（以智商衡量）和個人努力奮鬥方能取得的社會制度。這個概念由於楊〔Michael Young：《唯英才制的興起》（*The Rise of Meritocracy*, 1958）〕的提倡而爲人矚目，它在費邊派社會主義

者的著作中占有主導地位。這些社會主義者力圖使這概念成為一個指導方針，以便使得1944年教育法案（Education Act）及其後大規模的教育重組所推求的變化可以正當化。唯英才制論者主張職業等級系統中的職位，應需按一般客觀標準衡量個人成就的優劣而取得，不應按硬性規定的年齡、性別、種族、遺產等標準來取得，因為他們強調的是競爭的平等而不是成果的平等。凡是有品德、有能力的人或是有適當性格的人都應有機會取得與之相當的社會身分。唯英才論論者有一個基本的信念，即認為在一個國家的兒童中只存在著有限數量的英才，教育體系的重要職能便是使這種英才不被浪費，並培養他們、教育他們。

唯英才制的原理並沒有被普遍接受。對於這種主張的某些後果，楊本人的看法也是矛盾的，比如在對剝削工人階級的文化和領導地位這一問題上。另外還有一些人提出了一些重要的反對意見，指出要取得真正的平等（equality），只能制定策略使平等作為制度的最終產物出現，而不能在出發點處取得平等。無論如何，主張唯英才論的人必須解決如何制定衡量才能的客觀尺度，才能解決這一反覆出現的難題。參見 intelligence 智力。

Merton，Robert 默頓（1910－　　） 美國社會學界的翹楚，帕森思（Parsons）的學生，由於自身的成就而成為功能學派社會學中有影響的人物。他身為哥倫比亞大學實用研究部副主任，與拉札斯斐（Lazarsfeld）共事。默頓在自己的著作中力圖將帕森思的抽象理論，與作為現代美國社會學之典型特徵的經驗調查工作之間的距離彌合起來。默頓把他這種另闢蹊徑的理論稱為**中程理論**（theories of the middle range），聯繫並組織了經驗資料。他最有影響的著作是一部論文集，書名為《社會理論和社會結構》（*Social Theory and Social Structure*，1949年初版，經補充修定後再版）。書中搜入許多重要的論文，包括〈顯性與隱性功能〉（參見 manifest and latent function 顯性功能與隱性功能；unanticipated consequences（of social action）社會行為的非預期後果；postulate of functional indispensability 功能必備性設

定）和〈社會結構和脫序〉（見 anomie 脫序；crime 犯罪；deviance 偏差行爲）。在這些論文和以後的其他許多論文與著作中，他一方面對於理論方法（最爲顯著的是功能論 functionalism）提出批判並且加以編纂，同時又把這些方法運用到實際的分析中去，從而實現了他關於中程理論的主張。關於他的經驗工作，最重要的是他對於科層制（bureaucracy）、科學社會學（sociology of science）、大眾傳播社會學（sociology of mass communications）、角色理論（role theory）、相對剝奪（relative deprivation）的分析和參考團體（reference groups）等方面的研究所作出的貢獻。他還和別人合著了一些書，自己也編了一些書，其中比較重要的有《大眾說服》（*Mass Persuasion*, 1946）、《社會研究續編》（*Continuities in Social Research*, 1950）、《科層制文選》（*A Reader in Bureaucracy*, 1952）和《見習醫師》（*The Student Physician*, 1957）。上述各種著作都很有影響，但影響特別大的是他關於科學研究的博士論文《17世紀英國的科學、技術和社會》（*Science, Technology and Society in Seventeenth Century England*）。此書於1938年初版，其基本論點是韋伯（Weber）關於新教與資本主義的關係這一論點，是他的成名之作。他的假說認爲17世紀科學活動的發展與社會力量（其中包括清教徒派宗教）是緊密相關的，這種看法在歷史和社會學對科學的分析中造成了巨大的變化。後來他還寫了一些重要論文，論述科學是一種社會制度，並且探討了科研工作的組織與競爭［《科學社會學》（*The Sociology of Science*, 1979）］。近年來他投身於功能論，並且專心致力於「自然科學」型的社會理論，這一點遭到了廣泛的批評［如紀登斯（Giddens, 1977）］，他對社會學所作廣泛貢獻的重大意義是無可置疑的。

Methodenstreit 方法論論戰 19世紀後期德國新康德主義者（neo-Kantians）與自然主義者（naturalists）之間的論戰，前者主張自然科學和人文科學是不同種類的科學，因而需要不同的方

法論，後者則認為同樣的方法論在兩方面都可以應用。**詮釋學**（hermeneutics）和**瞭悟**（Verstehen）等方法在這個時期已經從理論上研討出來（參見 idiographic and nomothetic **特殊規律研究和一般規律研究**）。在某種程度上和這些論戰平行開展的還有經濟學中歷史學派與新古典學派之間的爭論，關於價值判斷（value judgments）的作用以及關於價值不涉入的爭論（見 value freedom and value neutrality **價值不涉入和價值中立**；Weber **韋伯**）。方法論論戰一詞也用來指本世紀60年代德國的**巴柏**（Popper）與**阿多諾**（Adorno）等人之間的爭論。巴柏針對政治中性的社會科學提出證偽模式（見 falsificationism **證偽主義**），遭到了批判理論家激烈的批判（見 Frankfurt school of critical theory **法蘭克福批判理論學派**）。

methodological bracketing　方法論的放入括弧　見 epoche 懸置。

methodological individualism　個體方法論　認為社會學論述必須參照個人以及他們對自身環境的詮釋、和自身行動的動機與解說的理論立場。關於所有的社會範疇如「資本主義」或「國家」等都應當參照實際的或抽象的個人來做解釋的問題，**韋伯**（Weber）和**巴柏**（Popper）都提出了一些規定。

個體方法論至少有兩大類：第一類主張所有的社會學論述必須自始至終都按照上述的方式參照個人。關於這一點，最典型的反對意見是個人的有關特徵如心理傾向等往往來自於他們的文化和歷史環境，因此這一派理論家所提的結論在社會學上講來是沒有意義的。

個體方法論還有一種比較溫和、較說得通的說法，純屬邏輯，其內容是：所有社會術語參照個人及其特質與人際關係來加以重新定義並無損失，只不過會增加複雜性；也就是說所有個別術語都將事先假定一種社會關係，其中反映了個人的社會構成與定位。路克斯（Lukes, 1977）認為這種說法是正確的，相對說來沒有什麼壞處，也就是說它所排斥的東西很少。然而這種說法

的確包含了以下的含義：根據這種說法讓人不禁要主張改變一下社會學與心理學的分析層次，因為前者所涉及的是社會關係，後者則涉及個人。所謂的「邏輯」個體方法論卻排斥了這種概念，認為只有一種層次，「個人」從本質上就是社會的個人，體現着社會關係，而「社會」也必然要涉及個人和他們的權力，其中包括他們的人際關係。參見 situational logic and situational analysis 情境邏輯與情境分析；holism 整體論；strategic interaction 策略性互動，比較 structuralism 結構主義；structure and agency 結構和能動作用。

methodology　方法論　①一門學科所用調查方法的哲學評價，並涉及有關知識的觀念、理論及研究方法。②學科內處理資料和取得知識的技術與辦法，在這種狹義的理解下，方法論指的是調查者所用的**研究方法**（research methods），而不問所進行的研究的效度或合宜性。在①的意義下，方法論是認識論中的一個面向，所涉及的是社會學的科學地位。方法論是**涂爾幹**（Durkheim）、**馬克思**（Marx）和**韋伯**（Weber）的中心問題，他們力圖說明自己對社會學的研究發展了一套獨特的方法，從而也就對知識的研究發展了一套獨特的方法。他們論證這一套新調查方法的效度，從而對於社會學發展成為獨具特色的學科做出了貢獻。根據定義①，社會學中有一個中心議題是社會學與自然科學的對比。自然科學中經常運用**實驗方法**（experimental method），對一個變數（independent variable **自變數**）用精心控制的方法加以處理。如果取得前後一致的結果，科學家便會對所涉及的因果關係作出結論；或者總結事前提出的假說已經得到證明或否定。由於在社會學中往往不能運用實驗方法，於是社會學家便發展了一套新方法，以便取得與自然科學相當的效度。比如涂爾幹便主張用**比較法**（comparative method），不過這種方法要控制眾多的變數。與此不同的是有些社會學家設法創造一些方法，不去追求科學定律這一自然科學的目標，而只是使其更加適合社會現實的性質。

Michels，Robert　米歇爾斯（1876－1936）　德國社會學家和政治學家，使他最享盛譽的是《政黨論》（*Political Parties*）一書（1911）。書中指出表面的民主政治組織往往有一種**寡頭統治鐵律**（iron law of oligarchy）在起作用。這部書是由於他對德國社會民主黨的領導感到幻滅而寫下的。書中他一方面對德國社會民主黨領導者的「階級背叛」行徑和改良主義提出批判性指控，另一方面又說既然寡頭統治鐵律產生一定的作用，這種背叛也許是不可避免的，這兩種說法是有些自相矛盾。但他在後期的著作中，觀點則更加一致，而且他和其他一些理論家（包括他的朋友**韋伯** Weber）提出一種理論，主張有限代議制民主政治對社會有益。這種理論可以視爲現代**穩定民主政體**（stable democracy）理論的先驅。參見 elite theory **精英論**。

microsociology　微觀社會學　細部層次的社會學理論分析，集中在研究日常生活中面對面的互動以及群體中的行爲等（見 symbolic interactionism **象徵互動論**；ethnomethodology **俗民方法學**）。微觀社會學雖然經常要理解個人的意義，但並不局限於特定形式的解釋性論述。參見 macrosociology **宏觀社會學**。

middle class（es）　中產階級　不從事體力勞動的職業群體，地位在**上層階級**（upper class）和**工人階級**（working classes）之間。「中產」一詞本身即反映着社會地位階序方面一個廣泛流傳的常識性看法，在這種階序中非體力勞動比體力勞動的身價高，但在社會地位上卻低於具有大量財富和政治勢力的集團。由於種種原因，資本主義社會中形成龐大的中產階級是個令人感興趣的問題。由於職業結構的重大變化使得非體力勞動的職業大量增加，使人不得不重新考察社會**階級**（class）這一概念，特別是考慮中產階級在社會和政治方面所起的作用。

　　在19世紀之前，現代的會計師、教師、護士等比較專門化的職業是少見的，但這並不是說以往在銀行、政治部門和傳統的**專業**（professions）中不存在「中產階級」的角色；而是說特別是在以往的一百年中，不論在工業方面還是政府部門，非體力勞動

的職業都大爲增加，而體力勞動者的人數卻減少了（見圖18）。

		1911	1921	1931	1951	1971
1	專業					
A	高層	1.00	1.01	1.14	1.93	3.29
B	低層	3.05	3.52	4.46	4.70	7.78
2	雇主與經理					
A	雇主	6.71	6.82	6.70	4.97	4.22
B	經理	3.43	3.64	3.66	5.53	8.21
3	職員	4.84	6.72	6.97	10.68	13.90
4	領班	1.29	1.44	1.54	2.62	3.87
5—7	體力勞動者	79.67	76.85	76.53	69.58	58.23

圖18　**中產階級**　表中數字說明1911－1971時期在英國從事有酬職業的人口中，中產階級所占的百分比（Routh, 1980）

　　一方面是非體力勞動職業不斷增加，另一方面是小企業和專門職業繼續存在，這便對某些用傳統方法研究**階級**（class）和**社會階層化**（social stratification）的人提出了理論上的難題。直至最近爲止，特別是馬克思主義的理論對於中產階級的性質和重要性並沒有提出完善的分析。使這類問題更加複雜化的是非體力勞動的職業極其繁多，從日常辦事員工作到比較有權力的經理與專門性職業的工作都有，而獨立的小業主則是處於這兩者之間的階層。因此對於中產階級在階級結構中應當處於什麼地位這一問題便衆說紛紜。比如有人說**無產階級化**（proletarianization）的過程使得辦事員的社會身分、勞動報酬以及工作條件都降低到了體力勞動階級的地位水平，而另一些人（例如 Ehrenreich &

425

Ehrenreich, 1979）則說，「專業—經理階級」（professional-managerial class）根據其本身的性質是一個截然不同的新階級。還有另一些人（如 Poulantzas, 1975）則認為一個新小資產階級（new petty bourgeoisie）得到了發展（參見 contradictory class locations 矛盾的階級定位）。

上述理論觀點上的差異反映了中產階級性質的複雜和含糊。例如常常有人說非體力勞動職業區別於體力勞動職業的特徵是報酬較高，工作條件較好，提升的機會較多等等。這種說法並不適用於做日常辦事員工作的婦女或百貨公司櫃臺後面的女店員，她們的工作和市場情境（work and market situation）都和更高的中產階級職業完全不同。從另一方面來說，做例行工作的白領階級人員一般說來每周的工時往往比體力工人少，而且一般收入更加穩定，生病給付和年金的安排更好，職業也更加保險。在社會身分階序中位置越高的人所獲報酬越高，事業前景也越好，而且還能享受各種福利待遇（如坐公司的車，拿低息貸款或健康保險等）。中產階級內部差別如此之大，意味著有關他們的階級情境與對於階級意識（class consciousness）的含義等爭論在社會學中還將繼續下去（參見 multidimensional analysis of social stratification 社會階層化的多元分析；class imagery 階級形象；social mobility 社會流動）。

middle-class radicalism　中產階級激進主義　政治激進主義的形式，其中包括非體力勞動階層出身的人投左翼的票。1968年帕金（Parkin）用此詞指英國的核子裁軍運動（the Campaign for Nuclear Disarmament, CND）成員。中產階級激進主義成為偏離階級的政治行動（class-deviant political action）的一種形式，與工人階級保守主義（working-class conservatism）具有同樣的意義；也就是說其行動與通行的或一般預料的階級規範相反。在英國，中產階級的階級偏離政治行動，可以看到兩種不同的類型：

(a)低層中產階級左翼，屬中產階級邊緣人士（如正規的體力

勞動工人）所投的左翼票和支持左翼的行動；

(b)上層中產階級左翼，特別指看護業的專業人員和公共部門雇員的左翼政治行動（Jary, 1978 ）（參見 voting behavior 投票行爲）。

militant and industrial societies 軍事社會與工業社會 英國社會學家史賓塞（Spencer）從演化的觀點對英國兩種類型社會所作的區別：早期以「強制合作」爲基礎的社會稱爲軍事社會；以「自願合作」爲基礎的社會稱爲工業社會，這是從軍事社會轉化而來的新型社會（參見圖19）。史賓塞的現代工業社會概念反映一種看法，認爲當時的英國社會代表着演化的最高階級。他的分類法提出了一種理想化的區別。史賓塞認識到許多社會未曾達到他所說的第二階級。他還敏銳地洞察到現代社會顯示出返回軍事社會的種種跡象。然而他始終堅持自己的這一信念，認爲工業社會是最進步的形式，個人和國家都應努力實現這種社會。

military 軍事 （名詞）指國家的軍隊；（形容詞）指武裝的部隊或者戰爭的屬性。奧地利社會學家貢普洛維奇（Ludwig Gumplowitz, 1838-1909 ）說軍事征服是國家和社會階層化（social stratification）的起源。這種說法一般認爲過於簡單，但不論是否接受這種看法，有一點是清楚的：國家權力一旦建立，軍隊在維持這種權力方面便起關鍵性作用。儘管如此，直到最近，關於軍隊與戰爭的社會學研究只在主流社會學中占偏處一隅的地位。近年有許多理論家（如 Mann 曼 , 1983、1988）對這種忽視提出了質疑。他們說當今世界受到兩個超級大國軍事力量毀滅的威脅，而且黷武主義在今天比以往更加盛行，那麼關於戰爭與軍事的研究就應當具有更重要的意義。

Mill , John Stuart 彌爾（1806－1873） 英國哲學家和19世紀提倡自由主義的領袖人物。他對社會科學和社會學的發展有極濃厚的興趣，例如他曾贊助孔德（Comte）的工作。他除範圍廣泛的哲學著作和一般著作〔其中包括《功利主義》（*Utilitarianism*, 1861）、《代議制政府》（*Representative Government*,

特徵	軍事社會	工業社會
①主要功能或活動	結合的防衛與進攻行動,其目的在於保全或擴張	以和平、互相方式提供個人服務
②社會協調的原則	強制合作,強制執行命令以進行嚴格控制,對行動實行正面和反面的管理	自願性合作,按契約和公正原則進行管理,對行動只進行消極管理
③國家與個人之間的關係	個人為了國家的利益而生存,對自由、財產和流動進行限制	國家為了個人的利益而存在,有自由,對財產和流動很少限制
④國家與其他組織之間的關係	所有的組織都是公共組織,私人組織被排斥	私人組織受到鼓勵
⑤國家的結構	集權化	分權化
⑥社會階層化的結構	等級、職業和地位固定,地位是世襲的	等級、職業和地位有彈性並且是開放的,各層地位之間有流通
⑦經濟活動的類型	經濟自立自足,對外貿易少,保護主義	經濟自立喪失,通過和平貿易互相依存,自由貿易
⑧受到推崇的社會與個人特性	愛國主義、勇敢、尊敬、效忠、服從、相信權威、紀律性	獨立、尊重他人、反抗強制、個人主動性、真誠、仁慈

圖19 軍事與工業社會 史賓塞對軍事與工業社會所作的對比(本表採自史賓塞著《社會學原理》(*The Principles of Sociology*,1897)

1861)和《政治經濟學原理》(*Principles of Political Economy*,1848)〕,特別在《邏輯體系》(*A System of Logic*,

1843）一書中對於社會科學做出了貢獻。他在這部書中對於**歸納法和歸納邏輯**（induction and inductive logic）的主要方法提供了形式的分析，以之作為經驗研究的基礎，同時也作為社會科學和自然科學的科學方法（見 comparative method **比較法**）。他假定「自然的齊一性」（uniformity of nature），據此他力圖駁斥哲學懷疑論，然而人們卻看不出他解決了這個問題。

他受**托克維爾**（Tocqueville）的影響，在《**論自由**》（*On Liberty*, 1859）一書中發表意見反對各種形式的檢查制，並主張寬容各種不同的觀點，其中的一個理由是知識的發展需要這種寬容的態度；這種觀點可以說是反對一切固定方法的主張。他在《**論婦女的從屬地位**》（*The Subjection of Women*, 1869）一書中反對兩性地位不平等。他對**功利主義**（utilitarianism）研究的貢獻在社會學中也是有意義的，在這一方面他繼承並發揚了其父**詹姆斯·彌爾**（James Mill）和教父**邊沁**（Bentham）的傳統。他根據他們的觀點把是非判斷原則說成是「快樂原則」（具體的行動或社會安排能否增進整體幸福的程度）。然而不同於他們的地方是他支持必須區分高層次的快樂和低層次的快樂。

millenarianism and millennial movement　千禧年主義和千禧年運動　一種宗教運動，往往也是政治宗教運動，其基本信念是由於超自然的干預，即將出現社會政治的徹底變革，例如救世主將回到人間，帶來一個新的千禧年，即新的一千年，千禧年這個名詞便是從這裡而來的。在中世紀和近代早期，歐洲的千禧年運動主要是境況不利和被剝奪者的運動（Cohn, 1957）。這種形式的運動在其他地方重複出現過，例如，在北美洲印地安人的**鬼舞**（Ghost Dancers）或與之有關的**船貨崇拜**（cargo cults）便是這類的事例。所有這類運動都可以看成是針對文化混亂而產生的前政治反應，到時候就會產生非千禧年主義形式的政治運動。然而許多現代的政治運動被認為包含有千禧年主義的成分，因為這些運動許諾進行一場徹頭徹尾的經濟與社會改革，而其中卻不存在任何直接可行的辦法。

Mills, C. Wright 米爾斯（1916－1962） 美國社會學家，針對本世紀50年代兩種美國正統社會學學說（帕森思的功能論與社會調查研究法）提出批判的傑出批評家。對於前者，他斥之為內容空洞的「大理論」；對於後者他說那是*抽象的經驗論*（abstracted empiricism）。在米爾斯看來，這類形式的社會學已經不能再對社會提出真正有意義的問題。

他在自己的社會學之中，力圖將「個人的病痛」（private ills）與「公共問題」（public issues）聯繫起來。他特別批評現代社會學和現代社會中的「知識分子的缺席」（intellectual default），即不能對歷史進程作有效的干預。

他做為韋伯選集［《韋伯社會學論文集》（*From Max Weber: Essays in Sociology*, 1946）］的編輯和譯者（與 Hans Gerth 合作），主張以對歷史的領悟為基礎來制定一種社會學研究法。他還受到象徵互動論（symbolic interactionism）的影響，在《性格與社會結構》（*Character and Social Structure*, 1953）一書中提倡一種將性格結構與社會結構聯繫起來的社會學。《社會學的想像》（*The Sociological Imagination*, 1959）概括了他的全部方法與治學態度。

在他更為實際的著作中，有兩部引起人們廣泛的注意：一部是《白領階級》（*White Collar*, 1951），另一部是《權力精英》（*The Power Elite*, 1956）。在前一部著作中，米爾斯描述了以往獨立的中產階級公共角色的喪失和重要性的衰退，他認為這種古老的階級日益被一個新的中產階級所取代，後者由科層主義的辦公人員和推銷員等組成。米爾斯認為他們是一群「快活的機器人」，無力控制自己的生活。在《權力精英》一書中，米爾斯提出了一個更加普遍的論點，認為現代美國的權力變得的日益集中化。米爾斯以獨特的方式指出，有三個互相聯繫及互相交錯的主流權貴集團存在，即公司老板、軍閥和政治老板。米爾斯說所有這些人合起來只要放在一座中等規模的郊區電影院裡就裝得下了（參見 elite theory 精英論）。這些權貴人物在美國社會中

高高在上，發號施令，可以對整個社會發出道德的指令，然而實際上他們的行爲卻往往是造成「更高層次的邪惡」，例如走向第三次世界大戰。

針對米爾斯著作所提出的批評集中在兩個方面：第一，他的高度思辯的經驗基礎，以及民粹主義的論調；第二，他沒有能和現代社會中其他廣泛流傳的理論（包括多多元精英論 plural elitism 和現代馬克思主義）有系統地連結。然而米爾斯在戰後的美國社會學界仍然提出了舉足輕重和振聾發聵的論調，有助於更富批判意義的立場的發展。

Minitab　米尼塔布小型套裝軟體　（統計學）英國統計分析常用的套裝軟體。最初研製這種套裝軟體是爲了要幫助統計學的教學，這種套裝軟體是完全互動式的，所根據的設計想法是將數據信息輸入由行列組成的作業紙上，很像一張試算紙。經過不斷改進之後，現在米尼塔布的程式可以處理許多複雜的**多元分析**（multivariate analysis）和時間序列分析。它和許多標準套裝軟體不一樣，米尼塔布特別適用於探索性數據分析（exploratory data analysis, EDA）技術。這種組件用於調查資料分析時，包含有範圍廣泛的統計技術和圖表。它有一個缺點是標記能力有限。米尼塔布旣有主機又有微電腦型，因而被認爲是對「使用者最友善」的統計程式。

mode　眾數　見 measures of central tendency 集中趨勢的測量。

model　模型　①用一種現象說明另外一種現象的方法，如暗喻（metaphor）和類比（analogy）。②一組關係的形式（數學的或邏輯的）表示。③一組關係的形體、圖像或圖解表示（包括地圖）。④電腦模型，它能模擬實際世界的過程。

最後在比較不嚴格的意義下，任何抽象的一般概念（如理想型 ideal type 或理論 theory）都可以稱爲模型。

各種模型接近現實的程度 [與現實同型（isomorphism）的程度] 是彼此不同的，其功能也各不相同，可以是啓發性的，也

可以是解釋性的，其中包括：

(a)將不熟悉的現象和了解得比較清楚、解釋得比較明確的現象做對比（如文化演化過程與生物演化過程的對比），從而提出進行探討的新假說。

(b)提出一個無歧義的一般概念（如韋伯的**科層制** bureaucracy 的理想型），將複雜的現實簡單化，以便用於分析的目的；或者是將需要分析的因素從多種複雜的因素中提取出來，以便概觀基本的解釋性因果機制。例如馬克思的資本主義與資本主義生產方式。

(c)將所謂的「理想」模型和現實世界作對比 [如馬克思與韋伯的模型，或**博奕論**（ theory of games ）]，用以增加對現實過程的認識。

最終，在「模型」與「理論」間並無明確的界限區別，因為兩者都包含現實的簡化，這是爲求得普遍性所不可缺少的步驟。

modernization 現代化 ①早先歷史上的農業社會以及當代社會發展的總體社會過程，其中包括**工業化**（ industrialization ）的過程。一般對比爲前現代社會和現代化社會。這個名詞所包括的社會發展過程的範圍比工業化過程更爲廣泛（參見 political modernization **政治現代化**）。②更具特色的社會發展模型，特別是美國功能學派社會學家在本世紀50年代和60年代所提出的模型，其中現代化的關鍵因素是克服和取代傳統社會中反對社會變革和經濟成長的價值觀和動機模式。在較廣泛的意義下，結構功能學派的理論也強調現代化過程所涉及的**社會分化**（ social differentiation ），其中包括政治多元論（ pluralism ）（參見 traditional societies **傳統社會**；achievement motivation **成就動機**）。

定義①的現代化過程是一種上下無界限的概念；定義②的現代化理論被廣泛批評爲一種以西方世界爲中心的看法。結構功能派理論家（ structural-functionalist ）在**帕森思**（ Parsons ）著作的影響下，於本世紀50年代和60年代用這個概念來研討第三世界社會的發展狀況時便受到了這種批評。

結構功能學派的理論在不同的著作家之間有重大的區別，然而他們的主要信念有以下幾條：

(a)現代社會與被認為阻礙經濟發展的**傳統社會**（traditional society）相對立。

(b)社會變遷是通過演化階段出現的，這些階段總的說來在各個社會中是相似的。

(c)第三世界國家需要幫助它們突破傳統的動力。

(d)這些變革的動力可以來自本社會（如現代化的精英），也可以從外面引進，如注入資本或教育模型等。

(e)當代第三世界國家可能存在雙元經濟和雙元社會，其中某些地區仍然維持着傳統形式，而另一些地區（特別是城市地區）則已經體現現代化過程。

(f)選擇的和可能出現的結果是類似於西歐和美國的社會。在最後這一點上，著作家所作的假定與**趨同**（convergence）論者相類似。

對於上述理論的批判主要是來自**依賴理論**（dependency theory）理論家和低度發展理論家，這是他們在本世紀60年代後期和以後的時期提出的，其中主要的論點有：

(a)現代化理論集中討論內在的社會過程，從而忽視了殖民主義和新殖民主義對第三世界社會結構的影響。

(b)說現代社會與傳統社會對立，不但過分簡單化，而且是錯誤的。**法蘭克**（Frank）指出現存的第三世界社會不論在任何意義下來說都不是傳統社會，因為這種社會幾百年來與北方國家相接觸已發生了變化。阻礙上述變革的是這種接觸的結果。

(c)這些社會並不是雙元社會，因為所謂傳統部門往往是國民經濟不可分割的部分。

(d)上述演化論看法將西方的發展模型強加在這種社會身上，否定了第三世界出現新社會形式的可能性。

(e)在現代化理論背後還存在着政治和意識形態問題：許多這方面的主要理論家都來自美國，擔任着政府顧問的角色，並且公

開贊同鏟除第三世界的社會主義和共產主義的工作。這一點在本世紀60年代表現得特別清楚，那時針對1959年的古巴革命成立了拉丁美洲進步聯盟，採用了根據現代化理論提出的許多政策和目標。參見 evolutionary theory 演化論；neo-evolutionism 新演化論；sociology of development 發展社會學；social change 社會變遷。

modes of motivational orientation　動機取向模式　美國社會學家帕森思和希爾斯（Shils）於1951年指出動機取向有三種形式或模式：

(a)認知性（cognitive）模式，也就是根據特徵和潛在後果感知客體。

(b)感性（cathectic）模式，也就是根據主體的感情需要感知客體。

(c)評價性（evaluative）模式，在這種模式中行為的主體將其精力分配在幾個目標上，然後力求獲得最佳結果。

任何社會行為都可能涉及所有這三種取向模式，但在具體情形下或具體類型的社會行動中，同樣可能只涉及一種模式而不涉及其他兩種。

money　貨幣　能被普遍接受為交換媒介、並且其他商品和勞務據以定價的商品或證物。從前用作貨幣的實體物質往往一方面具有本身的用途，同時也作為象徵性的媒介（如黃金）。在現代社會中，貨幣具有多種形式，其中包括紙幣和儲存在電腦裡的記錄。

在易貨經濟（barter economy）中沒有貨幣，貨物直接互相交換。根據這種情形可以看出貨幣是人類的一種重要發明（參見 evolutionary universal 演化普遍模式）。帕森思在1963年指出「作為一種資源的象徵性媒介」，貨幣着重表現的是資源的「一般用途」，而不是它們的具體用途。貨幣加上資源市場（markets）的發展，在歷史上具有極大的重要性，原因如下：

(a)成為購買力或價值的載體。

(b)成為計算或計帳的單位，成為貨物和勞務（不論實際上是否出售）的相對價值的量度。

(c)作為貨幣資本，也就是為生產提供資金。

(d)作為信用的來源。

貨幣在資本主義和資本主義生產方式的興起中是一個不可缺少的角色，古典經濟學家一般都持這種看法，馬克思（Marx）尤持這種看法。然而貨幣的某些特性卻被認為會帶來問題。這些問題在於貨幣的儲存，以及在某些情形下貨物不能售出以換取貨幣或取得信用，這便是造成經濟危機的原因之一。在馬克思看來，這種危機與貨幣本身性質的關係不像它們與資本主義性質的關係那麼密切。

西梅爾（Simmel）在他的經典著作《貨幣哲學》（*The Philosophy of Money*）中指出過渡到貨幣經濟所帶來的後果遠遠超過它在經濟發展中的作用。它普遍地推動了理性的計算和理性主義的世界觀，其中包括科學的量度，這一切決不是最次要的。另外一種後果則是非人格社會關係的增加。

在帕森思的著作中，還對貨幣概念和權力（power）概念作了類比。這樣說來，政治權力便可以看成是具有多種用途的一般性資源。

monoculture 單一作物制 在農業生產中將一種作物集中在某一地區的耕作方式，簡稱單作制。這種耕作方式一般是與商業化農業及現金作物的發展相關的，可以與混合耕作制相對稱，後者是自己耕種、自己消費的農民所特有的耕作制。單一作物制對於某些作物說來有好處，但是也有壞處，比如：混合耕作制可以控制蟲害並保持土壤的肥力，而單一作物制則往往越來越大量施用殺蟲劑和化肥。因此單一作物制一般都與大規模的生產單位（如大農場）相關，這種單位能夠調動大量資源作必要的投入並經營作物的運銷。儘管如此，第三世界國家由於單一作物制而造成的問題來自於依賴少數幾種作物出口換取外匯，容易受到世界市場價格的影響，而對這些少數幾種作物的需求第三世界國家又

不能控制。參見 agribusiness 農產企業。

monogamy　一夫一妻制、單偶制　男女雙方都只允許有一個配偶的婚姻（marriage）制度。這種制度可能包括再婚的禁例，在不包括這種禁例的地方，有時也用「系列單偶制」或「系列多偶制」（' serial monogamy ' or ' serial polygamy '）等術語來說明這種制度。

monotheism　一神論　教義中只有一個神存在的信仰；以這種教義為基礎的宗教信仰體系。在世界的主要宗教中，只有猶太教、基督教和伊斯蘭教是一神論宗教，而且它們同出一源。根據倫斯基（Lenski, 1970）的著作，關於「至上存在」（supreme being）的概念在採集狩獵和園藝社會中雖然罕見，但在農業社會中卻廣泛流傳。一神論的教義以及對人格化的、具有高尚品德的上帝的信仰則只出現在近東地區。帕森思（Parsons）認為一神論的出現是一個關鍵性的發展步驟，推動了倫理普世論（ethical universalism）的發展。韋伯（Weber）曾論述猶太教關於善妒的上帝耶和華（「除了我以外，你不可有別的神」）及「選民」的概念，他說這些概念是對以色列部族容易受到外國勢力侵略的反應。聖經中的先知（prophets）將這些問題「解釋」為至高無上的上帝由於他的子民信奉假神而施加的懲罰。

Montesquieu, Baron Charles de　孟德斯鳩（1689－1755）法國貴族和早期社會學思想家。最為人稱道的是他所著《論法的精神》（或稱《法意》，*Spirit of the Laws*, 1748）一書中所包含的大量社會探討。他所受的是自然史、生理學和法學的教育，最初引起巴黎學界名流注意的是他發表的《波斯人信札》（*Persian Letters*, 1721），從一個文化外來者的觀點考察了大家熟悉的法國風俗習慣。

《論法的精神》是規模更大和更加嚴謹的社會學研究著作。此書包括三十一卷，前後寫了二十年，其中探討了各種政府形式以及環境對社會結構、文化、商業、人口、宗教和法律的影響。

孟德斯鳩非常推崇政治自由，他認為政治自由的前提是某種

形式的多元論（pluralism）；也就是說他認爲自由取決於分配在不同集團或機構之間的權力的平衡。他是從社會的角度研究社會的法律機制的先驅者之一，因而被認爲是**法律社會學**（sociology of law）的創始人。他還提倡**經驗論**（empiricism），並且在早期描述了亞洲專制主義，這些也都是使他成名之舉。

Moore, Barrington 摩爾（1913– ） 美國社會學家和社會歷史學家。他最有影響力的著作是《獨裁制與民主政體的社會根源》（*Social Origins of Dictatorship and Democracy*）（1966）。由於社會變遷的探討在一個世紀中一直是過分概括性的功能學派和演化論派居主導地位，此書問世使歷史社會學比較學派東山再起。他的早期著作有《蘇聯的政治——權力的兩難：觀念在社會變遷中的作用》（*Soviet Politics—The Dilemma of Power: The Role of Ideas in Social Change*, 1950）和《蘇聯的恐怖與進步》（*Terror and Progress USSR*, 1954）。在這兩部書中他運用了功能學派的分析模式，說明工業化的功能需要使得實現社會主義社會的企圖受到限制。然而在《獨裁制與民主政體的根源》一書中他並不認爲現代化有一套功能要求，反而說通往現代世界有三種不同的歷史道路可循：

(a)民主與資本主義的道路，即「自下而上的革命」，其基礎是商業化的農業和強大的資產階級利益出現（如英國、法國和美國）。

(b)最終導致法西斯主義的道路，即「自上而下的革命」，其中資產階級的動力弱得多，現代化依靠傳統的統治集團以強大的政治控制力作後臺，在農業中搞勞工壓制模式的工作組織（如德國和日本）。

(c)導致共產主義革命的道路，其中由於農民的團結一致，使得農業的商業化無能爲力，求助於勞工壓制的辦法也無效（如俄國和中國）。

摩爾關於上述三條道路的結論並非全都被廣泛地接受（Smith, 1983）。他研討一般問題時精心篩選歷史資料，這一

點使許多社會學家留下了深刻的印象,而且大大地推動了歷史社會學在功能學派之後的興盛,這一點近年來看得很明顯。摩爾後來的著作都沒有能達到《社會根源》一書所達到的盛譽。然而值得注意的是他在《人類苦難的原由》(*The Causes of Human Misery*, 1978)一書中探索道德問題的結論,指明社會科學雖然能找出「社會罪惡」,但卻顯然不能找出良好社會的基礎(參見 justice 正義)。

moral career 道德經歷 在貼標籤過程中可以識別的系列表現,其中個人的身分(特別是偏差的身分)和道德狀況不斷地變化。例如在精神病人的道德經歷中[戈夫曼(Goffman):《污記》(*Stigma*, 1963)]病人先是正常的,接着陷入病態,最後不再是病人。在這個過程中,個人的全部生平記錄都可以根據上述過程中不斷加上的「道德」評價予以重新解釋。比較 degradation ceremony 貶降儀式。

moral crusade 道德重整運動 一種社會運動(social movement),例如英國人懷特豪斯(Mary Whitehouse)所建立的「全國道德監聞協會」(National Viewers' and Listeners' Association);該會的會員努力動員社會支持,以便重新強調並強制推行法律和社會制裁,來保衛一般公認的基本道德價值。這些運動所吸引的成員往往是有堅強的宗教歸屬的人,但並不全都如此。某些社會學論述指出這些運動所吸收的成員往往有特殊的人格需要(如 authoritarian personality 權威人格),但卻未發現一般的成員普遍有這種情形存在。參見 moral entrepreneurs 道德中堅;pressure group 壓力團體。

moral entrepreneurs 道德中堅 有權力制定或執行法規的社會成員[貝克(Becker)《外來者——偏差行為的社會學研究》(*Outsiders: Studies in the Sociology of Deviance*, 1963)]。在他們看來,偏差行為(deviance)是「公眾標定的錯誤行為」,必須有人喚起公眾注意這種錯誤行為。貝克認為偏差行為是一種有計劃行動的結果,因為(a)有人立法,(b)當法律訂立之

後，又有人執法；於是便可以指出違反抽象法規者並加以逮捕和定罪。貝克感興趣的是把大多數社會科學研究所強調的重點顛倒過來：大多數社會科學研究着重的是破壞法規的人，而他卻說「我們必須把偏差行為……看成為人與人互動的一種後果，這些人之中有的為了自己的利益制訂並執行逮捕他人的法規，被捕的人則為了自己的利益而作出了被認為是偏差的行為」。參見 labelling theory 標籤論；moral crusade 道德重整運動。

moral panic　道德恐慌　針對原本是比較次要的社會偏差行為（deviance）而產生的擴大和新聞媒體誇張的社會反應，如由摩登派和搖滾樂派（Mods and Rockers）而引起的社會騷亂［科恩（Cohen）：《浪蕩群與道德恐慌》（*Folk Devils and Moral Panics*, 1972）］便是其中一例。新聞媒體、警方、法庭、政府以及公眾中對某些人「標定罪名」而引起大家注意，如此過分張揚其事絕不可能導致這類行為的消滅，反而只能使之擴展。

這樣做只能樹立榜樣讓別人效法，或者把本來不會吸引多少注意的事情提出來指明為不合規範或反社會的行為，使之受到注意。有些理論家還指出道德恐慌受到政府的鼓勵，造成共同「威脅」，以便動員政治支持［霍爾等著（Hall et al.）《管治危機的警察行動》（*Policing the Crisis*, 1978）］。參見 deviance amplification 偏差行為渲染化；labelling theory 標籤論。

moral relativism　道德相對主義　見 relativism 相對主義。

moral statistics　道德統計學　一種社會數據，如法國19世紀在社會學發展成一門學科之前所收集的數據，被認為可以說明社會病態，如自殺、犯罪、非婚姻生育和離婚等。這類社會資料的收集影響了英國的社會改革家，特別是查德威克（Edwin Chadwick, 1800-1890）。參見 social reform 社會改革；official statistics 官方統計。

Moreno, Jacob　莫雷諾（1890－1974）　美籍奧地利心理學家。他創立了心理治療（psychotherapy）的早期形式──心理

劇和社會劇（psychodrama and sociodrama）──用扮演戲劇中
角色的方式將使人苦惱的情緒和人際關係表演出來。心理劇可以
在治療者和被治療者之間演出，也可以在一組參加者中讓某些人
或讓全體成員演出。對於群體角色扮演來說更常用的術語是社會
劇（參見 group therapy 團體療法）。莫雷諾還創造了社交測量
法（sociometry）。

mores　民德　任何社會或社群中被承認並被明確規定的行為方
式（W.G. Sumner, 1906）。美國社會學家孫末楠（Sumner）將
民德與民風（folkways）相對比，指出後者雖也得到社會承認，
但不像民德那樣具有根本意義，其結構也較抽象；而且違反民風
規定的人所受到的懲罰也沒有違反民德的人所受的懲罰那樣嚴
厲。

Morgan, Lewis Henry　摩根（1818 - 1881）　美國民族學家
和人類學家。他對社會學和馬克思主義的主要影響可溯源於他在
《古代社會》（*Ancient Society*, 1877）一書中對社會演化所提
出的唯物理論（見 evolutionary theory 演化論）。

　　摩根在民族誌（ethnography）方面的初次嘗試是他關於易
洛魁人（the Iroquois）的詳細調查，其結果直到1891年他死後
才發表。摩根對易洛魁人獨具特色的親族分類法感到特別，因而
提出假說，認為探討外地的類似體系可能找出美洲土人的原居
地。這一假說導致了一次規模巨大的研究工作。摩根認為所得結
果證明印第安部族是從亞洲來的，這一結論發表在1871年出版的
《人類家族的血親和姻親制度》（*Systems of Consanguinity
and Affinity of the Human Family*）。

　　摩根對親屬關係（kinship）稱謂的分析顯示有一個演化過
程存在，家庭關係從最初的雜交一直發展到所謂的「文明社會」
的一夫一妻制。後來摩根將一般社會發展的過程做了更加系統化
的整理，結果就是他最著名的著作《古代社會》。書中對於兩種
研究社會變遷（social change）的方法做了探討：一種是唯心論
（idealism）的方法，另一種是唯物論的方法。根據前一種方

法，社會制度的發展反映了人類理念積累的變化；根據後一種方法，人類文化（culture）的演化反映人們日益增進其對自然的控制程度。在這種方式下，人類社會經過了三個基本階段：即**蒙昧狀態**（savagery）、**野蠻狀態**（barbarism）和**文明狀態**（civilization）。

摩根在探討這些理念時，援引了大量民族誌的材料，從澳大利亞土著民族的材料，到古希臘與羅馬社會的材料無所不包。摩根認為人類日益增進其對物質生活資源生產的控制這一事實有推動社會演化的作用，他的這種看法和馬克思與恩格斯所提出的唯物主義歷史觀產生強烈共鳴。在摩根看來，財產權的歷史和文化的演化無可擺脫地交織在一起，而且現代社會的財富集中妨礙了社會秩序向更加公平的狀況發展。因此《古代社會》一書成了建立馬克思主義思想過程中的經典著作是不足以為奇的。馬克思本計劃寫一篇評述摩根的文章，但是一直未曾寫出。恩格斯在《家庭、私有制和國家的起源》（ *The Origin of the Family, Private Property and the State*, 1884）一書中確認摩根獨立地表述了歷史唯物論。

摩根還是人類學的奠基人之一，而且他和泰勒（Tylor）及**史賓塞**（Spencer）同為19世紀偉大的演化體系理論家。

Mosca, Gaetano 莫斯卡（1858-1941） 義大利政治學家和政治家，一般都把他和**巴烈圖**（Pareto）和**米歇爾斯**（Michels）推為**精英論**（elite theory）的創始人。在莫斯卡看來，社會始終包含着兩個階級，即統治階級和被統治階級。他和巴烈圖不斷爭精英論的創始權，他們兩人都認為圍繞着統治權所提出的種種解說（political formulae 政治公式），都只不過是一層單薄的表面裝飾，為政治權力作辯護和掩護。他承認以「自由主義」原則為導引的政治制度（具有民選的領袖）與專制的政治制度之間存在着區別。他所否定的是具有民選領袖的政治制度（包括為政治精英提供新進成員的辦法）意味着「民治」（government by the people）或「多數統治」（majority rule）。同樣

的道理，雖然各階級可以在政府中有代表權，但決不可能由整個階級進行統治，而馬克思提出的「無階級社會」（classless society）更不可能會存在。莫斯卡最出名的著作是《政治學要素》（*Elementi di scienza politica*, 1896），在後來的版本中作了種種修改，1939年被譯成《統治階級》（*The Ruling Class*）出版。如果把莫斯卡看成是獨裁政治的鼓吹者便是錯誤的看法，其實他喜愛的是特種形式的代議制民主政體。他的理論可以看做是現代有影響的**民主精英論**（democratic elitism）的先驅，它還頌揚了代議制精英論，並且貶斥**參與式民主**（participatory democracy）及馬克思主義為不切實際的幻想。

multiculturalism　多元文化論　承認並提倡文化多元論是許多社會特點的論點。與現代社會中文化統一和文化普遍化的趨勢相反，多元文化論者贊揚文化的多樣性（如少數民族語言）並設法加以保護。同時這種理論也注意少數民族文化與主流文化間存在着不平等的關係。土著文化或移民文化的許多特色遭受幾十年的迫害之後，現在得到了國際公衆輿論和聯合國等國際機構的支持和贊助。

multidimensional analysis of social stratification　社會階層化的多元分析　一種**社會階層化**（social stratification）和**階級**（class）的研究方法，強調個人或某一類個人的**社會經濟地位**（socioeconomic status）或**階級定位**（class location）的多重決定因素的重要性。一般認為這種觀點是從**韋伯**（Weber）反對馬克思（Marx）關於社會階層化和階級的研究方法演化出來的（見 class, status and party **階級、身分和政黨**）。在這些方面最有影響的說法是**洛克伍**（Lockwood）關於黑上衣工人（blackcoated workers）的階級定位的分析，他在分析中提出三個不同的面向，即：**市場情境**（market situation）、**工作情境**（work situation）和**身分情境**（status situation）。多方面情境對於階層化的重要性以及這些情境對**階級意識**（class consciousness）的影響在**富裕工人**（affluent worker）研究中也具有重要的意義。

在這方面洛克伍和戈德索普（Goldthorpe）是主要研究者。最近還有人提出橫貫傳統階級定位的部門利益（見 sectoral cleavages **部門劃分**）。

上述社會階層化的多方面情境可以看作是破壞了更加單一的「階級」概念，特別是破壞了馬克思主義的概念，但這種說法並不是決定性的。馬克思主義理論分析涉及多元分析的例子包括**強調矛盾的階級定位**（contradictory class locations）的論點（參見 intermediate classes or intermediate strata **中介階級或中介階層**）。馬克思主義與非馬克思主義理論之間的關鍵性區別在於多元分析的最終含義是什麼。例如進行這種分析時是否事先假定客觀的經濟利益從長遠看會決定階級關係和階級衝突。參見 status consistency and inconsistency **地位一致和不一致**。

multivariate analysis　多元分析　從若干不同的**變數**（variables）取得的數據分析。例如關於住宅狀況的研究，可以根據所研究的人口的年齡、收入和家庭規模等「變數」取得資料。分析這些資料便可考察每一種變數的影響，也看出各變數之間的相互影響。

可供使用的多元分析方法不止一種，但大多數方法都要以某種方式簡化資料，以便弄清各變數之間的關係。方法的選擇取決於資料的性質、問題的類型和分析的目標等。**因素分析**（factor analysis）和主要的成分分析是探索性的分析法，用來發現新的潛在變數。類聚分析（cluster analysis）所要找出的是個別物體的自然分群。其他方法如多元**迴歸分析**（regression analysis）則是通過兩個以上獨立變數的變化來解釋某一個變數的變化。變異數的多元分析是變異數單元分析的發展，有多個自變數存在時使用這種方法，如上面所舉的例子。用多元方法分析類型資料的例子有**對數線性分析**（log-linear analysis）。

multiversity　多科大學　美國教育家克爾（C. Kerr, 1982）關於多中心與多功能高等教育機構的概念，其中包括各種不同的水平和各種不同的安排，如精英與大衆、職業與非職業等。克爾預

計這種學府將逐步代替更加單一化的傳統大學。

mutual knowledge 相互認知　「一般社會行為者與社會學觀察者共有的」了解，為的是知道怎樣在不同形式的社會生活中過活，並提供必要的前提「以便獲得社會行動的真實敘述」（Giddens 紀登斯，1984）。參見 double hermeneutic 雙重詮釋；postulate of adequacy 適切性設定。

myths and mythologies 神話與神話學　宗教的或神聖的傳說，內容涉及世界的起源或創造、神、某個民族或某社會等。這類傳說在無文字社會裡作為口頭傳說的一部分具有特別重要的意義，有時在**儀式**（rituals）中表演出來。

　　神話學由於以下幾種原因對於人類學家具有重要意義：

　　(a)作為無文字記載社會的半歷史性資料來源；

　　(b)作為一個社會中心價值觀的典範表現；

　　(c)長期存在的心理與社會壓力的濃厚象徵暗喻的表達，如有關伊底帕斯（Oedipus）的神話傳說；

　　(d)通過神話傳說的邏輯，表現人類心理的普遍結構[如**李維史陀**（Lévi-Strauss）的著作]。此一方面近來引起了極大的注意，並且引起了很多爭論。

　　用李維史陀的結構學派研究方法，在神話中可以看出普遍反覆出現的「雙元對立」（binary oppositions），如自然界與人類文化的對立、男性與女性的對立、友誼與敵對的對立等等。李維史陀援引牟斯（Mauss）的話說：「人類通過象徵互相溝通，……但只有當他們具有相同的本能時，才能具有這些象徵並以之相溝通。」李維史陀認為神話的功能在於為具體社會所採取的各種雙元對立之具體結合方式提供辯解。然而李維史陀更感興趣的是古往今來各種文化中神話學的複雜變化形式。例如他在分析具體社會時，在分析神話結構化現實的方式時，在探討神話怎樣說明「原始社會的普遍邏輯」時，都涉及這種複雜的轉換。對於李維史陀的結構學派神話分析有一種主要的反對意見認為神話普遍邏輯的詮釋有許多是武斷的，從而是為其他解釋開了後門，在這

種情形下便很難看清怎樣才能超越這些「可能的」詮釋（Leach, 1970）。

N

naive falsificationism　素樸證偽主義　見 falsificationism 證偽主義。

National Deviancy Conference　全國偏差行為討論會　指二十世紀60年代後期和70年代一些英國社會學家，其共同興趣是重建「傳統」的犯罪學和偏差行為（deviance）社會學。科恩（Cohen）作為該團體的倡議者之一，於1981年總結出該團體（NDC）的主要議題有四點：

　　(a)強調犯罪學的社會學面向，並將其課題融入主流社會學的旨趣中；

　　(b)以更富於結構意識和政治意識的方式來擴展標籤論（labelling theory）和整體社會反應（societal reaction）理論的洞識；

　　(c)強調偏差行為者本人的理解和意義的重要性。

　　(d)承認對偏差行為及犯罪的定義和研究均具有政治性。

　　如科恩所說，名稱欠妥的 NDC 在發展新研究方法去研究偏差行為［有時候稱為激進偏差行為理論（radical deviancy theory）］時來說是一個重要的機構，並且也為一些研究奠定基礎，例如批判的犯罪學（critical criminology）與稍後的受害學（victimology）研究以及用激進的研究方法研究社會工作的理論和實踐（見 radical social work 激進社會工作）。該團體強調批判性和政治性在當初是甚得其時的，後來由於外界政治現實發生變化，而該團體內部又發生理論分歧，於是 NDC 分裂了。

National Health Service（NHS）　國民保健署　英國政府

446

爲所有公民提供的保健服務系統。1948年，在公共保健改革推行一百餘年之後，於第一部公共保健法（Public Health Act）頒布一百周年之際，英國國民保健署成立。它在英國社會中具有突出地位，因爲(a)它具有最大的社會福利受益人群，原因是它爲各種年齡的人提供保健服務；(b)國民保健比任何由於1942年貝弗利報告書（Beveridge Report）而成立的機構，更加地體現了福利原則——保健服務作爲一種社會服務，而不作爲商品提供。保健署由於有關國家與個人責任的新右派（New Right）理論而成爲政治爭論的問題。此外，在英國醫學界的權力以及疾病與健康的本質問題上，它也成爲學術界的論題。

國民保健署的成立是爲了對身心疾病提供最全面的醫療與預防服務。在保健服務上，病人根據醫生診斷出的需要而得到這種服務是不收費的。享受保健服務資格的家庭經濟狀況調查原則被取消，這種服務的經費主要由保險收入及稅收支付。創立該署人士相信該署會掃除疾病的根源，充分就業與福利國家的其他部門結合起來將帶來更高水平的健康狀況，從長遠說來可使保健服務的需要減少。

但上述情形並沒有出現。由於費用上漲，對保健的期望發生變化，疾病的類型發生變化，人口狀況發生變化，與階級相關的疾病持續地發生，凡此種種使得對保健的需要維持在高水平上。提供保健服務的安排使得急性病治療部門、醫院部門和干預的部門占了便宜，而使得社區、老年和病殘部門吃了虧。加納（Garner）於1979年指出這是「沒有希望、沒有權力」的範例。這些可憐的病人本身沒有權力，也沒有醫學界的權要人物爲他們撐腰。他們的境狀與其說是需要治療，不如說是需要照顧。在醫療行業中要取得成功與高技術水平的醫學是分不開的，上述條件無多大希望取得科學上的進展或突破，因此對於雄心勃勃的醫生來說是沒有吸引力的。

在英國，醫療職業的發展與國民保健署的歷史是不可分的，因爲醫療職業保證了醫務的壟斷，並取得以下幾種專業權利：

⒜在國民保健服務外，爲私人醫療保健訂立合同的權利。

⒝在國民保健服務管轄範圍外，建立實習醫院的獨立權。

⒞個人開業醫師者有爲他們自己認爲合適的治療、開處方的權利（臨床自主權）。

⒟付費與管理的系統確定了醫院醫師和一般開業醫師者、諮商者及醫療界其他人員之間的身分差別。

在二十世紀90年代早期，國民保健署由於認識到對它那有限的資源的需求日益增加，因而進行改革，開始採用市場標準。但這一點激起了很大的反對，因爲這種辦法顯然與國民保健署創辦宗旨相矛盾。

nation-state　民族國家　現代形式的**國家**（state），具有明確劃分的邊界，在此邊界內國家與社會的疆界是一致的，也就是說國家領土主權與文化、語言及民族的劃分恰好符合。在這種情形下，這些現代國家的形式和大多數早期興盛的國家形式（如前工業化帝國）形成了對比，後者往往缺乏行政力量或其他資源來實行這種文化整合。

根據紀登斯（Giddens, 1985）的說法，現代民族國家是「用邊界圍成的權力容器」，其中所包括的強大行政權力比傳統國家大得多，這是它們的關鍵性特點。此外，這些現代國家也是由具有類似結構的國家所共同組成的**民族國家體系**（nation－state system）中的一部分，在這體系中：⒜**戰爭**（warfare）以及戰爭的準備在其中有根本的建構國家的作用；⒝提供了一種模型，爲所有後進的現代國家（如亞洲與非洲）鋪路。近年來，社會學家往往更加強調國家在改造傳統世界方面的作用，有時甚至賦予政治制度一種超過經濟制度的自主性。

nation-state system　民族國家體系　現代世界在疆域上劃分成「民族的政治共同體」（national political communities）（或**民族國家** nation－state）的網絡，用以代替已往由簡單社會和帝國體系所組成的舊模式。這種世界範圍的現代民族國家體系〔起源於與**專制主義**（absolutism）相關而發展起來的西歐國家體

系] 有多種決定性的含義，其中最重要的是戰爭（ warfare ）或戰爭的威脅在形塑現代世界方面具有關鍵性的作用。

naturalistic research methods　自然主義研究法　一種社會研究法，強調在自然發生的環境中研究社會生活的重要性。

natural law　自然法　見 natural rights and natural law 自然權利與自然法。

natural rights and natural law　自然權利與自然法　① 原先是一種道德和政治哲學的理論，認爲正確的行爲準則可以經由對上帝所創造的人類本質進行理性的探討而被發現。對於洛克（ Locke ）這類的政治理論家來說，自然法便是上帝的誡律。依據自然法，人們對完成義務所需要的手段衍生權利。② 所有的人因共同的人性而擁有的權利。在這種意義下，自然權利現在仍然可以作爲規範理論的基礎提出，但目前通常將它和它原有的宗教基礎分開，不過認爲自然權利仍是（或者應當是）不言自明的，並且爲政治權利與法律權利的一切評價提供了一個標準的想法，仍然在政治論述中具有強大的力量。

　　作爲上帝誡律的自然法與自然權利之間的關聯，在美國獨立宣言中是一個強有力的成份。此後關於權利的說法逐漸脫離其自然法的背景，而自法國大革命以來便進入所謂的「人權」範疇。到二十世紀，又對原來的權利加上了一系列經濟的和社會的權利（見 citizen rights 公民權利）；現在「自然權利」和「自然法」的原來含義已較少見，在日常的政治論述中則已根本消失。

nature-nurture debate　先天後天之爭　關於人類行爲的爭論：人類行爲究竟是遺傳和內在因素（自然條件）所造成的結果，還是決定於環境或學習（人爲條件）。對兩者的貢獻進行評估相當困難，因爲兩者一直彼此互動。從歷史上看來，爭論雙方各有其支持者：先天論者（ nativists ）相信遺傳有決定作用，經驗論者則相信環境有主導作用。

Naturwissenschaften　自然科學　見 Geisteswissenschaften

and Naturwissenschaften 精神科學與自然科學。

need 需要 ①人類維持生命所必不可少的基本要求。「需要」一詞根據其用法的不同而有不同的定義：馬斯洛（Maslow）於1954年提出一個需要層次（hierarchy of needs）模式，最低層次是對食物、安全和居處等的生理需要，高一級層次是對歸屬感、讚譽和愛的心理需要，最後是自我實現的需要。只有生理需要對於維持生命來說是不可或缺的，馬斯洛認為只有滿足了這些需要才能談得到高層需要的滿足。有些社會學家指出人類需要的存在代表著維持社會生存所必需的普遍功能性先決條件（functional prerequisites）是可以確認的。這兩種需要的看法都涉及人和社會的系統模式（見 systems theory 系統論）。②指任何得自於社會的個人驅力（personality need 人格需要），例如成就動機（achievement motivation）。③在基本需要（basic needs）和感受需要（felt needs）之間可以作出區別。在經濟學方面，需求（wants）一詞可以用來指心理與社會的「感受需要」，也可以指刺激這種感覺的貨物。

許多社會學家都對定義①的需要感到不滿，他們說人類的需要不是普遍存在的，而是社會造成的。儘管如此，關於人類需要的概念並不只限於心理學或功能派社會學。法蘭克福新馬克思主義社會學派（如Marcuse 馬庫色）曾提到資本主義社會所造成的「虛假需要」，就蘊含着人類「需要」的存在。關於「絕對」貧困與「相對」貧困的概念也取決於心理與社會需要的概念。然而一般說來，「需要」一詞在社會學中運用時並不十分嚴格。

negantropy 負熵 見 systems theory 系統論。

negation 否定 ①（邏輯 logic）否定另一命題的命題，只有在另一命題是假命題時它本身才是真命題。②（馬克思主義）指辯證過程中否定前一階段或環節的階段或環節，此種否定導致最終的解決（「否定的否定」）。在法蘭克福批判理論學派（Frankfurt school of critical theory）成員的著作中［特別是阿多諾（Adorno）的《否定性辯證法》（*Negative Dialectics*,

1973）］，否定性被表達爲是所有固定範疇的對立面，也是「管理化的世界」的對立面，這兩者是正統的馬克思主義和實證論（positivism）所導致的。

negative feedback　負反饋　見 systems theory 系統論。

negotiated order　協商的秩序　組織研究方面一個有影響力的概念，認爲社會秩序是個人之間與群體之間進行協商而冒現的結果（如開會、討價還價、做出安排、互相妥協、達成協議等）。社會秩序並非一成不變，而是可以通過上述的協商過程作出修改和重新改組。參見 organization theory 組織理論。

negritude　黑人文化復興運動　二十世紀30年代發起的一種文化政治運動，主張重新發現古非洲的價值觀和思想模式，藉以發展黑人對自身傳統的驕傲感和尊嚴感。這一運動原先所涉及的是針對西方世界的藝術與文化的批判，後來在桑戈爾（Leopold Senghor）（塞內加爾總統兼詩人）的影響下發展成爲更具政治意義的綱領。黑人文化復興的目標是喚起全世界黑人的覺醒。

neo-evolutionism　新演化論　20世紀中葉出現的一派理論，企圖重新恢復社會變遷（social change）的演化論解釋。（見 Darwin 達爾文；evolutionary theory 演化論）。

帕森思（Parsons）在其著作中（1964，1966，1971）對新演化論作出最爲複雜的理論表述。他這幾部書的主要內容呈現出系統的嘗試，用以證明功能論（functionalism）學說可以對社會變遷提出適切的闡述，而且新演化論的理論可以克服開創者的缺點。十九世紀的演化論在三個主要問題上遇到困難：(1)它作出了單向發展（見 unilinear 單線發展）的假定；(2)它未能適切說明在簡單社會與複雜社會之間的中間階段的發展；(3)對進步抱有道德說教性和種族中心論的觀點。

新演化論中討論單線發展問題時，將一般（general）的發展過程和任何特定（specific）社會的具體發展過程作了區別。前者的內容是不同社會在不同時期內所達成的文化、制度或結構

上的關鍵性突破（如語言、文字、法律制度、貨幣、市場、科層制和階層化等方面的突破）。帕森思把這些突破稱之為**演化普遍模式**（evolutionary universals），並且在他的研究方法中具有關鍵性的作用，因為所謂的演化「普遍模式」強化了**社會分化**（social differentiation）（**參見** functional prerequisites **功能性先決條件**；functional imperatives **功能性規則**），從而強化了「社會的總適應能力」。演化普遍模式既然能從一個社會被另一個社會借用或散布到另一個社會中去，因而任何特定社會的具體演化道路不一定遵循一般的演化道路。

上述概念使帕森思能夠面對怎樣描繪社會發展的中間階段的問題。簡單說來，中間階段是用所達到的結構分化程度和所採取的整合性解決方法（見 integration **整合**）來描繪的。實際上，中間階段相當於所納入的演化普遍模式的數目和種類。帕森思指出一般演化過程有五個不同的階段，其中每一個階段都有存在過的或正存在的社會提供例證。（先進工業主義）演化的最後階段是演化過程的終點，也是現在所有尚未實現工業化社會的前景。

最後一個問題（即怎樣為演化過程作出價值不涉入的定義）應該如何解決，到此便很清楚了。在帕森思的理論體系中，進步的概念被化約成可以用經驗說明的「總適應能力」這一概念。其他的新演化論者，例如人類學家沙林斯和塞維斯（Sahlins and Service, 1960）也採取了帕森斯的策略，運用可通過經驗識別的標準。然而他們並沒有依賴「演化普遍模式」這個概念，而是指出演化的進程可以用各個社會開發能源的效率來衡量；這種效率又和一個社會擺脫環境因素取得自主的程度有關，而且和它置換並取代較不先進社會的能力有關。

帕森思明確表示（1964）新演化論對於第三世界的發展政策具有巨大的意義。正是在這一議題上，他的理論的大部分缺點才暴露出來。**法蘭克**（Frank）在一次著名的論戰（1969）之中指出，帕森思等人的新演化論或羅斯托（Rostow, 1960）所提出的新演化論經濟學說都有一個缺陷，即對發展與低度發展之間的歷

史聯繫缺乏認識；也就是說第一世界的發展導致了第三世界的低度發展，並且繼續使之保持下去。第三世界雖然幾百年以來一直目睹西方世界所擴散的演化普遍模式，並且目睹「成就」（achievement）與「普救論」（universalism）的價值觀（支持着成功的工業社會中角色關係模式的價值觀），但他們依然要繼續面對發展問題。

帕森思是否實際上提出了價值不涉入的社會變遷理論，這是值得懷疑的，甚至他有沒有這個意圖也是值得懷疑的。他仍然用西方的觀念來看待發展。新演化論對於第三世界有意於發展的國家所具有的含義可以清楚地說明上一問題，對於已發展的共產主義世界所具有的含義更加能說明上一問題。帕森思的演化普遍模式中最關鍵性的是「民主結社」，其含義是使權力（power）和科層機構分家。像蘇聯那種缺乏這一政治綜合結構的工業社會便被認為是偏差的或病態的發展。於是帕森思的理論便可以便於為民主強權介入第三世界事務提供理論根據，以免第三世界受到共產主義運動奪取國家控制權的威脅。葛耳納（Gellner, 1964）、巴柏（Popper, 1957）和本迪克斯（Bendix, 1970）等人的著作，都對批評新演化論作出了更進一步的重要貢獻。參看 evolutionary sociology 演化論社會學。

neo-Freudians　新佛洛依德學派　佛洛依德（Freud）的追隨者，他們修改了佛洛依德的理論，將這種學說的概念加以深化和澄清，並根據他們做為心理分析家的經驗予以進一步發展。

這些理論家強調社會和文化對人格（personality）的影響，並貶低生物學因素的作用。他們認為佛洛依德理論的某些部分，例如強調本能的作用，特別是強調性本能具有中心地位的作用這種說法是過時的。他們一般都沒有發現任何證據能證明伊底帕斯（Oedipus）情結的存在，也沒有證據能證明隱含於其中的女性自卑情結，除非是作為文化力的制約的結果才能證明其存在。精神官能症（neurosis）被看作是有問題的人際關係的產物，而健康的人格也被認為是社會產物。

新佛洛依德派中最有影響的人物有**佛洛姆**（E. Fromm）、**埃里克森**（E. Erikson）、**榮格**（Carl Jung）、**霍尼**（K. Horney）、**沙利文**（H.S. Sullivan）、**阿德勒**（A. Adler）和**拉帕波特**（D. Rapaport）等人。他們雖然都可以被看成是人本主義者（humanistic），但他們的理論卻都具有個人的特色，上述一般論點在他們個人對佛洛依德理論的修正中各以不同形式存在。

neo-Kantian　新康德主義　19世紀後期和20世紀初試圖回歸**康德**（Kant）理論的德國社會哲學運動。新康德主義承認(a)客觀的（或互為主觀的）現象領域（自然科學）和(b)社會領域，人類行動（action）與價值的領域。在19世紀90年代的**方法論論戰**（Methodenstreit）中，**李克特**（Rickert）和**文德班**（Windelband）在以下幾方面有特殊的影響：(1)重新提出心智和心理**範疇**（categories）形塑了我們對外在世界的感知；(2)強調歷史及文化科學（關心獨特的性質）與自然科學之間的區別；(3)強調歷史及文化科學需要一種方法，承認其主題的特殊性和價值相關性。他們指出任何有關社會界的分析和描述不是用普遍範疇來解釋現實就是用相關的價值來解釋現實，因此必然是一種簡化。這種思想方式影響了**齊默爾**（Simmel）和**韋伯**（Weber）。參見 idiographic and nomothetic **特殊規律研究和一般規律研究**。

neo-Machiavellians　新馬基維利派　這個詞有時用來指一批政治社會學家和政治理論家，特指**巴烈圖**（Pareto）、**莫斯卡**（Mosca）和**米歇爾斯**（Michels）。他們的分析方法也像馬基維利那樣，以政治權力的「現實主義」分析（如強調精英的作用）自詡。參見 elite **精英**；elite theory **精英論**。

neo-Marxist　新馬克思主義　指新近出現的理論家和理論，他們以馬克思的思想或馬克思主義的傳統為依據，同時又對其加以修改或重定其方向，例如**沙特**（Sartre）的存在主義的馬克思主義或**哈伯瑪斯**（Habermas）的批判理論。

network theory　網路理論　**杜衡**（Duhem, 1861-1916）及赫

西（Mary Hesse, 1980）提出的一種科學哲學理論，其宗旨認爲評價科學陳述不能脫離敘述這種陳述所用的概念與理論的整體架構。

neutralization of deviance　偏差行爲的淡化　偏差行爲者（見 deviance 偏差行爲）爲其本身的行爲作出合理化的自圓其說，借以淡化其行爲，或者把它說成是有道理的。見 delinquent drift 青少年犯罪漂向。

new class　新階級　首先由南斯拉夫異議作家吉拉斯（Djilas）於1957年提出的概念，認爲東歐社會不但沒有推翻階級統治，事實上反而由黨的科層成員組成的新支配階級進行統治。

近來高德納（Gouldner, 1979）將這一概念加以普遍化，指出儘管馬克思的假設不同，但任何革命中的下層階級從來不曾當權。而且在將來也很可能永遠不可能當權，高德納爲「新階級」在現代社會中出現的形式找出了五種理論形式：

(a)「溫和的民主主義者」和經理人員所組成的新階級，例如蓋伯瑞（Galbraith）、貝爾（Bell）的理論及伯爾（Berle）和米恩斯（Means）的理論（1932）。

(b)作爲「主人階級」的新階級，不過是「歷史上精英長久不斷循環中的一個新環節」，而且仍然是剝削性的，例如巴枯寧（Bakunin）的看法。

(c)作爲「舊階級的同盟者」的新階級；在這種意義下，新階級被看成是「忠心耿耿的專業人員」，他們把舊的金錢階級提升到具有「集體性取向」的新觀點（如 Parsons 帕森思）。

(d)作爲當「權力的僕人」的新階級；在這種意義下，金錢階級或者資產階級還是和往常一樣當權［例如喬姆斯基（Chomsky, 1969）與蔡特林（Zeitlin, 1977）的理論］。

(e)作爲「有缺陷的普遍階級」的新階級（高德納自己的看法）；認爲新階級仍然是「謀求私利」的階級，而且無法掌握他們自己的工作情境，但這卻是「目前歷史發給我們來打的最好的一張牌」。

高德納指出第五種意義下的新階級正在發展，比喬姆斯基所說的階級更有力量，也更富獨立性，但比蓋伯瑞所說的階級力量小一些。

new deviancy theory　新偏差行爲論　關於偏差行爲（deviance）的激進研究法，爲不同於實證論研究法的另一種研究方法。實證論研究法認爲偏差行爲的生物、生理、心理或社會等決定因素可以用科學的方法加以確定，而且科學的研究法必須有客觀的和非政治的立場。相對於這種決定論的觀點，新偏差行爲論強調一種互動論者的方法，認爲理解偏差行爲者的意義（meanings）以及偏差行爲的社會建構更重要。新偏差行爲論者有一個共同的理論出發點是貼標籤（labelling），強調偏差行爲的決定因素是整體社會反應（societal reaction）而不是人的本性。

新偏差行爲論出現於本世紀60年代晚期和70年代初，這些理論家認爲理解偏差行爲的政治含義是關鍵性的問題，也必須把研究者的政治立場弄清楚。新偏差行爲論的主要政治觀點是自由意志論者（libertarian）的觀點，因而也就是反權威的觀點。這些理論家的典型作法是「站在行爲偏差者一邊」，反對各種各樣的「反動力量」，諸如家庭、警察當局、法庭、監獄和國家等。這種政治立場有幾種後果：一是強調社會控制有破壞作用，例如他們對監獄的看法是強調監禁的虐待作用，並強調監禁不能威懾犯罪者。他們關注的其他典型領域還有所謂的「軟性」毒品的服用者（Young, 1971）以及「少年流氓」（young hooligans）的大衆迷思（Cohen, 1971）等等。如同楊（Young）後來承認，他們往往討論比較容易的問題而忽視了犯罪行爲對婦女、黑人和工人階級等的破壞作用。儘管有這些問題存在，新偏差行爲論對後來的犯罪學研究的發展還是極有影響的。楊在1988年著作中對此做了總結；對於不同發展路線的論述，見於科恩（Cohen, 1988）出版的論文選集。參見 National Deviancy Conference 全國偏差行爲討論會。

new international division of labour（NIDL）　新國際分

工 某些製造業向第三世界轉移的世界經濟變化。福祿培爾等人（Frobel et al., 1980）對這一過程作了最系統的分析，他們說本世紀70年代交通電信的變化，加上大多數先進資本主義工業化國家的經濟成長和獲利能力都已減慢，因而使得製造業設置在第三世界有利可圖。最常見的情形是紡織業和電器產品的組裝過程都由跨國公司遷移到勞動力便宜並且在政治上受壓制的國家中去。這類工廠大都設立在進出口貿易無關稅、也沒有其它阻礙的自由貿易區。幾乎所有的產品都出口，因而出現了世界市場的工廠（World Market Factories）和出口導向的工業化（export-oriented industrialization）等名詞。

生產過程以及交通電信及運輸的變化，意味着大企業可以運用先進國家的技術工和熟練工，並在其他地區運用非熟練的、低工資的勞工來執行例行的生產過程。任何產品都可以由幾個不同國家製造的零件拼裝而成。

這個名詞已被更廣泛地來用來說明貧窮國家製造業是如何出現，但是福祿培爾等人所提供的分析只能說明局部的情形。如詹金斯（Jenkins, 1984, 1986）中肯地論證道，第三世界的工業化過程是更加複雜多變的。比如說拉丁美洲的製造能力便很少出現在世界市場的工廠裡或自由貿易區中，而東南亞國家的工業化大部分是當地人所擁有的企業所完成，所從事的工作範圍也不只是簡單的裝配過程。不過某些第三世界的貧窮小國只能有這種裝配式的製造業，這一點依然是事實。新近出現的變化，例如紡織生產的電腦化，可能導致這種過程的逆轉，使得這類生產移回工業化國家。

New Left 新左派 自1950年代開始出現於英國和美國的一個組織鬆散的知識份子運動。他們親近馬克思主義並且倡導社會主義。新左派傾向批判蘇維埃政權，也和僵化的馬克思主義分析方法保持距離。1956年蘇聯鎮壓匈牙利革命是一個重要的轉捩點，在此事件之後，許多未來新左派的成員離開了共產黨。同時馬克思較「人道主義」的作品被翻譯出來且更普遍地被閱讀這一點也

很重要。英國許多知識份子的領袖都和這運動有關,包括歷史學者湯普森(Edward Thompson)及安德森(Perry Anderson),文化學者威廉士(Raymond Williams)與社會學家霍爾(Stuart Hall),新左派運動主要的理論性期刊是《新左派評論》(*New Left Review*)。

　　廣義上,新左派也包含其他一些激進的社會與政治運動,如裁減核武運動(Campaign for Nuclear Disarmament)和女性主義運動。在美國,也把民權運動及反越戰運動算為新左派的一部分。雖然偶而新左派會與托洛斯基派或毛派的政治組織有所牽聯,但基本上新左派與「老左派」不同,也與城市恐怖主義運動不同。

　　值得注意的是很多新左派的激進思想一開始只能存在於學術圈的外圍或是學術圈的邊緣地帶,但幾年來已成為社會科學論述的學術主流的一部分[見(cultural studies)文化研究]。80年代起,英美兩地的新左派遭遇新右派(New Right)的抗衡,新右派立足於一些研究機構,如亞當·斯密研究會(Adam Smith Insitute)、政策研究中心(Centre for Policy Studies)以及《沙力斯伯里評論》(*Salisbury Review*)等刊物。可是新右派的研究成果在社會學內仍未取得像新左派同樣豐盛的成果。

new middle class　新中產階級　見 contradictory class locations 矛盾的階級定位。

new petty bourgeoisie　新小資產階級　監督人員和腦力勞動者(如許多辦公室工作人員)所形成的階級範疇,根據新馬克思主義者波蘭札斯(Poulantazas, 1975)等人的看法,這類人應列於工人階級之外(縱使他們有時也生產剩餘價值),但不能看作是傳統的資產階級的一部分,因為他們不擁有、也不控制生產工具。在波蘭札斯看來,這類工人往往對工人階級抱敵視態度,而且也和傳統的小資產階級一樣,被夾在勞工與資本之間。參見 intermediate classes 中介階級;contradictory class locations 矛盾的階級定位。

New Right　新右派　這名詞指那些提倡自由市場、反福利主義、自由主義式政策的意識形態及團體，雖然有時也倡導威權主義的社會政策。

　　許多學者質疑是否真的有新右派的存在，或者它只是老右派重申它的優勢。這在英國是個事實，如新右派主要的研究體系就命名為亞當・斯密研究會，並且一些新右派成員還呼籲回到「維多利亞時代的價值觀」。

　　可是就另一重要的意義來說，新右派真的是新的。新右派的出現標示出與戰後經濟、與社會福利共識上的徹底決裂，激進右派的基本論調為平等主義和均等分配社會資源已使社會發展的方向偏離了個人自由、經濟成長及利潤極大化的目標。

　　在此激進右派有幾個主要價值觀是可以辨明的：

(a)強調「自由市場」理論與「縮減」國家的範疇，尤其是**福利國家**（welfare state）。

(b)聲稱市場分配的報酬及刺激所產生的效率，高於任何科層式計畫所能達到的效率，新右派主要的意識形態來源之一是海耶克（Hayek）1944年的著作，書中認為任何層次的國家計畫經濟代表「邁向奴役之路」的第一步，表示這是國家妨礙了個人的創意，而創意正是社會繁榮的重要泉源。

(c)公共支出被視為寄生於創造財富的私人經濟上。高稅率用以支持公共福利方案卻降低了工作意願，亦即使財貨及服務的生產無法達到該有的狀況，因此降低了經濟成長。他們主張任何社會福利的提供都不能損害報酬體系。新右派的確把結構性的不平等當成是回報「成功」所必要的，而且也提供了創造財富所必要的誘因。

　　除了上述激進右派的主張，新右派在意識形態上的立場還有權威式右派（authoritarian right）。抱持這種思想的人大都同意自由企業的好處，但是也要求強勢國家在個人道德問題上提供導引。他們認為國家應該關心道德議題，甚至可以限制個人自由為代價。例如史古登（Roger Scruton）1986年主張為提倡「正常

的」異性戀家庭，應該支持在社會政策中進行國家干預。在權威式右派的影響下，也使人認爲以前國家干預的結果帶來範圍廣大的社會問題，如雜交、離婚及單親家庭。

一些作家已爲他們所認爲的新右派主要特性作了定義。根保（Gamble, 1985）認爲對新右派最好的定義是其非常強調以強勢的國家來維持社會上的紀律與秩序。這一點可以解釋近年來發生在英國矛盾的現象：英國政府決心降低國家的角色，但國家干預主義卻是更爲盛行而非衰減。霍爾（Hall, 1983）也定義新右派的主要特徵是它的「權威民粹主義」（authoritarian populism）。他認爲在這一點上，新右派不同於傳統的**保守主義**（conservatism），因爲它不僅不限制大衆捲入政治活動，反而利用偏見直接向大衆訴求，藉此創出一種有利保守勢力而不利於左派主張的輿論。高汀（Golding, 1983）主張新右派最大的影響力在於意識形態上。新右派成功地把自由放任的意識形態轉爲一種「常識」的想法，顯示大衆對於「福利的負擔」（welfare burden）的關心。

new technology　新技術　一定社會環境下比原先的技術更先進或更自動化的技術。這個名詞一般用來指以微電子學爲基礎的資訊與電信技術。「新技術」一詞於本世紀70年代初進入社會學詞彙。這個名詞的用法不甚嚴格，往往沒有定義，或者假定包括微電子學的各種應用技術。其他「新」技術如生物技術和光學技術，直到目前爲止還沒有引起社會學家的注意。

資訊技術的發展被某些作家稱之爲技術界重大的質的飛躍，可與機械化相比，稱之爲「資訊社會」和「第二次工業革命」是當之無愧的（Bell, 1980）。本世紀60年代對於技術的研究一般把技術變遷劃分爲三大階段，即手工業生產、機械化生產和自動化生產（見 technology 技術）。但是近年來的研究卻採用了更加複雜的分類，以便更爲精確地說明資訊技術所帶來的變化。在製造業方面有人提出**自動化**（automation）的三個大階段（Coombs, 1985）：

(a)初級機械化，指將原料轉化爲產品。

(b)次級機械化，指機器與機器之間原料輸送的機械化，例如裝配線。

(c)第三級機械化，指運用資訊技術控制並規劃整個生產過程中的製作和輸送。

因此資訊技術意味著加工技術（製造物品的方式）上很大的進步，這比產品技術（被製成品中所包含的技術）的進步更加重要。關於加工技術對於勞動和就業具有什麼意義，已在有關經濟發展和創新的研究中，以及在社會學中與在有關失業和非正規經濟（informal economy）的研究中作了探討（Pahl and Gershuny, 1979）。在服務業方面，資訊技術的引進也引起了加工技術的類似發展，其中運用新電腦和電信設備使資料的搜集、處理和檢索都自動化了（見本條末的技術名詞表）。

針對新技術的社會學研究包括新技術與就業結構及失業變化的關係，還包括它在工作場所中與工作性質及工作組織變化的關係。關於引用新技術對於整體就業水準有什麼影響的問題，有關的研究還沒有得出確定性的結論。自動化取消了製造業和服務業許多例行性工作，與此同時卻又產生了需要新技術的工作，如電腦程式設計，和需要高技術的維修工作。兩相權衡的結果說明新技術對就業和工作前景的影響是難以估計的，因爲設想新技術的影響時，不能和經營管理方面的就業方針以及其他在就業問題上造成變化的原因分開來看，後者包括國際分工、經濟衰退和商品與勞務市場等。社會學家還探討了就業類型與勞力市場的變化，例如勞工可能分裂成爲「技術贏家」的少數和「技術輸家」的多數，前者具有高度技術並享有穩定的就業機會，而後者的工作若不是簡化了操作技能就是完全被取代了。這些就業結構上的變化也揭示了階級、性別和種族方面的不平等。參見 dual labour market 雙元勞力市場。

對新技術的各種樂觀與悲觀的說法，也出現在工作品質變化的研究中。其中有一種說法發展了伍沃德（Woodward,

1970）、布勞納（Blauner, 1964）和貝爾（Bell, 1980）的觀點
（見 technology 技術），論證說新技術促使技能水平提高，並且
形成更有參與感的工作組織。反之，勞動過程理論的分析卻認為
新技術的應用造成了經營管理部門對於勞動力的控制和簡化操作
技能（deskilling）。近年來關於製造業新技術研究（Piore and
Sabel, 1984）證明新式自動化［電腦數控機床（CNC machines）
和彈性製造系統（FMS）］使得彈性的專業化（flexible special-
ization）——多技能、高可靠性工作——成為可能。這種專業化
同以早期與大規模生產相結合的生產制度作為主要特色的福特制
及泰勒制形成對照。但是出現這種新工作形式的跡象還不多，而
且只限於機器製造等部門（參見 Fordism and post-Fordism 福特
制和後福特制；scientific management 科學管理）。

應用社會學關於新技術的研究一般對技術決定論（techno-
logical determinism）持批判的態度，並且支持以人為本位的技
術研究計劃。

下面是製造業與服務業中常用的新技術術語縮寫的解釋：

ATM（自動櫃員機），商業銀行業務用。

CAD（電腦輔助設計），互動式電腦製圖、模擬和設計計
算，用以代替製圖板上工作。

CAM（電腦輔助製造），將電腦的若干應用方面結合起來
可以形成無人工廠（理論上，實際上尚未做到）。（以下還有一
些更專業的術語也包含在 CAM 範圍之內）。

CAPM（電腦輔助生產管理），擴展到倉儲與存貨管理的電
腦化。

CIM（電腦集成製造），將 CAD、CNC、FMS 等結合起來
形成自動化工廠。

CNC（電腦數控），以自身可編程式的電腦進行控制的機
床。

EDP（電子數據處理）。

EFT（電子轉帳），用於銀行業務作即時轉帳（無現金）。

EPOS（電子售貨機），逐步引入零售業，以「智慧」（smart）塑膠卡進行交易。

FMS（彈性製造系統），用於機床工業，由多個電腦數控機組、一傳輸系統和一臺控制操作程序的電腦組成。彈性指的是自動化加工過程能夠生產範圍廣泛的零件。這種自動化適用於小批量生產，而早期的自動化則適用於大規模生產。

MIS（管理資訊系統），經營管理中制定決策和財會工作所用的電腦資訊系統。

NC（數字控制），運用穿孔帶的程式化金屬切割方式，現已被更新的 CNC 技術取代。

Robots（機器人），可以完成事先規劃的連續動作的機器，目前用於較簡單的工作，如點焊或汽車製造業中的裝配工序。

new working class　新工人階級　工人階級（working class）中的一個階層，被認為在以下幾方面與傳統工人階級有區別：第一，其成員在以技術為基礎的新型工業中擔任技術人員；第二，其工會組織較富戰鬥性，且所針對的問題是權力和控制權，而不僅僅是經濟的問題。

這個名詞的上述用法是由法國著作家馬萊（Serge Mallet）於1963年創造的，後來由其他的法國著作家在不同的方式下加以採用，其中比較著名的有杜蘭和果茨（見 Mallet, 1975；Gorz, 1967；Touraine 1971）。這種說法在某些方面令人回想起布勞納（Blauner, 1964）的說法。馬萊和布勞納都認為近期技術應用於勞動的新發展具有重要的影響，但他們兩人的結論卻是完全不同的。布勞納認為現代的加工業使工人感到滿意，而且工作環境關係是和諧的。馬萊則說與舊的工人階級相比，新自動化工業中的工作情境不可避免地造成工人要求控制權，而這種要求擴散到整個工業後將導致資本主義生產關係的革命。自動化生產的性質，再加上盡量提高效率和生產率的需要，必然會出現一批訓練程度較高、能夠獨立自主，並且和企業高度結合的工人。這種共同體以及知識和權力的因素都是經營管理方面為了企業的利益

而鼓勵提倡的，這些因素必定會提高這類工人的自信心並且會使之要求「工人爲了工人自己的利益而取得企業的控制權，由此便導致新的政治覺悟……」（Mallet，1975，105頁）。

馬萊原來的論證受到批評，並且被後來的經驗研究所否定。例如尼科斯和阿姆斯壯（Nichols and Armstrong，1976）以及尼科斯和貝農（Nichols and Beynon，1977）對英國自動化企業所進行的研究說明，呆板的工作仍普遍存在，新工人階級即使在高度自動化的工廠中也仍然是少數。這些研究還說明工作組織和經營管理部門的策略仍然成功地分化着工人，並且防止工人的政治組織的發展。加利（Gallie）於1978年對這種新工人階級理論進行了一次最著名的檢驗：他研究了三家煉油廠，一家在英國、兩家在法國，發現新技術並沒有出現布勞納或馬萊所說的那種效果。相反，工人之間存在着顯著的民族差別；這種事實說明範圍廣泛的文化因素比技術更重要，而且在英國或法國都沒有發現新技術對工人取得控制權有多大幫助。參見 affluent worker 富裕工人；alienation 疏離；embourgeoisement 資產階級化。

Nietzsche, Friedrich　尼采（1844－1900）　德國十九世紀晚期的思想家。他對已經成爲西方世界常識的理性主義、人文主義和科學主義，也就是對「世界的貌似合理性」（plausibility of the world）提出了最尖銳和最令人震驚的質疑。他說這些常識的意思是這個世界的可能性與實際結果都受限制，由單獨一條客觀眞理定了條條框框，所規定的人類實踐和努力的形式在本質上都是受限制的。他認爲這類的假定是解除了人類行動的責任，並且導致充滿平庸、虛僞和失敗的大衆社會（mass society）。他藉著揭露追求知識背後所潛藏的權力慾，來挑戰客觀性的存在，並藉以說明理性主義倫理觀的貧乏及不可能性。針對這兩點他提出了藝術的開放視域，並且提出超越可能範圍的卓越和對優秀性的追求——這種追求必然會帶來競爭和精英主義。這種說法可能具有的政治含義，再加上國家社會主義宣稱與之保有的虛假聯繫，使尼采成爲各派自由主義者最常攻擊的目標，雖然常常是沒

念過他的作品。然而他的思想卻影響了許多社會學著作家,其中著名的有韋伯(Weber)和傅柯(Foucault)。

nomads and nomadism　游牧民族和游牧生活　居住地點不定、為了尋求食物或牧草而從一地遷到另一地的民族或社會,如北非沙漠的貝都因人(Bedouin)。在這種情形下,「游牧生活」一詞可以指狩獵採集者(hunter-gatherer)社會,也可以指畜牧生活(pastoralism)。

nomenklatura　人選　(蘇聯和其他東歐社會主義國家)①共產黨委員會所持的名單,從其中選定國家、黨或社會組織(如工會)的空缺職位的候選人;②擔任①所述職位的人員或是提名名單上之人,特指這些國家中任最高機構職位的人,許多觀察家認為這些人是這些國家的統治者(Voslensky,1984)。在蘇聯,直到本世紀八十年代後期,這種做法始終未被公開承認,但在開放與改革的推動下,這種做法不但得到公開討論,而且遭到猛烈的批判。在1989年政變後這種做法則已崩潰。參見 state socialist societies 國家社會主義社會。

nominalism　唯名論　(哲學)認為用於定義事物(如紅、圓)的一般分類時的普遍概念,不能被看作具有各別事物存在方式的實在性(參閱 essentialism 本質主義)。

nomothetic　一般規律研究　見 idiographic and nomothetic 特殊規律研究和一般規律研究。

nondecisions　無決定　見 power 權力;community power 社區權力。

nonliterate society　無文字社會　居民不具有書寫系統的社會。雖然這種社會通常被稱為是文明社會前的發展階段,然而這種說法往往沒有考慮到口述傳統可能具有的複雜性。長篇的神話和整套的家譜都可以用口頭相傳的方式保存下來,但訊息用文本傳布而不通過個人口語傳布無疑造成了巨大的文化變革。還有一個重要問題應該指出:在某些情況下,少數人知書識字,而多數

人則辦不到,從而產生一個有文字的書記特權階級,他們有權力為不具書寫能力的人界定身分地位。

nonparametric statistics　無參數統計學　統計學方法,用以分析定序層次和定類層次的樣本資料,這種方法不需要從抽出的樣本中預設母體的分布形狀。這種統計法往往被稱為「自由分配統計」。與**參數統計學**(parametric statistics)比較,這種統計所用的分析方法要求較鬆,所使用的公式都很簡單而且容易運用。在這方面的例子有連檢定(runs test)、符號檢定(signs test)和克雷姆五(Cramer's V)檢定等。雖然這些方法在社會學中很通用,但其缺點是定距資料降為定類資料造成了資料的浪費,並且其檢定法又不如參數檢定有檢定力(參見 significance test **顯著性檢定**)。即使如此,這類方法往往較「強」,也就是說儘管違反統計方法的假定,它們也能得出同樣的結果。因此如果與參數檢定的假定不合,採用同等的無參數檢定仍是合適的。

nonresponse　無回應　社會科學中由於被調查者未填完**問卷**(questionnaires)、拒絕接受訪問等造成的問題。無回應是社會學研究中一個常見的問題,特別是運用**郵寄問卷**(postal questionnaire)時容易發生,要是有50%以上的**回應率**(response rate)一般就認為不錯了。

　　在研究增加回應率的方法時,必須稍稍考慮一下為什麼被調查者不交回問卷。有些人是在問卷發出之前就已經死亡或遷移,另一些人乾脆就拒絕填問卷。除這兩種以及類似的原因外,問卷沒有交回的主要原因是由於遺忘和惰性。這個問題有一些方法可以使之盡量地減少:製作問卷時應該注意寫作方式,所提問題應盡量簡單且容易填寫;在說明函件中應清楚說明調查的目的,並且保證資料保密;問卷發出後幾天內,應當再發出催問卡;還應當對未作回答的人發出第二份、乃至第三份問卷副本,只要經費許可的話。此外,還可以發出問卷的簡化本,只問主要問題;這種方法也可以通過電話中執行。

　　還有一些方法可以推算出不作回答的人和作回答的人有多大

的差別。根據資料的來源,有關不回答者的資料可以編碼(見 coding 編碼),以便作出分析並將之與作回答者作比較。例如利用就業單位所取得的地址找出一批年青人進行研究時,便可以對不作回答者的情況有一個概括的了解,其中包括有關性別、年齡、考試成績、就業狀況等等。此外我們還可以根據經最後一次催問才交回問卷的被調查者和根本不交回問卷者之間,要比和較早交回問卷者,具有較多共同點的情況對答案進行加權。還有一些辦法可以利用其他資料來源(例如其他問卷調查和人口調查資料),估計全部被調查者的某些性質,然後將調查資料據此進行加權。

nonstructural social mobility　非結構性社會流動　見 social mobility 社會流動。

norm　規範　在一社會環境中管制行為的準則或法規。社會生活作為一種有秩序的並且持續的過程取決於大家共有的期待和責任感,這觀念在社會學研究中是很普遍的,不過有人強調得多一些,有人強調得少一些。根據涂爾幹(Durkheim)的理論,社會是一種道德秩序。這種看法對現代功能論(functionalism)的發展有影響,特別是對帕森思(Parsons)的著作有影響,因為帕森思將規範性秩序(normative order)概念作為社會系統(social system)的中心要素。在這裡,規範這一概念與社會化(socialization)及角色(roles)的概念有關。這些規範準則在各種層次的社會場合都很重要:從個人層次的日常生活行為(如餐桌上的禮貌或教室裡的行為準則等)到先進社會法律制度的規定。規範的概念還包含着社會控制(social control)的含義,即保證遵循規範並對偏差行為(deviance)進行制裁。

　　在其他社會學研究法中,對於社會秩序問題的研究有種種不同的方式:某一些研究方法強調的重點是規則(rules)而不是規範;另一些研究方法更強調權力(power)和強制。

normal distribution　常態分配　指隨機變數(random variable)的連續性分布,其平均數、中位數和衆數是相等的(見

measures of central tendency 集中趨勢的測量）。因此常態分配曲線是對稱的鐘形曲線，如圖20所示。參見 probability 機率。參數統計學（parametric statistics）假定母體具有常態分布的性質。事實上，常態分配僅僅是近似的說法，但這已能滿足使用參數檢定時的要求。

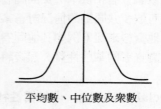

平均數、中位數及衆數

圖20 常態分配

normal science and revolutionary science 常態科學與革命性科學 孔恩（Kunh）於1962年針對科學兩個不同時期所作的重要區別：在一種時期中，科學的概念與假定處於穩定狀況；在另一種時期中，它們有起伏和急劇變化。有一種看法認爲一切科學都有一個特點就是大膽地否證原有理論（見 falsificationism 證僞主義）。與此相反，孔恩認爲一般「解決難題」時所涉及的常態科學都接受某一科學典範（scientific paradigm）的假定，而且研究工作完全在此科學典範內。只有在旣定的科學典範不能再提出新的問題，或者是被重大的「非常態」現象所困擾，突出的科學家才會轉向革命性科學，以便產生新的典範。孔恩所指出的這類革命性轉變的例子有哥白尼和牛頓的革命、道耳吞的化學新體系和愛因斯坦的研究成果等。在常態科學時期中，科學工作的特點是心理與社會的一致和群體的團結。科學革命「與政治革命相類似」，必須努力克服這種一致；一旦出現這種情況，「任何準則都不會高於相關社群的準則」（Kuhn, 1977）。

normative 規範的 有關規範（norms）的、以規範作爲基礎

的。

normative functionalism　規範性功能論　強調價值觀（values）和價值共識（consensus）在社會全面整合（integration）中起著重要作用的功能論。論者通常認為這些流派的功能論，過份地強調對於價值觀及規範整合（包括價值觀的內化）在形成社會整合方面的重要性。帕森思（Parsons）的結構功能論（structural functionalism）往往被認為是這方面的主要例證。參見 social integration and system integration 社會整合和系統整合；oversocialized conception of Man 過度社會化的人觀；dominant ideology thesis 主導意識形態說。

normative integration　規範整合　見 normative functionalism 規範性功能論。

normative order　規範性秩序　適合於某一社會情境的法規與準則系統。在帕森思（Parsons）的著作中，規範性秩序包含兩種成份：一種是價值觀（values），另一種是規範（norms）。規範是某種社會情境中特有的規則，如會議或聖誕節舞會的規則。因此這類規範的作用被認為是在團體或系統中規範行為和關係。價值觀也是道德性和規定性的，但其意義較為廣泛，因為它們超出了某一特定情境，可以在不同的場合下提供規範，因而被認為可以聯繫不同的系統。由此看來，根據帕森思的說法，規範性秩序的價值觀方面對於模式維持來說是十分重要的（見 subsystems model 子系統模型）。

normative theory　規範理論　一種社會理論，旨在為社會（一般社會或特殊社會）的總體要求或需要確定最適合、並且符合道德標準的價值觀或規範。某些人認為現代社會科學是描述性和解釋性的科學，而不是規定性的科學，因此上述目標是不能接受的。在這種情形下，「規範理論」就可能是一個貶義詞。然而另外一些人認為評價或建立價值觀是社會科學的重要目標，也可以說是最重要的目標。參見 fact-value distinction 事實-價值區

分；value judgement 價值判斷；value relevance 價值相關性；value freedom and value neutrality 價值不涉入和價值中立；Frankfurt school of critical theory 法蘭克福批判理論學派；political science 政治學。

noumena and phenomena　本體和現象　見 rationalism 理性主義。

nuclear family　核心家庭　見 family 家庭。

null hypothesis　虛無假設　表示實驗組（experimental group）與控制組（control group）之間不存在顯著的統計相關性的操作假設。

　　在安排好一次實驗或觀察資料已收集齊全時，便須檢定根據先前調查研究所提出的理論或假設。這就是實驗假設。它顯示如果理論正確，兩組之間預期的差異應該為何。有時也提出相反的假設，這就是虛無假設，它代表理論推測不正確且兩組在所檢定的變數（variable）上無差異。參見 independent variable 自變數；dependent variable 應變數。

O

objective　客體的；客觀的　①（哲學）指獨立於或被認爲獨立於人類知覺而存在的，如作爲物質客體的存在。② 在感情或情緒上不存在歪曲性主觀偏見的。參見 objectivity 客觀性；objectivism 客觀主義；value freedom and value neutrality 價值不涉入和價值中立。

objective class　客觀階級　見 subjective and objective class 主觀階級和客觀階級。

objectivism　客觀主義　一種哲學觀點，認爲對外在的自然世界和社會世界可以作「客觀」的表述與說明，也就是說這種表述與說明可以正確地把握世界或社會，而且是可靠的，其中不帶偏見，也不會帶有個人偏好與成見的色彩。現在一般都同意任何認爲我們可以直接地表述世界的簡單學說，都簡化了我們所能夠達到的客觀性（objectivity）的程度。但是拒絕客觀主義並不一定意味着全然地接受與之相反的相對主義（relativism）。還有第三種理論在現代社會學與哲學中得到許多人的支持（Bernstein, 1983）。這種理論認爲我們必須在認識論思維上設法「超脫客觀主義與相對主義」，因爲這兩種主義作爲普遍性的論據都站不住腳。參見 epistemology 認識論；Feyerabend 費若本；Kuhn 孔恩；value freedom and value neutrality 價值不涉入和價值中立。

objectivity　客觀性　① 認爲對外在世界的某項表述確實表現了獨立於人類概念而存在的世界。② 據稱符合效度（validity）

與信度（reliability）兩種標準而且無偏見（bias）的知識。大多數學科都按定義②的意義建立自己的客觀性操作標準。但這些學科對於①定義下的客觀性究竟由什麼構成這一問題的回答往往只是約定俗成，有效就好。

即使是對於自然科學來說，客觀性是不是可以達到的目標也是成問題的。目前哲學家的答覆，嚴格說來，是這個目標是達不到的，因為我們對現實的認識是以自己有限的認知能力，並且以不斷變化的理論和建構出我們現實觀的概念為媒介而得到的（見 incommensurability 不可通約性）。因此目前關於知識的論點趨向於用互為主體性（intersubjectivity）和暫時共識來表示（比較 realism 實在論）

對於社會科學來說，定義①的解釋還另有一種困難存在：社會現實並不獨立於我們的集體認識而存在，然而卻可以認為獨立於任何個人的個別認識而存在，因此在這個程度上可以認為「客觀性」是存在的。因此，社會科學似乎沒有理由不能夠追求客觀性，至少在①意義下的客觀性，是可以接受必須包括社會行為者在「主觀地」建構和再現其社會世界時的「客觀」說明。這種客觀的說明可能難於做到這是必須予以承認的。令人不能接受的是假定某類方法是使社會科學真正具有「科學性」的唯一方式，並據以對其測量的「客觀」形式（例如不顧意義上的細微區別而提出定題選答問卷）做出武斷的論斷（見 measurement by fiat 人為規定的測量；Cicourel 西庫雷爾；official statistics 官方統計。參閱 social facts as things 社會事實做為事物）。參見 epistemology 認識論；truth 真理；ontology 本體論；idealism 唯心論；positivism 實證論；empiricism 經驗論；relativism 相對主義。

objectivity and neutrality　客觀性與中立性　見 value freedom and value neutrality 價值不涉入和價值中立。

occupational class　職業階級　見 class 階級和 occupational scales 職業量表。

occupational scales　職業量表　衡量不同職業的聲譽、社會

地位和（或）社會階級定位的尺度。這種量表主要用於社會階層化（social stratification）和社會流動（social mobility）的研究，根據以下四種方法之一構成：直觀法、人際關係法、因素構成法，和聲望判定法。所有四種方法所根據的前提是職業可以通過市場情境與身分情境的類似性作出等級層次的排列。在直觀方法中，研究者對社會職業的社會地位根據自己的主觀評價加以排列。在人際關係法中，職業排列的假定一般都是和與自己社會地位大致相似的人交往。在因素構成法中，收入、教育水平等不同的因素被用來當作排列職業高低的根據。在聲望判定法中，按隨機方式挑選一些人讓他們根據所認識的社會地位來排列職業的等級，然後根據這些答卷計算每一種職業的社會地位。

舉一例來說，英國應用最廣的職業量表可能是戶籍總署分類法（Registrar General's Classification），是用直觀法爲1911年的人口普查（census）制定的，經多次修訂後又用於後來歷次人口普查中。利用這種分類法，需要詳細了解每個人的精確職業名稱、就業身份（獨立經營、雇主或雇員）、就業行業和教育水平等。這種分類法最初包含五種社會階級：

第一類　（高級專業人士）如醫生、律師、會計師等。

第二類　（中等職業）如教師、護士和經理。

第三類　技能性職業的一切從業人員，包括白領人員和藍領人員。

第四類　半熟練工人，如農業工人和機床工人。

第五類　非熟練職業的勞工和其他人。

到1961年，第三類又分爲兩小類：N類，職員與店員等白領工作者；M類，礦坑內工作的勞工、焊工和木匠等。

使用戶籍總署分類法有一重要好處：職業名稱的明細表定期頒布，並根據各種職業的社會地位、行業類別和就業狀況編號，然後這些編號又可以組合起來構成六種社會階級。1961年戶籍總署引入一種新的編碼方式，其中將職業劃分爲十七個社會經濟群體，這些群體又進一步組合而形成另一種分類：

第一類，專業人士。

第二類，雇主和經理。

第三類，中等和初級非勞力工作者。

第四類，熟練的勞力工作者、領班和獨立經營者。

第五類，半熟練工和個人服務者。

第六類，非熟練勞力工人。

1981年時戶籍總署分類表又作了進一步的變動，使編碼方式與「國際標準職業分類」（International Standard Classification of Occupations）相對應。

十九世紀的人口普查名冊等歷史性資料不能用戶籍總署分類法加以編碼，因爲無法取得所需的詳細資料。不過阿姆斯壯（Armstrong）於1972年證明，1951年的分類法稍加改編便可用於歷史社會學研究。

戶籍總署的職業量表有許多的問題，其中之一是既然這種量表是用直觀法制定的，因而也就難於用來檢驗社會理論。比如說這種量表就不能用來辨別資產階級和小資產階級。戈德索普（Goldthorpe）和盧埃林（Llewellyn）於1977年解決了這一問題，他們根據霍普（Hope）和戈德索普1974年的著作制定了自己的社會階級分類表。霍普—戈德索普量表（Hope-Goldthorpe Scale）是用聲望判定法制定的，所列職業必須用戶籍總署1971年的分類事先加以編碼。然後將「社會熱門程度」相差無幾的職業按等級層次排列成36個不同的組；對雇主、經理、自由職業者、獨立經營者、技術人員、白領人員、農業從業者、領班和勞力工人都分別歸類。這些類別又由戈德索普和盧埃林重新組合成七個社會階級：第一類是高級專業人士、經理、行政管理人員和大業主；第二類是低級自由職業者和低級經理以及高級技術人員；第三類是正規的非勞力人員；第四類是小業主和自雇人員；第五類是低級技術人員和勞力工人的監工；第六類是熟練勞力工人；第七類是半熟練和非熟練勞力工人。霍普—戈德索普職業量表是爲了研究男子的職業地位和社會階級地位而制定的，因而用

這種表來研究婦女的就業的狀況就有問題。

occupational structure　職業結構　經濟領域內的分工（division of labour），也擴展應用於社會方面，主要是依據部門和身分。就部門來說，職業被分為初級、次級和三級部門，這是社會學家研究工業化（industrialization）和後工業社會（post-industrial society）時通用的分類法。就身分來說，這個概念主要是為社會經濟分類（classes 階級）的研究提供資料，因為根據帕金（Parkin, 1971）的經典說法：「現代西方社會階級結構的脊柱……是職業階層」。英國最著名和最通行的分類法可能是戈德索普（Goldthorpe）等人於1980年制定的，這種表是根據原先用於分析社會流動（social mobility）的霍普—戈德索普量表（見 occupational scales 職業量表）發展而來的。此概念一向是假定婦女不參與職業大軍，因而傾向於僅僅注意成年男子的職業（Walby, 1986）。

occupational transition　職業轉移　見 social mobility 社會流動。

official statistics　官方統計　政府部門搜集和公布的統計資料。這類資料的信度和功用是彼此不同的。其中有許多資料對社會學家來說可能具有極高的價值，例如人口普查（census）、一般家戶調查（general household survey）和支出調查（expenditure survey）中所得到的資料便是如此。不過主要的爭論在於官方統計資料的局限性（如 crime statistics 犯罪統計）。如果這類統計資料是行政機構作為其工作的副產品而搜集的，是由大量未受過訓練的登錄人員搜集的，因此在資料的意義及價值上可能有很多的矛盾、不可靠之處以及不確定性。此外，這類統計資料對於負責搜集的機構和個人而言，可能具有正面的或負面的含義，這就會影響記錄到的內容。最後，統計資料始終是為特定目的而搜集的，而那些目的一般都和社會學研究者的目的不同；最重要的是這些資料都是經過分類對號入座的結果，這種方法會造成俗民方法學理論家特別指出的那種固有的困難（Cicourel, 1964）。

可能造成的問題中有一個典型的例子，即涂爾幹（Durkheim）使用自殺（suicide）統計資料的爭論（Douglas, 1967）。參見 measurement by fiat 人為規定的測量。

old age　老年　個人生命歷程（life course）的最後一段，伴隨出現官能衰退、社會價值降低、脫離原來的社會義務等現象。這與其說是一種生物性階段，倒不如說是一種社會結構，因為它的到臨和意義都隨着歷史和文化條件而變化。參見 ageing 老化；gerontology 老年學。

oligarchy　寡頭統治　見 iron law of oligarchy 寡頭統治鐵律。

one-party system, one-party-state, or one-party rule　一黨專政制、一黨專政國家或一黨專政統治　由單一的政黨（political party）進行統治，反對黨不被允許或被排斥於統治地位之外的國家或政治制度。直到最近這種一黨專政的政治制度一直是東歐的社會主義和共產主義國家，以及其他以馬克思主義為基礎的政治制度所共有的特色。與此同時，一黨專政制也被開發中社會的統治者採用，在這些地方民族與部族的劃分（不是現代的階級劃分）被當作藉口，用以證明這種社會基礎不宜於實行兩黨制或多黨制的民主政治。比較 stable democracy 穩定民主政體。

ontology　本體論　哲學（和形上學）的一個分支，研究世界上存在的基本事物的本質，如「心靈（minds）存在嗎？」哲學本體論的一個例子是柏拉圖（Plato）的理形（forms）論，另一個例子是近年提出的科學實在論（scientific realism），所問的問題是「何種事物被科學理論當作預設？」

　　本體論的論點也是社會學理論所具有（或隱含）的特點，如涂爾幹（Durkheim）關於「社會事實」（social facts）的概念、韋伯（Weber）或象徵互動論（symbolic interactionism）對個別行為者的強調，或馬克思（Marx）的唯物論以及其對生產關係或生產方式的強調。

　　有一種說法（Hume 休姆的觀點）認為本體論的探討必然是

沒有定論的,甚至是無目的的。與這種論點相反,基本假定的廓清實際上往往具有重要意義。毫無疑問,自從孔德(Comte)以來的社會學爭論大致上都具有本體論的性質,對於「社會現實」(如社會行動、社會結構等)的本質與複雜性已經澄清了不少。然而這種澄清並非獨立地被探討,而是作為社會學研究固有的一部份來進行的。哲學可以為這類討論提供啓示,但現在已經不再像原先那樣把哲學當成最後的仲裁者了。由此可以預期本體論將隨着知識和各門科學以及研究方式的變化而改變(比較 epistemology 認識論;Kuhn 孔恩;Feyerabend 費若本)。

open-ended question 開放式問題 問卷(questionnaire)中的一類問題,其中受訪者的答案沒有被事先建構而是完全聽其自由。開放式問題的分析顯然不像固定選答問題(fixed-choice questions)那樣直接了當,後者可以事先編碼。然而開放式問題有一個好處是不對受訪者強加一個參考架構(見 measurement by fiat 人為規定的測量)。由於這一原因,在某些條件下某些研究者可能選用開放式問題而不用定題選答問題(例如輔助參與觀察或調查早期的探索階段);這種問題也可以適當地與固定選答問題並用。參見 social survey 社會調查。

open society 開放社會 巴柏(Karl Popper)關於「自由社會」(free society)的概念,在自由社會中,各種形式的知識和社會政策都可以公開批評。他認為唯有這種社會能夠同他那種證偽主義的和批判的理性主義認識論相配合(參見 falsificationism 證偽主義;historicism ②歷史主義)。但巴柏的這個概念受到批判,例如費若本(Feyerabend)說它只是用一種精英主義的方式開放,而且在互相競爭的觀點之間涉及「受操縱的交換」,也就是說在這種條件下所有參與公開討論的方面都要接受證偽主義。因此費若本認為巴柏的概念比起彌爾(Mill)《論自由》(*On Liberty*, 1859)一書中關於自由社會的概念,沒有那麼開放,也沒有那麼能被接受。

operant conditioning 操作性制約 見 conditioning 制約。

operationalism or operationism　操作論　完全根據工作的（操作的）程序來界定科學概念的哲學理論。這種理論在物理學家布里奇曼（P.W. Bridgman）1927年提出的形式下雖然企圖成為「經驗論」的理論（例如排斥一切「不可觀察事物」），事實上卻表現為極端形式的**約定論**（conventionalism）。在社會科學中，操作論的一個例子是「智力就是智力測驗測出的結果」。如此一來，操作論的局限性便十分地明顯：從實在論的觀點來看，一切形式的科學都會被判定不具有理性的方式以判斷不同的概念，例如不同智力測驗所得出的智力的差別。操作理論理應與**操作化**（operationalization）區別開來，後者不一定要依靠前者。

operationalization　操作化　經驗地為一個概念下定義的過程，如此下定義使之可被測量，並且可以反覆進行觀察，而這樣的觀察是有信度及效度的。這樣，智力便可用**智力測驗**（intelligence tests）測出的結果來界定（不過這種作法不宜推薦），而社會階級則可以根據職業、收入和生活方式來界定。這種方法和任何其他**量化**（quantification）方法一樣都存在一種危險，亦即原概念中包含許多訊息，通過編碼分類後往往會過分簡化而丟失，因此操作化可能缺乏效度。作量化研究時，選用相關的度量也會引起造成**偏差**（bias）的可能。參見 operationalism 操作論。

opinion leaders　意見領袖　各社會生活領域中能影響旁人意見的少數人。1944年**拉札斯斐**（Lazarsfeld）等人提到他們關於**投票行為**（voting behavior）和**大眾傳播的二級流程**（two-step flow of mass communications）的解說時使用了意見領袖一詞。

oral tradition　口語傳統　社會的文化（culture）中通過口頭語言傳下來的層面。某些社會（見 nonliterate society **無文字的社會**）可能完全依賴這種方法（通過朗誦詩歌和講故事的方式）來保存他們的歷史和世系族譜。在有文字的社會中，口語傳統在文化傳承方面一般越來越不重要，且往往成為主要表達形式的對

立面。人類學家早就對民間傳說和說故事感興趣，現在的社會學家和社會史學家也用這種方法來記錄社會群體（如婦女、少數民族和工人階級等）的歷史，這些群體原先都不是文字記錄的重點。

ordinal level measurement　定序層次的測量　見 criteria and levels of measurement 測量標準和層次。

ordinary language philosophy　日常語言哲學　對於日常用語的深入分析，也稱語言哲學或語言分析和牛津派哲學（Oxford philosophy）。後一名詞指的是受維根斯坦（Wittgenstein）哲學影響的一批牛津哲學家，例如奧斯汀（Austin）和賴爾（Ryle）等。日常語言哲學的目標是將自然語言作爲有伸縮性、有規律控制的表達方式來研究。這種分析方法和邏輯實證論者（見 logical positivism 邏輯實證論）的方法形成了對比，後者的目標是希望把語言化約成可以作嚴格邏輯考察的「對象語言」（object language），從而使之擺脫形上學的影響。日常語言哲學家要解消（dissolve）問題而不是解決問題，證明了只有在運用了形上學時才經常會造成迷惑。他們對自己這種哲學的看法是排除語言混亂的哲學，這種看法反映在奧斯汀《怎樣用語言做事》（*How to Do Things with Words*, 1962）一書的書名上。

在社會學方法方面，也有人強調日常語言的重要性，例如*俗民方法學*（ethnomethodology）*和談話分析*（conversation analysis），便是受了日常語言哲學的影響。

organic analogy　有機類比　見 functionalism 功能論；參見 analogy 類比。

organic solidarity　有機連帶　見 mechanical and organic solidarity 機械連帶與有機連帶。

organization　組織　①爲追求特定目的或目標而建立的集體組合，其特點是有正式的規章、有職權關係、有分工，而且對於成員的資格或接納都有限制。這個名詞主要用來指現代社會生活

中普遍存在的大型或複雜的組織，如企業、學校、醫院、教會、監獄、軍隊、政黨和工會等。這種組織的社會關係模式與其他社會群體（如家庭、同儕團體及鄰里等）不同，後者大部分是自發的、無計畫的或非正式的群體（比較 primary group 初級群體）。組織中交往聯繫形式往往只占個人生活的一部分（全控組織 total organizations 是一個顯著的例外）。②有目的的社會活動安排（比較 social structure 社會結構）。這種意義下的組織包含為特定目的而對人的關係進行主動控制，例如工作組織規定工作任務的分配和協調、職權關係的模式、人才招募的方式和雇傭關係等。

組織往往與科層制（bureaucracy）被認為是同義語，其實這是不妥當的，因為雖然所有現代科層體制都是組織，但組織並非都是科層制。例如韋伯便很仔細地將組織與科層制區別開來，因為前者所包含的管理形式有可能不同於現代科層制所特有的「法律－理性」（legal-rational）形式。

以上述①的意義為組織下定義時，有一個根本問題是說明「組織的目標」。當我們說某組織具有目標時，若不是使組織這種集體概念物化，便是假定該組織的目標和居於組織高層的當權者所制定的目標是一樣的（見 functionalism 功能論）。然而很明顯，組織本身並沒有目標。相反地，組織內部的群體和個人卻可以抱有各種不同且互相競爭的目標。組織的控制者可能設法通過選拔、訓練、獎懲和推行「組織文化」等方式自上而下地賦予組織目標；但從屬者服從的性質和範圍，以及組織內部的合作與衝突的程度，卻只能夠通過經驗研究才能確定。這個問題在正式和非正式組織（formal and informal organization）的區別上得到反映：前者指的是「正式」等級制和權威序列，及控制範圍（如最初由組織與科學管理形式派理論家所描述的情形）；後者指的是正式規章由從屬者通過非正式的方法加以協商或破壞的方式，如早期霍桑實驗所發現的情形便是如此。見 human relations school 人性關係學派。

實際上對於組織並沒有普遍接受的定義，其含義隨着組織理論研究取向的不同而不同（見 organization theory 組織理論）。

organizational culture　組織文化　在組織內部，個人與群體互相配合與合作的方式所特有的規範、價值觀、信仰及行為方式等的特殊形態。

由於以下三種原因，組織文化在美國和英國的企業管理學校中成為主要課題：

(a)日本競爭的挑戰。

(b)對工業經濟復甦的關注。

(c)原先企圖用替代的組織形式［如矩陣結構（matrix structures）形式］來解決組織低效能的問題顯然失敗。參見 organization 組織。

這個問題主要是對規範的關注，在美國著作家迪爾（Deal）和甘廼迪（Kennedy）1982 年著作中曾提到，在英國漢迪（Handy）的四部文化結構表（1984）中也得到體現。關於具有社會學內容的分析則要到其他方面去查找。目前採用這種研究法探討這個問題的主要著作家是佩蒂格魯（Pettigrew, 1973），不過摩根（Morgan）對這個問題的探討（1986）也是有關的著作。這兩位著作家都指出了經營權力和控制在塑造組織文化方面的作用。

迪爾和甘廼迪的著作主要是從規範的角度進行分析的，企圖找出公司生活中構成公司文化的禮儀與習俗。這兩位作者說企業的成功取決於他們所說的「健全的文化」。成功的公司所能傳承的「不僅僅是產品，還有價值觀和信念」（見同書）。這兩位作者指出組織文化具有五種要素：(1)企業環境；(2)價值觀；(3)英雄人物；(4)儀式；(5)文化網絡（也就是非正式的交往）。這種模型確實有一種優點，即確認了組織文化咸信具有的各面向。其主要局限性是假定一個組織如果要獲得成功，其組織文化就必須是某種特定類型。得出這樣的結論是因為研究一些強大的公司，並由此過分地加以概括。這種結論對於不同市場上用不同的技術，並

且雇用較少高級雇員的組織說來可能不大適用（見 contingency theory 權變理論）。

漢迪在1985年提出一個更加複雜的模型，可以對不同的文化形式和組織類型作出區別。這種模型所依據的是早期用以區別組織意識形態的另一種模型。一般說來，漢迪對於組織文化的看法和迪爾及甘廼迪1982年提出的看法有類似之處，他們都認爲組織文化是「……由組織中的支配團體在許多年的過程中建立起來的」（見同書）。然而漢迪與迪爾和甘廼迪不同之處是他認爲文化有四種主要的形式，而不僅僅是有「強」文化和「弱」文化之分。漢迪的文化分類表列舉了權力（power）型文化、角色（role）型文化、任務（task）型文化和個人（person）型文化，作爲可能存在的不同形式，其中每一種都可以在適合的環境下成爲實際有效的文化（1985）。

然而組織文化除了經營管理的規定和控制以外，還有更多的內容。佩蒂格魯已經指出組織文化與語言、意識形態、信仰有關，同時也與工作組織中通用的象徵、禮儀及傳說有關。此外，組織文化也是範圍更加廣泛的政治與文化系統中的一部分，在這種系統中，價值觀和利益往往會經過協商及討價還價。這意味着組織文化既不是性質單一的，也不完全是高級經理人員制定的。對於以社會學爲根據的分析來說，有必要參考詮釋社會學（interpretative sociology），尤其應注意行動探究法（action approach）（Burrell and Morgan, 1979；Silverman, 1970）。

organizational sociology　組織社會學　見 organzation theory 組織理論。

organization theory　組織理論　①關於組織結構和結構內社會關係動力學的社會學研究和多學科分析。研究的課題包括：正式與非正式的控制結構、工作的分配、決策的制定、組織機構內的經營管理人員與專業人員、革新、技術以及組織變化等。除社會學外，對組織理論有貢獻的主要學科還有心理學、經濟學、管理學和行政理論。心理學研究強調的是個人行爲，而關注於研究

動機與獎賞、領導與決策制定等。這些內容往往列在組織理論與行為的名目下。管理學與行政理論對這方面所提出的論點強調組織設計和組織行為與組織安排的效率和有效性之間的關係。大部分企業管理課程中，一般都有組織理論這一門課。②組織社會學的另一名稱，內容往往和應用領域的組織理論無法分別。但組織社會學這個分支學科運用接近於社會學主流理論和問題的討論，尤其是源於韋伯科層制這一理想型態。此外這門科學還注意各種類型的組織機構，其中包括學校、醫院、監獄和精神病院等各種非營利機構，以便得出一般的組織理論（如 Parons 帕森思，1956），進而發展組織類型學並且解釋組織機構之間的異同。實際上，在組織理論的多科性研究與組織社會學之間的界限是難以劃分的，因為這些領域的作家往往在同一類的學報發表文章［例如《管理科學季刊》（ Administrative Science Quarterly ）］，而且許多組織機構問題（如管理策略、決策制定和創新等）都利用多學科的研究所提出的架構。從本世紀七十年代以來，許多有關組織的社會學論述對於按經濟管理的角度界定而來的應用問題以及工人的動機與效率等組織方面的問題，都採取更富批判精神的態度，企圖在歷史脈絡下重新確立組織的研究，並聯繫更廣泛的社會現實，以便包括另一些研究課題，如階級與性別的不平等怎樣在組織的脈絡中再生產等問題（如 Clegg and Dunkerley, 1970）。

韋伯關於科層制的理想型為戰後組織社會學的發展提供了出發點。**高德納**（ Gouldner, 1955）對「以懲罰為主」的科層機構和「代議制」（ representative ）科層機構作了區分，伯恩斯和斯托克（ Burns and Stalker, 1961）對於組織的「機械」形式和「有機」形式作了比較，這種區別和比較對後來的研究特別有影響。高德納說明如何抵抗科層機構統治的方法，而且指出科層化可以採取不同的形式，而且其成員也有不同程度的參與。伯恩斯和斯托克（ Burns and Stalker, 1961）用機械的和有機的組織之間的對比來說明各種各樣的組織機構都可能合乎時宜，問題要看

客觀環境的穩定程度如何。機械的組織是科層主義的、等級森嚴的和僵化的，而有機的組織則是有伸縮性的和分權制的，而且更能夠配合革新及環境的迅速變化。關於組織之間的對比還有人作了更進一步的探討，試圖以**服從的類型**（types of compliance；Etzioni, 1961）和「誰受益」（Blau, 1955）等標準當作基礎來發展普遍的組織類型。

組織理論後來的發展反映了兩方面的情況：一方面是社會學中各種理論取向，另一方面是管理學觀點的影響，特別是**科學管理**（scientific management）和**人性關係學派**（human relations school）的影響。**功能論**（functionalism）對於組織理論也產生強大的影響，有時是明顯的，有時則是潛在的：例如將組織視爲系統的概念（見 systems theory **系統論**）屬於明顯的影響，而有關組織生存及其對環境的適應等假定則是潛在的影響。組織在概念上被看成是「開放系統」，強調組織與其環境之間的「輸入—輸出」交換。在類似的情形之下，英國的塔維斯托克研究所（Tavistock Institute；Trist et al., 1963）運用了「社會技術系統」（見 sociotechnical systems approach **社會技術系統法**）的概念來描述技術產品的必要條件與社會系統的需要之間的交互影響，並用這一概念來說明各種形式的工作組織都可以和既定類型的技術配合，只要有一定程度的組織選擇。

權變理論（contingency theory, Pugh et al., 1968；Lawrence and Lorsch, 1967）爲許多這類發現作了總結：他們運用伯恩斯和斯托克討論環境影響的著作，並且運用了伍沃德（Woodward, 1970）相對於生產過程中的技術複雜性水平而在組織之間所作出的比較（見 technology **技術**）。權變理論運用一種經驗的調查來確定環境變數（如技術和客觀環境）、組織的結構狀況（如形式化、標準化和集中化的程度）以及其對表現的影響等三方面的相關關係。這種研究法受到管理學理論家的歡迎，因爲它能將組織的設計與表現聯繫起來，而且還有一種含義，即原先從科學管理中援引來爲組織的「藍圖」或「最佳方式」是不

正確的。有趣的是適然研究法又遭到管理學理論家批評，這些理論家重新強調普遍原則，如需要強有力的「組織文化」（Peters and Waterman, 1982），以回應日本管理方法（Ouchi, 1981）所獲的成功。

在社會學中，權變理論由於以下各種理由而受到嚴厲批判：它採用決定論的假定、經驗論，以及它所確立的相關關係的軟弱無力。蔡爾德（Child, 1985）強調權變理論家對權力關係的忽視，他為組織機構提出一種策略性權變（strategic contingency）法，強調經理人員所作的選擇能積極地形塑組織機構以應變處理的作用。於是權變因素（如客觀環境）便不再被當成「自變數」來處理，而是部分地由強有力的組織（如跨國公司）來選擇和控制。關於組織中的權力關係和決策制定的研究，受到賽蒙（Simon, 1957）關於有限理性（bounded rationality）這一概念的影響，此外還包括組織的「微觀政治」（micro politics）的分析（Perrow, 1979）。

互動論對組織理論所作貢獻在於強調組織的安排在本質上是由社會群體制定的，這是一種「協商性秩序」（negotiated orders）；並且組織規則是多變的（Silverman, 1970），這是針對組織生活「自上而下」的系統觀所作的糾正。來自象徵互動論（symbolic interactionism）的觀點貫穿在一個日益發展的領域之中，亦即近年來運用民族誌（ethnographic）方法研究組織文化。

ostensive definition **實指定義** 見 definition 定義。

other-directedness **他人導向** 一種人格類型或態度取向，具有這種特點的個人其社會認同感取決於別人的贊同。在里斯曼（Riesman, 1950）提出的對照表中，將他人導向和內在導向（inner-directedness）作了對照。後一種人的行為和社會認同感主要由內在的標準與良心控制。里斯曼說像美國這一類的現代社會受大眾消費的主宰，因此越來越傾向於他人導向並且受焦慮驅使，傾向順從；人們唯恐不能配合（他人導向），而不是具有更

深刻的「內疚感」或「羞愧感」（內在導向）。

out-group　外群體　見 in-group and out-group 內群體與外群體。

overdetermination　多重決定　①佛洛依德（Freud）理論所指的多種複雜思想濃縮爲單一形象的過程（如在反覆出現的夢中）。②根據上述定義類推，此詞還指在某一時間內存在於一個「社會型構」（social formation）不同領域的多重矛盾相結合所產生的結果。根據阿圖塞（Althusser, 1969）的說法，其中每一種矛盾都「和社會體的整體結構不可分割」，並且受着整體結構的決定；反之又決定整體結構。有人認爲這種多重決定的存在能說明不平衡發展之類的現象，因爲多重決定就意味着沒有任何社會型構的發展是單純的。

oversocialized conception of Man　過度社會化的人觀　針對功能派理論關於「價值觀內化」的過分誇張而提出的批判（如Dennis Wrong, 1960）。功能派理論，包括涂爾幹（Durkheim）和帕森思（Parsons）的著作，在回答「霍布斯式」關於什麼原因「使得社會能持續存在」這一問題時，往往過分強調「價值觀的內化」的作用。同樣的情形也見於馬克思主義社會學在回答「複雜社會怎樣能調整並限制……群體的衝突」這一問題時，往往採取一種「過度整合的社會觀」。參見 social integration and system integration 社會整合和系統整合。

Oxford philosophy　牛津（派）哲學　見 ordinary language philosophy 日常語言哲學。

P

panel study　小組重訪研究　對一個人口樣本（sample）在一段時期內的態度或意見變化的調查法。這是一種貫時研究（longitudinal study），但一般認為其特點在於時間較短，或研究較為集中。這種方法是要時時（規律的）對同一個人口樣本提出問題，以觀察其意見的趨向，例如在選舉之前、之中和之後的投票意向和黨派選擇等。正像任何其他貫時研究一樣，這種方法與橫剖研究（cross-sectional studies）相比有其優點，因為人口樣本中的成員保持不變，所發生的變動可以運用事前或事後搜集的資料加以察看。但從另一方面來看，有些被調查者可能由於遷移、死亡或缺乏興趣而消失，留下來的被調查者也可能因為成為被觀察小組的這種特殊經驗，而變成非正規的成員（參閱 Hawthorne effect 霍桑效應）。

panopticon　環形監獄　英國的監獄設計，目的在於讓警衛人員能監視犯人生活的每一方面。在這種情形下，環形監獄往往被當成現代社會重新強調監督（surveillance）和社會控制（social control）的象徵（參見 Foucault 傅柯）。

　　環形監獄是英國功利主義（utilitarianism）哲學家邊沁（Jeremy Bentham）在十九世紀初發明的，其用意是作為一種新的、理性的監獄設計，將個人改造、監禁與懲罰三方面結合起來。這不但涉及建築結構，而且涉及一整套監禁的哲學，其中包括意識形態和組織機構的特色，也包括建築結構的特點。這種監獄對每日生活施行嚴格的安排，在艱苦的勞動和祈禱的基礎上進行改造作用，並將監獄設計成由單間牢房系統組成，藉此可以避

免與其他犯人接觸而造成道德污染。而這種實體設計的目的在於使監管人員能不斷地進行觀察和控制。在許多方面，這種概念都和原先的監禁觀點有很大的分歧，所以可以將其視爲是有關監禁作用的理性化和重新思考。此外，它和工作價值的新觀念有關，因此許多著作家說英國工廠制度的發展和通過濟貧法對窮人的管理，與重新組織的監獄制度此三者之間存在着內在的聯繫，只不過這種理論的早期說法未免有些誇大。十分明顯的是環形監獄代表懲罰與矯正等概念的重大修正。它對英國、美國和其他地方的監獄設計也都產生重要的影響。參見 criminology 犯罪學。

paradigm 典範 概念或理論取向的例證或代表性事例。例如默頓（Merton, 1949）總結性地討論社會學功能學派理論的優點和缺點便是個典範。在某些哲學分支中，「典範實例」（paradigm case）被視爲替概念提供了「實指定義」。

parametric statistics 參數統計學 假定取得樣本（sample）的母群具有特殊形式的推論性統計，也就是說這類統計涉及母群參數的相關假設。在一般情形下，這類假定是有關的母體具有常態分配（normal distribution）、變異數相等（見 measures of dispersion 離勢的測量）且其數據屬於定距層次（見 criteria and levels of measurement 測量標準和層次）。這方面的例子有皮耳森積動差相關係數（Pearson product moment correlation coefficient）、多元迴歸和變異數分析等。這類方法都要應用所有能得到的資料，其檢定比非參數檢定更有力。但在社會學研究中，經常出現數據在母體中不呈常態分配的問題。解決這一問題的方法有變換尺度，藉由方法本身的穩健性，或改用與之相當的無參數統計學等。參閱 nonparametric statistics 無參數統計學。

parasuicide 假自殺 見 attempted suicide and parasuicide 自殺未遂和假自殺。

Pareto, Vilfredo 巴烈圖（1848－1923） 出生於法國的義大利籍工程師兼社會科學家，晚年轉攻社會學研究。在社會科學方

面，他將力學平衡系統原理應用於社會系統，這種研究法影響了帕森思（Parsons）。他在社會學方面最負盛名的是有關政治精英（elites）的著作。

在社會科學方面，他一開始是以一位經濟學家的身分出現，關於收入分配的理念也一直爲人稱道（見 Pareto optimality 巴烈圖最佳分配）。他對自由主義政治感到幻滅，而且認爲政治經濟學不能忽視心理學和社會學的因素，因此他的社會學研究主要集中在社會分化方面，把它看作是社會與政治生活中持續存在的特色，其中包括了對精英與大衆的區別。

他對史賓塞（Spencer）的演化論和馬克思（Marx）的社會主義都持批判態度，因爲他把「才能的不平等分布」（unequal distribution of capacities）當作社會學理論的基石。他既不接受自由主義也不接受馬克思主義的社會進步概念；相反地，他認爲出現在歷史上的是無窮盡的精英循環（circulation of elites）。他認爲「一種政治制度中，『人民』不搞派系、集團、陰謀、遊說等就能表達自己的意志（這是假定人民有這種意志，其實有沒有意志都是個問題）的情形，只能在理論家的虔誠願望中存在，在西方世界或任何其他地方古往今來也從未見過這種情形存在」。

在巴烈圖看來，大部分社會生活都是由潛存的非理性心理力量支配着（見 residues and derivations 殘基和衍理）。他認爲以前大部分理論家都忽視了這些因素，只有他才作出了適當的科學分析。最重要的是，他將「邏輯」與「非邏輯」的行爲方式區別開來（見 logical action and nonlogical action 邏輯與非邏輯行爲）。以前的理論家高估邏輯行爲的範圍，並且又高估人類社會中從非理性到理性的轉移，所以他認爲社會的均衡只能理解爲情感與利益錯綜複雜地交互作用的結果。

他的主要社會學著作是《社會學通論》（*Trattoto di sociologia generale*），1916年在義大利初版，1936年譯成英文出版，書名爲《心靈與社會》（*The Mind and Society*）。這是一部大部頭而散漫的著作，儘管他極力聲稱該書具有新的科學嚴謹性，

但他對自己的想法僅僅作了些說明,而沒有系統性被檢驗。他對**精英論**(elite theory)的貢獻和他關於「社會系統」的概念,影響過許多人〔其中包括墨索里尼(Mussolini)〕,但現在他那一套社會學思維的細節已經沒有人接受了。

Pareto optimality 巴烈圖最佳分配 某種理論上的經濟狀況,即如果要改善任何一個人的經濟福利分配,便不能不損及另外的人或是更多其他人的福利。因此,當資源的分配使得一個或更多人的狀況都改善時,就是「巴烈圖改善」(Pareto improvement)。所以不論在任何情形下,只要可能存在一個以上的最佳狀況,巴烈圖最佳分配就不能成立。

pariah 賤民 ①印度低級喀斯特(caste)或「不可接觸」群體(untouchable group)中的成員,因此這種人受到宗教儀式和社會的排斥。②依類推法來說,賤民一詞指被社會拋棄的或被侮辱的個人或群體。

Park, Robert 帕克(1864-1944) 美國社會學界巨擘,芝加哥大學社會學教授。他和伯吉斯(Ernest Burgess)合著了一部社會學教科書《社會科學導論》(*Introduction to the Science of Society*)。他最受人稱道的是對**都市社會學**(urban sociology)和種族關係研究的貢獻。他師從威廉・詹姆斯(W. James)和**文德班**(Windelband)及**齊默爾**(Simmel),他的一般社會學原理是折衷主義的,其中結合了歐美各派的見解。他和**芝加哥學派**(Chicago school)的其他成員影響了社會學的研究方法,並使社會學經驗研究,特別是以**參與觀察**(participant observation)為基礎的研究,產生了新的重要性。

Parsons, Talcott 帕森思(1902-1979) 美國社會學家,二十世紀最有影響的美國社會學家(但是不無爭議)和**功能論**(functionalism)首要的現代倡導者。由於他的研究範圍十分廣泛,以致於將他的主要思想作一簡要概述也是困難的。

　　他先翻譯了**韋伯**(Weber)的《新教倫理與資本主義精神》

（ *The Protestant Ethic and the Spirit of Capitalism* ）一書，頗有助於將韋伯的著作介紹給美國社會學家。他的第一部主要專著是《社會行動的結構》（ *The Structure of Social Action* , 1937 ），其中有對巴烈圖（ Pareto ）、涂爾幹（ Durkheim ）和韋伯（ Weber ）等人理論作品的評價；然而像他的其他著作一樣，馬克思在他的著作中一直都被忽略。在他的論述中，以上三位思想家被說成是對他所謂的「社會秩序問題」作出了回答，這問題就是：為什麼社會不存在霍布斯所說的所有人對抗所有人的戰爭。

在這研究工作的第一階段，帕森思把社會行動看成是「意志論」（ voluntaristic ）的行為，並認為自己是在一個「行動參考架構」（ action frame of reference ）內進行研究。他說他提出的三位理論家在駁斥「社會行動的實證論理論」方面作出了貢獻。他以這三位理論家為依據，認為自己是替意志論的社會行動提出一套連貫的分析性社會學理論。有些人把社會行動說成單純是對外界刺激的自動反應，或是單純用「強制」（ coercion ）或「自身利益」（ self-interest ）的概念來解釋社會秩序，這一切說法都遭到了帕森思理論的駁斥。

帕森思在《社會行動的結構》一書中，後來又在解答「霍布斯問題」時，把社會行動看成是由共同的**規範**（ norms ）和**價值觀**（ values ）引起的，但並不單純由它們決定。這些觀念後來根據功能論和**系統論**（ systems theory ）的精神加以發展，特別是在《社會系統》（ *The Social System* , 1951 ）、《邁向一般行動理論》（ *Towards a General Theory of Action* , 1951 ）兩書中作了這種發展（後者是與 E. Shils 合著的）。帕森思這一時期的思想包括以下三個主要方面：

(a)關於社會的**功能性先決條件**（ functional prerequisites ）的觀點。

(b)關於社會秩序的想法，將社會看成是在外在環境中活動的、內部相關和自給自立的**社會系統**（ social systems ）。

PARTICIPANT OBSERVATION

(c)關於「行動系統」（action systems）的一般理論，由貝爾斯（R. Bales）著作發展而來［例如《行動理論初稿》（*Working Papers in the Theory of Action*, Parsons, Bales and Shils, 1953）。見 subsystems model 子系統模型。

在研究工作的最後階級，他在上述理論之外又提出了社會發展的新演化論模型（見 evolutionary universals 演化普遍模式；neo-evolutionary theory 新演化論）。帕森思著作的所有這些論點，在當時都產生過巨大影響。他的著作對當代功能論社會學家實際上已成爲聖經。不過他在著作中越來越強調規範與價值觀的根本作用，再加上他的系統論觀點（見 cybernetic hierarchy 控制論層級）也引起不少批評。除了人們對於功能派理論和演化論的一般批評越來越多（見 functionalist explanation 功能論解釋），人們也越來越懷疑他的思想涉及過度社會化的人觀（oversocialized conception of Man）從而釀成保守主義。帶來的後果是在本世紀七十年代和八十年代中，當功能論在美國的全面主導地位衰退時，人們對帕森思著作的興趣也隨之消退，直到近年才略有回升。

除對一般理論的貢獻外，帕森思還有篇幅較短的、更富經驗意義的論文也具有重要意義，而且可以說比他的總體功能論基礎理論更能經受時間的考驗。例如有關病人角色（sick role）、權力（power）、教育，和種族融合等方面的論文便是如此。這些論文顯示出他將一般概念運用於具體情形時，具有極其敏銳的分析能力。受帕森思理論概念的啓發而進行的研究工作也是十分多的，特別是根據他關於模式變項（pattern variables）的概念所進行的研究工作。帕森思在極盛時期對美國社會學家的影響十分巨大，但在英國卻成了一個討厭鬼，這一點往往掩蓋了他對於社會理論研究方式所做的巨大貢獻。參見 social integration and system integration 社會整合和系統整合；Mills 米爾斯；Merton 默頓；theories of the middle range 中程理論；Gouldner 高德納。

participant observation　參與觀察　一種社會學研究法，研

究者成爲自然發生的社會活動的參與者之一。支持這種方法的人說它比實驗法（experimental methods）或定題選答問卷（fixed-choice questionnaires）等其他方法好，後幾種方法將人爲造作性引進了社會觀察和調查中。

在參與觀察中，研究者一面參與正常社會生活中的互動，一面非正式地將資料搜集到手。不過一般說來，精確記錄資料和對重要的被觀察者進行系統性深入的訪問（interviews）是這種方法的主要特色，而且往往還用文獻材料加以補充。

某些參與觀察者只要通過敘述性民族誌（ethnographies）將其發現寫下來就夠了，但也有人要求進一步的總結（見 analytical induction 分析歸納法）。在戈夫曼（Goffman）關於救濟院的研究中以及在貝克（Becker）關於大麻服用的研究中，參與觀察法都產生了良好的效果。

研究結果的可概括性不是參與觀察法的問題，但仍存在以下三方面的問題：

(a)這種觀察法一般需要很長的時期，因而工作量較大，而且耗費也多。

(b)研究者對所觀察的社會過程的影響難以減少和控制。

(c)進入和離開研究現場都涉及倫理道德問題和方法論問題，其中包括是否暴露研究者在從事社會調查這一事實。

不論有什麼樣的問題存在，參與觀察始終在社會學研究方面有極大的價值；最好是用這種方法來補充其他方法，而不是用這方法來代替其他的方法（見 research methods 研究方法）。當所研究的社會行爲是偏差行爲或隱蔽行爲時，用參與觀察法就特別有用。這種觀察法可以說是「以發現爲基礎的研究法」，它也是一種檢驗命題的工具。

particularism　特殊主義　一種人類群體或文化的取向，其用來評價行爲的價值觀和標準只對群體內適用，完全不涉及普遍適用於人類的價值觀或標準。因此，許多傳統的文化被視爲特殊主義 的 體 系 ， 而 現 代 社 會 則 越 來 越 趨 向 以 普 遍 主 義

（universalism）的標準爲主。參見 pattern variables 模式變項。

party identification　政黨認同　選舉人與某一個政黨持久性的聯繫（Budge, 1976）。巴特勒和斯托克斯（Butler and Stokes, 1969）在英國試圖弄淸被調查人的政黨認同，所問的問題是：「你認爲自己是保守黨、工黨還是自由黨方面的人？」有些早期研究投票行爲（voting behavior）的人認爲選舉人的行爲和個別消費者相似，把選舉看成是個人偏好的事，於是選舉人就很可能容易被勸說改變立場。後來關於「政黨認同」的研究說明情形並非如此，在大多數情形下投票人都有一種「政黨認同」，即使在某一選舉中或選舉前受到調查時他們所說的「投票意向」可能和這種認同不一樣，但是事後他們仍然會回到這個政黨認同上來。近年來投票行爲中朝秦暮楚的情形日益增加（參見 class dealignment 階級重組），可能使得具有穩定政黨認同的人減少，同時也使政黨認同的力量削弱，但個人的投票行爲在歷次的選舉中仍然具有連續性。參見 party image 政黨形象。

party image　政黨形象　政黨在選區內就其政策、綱領及領袖人物所樹立的正面或反面印象。這個名詞是英國政治學家華萊士（Wallas）在二十世紀初首先提出的。他在研究集體與群衆行爲的社會學家的影響下指出選民的心理狀態有點像「慢速顯影的相片感光版」；其心理狀態與其說是以競選黨派政策的理性評價爲指導，不如說是受長期建立的態度（attitudes）、評價，和一般舊印象的影響。後來這個名詞被廣泛地應用於投票行爲（voting behavior）的研究。有些人有意識地通過政治廣告等手段設法改造某個政黨的政治形象，這些人也經常使用政黨形象一詞。

pastoralism and pastoral society　畜牧生活和畜牧社會　生計經濟和社會組織的一種方式，如南蘇丹的努爾人（the Nuer）的生活方式。人們的主要的生計是通過家畜的放牧而取得的──在固定基地上放牧，或是帶着牲畜流動以尋求牧草。有人指出，畜牧生活往往和平等主義及獨立思想有關（Spooner, 1973），但也和父權制有關。不管這種說法對不對，畜牧社會在歷史上對於

偏定居和偏都市化的社會經常成為威脅之源，有時則被認為是這些社會革新的泉源［例如，古典阿拉伯社會理論家哈爾頓（Khaldun）便有這種看法］。參見 agrarian society 農業社會。

paternalism　家長政治　政府或組織制定一種權威性的家庭關係模式，來對待臣民或雇員的制度——一個發號施令的、但如慈父對待子女的方式。這種關係中的權要人物設法使社會、經濟和政治上的不平等正當化，其理由是這種統治符合被壓迫者的最高利益。被統治者被說成是子民，亦即不成熟的和不能照管自己事務的孩子，所以政府或組織須站在家長的地位進行管轄。

　　在前工業化社會中、在殖民地政府中，以及在個人關係中，家長統治被廣泛地用作一種正當化的意識形態。這方面的例子有**護主與隨從關係**（patron-client relationships）、歐洲列強在非洲搞的所謂「文明化」使命、家奴制中奴隸主與奴隸的關係以及某些師生關係等。

path analysis　路徑分析　一種統計學方法，運用**迴歸**（regression）使**變數**（variables）之間的關係數量化。由此產生一個因果關係模型，用一種路徑圖（path diagram）來說明變數是怎樣相互影響的。將觀察所得的資料和這種模型相對比，如果互相符合，便可得出結論說因果關係和模型中所描述的情形一樣；這並不證明因果關係的路徑是正確的。參見 causal modelling **因果模擬**。

patriarchy　父權制　①一種社會組織的形式，其中一個男子（patriarch 家長）作為家庭（家族）的首腦，掌握管理婦女兒童的權利，例如羅馬社會中的家庭便是如此。②成年男子對婦女和青年男子取得並保持社會、文化和經濟支配權的制度。父權制一詞可以用來指家庭和家族，也可指整個社會內部的組織模式。

　　雖然在歷史上，社會學家主要將這個名詞用於描述這種社會現象，但近年女性主義社會學家使用這個名詞時卻主要強調其反面的特點。社會學分析所探討的是父權制的來源和含義。雖然男子和婦女在生物學上的差別（例如在戰爭中的體力差別）有時被

PATRIMONIALISM

認爲是父權制的基礎，但父權制的文化與社會來源以及其形式與意義上的變異同樣是令人矚目的。

在**女性主義理論**（feminist theory）中，「父權制」這個名詞的運用使得有關性別關係的討論政治化，也使得性相（gender）關係被理解爲以權力的不平等爲依據。

patrimonialism　世襲主義　以王室家族所行使的個人權力和科層權力爲基礎的政治支配或政治權威（Weber **韋伯**，1922）。在這種意義下，「世襲主義」是一個含義比較廣泛的名詞，所指的不是任何一種具體的政治體制。世襲主義和其他政治權力形式之間的關鍵區別有以下兩點：(a)這種權力在形式上是獨斷專行的；(b)其行政管理由統治者直接控制，這意味着這種制度中要雇用僕人或奴隸、傭兵和募兵等。這些人自己沒有獨立的權力基礎，也就是說他們不是傳統的地主貴族中的成員。

根據韋伯的說法，世襲主義有其局限性，因爲它在本質上是不穩定的，常由於出現敵對的權力中心而發生政治動盪。因在歷史上世襲主義體系往往被後來的世襲主義體系所代替，這種制度的存在被認爲是持續的經濟與社會變革的障礙。見 Eisenstadt **艾森史塔**。

patron-client relationship　護主與隨從關係　一種久存、往往是契約性的關係，其中一個有權力或有影響的人物爲地位較低的或較弱的人提供報酬與照顧，用以換取後者的效忠與支持，可能還包括相互交換某些服務。這種關係在簡單的或傳統的社會中尤常見，類似的關係也可能在國家之間存在。

護主與隨從的概念可能包括個人化的關係，所以會有恩威兼用的事例。在了解鄉民（見 peasants **鄉民**）與社會其他群體（如地主或政客）之間關係時，這種概念尤爲重要。一般說來，護主提供恩惠、照顧或保護，用以換取效忠和政治支持，可能還有經濟控制。這種關係還可能發展到鄉民的範圍以外，進入某種形式的國家政治，其中選民的支持是通過培養護主與隨從關係而取得的，由政治家實際提供或許諾提供恩惠來換取這種支持。因此，

隨從制（clientelism）可能成爲將一大批居民納入國家政治中的一種方式。莫澤利斯（Mouzelis, 1986）討論了這個問題，並將它和平民主義（populism）作了對比，說它是拉丁美洲和巴爾幹某些地區一種政治納入的形式。

pattern maintenance　模式維繫　見 subsystems model 子系統模型。

pattern variables　模式變項　個人和文化的四種（有時是五種）基本「價值取向的選擇模式」（根據 Parsons 帕森思的說法）。在這一陳述中，文化的作用在於組織行動，而行爲者則要面對關係中隱含的「選擇」，也就是行動者要以下列四對分別的取向選項模式來面對「社會對象」，包括其他行動者：

(a)感情投入或是感情中立（affective involvement/affective neutrality）：行爲者對於獲得直接滿足或不獲得此直接滿足（例如吃一頓飯或看足球賽，與不引起這種個人情緒的工作相比）的取向；

(b)天生地位或是成就表現（ascription/achievement；也稱爲 quality/performance 素質或成績）：依據「社會對象」（包括行爲者）屬於或不屬於某一特定社會範疇而作的判斷，與此相對的是根據更加普遍的標準對於行爲者實際表現所作出的判斷。例如在大多數社會中，性別是一種先天歸屬性質，而在足球方面或在音樂生涯中所獲得的成功卻是成就表現；

(c)特殊主義或普遍主義（particularism/universalism）：對待「社會對象」方式的選擇；其中一種方式是根據某一具體關係中的地位來看待對象，對普遍規範置之不顧；另一方式是根據「將一個社會範疇中所有對象全都包括在內的普遍規範」來看待對象，例如母親與子女的關係有時是特殊的，而另一時候卻涉及普遍的標準（如評定學校成績時）。

(d)廣佈或特定（diffuseness/specificity）：前者指涉及個人全面涉入的社會關係，例如一般的母子關係和家庭關係；與此相對的是只有特定和有限目的的關係，如售票的公共汽車車掌。

	成就表現 （行為者做了什麼）	天生地位 （行為者是什麼人）
普遍主義 （普遍原則）	現代美國	19世紀末德國
特殊主義 （具特殊價值而 非普遍原則）	中國古代	殖民地時期拉丁美洲

圖21　**模式變項**　根據帕森思模式變項，按主導文化價值觀所作的社會對照類型釋例定位表。

還有第五個變項名為集體取向或自我取向（collectivity-orientation/self-orientation），原來是由帕森思提出，後來被刪除了，原因是這個變項和另外四個不屬於同一個層次。

帕森思說他這一套模式變項是根據原先有關社會類型的刻畫〔如屠尼斯（Tönnies）對**禮俗社群和法理社會**（Gemeinschaft and Gesellschaft）所做的區別〕演化而來的。他認為這一套模式變項對於所有社會行為者經常面臨的和所有社會組織都涉及的「兩難困境」（dilemmas）提供了一套無所不包的論述。因此便有可能根據這個變項表對具體社會進行定位（見圖21）。

模式變項所用的詞彙在社會學理論和經驗研究中都得到了廣泛應用，然而帕森思的一種說法卻不再令人信服了，即這些變項可以認為是他有關社會系統的全面理論的形式推導。

Pearson product moment correlation coefficient（γ）皮耳森積動差相關係數（γ）　用於具有**常態分配**（normal distribution）的連續**變數**（variable）（定距尺度或定比尺度）的一種相關（correlation）係數。這種度量的理論根據是：γ^2是可根據其他變數推算出來的變異數比值。

peasants　鄉民　「小規模農業生產者，他們用簡單的農具和

自家勞動力進行生產，產品大部分直接或間接地供自己消費，並向政治或經濟當權者完糧納稅」（Shanin, 1988）。

在本世紀60年代之前，鄉民在社會學上被看成在歷史上沒有重要作用而被忽視了，雖然現在已了解鄉民在有史以來的大部分時期裡和世界上許多地區中都存在。自本世紀60年代以來，由於沃爾夫（Wolf, 1966）和摩爾（Moore, 1967）等人發表幾部主要著作才改變了這種看法，將人類學和政治經濟學中所提出的看法引進社會學。

鄉民在越戰中所扮演的角色，以及其在拉丁美洲和亞洲的政治活動日益頻繁，都使人對原先假定的鄉民的被動性感到懷疑。在馬克思主義著作中，部分由於毛澤東思想以及1949年前後中國革命的影響，有人提出這樣一個問題：第三世界的鄉民是不是代表第三世界社會主義的革命力量。鑒於先進資本主義世界的無產階級已經被納入到居支配地位的資本主義社會，而成為工人貴族，上述看法就更顯得有道理了。現在對於鄉民的研究，已經成為一個很大的學科間研究領域，但關於鄉民是否能夠在概念上和經驗上成為自成一體的範疇，仍然是引起重大爭論的問題。商寧（Shanin）對這個概念提出了最強有力和最有影響的辯護。他運用本世紀所有有關鄉民的研究成果，指出鄉民具有四種互相關聯的主要特徵（Shanin, 1982；1988）：

(a)家庭農場是主要的經濟單位，生產、勞動、和消費都是圍繞它而被組織的。

(b)土地耕種是主要的生產活動，其中結合着最低限度的工作專業化和家庭訓練。

(c)鄉民具有以當地村社為基礎的特殊生活方式，其中包括社會生活和文化方面的絕大部分領域，它與都市生活和其他社會群體的生活都不相同。

(d)鄉民在政治上、經濟上和社會上都從屬於非鄉民群體；他們想出許多辦法對這些群體進行抵制、反抗和反叛。

此外還有兩個次要的方面：

(e)有一種獨特的社會動力，一代一代造成周而復始的變化，通過土地平分和家庭勞動力的增減，使不平等狀況隨時間而得到緩解。

(f)特別是在當代世界中，有一種結構變化的共同模式吸引着鄉民進入市場關係，往往是通過**農產企業**（agribusiness）之類的外在實體的影響，而使之納入到國家政治中來。這種普遍變化的明確結果不是能預先決定的。

根據客觀情況的不同，鄉民可能在當地生存下去；也可能由於土地上的獲利機會越來越少而遷移；他們可能將一些土地耕種的成分和都市或農村中賺取工資的勞力結合起來，亦工亦農；他們還可能沒有土地而完全依靠賺取工資的勞動，成爲鄉村**無產階級**（proletariat）；也可能兼取上述幾種方式。

此外鄉民和其他農民之間還有兩種一般常見的區別：第一種是與**部落**（tribal）民族的區別，波斯特（Post, 1972）根據以下特點區分鄉民：

(a)土地所有制是群體或個人所有制，而不是公有制。

(b)社會分工不完全以親屬關係爲基礎。

(c)涉及市場關係，只不過程度各有不同。

(d)具有不完全以親屬關係爲基礎的政治等級制，並且有所從屬的國家結構。

(e)文化不像部落民族的文化那樣單一，鄉民文化和同一社會其他群體的文化並存。

第二種一般常見的區別是與資本主義家庭農夫的區別，後者可能主要靠家庭內的勞動力，但是也可能出錢雇用勞工。他們購買種子、肥料和牲口等等，並且售出其大部分產品，而不是用於自己的家庭消費。因此，他們投入的和產出的都是**商品**（commodities）。

在**農業社會**（agrarian societies）中，鄉民被畫分的最爲淸楚。一個主要問題是資本主義的出現對於鄉民有什麼影響。某些著作家認爲資本主義的出現引起了鄉民分化，這種分化可能隨着

資本主義的發展而加劇。根據列寧的看法，鄉民有富農、中農和貧農之分：富農有自己用不完的多餘土地，不是出租便是雇用別人耕種；中農的情況符合這裡對鄉民所下的定義；貧農的土地不足以滿足自己的需要，從而不得不出賣勞動力以換取收入。有一位馬來西亞人對於貧農作了一個很生動的定義：「他不得不到別人的土地上去拉屎」（Scott, 1985）。有一個重大的爭議是：資本主義發展以後，是否富農變成了資本主義式的農人，貧農變成了無產階級（proletarians），而中農不是變成前者就是變成後者。

直到本世紀80年代前，有關鄉民的研究一直忽視一個問題，那便是性相（gender）的問題。以往鄉民家庭的結構被看成是沒有問題的，而現在卻越來越了解父權制（patriarchy）的關係是很重要的。因此婦女在許多方面都處於從屬地位，並且擔負着沉重的工作。男女之間的分工因時因地而異，但卻是嚴格的。鄉村婦女在公開場合的身分是有限的。在極端的情形下，例如在20世紀以前的中國，婦女根本就不被當人看待。

有幾種強有力的論點指出「鄉民」這一概念在社會科學的分析中根本沒有地位。希爾（P. Hill, 1986）根據自己在非洲與亞洲所進行的研究指出，鄉村中的農戶過日子和安排社會生活的方式因時因地而有很大變化，以至於只有一小部分人能符合一般鄉民的定義；其中有的人在一生中可能做買賣、打工賺錢、經營小塊土地耕種、開車搞運輸或雇用他人。從概念上說，另一些論者指出「鄉民」一詞的含義是模糊不清的，單看「鄉民」的定義不像看其他概念的定義那樣，容易了解廣大社會界、經濟界、和政治界的情況。最後還有一點爭論是商寧以及其他人的說法中對鄉民家戶（household）所賦予的重大意義是否恰當。將重點放在家戶上是從蘇聯經濟學家查楊諾夫（Chayanov）的作品援引而來（Thorner et al., 1966）。然而農戶間有一定的活動，村社在許多鄉民社區中具有重大意義，而且非鄉民群體對鄉民又有影響，因此以家戶為主要分析單位來研究鄉民生活的動態是否為最

好的方法，仍然是有問題的。這些論點都有說服力，至今仍然常在辯論中被提到。

peasant society　鄉民社會　鄉民（peasants）占主導地位的小規模社會組織，具有與其他社會群體不同的特點。鄉民社會一詞有時被用來指鄉民占多數的**大社會**（society），但在大多數情形下都用較狹窄的意義，近似於**社區**（community）。鄉民存在於不同的社會，主要是在**農業社會**（agrarian societies），其中還有其他社會群體存在，因而不能單拿一種群體來描繪整個社會。然而在一個村落或一個地區中，鄉民的社會關係可能占主導的地位，其特點如下：圍繞着親屬和家庭紐帶而存在、土地具有重大意義、對外來者不信任、有周期循環的時間觀等。由於鄉民在大部分人類歷史上分布範圍都很廣，因而怎樣才能區辨鄉民的共通性便產生爭議。

任何鄉民社區中都會有一些人從分析上看不屬於鄉民，他們可能是生意人、卡車司機、放債人、無土地的工人或者手工藝匠人。他們的收入可能和鄉民差不多，並且和鄉民有緊密的社會聯繫。在分析上被定爲鄉民的人往往也在業餘從事這類的活動。特別是在近代世界，還有些在經濟和社會上與鄉民更爲不同的人存在，這些人可能是國家公務員，或者是國內或國外企業的代表，他們所出售的東西從曳引機到藥品無所不有，此外還有獨立的自由職業者，例如律師、醫生等。其中有一些人可以看成是**掮客**（brokers），是鄉民村社與廣大社會之間的中間人。村社越大，就越可能有這類人，即使沒有這類人的村落也會與這類非鄉民群體所居住的省縣城鎮有密切的聯繫。因此關於鄉民的定義有時以家戶的功能爲基礎，但關鍵性的問題是要了解這種功能怎樣和外界廣泛社會、經濟及政治網絡緊密地結合起來。

peer group　同儕團體　身分（status）相等的個人所組成的**群體**（group）。這個詞經常用於兒童和青少年的群體，他們的**社會化**（socialization）過程在由同齡人所組成的群體中互動所體驗的影響，與在輩份分明的家庭裡所體驗的影響不同。參見

youth culture 青年文化。

penology 刑罰學 研究懲罰的學科，特別是關於監禁部分。刑罰學一詞是19世紀提出的，那時監獄制度正在改組中，對監禁的目的也在進行激烈的爭論。這個名詞的引進一部分反映了一種「實證論」的信念，認為許多人類的問題可以找到科學的解決。參見 Foucault 傅柯；panopticon 環形監獄。

periphery 邊陲 見 centre and periphery 核心和邊陲。

personal construct theory 個人構念理論 一種心理學理論，旨在對整個人提出一套完整的和形式的解釋，所參照的是一套由一些相關的、兩極對立的構念（如好與壞）組成的個人構念系統如何由個人擁有、運用並發展。最常用的導引和測量個人構念的方法是庫存格技術（repertory grid technique），使用這種技術要識別三因素組之間的異同（如個人所認識的人）從而產生這種構念。個人構念論的創始者凱利（G. Kelly, 1955）為這種理論提供了一套精確的公式，其中包括一個基本的公理和11條推論。有人說這種理論既簡單又實用，代表了一個「作為科學家的人」的觀點。因此，構念和構念系統被用來解釋和預測個人在社會與非社會環境中所期望的事件，預測不準便導致構念修正或放棄。我們可以看出，構念事件的過程在社會感知、社會互動（受社會事件解釋的指導）和人格（personality）（構念系統中個人的差異）等方面具有重要的理論意義。人格構念論的應用包括對一種獨特的心理療法，還包括口吃、肥胖、酗酒和精神分裂症等「問題」行為的分析。

person-centred counselling 人本諮商 美國心理學家羅嘉思（Rogers）在本世紀30年代和40年代倡導的諮商（counselling）法，將案主（client）看成治療關係的核心。這一點看起來是沒話說的，但羅嘉思洞察了心理分析（psychoanalysis）和其他理論研究法對案主外加（impose）一種診斷和治療。他指出唯有案主才最了解自己的問題、最終的變化或治癒是來自內部。於是諮

商醫生被看成是非指導性的協助者，對患者的反應是眞誠的和感情投入的，也是無條件地關懷（羅嘉思的3個中心條件）。唯有通過了解患者的現象學經驗，醫師才能有效地幫助案主解決其自身的問題，並爲未來作出正確的決定，也正是體驗這種與諮商醫生的關係，案主才能負起自己的責任。

petty bourgeoisie or petite bourgeoisie　小資產階級　資本主義小業主階級，有些理論家還把獨立經營的工匠、中農與小農和其他小農場農人都包括在內。小資產階級一詞出自**馬克思**（Marx）的著作，他將大企業和小企業的政治、經濟狀況作了區別，並說競爭的必然性和接連發生的經濟危機促進壟斷性的大企業發展，並促使**階級兩極化**（class polarization）和小資產階級的**無產階級化**（proletarianization）。實際上，儘管小企業所有制旣不穩定又不保險（在5年多的時期內只有20％左右能保存下來，Fidler，1981），但小型企業或獨立企業的創業率始終很高，這可能是受到高失業率和經濟衰退的推動。對於小資產階級的經驗研究顯示他們的社會與政治態度可以概括爲幾點：個人主義和獨立的思想、不信任大企業組織、一般說來比較保守和反社會主義（Bechhofer et al.，1974）。一般認爲小資產階級的支持對於本世紀20年代和30年代歐洲法西斯主義在德國的興起是有影響的（Neumann，1942）。更常見的情形是，他們支持右翼和極右翼政治運動（如美國的麥卡錫運動）的人數多得出奇（見 Bell **貝爾**，1964）。

　　關於小資產階級的概念近年又由波蘭札斯（Poulantzas，1973）在理論上作了發展。他指出非體力勞動的**中產階級**（middle classes）最好將其看成是**新小資產階級**（new petty bourgeoisie），其理由是他們不具有生產手段因而不是資產階級的成員，但他們也不是工人階級成員［與**無產階級化**（proletarianization）理論相反］。他們是資本的助手，而他們在意識形態上又與資本主義利益相一致，因而把他們看成與舊的小資產階級相似是較爲適當的。然而最好將這個理論放在有關**新中產階級**

（new middle class）的爭論中，在許多方面要比放在小資產階級的傳統概念較容易了解（見 contradictory class locations 矛盾的階級定位）。

phenomenalism　現象論　一種經驗論理論（如彌爾 Mill 所提出的理論），認爲事物「是感覺的永恆可能性」。因此不可把現象論與現象學（phenomenology）混爲一談。涂爾幹（Durkheim）就曾受過現象論的影響。

phenomenological sociology　現象社會學　社會學的一種研究法，特指舒茲（Schutz）著作提出的方法（參見 social phenomenology 社會現象學；phenomenology 現象學）。當代對於現象社會學所作出最清晰說明的是柏格（Berger）和魯克曼（Luckmann）合著的《現實的社會建構》（*The Social Construction of Reality*, 1967）。這是知識社會學（sociology of knowledge）方面一部有影響力的著作。書中說一切知識都是在社會環境下構成的，而且以具體的實際問題爲導向。因此「事實」（facts）決不可能是中性的，而是始終反映着人們爲什麼需要它們。如此強調常識性的知識，影響了談話分析（conversation analysis）、俗民方法學（ethnomethodology）、現代詮釋學（hermeneutics）和多種詳細的民族誌式的參與觀察（participant observation），不過其中的共同點並非研究方法，而是對實證論（positivism）的背離，後者的特點在於應用定量研究法（quantitative research techniques）。

phenomenology　現象學　①現象是感官所感知的事物，而現象學則是「對於經驗的描述性研究」。例如黑格爾（Hegel）1807年所著《精神現象學》（*Phenomenology of Mind*）就使用了這個詞（比較 Kant 康德）。②近年的一種哲學研究法，特指胡塞爾（Husserl）的研究法，他把哲學看成是個人對自己體驗現象的知性過程的內省考察。現象學者的中心理論是知覺的意向性（intentionality），即我們不會只是有意識，而是必須意識到什麼。胡塞爾的方法是先天性的而不是經驗性的，一切被研究的

心理過程的偶然方面（不直接呈現於個人意識的一切，如無關的概念）都被「懸置」（bracketed）（從字面上講就是用括號括起來），以便對其「邏輯本質」做系統的考察。因此「現象學還原」（phenomenological reduction）的目的是剝去知覺的矛盾以揭示思想的先天本質。

雖然焦點不同，現象學對於社會學及社會分析都產生了巨大影響。其他採用現象學方法的哲學家和社會學家還有存在主義哲學家海德格（Heidegger）、存在主義馬克思主義者〔例如沙特（Sartre）和梅洛龐蒂（Merleau-Ponty）〕和舒茲（Schutz）。後者的社會現象學（social phenomenology）批判地接受了胡塞爾的方法，將這種方法用來研究日常社會知識所涉及的假定及知識之構成，亦即胡塞爾原來方法中「懸置」的生活世界（life world）。現象學的方法還在萊恩（Laing）與庫珀（Cooper）提倡的所謂「激進精神醫學」中得到應用。

現象學一詞還繼續在更廣泛的範圍內使用，指如何經驗到事物（如對藝術或建築作品的經驗）的一切研究。參閱 phenomenalism 現象論；參見 ethnomethodology 俗民方法學。

Piaget, Jean　皮亞杰（1896－1980）　瑞士發展心理學家，特別以認知發展的階段論知名。皮亞杰主要學的是動物學，他一直強烈地傾向生物學天生論（nativism），強調發育的內在規則（即通過系列的學習過程、其中每一個階段是下個階段的必然基礎）。他並不否定環境的重要意義，而是認為環境是這個過程的一個重要方面。不過後來的理論家如布魯納（J.Bruner）等往往比他更重視環境經驗。他提出四個發展的階段，即感覺運動階段（sensorimotor）、前運算階段（pre-operational）、具體運算階段（concrete operational）和形式運算階段（formal operational）。通過吸收和適應，兒童從出生時的感知反應逐步發展到十幾歲時的假設演繹的抽象思維。他對先天論的強調、他那階段論的僵硬性，以及他所用的方法論都受到批判。但他的研究無疑是開創性的，激發了許多支持他那些主要論點的研究工

作。但也有人指出他所劃分的階段之間的界線是模糊不清的；而且評價兒童的方法影響兒童的反應，從而影響他們的階段劃分。

piecemeal social engineering　零碎社會工程　英國社會哲學家巴柏（Popper）提出的有限社會與經濟計劃形式，認爲這是唯一能被社會科學知識所證成的計劃形式。他提出這種主張的根據是他的證僞主義知識論（見 falsificationism 證僞主義）以及他認爲知識在本質上不可預測（從而社會生活也是本質上不可預測）的觀點（見 historicism② 歷史主義）。

　　他還說社會演化過程可以和生物演化過程相比，說明它是不可預測的，最好以小步前進。參見 evolutionary sociology 演化論社會學。

pillarization　柱形化　（源於荷蘭文 verzuiling）一種穩定的社會縱向劃分，其中的政治組織形式（包括工會和政黨在內）都受橫越或縱貫於水平階級劃分的宗教或語言歸屬關係決定（比較 social stratification 社會階層化）。在荷蘭，分立的喀爾文教會、天主教會和世俗組織存在於各個生活領域，這種社會組織形式已經高度制度化，並成「分割的整合」（segmented integration）和政治權力共享的基礎。然而在其他地方，例如在黎巴嫩和北愛爾蘭，柱形化現象往往伴隨不穩定和政治權力未能分享。

pilot study　探索研究　小規模有計劃的實驗或觀察，藉以檢驗其後勤支援和設計。例如問卷調查可以在預定的樣本（sample）母體中找出一個小樣本進行探索，以便弄清楚其答題中是否有的會在解釋上造成特殊問題，或者導致模稜兩可的答案，以致難以將其作爲調查資料。如果問卷方案的設計沒有問題，那麼主要實驗便可往下進行；如果出現問題，便先將其解決。探索研究還可以爲主要研究的展開提供有價值的條件，也可能指出哪些方面不大可能對調查工作有幫助，從而應加以限制。

plasticity　可塑性　可以加以改變的性質。在社會學和心理學中，可塑性一詞一般用來說明人類行爲（behaviour）的彈性和

可訓練性。一般認為這種性質不但是遺傳因素所造成的結果，而且也受環境和文化的影響（見 culture 文化；nature-nurture debate 先天後天之爭）。因此社會化（socialization）過程在產生人類行為方面是極為重要的。

plastic man　可塑的人　見 autonomous man and plastic man 自主的人和可塑的人。

play　遊戲　自願的、取得快樂的，且除享樂外無其他目的的任何活動。

心理學家認為遊戲是發育過程中必要的組成部分，對於這一點有各種各樣的理論加以解釋。早期提出的理論有提前實現論（Groos, 1901）、剩餘精力論（Spencer 史賓賽, 1881）、復現論（Hall, 1908）。這些理論都說明遊戲是年輕人的一種重要活動，但似乎都未考慮樂趣。近來有人認識到樂趣問題，說明這是遊戲活動中所涉及的一種心理狀態。

一般認為遊戲的價值在於身體發育、學習技術、學習社會行為和人格發展（Millar, 1968）。遊戲療法被當成一種技術，用來了解少年兒童的心理問題，並幫助解決問題。

社會學對遊戲的興趣是圍繞着兩個問題發展的：⑴遊戲在自我社會化（socialization of self）方面的作用（循米德 Mead 的思路）。⑵二十世紀後期對於娛樂在身分（identity）的形成中的作用越來越引起人們的注意。參見 leisure 休閒。

plural élitism　多元精英論　關於現代自由民主國家的權力由許多互相競爭的精英（elites）分享的理論（Dahl, 1967）。多元精英論者認為在複雜的現代工業化社會中，精英人物不可避免地會占據支配的地位。在這一點上，這些理論家和古典的精英論（elite theory）是一致的。然而現代精英論和古典精英論在兩個主要方面有區別：

(a) 承認現代自由民主社會中的精英是代議制的精英，因此雖然人民不能進行統治，人民的精英卻能進行統治；

(b)斷言現代自由民主國家中的權力若不是由許多精英人物分

享，便是這些精英人物不斷公開競爭政治權力，其中沒有一個集團能夠取得對別的集團的永久支配權。正是基於這種看法，現代精英論對民主政體與非民主政體作了區分。

批判多元精英論的理論〔如《民主精英論》（*The Theory of Democratic Elitism*, Bachrach, 1967）〕在兩個問題上提出反對意見：第一，他們認為精英論傾向於低估現代社會中實際權力分配的系統性偏差（參見 nondecision **無決定**）；第二，「民主精英論」關於政治參與與個人發展的概念有局限性。針對這兩點批評意見，多元精英論者作出回答，指出他們自己關於民主政體的觀點比傳統觀點更富現實主義精神。他們還進一步堅決指出他們的模式所把握的民主政體與非民主政體之間的區別，反映了各種實際政治制度之間的重大區別。

pluralism　多元論　國家或社會組織中權力由多數群體和組織分享（或被認為如此）的狀況。多元論一詞最初是用來反對黑格爾（Hegel）的單一國家概念。在多元論的一項社會主義概念（基爾特社會主義）中，將經濟和政治權力分配給行業群體被認為是一種理想。然而在現代社會學與政治學，中多元論的主要含義是現代西方自由民主政治是多元政治政體，其中有許多集團和（或）精英分享權力，或者不斷地競爭權力（參見 plural elitism **多元精英論**）。

pluralistic ignorance　多元無知　群體（groups）中有人相信團體成員知道或了解他們並不知道的事情，事實上每一個成員都處於這種不知情狀態，然而卻相信團體中其他成員知情。

plural society　多元社會　存在着不同種族、語言或宗教群體形式劃分的社會。這種劃分可能是橫向的（參見 social stratification **社會階層化**）也可能是縱向的（見 pillarization **柱形化**）。

political anthropology　政治人類學　社會人類學的一個分支，着重研究簡單社會（simple societies）的政治體制與政治過程。關於簡單社會政治的研究，不單是在社會人類學中形成一個

特殊的重點，同時也是政治社會學的主要部分。

　　簡單社會的政治體制有一個突出的特點是它們不像現代國家社會中那樣存在一套分門別類、比較專業化、明顯具有政治傾向的機構（見 stateless society 無國家社會）。

political culture　政治文化　政治體制中的規範、信仰和價值觀。一般認為具體的政治文化是在漫長的歷史發展過程中建立起來的，其特點對有關政治體制的形式、效率等都具有深刻的影響。政治文化一詞在政治分析中的系統研究方面用得最多，本世紀五十年代至六十年代在美國頗為流行〔如阿蒙和孛巴合著《公民文化》（*Almond and Verba, The Civic Culture*, 1965〕。這種方法在推動政治文化的跨文化比較研究方面最有價值，例如阿蒙對於政治文化的參與型（participatory）、服從型（subject）和蒙昧型（parochial）的政治傾向做了區別。政治文化論者有一個中心的假定：作為美國和英國這類自由民主政體的基礎的公民文化由參與型加上政治服從而成，是這類政體比其他政體政治更穩定更有效的原因，同時也是其結果。然而從另外一個理論角度來看，政治文化也可以看作是涉及文化與意識形態的**支配權**（hegemony）。正是在這一方面（而不是作為政治效率的象徵那一方面），政治文化的作用可以視為一種保守勢力，阻礙社會轉化出更有利的社會與政治安排（參見 culture 文化；political socialization 政治社會化）。

political mobilization　政治動員　國家（state）對人民與資源的徵集與部署（見 Eisenstadt 艾森史塔）。

political modernization　政治現代化　一種現代化過程，一般認為經濟現代化對政治現代化有關鍵性的影響。在政治現代化過程中，傳統的或殖民地形式的政治組織和國家形式被西方的國家形式（包括現代政黨）所替代。

　　「政治現代化」過程要取得成功，在社會經濟方面需要具備哪些條件（如教育、適當的政治文化等），在本世紀五十年代和六十年代成為中心話題，流行於受**系統論**（systems theory）和

結構功能論（structural-functionalism）影響的政治學（political science）和政治社會學（political sociology）中。這類政治現代化的理論〔例如阿普特著《現代化的政治學》（Apter, *The Politics of Modernization*, 1965）往往堅信一種社會發展模型，認為西歐自由民主政體的模式是最理性和最適當的政治發展形式，也是非歐洲社會應該追求的目標（參見 stable democracy **穩定民主政體**）。這種以西方為中心的政治現代化構想遭到了廣泛的批判是理所當然的。因此現在政治現代化一詞的用法比較開放，不論涉及的形式為何。

political science　政治學　研究政治與政府的科學。

作為最古老的系統研究領域之一，政治學究竟是不是一門「科學」或者怎樣作為一門科學，有極大分歧的觀點。政治學家一般分為以下兩派（不過往往互相交叉）：

(a)一派利用哲學家、歷史學家、法理學家、行政官員等的著作，並且自己收集資料來描述並比較各種政府和政治的形式。這種人從不打算把政治學研究說成是自然科學意義下的科學，甚至也不打算說成是社會科學意義下的科學；

(b)另一派力圖把政治學研究與自稱有「科學性」的社會科學，如社會學、經濟學及社會心理學等的關係拉得更緊密。

political socialization　政治社會化　一社會成員學習和內化政治規範、價值觀和信念的過程；成員取得**政治文化**（political culture）的過程。

關於政治社會化（包括兒童社會化）的研究在某些政治學與政治社會學流派中具有特別重要的地位，這些流派強調政治文化在穩定政治體系方面的作用。關於兒童政治社會化的研究面臨著重大的問題：關於政治觀念在兒童社會化過程所占地位的直接經驗研究有時是可以辦到的，但許多研究工作不得不依賴可靠性較差的文獻或者成年人對兒童社會化的回憶。參見 authoritarian personality **權威人格**。

political sociology　政治社會學　社會學的一個分支，探討一

511

個社會的政治狀況或政治子系統。它雖然是社會學的一個分支，但也是政治學（political science）內一種獨具特色的研究方法。與正統政治學不同，政治社會學與政治學中的政治社會學研究法都強調考察政治體制時必須把它看成是完全包含在社會之中，而不能把它理解為孤立於社會之外的制度。政治社會學包括以下幾個主研究領域：

(a)國家（state）與政治系統（或是子系統）的一般性質與功能。

(b)政黨、壓力團體（pressure groups）、政治組織以及各種政治運動的性質。

(c)個人的政治參與以及政治行為模式的經驗研究，例如有關投票行為（voting behaviour）的經驗研究。

(d)關於政治體制的類型以及其相對效率和穩定與不穩定的比較研究。

(e)關於國家間關係（包括戰爭 warfare）以及國家在世界體系中的地位的具體和一般分析。

(f)綜觀以上各方面，社會政治學最突出的是關於政治精英（elites）與大眾（masses）的研究，以及關於現代社會在什麼程度上可以說是由統治階級（ruling class）所統治的研究（見 Mosca 莫斯卡；Pareto 巴烈圖；Marx 馬克思）。參見 power 權力；political anthropology 政治人類學。

對於政治現象的研究源遠流長。亞里斯多德（Aristotle）的《政治學》（*Politics*）在許多方面都常常被看成是一部政治社會學著作。馬基維利（Machiavelli）、霍布斯（Hobbes）、孟德斯鳩（Montesquieu）等人的著作也是如此，他們為現代政治社會學研究的不少方面開了先河。

polyarchy 多頭政治 字面意思為多人的統治。在政治學和社會學中，這一名詞最廣義的用法指的是權力分散的政治體制。因此其反義詞便是極權主義（totalitarianism）。在這種意義下，多頭政治可以具有許多形式，但不是自由民主制的同義語，只不

過往往有人（如 Dahl，1956，1985）把它當成同義語用。在社會學中，特別是在政治學中，多頭政治往往被看成與現代民族國家的興起有一脈相承的聯繫。但這種聯繫往往不連貫，而且也忽視了民族國家出現之前所存在的社會中權力相當分散的情況。

Popper，Karl 巴柏（1902－1994） 奧地利裔科學哲學家。他自1945年開始在倫敦政經學院工作，多年來一直主張**證偽主義**（falsificationism）和「批判的理性主義」（critical rationalism），並且以此聞名於世。他在《科學發現的邏輯》（*Logic of Scientific Discovery*，1959；德文版1934）一書中首先聲稱「已經解決了經驗論的問題」（參見 empiricism **經驗論**；induction and inductive logic **歸納法和歸納邏輯**），他為科學提出的標準是以假說的可證偽性而不是以假說的可檢證性（verifiability）為基礎（參見 positivism **實證論**）。他持這種觀點而成為科學的**含蓋法則模型**（covering law model）的提倡者，這種模型是他的證偽主義觀點必要的一部分。

巴柏最初重點在研究物理科學方面，後來才把其哲學研究範圍擴充到社會科學，特別是在《歷史主義的貧困》（*The Poverty of Historicism*，1957）和《開放社會及它的敵人》（*The Open Society and Its Enemies*，1945）兩書中這一點表現得最為明顯。在前一書中，他批判各種形式的歷史社會理論，這類理論主張社會科學作為歷史科學而言具有特殊地位，然而若不是誇張了科學規律的可能性，便是否認這種可能性（見 historicism **歷史主義**）。他認為這兩種形式的理論都沒有認識到自然科學與社會科學中法則與理論的真實性質，即它們所涉及的是有限度的、且非無條件的預測。

在《開放社會及它的敵人》一書中，他繼續批判歷史主義，把重點特別集中在黑格爾和馬克思身上。他說這兩人的歷史主義使他們成為「開放社會的敵人」。開放社會是他對自己所嚮往的社會的構想，其中個人可以立志改造社會，而且整個社會的前途本質上是不可預測的。他認為唯有這種形式的社會才能和他認為

在社會科學中能成立的科學法則相符合，這種法則都是以情境邏輯（見 situational analysis and situational logic 情境分析和情境邏輯）和個體方法論（methodological individualism）的形式提出的，而且只作有限度的預測。

他還有一種看法，認為能在社會科學中找到理論根據的社會設計唯有零碎社會工程（piecemeal social engineering），而不是任何烏托邦的計劃。從這點也可以清楚地看出他以類似的方式將自己的看法奠基於自己的一般認識論觀點上。

巴柏後來開始依據演化論（evolutionary theory）來解釋自己的觀點。他說正像生物界的情形一樣，知識與社會也是逐漸進展的，其中涉及「有希望的臆測」（hopeful conjectures），這種猜測有時是成功的，但總括說來是不可預測的（參見 evolutionary sociology 演化論社會學）。

雖然他把他的哲學說成是「反實證論的」，但其理論大致上仍然處於經驗論與實證論傳統範圍之內，因為他主張科學的絕對基礎以及社會科學與自然科學的統一。

近年來他關於自然科學和社會科學的觀點受到不少致命性的批評，其中比較著名的有：

(a)對證偽主義和含蓋法則模型的批判（見 Feyerabend 費若本；Kuhn 孔恩）。

(b)對個體方法論的批判。

(c)他的哲學受到廣泛歡迎的部分原因是由於意識形態。

population pyramid　人口金字塔　一種用以說明人口的年齡與性別結構的平面圖。見圖22。

positional goods and positionality　稀貴財物和稀貴性　由於自然或社會的稀缺性，而使其供應上在本質受限制的商品或情境（例如環境優美的住宅區或假日旅遊勝地、藝術傑作、高層職位等）。從這種商品或情境中所得到的滿足，有一部分來自於其稀缺性和社會排他性，同時也來自於內在的滿足。這種商品的供應不足不可能由一般的經濟成長而得到解決。

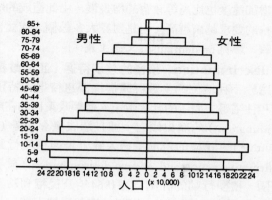

圖22 **人口金字塔** 蘇格蘭1976年的年齡結構

希爾施（Hirsch）在《成長的社會限度》（*Social Limits of Growth*，1977）一書中指出隨着社會越來越富裕，有許多額外的商品、服務和設施如果被全體消費者獲得並享用，便會使其價值跌落：「你我能得到的，大家卻都得不到」。因此正如米尚（Mishan,1967）所指出的：「旅遊者獵奇探勝，他在享受之時便不可避免地損毀和破壞這種奇異性」。希爾施說「我們關於經濟產品的現存概念只適合於眞正個人的產品，其中不存在不同個人之間消費的互相依賴性」。現代工業化社會中日益增長的許多環境問題（如擁擠問題、污染問題等）在希爾施看來都涉及稀貴性。希爾施還強調必須有一種分配的道德來限制成長。主張經濟成長的經濟學說往往提出一種技術統治主義的樂觀論，其觀點恰與上述觀點形成對照。參見 public goods **公共財**。

positional jobs **高貴職業** 本質上有限並爲人追求的職位，例如所有的「高階層職位」（top jobs）。根據希爾施（Hirsh,1979）的看法，現代工業化社會中教育水平越來越高的要求，便是一種稀貴的現象。越來越多的人競相追求報酬優厚、身分崇高的職位。然而由於這類職位本質上供給有限，在最好的

情況下其增加速度也比高等教育的增長慢，由此造成的結果是對於形式資格的要求越來越高，但是對於大多數個人或社會卻沒有相應的回報。參見 credentialism 文憑主義。

positive discrimination　積極的差別待遇、正向歧視　鼓勵向社會上處於不利地位的少數群體提供優惠待遇（特別是在就業、教育和住宅等方面）的社會政策。這類政策目的在於扭轉**歧視**（discrimination）的歷史傾向，並且造成**機會均等**（equality of opportunity）。積極的差別待遇大致上是與積極行動及逆向歧視（affirmative action and reverse discrimination）同義。

在美國，積極行動的計劃自從1964年公民權利法案（Civil Rights Act）頒布以來便一直在實行，這些政策引起了很大的爭論與爭訟。詹森（Lyndon Johnson）總統在為積極的差別待遇的概念作辯護時說：「你總不能把一個多年帶手銬腳鐐而變為瘸腳的人放了，就把他帶到起跑線上對他說『現在你可以自由地和所有其他人競爭了』，而且還自以為你自己是完全公正的。」

反對積極的差別待遇的人其論點可以格萊澤爾（Glazer，1975）為代表，他說積極的行動「意味着我們放棄了自由社會的第一原則，即個人的利益、幸福和福利是優良社會的試金石，因為現在我們只根據種族、膚色和民族來確定對個人的獎懲」。

在英國儘管也有人呼籲實行積極的差別待遇，然而在現行的性別歧視與種族關係法案（Sex Discrimination and Race Relations Acts）下，這種政策始終沒有立法確認。

positivism　實證主義；實證論　①孔德（Comte）提出的學說，主張唯一真實的知識是科學的知識，也就是描述並解釋可觀察現象（包括自然現象和社會現象）的並存與接續的知識。孔德的實證主義包括兩個方面：(a)方法論方面（內容已如上述）；(b)社會與政治方面，其中預期社會現象的實證知識可使政治與社會事物得到一種新的有科學根據的干預，從而改造社會生活。②（邏輯實證論）：二十世紀二十年代和三十年代一批哲學家的哲

學觀點,他們總稱爲維也納學圈(Vienna Circle),其部分觀念以孔德哲學爲基礎,但是其表現形式爲孔德的實證主義提供了一個更加牢固的邏輯基礎。維也納學圈的中心理論是檢證原則(Verification Principle),主張唯一可靠的知識是得到感官經驗證實的知識。更嚴格地說,這種學說預計科學知識最終可以在邏輯上互相關聯的普遍命題中得到表述,其基礎是用嚴格制定的「感官資料」(sense datum)語言對於「基礎事實」(basic facts)所作的說明。維也納學圈中有些成員(並非所有成員)贊成孔德的計劃,主張將自然科學的方法推廣到社會科學。③ 以如下一般假定爲基礎的社會學研究法:自然科學的方法(例如測量、對一般法則的探求等)可以移植到社會科學方面來。④(貶義)指以錯誤的方式模仿自然科學方法論的社會研究法。

孔德選用「實證主義」這個術語,其用意在於駁斥以往知識對宗教的和純理論的形上學的依賴(見 law of the three stages 三階段法則)。然而孔德認爲科學知識是「相對的知識」,而不是絕對的知識。絕對的知識以往是得不到,且永遠是如此的。孔德的社會與政治計劃預計人們將根據新的社會學這門科學所提出的路線,對社會問題和社會的重組取得新的共識。社會學家在政府部門和教育部門中將大顯身手,同時在建立新的「人道宗敎」事業中也將會大有用武之地。

由於邏輯實證論是一個「學派」而不是個人,因此其方法論的觀點比孔德的觀點更加複雜多變,而且在關鍵性的問題上和孔德的觀點有分歧。例如在倫理學的範圍內,邏輯實證論者往往主張在「事實」(可檢證)和「價值」(不可檢證)之間做出明確區別。贊成邏輯實證論的哲學家大多主張包括社會科學在內的科學可望提供越來越可靠的知識,使得人們所嚮往的目標得以實現,然而他們一般卻不承認科學可以決定價值觀的問題,即「應該做什麼」的問題,而不是關於「是什麼」的陳述(參見 fact-value distinction 事實—價值區分)。

孔德的方法論原理的細節及他的社會與政治計劃大綱在現代

社會學家中都沒有得到有力的支持。邏輯實證論者希望達成實證主義和科學更嚴格的邏輯表述的嘗試，也已證明不是顛撲不破的。

從方法論上說，實證論有一個中心問題來自於所謂的「經驗論問題」，即歸納邏輯的檢證（verification）缺少終極性的基礎（見 induction and inductive logic 歸納法和歸納邏輯；empiricism 經驗論）。另有一種更為有力的批評是所謂的「實證論悖論」，指出檢證原則本身是無法檢證的。

近年來哲學和科學史方面的新方法對於科學的單一哲學基礎這一觀念提出了懷疑。人們還對實證論提出批評，說它背離了自己對於科學知識是「相對」知識的觀念，而且關於「科學方法」的說法太武斷。參見 falsificationism 證偽主義。

以上所述各種疑難是將實證論運用到自然科學方面時所出現的，當其運用到社會學方面時另外還有其特殊問題存在。實際情況是社會學實證論並沒有實現預期的社會學知識的統一，也沒有就社會與政治重建方案取得共識。對某些社會學家來說，實證論的失敗說明必須應用一般科學方法以外的方式來研究社會學。見 meaningful sociology 意義社會學；Verstehen 瞭悟。

postal questionnaire or mail questionnaire　郵寄問卷　透過郵寄的方式送交給答問人的問卷（questionnaire）。參見 response rate 回應率。

postempiricism　後經驗論　否定經驗論（empircism）及實證論（positivism）所提出的觀點，即科學與知識的基礎可完全建立在理論中立的觀察之上。後經驗論接受孔恩（Kuhn）和費若本（Feyerabend）所提出的關於科學的說明。這並不意味着科學或知識是一種非理性的和相對主義的東西。不過確實意味著自然科學家和社會科學家都不得不說明為什麼一種理論應予接受，而另一種理論應予排斥，且有關知識的主張沒有單純的理論根據存在。

post-Fordism　後福特制　見 Fordism and Post-Fordism 福特

制和後福制制。

postindustrial society　後工業社會　關於二十世紀後期社會的一種概念,說明社會對製造業的依賴日趨減退,新的服務業興起,在生產、消費和休閒中對知識的作用有新的重視。

　　貝爾(D. Bell)在《後工業社會的來臨》(*The Coming of Post-Industrial Society*, 1974)書中提出一種說法:美國以及許多歐洲國家等現代社會均日益成爲資訊社會,也就是專注於知識和新知識生產的社會。說明這一現象的事實之一是在這些社會中高等教育的重要性日益增長。貝爾認爲在這些社會中知識日益成爲革新的主要泉源和社會組織的基礎。情形既然如此,以知識爲基礎的自由職業與職業群體在這些社會的階級結構中也日益取得支配地位。

　　根據這種看法,後工業社會也可以看作是一種後資本主義社會,其中資本所有者將權力讓渡給專業的經理人員(參閱 managerial revolution 管理革命;參見 convergence 趨同現象)。貝爾的這種概念雖然得到某些人支持,但卻遭到廣泛的批評,說他未能證明現代社會知識的重要性確實的增長實際上導致經濟權力向一個新階級轉移,特別是向一個非資產階級的階級轉移。

　　更廣義說來,對於現代社會在上述任何一種意義下已經超出了工業主義範圍的說法,接受的人是不太多的。例如初級的製造業可能已被認爲失去重要性,但這是一種誤導的看法,因爲許多服務業的產品是爲了製造業而生產的。同樣的道理,根據許多評論者的意見,富裕和休閒(leisure)社會(往往被當作是後工業社會的一部分提出)還是遙遠未來的事情(參見 leisure society 休閒社會)。

postmodernism and postmodernity　後現代主義和後現代狀態　一種文化與意識形態的全貌,據說取代了或將要取代現代狀態(modernity)和現代主義(modernism),其定義衆說紛紜,不同的理論家對於全盤現象所強調的方面各不相同。人們認爲「後現代狀態」意味着普遍信仰科學理性的局面已經結束,單一

的進步（progress）理論宣告退位，經驗論的表象和眞理（truth）理論被取代，並且日益強調潛意識，強調自由浮動的象徵與形象，強調觀點的複雜多樣性等。布希亞（Baudrillard, 1983）和李歐塔（Lyotard, 1984）等理論家就「後工業時代」這一觀念（參閱 postindustrial society 後工業社會），認爲後現代化狀態有一個重要的性質是從「生產型」的社會秩序轉向「再生產型的社會秩序」，其中模擬（simulation）、模型與符號（signs）日益構成世界的內容。因此任何關於表象與「眞實」的區別都消失了。例如李歐塔就特別指出一切偉大叙事（grand narrative）都爲更地域性的「記述」（accounts）所代替，這乃是後現代主義和後現代狀態的特點。布希亞談到「指涉文化的勝利」（triumph of signifying culture）。人們抓住後現代化主義所特有的新方向，將其與現代狀態作爲一種時代或明確時期的描繪相對比，往往把後現代化的出現說成是一種「氣氛」（mood）或是「心態」（state of mind）（Featherstone, 1988）。如果現代主義作爲一種文學藝術流派，其特徵也是反對強調表象（representation），那麼後現代主義就把這一運動更向前推進了一步。有一些理論家認爲後現代主義還有一個特點是「高級」和「低級」文化（電影、爵士樂以及搖派樂）之間的界限趨於崩潰（Lash, 1990）。許多理論家認爲後現代主義文化運動往往與當代社會的新政治動態及社會運動相交織，這些運動特別與新階級劃分〔例如服務業階級中的「表演專業」（expressive professions）〕的重要性日益增長有關（Lash and Urry, 1987）。參見 forms of life 生活形式；decentred self（or subject）去中心自我（或主體）；incommensurability 不可通約性；structuralism 結構主義；deconstruction 解構。

poststructuralism　後結構主義　見 structuralism 結構主義；deconstruction 解構。

postulate of adequacy　適切性設定　①指社會現象學（social

phenomenology）的一種理論，主張社會學的敘述與解釋必須能被所描述或解釋的社會情境中的社會行為者理解（Schutz, 1972）。②專指韋伯（Weber）的一種理論，主張社會學的解釋必須在意義的層次上是適切的，但它們必須同時具有因果關係的適切性。這意味着必須說明所描述的事實是以經驗為基礎的（包括以經驗的規律性為基礎）；也就是說這些事實有一定的機率會發生。

並非所有的社會學家都接受舒茲（Schutz）的學說，甚至也沒有全都接受韋伯的觀點。相反地，他們說社會行為者的理解往往是不一貫的，可以適當地通過解釋予以解決，或者代之以社會學的解說，例如說清楚它僅僅是表面意義，可以用潛在的意義、甚或用潛意識（unconscious）的意義加以說明（見 psycho-analysis 心理分析）；也可以說清楚它是意識形態（ideology）所造成的錯誤意識（false consciousness）；還可以根本不涉及意識加以解釋（如行為主義 behaviourism 中的解釋）。在上述任何一種情形下，社會後果都可以看成是社會行為的非預期後果（unanticipated consequences of social action）。

紀登斯（Giddens, 1976）對這個問題的回答在某些方面看來是舒茲與韋伯觀點的深化，他說雖然社會學的敘述始終應從社會行為者的意義出發，但是這些敘述得常常超越這個範圍，只不過絕不會忽視或貶低社會行為者的概念。還有一種看法認為社會學的解釋對於社會行為者的意義所作的複雜的解碼和補充都可以反饋給所涉及的行為者，讓他們接受並付諸行動［例如佛洛依德（Freud）的心理分析，及哈伯瑪斯（Habermas）根據佛洛依德和馬克思的理論所提出的「解放性」（emancipatory）社會科學都有這種意圖］。參見 double hermeneutic 雙重詮釋。

postulate of functional indispensability or universal functionalism 功能必備性設定或普遍功能論設定 某些形式功能論（functionalism）中的一種理論（參見 function 功能），主張「在每一種形式的文明中，每一種風俗習慣、物質客體、觀

念和信仰都滿足某種重要功能」（Malinowski 馬林諾斯基，1926）；而且「不論任何文化形式，除非所構成的反應在某種方式下是調整性的或適應性的，否則便不可能存在下去」［克羅孔著《納瓦霍人的巫術》（Kluckholn, *Navaho Witchcraft*, 1944）］——以上兩種說法都為**默頓**（Merton, 1949）的著作所引用。**涂爾幹**（Durkheim, 1897）雖然更加謹慎，但也提出假定指出任何類型社會的「一般形式」對於這種社會類型來說似乎都可運作。

　　特別是**默頓**（Merton），在其著名的「功能分析編碼」（codification of functional analysis, 1949）中對這個所謂的「普遍功能論設定」提出質疑。他說普遍功能論認為「所有標準化的文化形式都具有積極的功能」。例如所謂「宗教的必備性」（參見 functionalist theory of religion **宗教的功能論理論**）便被錯誤地認為以下述假定為基礎：「單純通過『崇拜』和『超自然的符咒』便可實現『人的行為最低限度的必要控制』以及『感情與信仰的整合』」。默頓對這種觀點提出質疑時說：「同樣的功能可以由其他替代物以不同方式實現」。見 functional alternative **功能替代物**；civil religion **公民宗教**。參見 functional（ist）explanation **功能（論）解釋**。

potlatch　誇富宴　交換禮物藉以確立社會地位與榮譽的習俗，存在於北美洲西北海岸的一些民族中。在其極端的形式下，誇富宴時可能象徵性地公開毀掉大量財富，這種習俗被歐洲殖民者所禁止。參見 gift exchange and gift relationshp **禮物交換和禮尚往來**；kula ring **庫拉環**。

poverty trap　貧困陷阱　收入略有增加致使個人或家庭喪失領取其他福利的權利，因而導致總經濟狀況惡化的情形。例如英國的低收入者不單可以領取社會安全的救濟款，而且可以少交所得稅和國民保險（National Insurance, NI）金。他們的收入略有增加時，即可能因此失去享受社會安全的福利，並得付出更高的所得稅和國民保險金。這種收入的增加，可能大大少於他們支付

國民保險金和所得稅而另增的支出，以及他們在社會安全救濟方面的損失。凡是有經濟情況調查的社會安全福利金制度存在的地方，這種貧困陷阱的存在便被認爲是不可避免的。

單身的母親具有報酬豐厚的職業時，可能由於必須支付子女看護費而使收入受到威脅，這樣的母親便可認爲是陷入了貧困的陷阱。如果只擔任兼差工作或者完全放棄有報酬的工作，她便可以照顧自己的子女，但卻可能失去一切職業補貼（包括年金）和事業前途。

power　能力；權力　①人類所具有「改變現狀的能力」，也就是「干預某一系列事件，從而在某一方面加以改變的能力」（Giddens, 1985）。②「某種社會關係中某一社會行爲者儘管遇到阻力，仍然有能力實現其自身意志的機率」（Weber, 1922）。③社會結構所具有的再生產或改造能力；這種能力可以看作是與個體行爲者意志無關而存在，例如資本主義制度下的市場力。

能力，特別是②和③意義下的能力，往往被理解爲負面的意義，其中涉及強制和利益衝突，然而以上三種意義下的「能力」都可以從更爲積極的角度來理解，把它看成是「使之能……」。權力關係可能既涉及互相依賴又涉及衝突。例如在**帕森思**（Parsons）看來，權力便是實現社交及整體社會目標的能力；在這種情形下權力便可以認爲與**貨幣**（money）類似，也就是說它是達到目的的一般化能力的基礎。

紀登斯（Giddens）說必須把權力看成是社會學理論分析中的一個基本概念，它從潛能上來說是所有社會關係的一個面向。但他又說這個面向如果要有效地在社會學分析中運用，便必須分解爲各種組成成分。紀登斯所作的一個重要區分是權力所涉及的兩類資源之間的區別，其中沒有一種佔首要地位：

　(a)物質資源（也就是經濟或分配性資源）的控制；

　(b)權威資源（authoritative resources），包括**正當權威**（legitimate authority），但是還有許多其他權威權力（authoritative power）的表現形式，如監督（surveillance）。

研究權力的學者（例如 Bachrach and Baratz, 1962；Lukes, 1974）還做出另一種重要的區分，那便是公開決定中可以見到的權力，與無決定（nondecisions）所涉及的權力之間的區別。在後一種情形下，權力是社區中偏見動員（mobilization of bias）所造成的結果，這是對已經確立的制度化權力的被動接受，其中的潛在問題從來不會出現在政治舞臺上。

在社會結構或組織內部，我們也可能談到上級有權柄的人對從屬者所施加的權力或控制的範圍或程度。但控制從來不是全面性的。控制的辯證性（dialectic of control）可以說始終是存在的。因為沒有任何人（即令是奴隸、兒童、犯人或精神病院的患者）在社會關係中是完全無能為力的。在權力關係中如果要這種關係對雙方說來不至於過分不便，那麼從屬者的主動配合便往往是必要的。儘管權力的平衡對有關雙方說來是不平等的，但權力關係往往仍然存在着一定的交互性（參見 total institution 全控機構；violence 暴力）。

權力在社會的所有各領域中，以及在所有各種機構中（如家庭、教會、群體和各種各樣的組織）是無所不在的，但在現代社會中權力主要集中表現為(a)民族國家（nation states）的權力和(b)資本主義的權力。第一種權力依靠正當權威（legitimate authority）的維持，但其最終根基是施加於人體的暴力。第二種權力與政治權力不同，在其純粹的形式下本質上是「非政治的」，在現代社會中是「分配性資源」的現代主要表現形式。然而在現代西方社會中，資本主義在維持政治正當性方面也起着重要的作用，因為資本主義制度比其他經濟制度更有效率，更受到廣泛歡迎。不過某些評論家認為這種現象涉及的是意識形態和文化納入（cultural incorporation），而不是長遠的經濟利益（參閱 legitimation crisis 正當性危機）。

關於現代社會中權力的分配以及其含義的研究在政治社會學（political sociology）中占有重要的地位，其重點在於研究精英

（elites）和統治階級（ruling classes）、政黨和壓力團體（pressure groups），以及各種各樣的政治經濟當權者。例如在拉斯韋爾（H. Laswell）看來，政治社會學所探討的是「誰在什麼時候、以什麼方式、得到什麼」（who gets what, when and how）。

某些理論家如米爾斯（Mills）認為現代社會受少數權力精英（power elite）所支配，另一些人﹝包括（達爾（R. Dahl）和李普塞（S. Lipset）﹞強烈地反對這種看法，認為這種局勢涉及以參與性政治文化為基礎的多元精英（plural elites）（參見 stable democracy 穩定民主政體）。達爾作過一次重要的研究，接着又參與了一次辯論，力圖將自己的觀點建立在社區政治的經驗研究基礎上。然而他的結論一直受到指責，特別是有人指出他曾作出沒有任何個人或群體可以佔居支配地位的結論，但這種說法沒有考慮到「無決定」（non-decisions）的情況（參見 community power 社區權力）。第三種主要觀點是馬克思主義理論家提出的。他們說一種情形是有明顯的資本主義統治階級存在；另一種更常見的情形是有一種更加分散的結構權力存在，這是從資本主義總的權力分配中產生的，而支持這種權力的是對阿圖塞（Althusser）所謂的意識形態的國家機器（ideological state apparatus）的控制，或者是受更加分散的支配權（hegemony）控制。

從以上所有的爭論中可以清楚看出一點：權力的概念化與研究中所產生的問題是不容易解決的，以致引起種種的疑問（如 Lukes, 1974），如「權力」是否為本質性爭議概念（essentially contested concept）。路克斯（Lukes）這一說法的意思是圍繞權力的價值觀問題絕不可能以經驗的方式加以解決，也可能永遠不會得到令人滿意的解決。路克斯的觀點和韋伯（Weber）的觀點之間有許多類似之處（見 value relevance 價值相關性）。

然而有人指出以上兩種觀點都不免過於拘謹。我們可以承認「權力」的概念很複雜，而且容易引起爭議。但社會學可以不只

是單獨探討權力是否有特殊地位這個問題，社會學的探討更能夠找出何以社會學的許多概念都有價值問題，先且不管這些概念是否因此而有爭議性。這種看法更接近於加利（Gallie, 1955）的觀點——「爭議概念」就是他提出的。

　　路克斯支持結構性權力的概念也是謹慎的。這就引發了有關「權力」的最後論點：權力與能動作用概念和權力與結構概念的交錯說明路克斯過於籠統地排斥了「結構性權力」。上述兩種概念單獨使用時有許多問題存在，但近年有人主張把這兩個概念配對使用，這樣便可以有希望解決單獨使用任何一個概念時所存在的問題。見 structure and agency 結構和能動作用。

power élite　權力精英　現代美國社會中當權者的幕後集團（Mills 米爾斯, 1956）。根據米爾斯的描述，這個精英集團是由現代美國社會中居軸心權要地位的三個集團鬆散聯結而成的，這三個集團是工業巨頭、軍界領袖和政界巨擎。米爾斯堅稱這三個集團構成「權力精英」，而不是馬克思主義意義下的統治階級（ruling class），原因是他們的權力基礎並非單純經濟性的。相反地，權力精英所具有的相對統一性被認為來自於他們共同的文化與心理取向，往往也來自於他們共同的社會出身。

　　關於現代權力精英的另一個主要理論是多元精英論（plural elitism），其中據信有多個精英團體存在，而不是以一個統一的集團而行動。

practical knowledge or practical consciousness　實際知識或實際意識　（特別指在社會現象學 social phenomenology 和俗民方法論 ethnomethodology）社會行為者相對於其本身行為和社會情境而言「所認知的」、但不一定能明白表示的知識。因此實際知識往往是默會知識（tacit knowledge），與一般的社會能力或特殊的社會能力有關。

practical reasoning　實際推理　①針對社會活動並在活動中造成後果的思想。這是導源於哲學的慣用語詞，在哲學中其含義與「理論推理」相對應，被認為是描述現實世界及其內容。相對

說來，實際推理若不是直接發自於行動，便是直接施之於行動。因而實際推理就有以下的考慮：(1)關於「自我」實現並盡量擴大自身利益的考慮；(2)出於「審慎」的考慮；(3)「道德」(morality) 的考慮——也就是考慮與別人有關的限制行動、鼓勵行動，或者是不採取行動等。亞里斯多德關於實踐三段論的提出為實踐推理的特殊地位提出最為鮮明的要求——實踐三段論有別於理論三段論，前者行為本身（不是有關行為的描述或解說）被認為會按照邏輯的道理從前提中產生出來，而這種前提往往被概括為「欲望」或「信念」。這種說法的效果乃是使行為本身合邏輯，有人認為這就是行為的「意義」之源。以此為依據，又有人（如 Von Wright, 1971 ）認為這種邏輯聯繫表明了有關人類活動的解釋與有關自然事件的解釋之間的區別。②社會情境中平常的思維或日常的思維。這一俗民方法學的用法表示實際推理是一般社會組織的中心特徵，因而也是嚴肅的經驗社會學的課題。見 ethnomethodology **俗民方法學**。

pragmatics　語用學　語言學的一個分支，研究語言在語境中的運用。語用學試圖描述在社會環境中所引起的語詞之選取與生產之系統變化。因此語用學是語言學中最複雜的一門學問，存在着根本性的分歧意見。現在還難說它究竟能否成為一個系統研究領域（或許重點在典型語境中受允許或贊揚的言語序列或行為序列上），抑或僅僅是一個包羅萬象的範疇，把意義中不屬於**語義學**（semantics）範圍的其他面向全都包括在內。在這方面有兩種重要研究方法：(1)**言語行為**（speech act）理論，根據奧斯汀（Austin）與塞爾（Searle）的意見，這種理論力圖了解用言語「完成」行為的規則（如許諾）；(2)俗民方法學的**談話分析**（conversation analysis），提出詳細的證據說明優選的序列，可以說是第一種獲得成功的經驗語用學。

pragmatism　實用主義　一種哲學研究方法，包括許多美國哲學家，如皮爾斯（C.S.Peirce,1839-1914）、詹姆斯（W.James, 1842-1910）和杜威（J. Dewey）等人的理論。這

派哲學的中心理論是概念或命題的意義及眞實性，僅僅與其實際效果有關。根據這種看法，皮爾斯認爲判斷科學假說的標準應該是該假說能經過檢驗推演，簡單明瞭，有包容新證據的能力等。

詹姆斯認爲觀念只在它能幫助人們把自己的經驗聯繫起來時才是眞實的。至少在某些形式下，**約定論**（conventionalism）和「工具主義」（instrumentalism）都是與實用主義有關的學說。在這三種學說中，科學的法則和理論往往被認爲是指導行動的原則，而不是對客觀世界的文字描述。現代哲學論述中也存在類似的論點，如一切理論以不足的證據在加以說明，且我們在判斷理論時還涉及「經驗上相合」以外的標準。

praxis 實踐 （馬克思主義）指有目的的行動，包括政治行動，其目的在於改造物質世界和社會，也包括改造人類本身。「實踐」是馬克思主義的一個重要的普遍概念，引導人們注意經濟與社會制度的社會構成性質，並且讓人們看到改造這些制度的可能性，即人們獲得自由的能力，這種能力在個人層次上是無法完全實現的。實踐可以具有更加明確的含義，例如「革命的實踐」，但主要用法是一種普遍的概念，可以有不同的側重點，例如在馬克思主義的某些用法中，實踐與必然性之間存在某種緊張關係。

prejudice 偏見 沒有事實根據的意見或**態度**（attitude）。往往有否定的含義，一方面因爲有偏見的人的意見是無根據的，往往不是根據第一手經驗形成的，另一方面也因爲這種態度就其針對的客觀對象而言往往是否定的。然而積極肯定的偏見態度也是有的。

偏見已經與人格類型有關連性（見 authoritarian personality **權威人格**），而且還與團體歸屬有關。正和所有其他態度一樣，偏見也是家庭和其他社會群體中（其中存在影響態度的條件和強制服從的壓力）社會學習的結果。參見 stereotype **刻板印象**；ethnocentrism **族群中心主義**。

pressure group 壓力團體 （政治學 political science）旨在影

響政府的政策與行動，或改變輿論的組織。壓力團體與政黨不同，它不企圖掌握政權，不過在某些情形下以壓力團體的形式開始的組織，後來卻變成了政黨。利益團體（interest group）一詞可以與壓力團體一詞互換使用。

壓力團體分為以下兩類：

(a)與政府建立了持續直接關係的團體（可能只在一段時期內），如全國農場主協會和農業部以及英國醫學會和健保部等。

(b)表態性或促進性團體如全國步槍協會，這類團體大部分透過較為間接的方式影響政府，如設法改變公眾輿論。

前一類團體往往有明確的經濟利益為基礎。它們與政府建立持續直接關係的能力似乎取決於：(1)聲稱代表大部分可能有的會員；(2)保持合作的關係對政府、對利益團體都有好處（Eckstein, 1960）。

多種多樣壓力團體的存在往往標誌一個社會政治多元化達到的程度。這說法可能是正確的，但卻不能因此而忽略另一個事實，即加入有效的壓力團體活動之能力在個人之間是有很大差別的。參見 pluralism 多元主義；corporatism 統合主義；social movements 社會運動。

primary deviance　初犯偏差　初次開始破壞法規的行為。萊默特（Lemert, 1961）用此詞而不用偏差行為（deviance）一詞，但是後一個名詞現在更為通用。初犯行為應聯結再犯偏差（secondary deviance）來理解。

primary group　初級團體　家庭、朋友或同事所組成的小群體。庫利（Cooley, 1909）將團體區分為初級與次級團體（secondary groups）。前一種團體有自己的行為規範，並且涉及許多面對面的互動關係，而後一種團體則規模較大，很少涉及全體成員之間的直接互動（例如工會或政黨）。

primary sector　初級部門　經濟領域的部門，包括農業（agriculture）與礦業，所從事的是原料的生產與採掘。

primitive society　原始社會　最早期、內部分化最少的人類社會形式。同類的名詞還有簡單社會（simple society）或蒙昧狀態（savagery）等。「原始社會」一詞說明其技術及社會組織的複雜性都處於原始階段。李維布呂（Levy-Bruhl, 1923）等理論家還提出與這種層次的技術及社會組織相關的「前邏輯」原始心態（primitive mentality）。

　　儘管用「原始社會」一詞時人們常抱有同情的和非判斷的態度，但仍不免有貶義。於是人們便改用其他名詞，如簡單社會、部落社會（tribal society）、和無文字社會（nonliterate society）等，不過改用這些名詞也不能完全避免貶義。這是由於現代社會的基本文化假定所造成的，即現代社會自認是一種優越的形式。唯一的解決辦法是在描述前現代社會時不採取這類假定，而是採取一種開放的方式來探討這種社會的性質。參見 evolutionary theory 演化論。

primogeniture　長嗣；長嗣繼承　①第一個出生的子女。②第一個出生的子女的繼承權。繼承制度在各社會互有差別，對於財產的傳承和積累具有極大重要性。許多北歐社會實行長嗣繼承制，這樣所積累的財富和財產大於分散在各家庭成員之間的繼承制。特別應該指出的，長嗣繼承可防止土地財產被分割成越來越小的地塊。在許多社會中長嗣一般指的是長子。

prisoners' dilemma　囚犯困境　博弈論（theory of games）中的一種典型情形。兩個犯人已有證據證明犯了罪，但還不足以據之定罪，同時兩犯人不得互相溝通，並允諾如果其中一人認罪便可從輕判處，而不認罪的人則要從重判處。如果兩人都認罪，便許諾他們都判中等刑，但如果兩人都不認罪，便會都判輕刑。這種情形所說明的是「非零和博弈」（見 zero-sum game 零和博弈），因爲其間不存在單一理性的結局。如果兩人都不認罪，便比他們都認罪更能多得好處，但不認罪時他們便要冒風險：如果其中有一個認罪了，另一人便會在三種可能的懲罰中受到最嚴厲的懲罰。正像博弈論中所有這類假定的事例一樣，這種模型說明

了現實世界中的狀況，不過並非每個細節都完全符合。

pristine states or primal states　原生國家　最初出現的國家（state），據信起源於中東，可能也出現於印度北部，後起的國家（次生國家）咸信都是對這種原生國家採取防衛行動並以之為模式發展而來的。傅瑞德（Fried, 1967）、卡內羅（Carneiro, 1970）和哈里斯（Harris, 1978）等人認為戰爭是產生早期國家的主要因素。然而由於戰爭早在國家存在以前便存在了，因此說明國家起源的決定性因素有以下兩種：

(a)在河谷地區社會中民族緊鄰而居或互相影響，如公元前3000年的美索不達米亞、公元1世紀時的秘魯和公元300年時的中美洲等，這些地區的民族都經過了**農業革命**（agricultural revolution），但卻被自然障礙所困；

(b)這些社會中相對於人口的發展可能出現資源枯竭，因此造成更大規模的資源爭奪。當食物缺少、各社會之間的衝突不斷升高時，新的人口調整便會導致戰爭日益頻繁，從而造成了國家的起源。這一過程還包括被打敗的群體隸屬於越來越大的群體，還有另外的群體願意交納貢賦，而不願輕啟戰釁或逃離國家的勢力範圍。

private and public spheres　私人領域和公共領域　社會關係的二分模式，將家庭範圍內的家務與社會化勞動（工資勞動）及政治活動劃分開來。這種模式在日常話語中出現，如「婦女的本位在家裡」，也在社會科學中出現（見 Elshtain, 1981）。歷史學家和社會科學家一般都認為工業化和都市化使家庭和工作分開，同時也使個人事務和政治事務分開。如此分離也性別化，私人領域便與婦女兒童相聯繫，而公共領域則與成年男子相聯繫。男女有別的家庭觀念在19世紀特別受到新出現的中產階級提倡，並且出現在19世紀的社會政策和立法方面。然而家務範圍和經濟及政治事務範圍的分離原先是、現在仍然是意識形態性質多於實際經驗性質。這也是許多西方思想中所存在二元論的一個例證。

達維多夫（Davidoff, 1979）和薩默斯（Summers, 1979）的

著作對於這種二分模式的歷史存在提出懷疑。達維多夫說公私領域之間的劃分不能認爲是既定的，甚至在19世紀也是如此。她認爲家庭服務工作、接受房客，還有家務勞動和領受工資的各種各樣的輔助性家庭工作，這一切都說明經濟不能完全劃分在家庭範圍之外。薩默斯在書中記載了中層階級和上層階級婦女在從事慈善工作時不斷以各種方式重新議定公私事務的劃分。

西爾坦南和斯坦沃斯（Siltanen and Stanworth, 1984）也對公私領域間不可逾越的界限提出質疑，他們批評政治社會學和工業社會學將上述二分模式當成既定模式。工業社會學遵循「男人職業模式」、「婦女性別模式」的原則（如 Blauner, 1964）。對男子是根據其與工作及經濟的關係定位，對婦女則根據其與家庭的關係定位。因此，男人的階級地位主要決定於在職業結構中的地位，而婦女的地位則決定於在家庭中的地位。政治社會學往往把婦女和私人領域都置於政治範圍之外。政治社會學家將婦女定爲非政治性的，或者是把她們說成比男子更保守（Dowse and Hughes, 1972）。對婦女從事政治與經濟活動有一種男性觀點，或者漠視婦女的參與，或者加以曲解。

本世紀六十年代末女性主義再起，使人們強調個人生活的政治性，特別強調家務勞動、子女照顧、性生活和男人對婦女的暴力行爲等方面。因此關於「政治」的涵義被擴充，將私人領域也包括在內。但西爾坦南和斯坦沃斯說女性主義者向上述二分模式發起的挑戰整體說來是不太成功的。在他們看來，這兩個領域間的關係是政治分析的問題，必須考慮到兩個領域的變動性，並駁斥將這兩個領域視爲固定領域的說法。他們說如同政治不是公共領域的特權一樣，私人領域也進入公共領域，並發生影響。這兩個領域都不是專屬於一個性別的。男子參與公共領域，也受他們在家務領域中地位的影響。從歷史上說，婦女曾在公共領域中占有地位，且今後仍將如此。除此之外，國家仍然與私人領域關係密切，同時調整和重構私人領域。

private property　私有財產　見 property 財產。

privatization　私有化　①將國有或公有企業出售或轉讓給私人，歸私人所有和控制。在英國，這一過程特別與柴契爾主義（Thatcherism）的經濟與社會理論有關。例如英國電信公司、英國石油公司、英國煤氣公司、英國航空公司和其他許多公司的股權出售，都是這一過程的表現。在其他領域中，議會房屋的出售以及擬議的**福利國家**（welfare state）改革，特別是修改保健與教育事業籌資辦法的建議等，都屬於這一類。這種趨勢也有一定程度的反映在美國。②個人退出政治與**公共**（public）活動。③工人階級傳統的社區生活方式被更富於家庭意味並以家庭爲中心的生活方式所代替，並從舊的工人階級住房中遷出而搬進較新住宅的過程。定義③的解釋特別與**戈德索普**（Goldthorpe）和**洛克伍**（Lockwood）等人在1968-1969年關於**富裕工人**（affluent worker）的研究工作有關。那項研究重點在一種假定，即認爲態度方面的重大變化與私有化過程有關，如階級效忠精神的崩潰，對工作採取「工具主義」態度，對生活水準和地位有新的關注，在政治方面有更加務實的態度（不再「自動」支持工黨），職業流動性更大，總括說來持更富個人主義的態度等。關於富裕工人的研究無疑是英國社會學中的經典研究。這項研究應用了本世紀50年代和60年代許多盛行的論點，已成爲對工人階級結構、**階級意識**（class consciousness）和**階級形象**（class imagery）等理論與經驗研究的源泉。批評家指出洛克伍和戈德索普的分類過分簡化，當非傳統的階級定位和工具主義以及政治戰鬥性增強的情況相結合時，這種分類的實際用途就成問題了。批評家還指出這份研究未考慮到除社會**階級**（class）以外的其他因素，如種族、性相、宗教、年齡等影響人們態度的因素（Rose, 1988）。然而這份對社會階級結構與階級意識變化所進行的研究，在英國社會學有關社會階級與階級意識研究的新取向中，始終具有重大的意義。

probability　機率　（統計學）從0（不可能）到1（肯定）的一個數字，表示某一特定結果從長遠看來將要發生的可能性。機

率論關涉確立一套規則以之處理機率問題，並以之計算複雜事件的機率。它預測隨機變量的變化方式，並提供一種數字估計。在社會學方面，這種理論對於抽樣方法和統計推論尤有重要意義。

機率樣本是隨機樣本（random sample）的另一個名稱，其抽取方式使母體中每一單位都具有已知的被選中的機會。社會學研究中運用隨機（機率）樣本的好處是當樣本結果推廣到母體時，便可用機率論估計出抽樣誤差量。見 sample or sampling 樣本或抽樣。

統計推論處理的是兩個相關的問題：(1)根據樣本數據估計未知的母體參數；(2)根據樣本數據檢驗假設。根據樣本數據可以取得概略性描述統計數字，如樣本平均值或樣本比例等。中央極限定理（The Central Limit Theorem）說明如果從母體反覆取得規模相等的大量隨機樣本，那麼樣本統計數字如平均值等將為常態分配（高斯分布）。這種分配的一個性質是分配在平均值周圍特定範圍內的機率具有恆常的比例。正是由於這種特性，才能根據隨機樣本統計數字推論母體。計算樣本平均值並不能對母體平均值得出肯定的結論，但由於知道樣本分配狀態，便可對母體平均值做出具有一定信賴水平的估計，例如0.95（95％）或0.99（99％）的機率。

顯著性檢定（significance test）檢定的是從樣本數據中所觀察到的結果隨機發生的機率。知道了理論性的頻率分布，便可對檢驗統計數據計算出機率值；如果這種數值夠低的話（如 p＝＜0.05或 p＝＜0.01），便可排除虛無假設（null hypothesis）。顯著性和信賴水平檢定，都是以機率法則為基礎的。

probability sample **機率樣本** 見 probability 機率。

probability theory **機率論** 見 probability 機率。

problematique or problematic **問題意識、關聯性問題群**
構成任何一門科學的問題與概念的體系（Althusser and Balibar,1968）。這一概念在阿圖塞的著作中所起的作用大致上相當於孔恩（Kuhn）著作中的典範（paradigm）概念或傅柯

（Foucault）著作中的**認識**（episteme）這一概念。和孔恩的看法一樣，阿圖塞也認為新的問題意識需要與原先的思想方式發生革命性的**認識論的斷裂**（epistemological break）。因此阿圖塞說馬克思主義作為科學的問題意識僅僅在馬克思於1845年和黑格爾的觀念決裂以後才誕生，從此以後馬克思便在一個潛態的問題意識範圍內進行探討，後來科學的馬克思主義者將其加以發展。

problem of demarcation　學科分界問題　圍繞科學識別而發生的問題，特別是關於科學分界的單一標準的建議所引起的問題，如**證偽主義**（falsificationism）。參見 positivism **實證論**。

problem of order　秩序問題　見 social order **社會秩序**。

productive labour and unproductive labour　生產性勞動和非生產性勞動　（馬克思主義）指資本主義與資本主義生產方式中相對的兩種勞動形式，這是接受勞動價值論而產生的概念。生產性勞動指創造剩餘價值的勞動形式，而非生產性勞動指不創造剩餘價值的勞動形式。只有在充分社會化的經濟中必要性的勞動形式才被認為是社會必要勞動（socially necessary labour）。所有其他形式的勞動，儘管在資本主義經濟中對於剩餘價值的實現（不是對於其創造，如銀行職員的勞動），或者對於從意識形態方面為資本主義作辯護（如某些形式的腦力勞動）說來是必須的，仍然被認為不構成「生產性勞動」。如果有人懷疑勞動創造價值的學說，則馬克思主義中關於生產性與非生產性勞動的概念便會大大失去說服力。參見 contradictiory class locations **矛盾的階級定位**。

profession　專業、自由職業　**中產階級**（middle class）職業群體，其特點是具有高水平的技術與專業知識、應聘自主、職業紀律等。在英國還要求獻身於公眾服務。傳統的專業包括法律、醫藥、教會和武裝部隊。但專業一詞使用至今仍有爭論，爭論的理由是技術知識和專業化有新領域出現，此詞的平常用法可以泛指任何一種或所有各種職業，或從非專業標準（如金錢、社會階

級）區分有完全相同專長的人。在社會學文獻中，這類爭論涉及專業的定義問題和專業最重要的特點。

直到二十世紀七十年代爲止，社會學研究工作中趨向於按專業本身討論其性質，由此反映出功能學派觀念，即以專業公共服務作爲專業地位的主要判斷標準。弗萊克斯納（Flexner, 1915）早期所作出的貢獻證明了這一點。他強調專業的智力與非體力性質使之必須在知識與技術方面接受長期的專業化訓練，專業其強大的內部組織可處理溝通與紀律問題，以及專業者的實際取向出自爲公衆服務的利他動機而非個人利益動機。

近年之前大多數社會學著作都支持這些論點，強調這些特性所帶來的崇高地位。後來功能論者繼續對專業的性質進行爭辯，強調不同的因素，但大體說來仍然同意以上的主要論點。帕森思（Parsons, 1964）把這種論點向前推進了一步。他從非外行人所能掌握的專業知識和利他主義等特色出發，補充說明專業者由於其專業技術與知識而對於外行人具有權威，專業的這種特性是現代組織機構中日益重要的特點。專業化這大趨勢的看法在許多有關專業的專業著作中是一個主題，但所重視的與帕森思及其他功能學派的學者不同。功能學派的學者往往強調專業對社會的價值及其崇高的聲譽與無私精神，其他學派的人所強調的是專業者的權力和自我利益。可以說從專業的觀點出發所強調的是專業對於社會的好處，而後來的批評者所強調的只是專業者對自己的好處。休斯（Hughes, 1952）是最早作這種分析的人，他指出專業者並不單純是爲了委託人（當事人、病人、顧客）的利益，他們的組織和行規辦法也保護開業者並使之受益。特別的是，聲稱具有權威知識就意味着只有專業者能夠判斷他們自己的工作是否適當，專業的組織爲的是保護開業者而不是保護委託人。這種批評的意見是近來各種研究中的典型意見。強生（Johnson, 1972）發展了有關委託人與開業者間關係的看法，強調專業者有權規定委託人的需要及其處理方法，並且按對自己有利的方式解決爭端。兩位帕里（Parry and Parry, 1976）研究了醫藥行業，認爲生產

者一消費者的關係在這裡是一種次要的考慮，更重要的是建立一種行業的壟斷，排除敵對競爭的醫療方法。專業化的基本策略是要求受法律支持的唯一行業資格，自治管理和成員吸收的控制是這種方法的主要部分。專業（壟斷）地位的好處是保證高額的物質報酬，排除外界對其表現的判斷，並且對准許開業的人保證職業的穩定性。

這種看法認爲專業化運動是一種謀求自身利益的策略，在這種意義下原先對中產階級和工人階級職業所作的區分便崩潰了。如熟練的體力勞動工人也試圖通過學徒制來控制成員的吸收，並通過工會制度及「限制性」的職業定義來保護成員的穩定性，即從事某種職業的許可被嚴格地限制於一種行業的成員。體力勞動工人由於技術的變化以及失業高峰期的市場狀況，在維持其壟斷特權方面不如專業者那樣成功。但有跡象顯示，傳統的專業在要求壟斷和自治方面正受到壓力，比如另類醫學（alternative medicine）日益受到歡迎並獲得成功。英國的法律行業也有人提出變革，其中包括訴狀律師在產權轉讓方面的有效壟斷應予減弱，出庭律師對高等法院出庭辯護的壟斷權也應予減弱，這些都是說明上述趨勢的例證。然而這些變革並沒有使專業化（professionalization）作爲社會流動（social mobility）策略受人歡迎的程度有所減退，因爲物質和聲譽報酬仍然是很明顯的。

professionalization 專業化 任何一種職業成功地取得專業的地位，進而取得其報酬與特權的過程。

progress 進步 ①走向所希望的目標的運動；受到歡迎的發展或前進。②社會發展的結果，包括科學與技術知識的增加、經濟生產力以及社會組織複雜性的提高。

在社會學方面，對於進步的概念有以下兩種主要的觀點值得提出：

(a)用這一項概念來認證進步過程所經歷的主要歷史道路的學說，二十世紀的學說有帕森思的**演化普遍模式**（evolutionary universals）的概念，以及十九世紀的學說（見 evolutionary theory 演化論）。

　　(b)特別是十九世紀末和二十世紀初，由於種種理由而拋棄進步概念的學說。

　　成爲早期社會學思想核心的「進步」概念，在創立這門學科的三巨頭的著作中表現得十分淸楚。在馬克思（Marx）看來，進步的基礎是生產力的發展以及生產力經過革命鬥爭後最終用於滿足人類的需要，而不是用於私人積累。韋伯（Weber）的看法比較模稜兩可，他認爲進步的基礎在於經濟、組織、法律和科學生活的理性化（rationalization）。涂爾幹（Durkheim）認爲進步的基礎在於個人自由在有機連帶中得到增進。見 mechanical and organic solidarity 機械連帶與有機連帶。

　　然而十九世紀初許多演化論（evolutionary theory）往往認爲發展還涉及文明化的過程，也就是從單純的蒙昧（savagery）與野蠻狀態走向歐洲人統治下所達到的「啓蒙狀態」（enlightenment）、資本主義和基督敎階層。新演化論（neo-evolutionism）試圖避開有關進步的充滿價值觀的定義，他們的說法是「社會的總體適應能力」或「文化的全面能力」的增長便是進步（M. Sahlins and E. Service, 1960）。

　　進步的社會特別是資本主義工業化社會，有一種持續出現的特點是技術進步迅速，特別是新技術進步迅速。這種發展對經濟與社會生活的影響形成了不斷爭論的源泉，並且與當代社會變邊（social change）理論有緊密的關聯。參見 modernization 現代化；Fordism and post-Fordism 福特制與後福特制；postindustrial society 後工業社會。

　　對於進步另有一類比較悲觀的看法：

　　(a)特別與保守思想有關的悲觀觀點，例如新馬基維利派（neo-Machiavellian）政治理論家〔巴烈圖（Pareto）和米歇爾斯（Michels）〕及尼釆（Nietzsche）對「大衆民主政體」（mass democracy）和大衆社會（mass society）的含義所持的保守思想；

(b)與實際政治事件有關的悲觀觀點,這些政治事件特指十九世紀長時期和平的結束(那個和平時期曾使史賓塞(Spencer)等早期理論家相信由此可以導致一個太平世紀),包括第一次大戰的爆發、兩次大戰期間法西斯主義的興起並終於導致第二次大戰、戰後冷戰期間大規模核子屠殺的威脅等。除此以外,人們對於環境遭受到的新威脅感到憂心,並且對於當前經濟成長的模式是否能持續下去覺得懷疑。

二十世紀的潮流是從實證論(positivism)和經驗論(empiricism)退出,而且哲學上的本質主義(essentialism)大遭破壞,因而對有關進步的簡單假定提出了更進一步的質疑。見postmodernism 後現代主義;deconstruction 解構。

progressive and degenerating scientific research programs 進步與退化的科學研究綱領 見 falsificationism 證偽主義。

projective test 投射測驗 間接的人格測驗法,假定被測驗者對有意設計的意義含糊刺激產生反應,從而「投射」其人格特質。這方面的例證有:**羅夏墨跡測驗法**(Rorschach inkblot test;Rorschach,1921)和主題統覺測驗法(Thematic Apperception Test,TAT;Murray,1943)。

proletarianization 無產階級化 ①(馬克思主義)指中介群體和中介階級(見 intermediate groups 中介團體)由於壟斷化與資本化的必然趨勢,從而下降到工資勞動者層次的過程。②近年社會學指某些中產階級工作者的工作情境日益接近於體力勞動階級,而對工會及政治態度造成影響。

在後一種比較普遍的社會學意義下,討論的重點往往是白領工人(white-collar worker)和辦公室人員。從這個角度廣泛討論辦公室工作的第一部著作是洛克伍(Lockwood)於1958年發表的著作。他的結論是無產階級化的趨勢被這類工人與體力勞動者之間身分(status)與工作情境的差別所抵消。這種說法後來

布雷弗曼（H. Braverman, 1974）也提到，他說資本主義發展的必然趨勢是凡有可能便使操作的技術性簡化，並使其日常化，其方式整體說來是根據科學管理（scientific management）的原則引用新技術或重新組織工作。這種工作過程的變革所造成的後果是簡化操作技能，並使原先的階級地位差別消失。然而布雷弗曼的說法引起廣泛的爭議，他的著作受到批評，其中值得指出的問題有：過分簡化降低技術技能的程度，忽視具有高水平新技術的新職業群體的發展，忽視工人抵抗經理部門壓力的能力等。儘管如洛克伍所言低層的白領工人和中產階級（middle class）的職業在勞動報酬和自主性等方面與體力勞動工人接近，然而在工作條件上仍然存在巨大差別，對某些白領工人來說，在職業保障、病假工資和升遷機會等方面也存在着巨大差別。例如魯思（Routh）在1980年指出從日常辦公工作出身的男性白領工人有80％左右在其工作生涯中得到升遷。女性的情況就不是如此，她們在日常辦公室工作者之中占70％左右，其升遷的機會少得多（Crompton and Jones, 1984；參見 contradictory class locations 矛盾的階級定位）。對性相的期待影響市場情境與工作情境，從而也使上述情形複雜化。參見 class 階級；social stratification 社會階層化；social mobility 社會流動，multidimensional analysis of social stratification 社會階層化的多元分析；class polarization 階級兩極化；class imagery 階級形象。

proletariat　無產階級　①（馬克思主義）指靠出賣勞動力（labour power）給資本家以換取工資的無產勞動者階級。受雇的條件是剝削性的，違背自身的利益創造價值（value）以增加資產階級的財富。因此無產階級被認為與資產階級處於敵對關係，而且不可避免地受到剝削和壓迫。②社會學一般指工人階級（working class）。參見 proletarianization 無產階級化；class 階級。

property　財產　社會承認的資產所有權。這種資產可以是個人私有或集體所有（包括法人團體、社區或國家所有），其中包

括土地（land）、房屋、生產工具或資本等所有權，有時還包括對其他人的所有權。不同社會所承認的所有權存在極大差別，而這些差別往往被認爲在決定各社會間整體差別上具有根本性的意義。從最廣泛的意義來說，財產權包括讓渡權（出售、立遺囑贈與等），但是在一般情形下只限於財產的控制權，以及使用受益權。從歷史上來說（例如在許多簡單社會和前工業化的農業社會中），絕對的私有財產權是比較罕見的。「絕對的私有財產權」的概念在古代社會（ancient society）曾經一度存在過，但直到資本主義社會才取得了決定性的意義。縱使在這種情形下，限制往往仍然存在。

爲各種形式的財產找合理根據是大多數社會意識形態上正當化的重要組成部分，其中爲私有財產找合理的根據並非是最次要的，不過有一種說法把私有財產說成是「自然的」（natural）財產形式（見 Locke 洛克；Smith 斯密）。就主要的說法而言，其合理根據是在近代資本主義以前的時期中尤有影響的觀念，即個人對其自身的勞動成果擁有權利。主張無限制的私有財產權的說法遭到以下各種說法和觀點的反對：強調一切生產的社會性質；強調社會需要的概念；強調社會正義（justice）的概念以及強調平等的理想等。從另一方面看，也有人強調指出承認私有財產權是對國家（state）權力的限制，是公民社會發展和現代公民權利（citizen rights）出現的重要源泉。

社會學家往往認爲社會學評價各社會在財產權方面的差異以及這種差異所帶來的後果時，應該看的不僅僅是財產在法律上的種類。評估與此相關的有效所有與控制、財富與收入的不平等及生活機會的不平等，也都是非常重要的。參見 public ownership 公有制。

prophet　先知　「具有感召力的個人」［如心醉神迷狀態或巫術（magic）所顯示］，這種人由於其使命而「宣示一種宗教或神聖諭令」（Weber 韋伯,1922）。在韋伯看來，先知不同於祭司（priest）的特點是他「個人的天命」或個人所顯示的天啓，

而祭司之所以具有權威僅僅因爲他是「神聖傳統的僕人」。韋伯還指出先知往往來自祭司範圍以外。

韋伯還討論了一個進一步重要的區別：即倫理的先知（ethical prophecy）與範例的先知（exemplary prophecy）之間的區別。前者是先知宣告神的意旨（如穆罕默德）；後者是先知用個人的範例昭示個人得救之道（如佛陀）。韋伯認爲後者是遠東地區的特點，而前者開始時出現在近東，並且是與人格化的、先驗的和倫理的上帝概念相關的。參見 monotheism 一神論。

prostitution 賣淫 ①（一般）指爲獲取金錢報酬或其他報酬的性服務。②（法律上）一種性犯罪。在英格蘭和威爾斯，賣淫作爲專門術語，被認爲是婦女和男子都可能有的行爲，而實際上根據法律的定義，只有婦女才能成爲一般所謂的娼妓，而且唯有婦女才會因爲與賣淫有關的招攬和勾引嫖客罪而受到法律追究。然而賣淫的法律定義從文化上和歷史上說是相對的。賣淫並非總是屬犯罪行爲，而在歷史文化條件下這種行爲可被看作是神聖的儀禮。在把賣淫及有關行爲認定犯罪的社會中，典型的情形是受法律管制的是娼妓的行爲，而非嫖客的行爲，這就反映了性道德方面的雙重標準。③（非法律含義）指一種經濟契約，其本質相當於男子與婦女基本爲了經濟的原因而定約結婚（Engels，1884）。這種超越法律的「賣淫」定義，曾影響了女性主義的理論。馬克思把工人的經濟賣淫與娼妓賣淫相提並論，這就忽略了婦女所受的特殊的性剝削和性壓迫。女性主義理論家還把賣淫比喻爲婚姻。米利特（Millet，1970）主張賣淫應定義爲爲獲報酬相對上無區別地同意性接觸。然而這種說法未能顯示充當娼妓的婦女所遭受的特殊侮辱。

從傳統上看，社會學把賣淫放在犯罪和偏差行爲的範圍內研究（見 criminology 犯罪學；deviance 偏差行爲）。因此社會學家往往不加批判地接受賣淫基本上應當被認爲是違規行爲或女性偏差行爲。近年由於女性主義的影響，使得賣淫現象的研究範圍擴大到兩性關係和婦女的社會經濟地位，特別是工人階級與少數

民族婦女的社會經濟地位。社會學家日益傾向於承認娼妓本身對賣淫的解釋，特別是把賣淫當成性交易或性產業的說法。有一種不無爭議的看法是認為把賣淫放在**工作社會學**（sociology of work）範圍內研究比放在偏差行為範圍研究更為適宜。

Protestant ethic　（基督）新教倫理　基督教新教中的清教徒改變**苦行主義**（asceticism）而形成的行為典範。基督教內產生苦行主義的原因是狂熱的宗教信徒認為規律的生活規劃、自我控制和自我克制可以最佳地防範倫理的不一致行為，因為這種紊亂會冒犯上帝，從而使最終的得救遭到威脅。然而在天主教中苦行主義只限於修道院，並未貫徹到一般信徒的生活之中；一般信徒依然陷於犯罪、懺悔、重新犯罪的倫理不一致循環之中，這是由於告罪懺悔又放縱的作法造成的。新教徒的倫理基礎排斥這種雙重道德，並把修道士生活解釋為自私地躲避世俗責任，因而要求：(a)所有的信徒都要奉行禁欲的生活規律，藉以保持倫理的一致性；(b)身體力行世俗義務，而不在修道院中。

　　這些義務主要是與信徒的職業（行業、工作）相關。正是這一點為**韋伯**（Weber）在《新教倫理與資本主義精神》（*The Protestant Ethic and the Spirit of Capitalism*，1930）一書中所得出的結論提供了基礎：新教倫理就其影響人類行為而言，對宗教改革後的資本主義產生了巨大影響。韋伯認為資本主義的行為是以個人主義的謀利動機為基礎的。他進一步分析指出資本家個人之所以勤奮、節儉、儲蓄投資以便無限增加財富，是由於受到他對自己財產的道德責任感推動。苦行主義各個方面都反映在由此形成的行為之中：循規蹈矩、自我克制、禁欲（對於消費和休閒），一心一意追求最終目標（經濟獲取和擴展）。

　　在韋伯看來，這種行為是人類性格和價值觀根本轉變的結果。人類天性並非禁欲主義的，他們本是隨遇而安和自相矛盾，寧願過閒適的生活而不願有紀律的工作，而且認為一心一意獻身於經濟的獲取是反社會的和不道德的。由於宗教改革後西方世界以外的地區所存在的謀利動機和資本主義制度並未引起倫理上正

當化的苦行追求，因此韋伯不認爲經濟利益產生了足夠的刺激，使人類突破天性的性格，而爲自己加上苦行的禁律。

那麼究竟是什麼產生了這種刺激呢？韋伯認爲是宗教，他還舉了天主教修道院生活來作證明。清教徒教義一旦把這種苦行主義改變方向之後，狂熱信徒實現最終得救的目標便與他們職業責任的完成結合起來。上帝號召基督徒們通過職業的行爲來敬奉祂。爲此，上帝賜給信徒時間、才能和資財，並號召信徒勤奮工作，節約資財，使神的榮耀體現在這些資財的運用與增值之中。因此懶惰和奢侈便成了最深重的罪惡，而苦行克制的勤儉成果（不斷增加的利潤和經濟擴展）則被推崇爲上帝的賜福，因而爲信徒提供了得救的保證。

正是爲了獲得這種保證，人們才實行苦行的戒律。這種信念之所以興起，是因爲清教徒獲得拯救的教義引起渴求。清教徒認爲上帝將拯救作爲一種神賜施予人們，在喀爾文（Calvin）教義中是以得救預定論賜給少數人，在其他教義中則是直接賜給個人。不論在哪一種方式下，信徒們都渴望使自己保證列入得救者之中。既然上帝與個人直接交往，得救的證明就不能通過教會中介或聖職人員確立。這種證明只能通過個人的信仰得來，並顯示神的恩典已使個人從本性狀態轉入蒙恩狀態，前者的標誌是道德的不一致，而後者則是通過苦行的職業行爲來證明的。個人的性格便如此得到改造：畏懼的心情打破了天性的性格，使人們甘受苦行禁欲，一心一意勤奮工作，厲行節約並力求發展。

因此清教徒教義便給資本主義提供了一些明顯的幫助：(a)這種教義塑造出一種類型的性格，概念上是符合資本主義制度的擴展；(b)這種教義將個人主義謀利動機說成是上帝指示的義務，從而使之正當化；(c)這種教義使專門的職業活動成爲一種責任，從而使分工正當化；(d)這種教義使勤勉勞動成爲一種責任，從而使資本主義的剝削和工作紀律正當化；(e)這種教義創造一種文化氣氛，使貧窮被視爲個人道德墮落的結果，即懶惰和奢侈的結果，從而使獲得成功的人以及資本主義制度擺脫貧困的責任。不過資

本主義很快就超越其精神的宗教淵源。在發達的形式下，資本主義奠基於自身的基地上：誰拒絕適應資本主義的行為，誰就會在生存競爭中被淘汰。

韋伯的論點引發一場難以解決的大論戰，參加論戰的有經濟史學家、教會史學家、神學家以及其他非社會學學者。人們指責他：(a)沒有看到無限制的獲取欲和經濟上的個人主義比宗教改革更早出現（Robertson, 1933；Tawney, 1926）；(b)忽視清教徒的道德觀念對於獲取的保留（George and George, 1958；Hudson, 1949）；(c)忽略了天主教和世俗職業教導中在目的和內容上類似清教徒的地方（Robertson, 1933；Samuelson, 1961）。然而這些批評大都出於誤解。韋伯所說明的不是道德上不受約制的獲取或經濟個人主義，他說明的僅僅是宗教改革以後資本主義下所發展的苦行精神。他也沒有忽略清教徒的道德觀對獲取的保留，他承認這種保留，但聲稱它們所針對的不是財富本身，而是指懶惰和浪費的惡習。韋伯也知道非清教徒教義中關於職業勤勉的教導，然而他懷疑其有效性，因為這種教義沒有得到清教徒渴望得救的心理的支持。儘管如此，韋伯的論點仍然受到攻擊，例如有些著作家懷疑清教教義所造成的心理認可來自得救的渴望（Keating, 1985；Mckinnon, 1988）。清教關於經濟獲取的著述內容含糊，既可以支持韋伯的解釋，也可以反對韋伯的解釋。最後還應當記住一點：宗教與經濟生活兩者間的影響方向是難以清楚確定的（例如馬克思主義者便主張方向相反的因果關係）。因此不難看出一方面韋伯的論點似乎言之成理，另一方面又引起懷疑。看來只要社會科學家對韋伯談到的問題還有興趣，那麼爭論便不會停止下來。

psephology　投票學　關於投票與投票行為（voting behaviour）的研究與分析（見 electoral sociology 選舉社會學）。英文的 psephology 一詞源於希臘文 pesphos（小卵石），因為古希臘人選舉時把被選舉人的名字寫在陶片或小卵石上。投票學一詞主要用於政治學（political science）。

psychiatry　精神醫學　由受過醫學訓練的行醫者對精神病患進行的治療，爲普通醫學的一支。精神醫學用藥物療法作爲臨床手段，但也施用外科手術和電休克療法（electroconvulsive therapy, ECT）等身體治療措施。因此根據正統醫學的模式，病人被視爲具有特殊機能障礙，因而採用特殊身體治療措施以使病情改善。對於精神病雖然最初採取身體治療措施，但**心理分析**（psychoanalysis）、**行爲療法**（behaviour therapy）和**諮商**（counselling）等治療精神病的非身體療法的影響已大大改變了精神醫學的干預式治療。目前**精神病**（psychoses）治療雖然還依靠藥物，但已採用多種其他方法，這些方法側重在病人的感覺和經驗的重要意義，利用病人在自身的治療中所扮演的角色，行爲療法用於改變病人的行爲則認爲是合適的。這些方法已被承認爲對於精神官能症（neurosis）病人有特殊的價值，對於長期服用鎮靜劑會造成的嚴重成癮問題也是如此。因此，從本世紀八十年代起，人們便從藥物治療開始轉向所謂的精神官能症「軟性」治療法。參見 antipsychiatry **反精神醫學**。

psychoanalysis　心理分析　依靠觀察病人潛意識（unconscious）及理解人格動力等措施治療精神疾病（mental illness）的方法。這種方法最早是**佛洛依德**（Freud）在十九世紀末發展的，他所治療的特別是患有歇斯底里等情緒紊亂的病人。他特別善用自由聯想和析夢等方法來探討潛意識。

　　心理分析是一個長時間的過程，往往需要好幾年，而且執業者需要事先自己接受一段心理分析才被認爲有資格行醫。這種方法的目標是充分理解一個人當前的行爲怎樣由過去的經驗（特別是嬰幼兒時期的經驗）發展而來。這種嬰幼兒時期的經驗必須導入意識之中並正視之，同時引導使其發洩（或釋能），結果使病人人格更加自由，比較不會因爲要控制**本我**（id），或者在**超我**（superego）極端嚴格要求下行動而受限制。

　　經過一百年的發展之後，人們發現這種方法在精神病治療中對於某一類精神官能症患者（有決心康復並有良好教育基礎的）

尤有益處，因為自我洞察和對理論基礎的興趣看來在積極的治療中發生作用。然而這種方法仍然受到很多批評，如它對於康復並沒有比時間有更好的成績（Eysenck, 1961），且十分耗時而又昂貴。

psychodrama 心理劇 見 Moreno 莫雷諾。

psychologism 心理主義、心理學主義 單純運用心理學觀點並且排斥所有其他觀點的方法。由於**心理學**（psychology）的基點是個人，而**社會學**（sociology）的基點是社會，因而當所作的解釋看來是在不當的個人層面時，社會學家一般會將心理主義一詞用於貶義。

psychology 心理學 研究行為的科學學科，研究對象包括人類和動物的行為（參見 ethology 動物行為學），但特別注重通過行為（包括內省）顯示的心理現象。心理學作為獨立的學科直到十九世紀末才出現，但在這一時期有好幾個有影響的思想流派，其中有**心理分析**（psychoanalysis）派、行為主義（behaviourism）派、智力測驗派和**人本主義運動**（humanistic movement）派等，其間的差別取決於意識形態、理論觀念和方法論等傾向。儘管如此，主流心理學作為一門學科而言，比社會學性質更單一，並且更具專業性，對於用實驗方法與統計方法反映其不同主題的重要性具有比較一致的看法。不過這門學科兼跨自然科學與社會科學的範圍，和許多其他學科都有關，因而接受對於不同領域的課題有不同方法的適宜性。這門科學中的主要課題有：比較心理學（比較研究人類與動物行為）、發展心理學、認知心理學（重點在研究感覺、記憶、語言和問題解決等）、變態心理學和**社會心理學**（social psychology）。除此之外，還有其他許多專門的應用心理學科，如臨床心理學、教育心理學、工業心理學等。在許多領域中，心理學與社會學發生重疊，在社會心理學方面尤其如此，這門學科在社會學與心理學中都是分支學科。在某些領域中研究重點集中在行為者的「意義」與「自然發生的境況」方面，這種重疊的情形便最常會出現。參見 psychotherapy 心理治療；psychiatry 精神醫學。

psychosis　精神病　嚴重的心理病態，主要病症是對現實產生扭曲的感知。這種扭曲包括妄想和幻覺，病人的言語可能不連貫和不恰當，也可能出現活動亢進或完全與社會脫節。精神病的表現是多種多樣的，但一般被歸於精神分裂症（schizophrenia）和躁鬱症（manic depression）之下。

psychotherapy　心理治療　精神心理的臨床療法。從許多方面能幫助有精神或心理問題的人，如朋友、家庭、義工、諮商人員、臨床心理醫師、心理治療醫師和精神醫師等。心理治療醫師一般都受過專門訓練，而且往往是廣泛而深入的訓練，如榮格派和佛洛依德心理治療醫師便是如此，但他們一般並不具有醫學的資格。正因如此，他們基本上與精神病醫師才有所區別（見 psychiatry 精神醫學）。心理治療幫助有精神問題的病人的方法是「談話治療」（talking cure），即研究過去與現在的問題以及鼓勵病人更了解自己等。參見 Freud 佛洛依德；Jung 榮格。

public　公開；公眾；公共　（形容詞）開放觀賞或開放接觸/使用的，如公開出版的文本。（名詞）公眾表示一個社會中能自由參加政治活動並從事公共討論的個人所組成的總體。與大多數前工業化社會相比，公共領域擴展是現代社會的一個特徵。在前工業化社會中，參與公共生活和公共討論往往受法律控制和技術與文化態度的限制，只限於某些階級。根據阿蒙和孚巴（Almond and Verba, 1965）的說法，前工業社會的政治文化（political cultures）主要是「服從型文化」（subject cultures），而不是「參與型文化」（participatory cultures）。而高德納（Gouldner, 1976）認為互不相同而又互相重疊的公共領域增加與擴展和大眾傳媒的發展，是「相輔相成」的。參見 private and public spheres 私人領域與公共領域。

public goods or collective goods　公共財或集體財　（經濟學）指供個人享用同時也供所有人享用的商品或服務，如防衛、

公園或都市新鮮空氣等。與此相對應的是個人或私人財（individual or private goods），至少從理論上講，這種財產是供私人消費的。

根據希爾施（Hirsch, 1979）的看法，考慮私人財和公共財供應所涉及的「中心問題是一個加法問題」：某些個人以私人的身份能取得的東西，社會和所有其他的個人並不一定都能得到；而某些社會可取得的東西除採取集體行動外便無法取得。因此社會便要找出一些方法來確定這些不同的結果應當怎樣加以協調。如果私人決策不能對這類問題自然地提供最好的解答，那麼集中控制的經濟也不一定能辦到。關於全面協調的問題，對於真正生產力和生產的外在社會成本兩者欠缺考慮等，一直是分散經濟和集中控制經濟都受到困擾的問題。參見 Galbraith 蓋伯瑞；affluent society 富裕社會；Pareto optimality 巴烈圖最佳分配；suboptimality 次佳狀態；positional goods and positonality 稀貴財物和稀貴性。

public opinion and opinion polls　民意與民意測驗　一般公衆的成員對政治問題和當前事務的表態。自從出現民意測驗以來，此詞便專指樣本調查中所收集的意見。

public ownership　公有制　部分或所有生產工具的國家所有制。公有制一詞可用來指涉指令經濟（command economies）中的國家所有制，但主要用來指混合經濟（mixed economies）中的國有部分。關於產業歸國家所有這一過程又稱國有化（nationalization）。在英國，工黨政府於1945年實行廣泛的國有化計劃，將煤炭、煤氣、鋼鐵、電力和民航等產業全都包括在內。後來，由於保守黨政府實行激進的私有化（privatization）計劃，上述過程又被倒轉過來。爲公有制辯護的理由之一是公用事業（public utilities）特別是所謂「自然壟斷」（natural monopolies），需要由公衆控制；還有一些較爲常見的說法指出必須要有社會主義或共產主義才能消除剝削。與此相反的說法則指出國家所有制必須有廣泛的科層控制，其效率較低，而且往往會降低

個人的主動性並限制人的自由。在上述正面與反面的說法之間，還有人主張在公有制與私有制之間取一平衡。東歐國家的指令經濟已被證明是效率很差的，但現在尚未證明公有制和國家計畫在本質上是效率差的。經驗研究並未在私有與公有制企業之間找出一個簡單的差別模式。外在的不經濟因素，如污染和自然資源短缺等，可能也需公共控制，儘管政府部門往往不大考慮環境問題。

pure type　純粹型　見 ideal type 理想型。

purposive explanation　目的性解釋　將事件解釋為行為者自身的目的以及這些目的所造成的有目的行動後果。關於這個問題，在哲學和社會學家中存在着爭論，意見不一之處在於這種解釋算不算「因果解釋」（causal explanations），即以行為者「使之發生」（makes happen）來解釋事件。對於某些理論家來說，「理由就是原因」（reasons are causes），而「目的性解釋」就是「因果解釋」。對於另一些理論家來說，情形就不是如此。但不管怎麼說，就休姆（Hume）所謂的「普遍」（universal）經驗規律所涉及的「因果法則」來說，目的性解釋不是因果解釋，因為這樣的解釋意味着行為者可以採取不同的行為。關鍵問題是對目的性社會行動能不能作進一步的解釋，例如用結構論的說法和（或）法則式的方式來解釋。參見 action 行動；teleology 目的論；free will 自由意志；explanation 解釋。

Q

qualitative research techniques　定性研究法　社會學家以感情投入的訪問者或觀察者身份,去收集所調查問題的獨特資料的研究法。研究者可以採非結構性的問題去與報導人進行討論(一個有焦點的訪談大綱或備忘錄),也可以設法揭示報導人自己對有關問題的「叙事」或經驗。

同樣的,觀察法可能多少帶有定性的性質,定性性質最強的方法是完全的**參與觀察法**(participant observation)。這種方法與**定量研究法**(quantitative research techniques)相反,後者依靠的是測量的研究工具,即編製問卷、系統化觀察或實驗。

在**俗民方法學**(ethnomethodology)和**民族誌**(ethnography),定性研究法受到極大的重視。如此得到的資料被認為細節充實,並且更接近於報導人所看到的世界;而定量研究法則導致資料的貧乏。定性研究資料的分類僅限於定名層次(見 criteria and levels of measurement 測量標準和層次)。然而即使在完全採用系統性定量分析法的研究組中,也往往在調查訪問的開始階段運用定性分析法,再以通過定性法取得的資料來產生結構性研究方法。

quality and performance　素質與成績　見 pattern variables 模式變項。

quality of working life(QWL)　工作生活品質　研究組織設計與工作設計的方法,主張考慮雇員的福利,讓雇員參加有關工作的決策,從而提高組織的效率。工作生活品質一詞於本世紀六十年代起源於美國,但是其基本理論的推動可追溯到早期歐

551

洲社會技術系統（sociotechnical systems）的著作和試驗。QWL
計劃已經出現在不同的國家中。QWL 運動關心雇員的健康、安
全和職業滿足感，並且參與提高工作經驗的技術與方法的發展，
其中包括：**工作重新設計**（job redesign）、自主工作群體和勞
動管理委員會等（Huse and Cummings, 1985）。批評這種計劃
的人指出經理人員是這種計劃的主要受益者。他們說自主工作群
體幫助解決的控制管理問題，典型地來自於泰勒式工作設計法
（見 scientific management **科學管理**），而且其方式只涉及微不
足道的經理特權調整。此外，傳統的工作設計被認爲不大適合緊
張的勞力市場和紛擾的環境。這些說法支持了對於 QWL 更加嚴
厲的批評，其聲譽看來從本世紀七十年代以後已漸衰退
（Hill, 1981）。這類看法必須與另一些理論家與實踐家的意見
對照，後者認爲雇員參加工作重新設計也獲得了很大的利益
（Mumford, 1980）。

quantification　量化　將觀察資料變換爲數字資料以利於分析
和比較。

quantitative research techniques　定量研究法　所獲資料用
數字形式表示的研究法。

　　社會科學家對於將定序資料（ordinal data）列入可能有一些
爭論，因爲定序資料說明的情況是由於可以排定類別的次序，便
使觀察資料可以編號。這類資料儘管其數據並不具有眞實的價
值，而且數據與數據之間並不具有相等的距離，然而在一般情形
下仍然認爲是定量數據（見 criteria and levels of measurement **測
量標準和層次**）。關於定距和定比數據（interval and ratio
data）在定量法中的地位則沒有爭論問題。參見 research meth-
ods **研究方法**。

quasi-experimental method　準實驗法　見 comparative
method **比較法**。

questionnaire　問卷　社會調查中列有問題的表格，用以發送

給一些人，以便取得資料、記錄意見等。社會科學家使用問卷的目的是：(a)考察人口的一般性質（如年齡、性別、職業、收入等）；(b)考察態度；(c)確立兩種變量之間的關係（如職業與投票行為之間的關係）；(d)測試理論的正確性。

為問卷設計問題有一些注意事項：第一，問卷編寫必須保證被調查者對每個問題的意思理解是一致的，這就是說編寫每個問題時都要針對所研究的目標群體（參見 pilot study 探索研究）。例如對兒童進行調查時，問題用語必須盡量簡單，避免字句過長，例如用工作而不用職業，用爸爸而不用父親。第二，究竟用非結構式問題即開放式問題，還是用結構性問題即封閉式問題（見 unstructured data 非結構資料；structured coding 結構編碼）。怎樣選擇問題的類型，決定於所調查問題的性質和調查實施的方法。如果調查的是未經探討過的問題，則用開放式問題較好，因為調查者可能尚未想到可能答案的範圍。當問題以口頭方式提出時，也是開放式問題較佳，因為這樣調查者可試探被調查者的回答。相反的如果郵寄問卷，一般就應該選用事先編碼的問題，因為這樣可以使填寫答案簡化。第三，問卷上的問題應當怎樣排列順序。一般說來，問題應當按其邏輯順序排列，盡可能使問題的順序使填答者回答下面的問題時不受影響。例如當我們調查人們對墮胎問題的態度時，最好是將墮胎應否禁止的一般性問題排在墮胎法可能的改革這類問題之前。最後關於年齡、性別、職業和收入等個人問題以及可能使被調查人困窘的問題應當排在問卷的最後。

問卷可以透過以下各種方式提出：(a)口頭方式，在訪問時由研究者採面對面方式向受訪者提出；(b)自行操作，例如教員可將問卷發給學生令其在教室內填寫；(c)郵寄問卷，通過郵遞方式寄給填答者。問卷發送方式的選擇取決於許多因素，其中所調查的問題的性質、問題的複雜性以及費用等是最重要的因素。如果所調查的問題相對地未經探討過，而且許多問題都是沒有確定答案的，那麼就應當採用面訪法。相反的如果所要調查的對象人數很

多，而問卷又包括許多事先編碼的問題，那麼就應當郵寄問卷。最後應當注意的是郵寄問卷雖然寄送費用比較低廉，但缺點是回收率較低。見 nonresponse 無回應。

Quetelet，Adolphe 凱特萊（1796－1874） 比利時科學家和社會統計學家與社會改革先驅。凱特萊研究法的特點是收集並分析大量資料，首先確定其統計規律，然後再探討社會現象的底層原因。他所發現的持續存在的規律性（例如有關出生、死亡或犯罪的規律性）使他預見到與自然科學具有相同水平的社會科學是可能確立的。因此他提出「社會物理學」（social physics）這一名詞來說明他的研究工作。其主要影響在社會統計學的發展方面。

quota sample 限額樣本 從母體的每一劃定部分中按定額抽取的母體樣本。限額抽樣法不能滿足隨機抽樣法（見 random sample 隨機樣本）的正規要求。限額抽樣要根據有關特點（如性別、年齡、社會階級、住址等）將母體分層（見 stratified sample 分層樣本），然後計算每一類別中應當包括多少個體才能反映母體的結構。在這一階段，隨機性仍然可以取得，但只要各單元的規模（即某一地點的居民的某種性別、年齡和階級的人數）一旦確定，便不再嘗試取得隨機性。而且必須告知調查者作適當的選擇（限額），以便滿足各單元的要求。

對答問人的選擇如此缺少隨機性意味着調查員雖然在性別、年齡組和社會階級等方面達到了正確的比例，仍然可能在其他**變數**（variables）上導入**偏誤**（bias），因爲母體中的每一成員在被選爲樣本成員方面沒有得到平等的機會（相同被抽中的機會是隨機性的標準）。市場調查（market research）和民意測驗通常都用這種方法，因爲這種方法費用低廉，速度快，但從大街上白天行人中抽樣顯然存在着一種風險，會使這樣的樣本對非特別選定的變數造成偏誤。

R

race　種族　在科學上被否定的術語，原先用來描述在生物學上具有特點的一群人，據說這種人群具有不可改變的特徵。這個概念從十六世紀以來一直在英語中使用。在過去的四百年中人們對體格與文化差異的性質所抱的觀念發生變化，種族概念的含義也隨之發生變化，更重要的是隨著人們在意識形態上運用種族概念替種族優越性和剝削關係作辯護的做法發生變化。班通（Banton）在《種族理論》（*Racial Theories*，1987）一書中對於種族概念的各種用法提供了一個全面的介紹。

社會科學家現在認為「種族」完全是一個社會建構的範疇，用以提出辨認某一群人的規則。許多作家使用這個概念時都要加引號，以便使之脫離其歷史與生物學的含義。更好是用**族群性**（ethnicity）或**族群集團**（ethnic groups）等概念。儘管「種族」概念不受歡迎，但這種想法在日常語言和意識形態中仍有很大的影響。參見 race relations **種族關係**；racism **種族主義**。

race relations　種族關係　①族群或種族團體之間的社會關係；②關於這種社會關係的學術研究。

在社會學中，種族關係集中研究的是**種族歧視**（discrimination）和**種族主義**（racism）對受歧視人群所產生的影響，此外也研究反對種族主義的政治鬥爭。然而「種族關係」一詞的用法由於以下兩種主要原因而引起爭論。第一，某些社會學家說這個名詞使人相信種族的生物學概念，而這種概念並沒有明確的科學基礎；第二，種族關係可以說不是社會關係的一個明確領域，它只能在更廣泛的政治與意識形態過程及一般社會關係中加以理

解。

racism or racialism　種族主義　某些人根據自己設想的某個「種族」團體（見 race **種族**；ethnicity **族群性**）的成員資格歧視他人的一套信念、意識形態和社會過程。這個名詞在各種不同的方式下被用來說明一些思想與學說的體系，其內容是爲一個社會群體對另一個社會群體擁有所謂的生物優越性提供辯護，或描述造成種族**歧視**（discrimination）與種族不利地位的態度與作法。邁爾斯（R. Miles）在《種族主義》（*Racism*, 1989）一書中對種族主義的概念作了全面的討論。

　　班通 [Michael Banton,《種族觀念》（*The Idea of Race*, 1977）] 等作家指出種族主義這種說法肯定處於優越與低劣關係中的群體之間具有穩定的生物學差別。另一些作家如雷克斯 [John Rex,《種族與族群性》（*Race and Ethnicity*, 1986）]、巴克 [Martin Barker,《新種族主義》（*The New Racism*, 1981）]、和邁爾斯以不同的方式論證種族主義實質上是一種信念，認爲社會上所造成的範疇之成員與某種特質的具備有關。這種差別的基本解釋可以是文化的、宗教的或歷史方面的，而不一定是生物方面或擬生物方面。

　　在歐洲，各種各樣的種族主義意識形態被用來爲殖民剝削、民族侵略和壓迫少數民族作辯護。班通認爲這類意識形態大多有以下幾種假定：

　　(a)個人行爲和體質的變異應當解釋爲一種永久的基本生物類型差異的表現。

　　(b)這些類型的差異解釋了人類文化的差異。

　　(c)這些類型的特殊性質解釋了一般歐洲人，特別是雅利安人的優越性。

　　(d)不同類型的個人與民族之間所發生的磨擦是因這種內在特性產生的。

　　種族主義對德國法西斯主義的興起並取得統治地位起了主導作用。日耳曼民族作爲被假定的純粹**種族**（race），據說如果要

生存就必須消滅在生物學上不同而且低劣的猶太人。這種惡毒而又粗暴的種族主義導致了六百萬猶太人的死亡。

邁爾斯說「種族主義概念應當稱爲一種意識形態……種族主義的作法是對人類的某些表現型（phenotypical）特性和（或）基因型特性賦予意義，其所用的方式造成一種分類系統，並對歸入這些類別的人賦予外加的（負面性評價）性質。因此這種賦予意義的過程就成了建立群體等級的基礎，並據此在分配資源和供給的過程中將某些群體包括在內，而將另一些群體排斥在外」。

Radcliffe-Brown, Alfred　芮克里夫布朗（1881－1955）
英國結構功能學派人類學家。他的主要著作是《原始社會的結構與功能》（*Structure and Function in Primitive Society*, 1952）。他和**馬林諾斯基**（Malinowski）共同影響英國人類學界，使之偏好分析社會結構而非文化。他受孔德和**涂爾幹**（Durkheim）的影響很大，因此把自己提倡的人類學稱爲「比較社會學」。他的田野工作是在安達曼群島和澳大利亞進行的，他的研究成果對**親屬關係**（kinship）的研究作出了重大的貢獻。他的**實證論**（positivism）與**功能論**（functionalism）觀點現在已被認爲是過時了，但是他對那一代在英國許多學院中任教的人類學家的影響是巨大的。

radical social work　激進社會工作　指本世紀七十年代徹底改變**社會工作**（social work）實踐方向的嘗試（「激進」指改變現狀的共同努力）。本世紀七十年代曾出現一個組織鬆散的運動，稱爲激進社會工作，起源於未分化的左派政治。這種運動的主要論點是社會問題（包括社會工作者經常面對的問題）根源在於社會結構的不平等，主要是社會**階級**（class）不平等，而不在於個人的缺陷（早期理論似乎有這種含義）。

激進社會工作作爲一種方法主要包括：(1)覺悟啓蒙（conscientization, P.Freire）；(2)增強案主的能力；(3)使社會工作過程對公衆公開並促使案主參與；(4)與所謂的「進步」勢力（社區團體、案主團體、工會和政黨）結成廣大的同盟。一般說來，激進

社會工作者感到國家機器中存在界限不清之處，可資加以利用為工人階級謀求實際的利益。

近年社會工作方面出現了激進的右派（見 New Right 新右派），強調個人和家庭應對社會問題負責，社區在較小的程度內也應當負責。這種情形和政府的政策轉變有關，這種政策轉變使得大型精神病院和殘廢收容所被關閉，使私人福利部門增長。近來人們強調福利保障事宜所採用的社區照護（community care），也是由此而來的。面對這些改變，社會工作中激進左派更注意起範圍較窄、而意義重大的問題，如種族主義（racism）、性別歧視和其他方面的不平等現象。

random sample　隨機樣本　母體中每個成員都有平等機會被抽取的樣本。遵守這一原則，隨機樣本遂具有與母體相同的代表性特徵；也就是說這種樣本應當是母體的真實代表。以隨機抽樣收集的資料（假定樣本夠大）應能反映母體的實際情況，而非隨機方法（如 quota sample 限額樣本）則達不到這一點。然而人們都知道樣本不會是完全準確的，因此就必須估計到抽樣誤差（sampling error）。

採用隨機抽樣法可以亂數表作抽樣的基礎，在社會調查中較常用的是系統抽樣法（systematic sampling），即將個人的姓名或戶名列成一表，每隔一定區間（如每隔十個）抽選一個。參見 probability 機率。

range　值域　見 measures of dispersion 離勢的測量。

rank　等級　在社會身分（social status）等級分層之中的一個定位。

Rastafarian　塔法里教　20世紀三十年代出現於牙買加的黑人運動，到七十年代和八十年代影響及於全世界。塔法里教主張將黑人遷往非洲一個新的、自由的和神聖的家園。「塔法里」一詞源於 Ras Tafari，這是海爾·塞拉西一世（Haile Selassie Ⅰ，衣索匹亞1930-1975年的皇帝）稱帝以前的名字。

塔法里教的信仰源於賈維（M. Garvey, 1887-1940）的教義和哲學，他於二十世紀初在美國組織全球黑人促進協會（Universal Negro Improvement Association）。他相信黑人在美國與白人融合是不可能的，有必要在非洲建立一個黑人家園來恢復黑人的尊嚴和文化。

賈維的教義在美國和西印度群島頗有影響。他關於榮耀的王國以及回歸非洲的預言，掀起人們對塔法里加冕為衣索匹亞皇帝的興趣。牙買加的賈維信徒（不是賈維自己）把關於黑人國王（指海爾·塞拉西）的預言和黑人獲得解救、前往福地（衣索匹亞）的日子聯繫起來。他們相信塞拉西是一個救世主，他將組織黑人回到非洲，並結束西方帝國主義列強的統治。在這種情形下，社會學家往往認為塔法里運動是一種類似於**崇拜**（cult）的運動，其中具有千禧年運動的許多特徵。

到20世紀七十年代中期，塔法里運動在西印度群島形成了一股強大的文化力量，同時這種信仰更加國際化，在美國、英國和澳大利亞的某些地區尤其如此。

rational capitalism　理性資本主義　韋伯（Weber）所提出西方資本主義的**理想型**（ideal type），其中涉及盈虧系統化的理性計算（如會計），與較不理性的非西方前工業化資本主義形式相對應。

rational choice theory　理性選擇理論　社會學和社會科學中相對上形式的理論方法，例如運用**博弈論**（theory of games）、**策略性互動**（strategic interaction）和**經濟**（economy）等觀念。理性選擇理論主張社會生活原則上可以解釋為社會行為者個人的「理性選擇」所造成的結果。

「當人們面臨幾條行動途徑時，他們往往會選擇自己認為可能得到最佳總體結果的一條。這一表面上簡單的說法含括了理性選擇理論的內容」（Elster, 1989）。這種推理方法的特點是運用技術上嚴謹的社會行為模式，從數量較少的早期理論假定出發，對理性行為推導出有力的結論。

RATIONALISM

　　理性選擇理論在近二十年極為盛行，這是因為某些學派對宏觀結構模式感到不滿，同時也由於在經濟生活與政治生活的許多領域個人理性選擇的說法日見重要。雖然理性選擇論的形式結構使人留下深刻的印象，而且在說明社會現實某些領域具有確切的價值，但應注意它有兩個重大的限制（Hollis, 1987）：

　　(a)對於克服許多技術困難不太有效（如探討社會行為者對他人行為的期望等），因而限制了它形式上的嚴謹，影響其模型的直接適用性。

　　(b)採取實證論與實用主義的認識論，從而忽略了它分析的是規範指導、遵循規則和改變規則的社會行為。參見 exchange theory 交換理論。

rationalism　理性主義；理性論　①對於知識（包括普遍原理和歸納或經驗知識）用以描述和解釋世界並解決問題的力量所具有的普遍信念。這種觀點是所謂的理性時期（見 Age of Enlightenment 啓蒙運動時期）的特點。②（哲學）指強調知識的**先驗**（a priori）基礎和演繹理論的認識論立場（參閱 empircism 經驗論）。③十七世紀和十八世紀某些哲學家所提倡的理論，其中包括笛卡爾（Descartes）、史賓諾莎（Spinoza, 1632-1677）和萊布尼兹（Leibniz, 1646-1716）。這種理論認為運用演繹法便可以單純通過「理性」（Reason）取得統一的知識。④康德的認識論觀點，繼定義③所述理論之後出現，認為關於真實世界［「物自體」（things-in-themselves）的世界］或關於本體（noumena）的可靠知識是不可能得到的，可得到的是關於現象（phenomena）世界（人們所認識的世界）的知識。在康德看來，現象世界是在人類心智所提供的固定框架中被概念化和被感知的，如知覺的固定「形式」是「空間」與「時間」，因而有關現象世界的可靠知識是可以得到的。⑤黑格爾的觀點（見 Hegel 黑格爾），他認為「理性的狡猾」不但在個人思維中起作用，而且在人類歷史上也是一種普遍和進展的過程，一幅理性的歷史藍圖只有在歷史過程本身逐漸展現並最終確定時，才充分顯現出

來。這種企圖「揭開神秘外衣形式」的理性或理性主義的想法對馬克思也有影響。

在十九世紀，上述任何一種意義下的理性主義往往讓位於非理性主義（irrationalism），如尼采（Nietzsche）的非理性主義；當時的世界大事和哲學中的懷疑派運動削弱了人們對**進步**（progress）的信心。然而相信進步這一意義下的理性主義，卻改換形式在社會學和哲學的許多領域中留存下來（見 Habermas **哈伯瑪斯**；evolutionary theory **演化論**）。另有一種看法認為將理性論和經驗論對立起來的作法是錯誤的，因為這兩種理論在人類認識中都起作用——人類知識始終包括概念（理性論）和知覺（經驗論）。見 Feyerabend **費若本**。

rationality　理性　①為達到所要達到的目標時採取的有效行動，即採取適合目的的手段。在這種工具理性（instrumental rationality）的定義中，對於目的本身的理性不必作評價。

根據這種理性的概念，經濟行為者被認為力圖盡量擴大自身的經濟報酬，因而這種概念往往成為經濟學（economics）推理的基礎，其推理的方式有許多構成理想模型（見 ideal types **理想型**）。關於理性行為的其他概念及其有關問題，參見 formal and substantive rationality **形式理性與實質理性**；types of social action **社會行動類型**。②在科學基礎上或在其他某些被認為「理性的」基礎上建立起來的信念或知識，這些信念已經包括在定義①中，但這種知識和信念的理性所引起的問題比知識或信念的工具有效性更廣泛，是引起哲學界廣泛爭論的問題（見 epistemology **認識論**；ontology **本體論**；rationalism **理性主義**）。

其他重大爭論是關於所謂原始心理（primitive mentality）的理性與否。李維布呂（Lévy-Bruhl, 1923）說儘管前工業和前科學社會中的**神話**（mythologies）與信仰可能具有認知的價值，但它們反映了那種「前邏輯」層次的心理。另一種看法認為這類社會中的神話與信仰在其所發生的環境中是「理性的」（見 Winch **溫奇**；magic **巫術**；relativism **相對主義**）。

RATIONALIZATION

有一種與此不同的意見認為許多行為初看起來是非理性的，但仔細一看就會發現其有「隱性功能」（見 latent and manifest functions 隱性功能和顯性功能），例如第三世界社會中許多人的保守主義就是如此，他們多生子女可以在經濟上得到好處，特別是老年時可能得到好處。更廣泛地說，「無關理性的信仰」（nonrational beliefs），特別是宗教（religion），可能實現着普遍的社會功能，如提供社會整合（參見 functionalist theory of religion 宗教的功能論理論）。有時人們認為這種信仰包含一種積累性制度的理性，這種理性可能與生存有關。相反的，某些行為從狹隘的立即工具理性來看顯得是理性的（例如砍伐巴西的雨林），但從長遠的眼光看則是非理性的。

這一切考慮說明理性的概念往往是很難加以界定的。理性在最簡單的定義①下，有時沒什麼特別困難便可成立；只在罕見的情況下，達到目的的手段才可能完全按照安排（例如根據手段的成本、手段是否可以得到等情況作安排），而且行為者往往缺乏其他明顯的訊息，既使這些訊息潛在可得。（參見 theory of games 博弈論；rational choice theory 理性選擇理論；bounded rationality 有限理性。）

rationalization　理性化；合理化　①現代資本主義社會中運用理性（rationality）概念改變一切制度和大部分生活領域的普遍趨勢。例如韋伯（Weber）認為這種理性化過程是促使西方社會的經濟、政治與法律制度改革的主要過程，特別是在科層制（bureaucracy）、系統化的會計制度與法律制度的擴展方面。此外，此過程的效果在社會的其他部門中明顯可見，例如科學與學術機構的科層化，以及音樂與宗教組織中的發展。

理性化過程是不可阻擋的，關於其作用究竟具有什麼樣的含義這一問題，韋伯作了重要的保留，有時他說這個過程造成了一個「鐵籠子」，越來越束縛個體性。他認為「工具理性」的狹隘計算往往會與「實質理性」產生衝突——後者是根據更廣泛的人類目標加以評價而得出的。然而與此同時，在一個因理性而「除

魅」（disenchanted）的世界中，他不相信關於人類利益或人類需要的全盤構想有一個嚴格的科學基礎存在。人類具有行動自由，因而最終必須做出自己的選擇（參見 value freedom and value neutrality 價值不涉入和價值中立）。

其他理論家對於理性化過程的結果採取更為樂觀的看法。例如哈伯瑪斯（Habermas）就說在有真正民主批判論述存在的地方人類利益是可以認定的（參見 critical cultural discourse 批判的文化論述）。然而一般說來，社會學家在這些問題上一直抱着比較不可知論的態度（參見 formal and substantive rationality 形式理性與實質理性）。

②事後為一種行為找理由的做法，包括設法把行為說得比較有利，說它有言之成理的理論根據，但在所處的環境中這種事後找理由的理性重構並不可靠。

巴烈圖（Pareto）認為許多社會言論，包括大部分社會學與政治學理論，都含有就這種一般性意義而言的合理化，缺乏真正的客觀基礎（見 residues and derivations 殘基和衍理）。巴烈圖雖然強調區別理性與非理性的重要性，但他從不幻想理性可以成為社會與政治生活中的指導原則，相反的他通常被視為是十九世紀末政治社會學（political sociology）典型對於進步持悲觀主義的代表人物。見 elite theory 精英論；neo-Machiavellians 新馬基維利派。

realism　實在論　①（哲學）一種本體論主張，認為外在世界的客體獨立於人類對它們的構想或知覺而存在。在這種形式下，實在論與哲學上的唯名論（nominalism）、現象論（phenomenalism）、中立一元論（neutral monism）、操作論（operationism）、工具主義（instrumentalism）相對立，同時也和康德派哲學相對立。②（唯心論哲學的實在論形式）一種哲學主張，認為在空間和時間以外存在有抽象的形式或普遍原則，決定着世界的客體。這種說法包括一種觀念，認為世界的客體就是我們所觀察到的形式（見 idealism 唯心論）。③（社會學實在論）一種

社會學主張，認為社會實相、社會結構、社會潮流等是超越行為者個人之上而存在的〔例如**涂爾幹**（Durkheim）關於自成一類（sui generis）的社會實相概念以及關於「社會事實作為事物」（social facts as things）的概念〕。比較 methodological individualism **個體方法論**。

reciprocity　對等性　當事雙方或兩種事物之間的關係或狀態，其中存在着相互行動、施與受的關係。社會學和人類學對於對等性的興趣是由於牟斯（Mauss）所著的《禮物》（*The Gift*, 1925）一書而發展起來的。他說禮物往往被認為是自願的和無涉利益的，但實質上卻由於所有的社會中都存在着施與受的社會儀式（ritual），因而帶有強制性。參見 gift exchange and gift relationship **禮物交換和禮尚往來**。

Redfield，Robert　雷德費（1897－1958）　美國社會人類學家。他對墨西哥鄉民社區的研究使他提出**俗民社會**（folk society）和俗民都市連續體（folk-urban continuum）等具有影響的概念。雷德費的主要著作有《猶加敦的俗民文化》（*The Folk Culture of Yucaton*, 1941）和《鄉民社會與文化》（*Peasant Society and Culture*, 1956）。

redistributive chiefdom　再分配的酋邦　比較複雜的部落社會中的一種經濟與政治制度。其中儲存公有財物的中心倉庫歸「巨頭」（big man）或酋長（chief）控制。根據某些理論，這種政治制度可以看成是正規國家形式的前身（Sahlins，1972；Harris，1978）。再分配制度使得權力中心能夠積累財物並用來提高階級地位，雇用祭司、士兵、工匠等專業人員，並藉以提高酋長的權力和地位。

reduction　化約　用另一門科學的命題來說明某一門科學命題的方法。參見 reductionism **化約論**。

reductionism　化約論　主張一門科學的命題在實際上或原則上可以用另一門科學的命題加以解釋的學說，例如將化學化約為

物理學，或將社會學化約爲心理學等。

與此相反的理論則認爲一門特定的科學不能化約爲另一門科學。例如在涂爾幹看來，社會實相是一種「層創性」（emergent）的，自成一類（sui generis）的實相，不能化約爲心理學等其他科學。同樣的，強調人類的意義是社會解釋基礎的社會學家也認爲這一層次的分析是不能化約的。實際上各門科學之間的關係是複雜的，這類關係的模式或有關這類關係模式的看法沒有一種是絕對的。有時一門科學的主題可以用另一門科學來類比說明，而有時作這樣類比的嘗試卻是不適當的或會造成誤解。

reference group　參考團體　社會行爲者（social actors）予以認同並在引導自己行爲和社會態度（attitudes）時加以仿效的實際（或觀念）群體或社會範疇，例如青年人認同於搖滾明星和體育明星。這個名詞是社會心理學家謝里夫（Muztafer Sherif）於1948年提出的。參考團體和社會行爲者參加的群體可能同義，也可能不同義。有反面參考團體，也有正面參考團體。參見 anticipatory socialization 預期社會化；relative deprivation 相對剝奪。

reflexivity　自反性、反身性　①一種說明和理論指涉自身時所具有的能力，如知識社會學和社會學的社會學等。②［俗民方法學（ethnomethodology）和象徵互動論（symbolic interactionism）］專指一種觀念，認爲我們日常的實際敘述不但是反身自指，也對其所指的情況具有社會建構性。根據這種說法，自反性也是社會行爲者所具有的一種能力，這在區別人類行爲者與動物上具有決定性的意義。

各種自反的敘述與理論都具有一個特點，即能重新產生或轉換自己所指的社會情境。各派社會學家都十分注意這個問題對社會學理論分析所具有的意義。

regionalization of action　行爲的區域化　［紀登斯（Giddens, 1984）］「不同社會場所（locales）之內或之間的時間、空間或時-空區域分化」。巴利巴（Balibar）、阿圖塞（Althusser）和紀登斯等理論家認爲區域化對某些人認爲社會（society）

始終包含着統一的社會系統的假定是一種抗衡性的概念。

regression and regression analysis　迴歸與迴歸分析　分析兩個以上等距層次**變數**（variable；見 criteria and levels of measurement **測量標準和層次**）之間關係的方法。分析的目的在於根據另一個或另幾個變數的數值預測某一變數的數值。例如設定收入與受教育年限之間關係的迴歸方程式之後，只要知道受教育的年限便可以將收入推算出來。

多元線性迴歸分析（multiple linear regression analysis）用於有若干個獨立等距層次**變數**（variable）存在的情況。例如關於收入與受教育年限、年齡及任職年限等相關關係，可以推導出一線性方程式。

在很多情形下，研究者並不知道哪一種獨立變數或多少獨立變數能夠提供一個令人滿意的模型。關於在模型中增加更多獨立變數的問題，有許多方法可供選擇，參見 correlation **相關**；analysis of variance **變異數分析**；causal modeling **因果模擬**；path analysis **路徑分析**。

reification　物化　將抽象的一般概念解釋爲眞實物體，特指以不合規則的或誤導的方法進行解釋。因此**個體方法論**（methodological individualism）可能據此認爲別人（如功能論者）將「社會」或「結構」等一般概念物化了。

物化一詞源於馬克思主義，指許多非馬克思主義者和某些馬克思主義者的一種傾向，他們將固定的、「像物體一樣」的性質強加在一套複雜和變動不定的社會關係上。然而對於一個社會學家完全不能接受的物化，對於另一個社會學家卻是完全可以接受的。如果把所有的一般概念都看成是抽象的、但具有潛在的實際指涉，那麼正當和不正當物化之間明確的區別就消失了。因此在社會學中，關於可接受與不可接受的物化形式之間並不存在着涇渭分明的界限。

relative deprivation　相對剝奪（感）　個人或一個群體中的成員與本群體的其他人或其他群體相比（特別是以其社會地位相

比），處於不利於地位時所產生的感覺和所作出的判斷，如一個職業群體中較不富裕的成員與較富裕的成員相比時。作這種判斷時重要的不是絕對的標準，而是相對的標準或判斷的參考架構。

正如史都佛等人（Stouffer et al.,1949）所指出，經常使人產生相對剝奪感的情景是個人將其命運與類似情境（非相同情境）中的眞實的人或想像的人相比，而不是與地位顯著不同的個人相比，這是相當令人費解的事。當相對比較的他人被看作處於可能的競爭狀態時，相對剝奪感就最爲強烈。**默頓**（Merton, 1949）指出進行對比的基準群體對於作出判斷並產生相對剝奪感的個人或群體便成了**參考團體**（reference group）。因此朗西曼（Runciman）在《相對剝奪感與社會正義》（*Relative Deprivation and Social Justice*, 1966）一書中指出政治意見和賦予階級成員的意義（見 subjective and objective class **主觀階級和客觀階級**）是參考團體及其相關感覺（可能是相對剝奪感）的一個函數。社會群體的相對地位變化所能造成的顯著態度變化，已被證明是政治動亂和革命性變革的強有力源泉（Urry,1973）。

relativism　相對主義　強調文化、知識體系、概念框架、理論與價值觀等等彼此之間的差別與差異的觀點。相對主義一詞包括社會學與哲學中各種各樣的觀點，強弱不同。在弱勢的相對主義觀點方面，承認差別與差異無非是社會學中常識性的看法。而強勢的相對主義（可能具有強有力的支持者）卻成了爭論不休的主題。例如力主「道德是相對的」（moral relativism 道德相對主義），便等於聲稱是非標準僅僅是一個地方性問題，只能因時因地作出判斷。這樣一來便排斥了對不同道德系統進行判斷的問題。於是我們在否定納粹對待非日耳曼民族的政策時，便沒有一個普遍的基礎爲依據了。

同樣的，強勢的認知相對主義（cognitive relativism）認爲科學與**巫術**（magic）等其他認知方式只不過互有區別而已，所涉及的是從不同的觀點提出關於眞理的主張，因而便不存在最高法則或程序據以在這類不同信念系統之間做出判斷。在科學上可

能沒有根據說「某人是女巫」,但在巫術中或在獵巫者的行動中卻可能有完全充分的根據說「某人是女巫」,所以在這種活動中無需支持「科學眞理」的理性依據便可以認爲這一點是眞實的。

在當代社會學中,某些俗民方法學者(ethnomethodologists)指出任何範疇劃分的意義基本上都是局部成果,不受任何一般性定義約束,任何用法對於未來的用法都未必有約束力。

對相對主義抱極端批判態度的人往往回答說:「你們認爲一切理論都是相對的,那麼你們自己提出這一理論必然也是相對的」。然而熱衷於相對主義者卻點頭稱是,回答說我們必須對自己的決定、選擇和我們自己的「封閉」(closures)負責。這樣一來,理性問題就蛻變成修辭問題了——相對主義者一直認是如此。參見 truth 眞理;objectivity 客觀性;paradigm 典範; form(s) of life 生活形式;Sapir-Whorf hypothesis 薩丕爾-沃夫假說;Wittgenstein 維根斯坦;Feyerabend 費若本;value relevance 價值相關性。

reliability 信度 所搜集資料的可信度,或搜集資料時所用檢驗或測度法之可信度。可信的量度是在衡量同一批人一次以上時得出相同結果的量度。

信度說明的是一致性,而這一點一般是用相關係數(corelation coefficient)來計算的。在搜集社會調查材料時,檢驗一致性的方式有以下幾種:(1)在同一時間內由同一母體中取得兩份樣本加以檢驗;(2)對同一批人在不同時間用同樣檢驗方法檢驗(test-retest reliability 複測信度);(3)用兩種不同方法進行檢驗(alternate form reliability 交替檢驗信度);(4)對同一測驗分兩半進行相似性計算(split-half reliability 折半信度)。參閱 validity 效度。

religion 宗教 ①「對神靈的信仰」(Tylor, 1871)以及有關這些信仰的制度與儀式活動。②「對神聖事物的一套信仰與崇拜系統」,神聖事物指特別對待和敬畏的事物,使信徒結爲道德共同體或教會(Durkheim 涂爾幹, 1912)。在這個定義中,根據社

會功能（functions）的說法，信奉神靈或是其他超自然現象的宗教信仰，與民族主義等其他統一社會的觀念之間便沒有截然的區別，後者可以被視爲宗教在更加普遍意義下的**功能替代物或功能等價物**（functional alternatives or functional equivalents）。此外，雖然某些信仰和實踐一般被認爲是宗教，但未必就能與詞典上關於宗教的標準定義相符（這種定義強調神和靈的崇拜），而且超自然事物和經驗事物之間也不容易作出毫無爭議的區分。③**葛耳納**（Gellner）的說法：對於沒有經驗答案的根本問題和存在問題所提出的任何一套教義——「倉促的理論」（theories in a hurry）。與定義②相比，這個定義將宗教的社會效果或社會功能留給人們作經驗分析。

定義②或③的好處是都不依賴於自然事物與超自然事物之間爭論不休的區別，這種區別可能是宗教信徒不同意的。然而這兩種定義都有一個問題存在：它們對於傳統形式的宗教現象以及其他形式的信仰系統或其他形式的儀式行爲不能再提供任何有效的區別，因而難於將世俗化（secularization）之類的現象概念化。在這種情形下，某些社會學家繼續使用更加接近於①的定義，儘管在這方面存在着困難。參見 sociology of religion **宗教社會學**。

repertory grid technique　庫存格技術　見 personal construct theory **個人構念理論**。

replication　覆核，重複試驗　在前一次研究已確定的同類條件下搜集資料，往往用來檢驗所得結論的**效度**（validity），因爲設計或分析中的缺點可以通過這種覆核發現。

representative sample　代表性樣本　能眞正反映或被假定爲能眞正反映母體的**樣本**（sample），也就是說這種樣本具有相同的屬性，如年齡結構、階級結構和教育背景等。代表性樣本應保證抽樣方法是完全隨機性的（見 random sample **隨機樣本**）。樣本必須有代表性，以便使得根據這種樣本的研究所得出的結論可以被承認爲關於母體的眞實資訊。

research methods 研究方法 一種學科中所採用的考察方法。在社會學中，方法的範圍非常廣泛，其中包括其他學科也採用的研究方法。例如社會學家運用人文科學的批判性方法來研究**文本**（text）、繪畫、建築等，此外也從人類學借用民族誌方法，將其運用到現代社會方面（參見 ethnography **民族誌**）。他們還採用歷史學方法來理解各種社會形態的產生。

社會學家所運用的某些最有效的方法是與中央及地方政府機構共同採用的以**抽樣法**（sampling）爲基礎的社會調查法，但一般人以爲社會學完全只以這類方法爲基礎的印象顯然是錯誤的。社會學廣泛運用的另一些定量與定性研究法有**參與觀察**（participant observation）以及其他形式的直接觀察、深入訪問（interviews）、**態度量表**（attitude scale）、**內容分析**（content analysis）、文獻分析、和**次級分析**（secondary analysis），包括對**官方統計**（official statistics）的再分析。

在一次具體的研究中，方法的選用取決於許多不同的考慮，其中包括：

(a)所研究問題的性質（例如研究老年人的健康惡化發生率可以有效地利用問卷或病例記錄，研究偏差行爲就可能要用參與觀察法）；

(b)研究者或研究小組的理論立場和偏愛的方法（例如象徵互動論者往往愛用直接觀察法，而不大可能用標準化的變項）；

(c)可用的時間和費用（例如郵寄問卷比面對面的訪問費用更低廉；次級資料分析比一次新的調查費用低廉）；

(d)研究工作的贊助者和讀者可能信任的研究法與證據的類型（例如研究工作的贊助者往往喜愛使用定量資料的研究方法，而不喜愛用定性資料的研究方法）。

在以上各條中，(b)往往是最重要的，對於所選定的研究問題的種類也有影響，因而(a)和(b)往往是緊密相關的。然而(c)和(d)對於研究方法的選擇也有很大的制約作用。

關於定量法和定性法孰優孰劣，爭論可能很大。某些一心相

信定量觀察法的研究者拒絕承認其他方法的效度和優點，而另一些人則偏好選用直接觀察法，拒絕採用定量法。不過把這兩種方法簡單地對立起來是沒有根據的。丹珍（Denzin, 1970）建議只要有可能，社會研究工作應當把不同的研究方法排成三角關係（見 triangulation of approaches 研究方法三角化）。參見 statistics and statistical analysis 統計和統計分析；methodology 方法論；mathematical sociology 數理社會學。

residues and derivations　殘基與衍理　義大利經濟學家巴烈圖（Pareto）對非邏輯（或非理性）行為形式所作的區分，其中殘基是社會行為的普遍心理基礎，而衍理則是社會成員為自己的社會行為找理由時所提出的辯護或解說。巴烈圖認為許多社會學理論本身就是衍理。他認為自己的理論取代這種行為飾詞之後，便將社會學確立在一種新的科學基礎之上（圖23）。

　　巴烈圖列出六種主要的殘基類型，但其中只有兩種對於理解他的方法具有關鍵意義：一種是結合本能（the instinct for combinations）（第一類殘基），另一種是總量存留（the persistence of aggregates）（第二類殘基）。這些殘基在他的精英論中起關鍵作用（見 circulation of elites 精英循環）。

resistance through ritual　以儀式對抗　工人階級青年文化群體與休閒行為的儀式化時尚，如不良青少（teddy boys）等，這類時尚可解釋為有意反抗組織變遷與文化變遷的行為。「以儀式對抗」一詞在本世紀七十年代中期經英國當代文化研究中心（CCCS）研究者用作他們的論文集書名之後便開始流行。這個書名說明了 CCCS 所採取次文化（sub cultures）的研究法，而且對於後來有關青年文化、教育和偏差行為的研究有影響。對青年次文化曾運用這種方法進行研究（M. Brake, 1985）。這些青年次文化是在社會動盪時期（與相對富裕景況相關或與失業相關而造成社區崩潰的時期）產生的，並且被認為反映了針對客觀環境所作出的「協商一致的反應」（negotiated responses）。在這種過程中，大眾文化的產物不僅僅被接受，而且還加上了內容豐富

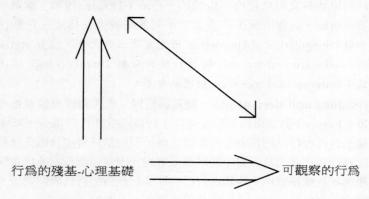

行為的衍理-解說/辯護

行為的殘基-心理基礎

可觀察的行為

圖23　殘基與衍理　根據巴烈圖的提法，社會行為的主要起因是這種行為之下存在的心理基礎。這類基礎不但說明了這種行為，而且也說明了社會行為者對這種行為所提出的解說。因此，巴烈圖認為，這類解說是從底層心理基礎中導引出的「衍理」。一旦這種經不起時間考驗的衍理被抽去，社會行為剩下的成份便是「殘基」。在巴烈圖看來，「殘基」才是社會學理論應當以之為基礎的社會學解釋的真正根據。與殘基對衍理及社會行為所產生的影響相比，衍理對社會行為的因果性影響或社會行為對衍理的因果性影響是十分有限的。

的解釋，用以表達次文化所關心的問題。

response rate　回應率、回答率　實際參與了調查的個人占全部被邀人數的比例。在採用**抽樣**（sampling）的社會調查中，回應率不可能是100％；90％以上的回應率便被認為是極佳回應率，70％以上一般也認為是可以過得去的回應率。搜集資料的方法不可避免地對回應率會有影響。**郵寄問卷**（postal questionnaires）一般回應率較低，而個人訪問（interviews）則可得到較高的回應率，**無回應**（nonresponse）的原因有死亡、遷移、不

願合作、造訪調查不遇。這種得不到選定樣本的情形幾乎是不可避免的，因而便導致了系統誤差或**偏誤**（bias），於是以樣本爲根據對母體作出外推，便須進行**效度**（validity）評估。有各種不同統計學方法可以用來加強樣本資料的信賴水平。

reverse discrimination 逆向歧視 見 positive discrimination 正向歧視。

revisionism 修正主義 社會主義思想家根據已經變化的經濟與社會條件，對於馬克思（Marx）的革命思想進行重新評價和修正的做法。最著名的修正主義者是德國社會民主黨人伯恩斯坦（E. Bernstein）。他在十九世紀九十年代後期指出：馬克思的經驗理論和他對於未來社會的預言已被資本主義體系的新發展否定了，其結果是「鄉民並未淪落，中產階級並未消失，危機並未越來越大，苦難和奴役並未增加」。伯恩斯坦得出結論是工人運動的「最終目標」是無關重要的，眞正的關鍵問題是生活在資本主義制度下的工人不懈地進行鬥爭，爭取境況的改善。社會主義不能通過激烈的工人階級革命來實現，只有通過漸進的和平演化取得立法改革的方式才能實現。在本世紀六十年代中期，西歐共產黨中修正主義思想再度興起。

Rex, John 雷克思（1925 – ） 出生於南非的社會理論家和社會研究者（特別是種族問題專家）。他長期擔任英國社會科學研究協會（Social Science Research Council；後稱 ESRC）種族關係組的主任。他對英國的社會學做出廣泛的貢獻。他的第一部有影響的著作是《社會學理論的主要問題》（*Key Problems of Sociological Theory*, 1961）。他在書中對社會學的古典研究法做了總結，其中強調價值和規範以外，衝突在人類社會中所起的作用（參見 conflict theory 衝突理論）。

他一再強調以廣泛的研究法研究社會學理論的重要性。但當他所主張並在自己著作中大加鼓吹的理論在英國社會學中重新抬頭的時候，他卻感到厭煩了；因爲在他看來，新理論過份地傾向於拋棄古典的觀念，追求時尚潮流，並且一邊倒地強調馬克思

（Marx）。他在種族研究方面的理論一直是新穎的，而且是激進的。他將理論與實際結合起來的方式在英國的社會學界並不多見，特別是引進了**住宅階級**（housing classes）這一概念。他的著作還有《種族、社群和衝突》（*Race, Community and Conflict*, 1967）和《一個英國城市的殖民地返國移民》（*Colonial Immigrants in a British City*, 1973）（與 S. Tomlinson 合著）。其他著作還有《社會學和世界除秘》（*Sociology and the Demystification of the World*, 1974）、《種族、殖民主義和城市》（*Race, Colonalism and City*, 1970），此外還有一本重要的論文集《社會學的發現》（*Discovering Sociology*, 1973）。

Rickert, Heinrich　李克特（1863－1936）　德國新康德主義（neo-Kantian）社會哲學家。他的思想對**韋伯**（Weber）有很大的影響。他的主要著作包括《科學與歷史》（*Science and History*, 1899）和《自然科學概念形成的界限》（*The Limits of Natural Scientific Conceptualization*, 1902）。他論證指出**狄爾泰**（Dilthey）和**文德班**（Windelband）將人文科學和自然科學對立起來，是將一個連續的統一體分為兩個對立面。正如文德班一樣，李克特主張社會學研究和文化研究可以兼用**特殊規律研究和一般規律研究**（idiographic and nomothetic）法。

　　社會現象的複雜性意味着所有各種知識都必然牽涉簡化過程，也就是依靠現象對於價值的相關性來加以概括和作出說明。他承認所有的社會學知識從根本上講都是歷史性的知識，但他又說有可能達到比狄爾泰所說更大的客觀性。他建議建立一門文化科學來揭示其核心成分——「意義與價值的叢結」。李克特可能是新康德主義學者中主觀論意識最低的人。

Riesman, David　里斯曼（1909－　　）　美國社會學家和新聞記者。他的著作《寂寞的群眾》（*The Lonely Crowd*, 1950年與 N. Glazer 和 R. Denney 合著）在本世紀五十年代和六十年代初風行一時。他在書中假定美國社會的基本性格類型由內在導向（inner-directed）轉向他人導向（見 other-directedness 他人導

向），個人性格的形成逐漸是以同儕和同時代人爲楷模，而不像從前那樣靠「內化的成人權威」形成。這部著作對現代社會所提出的論點後來被許多理論家所討論。

riot 暴動 ①（法律用語）指至少12人形成的一群人使用非法的暴力，使「理智健全的人」擔心自身的安全。②（社會學用語）指大規模的公衆騷亂，其中涉及針對財產的暴力行爲，以及與警察對抗的暴力行爲。

自從1980年英國布里斯托的聖保羅城（St.Paul′s）、接着在1981年春季與夏季和1985年秋季在許多其他城鎮和城市發生城市騷亂以後，英國近年來發表了許多社會學研究著作。關於這些騷亂何以發生的問題，沒有一種得到公認的主要原因，但有一系列問題被認爲是重要的，其中之一就是「暴動」這個詞本身。許多評論家指出這個詞在政治上和道德上含義極其強烈，只涉及政府當局的觀點，因而是特別不適用的。因此許多人寧願採用更加中性的名詞如「都市騷亂」（urban unrest）、「民衆抗議」（popular protest）和「公衆混亂」（public disorder）等詞。

第一種對暴動所作的解釋傾向將原因說成是有人實行陰謀，或受外來鼓動者的影響。因此英國1981年的布里克斯頓（Brixton）騷亂和其他騷亂中被指責的是政治鼓動者；1985年漢茲沃思（Handsworth）那次騷亂警方認爲是由販毒者組織的，目的在於保護他們自己的利益。這類解釋的來歷和民衆抗議的來歷一樣悠久。社會史學家提出行政當局以及警方對18世紀與19世紀的暴動所作的反應，這種反應和20世紀八十年代官方以及新聞媒體對暴動的看法具有一種不可思議的相似性。在社會學中，這些解釋作爲意識形態的建構，是令人感興趣的。它們很少得到證明，但往往會轉移人們對潛在社會問題的注意，並傾向爲社會當局解脫對於所發生的案件應負的責任。

現在看一看英國那幾次暴動的社會學及有關科學的解釋（除警方策略外，北愛爾蘭另當別論）。這方面的理論解釋受了許多因素的影響，其中最重要的可能是社會史學家對英國前幾個世紀

中所發生的暴動的叙述,還有美國社會學家對本世紀六十年代美國一些城市所發生的騷亂的解釋。這類解釋大多和英國的斯卡曼報告(1981)有某種關連。斯卡曼(Scarman)對1981年騷亂的原因提出的主要論點涉及有關地區的物質條件,如失業、居住、就業以及其他機會,此外還有粗魯而且是對抗性的警察行動,這類行動具體體現在一項「攔截搜捕」(stop and search)行動,即「81年掃蕩行動」(Operation Swamp 81)中,此行動之後便發生了騷亂。他的說法,特別是他否定陰謀說,並強調暴動者所面臨的問題的實質等見解,和許多社會學研究所得結論是一致的。有許多項被社會學研究者以不同形式加以強調,其內容有以下四個主要論點:

(a)物質條件──所有主要騷亂發生地區的匱乏程度(deprivation)都高於一般水平;

(b)警察行動──實際上每一次騷亂的第一個攻擊目標就是警方。騷亂往往是跟着一次警察行動而來(如布里斯托1980年騷亂、布里克斯頓1981年騷亂、漢茲沃思1985騷亂),或與嚴厲的警察行動有關。這種情形由於下面的原因而進一步複雜化:

(c)*種族*(race)──最初警方代表和政客都提出種族主義的說法,並議論外來的文化等。社會學家往往以不同的說法,強調族群問題的重要性。早就有人指出黑人已經被罪犯化(criminalization,Hall et al.,1978),並指出制度化的*種族主義*(racism)是始終存在的火上添油的問題(Policy Studies Institute,1983)。參見 ethnicity *族群性*;

(d)邊際化和*疏離*(alienation)──這些特別與英國黑人有關,但其含義卻較廣(Lea and Young,1983;Hall,收於 Benyon and Solomos,1987)。基本的論點是如果人民在政治上和文化上被排除在外,如果人民申訴苦情的有效渠道被堵塞,使他們感到自己處於普遍冷漠以至敵視之中,他們就會捲入暴亂,藉以發洩憤怒並使其困苦處境為人所知,即使會有反效果也在所不惜。參見 marginality *邊際狀態*。

　　所有的社會學解釋都否定騷亂單純是非理性行動的看法，或由罪犯或政治鼓動家鼓動起來的看法。他們往往還貶低所謂「仿效致亂」說（copycat effect）—這種說法會渲染了大眾媒體誇大暴動（見 amplification of deviance 偏差行爲渲染化）的責任。他們強調原因可以在有關民眾的生活條件中找到，並合情合理地將暴動解釋爲針對這種條件而發生的反應。參閱 collective behaviour 集體行爲。

ritual　儀式 ①超脫凡俗的行爲、表達神聖和宗教敎義的行爲（見 Durkheim 涂爾幹；Douglas 道格拉斯）。這種用法見於宗敎人類學和宗敎社會學。②「與象徵有關的身體動作」（Bocock，1974）。③具有慣常性質並對世俗社會交往有意義的日常活動。戈夫曼（Goffman, 1972）用儀式一詞指日常生活中的慣常性活動。

　　因此，儀式行爲被認爲在**神聖的與世俗的**（sacred and profane）社會生活領域中都存在。在這兩種情形下，說明其特性的是這種行爲的象徵性質。

　　儀式或儀式行爲與儀式行動是有區別的：儀式行爲（ritual behaviour）是無意義的、生硬的和刻板的行爲。動物行爲學家用這個詞來說明動物在追求異性和防衛地盤時慣常和重複的行爲。相反地，儀式行動（ritual action）則充滿了共享的社會意義，這種社會意義在文化上通過習慣與傳統傳承。儀式場合（ritual occasions）可以認爲是超凡的和典禮性的社會情境。這類場合不一定具有生硬和重複的特點，不過許多儀式都具有這兩種特點。儀式在社會中可以起保守作用和團結作用，但也可以作爲顯示社會、政治和文化對抗的手段（Hall and Jefferson, 1976）。參見 resistance through ritual 以儀式對抗。

　　對於儀式行動一般都是根據**宗敎社會學**（sociology of religion）的觀點來考慮，但也可以指出儀式行動在世俗社會中也存在。博科（Bocock）認爲「儀式行動這範疇在社會學內並未完全確立」；但他又說這個名詞可以用來指稱社會生活中的公民生

活、審美生活和政治生活方面，此外還可以指稱與生命周期有關的儀式。世俗化（secularization）不一定會使儀式行動減少。這種行動可存在於表演藝術（如默劇和舞蹈）之中，也可能存在於公民儀式（如國葬儀式、畢業典禮）之中。參見 civic religion 公民宗教。

生命周期的儀式在簡單社會和複雜社會中都有意義。人的成長與衰老是一切人類社會中的一種共同特徵，因而必須有社會控制和管理。生命周期的儀式是使生物學變化具有社會意義的主要方法。這種禮儀一方面可以用來表示新生嬰兒進入社會群體，另一方面當社會群體中一個成員死去時也可以用來肯定群體的繼續存在。范紀內（Van Gennep, 1909）指出通過儀式一方面標誌着生物學的變化，另一方面也標誌着社會地位的變化。這種儀式的特點表現爲如下的共同結構：

(a)個人超脫舊秩序或原來社會狀況。

(b)高度神聖的邊緣狀態或過渡狀態。

(c)使個人納入到新社會秩序或社會地位的最後階段。

可以看出儀式行動在所有的社會生活領域中都存在，並且也是個人和群體解決神聖和世俗社會生活中所遇到的問題的一種主要方法。

Rogers, Carl　羅嘉思（1902 – 1987）　人本主義運動（humanistic movement）中現象學派（phenomenological）的心理學家，以創立案主中心（client-centred）諮商法或人本諮商（person-centred counseling）法而著名。他在諮商方面有深遠的影響，以至使這種方法常被稱爲「羅嘉思」方法。

在羅嘉思人格理論和關於人本主義運動一般理論中有一個中心要點，是強調「人格成長」的趨勢。他認爲這是一種「天生有機趨勢」，但是由於環境的約束，這種成長過程可能出現問題。特別是如果個人要發展積極的自尊，他（她）就需要別人對他（她）「無條件的積極尊重」。特別是父母有責任提供無條件的積極尊重，而不要加上不實際的「價值條件」。如果個人遭到破

壞性的經驗而喪失自尊感或自尊感不足，便需要靠諮商或治療來復得。

現象學派心理學認為個人是獨持的，對客觀世界具有獨特的認知。因此案主中心療法的目的是幫助案主了解自己的情境，方法是讓他們講出心裡的話，並把所談的內容不加分析或指導反饋給案主。這一切都在感情投入、真誠熱情和無條件積極尊重的氣氛中進行，其目的在於增加積極的自尊並減少價值條件的限制性制約。這種方法在精神官能症患者（neurotics）的治療中得到發展，正是對這樣的人，特別是對善於言詞和急欲康復的人之中，這種方法是最成功的。

羅嘉思的工作並不限於個人的心理治療諮商，他作為人本主義心理學家矢志幫助每一個人走向「自我實現」。他積極推動團體治療（1970），並且把他的概念應用到教育方面（1969）。

role 角色 ①相對標準化的社會地位，其中包含個人被期望或被鼓勵實現的特定權利與義務，如雙親的角色。②「身分（status）的動態方面」，其中「身分」指其地位，而「角色」指其表現（R. Linton, 1936）。但「角色」這個詞更常兼指地位和表現，而「身分」也用作「地位」的代用詞。角色可以是特定的（specific）或廣佈的（diffuse），也可能是天生的（ascribed）或自致的（achieved）（見 pattern variables **模式變項**）。在**象徵互動論**（symbolic interactionism）中，「角色」一詞的用法有所不同。在此觀點中社會身份和社會行為都被分析為「扮演他人的角色」的結果，而不是採取現成角色的結果。角色扮演（role-playing）是一種社會訓練形式，人們參加群體演練，扮演各種社會角色。這種形式和上面所說的形式具有類似的基礎。人們期望經由扮演社會角色（包括起初欠缺好感的角色）可以帶來更多的社會理解。

在**功能論**（functionalism）中，角色理論所強調的是對特定地位所提出的規範性要求，以及角色和**制度**（institutions）相聯繫的方式。這種說法所注重的是取得並體現規範（norm）與規

則所決定的行為模式。**默頓**（Merton, 1949）提出了進一步的角色集（role-set）概念，所指的是與某一社會身分相關聯的一套角色關係。現代已經認識到個人在應付不相容的角色（如工作者和母親的角色，或講師和研究員的角色）的要求時，會遇到角色衝突（role-conflict）的情況。但功能派的角色理論卻受到批評，認為其中有時意味着社會行動是靜態不變的想法。

在較早的時候**米德**（G. H. Mead）提出象徵互動論的角色研究法，與功能論的角色論形成了對照，因為在米德看來「角色扮演」主要是發展自我（self）的重要過程。成年人和兒童都是設想自己處於他人地位來建立有關自我的構想（參見 looking-glass self **鏡中自我**），但其中並沒有功能論者認為重要的固定角色之構想所強調的是社會行為「不斷調整」的特性。

戈夫曼（Goffman）的著作提供了另幾種角色分析的實例，如**角色距離**（role distance）的概念，其角色扮演者在主觀上採取一種超然的態度。

role conflict　角色衝突　見 role **角色**。

role distance　角色距離　社會行為者（social actor）扮演一個角色（role）時主觀上顯現的超脫態度，例如侍者可能向顧客顯示他並不單單（only）是一個侍者。

role-playing　角色扮演　見 role **角色**。

role reversal　角色互換　人們互相交換角色，讓一人扮演另一個的角色的情況，如主人與僕人、成年人與兒童、男人與女人等角色的交換。在各種社會中都存在着制度化的安排來實現這種角色互換［如古羅馬的農神節（saturnalia），即歡宴和社會放縱的狂歡節］，這種互換有解放**角色**（role）約束所造成的社會緊張感的功能。現在的辦公室聚會也具有類似的功能。

role-set　角色集　見 role **角色**。

role theory　角色理論　社會學中強調角色和角色扮演對於維持社會秩序和社會組織具有重要意義的理論。見 role **角色**。

Rorschach Inkblot Test 羅夏墨漬測驗 瑞士精神病醫生羅夏於1921年設計的一種方法，使人投射（project）其性格，以便揭示並且解決所存在的問題。這是一種**投射測驗**（projective test），其基礎是整體主義的現象學方法，用於了解人格動態。

實際使用這種方法時，向病人（案主）出示一系列墨漬圖，墨漬形狀其實為含義模糊的刺激。由於存在模糊性，便可對之作出不同的解釋，並且可以從其中選出各種不同的特點。治療醫師鼓勵案主（病人）說出自己在這些墨漬圖中看出的東西，再運用這些反應探討潛意識的問題或者難以出口的問題。對各種不同的臨床人群和正常人群作出觀察後制定出一套計分制度，但這種計分仍不免主觀性，而且對患者所作反應的詮釋也被認為是技巧性的工作，需要很多經驗。

routinization 例行化 ①社會行為不斷重複，且在一定程度上缺乏動機感並且沒有參與感的社會情境。②指日常社會生活中大部分活動所具有的「被視為當然」的慣常性質。

Rowntree, Benjamin Seebohm 朗特里（1871－1954） 英國慈善事業家和社會改革家。他證明貧困的原因在於社會結構的特徵（如收入與財富分配不均），而不在窮人的生活方式，因而他對英國**福利國家**（welfare state）的發展有重大影響。他出身於富有的貴格教徒家庭（在約克郡以生產巧克力的工廠知名），曾經效法**布思**（Booth）進行貧困問題調查，於1898、1936和1950年在英國的約克郡進行過三次調查，力求探求貧困的原因，並說明其發生情況。為了落實國家干預的訴求，他對初級貧困和次級貧困作了區別。他說在初級貧困狀況下，個人僅能取得生活物資以滿足生理要求；而在次級貧困狀況下則能滿足基本的心理和社會要求（如參加社區活動並享受社會生活的能力）。他還提出**匱乏循環**（cycle of deprivation）的概念，用以說明一個人變窮受他**生命歷程**（life course）中地位的影響，也受家庭與社會背景的影響。他的工作對於第一批以保險為基礎的社會安全政策和貝弗利報告書（Beveridge Report）的發展具有影響。他曾受

勞合·喬治（Lloyd George）委任，在第一次世界大戰中負責監督兵工廠工人的福利，他還協助計劃戰後的住屋政策。後來他關於初級貧困的概念被人指責過於狹隘。然而他從未打算將社會安全僅限於解除初級貧困。

rules and rule-following　規則和遵循規則　關於社會行爲規律的規定，其來源是：(a)直接來自**社會行爲者**（social actor）對規定的遵守；(b)可被視爲來自這種規定的作用，無需行爲者直接意識到這種規則。

有時規則一詞的用法比較隨便，爲「行爲規律」（a regularity in behaviour）的等同語。在更爲狹窄的含義下，遵守規則是個人原則上可以自行決定採取其他行爲方式的規律所形成——這種人可以不參照規則的規定自行行動，在這種意義下他是「自由的」（參見 free will **自由意志**）。如果在另一種意義下規則由於是另一個人的規則而限制這個行爲者的自由，並且違反法規而會遭受制裁，上述「自由」仍然保持不變。在這種意義下，規則仍然可以表示自由的擴大［例如成爲社會**制度**（institutions）的基礎］，因爲這時規則能使社會結果具有可預測性，從而使社會行爲更爲自如。規則的這種「構成性」，可以和它們更爲例行的「管束性」相對應，在此它們僅僅在制度範圍內控制行爲。

社會學的許多研究方法都把社會規則及其複雜性條件，作爲自己的研究課題。只是有些時候有人認爲「社會規則」在經驗主義社會科學的意義下，相當於法律。因此如**帕森思**（Parsons）對於規則或規範的構想便被指責爲「科學主義的」。

狹義的規則常與社會科學中的人本主義及符號學取向有關，然而某些批評家堅稱，以某種語言作出規定的規則本身並不足以使人遵守規則。任何規則都必須植根於實踐及物質環境中。從另一方面說，規則的規定從本質上說是開放性的，也就是說具體環境下的行爲並非絕對遵守某規則。上述各個方面使社會學中的規則與社會科學的經驗論概念十分不同。

ruling class or dominant class　統治階級或支配階級　①

（馬克思主義）指任何社會或社會形態中，因擁有生產工具的所有權和控制權而在文化、政治和經濟上處於支配地位的階級。②（非馬克思主義*政治社會學* political sociology）任何社會中總是形成政治治理階級的少數人——莫斯卡（Mosca）《統治階級》（*The Ruling Class*, 1896）。參見 elite **精英**；elite theory **精英論**。

大多數馬克思主義者（但非全部）把「統治階級」與「支配階級」實質上視為同義語。在《共產黨宣言》（*The Communist Manifesto*）中馬克思和恩格斯曾寫道，「資產階級」……在現代代議制的國家裡會經常奪得「獨占的政治統治」。國家不過是「資產階級的執行委員會」罷了。然而對大多數馬克思主義者來說，即使在這種統治或支配階級並不直接進行統治（例如在現代自由民主國家中政府被來自幾個不同階級的人掌握），也不意味着經濟上的支配階級不是統治階級，因為這個階級通過其經濟影響控制了**意識形態**（ideologies），控制了支配性的觀念等，仍然是在進行統治。馬克思和恩格斯在《德意志意識形態》（*The German Ideology*）一書中寫道：「統治階級的思想在每一個時代都是占統治地位的思想。這就是說，一個階級是社會上支配性的物質力量，同時也就是社會上支配性的智識力量」。因此在這種意義下，一個統治階級或支配階級即使不掌控政府，仍可進行「統治」。有人指出在某些政治環境中，經濟上的支配階級不直接進行統治或掌控政府顯然是有利的，例如與其他群體共享中央政治權力，可以對不同的勢力進行控制，而這些勢力被看成是「凝聚」在政治中心。不過也可以說在這類環境中一個階級由於力量不夠而不能直接進行統治，這反映了在經濟上和政治上並不存在支配地位的階級。

現在許多馬克思主義者（見 Poulantzas, 1973）也強調有一種趨勢始終存在，使國家對經濟力量有相對的自主性，常常甚至有絕對的自主性。由此看來，對政治上的統治**精英**（elites）和經濟上占支配地位的階級往往應當加以區別。馬克思主義所遇到

的最後一個問題是：從經驗上說實際確認統治階級或支配階級往往存在許多困難，研究社會的歷史形態（見 absolutism 專制主義）時困難尤多。

對於根據定義②使用「統治階級」一詞的人來說，主要問題和大多數馬克思主義者所注意的不同。他們的目標在於揭露當代大多數主張民主政體者的侈談，其中包括馬克思主義者宣稱一朝實現眞正的民主的說法。莫斯卡認爲統治者始終來自於「有組織的少數」。統治者總是用抽象的政治理由［莫斯卡稱爲政治公式（political formulae）］使其政治統治合法化。在某些情形下，政治領導人的選擇「原則」和這些領導人的社會出身，可能適合經驗性地使用「代議制民主政體」之類的名詞。但即使在這種情形下，統治階級仍是由心理和文化上居於少數地位並且具備統治條件的人中選出一部分組成的。參見 Pareto 巴烈圖；Mills 米爾斯；power elite 權力精英；Gramsci 葛蘭西；hegemony 支配權；dominant ideology thesis 主導意識形態説。

Runciman, Walter（W.G.）　朗西曼（1934-　）　英國社會學家和工業家。他以獨立學者和劍橋大學三一學院研究員的身分寫了一系列評論文章、研究報告和理論著作，特別集中在政治社會學、階級分析、歷史社會學、比較社會學和社會學理論方面。他的第一部著作是《社會科學和政治理論》（*Social Science and Political Theory*, 1963），書中呼籲英美政治理論更加注意歐洲的政治社會學，尤應注意韋伯（Weber）和熊彼得（J. Schumpeter）的著作。他在《相對剝奪感和社會正義》（*Relative Deprivation and Social Justice*, 1966）一書中，運用歷史分析和社會調查資料說明社會行爲者對於社會剝奪與階級意識的構想是相對的而不是絕對的，是依其實際作出的社會比較而互異的（見 relative deprivation 相對剝奪；class imagery 階級形象）。朗西曼論說「公正社會」（just society）的構想是有根據的，其中應包含以下觀點：需要的平等滿足、教育機會平等、參與民主政治的機會增加。然而他找不出任何跡象能說明自動發展的階級

意識和階級行為會導致這種後果。朗西曼的巨著是三卷本的社會學理論著作《社會理論探討》（ *A Treatise on Sorial Theory* ），其中兩卷已經完成，第一卷是《社會科學方法論》（ *The Methodology of the Social Sciences* , 1983 ），書中指出在社會學中具有正統地位的三種主要方法：(a)關於社會秩序的「經驗事實報導」；(b)關於社會總結構的理論解釋；(c)關於社會生活的「生活質感」的現象學描述。這三種方法中的第一種和第二種被認為大體上是實證論的，第三種則不是，它所依據的是理論「一貫性」（ coherence ），而不是與實相的「符應性」（ correspondence ）。他這部著作第二卷是《實質社會理論》（ *Substantive Social Theory* , 1989 ），對社會發展作了廣泛的比較分析，並提出了演化論的理論，認為不同的社會權力基礎之間的「鬥爭」正如達爾文所說的「自然選擇」一樣，具有關鍵性的意義（參見 evolutionary sociology 演化論社會學 ）。這部著作行將問世的最後一卷將要把第一、二卷中的概念運用到英國的社會史方面，以此作為結束。在這部書中，他認為社會學家應該扮演的理想角色是公正善意的觀察者。他的「演化主義」所遭到的批判就是現代社會學針對**演化論**（ evolutionary theory ）所提出的典型批判。他對自己的第三種和第一、二兩種方法之間所作的區別，被指責觀點過於對立。但他的社會學分析，特別是他的歷史比較分析的廣度及力度一直為人稱道。參見 systact **類聚**。

rural sociology　鄉村社會學　研究鄉村社區和農業的社會學的分支。鄉村社會學僅在美國作為一門明確獨立的分支學科存在，因為它在美國受到政府政策的鼓勵。在其他地方，有關鄉村社會和農業的研究往往附屬在經濟人類學、鄉民研究和發展研究等領域。參見 ecology **生態學**；green movement **綠色運動**。

S

sacred and profane　神聖的與世俗的　特別指**涂爾幹**（Durkheim）在社會學中所作的區別，其目的在於使神聖事物（the sacred），包括一切被特別對待並加以崇拜的事物，有別於一切其他現象，即世俗事物（the profane）。在涂爾幹看來，對神聖事物的信仰和崇拜活動是所有**宗教**（religion）的定義性特徵。

Saint-Simon, Comte Henri de　聖西門（1760－1825）　法國演化論和實證主義社會理論家。他對於社會學形成一門學科具有決定性的影響（見 evolutionary theory **演化論**；positivism **實證主義**）。在聖西門一生的業績中，主張打破舊的傳統和在社會學方面所作的貢獻可以等量齊觀。他是家世清白的貴族，但卻參加了美國革命，並且在法國大革命中被捕入獄。後來他在土地投機中累積了巨額財富，建立了一個著名的沙龍，吸引了法國知識界的精英。他揮霍無度，因而從1804年起到臨終時止一直生活在貧困邊緣。這一時期正是他知識創作上最多產的時期，最後還與**孔德**（Comte）共同進行研究。

　　啓蒙的思想，特別是**孟德斯鳩**（Montesquieu）和**康多塞**（Condorcet）的，對聖西門的社會學的形成頗有影響。而聖西門本人的思想後來又傳給了孔德，從而傳給了**涂爾幹**（Durkheim）和馬克思（Marx）。後三位理論家的主要構想都導源於聖西門的著作：一方面是他的實證主義和演化論，另一方面是他的社會主義。聖西門提倡的演化論規律認為社會發展經歷了三個階段，每個階段都有不同類型的知識作為其特點。這三個

階段是神學階段、形上學階段和實證階段（見 law of three stages 三階段法則）。實證階段與工業社會（industrial society）的出現相吻合，工業社會一詞就是聖西門首先提出的。在聖西門看來，工業社會和前兩個階段有三個方面的區別：(1)出現一個單一而多層的階級（即涉及工業生產的所有人士）；(2)其科學技術完成了社會支配自然的鬥爭；(3)將國家從支配工具改造爲開明的福利與改革機構的潛能——由深受實證社會學知識影響的文化精英爲新興工業階級進行的改革。

然而在這個賢良精英主政的社會主義得以出現之前，必定會出現一個社會失調和混亂的過渡，因爲前一階段社會秩序所特有的認識論紐帶（宗教）在工業社會世俗主義的衝擊下已被削弱。聖西門所提出的實證主義、科學社會學或社會物理學（social physics）可以爲新實證階段的過渡鋪平道路並加速其進程，並爲新的世俗道德秩序打下基礎。

聖西門的思想在社會學研究中一直保有影響。除了對古典理論的概要產生巨大影響以外，他關於知識對工業社會的關鍵性地位的看法，以及關於科學技術與社會組織形式之間互相配合的必要性的看法，在近來的理論中又重新出現，表現爲**趨同現象**（convergence）和後工業主義等概念（見 postindustrial society **後工業社會**）。

sample or sampling　樣本或抽樣　從較大的母體中抽取個樣的方法，意圖反映這個母體各重要方面的特性。抽樣的目的在於更詳細的調查母體的特徵，並據以作出對母體的推論。要使這些推論有效（見 validity **效度**），樣本必須眞正具有代表性，而保證這一點的方法是採用**隨機樣本**（random sample）。爲此就要使用**亂數**（random numbers）或系統性抽樣（systematic sampling）。亂數用來保證抽樣名冊（例如選民登記冊或郵寄名冊等）中的每一個人都有平等的機會被選爲樣本。系統性抽樣所用的方法是以隨機方式從名單選定第一個人，然後每隔一定間距選一人（如果所需要的是10％的樣本，便每次都選第10人）。

SAMPLING ERROR

如果所要研究的母體很大，而樣本的規模較小，有效的方法是使用分層抽樣（見 stratified sample 分層樣本）。這個方法要將人口分成若干層，例如按年齡或是社會階級分層，然後從每一層中抽取隨機樣本。這種方法可以提高樣本的代表性，因為每一層中抽取的樣本的規模和母體中各分層的規模是成比的。參見 sampling error 抽樣誤差；cluster sample 類聚樣本；quota sample 限額樣本；snowball sampling 雪球抽樣；probability 機率。

sampling error　抽樣誤差　母體特徵的真實值與根據該母體樣本估計出的數值之間所存在的差別。由於任何樣本（sample）都不可能精確地代表母體，因而會產生誤差。為了盡量縮小抽樣誤差並能加以估計，便必須保證抽樣的隨機性。通常這一點是用亂數或系統性抽樣來達成。抽樣誤差與偏誤（bias）或系統誤差不同，後者可能由資料收集過程產生的，但是與抽樣過程沒有關係。

sanction　獎懲，制裁　以積極的獎勵方式或是消極的懲罰方式，強制執行道德規範或社會規範的方法。制裁可以是正式的（如法律懲罰），也可以是非正式的（如放逐）。執行社會制裁是社會關係中普遍存在的一種因素。

Sapir-Whorf hypothesis　薩丕爾-沃夫假說　主張語言範疇構成知覺或認知範疇的理論。美國人類學家薩丕爾（Edward Sapir, 1884-1934）和他的學生沃夫（Benjamin Lee Whorf, 1897-1941）是這一語言相對主義理論的創始人。從本質上說，這種論點主張我們的語言構成了我們對客觀世界的知覺。沃夫用他對霍皮印第安人的研究成果來證明這一論點。霍皮印第安人對空間、時間和物質的概念與使用一般標準歐洲語言的人不同。另一個經常舉出的例證是愛斯基摩人（Inuit 因努伊特人）語言中有許多描述「雪」的字，這一點被認為說明因努伊特人對環境的看法是非因努伊特人無法認識的。這種假說的強勢說明現在已很少為人接受，但關於語言的終點和物質文化及社會結構的起點在何處仍有爭議。參見 relativism 相對主義；form of life 生活形式。

Sartre，Jean-Paul 沙特（1905－1980） 法國存在主義哲學家和小說家。他的研究將存在主義與馬克思主義結合起來。沙特的方法受*胡塞爾*（Husserl）的*現象學*（phenomenology）的影響，但他的中心哲學思想來自於*海德格*（Heidegger）。這就是說人們雖然不能擺脫初始境遇「給定的一切」（即其事實性），但人們卻可自由採取行動加以改變。他將自在存有（潛意識、事物性）與自爲存有（意識、非事物性、行動）區別開來。他在第二次世界大戰時期參與政治活動，而且加入法國共產黨，主張克服限制其他出路的社會與經濟的「選擇結構」，凡此種種都使他的存在主義與馬克思主義聯繫起來。他的巨著是《*存在與虛無*》（*Being and Nothingness*，1956），而他對馬克思主義的主要貢獻是《*辯證理性批判*》（*Critique of Dialectical Reason*，1960）。

Saussure，Ferdinand de 索緒爾（1857－1913） 瑞士理論家，一般認爲他是現代結構語言學的創始人，同時對*結構主義*（structuralism）這種更廣泛的知識運動產生過重大影響。他的名著《*普通語言學教程*》（*Cours de linguistique générale*，1916）是以他的學生所作的筆記編撰成集，在他死後出版。在這部書中，*符號學*（semiology）——即關於一切符號（sign）系統的一般研究——第一次與更加專門的語言研究區別開來。他後又提出了一系列相關的區別，在理論語言學中成爲重要概念，而且往往被視爲結構主義的出發點：

(a)*語言和話語*（langue and parole）的區別，也就是語言的法則和實際講出的語言之間的區別；

(b)*同時性和異時性*（synchrony and diachrony）的區別——前者指的是不涉及以往、將語言視爲對現存關係體系的研究，後者指的是對語言變化的研究；

(c)*句法性*（syntagmatic）和*典範性*［paradigmatic，原先稱爲「關聯性」（associative）］關係的區別——前者指的是某一語詞鏈中各個詞的結合，後者指的是某一語詞與其他相關語詞的

關係；

(d)意符（signifer）和符意（signified）的區別，也就是語詞（其語聲形式或書寫形式）和這個語詞所表達的概念（理念）之間的區別。

索緒爾語言學中其他重要的觀念還有：強調意符與符意關係的任意性；每一語言單位的地位、含義或價值只能根據其與所有其他語言單位的關係來確定，也就是在語言範圍以內確定，而不能由語言範圍以外，由本質上具有決定性的現象來確定。因此用索緒爾的一句名言來說，語言中「只有差別存在」。

索緒爾的研究方法開啓理論語言學現代的發展，其功績不可磨滅；不過他對語法或**語用學**（pragmatics）未作系統研究，從而留下空白，由**喬姆斯基**（Chomsky）等後來的學者加以填補。索緒爾的著作強調的是語言（langue）而不是話語（parole），因而人們認為這樣導致了對語言的片面性研究，這是不足為奇的。這種有關語言的概念以類推的方式運用於結構主義時，也會造成對社會結構的片面描述。最後他強調符號系統內部關係是與強調特定參考架構之理解〔如特定科學**典範**（paradigm）、**問題意識**（problematiques）、**生活形式**（forms of life）等研究〕相一致的，但他受到的批評在於他的理論間或鼓勵**相對主義**（relativism）（**參見** incommensurability **不可通約性**），而且低估個人的能動作用（**參見** structure and agency **結構和能動作用**；Althusser **阿圖塞**）。

savagery　蒙昧狀態　早期社會演化（social evolution）理論所確認的一個發展階段。**孟德斯鳩**（Montesquieu, 1689-1755）提出三個主要社會發展階段是(a)狩獵或蒙昧時期；(b)畜牧或野蠻（見 barbarism **野蠻狀態**）時期；(c)**文明**（civilization）時期。

自十九世紀**演化論**（evolutionary theory）提出簡單/原始社會和複雜/現代社會的區分之後，這一概念便開始流行。蒙昧狀態一詞必定帶有貶義，因為演化論認為社會發展也涉及一種文明化的過程。因此「蒙昧」一詞便表達了一種粗野落後的狀況，這

和歐洲特權階級的文明禮貌、道德、智慧以及鑑賞標準是相對的。

這個詞不僅含有貶義，而且也是不精確的。簡單社會並不是歐洲人所理解的那種蒙昧社會。這個概念在殖民主義擴張時代具有其政治用途，但經過第一次世界大戰之類的事件之後，便很難用來描述歐洲以外的前工業化社會了。

scaling 標度 社會科學的一種測量方法，特別用於衡量人格特質和態度（attitudes）。其中的核心概念是連續體（continuum）。這表示人格類型等可以用二分法來排列（如 extraversion and introversion 外向和內向），而態度在量表中會從一個極端經過中間段轉變到另一極端。

制定這種量度的方法不止一種，但所有的方法都以同一假定爲根據：人格特質或態度可以根據對所提問題或陳述的反應來加以評估（見 Likert scale 利克特量表）。重要的是正面問題陳述和負面問題陳述的數目必須相等，而且只提出一個向度。現在對於量表的內部一致性已經發展多種不同的統計方法加以檢驗。

Schutz, Alfred 舒茲（1899－1959） 奧地利籍社會學家和哲學家，社會現象學（social phenomenology）的主要奠基人，1935年移居紐約後當了銀行家。舒茲的主要著作，例如《社會界的現象學》（*The Phenomenology of the Social World*，1967；德文版，1932）等，將胡塞爾（Husserl）的現象學（phenomenology）運用到社會現象方面，特別是運用到日常生活現象上。這也使舒茲捲入了對韋伯（Weber）的批判中。舒茲認爲韋伯「不問行爲者的意義如何構成，也不辨明人我之間所存在的獨特而基本的關係」。舒茲的社會現象學的基本論點是社會學必須盡力揭示社會行爲者在互爲主體間組織其日常行爲，並構成「常識性知識」所根據的概念或類型化（typifications）。在他看來，日常知識和科學知識不同，不能用抽象的方法研究。仔細觀察日常社會生活便會察覺，社會行爲者的行動是以「視爲當然的假設」和「現成的知識」爲依據，並以此達成「觀點的對等性」，這是一

種「自然態度」，必須把它看成爲社會知識中最重要的。舒茲認爲社會秩序來自對共同世界的普遍假定，但這種假定決不是功能論所認定的那種規範性共識（參見 practical knowledge 實際知識；life-world 生活世界）。

舒茲的社會現象學產生的弔詭是：雖然對社會行爲者建構社會生活的方式已經有了概括的說明，但這種說明指出傳統社會學尋求的對社會結構與社會變遷的宏觀概括所能達到的程度有限。舒茲的思想爲俗民方法學（ethonomethodology）所採用。由此而產生的問題是科學知識與日常常識性知識是否像舒茲以及俗民方法學者所說的那樣有鮮明的區別；儘管日常社會事實的說明無可懷疑地具有索引性（indexicality）和自反性（reflexivity），一般社會結構的說明是否依然可能成立。

scientific management　科學管理　一套工作崗位設計的原則，涉及的內容有腦力勞動與體力勞動的區分、細分工作任務、簡化操作技能、經理嚴密控制工作成效、以及實行薪資獎勵。

科學管理運動於1890年代起源於美國，泰勒（Taylor）是主要的倡導者。因此「泰勒制」與「科學管理」兩個名詞往往可以交互使用。泰勒受的是工程師訓練，他的管理原理所根據的哲學是：工作的設計可以進行客觀測量，根據測量將操作分解爲一些構成部分，即分解爲各種不同的「物理動作」，而這種動作是可以準確計時的（因而便有時間—動作研究），其目的是重組職務，以便取得最有效的工作法，藉以提高生產力。在這種意義下，經營管理成爲「科學性的」而非直觀性的，且找出支配工作活動的規律，並以此爲基礎界定以「最佳組織方式」的普遍原則。泰勒的哲學還以古典經濟學和心理學思想爲根據，假定人生性懶惰，而且是以工具性態度對待工作。對每一個人都應根據其工作努力程度付酬，並以經濟獎勵加以刺激。有了科學管理，工會組織便失去作用。工作場所的合作可以通過科學原理的運用而得到保證，且每個工人都會追求自己的個人利益。

科學的管理法主張：

(a)將工作分解爲簡單的、例行性的操作。

(b)將每一操作標準化,以便消除空閒時間。

(c)構思與執行分開——工作的設計和控制是經理部門的事。

泰勒的原理主要針對的是工作場所,但他的方法也包含着經理部門的功能劃分,其中包括經理業務和股東分離;管理科學的早期倡導者將這一點發展成組織的正式藍圖,對管理當局的方針和控制的範圍作出規定(參見 organization theory 組織理論)。

泰勒的思想也是十九世紀初工廠組織和機械化研究的延伸,特別值得指出的是尤爾(A. Ure)和巴貝奇(C. Babbage)的研究。所謂巴貝奇原理(1832)主張技能任務應分解爲技能性成分和各種非技能性相關任務,這樣便可以使每種任務按最低報酬率付酬,工人所完成的只是與他們的技能及訓練相稱的操作。

科學管理的社會學分析著重兩個主要問題:第一,科學管理作爲使經理部門之控制正當化的經營管理意識型態,其意義何在;第二,科學管理在資本主義社會的各個不同發展階段中的實際運用的程度如何。科學管理作爲一種意識形態,儘管開始時遇到工會和雇主兩方面的反對,但直到現在,對於工作組織和管理思想仍有廣泛影響。作爲一種意識形態,它和早期雇主的家長式態度與福利主義態度形成強烈的對照,遭到後來人性關係(human relations)管理方法的強烈批判,後者否定這種意識形態關於人類動機的個人主義與經濟主義的假定,並提倡任務的多樣性、群體運作和通過工作達到自我實現等。

scientism 科學主義 運用過分簡化的科學構想,並對科學抱有不切實際的期望的理論或研究方法,被認爲將「自然科學」的方法誤用於社會科學的理論或研究,包括高估科學解決社會問題的能力。因此,科學主義一詞主要是帶有貶義的名詞。

認爲自然科學成就可以輕易地在社會科學中重複實現的看法早在十六世紀和十七世紀就已存在,後來也出現在**孔德**(Comte)的**實證主義**(positivism)中。聲稱具有「科學基礎」也是社會學許多其他研究方法的一個特點,其中包括馬克思主

義。然而這些研究方法是不是「科學主義的」方法，並非簡單的問題，因為這一問題取決於人們如何看待正規的科學（兼指一般科學和社會科學），而此看法本身就是爭論不休的。因而對「科學主義」的批評有兩種極端的形式，一種是全盤否認自然科學可以作為社會科學的模型，另一種則僅僅否定顯然過頭的部分。

screening　學歷甄選　以學歷資格作為選擇應聘者的方法，其中的關鍵是一般學歷資格，而不是所受教育的具體內容。採取這種方法時，學歷資格（有時也包括就讀學校的類型）可用來代表一般智力、毅力、動機或其他社會背景，雇主感興趣的不是所受教育的具體內容。比較 cultural capital 文化資本。

根據學歷甄選假說（screening hypothesis），能夠解釋教育水平和收入水平之間的部分相關關係的是這種學歷甄選過程本身，而不是教育所提供的直接經濟回報。這種假說對教育效果所提出的說明基本上與其他假說（參見 human capital 人力資本）有別。學歷甄選論者還認為雖然教育程度提高有時也和個人報酬提高有關聯，而且高等教育和畢業後教育的學歷作用對於個別企業有用，但這並不意味着教育可以提供全面的社會回報，或對所有的個人提供回報。其理由是教育的擴充使得教育日益成為個人所必備的條件，從而增加了職業競爭，但不再足以保證高階的職位；學歷甄選成為一種人才遴選和工作分配的手段，而不是高階職位的保證。參見 credentialism 文憑主義；cultural capital 文化資本。

secondary analysis　次級分析　對以前分析過的研究資料〔如人口普查（census）數據或資料庫的數據等公開資料〕作為基礎進行再分析的研究方法。利用這些資料的好處是節省費用，因為這些資料不必另外收集，而且可用以進行縱向的歷史分析或跨文化分析。主要缺點是研究者對變數構成的控制不佳，而且對於資料收集的方式和情況所知有限。參見 official statistics 官方統計。

secondary deviance or secondary deviation　再犯偏差　*初*

犯偏差（primary deviance）之後個人採取偏差身分（deviant i-dentity）的過程（Lemert, 1961）。這一過程涉及個人在態度、感情、文化或次文化（subculture）歸屬方面的自我（self）重構。勒麥特認爲這種適應和整體社會反應（societal reaction）是相同的，甚至是由它帶來的。這種觀點與貼標籤（參見 labelling theory 標籤論）觀點是一致的。參見 deviant career 偏差經歷。

second order constructs　次級構念　關於理論的理論。由於所有的社會行爲者（social actors）本身都對自己的行爲有所謂的「理論」，所以一切社會學理論都可以看成是「次級構念」，它首先必須把握社會行爲者的「初級構念」（first order constructs）。參見 double hermeneutic 雙重詮釋。

sect　教派　一種宗教運動，有時也指一種世俗的社會運動，其特性是反對並拋棄正統的宗教和（或）世俗制度、教義和儀式活動等。如震顫派（Shakers）、教友派（Quakers）和阿曼門諾派（Amish Mennonites）都屬於教派。

社會學家認爲教派運動的特徵在於制度化程度低並傾向於信奉異端教義。特爾慈（E. Troeltsch, 1912）對「教會」和「教派」作出區別（參見 church-sect typology 教會—教派類型）。「教會」的特徵被認爲是保守的、正統的、等級制的、忠於傳統的、遵行儀式的，且組織與制度化程度高。與此相反，「教派」是至善論的、激進的、平等主義的，並顯示出組織與制度化的程度低。教派信徒所崇尙的是自發的行爲，而不是儀式行爲。特爾慈認爲教派和教會是互相對立的。他的著作探討的是基督教內部的教派運動，因而難以應用到這一範圍之外，特別是談到第三世界的教派運動時更是如此。

近年威爾遜（B. Wilson, 1973）指出「教派」可以視爲「自我張顯的抗議運動」（self-distinguishing protest movements）。這種抗議不一定是針對正統的教會，也可能是針對國家以及社會上其他世俗機構。威爾遜否定了特爾慈的二分模式說，並指出以教義（理論）、組織程度、結合形式、社會取向和實際行動等社

會因素之間的關係來考察教派運動是有益的。威爾遜還指出教派可以根據其「對外在世界的反應」來定類型。許多教派運動對宗教世界和世俗世界都表現出一定程度的衝突和緊張關係。因此教派分子的特點往往是既希望擺脫正統文化形式、傳統和制度，又希望因而獲救。威爾遜說對於外在世界和世界上的邪惡問題至少有七種可能的反應，他稱之為「改宗皈依派」（conversionist）、「革命變革派」（revolutionist）、「內省派」（introversionist）、「操縱控制派」（manipulationist）、「行奇蹟派」（thaumaturgical）、「改革派」（reformist）和「烏托邦派」（utopian）。

抛開組織程度和異端教義，便可以考察基督教文化以外出現的教派運動。參見 cult 崇拜；millenarianism and millenial movement 千禧年主義和千禧年運動；cargo cults 船貨崇拜；religion 宗教；magic 巫術；sociology of religion 宗教社會學。

sectoral cleavages　部門劃分　政治利益和政治行動的基礎，在某種程度上橫貫基本的左派-右派階級分裂（class cleavage），後者往往被認為是政治上的關鍵（Dunleavy, 1980）。重要的部門劃分有以下兩種：

　　(a)私人部門和公共部門的職業。

　　(b)私人消費部門和集體消費部門（如住屋、交通和福利等方面由於存在公私部門而產生的利益）。

segregated conjugal-role relationship　分工的夫妻角色關係

家庭內的分工，其中涉及夫妻雙方各自擔負的工作。這一詞於1957年由博特（E. Bott）首先提出。她認為這種關係最經常出現的地方，是具有緊密的家庭與親友網絡支持男女個別活動的社區。常常有人認為這種角色關係被合作的夫妻角色關係（joint conjugal-role relationship）所代替，但有許多證據證明家庭勞動還是非常男女有別的，最經常舉出的例證是燙衣服和維修汽車（參見 symmetrical family 兩性平權家庭）。

segregation　隔離　用歧視性的手段將種族（race）、階級

（class）或族群集團（ethnic group）在空間上隔離開來。種族隔離可以用法律強制執行，如美國南方本世紀五十年代以前的情形；也可以通過種族隔離制實行，如南非的情形。這種隔離的形式可以是設施隔離（如學校、渡假海灘、交通工具等），也可以建立種族單一的地區［例如南非的「班圖斯坦」（Bantustan）政策］。許多國家存在的住宅或教育隔離制並不具有法律效力，而是經濟與社會歧視（discrimination）的結果。參見 ghetto 少數民族聚居區。

self　自我　個人對自己的心理建構。這種心理建構不可避免地來自社會經驗——個人通過他人的反映與反應所見到的自我，而這一切都通過自我知覺的框格來詮釋。米德（Mead, 1934）特別主張這種自我觀是一種社會建構。自我沒有社會就不能存在。自我是認識的載體，但此種認識則是對自我周圍社會的認識。

self-fulfilling and self-destroying prophecy　自我實現性預言和自我毀滅性預言　進行社會學概括和預測時經常存在的兩種可能性：(a)假象性「證實的」（confirmed）可能性——僅僅因斷言有某事而產生了某種後果，如股票交易中由於預測股市暴跌而出現的暴跌；(b)由於人們了解情況而採取行動防止有關後果產生從而被避免的可能性，如預計鐵路罷工期間會發生塞車的時段中，由於人們在其他時間出門以免擁塞，從而未出現塞車現象。

　　自我實現性預言和自我毀滅性預言表明社會行為中的意志論（voluntarism）和選擇（即事關有目的的社會行動，事物因而得到監控，可以對反饋作出反應等）。有時候這種情形的發生被建構為普遍的原則，據此認為有效的社會學通則和社會學法則等在社會學和其他社會科學中是不可能成立的。然而社會行動的參與者往往具有改變自身行為的能力，並不意味着他們永遠擁有這種能力，例如社會結構的力量就可能加以干預（參見 structure and agency 結構和能動作用）。因此成功的、非虛擬的社會學通則的一切可能性，都不會因這兩類假設而被否定。

self-help groups　自助群體　由常處於某種煩憂的人建立，以

互相支持和互相幫助尋求恢復心理健康的群體。自助群體是一般團體治療運動的一部分，其中雖然沒有規定必須推舉領導人或輔導員，但往往實際上有這種人物。這種群體強調分享共同經驗和當前情緒，通過這些分享促進對**自我**（self）和他人更深刻的了解，便可以實現治療效果。這類群體通常出現在喪偶者、營養失衡者和酗酒者的社會工作方面。

semantics 語義學　語言學的一個分支，研究語言的意義，即系統地研究怎樣將意義分配給承載最小意義的要素，並將其組合起來產生更加複雜的意義表達形式。有多種不同的理論解釋語義關係，其中包括行為主義心理學、**成分分析**（componential analysis）、以現代邏輯為基礎的理論以及社會學說明，後者認為語言的意義不可避免地是相互協商的局部成果。

　　在邏輯語義學中，當前的研究目標是將語法（syntax）和語義學結合起來。在這項研究中，語法被看成是意義的結構載體，從「可能的世界」（possible worlds）運載至「真值」（truth values）。這項研究相當於從技術上改造檢證原理（verification principle），即意義等同於一套真值條件（truth conditions）。如果這個計畫成功，便會對社會學有重大的意義。

semiology or semiotics 符號學　研究符號（signs）系統包括語言、文學或一切人造物品的科學。作為**結構主義**（structuralism）的一個面向，符號學是從**索緒爾**（Saussure）的語言研究發展而來的，其主要倡導人是**巴特**（Barthes）。

　　雖然關於符號的一般科學概念是在二十世紀初首次出現於索緒爾的著作中，但直到二十世紀六十年代這個概念才在大眾媒體研究和**文化研究**（cultural studies）中得到發展。在文化研究領域中，符號學研究其他學科所忽略的領域（如吃的習俗），並提出文化符碼與權力之間關係的問題。其主要概念是意符（signifier，事物、字或圖畫）和符意（signified，「意符」所指的心象或意義），而符號則是意符與符意之間的聯繫或關係。有些關係是相當直接的（如 iconic 圖像關係）；另一些則由於其人為制定

性質而涉及一定的中介。符號學注重表現形式中可能包含的多層意義（如聖誕賀卡上的表現形式——聖誕老人、聖母與聖子、聖誕樹等）。巴特說符號所傳達的有潛藏的意義，也有明白表示的意義。它們可能表示道德價值觀，也可能引起人的情感或態度〔如羅特維勒（Rottweiler）犬的照片＝狗＝威力；打架的狗＝兒童的威脅〕。因此，符號可以集合起來並組成複雜的溝通代碼。參見 bricolage 拼貼。

sensitizing concept　感性概念　與全然操作化概念或確定性概念（definitive concepts）相對的社會學概念，它「僅僅提出注視的方向」（Blumer, 1954）。確定性概念具有明確的經驗指涉，容易操作化，例如「社會階級」可用收入水平或受教育年限來操作化，而感性概念則不那麼精確。這種概念提醒社會學家注意社會現象的某些方面，例如戈夫曼（Goffman）的**道德經歷**（moral career）概念就是如此。不過在兩類概念之間並無截然的區別存在。

sexual division of labour　性別分工　分工（division of labour）的一種特定表現形式，勞動者根據「男人的工作」和「婦女的工作」的假定進行劃分。性別分工所根據的是性別劃分，儘管這是社會建構的，但往往被認爲是所謂性別的「自然」屬性和特殊能力造成的結果。性別分工的某些形式在大多數已知社會中表現得很明顯，但其具體表現形式和分化程度則因社會和歷史的不同而異。在工業社會中這種分工特別地明顯，其間還有無酬的**家務勞動**（domestic labour）與工資勞動（wage labour）之別和**私人領域與公共領域**（private and public spheres）之別。存在這兩種領域的地方（私人領域屬於婦女、公共領域屬於男人），性別分工的意識形態性質多於經驗性質。在前工業化社會中，特別是在許多無國家的社會中，性別分工和公私領域劃分較不明確。

　　在現代資本主義社會中，婦女集中在某些工業、服務業和護理業工作。婦女有酬的工作情況主要是工作條件比男子差，工資

水平比男子低，工會組織水平比男子低。英國儘管有同工同酬法案（Equal Pay Act, 1970）、反性別歧視法案（Sex Discrimination Act, 1975），婦女所掙的計時工資仍保持爲男子平均計時工資的75%左右。婦女比男子更多從事報酬差的「家庭工作」和兼職工作，而且她們的就業不穩定。巴雷特（Barrett, 1988）指出縱向分工（vertical division of labour）和橫向分工（horizontal division）說明了男子與婦女工作的特點：男子在報酬和工作條件上占上風，而婦女則集中在有限的幾種職業中，這些職業反映和加強了社會對女性氣質和家務性的期望。庫爾森等人（Coulson et al., 1975）指出男子工作和婦女工作之間的差別以及按性別劃分職業等現象相當於「工業界的種族隔離」。

重要的是認識到這類分工必須參照經濟因素和全面社會秩序的複雜交互影響來加以理解。巴倫和諾里斯（Barron and Norris, 1976）指出資本主義社會的勞力市場有一個特點是「主要部門」（報酬高、工作穩定、技能得到承認）和「次要部門」（報酬低、工作不穩定、技能被簡化）之間的區別。男子占據了主要部門中的絕大多數工作職位，而婦女則被分配到次要部門中。不過這種看法未能解釋婦女爲什麼會占據次要部門。（參見 dual labour market **雙元勞力市場**）。

有人使用所謂勞動後備軍（reserve army of labour）這一概念，參照馬克思主義關於資本工資勞動的理論來解釋資本主義社會中的性別分工，強調雇主根據自身的利益保持一部分可解雇的勞動力，在經濟衰退時期可將之解雇。已婚婦女的有酬勞動被視爲類似於外籍勞工，因爲這種婦女勞動也爲資本提供了產業後備軍。然而已婚婦女的工作與外籍勞工的工作仍有不同。婦女集中在某些工作部門使得雇主難以找到替代者，而她們的低報酬也保護了她們不受臨時解雇的危險。

馬克思主義的理論未能解釋婦女在勞力市場所處的地位，這使人們注意到家庭內的家務勞動以及婦女對家務勞動所負的責任（見 domestic labour **家務勞動**）。婦女在工資勞動中的地位，

以及她們在家務與照顧子女之間所存在的關係，已有許多女性主義社會學家加以強調。巴雷特（Barrett,1988）指出，婦女作爲有酬勞工的地位受到家庭結構、婦女生育作用以及「家務意識型態」（ideology of domesticity）的強大影響。此外，關於「家庭工資」（family wage）的意識型態（把男子看成主要的賺錢養家人）也使婦女的工資低於男性。

shudra（sudra）　首陀羅　見 caste 喀斯特。

sick role or patient role　病人角色或患者角色　被視爲特殊身分及社會身分基礎的疾病患者，與生物醫學範疇的疾病患者有所區別。

　　這個概念起源於**帕森思**（Parsons,1951）有關醫學在工業社會中的角色的討論，他描述了一種社會認可的偏差行爲形式，這種偏差行爲具有以下的特點：

　　(a)病人被免除正常的社會責任。

　　(b)病人被認爲不能照顧自己。

　　(c)病人被認爲有恢復健康的慾望。

　　(d)病人被認爲期望尋求合格的專業幫助。

　　帕森思認爲生病就會干擾正常的社會責任，因而允許患者解除這些責任。因此有時不願意承擔社會責任的人希望得到這種身分。由此看來，醫療可以被認爲除了治療作用以外，還有社會控制的功能。它可以阻止想裝病的人，並且使有病的人提高對社會責任的認識。

　　帕森思的說法在經驗和理論兩方面都遭到了不少的批評。然而病人角色繼續被**保健醫療社會學**（sociology of health and medicine）用在臨床機構人際互動的經驗研究中，作爲感性與組織概念。參見 symptom iceberg 症狀冰山；trivial consultation 瑣屑諮詢。

significance test　顯著性檢定　統計學（statistics）的一種檢驗方法，用以評估觀察結果（數據結果）是不是偶然發生的。檢驗的結果表達爲可傳機率的不同水平加以評估的統計數據（如 t

比率、F比率）。人們通常接受0.05的機率水平，即表示這種結果偶然發生的機會僅僅是5%。顯著性檢定的例子有：t-檢定（參數檢驗）和威寇森檢定（wilcoxon，無參數檢定）（見 statistics and statistical analysis 統計與統計分析）。這些檢定法用於檢定兩組數據之間已觀察到的差異顯著性。例如在社會調查中可能取兩個樣本，如存在少數族群問題的城市和不存在這種問題的城市的種族態度。在這兩組資料中可能存在着明顯的差異（數量差異），但兩個數據組都是樣本，因而存在着抽樣誤差（sampling error）的計算。對其間的差異必須進行檢驗，以便確定其間是否存在着統計上顯著的差異。顯著性檢定的目的在於確定虛無假設（null hypothesis），證明「無差異」存在──檢定結果不是肯定這一結論，便是否定這一結論。

significant other　重要他人　社會學指一社會行為者（social actor）被另一社會行為者視為角色模範。

Simmel, Georg　齊默爾（1858－1918）　德國社會學家和哲學家。他的著作範圍廣泛，獨具文風，演講也十分精彩，這一切使他成為社會學界一位有影響的古典社會學家，雖其影響程度不及馬克思（Marx）、韋伯（Weber）或涂爾幹（Durkheim）。

　　齊默爾認為社會是一個「互動網」（web of interactions；見 sociation 社交）。他身為形式社會學（formal sociology）的創始人尤其為人稱道。形式社會學的基礎是社會分析中形式和內容（form and content）的區別，即探討普遍重複出現的［抽象的和先驗的（a priori）］社會互動「形式」，並只根據這種形式來考察社會互動的詳情，即其內容（見 dyad and triad 二元群體和三元群體；stranger 外來者；sociability 交誼活動）。雖然如此，他的著作中仍然保留着強烈的功能論與演化論派的色彩，例如他認為社會分化造成「適應」（adaptation）（不過有時也造成混亂）。但齊默爾認為整體而言，關於全面統一的社會學理論的主張至少是不成熟。

　　齊默爾出身於猶太人家庭，這意味着他的無法獲得應有的崇

高學術地位。然而他的研究工作具有很大的影響。在他死後,其作品在美國由芝加哥的社會學家帕克(Park)和伯吉斯(Burgess)加以提倡,對芝加哥學派(Chicago school)的研究工作趨勢產生影響。齊默爾的影響在戈夫曼(Goffman)的著作中也顯而易見,兩人的文體和研究方法存在着類似之處。他的影響在科瑟(L. Coser, 1956, 1965)的衝突理論(conflict theory)中也表現得很明顯。科瑟論「社會衝突的功能」也顯示出齊默爾社會學的特色,即強調許多社會形式中所包含的雙重性。

齊默爾的著作多達三十部以上。在幾部論文集和選集之中特別值得提出的有《齊默爾的社會學》(*The Sociology of Georg Simmel*, Wolff, 1950)和《衝突和群體系屬關係網》(*Conflict and the Web of Group Affiliations*, Simmel, 1955);最近在有關他的著作的討論中所提到的最重要的一部是關於貨幣(money)的著作《貨幣的哲學》(*The Philosophy of Money*, 1978)。最近弗里斯比(Frisby)在所著《社會學的印象主義——齊默爾社會理論的重新評價》(*Sociological Impressionism : A Reassessment of Georg Simmel's Social Theory*, 1981)一書中對齊默爾的作品進行全面的討論。

simple society　簡單社會　人類社會中內部分化最少和最古老的形式。簡單社會一詞和*原始社會*(primitive society)等詞都指同樣的社會,但簡單社會一詞的貶義少於其他名詞,使用這個詞反映了對人類社會的演化論觀點。簡單社會與內部分化較多的複雜社會相對。據此,社會發展可以看成是從簡單形式到複雜形式的進化(Sahlins, 1971)。然而從某些方面來看,「簡單社會」無疑是一個錯誤的名詞,因為在這類社會中常常可以看到複雜的*親屬關係*(kinship)的模式。

situational analysis and situational logic　情境分析和情境邏輯　與*個體方法論*(methodological individualism)和*巴柏*(Popper)作品有關的一種方法論理想,其中提出對社會情境應根據社會行為者的動機與目標以及其邏輯含義加以分析,不需要

SKEWED DISTRIBUTION

訴諸「心理學主義」（psychologism）或「社會學主義」（sociologism）。

skewed distribution　偏斜分配　從樣本或母體中所取得數據的分布形式，它沒有顯示出鐘形曲線的**常態分配**（normal distribution）。在常態分配中，平均數（mean）、中位數（median）和眾數（mode）落在同一地方，曲線是對稱的。在正偏斜分布中（圖24a），眾數和中位數都小於平均數，而在負偏斜分配（圖24b）中，平均數則小於中位數和眾數。某些母體特徵具有常態分配（如身高），另一些則具有偏斜分配（如受高等教育的學生的社會階級）。

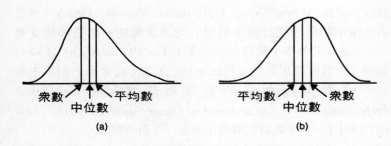

眾數　平均數
中位數
(a)

平均數　眾數
中位數
(b)

圖24　**偏斜分布**　(a)正偏斜分配(b)負偏斜分配

skill　技能　①（用於工作崗位或職業）所需具備的條件，涉及操作範圍和技能複雜性、判斷力水平、操作完成方式的控制水平、學習該操作所需的時間、必須具備的知識水平與訓練水平等。②（用於個人）在學校和工作生涯中所獲得的能力，其中包括下列各種能力中的一種或多種：認知能力（抽象思維、記憶、注意力集中的能力）、體力勞動的熟練程度、知識和人際交往能力（溝通意見、互相合作、與他人感情交流、領導能力）。③（社會構念）根據習慣和實際操作以及工會協商和工作規定對某種類型工作或職業所定的標籤，從而設定工資報酬的等級，在官

604

方職業統計的勞工劃分中，這些等級一般分爲「熟練」、「半熟練」或「非熟練」等類。

技能是一個含糊不清的概念，因爲它的各種不同的意義往往互相混淆而且未經適當界定。關於技能水平變化的各種理論取向以及相關的經驗研究都與技能一詞的界定有關，這是要點所在。例如關於簡化操作技能（deskilling）的理論往往用一種所謂的客觀和專門性的定義（以上第1種定義），而當談到提高技能時則根據形式上的資格或不同職業的官方分類對技能下定義。在社會學中技能的定義最常見的是第1種定義，也就是對工作的客觀要求，用工匠的歷史例證作爲分析技能水平變化的基本標準。

第2種定義下的技能定義指的是個人帶到工作崗位上的品質，這是從工業心理學中引來的，但是也對技能的市場性和可代替性的討論提供了參考（見 dual labour market 雙元勞力市場）。在這種意義下取得的技能部分取決於天生的才能，不過社會學家一般都認爲技能大多是後天學來的。關於技能的性質與水平變化的討論，包括高度專業化的技能興衰的分析，也包括可移轉的技能的分析——後一種技能比較不確定，也較少專業性，因而可以獲得較高的報酬和地位。關於個人技能的概念，在默會性技能（tacit skills）的分析中也具有重要意義，後者指的是在工作場所接觸機器與操作而學到的無意識的和習慣性的技能。這種默會性技能往往是專業性的，而且在正式工作崗位上不被承認，但對於雇主在日常生產操作或提供服務來說卻具有關鍵性的意義。

作爲社會構念的技能的定義，使人們注意到上述三種意義都可能與實際不相符合。某些種類的操作在專門意義和客觀意義上可能需要高水平的技能，但在勞力市場上卻得不到報酬，婦女的工作就是一個顯著的例子（見 sexual division of labour 性別分工）。與此相反，某些工作得到高額報酬和很高地位是工會商定和雇主策略的結果，使得工作崗位的分等與實際技能差別互不相干。同樣的，大量的半熟練工之頭銜可能指只需很少訓練或根本

無需訓練的工作，因而就有一種說法：「大多數工人完成工作任務所需的技能還不及他上班開車所需的技能高」。

Small，Albion 斯莫爾（1854－1926） 美國社會學家。1892年任芝加哥大學美國第一個社會學研究所之所長，1894年與文森特（G.Vincent）合著第一部社會學教科書。1895年他又創辦《美國社會學刊》（*American Journal of Sociology*）。根據斯莫爾的意見，社會學實現了**斯密**（Smith，Adam）所創始的一套分析計劃，而在自己的著作中還設法使社會學不要過分與**孔德**（Comte）的研究方法雷同。斯莫爾寫了好幾部書，其中包括《社會學通論》（*General Sociology*，1905）和《社會學起源》（*The Origins of Sociology*，1924），但現在已經很少有人閱讀。

Smith，Adam 斯密，亞當（1723－1790） 蘇格蘭道德哲學家，最為人稱道的著作是《國富論》（*An Inquiry into the Nature and Causes of the Wealth of Nations*，1776）。他在這部書中討論了**分工**（division of labour），然後提出個人對自身利益的追求加上不受遏制的市場運作成為一隻「看不見的手」（invisible hand），使「共同的善」（common good）得以實現。他作為蘇格蘭啟蒙運動的一員訪問過法國，在那裡會見了法國社會學和經濟學界的領袖人物。他除了經濟問題的論述外還對倫理、政治、法律和語言等問題寫過許多論文。在《道德情感論》（*The Theory of Moral Sentiments*，1779）一書中，他指出倫理的判斷取決於一個人設想自己處於別人地位時所得到的看法，也可以設想一個理想的公正觀察者如何判斷是非加以說明。亞當·斯密雖然與自由放任論的提倡頗為相關，但他並沒有忽略分工的負面影響，他注意到分工有使工人頭腦遲鈍和喪失人情味的潛在效果。他承認人們可能很願意限制這種效果，但他相信實際上各國政府很可能受到狹隘利益的驅策而不予考慮。

snowball sampling 雪球抽樣 一種抽樣本（sample）的方法，剛開始只抽選少數的回答者，調查中要求這些回答者進一步

指出可能的受訪對象。因此這不是一種隨機樣本（random sample），根據這種調查不能對母體的特徵作出任何推論。這種方法的用處基本上是收集深入的定性資料（可能是關於敏感問題的），其中不存在明確的抽樣名冊，而最好的抽樣法是通過個人接觸。這種方法可以用於喪偶者經歷或性生活習慣的調查。

sociability　交誼活動　任何主要「為了自身需要緣故，且為自身解脫社會束縛的吸引力而存在的」社會互動（Wolff，1950）。齊默爾認為這是社會互動的「遊戲形式」（play form；參見 form and content 形式和內容）。它不需要「外在的結果」，而且「完全取決於進行交誼活動的人的人格」。然而，齊默爾認為交誼活動能「化嚴肅性和悲劇性為象徵性和朦朧性的遊戲形式」，這樣可以拐彎抹角地揭示實相。因此雖然許多社會互動都涉及交誼活動的成分，但純粹形式的交誼活動（例如宴會、野餐或聊天）在社會生活中具有其本身的特殊意義。交誼活動顯然「無方向性」並且是「非嚴肅性的」，但是能起一定的作用，最重要是使人放鬆、轉移注意，此外它對於「嚴肅的」工作也會有新的啟示。

social　社會的　①（某些種類昆蟲和動物，也包括人在內）以有組織的群落或群體生活在一起。②關於人類社會的和（或）關於組織或群體中的人際互動。③關心個人相互關係和福利或對此負有責任的（如社會工作者）。

social actor　社會行為者、社會行動者　採取社會行動（action）的個人。使用社會行為者一詞大多並不假定其始終有意識地對於自己的行動進行「舞台管理」（stage manage）。然而正如社會學使用角色（role）這類概念時所示，社會行為的確往往讓行為者扮演一個角色，只不過行為者並非沒有可能對這個角色加以解釋或加以改變。社會行為通過一定的「編劇」方式加以理解是有益的，這是一些社會學家的看法（見 dramaturgy 編劇法；Goffman 戈夫曼）。另一些社會學家（見 ethnomethodology 俗民方法學）不願意用「社會行為者」這個名詞，而寧願用「成

員」（member）這個名詞，原因就是前一個名詞具有戲劇性的含義。

social anthropology　社會人類學　（西方調查者）對小型簡單的非工業化社會和文化所進行的研究。社會人類學在其理論方向及方法論上往往和社會學無法區分，但由於它所研究的問題範圍而將它區別爲一門獨立的學科，因爲大部份社會學研究工作常着重都市和工業化社會。儘管如此，這兩門專業研究之間仍然互有影響。

社會人類學作爲一個專門學科是從十九世紀帝國主義擴張時期的學術發展而來的，既參與當時關於科學與僞科學之爭，也受其影響。李區（E. Leach, 1982）將1840年前後這門科學的奠基人的許多理論傾向作了區別，認爲他們的共同特點是專門研究奇風異俗，加上**族群中心主義**（ethnocentricity）和傲慢態度。

最初出現的主要理論觀點是**演化論**（evolutionism）。當時流行的各種演化論都比較進步，承認所言及的民族是「我們同類人」（our fellow creatures），這是1843年出版的一本書的論點（引用自 Lienhardt, 1964）。從另一方面來說，這種演化論的觀點以種族主義的假定爲基礎，認爲所謂原始民族的文化屬於人類歷史的早期和低級階段，當代歐洲的調查者可以從這些文化中看出他們自身社會的「蒙昧」（savage）起源。**梅因**（H. Maine, 1861）提供了一個很好的例證：「由於各個社會不能齊步前進，而是以不同的速度前進，因而養成嚴格觀察習慣的人，從某些時期中的確能夠看到並描繪出人類幼嬰時期的狀況」。這些「嚴格觀察的習慣」和描述是社會人類學發展的主要面向。在法、德、英、美等國的研究中，對簡單社會進行深入的田野調察越來越普及，研究者都對以前人們所假定原始文化的「非理性」與「野蠻性」提出批評，加以修正，或在許多情形下予以排斥。

第一次世界大戰以後，**馬林諾斯基**（Malinowski）和**芮克里夫布朗**（Radcliffe-Brown）提出田野工作（fieldwork）的討論，並使**結構功能論**（structural-functionalism）在英國社會人類學

中確立爲主要的理論觀點。那個時期的人類學家受到**涂爾幹**（Durkheim）理論的影響，並且強調田野直接觀察的重要性，對於不同的文化發表了大量的研究著作，其中傾向於注重**制度**（institutions）的分析。因此，對**親屬關係**（kinship）、宗教信仰系統、巫術、政治制度等都作了非常詳細的研究。正像其他社會科學的情形一樣，當時出現了不同的研究重點和學派，新的理論問題和爭論受到重視。**結構主義**（structuralism），特別是**李維史陀**（Lévi-Strauss）所發展的結構主義，在社會學理論方面尤有影響。

近幾年來，社會人類學家也把他們的注意力轉向都市工業化社會，採用研究其他文化時所創造的研究方法和作法。這種傾向使得社會人類學在許多方面更難和社會學區別開來，所存在的不過是學科之間所劃定的界限或自己所作的界定。參見 culture 文化；ethnography 民族誌。

social change 社會變遷　社會組織或社會結構的某方面（如家庭、選舉模式、宗教態度和經濟活動等）的現況與前一時期狀況之間的差別。

社會變遷研究需要辨認所研究的現象，並且要運用歷史的觀點識別其所經歷的變化，這是邏輯上最低限度的要求。實際上，這種描述往往與更加困難的解釋有關。解釋是要確認所研究的現象中的變遷是由於哪些因素造成或產生的。更簡單地說，其目的就是說明爲什麼社會變遷以某種方式發生而非另一種方式發生。

社會變遷對於許多社會學研究和考察來說都是極爲重要的，因爲社會及其組成部分從來都不是靜止的。社會學中所應用的全部理論觀點和研究方法，都可以用於社會變遷的研究。顯然對於軍隊和警察徵募人員的社會化研究所用的考察方法（如參與性或非參與性觀察）和對當代工業化社會階級結構內部的社會流動變化研究所用的方法（抽樣和問卷法）是不相同的。關於十四世紀歐洲鄉民土地所有權的變化狀況的研究，則要以歷史文獻的證據爲依據。

SOCIAL CHANGE

社會學始終會以各種方式研究社會變遷,如果這種說法正確,那麼說社會學本身是社會變遷的產兒也是正確的。社會學作為一門科學出現的時候正好是理論家試圖理解歐洲社會18、19世紀與工業革命有關的社會、經濟和政治的動盪之時,這不是偶然的巧合。早期社會學思想中三位重要的人物馬克思(Marx)、韋伯(Weber)和涂爾幹(Durkheim)的開啓性研究只有在這樣的意義下才能被人真正理解。

這三位理論家感興趣的是工業資本主義社會的性質和起源的研究,但他們絕不是最初對社會變遷感興趣的僅有的社會學界人物。誠然,十八世紀末和十九世紀的社會學有一個特點,即着重於社會變遷這一問題。孔德(Comte)以聖西門(Saint-Simon)的研究為基礎,對於社會的知識與社會狀況的發展提出了三階段法則(law of three stages)。這學說實質上就是人類社會的演化論(evolutionary theory)。這種根據進步、方向和發展階段來研究歷史的偉業(見 economic and social development 經濟與社會發展),是許多其他理論家如康多塞(Condorcet)、史賓塞(Spencer)、摩根(Morgan)、泰勒(Tylor)和霍布豪斯(Hobhouse)等人所共有的。

儘管這些早期理論在許多方面都有問題存在,但現代思想家對於社會變遷的演化論研究並沒有完全失去興趣,帕森思(Parsons,1966)、經濟學家羅斯托(W. Rostow, 1960)和人類學家沙林斯與塞維斯(M.D. Sahlins and R.E. Service, 1960)都出版了新的著作,或多或少成功地補救了早期理論家的缺陷。

但基本問題仍然存在。例如巴柏(Popper)指出從哲學的觀點看,社會發展在本質上是不能預測的(因為它受知識發展的影響,而知識發展本身是不可預測的);此外,社會發展是一種獨特的歷史發展過程。儘管這種發展可以用各種各樣的方式加以描繪,但卻不能用任何普遍的法則加以解釋,因為法則所解釋的是相同的事件重複出現,因而不能檢驗或是解釋獨特的事件(參見 historicism 歷史主義)。葛耳納(Gellner,1968)也指出根據演

化論對社會發展階段作出的時間順序排列不是多餘便是不夠充分
——所謂多餘是指如果社會變遷的機制、來源和原因已弄淸；所
謂不充分是指將任何事物按順序排列的做法本身並不是一種解
釋。

帕森思和羅斯托都認爲自己的研究工作對於第三世界的發展
政策具有特殊意義。他們在這一方面的不足之處已爲巴柏的論點
所指出。特別應當指出的是某一社會的發展同時也改變了其他任
何社會發展的客觀環境，這是顯而易見的。因此，沒有一個社會
能重複其他社會的發展過程。這一點已由**法蘭克**（Frank，
1969）所明確提出，他說先進的工業社會的發展與其他社會的低
度發展有關。

社會學家還試圖在一個要求較低的水平上，對於社會內部變
遷的一般原因提出假說，而不是將社會歷史發展歸於演化法則。
如是，社會變遷便以不同方式與以下各方面相關：

(a)技術發展。

(b)社會**衝突**（conflict）（例如種族、宗教和階級之間的衝
突）。

(c)社會結構或文化各部分之間整合不當（見 integration **整
合**），如印度敎、喀斯特和資本主義。

(d)社會系統內部對**適應**（adaptation）的要求，因此，例如
有效率的科層制發展便是企業對競爭性經濟環境的一種適應。

(e)理念（見 idealism **唯心論**）和信仰體系對於社會行爲的影
響，最明顯的是韋伯關於新敎倫理和資本主義精神的假說。

(f)馬克思關於社會的生產力與生產關係之間的矛盾造成階級
衝突的思想。

這些社會變遷研究路線沒有演化論追求的目標那麼大。歸根
究底，它們要說明的是什麼原因造成了社會變遷，而不是對人類
歷史的發展過程作出預言，唯有馬克思是部分的例外。學者們最
多是在考察某一具體社會過程時，對於社會變遷的原因何在多少
提出比較成功的提示。然而把人類群體、社區、制度、組織或整

個社會的所有變遷都說成是衝突、理念或適應等造成的結果，便顯然是太過了。提出理論的野心越大便越容易出毛病，這是必然的道理。但從某種意義上說這也關係不大，因爲這類理論仍然是有啓發性的，而且對於一般社會學研究來說，社會變遷的完美、普遍的理論並不是一個必要的前提。

social closure　社會封閉　社會群體爲了保證其社會情境的利益而壟斷資源，並限制成員吸收和不容外人進入的過程。所有的特權群體都有許多這類的例證存在，如歐洲貴族社會的聯姻資格、技術性手藝行業的學徒制、醫師與律師職業公會對正式成員資格的授予等都是。

　　社會封閉一詞是韋伯（Weber）首先提出的，在近代社會學中特別與帕金（Frank Parkin, 1979）的著作有關。帕金追隨韋伯對馬克思主義的批判，指出財產只是權力的一種基礎，也僅僅是社會封閉的一種形式。族群淵源、性相、技能水平和宗教等不同社會身分團體（status groups）所具有的特徵，也都可以成爲封閉策略的基礎。

　　帕金說明了兩種封閉策略或封閉過程的類型：一種是排他（exclusion），另一種是侵奪（usurpation）。排他指將本群體與外來者分開的作法。上面說的貴族、自由業者和技術性工匠的情形便是這方面的例證。侵奪是低層群體或特權較少的群體取得被別人壟斷的利益或資源的方法，民權運動便是這方面的例證，在印度喀斯特（caste）制中梵化（sanskritization）過程也是這方面的例證。

　　這兩種策略並非彼此排斥。1970年代北愛爾蘭的新敎工人組成工人勤王會（Loyalist Association of Workers），其目的主要是爲了保護自己的特權，也就是說他們對於天主敎徒採取排斥策略。與此同時，他們與雇主仍然進行正常的集體協議，有時還發生衝突，也就是說他們力圖增加他們在公司中應得的利益（奪取雇主和股東的特權）。帕金把這種兩相結合的策略形式稱爲雙重封閉（dual closure）過程。在階級或身分體系中，中介群體尤常

出現這種情形。

social cohesion　社會聚合　群體行為的整合，這是社會約束、吸引或其他力量在一個時期中使群體成員發生互動的結果。參見 social solidarity 社會連帶。

social contract theory　社會契約論　關於國家（state）的起源和（或）國家現有基礎的理論，其最簡單的形式認為國家起源於一種「契約」。這就是說每一個社會成員放棄本身的「自然權利」（見 natural rights and natural law 自然權利與自然法）以換取法律之下的新權利（參見 Locke 洛克）。社會契約論對於歷史上國家形成的大多數情形都不適用，不過它卻適用於新憲法的制定，如美國1787年憲法的制定就是如此，這部憲法至少有一部分確實是在社會契約論指導下制訂的。社會契約論並不是直接作為解釋性理論或社會學理論而出現的，其歷史作用是像一種倫理學或邏輯學的理論，提出的目的是對現存制度進行道德評價或改造，以及為革命等提供理論根據。參見 justice 正義。

social control　社會控制　各類社會群體用以強制或鼓勵從眾（conformity），和處置違反公認規範之行為的措施。

社會學家將社會控制的基本過程分為兩類：

(a)規範與價值觀的內化（internalization）。社會化（socialization）過程十分注意把社會認可的行為方式當作理所當然的、毫無疑義的規則或當社會慣常行為來學習（參見 ethnomethodology 俗民方法學）；

(b)對違反法規和不遵守法規的行為使用制裁辦法。制裁可以是正面的、也可以是負面的，前者指的是對於守規行為給予獎勵，後者指的是對於違規行為進行懲罰。懲罰方式有正規的、有非正規的，非正規如斥責、嘲笑或放逐，正規的懲罰有違規停車的罰單、判刑或執行死刑等。參見 deviance 偏差行為。

Social Darwinism　社會達爾文主義　將達爾文的自然天擇原理應用於社會的社會學理論（參見 Darwin 達爾文）。最著名的

倡導者在英國是**史賓塞**（Spencer, 1820-1903），在美國是**孫末楠**（W.G. Sumnar, 1840-1910），兩人都大力主張把社會看作是適應性的有機體。重要的是必須把這種形式的學說與較為一般化的演化論社會觀點區別開來，後者不具有前者那種僵硬的功能主義觀點，而僅是相信某種定向的社會變遷（見 evolutionary sociology 演化論社會學；sociocultural evolution 社會文化演化）。社會達爾文主義一詞現在幾乎無一例外地被社會理論家用於貶義，這些理論家反對用生物學的類比來研究人類的社會生活。在政治上，這個名詞也被認為是有問題的，因為如果個人和社會都要經受適者生存的淘汰過程，那麼現狀便永遠被看成是合理的。社會達爾文主義思想現在間或出現於**社會生物學**（sociobiology）。

social differentiation　社會分化　一種制度化的行為被分成兩種以上更加專門化的制度化行為的過程。分化一詞是從生物學借用來的，用以描述社會功能在社會演化過程中的專門化現象。例如生產的經濟功能從家庭中分化出來並實現特化，而家庭保存着再生產和嬰兒社會化的功能。在**帕森思**（Parsons, 1977）的社會系統模式中，用更抽象的名詞來描述這一過程，如政體（polity）從整體社群（societal community）分化出來等。社會分化在功能學派關於**社會變遷**（social change）的理論中被說成是結構分化（structural differentiation；見 functionalism 功能論）。

　　十九世紀關於社會變遷的演化論理論家（如 Spencer **史賓塞**），認為分化是生物學和社會學的一種根本原理，根據這種原理，社會在適應客觀環境的過程中規模日益增大，而複雜性也日漸增加（見 evolutionary theory 演化論）。在較複雜的社會中，伴隨分化出現的是提高整合和相互依賴的功能需要。在**涂爾幹**（Durkheim）的著作中，社會分化與社會的**分工**（division of labour）是同一回事。當代的社會演化理論仍舊認為分化的概念在工業社會適應能力的一般發展中具有重要意義（Sahlins & Service, 1960）。在帕森思之後的著作中，分化的概念被認為對

於分析現代社會功能子系統的相互依存關係有重要的意義。參見 modernization 現代化。

social distance　社會距離　不同社會階層成員之間所存在的「高不可攀與難以接近」的感情和關係。社會距離的概念在極端的社會階層化（social stratification）制度中被正式制度化（如種族隔離和喀斯特），但在非正式形式下這種現象在所有的社會中都存在。社會距離一詞是帕克（Park）和伯吉斯於1924年提出的，並由博加達斯（Bogardus, 1933）加以推廣。後者還制定了一種社會距離量表或稱博加達斯量表，用以界定各社會群體之間相容或不相容的程度。

social equilibrium　社會均衡　社會系統內部和（或）社會系統相對於外在環境之間的持續狀況或者穩定狀況。在巴烈圖（Pareto, 1935）看來，一社會系統在遇到某種改變時會產生反應使之恢復原來的「正常」狀況，此社會系統便是均衡的。巴烈圖的定義以及他研究社會系統的一般方法都是以力學系統的變化和經濟領域的研究法為模型。受其影響的理論家中比較顯著的有韓德森（Henderson）、霍曼斯（Homans）、帕森思（Parsons）、迪克森和羅斯利伯格（Dickson and Roeslisberger, 1939）。特別是在帕森思的著作中有一條假定是社會系統即使從未充分實現均衡，也會趨向於一種均衡的狀態，可以認為是具有自我均衡性質的功能系統。

social facts as things　社會事實作為事物　「一種事實的範疇」，具有明確的特徵，「包含存在於個人之外的行為、思想和感情方式，而且藉由控制而賦予個人一種強制力量」[涂爾幹（Durkheim）《社會學方法的規則》（The Rules of Sociological Method, 1895）]。涂爾幹把他的社會學表述為「完全根據一條基本原理，即把社會事實作為事物來研究」。涂爾幹認為「沒有任何其他原理使他遭到了更多的批評」，但他也說「沒有任何其他原理比這條原理更根本」（Durkheim, 1897）。

社會學家一直分為兩派，一派人強調社會事實獨立存在個人

之外；另一派人強調個人充分參與本身社會生活之建構（參見 methodological individualism **個體方法論**；structure and agency **結構與能動作用**）。但涂爾幹的目的與其說是否定個人建構社會實相的一切可能性，還不如說是主張社會事實大部分存在於具體的個人之外，因而可以比較客觀地加以研究，例如把它當成外在的「社會潮流」，像法律的形式以及各個社會在**自殺**（suicide）率上的差異。涂爾幹失誤之處也許是有時認爲這一點意味着社會學家可以不管個別行爲者的主觀觀念。與此相反，顯然對於**自殺**這類社會現象只有在對個人賦與社會行爲的種種意義作充分考察之後才能進行有效的研究。此外，還須注意許多社會學資料的人爲加工的性質（見 measurement by fiat **人爲規定的度量**）。因此把「社會事實作爲事物」的主張〔涂爾幹關於社會實相自成一類（sui generis）的構想〕雖然對於在社會分析中避免赤裸裸的主觀主義和個人主義來說確實有用，但通常被認爲對社會現象的「事實性」造成一種誤解。

social history　社會史學　着重各社會的總體社會生活模式的變遷，而非只注重政治事件的史學和歷史分析。

social indicators　社會指標　按時收集的社會統計資料，可以用來對社會一般狀況的變化，如犯罪率以及健康與死亡統計提供指示數字。與此同時並存的有公認的經濟指標，如零售物價指數。然而關於社會指標的量度和標準化，人們的看法遠不如對最重要的經濟指標的看法那樣一致。參見 official statistics **官方統計**。

social integration and system integration　社會整合和系統整合　洛克伍（Lockwood,1964）所作出的區別：由於**社會化**（socialization）和價值觀的一致性而產生的整合謂之**社會整合**；由於社會「基層結構」運作（如經濟關係或權力結構的非意圖性後果）出現的整合謂之**系統整合**。洛克伍強調這兩種整合形式是不同的，任何有關社會的分析都須注意將它們區分開來。他指責**功能論**（functionalism）的某些形式未能做到這一點。

SOCIAL INTEGRATION AND SYSTEM INTEGRATION

　　紀登斯（Giddens, 1984）進一步闡明（見圖25），社會整合可以看成是社會行為者個人之間面對面的互動所產生的整合；而系統整合則更具有遠距離互動的性質，並且涉及所謂的「再生產實踐」——後者是由群體與集體的相互關係中以及制度的運作中產生的，這些過程往往在有關的個人背後產生。

社會整合：面對面

（社會行為者之間的相互交往）

直接的行為關係；
日常生活的時間

行為者對行為的
自反性監督；

行為的自圓其說

潛意識的動機

非認可的行為條件

非預期的
行為後果

系統整合：非面對面

（群體或集體之間的相互交往）

制度的再生產；
制度的長期性；
時-空延展

　　注：系統＝「再生產實踐」和行為的相互依賴，包括內部自穩態反饋回路和自反性的自我調節。

圖25　**社會整合與系統整合**　見本文。

socialization　社會化　①社會的文化傳遞給兒童的過程，又稱濡化（enculturation）；個人行為從幼嬰時代開始逐漸改變，以符合社會文化的要求（見 acculturation 涵化）。就這層意義而言，社會化是一切社會的**功能性先決條件**（functional prerequisite），對於社會生活和對於一般社會形式與具體社會形式的文化與**社會再生產**（social reproduction）來說，都是很重要的。**帕森思和貝爾斯**（Parsons & Bales, 1955）強調**家庭**（family）和其他方面的社會化，既涉及個人進入社會的整合（見 roles **角色**；institutions **制度**），也涉及個人與他人的分化。②生產工具的**私有制被公有制**（public ownership）代替。③（馬克思主義）資本主義的生產越來越依靠集體組織（如許多不同生產過程的相互依存）的趨勢，這是**馬克思**（Marx）預期生產工具公有制和社會主義轉變終將出現的重要理由之一。

　　在上述三種構想中，第一種在社會學與人類學方面具有最重要的意義。因為它涉及個人與社會之間的關係，所以這種意義下的社會化在社會學和**心理學**（psychology）之間架起了一道橋樑。關於社會化的理論集中在以下幾個方面：

　　(a)認知發展，如**皮亞杰**（Piaget）的主張；

　　(b)道德與個人的身份透過家庭關係取得，例如**佛洛依德**（Freud）的主張；

　　(c)獲得**自我**（self）概念和社會身分，例如米德（Mead）的主張；

　　(d)群體的道德範疇與價值觀的內化，例如**涂爾幹**（Durkheim）的主張；

　　(e)在各種情景下維持互動之社會化技巧的發展，其中主要是語言互動的技巧，由此得以擅用和詮釋社會環境和自然環境，如**伯恩斯坦**（Bernstein）的主張。

　　有時人們還對兩種社會化形式加以區別：(a)成長為成年的社會人所涉及的過程，其重點主要在兒童時代，這種過程稱為初級社會化（primary socialization）；(b)文化傳承的一般性過程，如

成年的同儕、傳播媒體等等，這一過程稱爲次級社會化（secondary socialization）。

根據朗（D. Wrong, 1961）的意見，將第一種意義下的兩種社會化形式區分開來是有好處的，但重要的是必須承認這兩種社會化的形式在社會化和人我關係上都具有積極的、有目的和自反的特性（見 oversocialized conception of Man 過度社會化的人觀）。參見 nature-nurture debate 先天後天之爭；development 發展②；looking-class self 鏡中自我。

social marginality　社會邊際狀態　見 marginality 邊際狀態。

social mobility　社會流動　一切社會中個人（有時是群體）在社會階層化（social stratification）的不同位置間發生的流動。在現代社會中，職業結構（occupational structure）內的階級（class）地位對於社會流動的研究具有極其重要的意義。社會流動可以是階級或社會地位等級制中向上的移動，即上升流動（upward mobility），或向下的移動，即下降流動（downward mobility）。這種流動可以發生在兩代人之間，謂之代間流動（intergenerational mobility），在這方面社會學所注意的是個人家庭原來的社會經濟階級或身分與其後來所「自致的」（achieved）階級或地位相比的情形。另一種流動的時期比較短，例如個人經歷（career）中所發生的上升或下降的流動，謂之代內流動（intragenerational mobility）。社會學的研究主要注意各個不同社會中所發生的代間流動的程度和性質，而最爲注意的是體力勞動和非體力勞動的社會經濟身分流動的程度，此外還注意進出精英（elite）集團和進出服務階級的流動。人們通常認爲總括來說，現代社會比早期社會容許較多的流動，相對說是階級開放社會（open-class societies）。

社會流動的系統研究最早是由俄裔美國社會學家索羅金（Sorokin）倡導的，他認爲所有的社會都具有「選擇機制」，這種機制在不同的社會之間其形式也有變化。正如社會學家一般

所持的看法一樣，索羅金也認爲社會流動不論其具體形式如何，都有關鍵性的社會功能，如選賢與能，可形成「安全閥」的作用。工業社會社會流動的研究是從大規模社會調查的進行以便確定代間社會流動的程度開始（Glass,1954, Lipset & Bendix, 1959）。這些研究似乎表明儘管工業化與教育文化等模式有所不同，但代間社會上升流動的程度，特別是體力勞動與非體力勞動職業間的，在所有工業社會中基本上是相同的。後來的研究工作（Miller,1960）對這一結論作了更深入的探討，指出社會流動的詳細模式之間仍然存在着相當大的差別。例如德國、義大利和西班牙的「開放」程度比美國和英國低；社會主義國家的社會流動程度比非社會主義國家高，如東歐集團國家以及瑞典等社會民主社會的流動程度都比較高（Heath,1981）。

關於社會流動性的研究還有一個重要的區別是結構性與非結構性社會的流動。前一種指一具體社會中在職業結構形式上所發生的根本性變化（如特殊階級、身分群體等的相對規模發生變化）而造成的流動；後一種指不涉及這種變化的流動。圖26說明根據這種區別可以提出一個重要的假定：職業結構在決定一個具體社會或歷史時期中社會流動的形式及程度方面所起的作用，比教育制度和個人動機的差異所起的作用更爲重要——前者所產生的是結構性流動，後者所產生的是非結構性流動。後者對於流動程度產生影響的能力可能有限，但「非結構性」因素（如教育等）確實能造成差別，在引起職業結構變化方面的作用並非最次要的，例如鼓勵職業升級或職業變遷方面所起的作用就是如此，其中涉及以大學畢業生代替非大學畢業生，或特殊行業的社會地位與內容的一般性升級（參閱 credentialism 文憑主義）。

有些研究者得出結論說英國的社會流動率從第二次大戰以來一直保持相對穩定，並未提高；但戈德索普（Goldthorpe）等人的研究（1980）卻指出上升流動的程度（包括進入服務業階層）可能比一般所認爲的高。他說這種提高大部分可以用「結構流動」來說明。

格拉斯（Glass, 1954）以社會階級間的**機會均等**（equality of opportunity）為研究的焦點，論證說一旦考慮到職業分布的變化，主要應當注意的便是流動的程度如何，對「結構流動」應不作過多考慮。然而佩恩（Payne, 1989）卻反對任何有關自發性的假定，他說：「……沒有人為消除結構變化下的流動相對機會」也具有重要意義。因而綜觀各家的研究結果，包括戈德索普1972年的研究，以及馬歇爾（Marshall et al., 1988）等人於1984年進行的研究），我們發現：「服務階級在保持階級地位方面所獲得的成就並未減少，而工人階級出身的人所遭到的困難卻有所緩和」（Payne, 1989）。

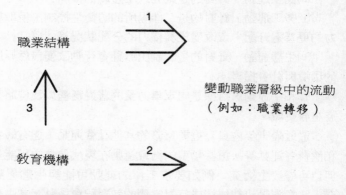

圖26　社會流動　可以看出，職業結構的變化是決定社會流動(1)的機會多大的主要因素，但教育機構主要成為社會流動的渠道，這種渠道在現代社會中尤其重要，它也能影響什麼人可以流動(2)，教育機構(3)也能引起職業結構的變化。

關於社會流動的一切研究工作都存在複雜的方法論問題，其中包括職業分類的問題（參見 occupational scales 職業量表）、被調查者記憶的可信度問題，以及將資深的老一代人與資歷不多的年輕一代人作比較的問題。在最先進的研究中，可能採用非常複雜的統計與數學方法，以致有人認為技術和測量已經走在社會

學理論的清晰性和相關性前面了。最後一個具有重大意義的問題是大部分有關社會流動性的研究都只集中在男性身上。參見 contest and sponsored mobility 競賽式和贊助式流動。

social movement 社會運動 人們爲引發或阻撓社會內某方面社會變遷（social change）而結成的廣大社會聯合行動。與政治黨派或某些高度組織化的利益集團或**壓力團體**（pressure groups）不同，這種運動的組織是非正式的，不過它們可能會和政黨及制度化的群體有聯繫，到一定時候也可能形成政黨。

紀登斯（Giddens, 1985）指出社會運動在現代社會中不同四種的領域中運作：

(a)民主運動，針對的是確立或維護政治權利。

(b)勞工運動，針對的是工作場所的防衛性控制、爭取經濟權力的更普遍分配、或改變經濟權力的分配狀況等。

(c)生態運動，針對的是限制由於社會行動改變自然界所造成的環境與社會損害。

(d)和平運動，目標是向軍事力量的普遍泛濫以及侵略型的民族主義挑戰。

最近幾十年內具有重要意義的其他社會運動，還有婦女運動和消費者運動等。這些類型的社會運動在現代社會中可能互補，但也可能發生衝突，例如要求工作的運動可能與生態運動相衝突。這類運動也往往造成反對它們的敵對社會運動，其中包括保守的民族主義運動，以及阻止或扭轉道德改革的運動等。

關於社會運動的研究，亦如關於政黨和利益集團的研究一樣，注意的是被吸引參加的人的社會與心理特徵，領導者與被領導者的關係，以及這類行動所造成的社會與政治後果等。有一點是很清楚的，社會運動在政治與社會系統內部是一種流動的因素，比較正式的政治組織便是由此產生的，而且這種流動因素還可能帶來劇烈的變化。參見 collective behaviour **集體行爲**；anomie **脫序**。

social order 社會秩序 任何社會中所存在的社會期望和社會

結構的穩定模式，以及這種模式的維持。因此社會秩序一詞具有的是一般意義而不是特定的意義。關於促使社會凝聚的問題，有時也被稱爲秩序問題（參見 Parsons 帕森思）。

social organization 社會組織 社會中所存在的相當穩定的模式或結構，以及造成或維持這種結構的過程。在這種意義下，社會組織一詞的含義是極爲廣泛的，與社會結構（social structure）、社會秩序（social order）相重疊。參見 organization 組織。

social pathology 社會病態 （與有機體的健康和病態來類推）社會被認爲不健康的任何狀態。以生物學來類推目前已遭到懷疑，因此現在很少人使用這個名詞，但曾被功能學派社會學家使用，其中包括涂爾幹（Durkheim, 1895）。涂爾幹將所謂的「正常」社會狀態和「異常」社會狀態作了區別，他認爲某種類型的社會的平均狀態就代表着那種社會的「正常」和「功能」（functional）狀態。以此爲基礎，病態狀況大體上便可辨別出來。因此像犯罪的現象雖然必須被認爲是社會的正常特徵，但過高的犯罪率卻應當看成是病態現象。參見 social problems 社會問題。

social phenomenology 社會現象學 一種社會學研究法，特別指奧地利裔美國社會哲學家與社會學家舒茲（Schutz）所倡導的方法，用這種方法考察社會知識與社會生活的建構所涉及的過程以及視爲當然的假定（參見 phenomenology 現象學）。有些社會學家，特別是柏格和魯克曼（Berger & Luckmann, 1967）將舒茲的觀念發展成爲知識社會學（sociology of knowledge）的一種獨特的研究法，這些觀念對俗民方法學（ethnomethodology）的發展尤有影響，因爲社會現象學所關心的日常生活的構成被發展爲比較獨立的理論研究法和理論典範，這種研究法對所謂的「正統派社會學」抱着高度批判的態度。參見 phenomenological sociology 現象社會學。

social philosophy　社會哲學　對於社會生活或社會科學方法論具有意義的哲學討論。社會哲學一詞是個普通名詞，並沒有非常明確的含義。

social policy　社會政策　針對中央政府或地方政府影響個人和社區政策所進行的經濟、政治、社會法學和社會學的研究。社會政策是公認難下定義的術語，不同的著作家用法各異。這個名詞往往被誤用於社會行政方面，所指的是**福利國家**（welfare state）所提供的制度化社會服務，如住宅、保健、教育、社會安全和個人的社會服務，在某些情形下還包括法律服務。這種社會政策研究法可能是源於訓練社會工作者的社會政策課程。某些作者用這種意義下的社會政策時是指國家因承擔某些社會責任而對市場經濟進行干預，以便提高個人福利的方式。這類討論導致人們對財富與服務的分配進行探討，而錯誤地對社會政策和經濟政策作截然的區分。

社會政策一詞的這種用法引起許多批評，其中包括：

(a)它缺乏任何理論分析，將何以採取這種社會政策的理由，以及採取後所造成非預期後果的社會學討論一概排除在外；

(b)將社會政策和福利國家混為一談，然而在福利國家之外也有社會政策存在。正如梯特馬斯（Titmuss）所說的，南非所實行的**種族隔離**（apartheid）政策也是一種社會政策。同樣的道理，福利制度的許多方面存在福利國家之外。例如梯特馬斯指出有些人從自己所從事的職業中獲得退休金、住宅與保健補貼等職業福利補助；

(c)常會導致對某國「立法史」的狹隘研究，而排除比較分析的可能性。

在本世紀七十年代，由於受到社會學理論發展的啓發，出現了一種更富批判性的社會政策研究法。特別是馬克思主義和女性主義社會學家對社會政策與社會結構之間的關係提出新的解釋。

某些作者指出早期社會學家對社會政策不感興趣。然而另一些作者則指出在涂爾幹、馬克思和韋伯的著作中隱含有對社會政

策的關注。

在社會政策方面出現新的和批判性概念之後，它的研究範圍已經擴大，已將不同社會的社會政策比較研究包括在內。在社會政策研究中，哲學問題又重新引起注意，如**正義**（justice）、公民權和**需要**（needs）便屬於這類問題。參見 social reform **社會改革**；social problems **社會問題**。

social problems　社會問題　被認為值得人們關注和干預的社會生活問題，如**犯罪**（crime）、家庭暴力、虐待兒童、貧困和吸毒等。社會問題的出現，是對人們的行為作道德評價等社會過程的結果。分析社會問題時，重要的是必須弄清這種行為對哪個群體造成了問題。例如某些作者指出，處理貧窮問題的社會政策在實行的時候其實是維護了地主和資本家的利益，而不是出於對窮人的人道主義關懷來消滅貧困。

某些作者還說社會學的創立者之所以要解釋工業化資本主義社會的性質與發展，是因為他們注意到社會問題的增加顯然是伴隨着工業化和都市化而出現的現象，如**涂爾幹**（Durkheim）關於**自殺**（suicide）的分析便是如此。

辨明社會問題之後便可通過**社會政策**（social policies）、新法律以及新形式的社會與社區工作進行某種形式的社會干預。某些理論家指出社會問題、社會政策和**社會控制**（social control）之間存在着一定的關係。在更極端的情況下，可以說「社會問題」是「政治問題」一種比較委婉的說法，而政治問題只能通過政治的方法才能充分解決。參見 hierarchy of credibility **可信度層級**。

social psychology　社會心理學　心理學（psychology）和社會學的分支。根據**奧爾波特**（Allport）的說法，這門科學研究的是個人「思想、感情和行為」受他人存在的影響，如受社會互動影響和受群體影響。社會心理學有許多不同的研究方法，部分反映了它包含多種專門學科的定位。另外還有一個複雜問題是社會學內的許多研究工作本應稱之為「社會心理學」理論（如 sym-

bolic interactionism 象徵互動論），但卻從來沒有這樣稱它，倒
是常被稱爲「微觀社會學」（microsociology）。首先使用「社
會心理學」這一名詞的著作家是麥克杜格爾（W.
McDougall），他在1908年發表《社會心理學導論》（*Introduc-
tion to Social Psychology*）。自從本世紀二十年代以後，社會心
理學發展成爲一門更完備的學科，其應用範圍很廣，特別是用在
教育、社會政策、勞動和心理保健等方面。

　　社會心理學的研究方法雖然很多，但可以看出其注意的中心
是在人類行爲的個人與社會理論之間架起一道橋樑。根據阿米斯
特德（Armistead, 1974）的看法，社會心理學可分爲兩種主要學
派：(a)心理學的社會心理學，其特點是與普通心理學的相關性，
包括強調實驗工作；(b)社會學的社會心理學，受象徵互動論的影
響，強調自我（self）認同在發展中涉及的社會化過程，以及語
言（language）的作用等，並運用定性研究法，如參與觀察
（participant observation）等。

　　社會心理學的部分主題所包括的論題，可參看布朗
（R.Brown）廣受歡迎的教科書《社會心理學》（*Social Psy-
chology*, 1965），書中列出：社會化（socialization）（包括語言
學習）、角色（roles）和刻板印象（stereotypes）、成就動機
（achievement motivation）、權威人格（authoritarian personali-
ty）、態度（attitudes）和態度變化、群體動力（group dynam-
ics）、集體行爲（collective behaviour）等。某些評論家（Mur-
phy, John and Brown, 1984）指出社會心理學在本世紀六十年代
末和七十年代面臨着一場危機，其中心問題是這門科學是否應爲
社會相關學科，以解決社會問題爲其目的。有些激進的社會心學
家受本世紀六十年代和七十年代的社會政治大環境的影響，主張
這門學科中應將「個人」和「政治」的因素結合起來。貝克—米
勒（Baker-Miller, 1976）等著作家也認爲社會心理學的主流有
「無視性相」（gender blind）的性質，並對此提出質疑。然而
有許多人始終認爲社會心理學的主要目標應當是發展一種理論和

知識，專門研究社會背景下的個人。參見 Moreno 莫雷諾；scaling 標度；conformity 從眾；cognitive dissonance 認知失調；prejudice 偏見。

social reform 社會改革 以消除社會問題（social problems）為目的的政治與社會政策。社會改革運動以及為實現這類改革而建立的官僚行政機構，可以認為是當代工業化社會有別於早期社會的特徵。有人常把漸進的社會改革與社會革命加以對比。例如韋布（Webb）夫婦等費邊主義者認為社會改革是一種「社會工程」的方法，所涉及的是社會服務與物質供給的逐步改良，而排斥革命變革。某些批評家則論證指出許多社會改革都是治標的辦法，掩蓋而不能消除基本的社會不平等現象和社會問題。在英國，1974年推行的全國健保服務（National Health Service）改革便旨在改進健保服務方式，但對於社會結構中所發現的有害健康的原因卻很少注意。社會改革的分析還針對社會科學與價值判斷的關係提出問題。

social reproduction 社會再生產 ①社會藉以再生產其社會制度和社會結構的過程（包括生物學意義的繁殖和社會化 socialization）。一般認為在這種過程中，社會再生產和和社會改革是伴隨而來的，現代社會的情形尤其如此。②（馬克思主義）指一特定社會中維持其現存生產方式和社會關係模式。在資本主義制度下，這被認為是持續的資本再生產與擴大再生產，以及與此相關地運用意識形態（ideology）維護現存經濟與社會關係的結果。參見 cultural reproduction 文化再生產。

social science 社會科學 系統性研究社會現象的各學科總體或其中任一學科。儘管有許多社會學家否定社會研究要以自然科學為基礎才能被視為科學的說法，但社會科學一詞的用法並不包含任何對科學的概念。

關於社會研究的科學地位有一個中心問題是社會生活中有意義、有目的的社會行動（action）與選擇，會削弱涉及普遍科學法則的解釋之基礎到達什麼程度。除了以科學法則為基礎的解釋

是否有效的問題外，還有對於社會行為者應當採取什麼樣的倫理態度才合宜的問題。

對於某些社會學家來說，社會行為的本質特徵意味着社會學只有運用意義性理解與解釋（meaningful understanding and explanation）才能作出完美的解釋，而科學法則在這方面不能起作用。大多數社會學家雖然認為社會科學與自然科學之間存在着重大的區別，但他們一般都否認這些差別表示社會學只能被看成「非科學」的說法。比較普遍的觀點是由於社會學方面存在着有系統的**研究方法**（research methods）和意義性解釋，並且還有各種各樣較為普遍的社會學**解釋**（explanation）的形式，因此使用「社會科學」一詞是有根據的。於是社會學家中雖然也有少數特別的例外，但一般都認為根據科學一詞的一種或多種含義，而將社會學仍視為是科學的學科。否定「社會科學」一詞的社會學家和哲學家（如 Winch, 1958）一般都是根據科學的狹隘概念提出這種否定觀點的，實際上社會科學與自然科學的概念都比這種概念更加開放和多樣化。

social security 社會安全 在美國，社會安全是對老年、失業、健康、殘疾和遺族的保險，由雇主與雇員群體強制性交付保險費來維持。在英國，社會安全由國家提供補貼。大多數體制都包含兩種成分：一種是分擔制，在英國稱為國民保險制度（National Insurance），承擔與失業、退休和疾病相關的補助金，另一種是非分擔性的「安全網」制度，一般與貧窮界線的概念有一定的關連。國民保險制度之所以能實現，在很大程度上歸功於貝**弗利**（Beveridge）的思想，而安全網制度的歷史則源於英國濟**貧法**（Poor Law）的制定。

研究福利問題的社會學家曾關注各種有關問題，如意識形態與整體社會安全制度之間的關係、補貼領受者的形象、再分配的概念以及社會安全與貧困之間的關係等。參見 welfare state **福利國家**。

social services 社會服務 ①國家提供的，與全體公民的生活

品質有關的服務；②狹義指地方政府中與兒童、老年、殘疾和精神病患者相關的組織和社會工作（social work）服務的提供。在英國，除了國家提供的服務以外，大多數地區都有社會服務協會（Councils of Social Services）存在。這些協會是傘狀結構，目的在於協助和協調自願的社會福利工作。自願提供和法律規定的社會服務兩者與最近新增的私人機構有所區別。

社會學家對於社會政策不同說法中所表達的社會責任概念和**意識形態**（ideology）的關係感興趣。因此政治右派強調個人與家庭責任的概念，而政治左派強調國家對個人應有義務保證某種形式的最低社會收入。馬克思主義者和其他人都意識到而且研究了中央和地方國家機構內部關於社會工資的鬥爭。最近出現的私人部門使得志願主義-國家主義（voluntarism-statism）服務之爭又增添了一個面向。

專業社會服務人員及其他半專業社會服務人員的教育與訓練中都包括對社會學的研究。參見 welfare state **福利國家**。

social settings　社會背景　社會的時間和空間上形成的「點」與「面」，為不同類型的社會互動提供情境，如法庭或學校。因此，社會背景指的不僅僅是實際的地區，而是指**紀登斯**（Giddens, 1984）根據戈夫曼（Goffman）的想法提出的社會習俗之「區域畫分」（zoning）。

social solidarity　社會連帶　社會或社會群體所表現的整合及整合的程度或類型。社會連帶的基礎在簡單社會和複雜社會之間是有區別的。在簡單社會中，其基礎往往是**親屬關係**（kinship），以及直接的相互關係和共同的價值觀。在非親屬的關係中以及在複雜社會的社會關係中，社會連帶具有各種不同的基礎（見 mechanical and organic solidarity **機械連帶與有機連帶**）。在複雜社會中，社會連帶是否需要共同的價值觀、整合的**儀式**（ritual）等，還是有爭議的問題。見 consensus **共識**；dominant ideology thesis **主導意識形態說**；religion **宗教**；civil religion **公民宗教**。

social statistics　社會統計　定量的社會學資料，如犯罪統計、婚姻與家庭組成方式、住宅狀況等資料。取得這些資料是社會學的一個基本重點。社會統計一詞也可用來指取得這種資料時所用的方法，其中包括社會調查（social survey）、訪問（interviewing）和抽樣（sampling）。參見 census 人口普查；official statistics 官方統計；quantitative research techniques 定量研究法；Quetelet 凱特萊。

social status　社會身分；社會地位　見 status 身分；地位。

social stratification　社會階層化　任何社會中所存在的不平等現象的等級分層結構，如等級、身分群體等（參閱 class 階級①—⑤義）。正如地質學一樣，這個名詞所指的是分層結構或層次，但在社會學中階層是由社會群體組成的，所強調的重點是各群體之間的不平等現象是如何構成與持續存在。

　　這個名詞提供了一個重點，據此可以對於不同社會中所特有或某一社會中所出現的社會分等和不平等現象的各種不同形式作出區別。例如，在歷史的和比較的觀點中可以看出奴隸（slave）、喀斯特（caste）、層級（estate）以及現代「階級開放」（open class）社會間的區別。此外還可以看出類似的社會特徵在不同的社會中造成了不平等現象，例如性相、族群性和年齡，在不同形式下對於不同歷史時期和文化中的統治與被統治的關係是很重要的。取得或支配某些社會資源在造成或維持不平等方面也是重要的。這方面的例子有識字（古代中國）、宗教（美索不達米亞或印加與阿茲特克社會）以及軍事（整個人類歷史中的各個帝國）等。此外，官僚權貴在某些社會中是極端重要的，例如東歐和許多第三世界社會都是如此。性別分工在所有社會中成為社會分化的基礎，並且同樣地與統治與被統治的關係有關。族群性在類似的情形下，成為許多社會不平等現象的主要構成因素。

　　既然人類的不平等現象可以根據許多不同的基礎加以理解，而且剝削和壓迫的現象也可以根據這些基礎產生並繁衍，因此就

必須認識到這些不同的基礎並不是互相排斥的。例如在前工業化世界，宗教和軍事階層往往和以性相及族群性為基礎的階層同時存在。除了社會階層化的不同基礎以外，對不同體系的不同形式或結構狀況（如等級制的陡斜度和階層數目）也可以進行比較。見圖27。

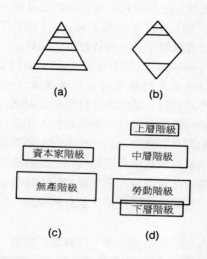

圖27　社會階層化　社會階層化的交錯模式可用圖示法表示。在這種情形下，某些社會（包括許多傳統的農業文明社會）所顯示的是陡斜的金字塔結構(a)現代西方社會呈鑽石形結構(b)。根據類似的方法，在階級分析中階級結構的衝突潛能也可以用圖解方法表示。例如，馬克思主義關於資本主義社會的概念中理想型是兩階級結構形式(c)，還有一種更加複雜的三階級或多階級結構(d)，有時被認為更能表示現代西方社會中的階級結構。

「階層化」一詞讓我們能討論不平等現象的各種基礎和形式，因此這個概念近年來回到了社會學論戰的主流之中。本世紀六十年代和七十年代馬克思主義的階級分析重新抬頭以後，這個名詞曾變得不流行。但女性主義者對傳統的階級分析提出批評：

性相區分具有獨立的意義，它貫穿在婦女的階級差別之中（見 gender stratification 性相階層化）。同樣的情形，族群區分也不能簡單地歸爲傳統的階級區分，有關群族不平等現象的爭論已表明權力和機會結構的複雜性。

除了以上所說的各種重點外，功能論（functionalism）還強調社會階層制在歷史上和當代社會中的功能意義。這方面最著名的論文是戴維斯（Davis）和摩爾（Moore）的著作（1945）。這兩位作者指出社會階層化是所有社會都必須具備的功能性先決條件（functional prerequisite）（參見 functional（ist）theory of social stratification 社會階層化的功能論理論）。社會階層化現象之所以必然普遍存在，是因爲社會需要激勵個人追求重要的社會地位。不平等的報酬（包括不平等的收入和身分）被認爲是將稀有的才能分配到重要職位上的一種手段。戴維斯和摩爾把社會不平等現象說成是「無意識發展的機制，社會通過這種機制保證絕大多數重要職位都切實地由最有資格的人擔任」。他們透過歷史的方式確認這些職位或職能依次是宗教職務、政府職務到經濟與技術職位。

功能論的方法已經遭到許多不同觀點的批評，其中包括它的意識形態內涵。例如「功能重要性」便是一個值得質疑的觀念——我們如何能證明這個觀念的有效性能避免循環論證呢？培養技能的機會在階層制中也是不平等的。出身和社會地位的傳承是重要的，而且進入精英地位的問題常受到才能以外其他因素的影響。此外，這種理論對個人動機作出假定又不提供證據，並且假定在高等學府裡苦讀一個時期，就應該保證在將來得到回報。最後，這種學說把社會當成具有明確要求的整體看待，也涉及一種有問題的物化（reification）過程。在某一觀點中，特別是在功能論學說未考慮權力關係現實而言，功能學派的研究方法可以被認爲是替不平等現象在意識形態上作辯護，而不是對這種現象作充分分析；另一方面，也不能完全排除社會階層化實現了可能普遍存在的社會功能。

有人對比較偏重描述法的理論家使用「社會階層化」一詞和比較偏重分析法的理論家進行所謂「階級分析」加以區別。如上所述，這是一種過分簡化的說法。與其把這兩種形式的分析對立起來，不如說「社會階層化」和「階級」概念實質上是分析結構化不平等現象時涉及的兩個緊密關聯的名詞（見 Westergaard & Resler, 1975）。參見 social mobility 社會流動。

social stratum　社會階層　①在一個社會階層化（social stratification）和社會身分（status）等級制度中可以識別的社會「層」（layer）（比較 class 階級）。②（從前東歐的）「非對抗性」社會階層化或社會階級體系中一個可辨認的群體或範疇。這種群體被稱爲社會階層和（或）「非對抗性」階層乃是承認所有這類群體對生產工具（means of production）具有共同關係；然而它們依舊是可辨認、在社會上具有重要性的階層，由於它們具有不同的教育水平、文化水平、意識水平等。參見 intellgentsia 知識界。

social structure　社會結構　①社會成分之間比較持久的模式或相互關係，如階級（class）結構。②某一社會、群體或社會組織中或多或少比較持久的社會安排模式，如「英國的社會結構」。

在社會學中儘管廣泛使用社會結構這一概念，但對這一概念卻沒有一致同意的看法。所用的定義因使用此概念的理論觀點不同而互有區別。例如史賓塞（Spencer）感興趣的是社會結構被看作即使不是全同於也是類同於生物機體，它經過「社會演化」之後越來越分化和特化。另一方面，馬克思（Marx）則強調基礎（infrastructure）具有壓倒一切的重要意義，而上層建築（superstructure）則多少帶有依附性。他認爲這是社會結構的兩種主要組成成分。

一般說來，對於下述問題是有不同看法的：一是認爲社會結構中最富決定意義的成分包括表面可見的法規、角色和社會制度等（Parsons 帕森思,1951；Nadel, 1957）；另一看法認爲這些

構成成分來自表面上看不見的機制或過程，但卻構成社會生活的基礎，如馬克思或李維史陀（Lévi-Strauss）就持有這種看法（參見 structure 結構；structuralism 結構主義）。

着重研究社會各部分間的相互關係（從而有「結構」思想）可以看作是社會學獨具的特點，但關於社會結構這個概念的用法卻存在許多保留意見。

關於社會學中結構思想的作用存在的不同意見和爭論，源於物質界、生物界和社會結構中不同類型結構間似乎存在的程度差別（即使不是種類差別）。對於機械的和生物的類比說法，以及自穩態（homeostasis）、功能（function）、社會系統（social system）和目的論（teleology）等概念在社會學中使用是否恰當也有保留意見（見 functionalism 功能論）。

實際上，社會結構不像許多自然結構和大多數生物結構那樣具有比較明確的時間與空間界限；社會結構也不像有機結構那樣具有可以精確辨認的自穩態趨向。

關於社會結構的思考，特別是聯繫到功能論時尤其有保留意見存在；但關於特定社會結構或社會結構類型的主要特點或本質特點的辨認問題，則不論是否涉及功能論思想也往往爭論不休。

social studies of science　對於科學的社會研究　關於產生科學的社會背景的跨學科研究。在這樣的意義下，這種研究法與科學社會學（sociology of science）、知識社會學（sociology of knowledge）、科學史及科學哲學相重疊，不過從事這項研究工作的人越來越希望與科學史及科學哲學劃清界線，對他們來說最重要的是希望在科學的社會研究中取得「經驗」（empirical）研究法的主要地位。

有一種所謂「強形態的科學社會學」，主張科學應當像其他知識或信仰的形式一樣被加以解釋，不應有「真理」（truth）的特權地位，或免除社會解釋；採取這種觀點的人有時被指責為「相對主義者」。然而他們的意圖是將科學的研究置於與其他社會現象相同的基礎上。提倡這種方法的人並不關心哲學相對主義

（relativism）的確立，也不關心傳統認識論（epistemology）的保存。

social survey　社會調查　對某一特定地區或行政區域內居民的信息與資料的全面收集。社會調查的目的在於通過問卷（questionnaires）和其他定量研究法（quantitative research techniques）收集大量有關個人及其生活方式的資料。調查的目的有的是行政方面的，也有的是社會學方面的。雖然社會調查往往並不明確地具有社會學的傾向，但它們為社會學家提供了豐富的第二手資料，可用於許多社會學問題的分析。

social system　社會系統　①「貫穿『時-空』的社會關係模式，並被理解為重複產生的」，特指相對持久的模式（Giddens, 1984）。在這種一般意義下，一個社會（society）或任何組織（organization）、群體（group）都構成社會系統。但在紀登斯看來，各社會系統顯示出系統模式的程度差別很大。社會系統「很少具有」生物系統的「那種內部統一性」，或功能論（functionalism）所假定的那種內部統一性。參見 system 系統；systems theory 系統論；social structure 社會結構；structure 結構。②在較為特定的意義上，如在功能論的概念中指兩個以上社會行為者互動的持續系統，其規模可以大到包括統一的社會，特別是指該系統有維持邊界（boundary maintenance）的趨向，即面對外在環境保持其現有地位，不論這外在環境是其他社會系統或者自然世界。根據帕森思的思想（1951），以及在大多數現代功能論以及結構功能論社會學中，這種社會系統的概念特別與各社會作為自我維持系統以及各社會的功能性先決條件（functional prerequisites）等構想有關。參見 systems theory 系統論；subsystems model 子系統模型。

social welfare　社會福利　一社會中個人的健康、安樂與幸福的一般狀況。提供這種福利在什麼程度上是國家（state）或個人的責任，乃是現代社會貫穿許多辯論的中心問題。參見 welfare state 福利國家；justice 正義。

social work 社會工作 爲有需要的人（包括窮人、身心殘疾者、老年人和急需幫助的兒童）有組織地提供個人福利服務的工作。社會工作還包括少年犯與犯罪方面的工作，如緩刑服務等，這種服務可說是警方的助手，也可稱作福利服務。社會福利與社會控制這一對互相結合的目標，是大多數類型的社會工作的宗旨。社會工作是在十九世紀迅速發展的工業化過程中隨着新興都市條件產生的，最初由私人或志願團體提供。在現代工業化社會中，社會工作日益專業化，現在主要由法定機構提供。社會工作訓練常將社會學列爲主要重點，心理分析和法律知識也占有重要地位。社會工作的方向有時強調個人態度或人格的變化，以之作爲有效干預的關鍵；另一些時候，如激進派或馬克思主義者的社會工作方向則在注意個人問題深層的社會經濟原因，這已被看成爲社會工作者的一部分作用。這部分反映了不同學科帶來的影響。參見 radical social work 激進的社會工作。

sociation 社交 沃爾夫（K.Wolff）對齊默爾（Simmel）之普遍名詞(Vergesellschaftung)的英譯名，指的是人類有意識的聯繫（1950）。齊默爾社會學有一個中心問題是確立社交的一般形式（見 formal sociology 形式社會學）。

societal reaction 整體社會反應 認爲社會對偏差行爲作出的反應可能會造成嚴重後果的觀點，特別是會造成或鼓勵一種偏差生活方式、偏差身分或偏差經歷（deviant career）。這個名詞首先由勒麥特（Edwin Lemert, 1951）用於這種特定意義。他認爲社會控制機構（如警察局、法庭等）的行爲所造成的影響對於界定、轉變或確立偏差行爲與偏差行爲者具有最重要的意義。這一點對於勒麥特在初犯偏差（primary deviance）和再犯偏差（secondary deviance）之間所作的區別是關鍵性的。注重旁人反應，意味着這個詞常常與標籤論（labelling theory）或社會控制（social control）理論有關。

society 社會 ①人際關係的總合；②一切自我存續的人類群

體，其特徵是佔據相當封閉的領域，自身具有較比獨特的文化（culture）和制度（institutions）；如努爾人（the Nuer）等民族，或美國、英國等歷史悠久、基礎穩固的民族國家（nation-state）。

社會雖然是社會學中最基本的概念之一，但關於這個概念的用法還存在不少問題和爭論，特別是第二種意義下的社會更是如此。上述第二種意義下的社會概念往往可以很恰當地用於基礎穩固的民族國家，這種國家具有自己的家庭、經濟和政治制度，並且有明確的邊界。若論古代帝國的邊界則不易指明，這種帝國往往由不同的民族、鄉民社群等比較鬆散的群體組成，根本不具有同一民族的概念。正如朗西曼（Runciman, 1989）所指出的：「實際社會成員」其身份可能差別很大，其中包括「地方部落群體的成員（其居住區域處於父系和母系傳承的地區之間）；殖民當局控制的國家中獨立的族群和宗教社區的成員；一個國家中所建立的分離主義社區的成員」等等。從歷史上說，一個變化中的社會應不應當被看成同一個社會，是另一個困難問題。最後，成員互動的能力、這種互動的程度，以及文化與制度在歷史上的連續性等，是單一社會概念能不能適用的「檢驗」標準。總而言之，即使在顯然界限明確的社會（如民族國家或地理上與社會關係上孤立的簡單社會）中，仍然有與其他社會的聯繫存在。現代社會關係越來越全球化，某些理論家（如 Giddens 紀登斯）認為社會學始終存在一種危險，即過分強調統一社會的概念，這是由於沒有充分重視社會間聯繫以及跨國組織等的重大意義而產生的。

在涂爾幹（Durkheim）和某些功能派理論家看來，社會還在第三種意義下存在。涂爾幹主張社會學是「社會的科學」（science of society），並把社會當成一個獨特的客體看待，認為它具有「自成一類」的實在性。作為研究對象，社會不同於並且大於組成社會的個人的總和。社會的「實相」（reality）是一種「道德力量」，它外在於個人並對個人施加約束（見 social

facts as things 社會事實作爲事物）。社會一詞的這些進一步的
用法所引起的問題是社會學中最有爭論的問題。與古典的社會學
理論相反，現代社會學可以說越來越不願意用這種方式來對社會
作理論探討。見 holism 整體論；methodological individualism 方
法論的個體主義；structure and agency 結構與能動作用。參見
social system 社會系統；functional prerequisites 功能性先決條
件。

sociobiology　社會生物學　演化論生物學領域內的理論和研
究，其目的在於對動物和人的社會行爲與組織的演化作出生物學
解釋。社會生物學理論的倡導者（如 E.O. Wilson, 1975）認爲
利他主義（altruism）的演化問題是一個主要的挑戰，因爲利他
主義意味着犧牲個人，這與古典演化論是不相符合的。不過對於
鄰人的利他行爲是可以演化出來的，當親屬或其他人口群共享基
因時，因爲在此情形下利他的行爲會增加個體的基因持續到後代
的機率。

　　社會生物學的目標是根據人口參數（如人口增長率）和族群
遺傳結構等方面的了解來預測社會組織的特徵；這些目標也需要
考慮環境—生態的壓力。參見 ethology 動物行爲學；territorial
imperative 領土慾。

sociocultural evolution　社會文化演化　「人類社會中由於
現有文化信息貯存的積累性變化所造成的變遷與發展過程」
（Lenski and Lenski, 1970）。在連斯基看來，社會文化演化在
兩個層次上發生：(a)在個別社會中發生；(b)在普遍的「諸社會的
世界體系」中作爲跨社會選擇（intersocietal selection）過程的一
部分產生。連斯基等理論家認爲象徵在社會文化系統和社會文化
發展中所具有的作用（傳遞信息），類似於基因和自然選擇在生
物系統和生物演化中所起的作用：在這兩類過程中，連續與變
化、變異與消滅、創新與選擇都是明顯可見的（參見 evolution-
ary theory 演化論）。但這兩類過程中的重大差別則是：

　　(a)生物演化的特點是連續的分化和變異（類似於樹幹分出枝

椏）；而社會文化演化的特點則是社會融合或被消滅，其結果是社會類型越來越少而不是越來越多（不過複雜社會之內分化現象仍然是越來越顯著的特徵）。

　　(b)在生物演化過程中，簡單物種並沒有消滅，而在社會文化演化過程中，簡單的種類卻往往被消滅。

　　(c)在社會文化演化過程中，遺傳性涉及的是將有用的後天習得行為在世代之間傳承；但在生物演化過程中這種後天習得的特徵是不能傳遞的（參見 Lamarck 拉馬克）。因而與生物演化過程相比較，社會文化演化過程是迅速的，而且有可能處於理性控制之下。

　　社會學關於演化論的爭論並不集中在社會演化過程與生物演化過程之間的差別上，在這方面大致上看法一致。爭論集中的焦點是生物變化與社會文化變化之間的異或同應被認為是最重要的。在連斯基等社會文化演化論者以及某些功能派社會學家（見 Parsons, 帕森思；evolutionary universals 演化普遍模式；neoevolutionism 新演化論）看來，這兩類過程的類同之點意味着「演化」一詞和演化論仍然在社會變化的討論中具有重要地位。但在另外一些社會學家看來，這兩類變化之間的相異之處十分巨大，因而繼續談論社會演化問題是沒有益處的。參見 evolutionary sociology 演化論社會學。

sociodrama　社會劇　社會表演療法。見 Moreno 莫雷諾。

socioeconomic group　社會經濟群體　見 class 階級；social stratification 社會階層化。

socioeconomic status　社會經濟地位　一個人在社會階層化體系中的全面地位（Lazarsfeld 拉札斯斐，1944；Goldthorpe 戈德索普，1974）。這種一般性概念所指的現象和階級（class）與社會地位（social status）等以分析為焦點的概念相比是不精確和不確定的，因此這概念無疑會受到批評（Mills, 1959）。參見 social stratification 社會階層化。

sociogram　社交測量圖　見 sociometry 社交測量法。

sociolegal studies　社會法學研究　見 sociology of law 法律社會學。

sociolinguistics　社會語言學　利用社會學與心理學研究語言（language）的社會與文化性質及其功能的分支學科。社會語言學雖然有時不免被人認為與某些重要的主題合在一起，如語言與社會階級（B. Bernstein）、語言與族群（Labov, 1967）、語言與性相等，但社會語言學具有更加廣泛的範圍，包括語言的大多數方面；例如一個重要的一般性領域是強調「語言能力」的社會學觀點的重要性，並強調單純心理學與生理學觀的不適當〔例如哈立德（Halliday）或哈伯瑪斯（Habermas）對喬姆斯基（Chomsky）語言能力說的批評〕。社會語言學的其他主要研究領域是語用學（pragmatics）和符號學（semiotics）。因此有人說社會語言學應當在語言學（linguistics）的一般研究中占有中心地位而不是邊緣地位。參見 multiculturalism 多元文化論。

sociological theory　社會學理論　社會學領域內存在的抽象一般研究法和互相競爭又互相補充的思想流派。

這種意義下的社會學理論包括某些形式化和數學化的理論（見 theory 理論；mathematical sociology 數理社會學），但社會學中比較一般的「理論」形式不太嚴謹，指的是主要研究方法、知識典範和概念架構等。下面所列的是一般認為社會學中存在的主要一般理論研究法：

(a)功能論（functionalism），有時包括演化論社會學（evolutionary sociology），但並非永遠如此。

(b)象徵互動論（symbolic interactionism）和詮釋社會學（interpretative sociology），包括行動理論（action theory）。

(c)馬克思主義社會學（Marxist sociology）和衝突理論（conflict theory）。

(d)形式社會學（formal sociology）。

(e)社會現象學（social phenomenology）和俗民方法學（eth-nomethodology）。

(f)結構主義（structuralism）和後結構主義（poststructural-ism）。

以及影響較小的研究方法（如交換理論 exchange theory 和結構化理論 structuration theory）。部分地說，所有上述一般性研究方法在社會現實中所強調的重點各有不同，可以認為是互相補充的，例如微觀社會學與宏觀社會學的互補性，和個人能動性理論與結構理論的互補性都是如此。然而這些也常被看成是互相競爭的研究方法。

某些社會學家，特別是默頓（Merton），提倡所謂的中程理論（theories of the middle range）；他們試圖迴避這類一般性理論框架間的競爭，更強調對「有效的」解釋性理論以及從研究和詮釋工作的發現當中生起的感性概念（sensitizing concepts）（參見 grounded theory 紮根理論；analytical induction 分析歸納法）。

各種研究方法的差別還與以下兩點有關：

(a)認識論（epistemology）與本體論（ontology）問題，如實證論（positivism）對約定論（conventionalism）或實在論（realism）。

(b)「表面」結構與「深層」結構（structure）的區別（參見 social structure 社會結構）。

sociology 社會學 ［法國哲學家孔德（Comte）定名］，指對社會的科學研究，特指社會的實證論研究（見 positivism 實證論）。但自那時以來，這個名詞得到廣泛的流行，所指的是對人類社會功能、組織、發展和類型的系統研究，不涉及任何特別的「科學」模型。在某些用法中，這個名詞所包括的研究法明確地駁斥社會研究與「自然科學」取向的關聯。這樣的定義立即引起一個問題：

(a)未能將社會學與一般社會科學（social science）區別開

來。

(b)未能將社會學與其他比較特殊的社會科學學科區別開來。

由於所有的社會情況沒有任何一方面被排斥於社會學的研究之外，所以在社會學和社會科學之間便不可能簡單作出區別。在某些用法中，這兩個名詞就是同義語。但更常見的情況是社會學雖然不可避免地和比較專業化的社會科學〔如經濟學、政治學（political science）等〕的研究對象相重疊，但社會學家認為這門學科在社會分析上明確地採取「整體論」的觀點，研究社會各部分之間的相互關係，在這一點上與焦點更加集中的社會科學學科不同。但是應當指出的是，社會學並不是一門高度整合的學科，它不僅包括許多互相競爭的理論典範和研究方法，而且還保持獨特的開放態度，容納引自其他學科的觀念。

關於社會學的這種看法還有一含義是這門學科並不是從孔德的研究開始的，還包括早期對於社會的系統研究──其中有古典哲學家的素樸社會學思想（雖那時尚未提出這個名詞），如柏拉圖（Plato）和亞里斯多德（Aristotle）的思想，比較接近現代時期的有蘇格蘭啓蒙運動思想家如亞當・斯密（Smith）和弗格森（Ferguson）的思想。還有一種看法認為社會學作為一門學科所關心的是現代工業社會（industrial socieites）的特殊問題（Giddens, 1981）。這種說法雖然着重現代社會學毫無疑義的中心重點〔這一點在馬克思（Marx）、韋伯（Weber）和涂爾幹（Durkheim）等社會學家的經典著作中可獲證實〕，但對社會學的範圍說得不夠，這門科學涉及各類型社會的一切層面。

sociology of art 藝術社會學 社會學理論分析的一個方面，其範圍包括對視覺藝術的研究，有時也包括音樂、戲劇、電影和文學等方面的探討。在這個意義上，這門科學的概念和理論的潛在範圍是多方面的。有影響的理論研究方法包括馬克思主義和新馬克思主義的，其中還有**結構主義**（structuralism）以及較為一般的社會學觀點。

在美國，主流社會學家如科瑟（Coser, 1978）和貝克

（Becker, 1982）着重於從組織方面和制度方面分析藝術與文化創造機制，以及其與觀衆-聽衆的關係。

有一個時期馬克思主義的理論研究用基礎與上層建築的比喻，以化約法分析藝術作品。現在馬克思主義者最強調分析藝術作品或文字作品的內在特性的重要性（參見 hermeneutics 詮釋學）。結構主義的研究法包括符號學（semiotic），分析探討藝術作品中所包含的複雜代碼，近年來也最常被人引用。最後，藝術社會學一方面將藝術作品從其本身的角度加以理解，另一方面又說明其更加廣泛的社會經濟地位與含義，將這兩方面結合起來這點始終使藝術社會學有別於文學批評或藝術史等更加傳統的非社會學分析。總之人們必須認識到藝術社會學中許多研究工作都是跨學科的，而不是狹隘社會學的。參見 aesthetics 美學；sociology of mass communications 大衆傳播社會學；leisure 休閒；cultural studies 文化研究；Benjamin 邊雅明。

sociology of crime and deviance　犯罪與偏差行為社會學
見 criminology 犯罪學；deviance 偏差行為。

sociology of development　發展社會學　社會學的一個分支，研究從農業社會到工業社會的社會變遷，尤其是對第三世界的研究。狹義的發展社會學有時指現代化（modernization）理論和新演化論（neo-evolutionism）所涉及的社會變遷理論；然而當發展社會學與低度發展（underdevelopment）或依賴理論（dependency theory）相對比之後，這種用法比起本世紀七〇年代，已經不那麼流行了。

sociology of education　教育社會學　應用社會學的理論、觀點和研究方法來分析教育過程與實踐的學科。與早期的社會相比，工業社會有一個特點，亦即教育由專門化的機構提供，而教育社會學的主要研究目標就是這些專門化機構的表現。

教育社會學作爲一門獨特的分支學科是在較晚近時期才出現的，但淵源於早期的社會學發展，特別是涂爾幹（Durkheim）的功能論（functionalism）。在涂爾幹看來（1922），教育過程

應當經由它對促進與維持社會秩序方面的貢獻來理解。有一種與此相關聯的觀點（如 Mannheim 曼海姆的觀點）則認爲教育是解決社會問題並消除社會對抗的一種手段。

直到本世紀五十年代，教育社會學始終受到上述幾種觀點的強烈影響，不過這門學科之所以得到發展，在很大程度上是由於社會學在教師訓練方面的功能（特別是在美國），此外也歸因於「政治算術」的傳統（在英國）。所謂「政治算術」（political arithmetic）傳統衍生一系列的調查與統計研究，以便探討社會對教育成就的影響、對教育與職業選擇的影響以及對社會流動（social mobility）的影響（Floud, Halsey & Martin, 1957）。儘管這些研究揭示出受教育的機會一直存在着階級與性別不平等的現象，但從長遠看來教育可以成爲社會改造的手段這一假定仍然保留下來了。

在本世紀六十年代，功能論在社會學的支配地位崩潰，特別是美國人們對於教育的改良主義政策越來越感到悲觀，從而導致一種完全不同色彩的教育社會學觀點。因爲他們認爲存在於學校以外的不平等來源是難以改變的，於是對傳統的教育社會學以及教育與社會改革之間的一些假定關係提出了根本性的質疑。教育社會學的這個新階段有一個方面是促使人們開始去注意教學工作的特點，如課堂內的互動以及課程的組織等。這項研究工作是典型的互動論研究法的應用。另一些研究工作則更加激進［（例如楊（M. Young）關於課程的著作以及鮑爾斯和金蒂斯（Bowles & Gintis）的《資本主義美國的教學工作》（*Schooling in Capitalist America*, 1976）］，他們主張學校作爲一種機構發生作用，必然會再生產資本主義生產的社會關係。這類分析的背後是馬克思主義（例如用葛蘭西 Gramsci 和阿圖塞 Althusser 的概念）。另一些社會學家則將馬克思、涂爾幹和韋伯的思想結合起來，得到一種與上述思想非常近似的結果，例如波笛爾（Bourdieu）關於教育對文化資本（cultural capital）的依賴性的說法。

但是如果認爲教育社會學後來的理論觀點已經完全取代了早

期的觀點,或是認爲所有擴大受教育機會的這種努力都是徒勞無功,這樣的觀點和看法都是不公平的。因爲就以英國爲例,在英國男子與婦女進入高等學府的百分比現在已趨持平,中學生進入高等學府的總比例自從本世紀五十年代以來一直增加,工人階級家庭的入學人口也已經大大增加。從另一方面來看,教育成就的階級差別始終是令人矚目的,而教育制度在維護階級社會方面所起的作用同樣相當明顯。參見 Bernstein 伯恩斯坦;hidden curriculum 隱藏性課程;intelligence 智力;meritocracy 唯英才制;contest and sponsored mobility 競爭式和贊助式流動。

sociology of health and medicine 保健醫療社會學 將社會學研究法應用於理解醫療保健的經驗、服務的分配以及疾病的治療等方面的社會學分支。社會學的這個分支學科,就研究與教學的規模來說,是一個得到很大發展的領域,其成員的數目在英國和美國的全國社會學會組織中可能也是最多的。這種發展可能是由於兩方面的原因造成的:第一是這方面的研究工作者有較大機會取得研究經費——政府和醫學界都極願提倡能夠改進保健政策和病人護理的研究。第二是現在可明顯看出工業化世界的疾病和死亡情況正受所謂生活方式疾病(life-style diseases;如中風、癌症和心臟病等)所支配,而這些問題的處理往往涉及生活方式的調整,而非醫藥治療。醫學界尙沒有消滅這些疾病的靈丹妙藥,能像抗生素那樣治療許多傳染病,也沒有防治計劃可以提供預防性的保護。此外,生活方式疾病明顯地表現出社會階級差別:一般說來,階級地位越高發病性率就越低。因而關於健康生活的「機會」也有一個社會結構化的模型存在。對於這些「生活機會」的進一步了解,社會學可以作出明顯的成績。

醫療保健問題發展成社會學研究的一個領域最早始於帕森思(Parsons)對於病人角色(sick role)分析所作的重要貢獻。實際上這只是帕森思一個規模更大的理論研究計劃(1951)中的一部分,而帕森思所感興趣的理論計劃研究的是社會的複雜功能模型的發展,但他的貢獻卻使得醫學制度之社會學研究可以推動這

門學科本身的理論研究發展。但這發展導致兩種醫療社會學之間長期存在的區別：一是醫界內部（in）的社會學，其研究課題由政府部門、政策制定者和臨床工作者決定；另一是醫學的（of）社會學，所研究的問題大多由社會學家爲社會學而確定。

　　帕森思關於病人角色的概念受到批評和補正［見摩根等人（Morgan et al., 1985）對相關文獻的評論］。這門科學在早期發展中特別重要的其他問題包括：醫學教育和社會化問題（Merton et al., 1957；Becker et al., 1961）、死亡的社會組織（Glasser and Strauss,1965,1968）、精神病（Goffman, 1961；Scheff,1966），以及關於醫學作爲一門專業的分析（Freidson, 1970a, 1970b），上述這些醫療保健社會學的早期作品大多是基於**功能論**（functionalism）和**象徵互動論**（symbolic interactionism）學派發展而來的。

　　但是，隨着日漸成熟和從業人數的增加，以及理論偏好的發展，醫療保健社會學研究的範圍逐漸擴大，現在這方面已經擴展到各個方面；對於當代的研究者來說，以往感興趣、今後仍將感興趣的問題是：醫學與資本主義之間的關係、醫學作爲社會控制的工具（醫學與父權制以及生活的醫學化一直是兩個突出的問題）、性相與保健（特重婦女作爲支薪或無償的保健工作者）、飲食失調問題、健康與保健服務的不平等現象（包括種族、性相和階級的不平等）、醫學知識的社會建構、醫生與病人的溝通和互動、病人尋求醫治與配合醫治的模式、整體性保健運動和補充療法（見 alternative medicine **另類醫學**）。另外，最近又有性行爲的研究（特重性傳染疾病與愛滋病）。

sociology of housing　住宅社會學　社會學的一個研究領域，試圖從歷史和比較的觀點，並從社會內部，對住宅提供和房屋使用的不同模式作出研究和解釋。住宅社會學與**都市社會學**（urban sociology）及福利社會學有關。

　　例如在英國，房屋使用權自第一次世界大戰以來發生了極大的變化，原先大部分住宅都是出租的私有房，到本世紀八十年

代，房主自有產權增加到60％左右，公有房產占30％，其餘爲私有出租住房。在英國，保有自己的家的權力在無子女人口方面並沒有得到普遍承認，許多青年工人特別是失業青年無力購置獨立的住宅。儘管市建住宅（公有住宅）大量提供，並盡量控制私人房地產擁有者的行爲，但是住房問題從沒有達到社會服務的地位。社會學家認爲這種意識形態的模糊性是因爲住房同時兼具消費與資本雙重性質而產生的。

雷克斯和摩爾（Rex & Moore, 1967）指出住房的差別用「住房階級」（housing class）這個概念來分析是適宜的，雖然這種分類法潛在上有分類無止境的問題。另外有人質疑房產權（tenure），即雷克斯與摩爾所謂的住房階級的基礎，不是造成社會地位的原因，反而是社會地位造成的結果。經進一步發展之後，芝加哥學派（Chicago school）的批評者指出對城市和地區或其中的小區，必須在其整體社會背景下加以考察（Castells, 1977）。根據這種觀點，資本主義社會的「空間」已經商品化，並且受市場力量的支配，取得公有住房的權利和取得貸款購買私房的權利都代表爭取稀有資源的鬥爭。

sociology of knowledge 知識社會學 社會學的一個分支，研究產生知識的社會過程。這門學科探討的問題是：在特定情形下對知識的理解和解釋，以及一般形式的知識與社會結構之間的關係，包括知識的效果以及制約知識形式或內容的社會力量。

知識社會學的主題可以包括一切觀念和「信仰」以及更嚴格意義下的知識，如科學知識或眞實知識等。在一般意義下，這門學科是社會學中許多一般理論不可分割的部分，如孔德關於知識與社會發展的三階段法則（law of three stages）便是一例。因此知識社會學的界限是不嚴格的。它包括了社會學研究的許多有關分支或者與之重疊，如科學社會學（sociology of science）、宗教社會學（sociology of religion）、藝術社會學（sociology of art）等均在其內。

人們往往還對知識社會學與哲學的認識論（epistemology）

加以區別。正如孔德的**實證主義**（positivism）所示，這種界限在社會學中並未總是得到承認。涂爾幹在這方面的貢獻是他提出我們的基本思想模式（例如我們關於空間和時間的概念）和我們關於社會組織基本形式的概念（特別是我們關於社會本身的概念等）存在着基本的類似性。近年來哲學界內部也出現了一種強烈的運動，試圖以社會學的方式來研究認識論問題，如**孔恩**（Kuhn）論科學的著作便是如此。

早期知識社會學研究往往以馬克思主義提出的問題爲主。在馬克思和恩格斯看來，知識往往爲階級利益所扭曲，因此馬克思主義倡導的知識社會學主要注意一個時代或社會構成中的主導觀念受到經濟決定的問題。但是這種論點受到**曼海姆**（Mannheim）的挑戰，然而同時也被他當成自己理論的基礎。他論證指出不僅階級地位和經濟利益可以制約知識的構成及其產物，各種各樣的群體成員資格和社會地位都可以起這種作用，連馬克思主義本身也不例外。曼海姆提出的一種重要區別是「現實」（realistic）知識、「意識形態」（ideological）知識和「烏托邦」（utopian）知識之間的區別，他並指出導致這些知識的社會條件。曼海姆還力圖克服知識社會學中的**相對主義**（relativism）傾向。他認爲只有那些社會上無一定定位，「自由流動」（free-floating）的知識分子所接受的知識才可能提供答案。

知識社會學決不應僅限於揭發「假」知識主張的社會基礎，而且還要爲辨認「眞」知識的社會基礎作出貢獻，持這種看法的人不只是曼海姆一人，孔德或馬克思的著作也都與曼海姆一樣堅持採取這種已不爲人接受的觀點。在現代社會學中，一些重要的綜合性嘗試工作也有相同目的，如**哈伯瑪斯**（Harbermas）提出的三類「知識旨趣」（knowledge interests）模型，或科學的**實在論**（realism）的現代社會學形式等。如果說社會學並沒有一勞永逸地解決知識的問題，但是社會學也並未把這個陣地拱手讓給徹底的相對主義（參見 postmodernism **後現代主義**）。

現代知識社會學正在多層次——特別是在科學社會學的層次，以及日常知識的社會建構層次上展開研究。見 social phe-nomenology 社會現象學；ethnomethodology 俗民方法學。

sociology of law　法律社會學　對法律的社會背景、發展和運作的社會學科研究，內容包括法規與法令系統、專門機構與專業人員、構成複雜社會法律體系的各種類型的法律（如憲法、民法、刑法）等。涂爾幹（Durkheim）和韋伯（Weber）對這一研究領域發展的影響，和在其它社會學領域中所起的作用一樣重要，但法律社會學的發展由於與其他學術研究，特別是與**法學**（jurisprudence）和後來的社會法學研究（sociolegal studies）重疊而情況變得複雜。尤其是社會法學研究現在在社會科學的思想與研究中已成為一個流派（包括心理學和經濟分析以及來自社會學的理論等），並且與正統的法學理論處於矛盾的關係。另外，**犯罪學**（criminology）和範圍較廣的**偏差行為**（deviance）研究，也是與法律社會學有關的專題。

法律社會學和社會法學研究中，功利主義、個人主義及實證主義觀點因人們對倫理道德以及社會控制機制複雜性的探討興趣而受到挑戰。來自涂爾幹著作的觀點強調社會最突出的形式表現，即道德。他在討論從**機械連帶**過渡到**有機連帶**（見 mechanical and organic solidarity）時探討了這個問題，也就是對「強制性」（repressive）法律與「補償性」（restitutive）法律的區分。來自韋伯著作的觀點在於強調理性與計算性的法律（法律理性主義）的發展是現代政治發展和資本主義的先決條件。**馬克思**（Marx）的著作雖然較少注意法律形式的細節研究，但在許多方面對法律的研究仍有影響，涉及的範圍包括階級利益在法律中的作用，以及所謂的「資產階級」法律體系的總形式等方面的爭論——這項興趣是由於重新發現帕舒康尼斯的著作（E. Pashukanis，1891—1937）而衍生的。

除了這種一般性的理論之外，關於法律制度運作的較低層次的經驗研究也日漸重要，特別是關於刑事司法系統的運作——包

括法庭、警察運作的研究以及刑罰學（penology）都日益受到重視。參見 natural rights and natural law 自然權利與自然法；common law 普通法。

sociology of leisure 休閒社會學 見 leisure 休閒。

sociology of mass communications 大眾傳播社會學 研究大眾傳播媒介的社會學分支。實際上這門學問有來自各種不同學科的人參加，帶來各種不同的理論觀點。其中心理論課題是大眾傳媒與社會之關係的概念化，這一點是通過以下各方面的研究進行的：(1)大眾傳播和權力與影響；(2)大眾傳媒體制；(3)傳媒工作者的職業文化與運作；(4)大眾傳播的受體；(5)大眾傳媒在整體文化再生產過程中的作用。指導此研究的有三種觀點：第一種觀點特別受社會心理學（social psychology）的影響，其研究重點在於大眾傳播的過程與效果（參見 advertising 廣告）；第二種觀點的研究重點是作為組織（organizations）的大眾傳播機構及其廣泛的社會背景；第三種觀點受本世紀六十年代發展起來的結構主義觀點的影響，其研究重點在於分析大眾傳媒所傳播的信息、形象和意義。見 semiology 符號學。參見 mass society 大眾社會。

sociology of religion 宗教社會學 研究宗教現象（參見 religion 宗教）的社會學分支。從歷史上看，關於宗教的社會學分析在大多數主要古典社會學家［特別是韋伯（Weber）和涂爾幹（Durkheim）］的理論分析中都占重要地位。涂爾幹和韋伯這兩位理論家的思想至今仍舊構成宗教社會學的中心理論。涂爾幹研究的是宗教作為一種功能普遍模式對社會整合所起的作用。這種理論一直成為宗教的功能派理論（functionalist theory of religion）的基礎。韋伯所作的是各種宗教信仰與宗教組織的比較研究，以及這些不同形式對於理性發展和社會變遷所具有的意義。在韋伯和涂爾幹之前的研究中，宗教社會學把宗教簡單地看成為一種「錯誤」（孔德 Comte 和馬克思 Marx 都持這種看法，後者認為宗教是「人民的鴉片」），此外，宗教社會學還探討宗教的

起源以及其演化發展的階段（見 Tylor 泰勒，Spencer 史賓塞）。

近年來宗教社會學注重西方社會中出現的世俗化（secularization）過程。有不少研究宗教組織的著作（B. Wilson, 1967）特別圍繞着邊緣宗教、崇拜和教派［如科學論教派（Scientology）和統一教團］等問題進行研究。在社會人類學（social anthropology）、歷史社會學（historical sociology）以及當代歐洲以外社會的研究中，宗教作為一種主要社會體制的比較研究繼續在社會學的分析中占有中心地位。

sociology of science　科學社會學　社會學的一個分支，研究產生科學知識的社會過程和科學知識（包括技術 technology）的社會涵義（參見 sociology of knowledge 知識社會學；social studies of science 對於科學的社會研究）。

科學社會學的開創工作是由默頓（Merton, 1938）完成的，他寫過一篇論述十七世紀英國科學（特別是皇家學會）的社會學著作，文中強調早期科學家的動機存在著經濟與軍事的考量，以及利益與宗教信仰的考量（特別是新教教義）。默頓在後來的著作中還指出科學的重要社會特性（如「普遍性規範」，每一個人至少在原則上有能力自行檢驗科學發現的真實性）。

默頓後期的著作指出科學活動的「理想型」，此後的科學社會學著作便開始傾向於推翻科學與其他形式知識間的明確區別。近年以來，社會學家將科學社會學的「強式」理論和「弱式」理論作了區別。早期「弱式」理論的基礎大部分是解釋「假」知識宣稱［如科學錯誤、星象學之類的「類科學」（parasciences）等］的社會基礎，將「真」知識的基礎留給科學哲學去探討；近年的「強式」科學社會學將所有各種形式的科學知識的研究與解釋視為己任（參見 epistemology 認識論）。

上述平等看待「真」知識與「假」知識的態度產生了一種看法，即是兩種形式的知識在社會現實的日常建構中具有共同的基礎，以及同樣具有避免索引性（indexicality）以及確立可靠性

（warrantability）的問題。有人認為對兩類知識的理解，受惠於經濟與社會利益（包括學科利益和科學家個人利益）推動新科學概念的的研究。

科學社會學的範圍已大爲擴展，以下是近年研究的幾項課題的例子：

(a) 關於具體學科或科學運動中旨趣與潮流作用的研究，如**優生學**（eugenics）的興衰（Harwood, 1977）、智商（IQ）測試的研究、以至數學史。

(b) 關於科學概念的**傳播**（diffusion）的研究。

(c) 關於主要「科學革命」（scientific revolutions）的研究（如 Kuhn, 1962）。

(d) 關於科學知識日常社會建構的民族誌或相關的密切經驗分析（如在實驗中呈述的論證與圖形表象），例如雷托（B. Latour）與伍爾加（S. Woolgar）合著的《實驗室生涯》（*Laboratory Life*, 1979）。

sociology of sport　體育社會學　重點研究體育與社會的關係的社會學分支。研究的具體內容有以下方面：體育與其他社會制度（如家庭、教育、政治和經濟等）的關係；各種類型體育運動涉及的社會組織、社會關係和群體行爲（如體育運動涉及的精英與群衆、業餘與專業，階級、性相或種族關係）以及與體育運動同時發生的社會過程（如意識形態的納入）。這門學科曾經獨立於社會學主流之外，但近年來則較充分地結合進主流之中了。大部分研究是在北美洲進行的，但東歐與西歐、澳大利亞、紐西蘭、英國和日本等地也有體育社會學存在。英國主要倡導這門學科的有**艾里亞斯**（Elias）和**鄧寧**（見 Elias & Dunning, 1986），此外還有哈格里夫斯（J. Hargreaves, 1986）。參見 leisure **休閒**。

sociology of the built environment　建築環境社會學　近年出現的社會學一重點分支。根據某些理論家的意見，這門學科可以成爲一種傘形結構，將**住宅社會學**（sociology of housing）、

都市社會學（urban sociology）、建築運動的社會學分析，和城市規劃等原先分開的專業性研究結合起來。一座建築和一座城鎮的形式無論其物質方面還是文化價值方面，在不同層次上都存在有值得研究的旨趣，其中包括：

(a) 它們與空間商品化及反商品化的關係。

(b) 建築及城市的設計與規劃反映文化目標及文化運動的方式［例如從建築「現代主義」（modernism）到「後現代主義」（post-modernism）的文化運動——前者屬於科比意（Corbusier）派或包浩斯派（The Bauhaus school），崇尚功能主義原理和忠於材料；後者則以混成風格（pastiche）代替了「創作者」（author）和一致性原理］。

(c) 以上兩條相互關聯的方式，例如建築「後現代派」分為兩種形式：一種是再度服從於商業價值的形式，另一種更富對立性，力圖恢復社群價值觀（Lash, 1989）。

sociology of the family　家庭社會學　描述和解釋家庭（family）生活模式以及家庭結構變化的社會學分支。在這種意義上，家庭研究與親屬關係（kinship）研究緊密聯結。

這門學科還有一個延續已久的課題，可旁溯到社會人類學，其目標是家庭結構與親屬關係結構的比較研究。在這方面，家庭結構變化的演化和發展也十分重要。

家庭社會學的第二個課題，直到本世紀六十年代一直主宰着許多社會學的討論，這便是家庭的功能理論，其主要旨趣在家庭的普遍功能，和特別具流動性的新居核心家庭（neolocal nuclear family）形式，此一形式是適應工業社會的特殊功能需要而出現的。

本世紀六十年代出現一批更富批判精神的家庭結構研究，這是在新女性主義社會學和對社會科學的女性主義批判的影響下出現的（如 Morgan, 1975）。

社會學思想的最後一個課題具有悠久傳統，即馬克思主義關於家庭問題的批判，在這種批準中財產所有權和家庭結構的關係

具有中心意義。

功能論的家庭理論認為基本的家庭單位不論是否著床於更廣泛的社會關係背景之中，都能完成如下的重要社會功能：

(a)調節性生活；

(b)生兒育女和確立親子關係。

(c)使子女初步社會化。

(d)夫妻間在感情上相互支持。

以上四種可以認為是核心功能，但家庭往往還能實現從屬的功能，不過這些從屬功能日漸變成家庭與其他機構共有的功能，其中包括：

(e)為全家提供住宅，家務，和一般的經濟支持。

(f)提供保健照顧與福利。

(g)在現代社會中支持長時期的教育。

功能分析派倡導者**帕森思**（Parsons）還說在家庭單位內部男人所扮演的是工具型角色，而女人通常扮演所謂「表達型」（expressive）角色。

針對功能論觀點以及取代功能論觀點的現代家庭結構社會學所進行的批判，提出了許多重要的論點，並且引出了許多一般性問題，茲分述如下：

(a)在現代和以往的傳統社會中都存在着許多不同的家庭形式。

(b)將過分簡化歷史的擴展家庭與核心家庭之區分，應用於前工業社會和工業社會，因為核心家庭出現在工業主義之前，而擴展的親屬關係在工業社會中仍然具有重要性（Young & Wilmott, 1957）。

(c)家庭的感情與親密紐帶掩蓋了高度的衝突，在許多情形下掩蓋了實際存在的暴力，因此家庭研究也可置於社會問題研究之內（參見 wife battering **毆打妻子**；radical social work **激進的社會工作**）。

(d)根據權力與權威關係和經濟關係分析家庭的重要性。

(e)功能論的「『家庭』（特別是性生活和生兒育女兩功能）實非普遍可見的實體，只是一個普遍使用的概念」（Harris, 1985）。

(f)甚至在前工業化簡單社會中辨認家庭團體都是困難的。正是由於這一原因，「家庭」一詞在社會人類學中比較少用。參見 marriage 婚姻；divorce and separation 離婚和分居。

sociology of work 工作社會學 研究工作及工作組織的社會學，特指有酬工作，但不專指有酬工作。工作社會學把一般性的主題置於更廣泛的比較性社會背景中加以分析，特別是根據其與社會、經濟及政治制度的關係加以分析。工作的意識形態也是職業專門化（如專業主義）問題中一個主要的論題。一個統一的中心論題是**勞動分工**（division of labour）。工作社會學是社會學中勞動過程理論（labour process theory）和**勞動力市場**（labour market）分析的爭論焦點。

「工作社會學」一詞之所以被普遍接受爲這門分支學科的名稱，原因有一部分是空中大學的課程「人民與組織」（People and Orgainzations）影響的結果（Esland & Salaman, 1975）。這一發展是對社會學家在**工業社會學**（industrial sociology）中發現的限制作出的反應。特別是工業社會學專注於工業社會中的製造業，因此工業社會學家充分分析多種工作情況的能力就受到限制。工作社會學在這方面研究的課題如：工作關係動力學、有關性別與種族的意識形態、社會中家庭勞動的組織（見 sexual division of labour **勞動的性別分工**）以及未充分就業和失業的影響等。參見 employment **就業**。

sociometry 社交測量法、社會測量學 廣泛用來測量團體內部社會凝聚力的方法，爲奧裔美籍心理學家**莫雷諾**（Moreno）所創立。社交測量法採取問卷調查的方式，讓被調查者將群體中作爲共同參加者或同事（一般性或特定活動）的「吸引力」和「反吸引力」排成等級。這種人際選擇的結果被表現爲圖表，稱爲社交測量圖（sociogram），圖形顯示出社交測量的「明星」

和「冷落人物」以及相互贊揚和社會「孤立者」的派系。

sociotechnical systems approach　社會技術系統法　運用系統論（systems theory）對組織設計所進行的規範性研究，強調需考慮社會系統與技術系統之間的關係。

這種研究法是由英國塔維斯托克人際關係學院（the Tavistock Institute of Human Relations）研究出來的，基本上是對古典研究法和一般研究法的批判——古典研究法所探討的是確立組織設計的一般原則，而一般工廠布局設計僅僅是根據技術標準（社會與心理的問題是事後才考慮的）。與此相反，社會技術系統法對於「唯一最佳方式」的普遍假定提出質疑，並且強調組織選擇的可能性。例如技術在這裡被視爲一種限制性因素，而不被視爲決定性因素，這樣就可以考慮可替換的社會系統與技術系統。

社會技術系統理論的目標是將替換形式的考慮系統化，以便作出最佳選擇。這樣就讓各種系統通過鑒別「最佳配合」使技術效果和人類的滿足達到最佳關係，從而完成自己的基本任務。這種方法有一個經典的例證，是戰後英國煤礦的技術變化分析（Trist et al.，1963）。

某些理論家和研究者認爲這種方法的反普遍主義態度和人道主義立場是很有價值的，但也有人提出批評和懷疑。從概念層次上看，這種方法受到批判有以下幾個方面：(a) 與系統論相聯繫的假定（如物化和系統目標）；(b) 可能使心理與結構層次的理解發生化約性的混亂；(c) 被指責爲以顧問爲基礎的經理論社會學（Brown，1967；Silverman，1970）。因此某些理論家將直接與間接管理控制系統加以比較，並指出管理和參與只限於某些組織問題，除此之外還應考慮生產力提高的效益怎樣分配等問題。而且美國學者蒙福德（Mumford）關於參與性社會技術系統設計的個案研究揭示了兩類問題：一類是經理部門和高層雇員抗拒自下而上設計的問題，另一類是雇員參與設計所遇到的困難（Mumford，1980）。

Socrates 蘇格拉底（公元前470－399） 古希臘哲學家，因在柏拉圖（Plato）對話錄中出現而為人所知，因被控敗壞青年而且拒絕收回自己的理論而在雅典被殺。他主要研究倫理學（ethics），他的結論是倫理學不應是風俗習慣問題，而應以理性和演繹探討為基礎。蘇格拉底的教學法稱為蘇格拉底方法，其內容是提出一系列問題和答案，引導參與的人重新檢查自己的基本信念。

solidarity 連帶；團結 見 social solidarity 社會連帶；mechanical and organic solidarity 機械連帶和有機連帶。

solipsism 唯我論 （哲學）主張自我（我自己）是可以被認知為存在的一切，外在「世界」只能作為個人意識的內涵而存在的理論。這種理論起源於一種認識，認為人們的感官經驗的「客體」（object）是依存於心靈的。然而唯我論現在已被認為不能自圓其說。例如，維根斯坦（Wittgenstein）指出這種理論和表達這種理論的語言便不能相容。另一種與之相對的觀點是實在論（realism），認為外在世界是可以認知的，只不過這種對外在世界的認知的限度仍然是個問題。比較 relativism 相對主義。

Sorel, Georges 索瑞爾（1847－1922） 法國哲學家和社會理論家。他因倡導「神話」（myth）和暴力（violence）在社會事務中的作用而聞名。他最有名的著作是《暴力論》（*Reflections on Violence*, 1908）。索瑞爾相信通過階級鬥爭推翻資產階級的說法，但卻得出結論指出正統的馬克思主義對於這種過程所提出的說法有一缺陷——傾向於用抽象概念來解釋現實，假定人是理性的因而產生一種有秩序、有規則的社會，可以作科學的分析，並且可以發現規律，據以預測出未來的烏托邦。在索瑞爾看來，社會規律是不存在的，現實是雜亂無章的，其中所顯示出的任何秩序都是脆弱的，而且是人們的主觀意志所強加於上的，其根源不在於理性而在於本能。革命不可預測。革命可能發生，但只能靠工人自發的志願行動，這需要團結。有兩種歷史發展阻

撓這種團結：一種是貿易哲學，另一種是消費主義哲學。這兩種趨勢結合起來造成競爭、互不信任、忌妒和折衷主義，這一切使資產階級和無產階級都遭到削弱——資產階級由於對無產階級作出讓步而遭到削弱，無產階級則由於接受這種讓步使自己被出賣而遭到削弱。因此革命的無產階級應當回避理智主義、政黨和折衷主義。相反地，他們必須發展自己的觀念，而且必須通過直接的行動在生產地點發動革命，其最終是一場總罷工。

索瑞爾的神話與暴力思想遭到廣泛的誤解。他的主要目的是揭露理性主義和資產階級的狹隘性與虛偽性。構成神話的觀念其作用不在於認知的價值，而在於它們喚起忠誠並號召行動的力量。所有的社會都有服務於這一目的的神話。同樣的情形，所有的社會都運用暴力，不過常是用於壓迫和侵略的目的。工人階級的偉大神話便是總罷工，這種信念鼓舞他們從事革命行動，而革命暴力由於使工人在鬥爭中像兄弟姊妹一樣相依相靠，從而提高了他們的團結。暴力也有同樣的情形，只要不是壓迫的和侵略的，它便是解放性的；運用暴力可以消滅軟弱分子和妥協派，從而推動一種強大的、赤誠的工人運動，可以推翻腐敗的資產階級社會。

二十世紀初，索瑞爾的觀念在法國和義大利具有一定的影響，後來他的思想影響漸漸式微，現在那些觀念的意義是作為二十世紀初政治社會學思想之非理性主義傾向的一種重要表現。參見 neo-Machiavellians 新馬基維利派。

Sorokin, Pitirim　索羅金（1889–1968）　俄裔美國社會學家。1917年曾任俄國臨時政府總理克倫斯基（Kerensky）的秘書，1922年逃出俄國，1924年定居美國。他最早的英文社會學著作是《革命社會學》（*Sociology of Revolutions*, 1925），其資料來源是他在俄國革命中的經歷。他獨闢蹊徑的研究著作《社會流動》（*Social Mobility*, 1927）強調社會流動的破壞和創造作用。他後來的著作往往都篇幅浩大，特別是他關於宏觀歷史變遷的著作《社會與文化的動力》（*Social and Cultural Dynamics*,

四卷本，1937—1941），以及他對各種社會學理論的挑釁性評論，其中著名的有《當代社會學理論》（*Contemporary Socio-logical Theory*，1928）和《現代社會學理論》（*Sociological Theories of Today*，1966）。索羅金並不接受流行的演化論或發展論模式，他認為最好是把社會看成經歷着循環的（但卻是不規則的）變遷模式。他晚年在社會學方面的角色日益邊緣化，成為美國社會學和美國社會中有一點怪誕的批評家。他認為只有通過新的利他主義才能解救社會免於解體與文化危機。

Spearman rank correlation coefficient　史匹曼等級相關係數　一種無母數（nonparametric）統計檢驗法，在檢驗兩個變數（variables）的相關（correlation）時用於定序數據（見 criteria and levels of measurement 測量標準和層次）。

　　這種檢驗法用等級來評定相關的程度。例如我們提出一種假定說不同國家的自殺率隨進教堂作禮拜的程度而變化，那麼便可將自殺率按大小依次排列在一欄中，上教常作禮拜的程度則列在另一欄，然後相關係數便可以用一公式計算出來。

speech act　言語行為　一切用話語完成的社會行動（如許諾、詛咒等）。特別由於奧斯汀（J. Austin）和塞爾（J. Searle）兩位哲學家的研究工作，這種表達行為（illuctionary acts）［和語言表達行為（perlocutionary acts），即伴以語言的表達行為］的分析成為日常語言哲學（ordinary language philosophy）研究的重要部分。

　　語言行為的分析研究與社會學中許多研究方法有關，其中包括齊默爾（Simmel）的形式社會學（formal sociology）、戈夫曼（Goffman）的研究著作以及談話分析（conversation analysis）等。最後一種研究尤其受到日常語言哲學的直接影響（參見 degradation ceremony 貶降儀式）。還有一種受言語行為概念影響的研究方法是哈雷（R. Harré）的習性社會心理學［《社會存在》（*Social Being*，1979）］，書中提出一種想法，認為可為社會遭遇編一套「語法」，但這比言語行為的哲學概念中所蘊涵

的內容要複雜得多。

Spencer, Herbert 史賓塞（1820-1903） 英國社會理論家，主要為人傳誦的是他根據演化（evolutionary）的觀點對社會變遷（social change）研究作出的貢獻。

史賓塞早年受過一段非常規的教育，後來擔任鐵路工程師，但不久改行從事新聞，之後又成為獨立的學者。

他的第一部著作《社會靜力學》（*Social Statics*，1850）顯示出他堅定地擁護經濟個人主義和自由市場，這種信念一直貫穿在他一生的研究工作中，而且也是他的社會學在美國大受歡迎的主要原因之一。

史賓塞早年對地質學感興趣，這種興趣引導他進入生物學領域，又從生物學領域投入拉馬克（Lamarck）的演化論。這些理念後來成為他社會理論的啟發性原理。早在1852年，他便在一篇名為〈論人口〉（A Theory of Population）的論文中提出主張：社會發展過程受「適者生存」的決定性影響。因此他在達爾文及華萊士（Wallace）把自然選擇理論用於有機界獲得成功的六年前就已經運用這一理論了，但他提出這種理論時仍然把拉馬克的假定包括在內。在《心理學原理》（*The Principles of Psychology*，1855）一書中，史賓塞試圖說明演化的假說為什麼也能說明思維的發展。

他在1857年寫的一篇論文〈進步──其律則與原因〉（Progress：its Law and Cause）中寫道演化原理是一種能普遍運用的法則，能說明物質界、有機界和社會界的發展。因此演化論提供一個統一各種科學基礎。不論研究什麼發展軌跡，這種演化運動總是朝向結構的分化（differentiation）與整合（integration）前進。各種系統不論是太陽系、生物系統或社會系統都永遠顯示一種傾向，從構成部分是同質而結構鬆散的狀態走向越來越異質和整合的狀態。

史賓塞後期的著作流傳較廣，在當時具有極大影響，其主旨就是為這種觀點辯護。他的《綜合哲學》（*Synthetic Philoso-*

phy）是一部宏篇巨著，內容包括社會學、心理學、生物學和倫理學。因此史賓塞的社會學［如他的《社會學原理》（*Principles of Sociology*, 1876—1896）］恰當地說是一個分支領域，他藉此追求一個更廣泛的目標，促使人們承認演化過程的普遍性。

史賓塞的某些概念，如「分化」和「整合」等都作爲社會學的工具而流傳下來，特別在帕森思（Parsons）的社會系統（social systems）觀和新演化論（neo—evolutionary）的著作中得到運用。不過史賓塞熱中於將社會學與生物學統一起來，且有時不加批判地假定生物科學可以提供適當的概念用於社會學的研究，這使他的社會學深受其害：如果說「競爭」推動了生物的演化，那麼戰爭在社會發展中也是重要的，它推動了社會的內部結合以及強有力和專業化的工業經濟的發展；如果動物複雜神經系統的發展提高了某些物種的生存能力，那麼社會的電信系統也起了同樣的作用，此外還有許多類似的說法。這種看法和史賓塞的政治觀點的聯繫是很明顯的。他認爲如果社會衝突對演化起積極作用，那麼市場就應當不加管理，國家應當起最小的作用［《人對國家》（*The Man Versus the State*, 1884）］。

不論史賓塞對社會安泰提出的這些經濟與政治藥方得到什麼樣的評價，史賓塞得出這些結論所根據的社會學是不能爲人所接受的。社會系統不是生物系統。人們創造並改變自己生活所在的環境。人是道德生物，從而「適者生存」也是一種道德的判斷（見 social Darwinism 社會達爾文主義）。競爭常常可能是創造性的，但其背景只能是事先具有秩序與規則的格局的背景，而不是一種無政府的背景（參閱 Durkheim 涂爾幹）。社會領域中演化過程的普遍性也是值得懷疑的。發展模式不可能是前後一貫的，因爲某些社會的發展改變了其他社會變化的可能性（參見 diffusion 傳播）。使史賓塞的研究工作遭到最大損害的問題是他在推理過程中運用循環論證的邏輯。他所引用的證據，即各種社會與制度的分類，其根據的原理正好是要用這些例證去證明的原理，這就難怪他感到自己已經證明了社會界的演化假說。不過史

賓塞給社會學留下的遺產仍然是有重要意義的。他是一位系統論理論家，而且是最先系統性地應用結構功能（structural-functional）分析的理論家，這種分析至今仍然是社會學解釋的主要支柱。

sponsored mobility 贊助式流動 見 contest and sponsored mobility 競爭式和贊助式流動。

SPSS 社會科學用統計套裝軟體 見 statistical package for the social sciences（SPSS）。

spurious correlation 偽相關 見 multivariate analysis 多元分析。

stable democracy and **unstable democracy 穩定民主政體和不穩定民主政體** 美國社會學家李普塞（Lipset, 1960）所作的區別：穩定民主政體指「自第一次世界大戰以來一直享有未曾間斷的政治民主制度，而且沒有主要政黨反對遊戲規則」的政體；不穩定民主政體指未能滿足這些條件的政體。對於歐洲以外非英語國家，李普塞還將「民主政體」和「不穩定獨裁政體」（unstable dictatorships）作為一方而將「穩定獨裁政體」（stable dictatorships）作為另一方加以區別。

　　根據李普塞的意見，支持「穩定民主政體」的因素有以下幾點：

　　(a) 互相競爭的主要政黨之間有政治分歧存在，非體力勞動的「中產階級」與體力勞動的「工人階級」之間存在着制度化的廣泛階級衝突。

　　(b) 原先政治分歧的主要基礎（如宗教、城鄉、核心與邊陲等）在歷史上已被取代。

　　(c) 對當前通行的政治制度的基本正當性存在着廣泛共識，存在着世俗政治（「意識形態的終結」），不存在一體化的主要政黨反對政治遊戲規則的問題。

　　(d) 所存在的社會經濟體系在經濟上有效率，並有很高的識

字率和社會福利等等。

(e) 存在着流動的開放性階級結構和階級混合，由此產生交切紐帶（cross-cutting ties）和「橫貫的壓力」（cross-pressures），作用於個人身上，這樣便有助於和緩階級衝突和政黨之間的競爭。

(f) 存在着「參與性政治文化」，其中包括廣泛參加自願性社團，並有各種群體的普遍努力，作為大眾社會（mass society）的保護屏（參見 two-step flow of mass communicatins 大眾傳播的二段流程）。

李普塞將來自古典政治社會學（political sociology）思想[特別是托克維爾（Tocqueville）和韋伯（Weber）的思想]加以消化後指出穩定民主政體取決於一種精英—群眾結構，其中的代議制精英（見 plural elitism 多元精英論）對體系的運作具有核心意義，而且可以被看作是核心民主價值觀的保護者。在李普塞看來，穩定民主政體不僅是另一種政治體系，它是「行動中的優良社會」。

這種有關穩定民主政體的一般理論是在美國的政治學（political science）和政治社會學中由行為主義、結構功能論和系統論等研究法的綜合所衍生而來。這種理論有很大影響，但也遭到了廣泛的批評——不但在討論西方民主政體方面，而且在討論第三世界開發中國家的政治現代化（political modernization）和「國家建立」（nation-building）方面都遭到了廣泛的批評。參見 elite 精英；elite theory 精英論；Michels 米歇爾斯；voting behaviour 投票行為；end of ideology thesis 意識型態終結論；Mosca 莫斯卡。比較 legitimation crisis 正當性危機。

stages of development 發展階段 社會在實現某一終極目標的過程中，被認為必須經過的特定經濟、文化、社會或政治形式。這一概念通常用在演化論和新演化論（evolutionary and neo-evolutionary）關於社會變遷（social change）的研究中。羅斯托（W. Rostow）理解經濟變遷時，便以發展階段的劃分為基

礎。這種概念由於以下幾種原因受到許多批評；

 (a) 階段難於劃分，有多少著作家就有多少種階段劃分法。

 (b) 這種概念往往和社會變遷的機械論與決定論相關聯。

 (c) 歐洲歷史往往被構成各種不同的階段，然後又把這些階段看成是其他社會必然要經過的階段（見 modernization 現代化）。

 (d) 從一社會傳播到另一社會，對於不同社會的階段有影響。

 (e) 難以證明一個階段必定是下一階段的前提。

 然而關於各個社會必然經過某些普遍性階段的說法還是有道理的，例如必須先有農業社會（agrarian society）才能有工業社會（industrial society），但在這類範疇中可能包含各種不同的形式。特別是二十世紀的歷史已經證明各種農業社會通過各種不同的方式經歷了向工業社會的過渡。變化的形式看來是有限的，但這一事實並不必然使發展階段的概念具有合理的根據。參見 industrialization 工業化；evolutionary universals 演化普遍模式。

standard deviation **標準差** 見 measures of dispersion 離勢的測量。

standard error **標準誤差** 見 measures of dispersion 離勢的測量。

standard of living **生活水準** 個人或家戶的實際購買力等物質福利水平。作為各種收入的平均數，我們也可以決定一個國家的生活水準的上升或下降。這個概念存在着許多困難。顯然，同一水平的購買力，在家屬人數不同的家庭中，會產生不同的生活水準。無論如何，編制適當的購買力指數絕不是簡單易行的事，在各不同社會中作橫向比較和在不同時期間作縱向比較都是非常困難的，例如關於工業革命最初幾十年的生活水準究竟上升還是下降了的著名爭論便是一例。這種生活水準的概念是比較機械的，而所謂的「生活品質」（quality of life）則是更富主觀性的概念，但其重要性並不遜色；這兩者之間的關係如何，也有許多

爭論不休的問題。

Stanford—Binet Test　史丹福—比奈測驗　廣泛應用的兒童智力測驗法。原來的比奈測驗是由比奈（Binet）和西蒙（Simon）兩人設計的（1905），用以甄別在一般學校教育中不能受益，而需要特別教育的法國兒童。1908和1911年所作的修訂目的在於為各個年齡提供一套測驗——這種測驗是各年齡的一般兒童都能通過的。因此事實上比奈是根據簡單的語言和操作技能來規定各年齡一般兒童所能做的事情，這就是說每一個年齡的標準或規範也由此建立（「心智年齡」概念因之出現）。後來史丹福大學的特曼（Terman）採用了這個設計，形成史丹福—比奈測驗（1916）。正是這位特曼提出了**智力商數**（intelligence quotient）的概念——把測驗的計分轉變為一種商數，從而有可能對不同年齡群的兒童進行比較，也可以將成長過程中的同一批兒童的前後情況加以比較。

　　史丹福—比奈測驗用於個人，因為必須在一對一的基礎上進行。因此這類測驗法本質上是診斷性的，實行時需要熟練的操作。後來又進行了另外兩次修改（1937，1960）。由於測驗內容變得過時，因而必須進行修訂，例如紐扣鞋的圖畫可能必須用涼鞋的圖畫代替，而到今天又須用球鞋的圖畫代替。如果測驗的項目不再和一般的生活經驗相關，那麼測驗就會失去其**效度**（validity）。史丹福—比奈測驗長期廣泛應用，使之具有特殊的價值，因為每次應用都提供了進一步的資料，因而有助於診斷。然而近年來出現了新的測驗法﹝如英國智力量表（the British Intelligence Scale, 1977）﹞已設計出來，在英國學校提供一種替代的測驗法。

state　國家　①某一特定領土內的統治或治理機構。②服從於某一特定法規或統治的全部領土與社會系統。在定義②下，「國家」和「社會」（society）這兩個名詞可以互換使用。

　　在**韋伯**（Weber）看來，國家的關鍵特徵是它成功地握有一種權力，宣稱「在其領土範圍內有正當使用暴力的壟斷權」。但

應當強調的是只有在極端的情況下，國家才會主要或完全依靠暴力，這些一般只作爲最後手段使用。統治者聲稱的政治「正當性」，往往爲順利的政治統治提供遠爲有效和遠爲有力的基礎（見 legitimate authority 正當權威）。但暴力的威脅始終存在於國家的政治背景之中。有些理論（如規範性功能主義）可能過分強調了國家權力的規範性基礎；與這種理論相對照，作爲國內權力中經常存在的因素，暴力威脅的重要性不可忽視。從國際層次來看，國家作爲防禦與進攻的機器，有時要訴諸戰爭（warfare），其中暴力的作用更表現得十分明顯。

最初的國家（參見 pristine states 原生國家）大約五千年以前出現在中東和其他地方，這種國家可能是從再分配的酋邦（redistributive chiefdoms）活動中產生的，也可能是從導致征服與階級統治的戰爭中產生的。不論其確切來源如何，一般都認爲集中控制經濟剩餘和社會階層化（social stratification）對於國家說來都是本質性的必要條件，而且也是國家後來發展的一種結果。

在最初的國家之前（見 stateless societies 無國家社會），社會的治理機構只不過是作爲一套功能存在，分布在廣泛的社會範圍內一些具政治作用的機構或組織中，如宗族群體、年齡群體或一般會議等。與此相對照，現代國家往往有一套明顯分化的政治機構，如行政機構、立法機構、司法機構、軍隊和警察等。與現代民族國家（nation states）相比，許多早期的國家形式（如前工業化的帝國）雖然有分化的國家結構，但其對領土的統治非常片面而且飽受挑戰。

現代國家還有一個特徵：大部分前現代國家只有臣民（subjects），而現代國家則有公民（citizens，即政治共同體的正式成員，越來越充分享有選舉權、被選舉權、言論自由、享受福利的權利。參見 citizen rights 公民權利；welfare state 福利國家）。有一種與此有關的區別是國家與市民社會（civil society）之別。這是一種重要的區別，對於馬克思主義尤其如此，馬克思主義藉

此提出一套詞匯以區別國家與社會、國家與公民個人或公民群體。

state expenditures **國家開支** 國家（state）所進行的各種不同的開支。奧康納（O'Connor, 1973）和高夫（Gough, 1979）根據資本主義社會的國家有積累和正當化這兩種互相矛盾的功能的假定，指出三種主要類型的開支：

(a)社會投資（social investment），「提高勞動生產率的計劃和服務」。

(b)社會消費（social consumption），「降低勞動再生產成本的計劃和服務」。

(c)社會支出（social expenses），「維護社會和諧所需的計劃和服務」。

國家承擔的開支負擔從歷史上看來顯然增加了，奧康納和高夫認爲這「給體制加上了新的經濟壓力」，而且「同時威脅着資本的積累和政治的自由」。由於這一原因，福利國家（welfare state）和國家開支一般成爲最近幾十年來社會與政治主要衝突的來源。

stateless societies **無國家社會** 缺乏明確國家（state）特徵的各種社會。兩種主要意義下的社會爲無國家社會：

⒜ 在最初的中央集權國家形成之前存在的各種社會（見 pristine or primal states 原生國家）；

⒝ 不但缺乏可明確辨識的國家機器（例如領袖的行政與軍事支持機構），而且看來也缺乏正規的穩定領導，因而被稱爲無首腦（acephalous）（字面義爲「無頭」）的社會。這些社會不需要明確分化的國家形式就能實現結合，維持生存，甚至於進行戰爭，原因是這種社會很小，無須分化的國家機器，也可能因爲它們具有複雜的分支結構。

state socialist societies **國家社會主義社會** 二十世紀忠於共產主義或社會主義政治思想的政黨領導革命或發動運動之後出現的中央集權社會主義社會。其中有1918—1991年的蘇聯，1948—

1989年的大部分東歐社會，現在的中華人民共和國、古巴、越南、安哥拉、莫桑比克、衣索匹亞、北韓和蒙古。這類社會有許多正在迅速變化，因此越來越難以精確說明和定名。

關於這類社會的性質有許多爭論，它們一般都稱爲共產主義社會，而這個名詞可能最富中立意味，所包括的社會形態各異，對此大部分人都有一致看法。有些觀察家認爲更精確的說明是極權主義（totalitarianism），因爲這些社會和沒有代議民主制的非社會主義社會如法西斯國家具有共同的特點。然而這種說法往往否定了社會主義在這類國家的形成和運作中所起的突出地位。

某些評論家認爲這些國家的特殊性質是奉行社會主義（主要是廢除或大幅減少生產手段的私有制），但這類說法對這些社會的明確性質也難以達成明確的一致意見。有些人贊成托洛斯基（Trotsky）的觀點，認爲這些社會遠未達到共產主義社會的理想，其原因是這些社會的政治制度過分中央集權化而且是非民主的，政策是國家性而非國際性的，政治領袖具有特權並且往往擁有個人財產，經濟停滯。由於這些原因而出現多種不同名稱，如國家資本主義（state capitalism）、墮落的工人國家（degenerate workers'state）、官僚社會主義（bureaucratic socialism）（見圖28），皆否定他們是社會主義國家。另一些人聲稱這些社會是自成一類的社會，既不能列入任何馬克思主義分類架構中（如資本主義社會、社會主義社會、共產主義社會或這些社會之間的過渡階段），也不能排在現行的非馬克思主義社會分類中（從民主社會對集權社會）。然而這些社會有中央集權的國家制度，它們在意識形態上信奉某種共產主義或社會主義，而且鏟除了生產工具的私有制，這一切都說明「國家社會主義」或「國家社會主義社會」作爲一般名詞是有一定根據的（見 Post and Wright，1989）。

Statistical Package for the Social Science（SPSS）　社會科學用統計套裝軟體　一套統計電腦程式，原來是二十多年以前所設計，用於分析社會科學數據。統計程序從簡單的次數技術到

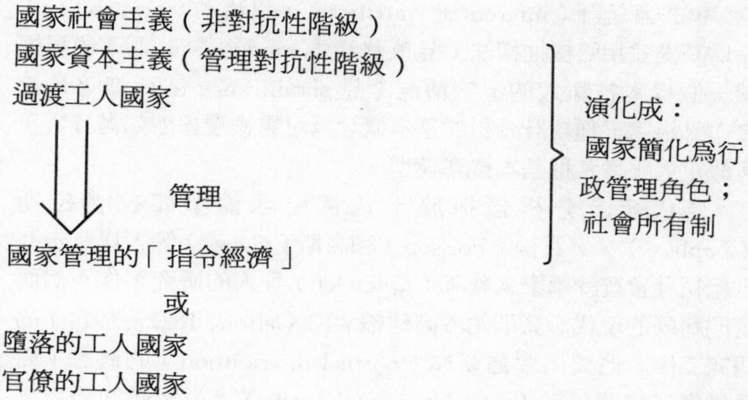

國家社會主義（非對抗性階級）
國家資本主義（管理對抗性階級）
過渡工人國家

演化成：
國家簡化爲行
政管理角色；
社會所有制

管理

國家管理的「指令經濟」

或

墮落的工人國家
官僚的工人國家

圖28　國家社會主義社會　關於社會主義社會的「官方」（official）概念或其他馬克思主義概念，將這種社會形式視為發展中的形式或墮落的形式。

複雜的多變量技術。這種套裝軟體尤其適合於分析調查資料，因爲它有擴大的標記範圍、數據修改和變換設備。這套軟體十分靈活，而且包括生產「訂製」（tailor made）的圖表和報告的程序。這套軟體也廣泛用於實驗資料、時間序列資料和次級資料的分析，與數據庫管理。最新的一種主機形式是 SPSS-X，現又加上了 SPSSPC＋，可與 IBM PC/XT 或 IBM PC/AT 微電腦相容系統運行。

statistics and statistical analysis　統計和統計分析　數字資料（如人口普查 census 或調查資料）的整理與數學分析，在其最簡單的形式下涉及：

(a)數據報告和匯總，包括數據圖示［如直方圖（histograms）和圓瓣圖（pie-graphs）］，但在較複雜的情形下還包括：

(b)使用變量相關關係的測量（如相關 correlation 與迴歸 regression）

(c)推論統計（inferential statistics），以**機率**（probability）論爲基礎並用隨機抽樣法（見**隨機樣本** random sample）便可根據一個樣本推斷大的母體情況（見 significance tests **顯著性檢定**）。這第三種統計分析的基本概念爲可重複現象（如拋錢幣）可假定爲服從某種基本機率模型。

現代統計分析植根於十八世紀理論家如拉普拉斯（Laplace）、卜瓦松（Poisson）和高斯（Gauss）等人以及十九世紀初社會統計學家凱特萊（Quetelet）等人的研究工作。然而這門科學的現代形式則始於高爾頓（F. Galton, 1822—1911）的研究工作，他提出**常態分配**（normal distribution）的概念，而且推廣了相關係數（correlation coefficient）。高爾頓的學生皮耳森（K. Pearson, 1859—1936）又補充了適合度（goodness of fit）的概念（見 chi square **卡方**），而戈塞特（Gossett，1876—1937）發展了**無參數統計學**（nonparametric statistics），適用於小樣本不能採用定比層次或定距層次測度（參見 criteria and levels of measurement **測量標準和層次**）的情況。顯著性檢定是由費雪（R. Fisher, 1890—1962）爲統計技術發展補充創造的。

最近幾十年的重要發展是高速低廉電腦的出現（見 statistical package for the social sciences **社會科學用統計套裝軟體**；Minitab **米尼塔布小型套裝軟體**），這樣便省去了以前用統計數據帶來的繁複工作。這種發展的好處雖然很多，但也有一個缺點：有時使人應用半生不熟的統計技術，導致沒有根據的推斷。

統計分析已是一門根基穩固的學科，而且成爲許多其他學科（包括大部分社會科學）的重要助手，但也遭到許多批評，特別是塞爾文（Selvin, 1958）指出完滿地運用顯著性檢定的要求在社會科學方面是很少能滿足的。在統計學科內還存在着一些顯著的分歧，如正統統計學與貝氏（Bayesian）統計學之間的分野。比較 mathematical sociology **數理社會學**。

status 身分；地位 ①社會制度中具有特定期望、權利和義務的穩固位置。在這種意義下，身分相當於**角色**（role），但角色

一詞較常常用。②在社會階層化（social stratification）制度中，加諸個人或某一社會位置的正面或反面名望、特權和權力（常稱為社會地位）。這兩種概念都是從個人的社會定位比較固定的社會得來的（見 ascribed status 天生身分；Maine 梅因），例如根據宗教或根據法律獲得的社會地位（見 caste 喀斯特；estate 層級）。在現代社會中，身份位置往往流動性較大。

status conflict　地位衝突　以地位（status）定義②爲基礎發生於社會階層化體系中的位置與聲譽的競爭（參見 status group 地位團體）。地位等級體系中位置接近，從而形成直接競爭者的群體間所產生的地位衝突最大（參見 relative deprivation 相對剝奪（感）；social closure 社會封閉）。這說明了某些現代社會中階級（class）與階層的差別減少，便會隨之出現社會地位緊張情況，和社會地位衝突增加，因爲圍繞地位的差別越微妙，競爭的範圍就越大（參見 status symobol 身分象徵；Riesman 里斯曼；Goffman 戈夫曼）。但在前工業社會與傳統社會中也存在地位團體之間的競爭與衝突（見 caste 喀斯特；estate 層級）。參見 status consistency and inconsistemcy 地位一致和不一致。

status consistency and inconsistency　地位一致和不一致
在多種社會地位標準上被評定爲等級一致的情境或者是被評定爲不一致，後者如高等職業中的黑人或西裔美人。有人還使用地位結晶化（status crystallization）一詞。

　　由於現代社會往往有平行的階級（class）與地位（status）等級制同時並存（參見 class, status and party 階級、身分和政黨；multidimensional analysis of social stratification 社會階層化的多元分析），連斯基（Lenski, 1966）指出社會地位不一致往往帶來政治激進主義，當這種差別很顯著時尤其如此。但從較普遍的意義上來說，社會地位不一致的經驗相關關係本身就是不一致的；正如一個抱懷疑態度的評論家所說：研究投票行爲時，「地位不一致對理論家所產生的壓力比對選民所產生的壓力更大」（Harrop & Miller, 1987）。

status group　身分團體、地位團體　社會階層化（social stratification）體系中可以根據「正面或反面社會名聲評估」（Weber, 1922）來確認的團體。身分團體之間差別比較明確的典型時期是工業時代以前的帝國時期。例如在印度、中國和歐洲的前工業社會中便存在着明確的身分等級（參見 caste 喀斯特；estate 層級）。然而身分集群和身分差別（即使與身分團體只有鬆散的關係），仍為現代社會中社會階層化的一個重要面向（參見 class, status and party 階級、身分和政黨；multidimensional analysis of social stratification 社會階層化的多元分析）。

status situation　身分情境　一個社會中某一特定職業或地位所具有的名聲或社會信譽，為洛克伍（Lockwood, 1958, 1966）以及戈德索普（Goldthorpe）與洛克伍（1968、1969）所指出的社會階層化的三個主要面向之一。在社會階層化體系中決定一個人的全面定位的關鍵性因素，不僅是市場力或擁有生產工具與否，社會階層化中的身分情境、工作情境和市場情境（market situation）等三個互相關聯的面向被認為具有重要意義。例如一個聖公會牧師可能在一個社區中享有較高的身分，但他的收入（和市場情境）卻可能很低。參見 multidimensional analysis of social stratification 社會階層化的多元分析；class, status and party 階級、身分和政黨；class imagery 階級形象。

status symbol　身分象徵　更多是為獲得他人良好社會評價，並提高本人自我形象的一種商品或服務。帕卡德（Packard）早於1959年就從新聞的角度對身分象徵作了最初的描述。對這個概念較為深入的社會學分析是波笛爾（Bourdieu）的《秀異》（*Distinction*, 1979），不過書中沒有明確地使用「身分象徵」這個詞。在波笛爾看來，鑒賞品味最涉及身分的要求。因此受過教育的人更愛書或上劇院而不看電視。身分象徵的概念有一個問題是根據身分的成份來分析文化產品，常會忽略其它的選擇因素。參見 advertising 廣告；consumer culture 消費文化；postmodernism and postmodernity 後現代主義和後現代狀態。

stereotype 刻板印象、成見 對社會群體不準確和簡單化的見解、致使旁人依此對其有固定的看待。一般人對**種族**（racial）、**社會階級**（social class）和**性相**（gender）團體都抱有成見，因而無正當根據、不公正地看待和對待其中的個人。參見 prejudice **偏見**。

stigma 污記、污名 一種身體或社會的屬性或標誌（如身體畸形或犯罪前科記錄），使行為者的社會身分降低到「沒有資格得到社會充分容納的程度」（Goffman, 1964）。污記有顯然可見的和隱蔽的兩種，前者使個人明顯地喪失信譽，後者使個人有喪失信譽的潛在可能。這兩種污記對個人來說意義是不同的，帶有後一種污記的人有許多可供選擇的辦法來處理污記。但在兩種情形下，社會行為者的問題，是找到一種辦法來限制污記的破壞性影響，甚至將其轉換為某種有利條件。污記本身是值得研究的，研究帶有污記者對於了解「正常」身分的社會建構也是有啓示意義的。見 deviance **偏差行為**。

stranger 外來者、陌生人 在一個群體或社會之中，但並不完全屬於該群體或社會的個人。**齊默爾**（Simmel/Wolff, 1950）指出外來者的社會地位有三個方面使之得到社會學的界定：

　　(a)個人處於邊際地位──部分在群體之內、部分在群體之外（參見 marginality **邊際狀態**）。

　　(b)外來者與群體成員間疏遠與親近關係的特殊結合（或**社會距離** social distance）。

　　(c)外來者**角色**（role）的種種其他含義，以及與群體的互動，使這種地位在社會學中具有特殊意義。

　　齊默爾指出外來者角色有一個主要特點，即其「超脫性」和「客觀性」（例如在處理糾紛時）。根據齊默爾的意見，這是因為外來者「把未屬該群體的品質帶進了該群體」。這就說明為什麼外來者往往會受到出乎意外的坦率對待和信任。但當外來者帶着自己的文化大批湧入時，則往往會遭到疑忌，並在所進入的社會中成為受迫害者。即使是個別外來者，一旦涉及其既得利益時

也有可能遭到疑忌，並被認為威脅到本群體的信仰（Schermer，1988）。

strategic interaction 策略性互動 一種互動，在發生情境中一方之所得必為另一方之所失，因此輸贏是相互界定的。在策略性情境下作出決策可能是非常複雜的問題，不但要評估另一方的知識狀況，還要評估對方對我方的知識狀況了解多少，知己知彼方操勝算。**戈夫曼**（Goffman, 1969）指出策略性互動是日常生活中很尋常的特點，比一般人所意識到的更加常見。社會互動的概念可以用互動各方所採取的策略作有效的說明，不論交往各方是個人還是群體都是如此。如此可以避免一種看法，認為互動是法律或規則直接產生的結果，兩者都忽略互動的開放性。同時也可以避免另一種看法，認為互動完全是一種局部的事情，作任何一般性的概括都是武斷的作法。如果參與者能採取並適應目標，而且規劃出達到目的的途徑，但又不受其束縛；或者參與互動的他方能相應地認識這一切，並直截了當地採取和適應已有策略，社會學家便能公正無偏地同時對待其選擇、創造和自由，另一方面也可能如此對待文化模式。這些模式有些是明顯的但未被承認，不過可以使其清晰起來，如戈夫曼的著作便是。它們還可以被形式化，如**博弈論**（theory of games）的運用便是如此。

strategic theory 策略論 （國際關係 international relations）指對於**民族國家**（nation-states）為了促進其本身的利益，而採取的軍事策略及相關政治策略所進行的理論分析。策略論應用的社會科學理論是決策論（decision theory）和**博弈論**（theory of games）。

strategies of independence 獨立性策略 個人在工作組織內為了保持一定程度的功能自主性，並為自己創造社會空間而採取的辦法（Gouldner 高德納, 1959）。高德納從休斯（E. C. Hughes）那裡借用了「獨立性策略」的例證作為他自己的論點的一部分，反對對「功能互賴性」的過分假定。

stratificational model of social action and consciousness
社會行為與社會意識的階層化模型　對人類社會行為者的一種
詮釋（Giddens 紀登斯,1984），它強調有三個層次的認識與動
機存在：

(a)言理意識（discursive consciousness）──社會行為者對
於社會情境（包括本身行為狀況）所能說出的內容。

(b)實際意識（practical consciousness）──社會行為者對於
社會情境（包括彼此間互動的條件）所瞭解或相信但又表達不出
來的東西，也就是默而知之的技巧或實際知識（practical knowl-
edge）（比較 practical reasioning 實際推理）。

(c)潛意識（unconscious）。

紀登斯認為上述社會行為者的第二種認知能力被社會學理論
分析所忽略，他認為舒茲（Schutz）的社會現象學（social phe-
nomenology）與俗民方法學（ethnomethodology）促進人們注意
到這方面，並且作了許多補救性工作。

stratified sample　分層樣本　先對母體分層再抽取的樣本
（sample）。這種方法需將母體分成與即將進行的調查相關的若
干層。例如調查投票意向時，社會階級和年齡可能是相關的問
題；而對於救濟制度的態度的調查，收入水平和就業狀況便可能
是相關的問題。層次分好以後，在每一層中進行隨機抽樣（見
random sample 隨機樣本）。如此抽取的樣本的規模與母體中每
一層的規模是成比例的（按比例分層），因此這種方法能提高精
確度，特別是當樣本從一個較大規模的母體中抽取時就更是如
此，因為這樣可以對抽樣進行一定的控制。如果一個層太小，不
能提供足夠大的樣本用於分析，從而採用其他層次的抽樣標準
時，則可以採取不等比例的分層法。

stress　壓力　個人不能充分應付的壓力、或互相衝突的要求造
成的緊張狀況。由此看來壓力是主觀性的，因為不同的人對同一
事件的體驗是各不相同的，某人體驗為壓力的事件另一個人則可
能沒有這種感覺。

生活事件所引起的壓力，對於心理失調、社會現象的社會學研究（如自殺 suicide）和身體疾病（如心臟病）的診斷是有意義的。人本諮商（person-centred counselling）的整體研究法以及多種另類醫學（alternative medicine）的目標，都是將個人放在生活經驗與當前問題的背景中加以治療。打一個機械比喻，目的就是加強這種個人，以便使他能抵抗生活壓力所造成的損害。

structural anthropology　結構人類學　強調認知結構在整理經驗方面具有優先地位的學術觀點。結構人類學的創立與李維史陀（Lévi-Strauss）有關，他受語言學家索緒爾（Saussure）影響而開創這一學科。李維史陀對親屬關係（kinship）和象徵系統（symbolism）所進行的研究力圖證明社會文化結構有一套簡單的邏輯原理作爲基礎。例如神話便可理解爲本質上兩極對立現象，如男女、生熟等的語言轉換。結構人類學家把文化現象當成語言看待，然後再設法找出其中的語法，或如美國語言學家喬姆斯基（Chomsky）所說找出其中的「深層結構」（deep structure）。「高級結構主義」由於其形式主義受到批判，但其方法卻在人類學［李區（E. Leach）］、社會學（阿圖塞 Althusser, 傅柯 Foucault）、文學批評和符號學（semiology）等許多領域中得到普遍應用。

structural-functionalism　結構功能論　①一類理論研究方法，它將社會從概念上看作社會系統（social systems），並將社會結構（social structures）的具體特點根據其對維繫社會系統的作用來加以解釋，例如宗教儀式根據其對社會整合所具有的作用來加以解釋。在這種情形下，可以把結構功能論看作爲功能論（functionalism）的另一一般稱謂。參見 function 功能；functional（ist）explanation 功能（論）解釋。②帕森思（Parsons）的特殊功能分析名稱，往往以「結構功能論」的名稱與一般功能主義相區別。社會人類學（social anthropology）中的現代功能學派［包括芮克里夫布朗（Radcliffe-Brown）和馬林諾斯基（Malinowski）］的作品也常被稱爲結構功能論。

structuralism 結構主義 ①根據社會結構（social structure）所作的社會學分析。②（特指）在本體論和方法論上把「結構」放在優先於人類行為者地位的一切分析形式。③（索緒爾 Saussure 與喬姆斯基，語言學）指集中分析語言（language）結構特點的研究方法，特指語言成分間共時性（synchronic）關係的研究，而不像語言學以前那樣着重於異時性（diachronic）、歷史的或比較的研究（見 synchronic and diachronic 同時性與異時性）。④文化與社會學分析的理論與方法取向，假定社會可以類似於語言和語言學（見上第三種意義）一般的「指涉系統」（signifying systems）來加以分析。這類方法強調對社會生活的「概念成份」（conceptual elements）間觀察不到，但可探究的結構關係進行分析（如對立、對比關係或等級關係）。這些概念成份被看作是社會科學的最終對象和社會現實的結構性決定因素。這種觀點認為不論有關的現象是一個社會還是一種文本，都可以運用基本上屬於同一類的分析方法來研究。社會學分析中的結構主義見於人類學家李維史陀（Lévi-Strauss）、文化符號論者巴特（Barthes）和心理分析理論家拉岡（Lacan）等人的著作。例如在李維史陀的著作中，社會神話被說成是由於人類有兩極對立（如生與熟、可婚配與不可婚配等）思想趨勢所產生的。推而廣之，其他社會形式也可以如此理解。⑤主張社會分析應揭示「表面現象」之下決定社會關係的深層結構，即最終更加「真實」的結構的學說。能代表這種一般觀點的是馬克思的一種說法：「如果事物的表相和事物的本質是直接相符合的話，那麼任何科學都是多餘的了」。結構主義雖然不是始終依靠語言學的類比，但近年來這種意義下的結構主義由於從第四種意義下的結構主義借用了某些概念而得到新的推動（參見 Althusserian Marxism 阿圖塞式馬克思主義）。在拉岡看來，結構主義在社會學分析中把原先個人的中心地位推到一邊，從而獲得成功。同樣在傅柯看來，個人已不再被當成歷史的主體看待。

社會學界對各種結構主義進行批判的人指出社會學必須繼續

STRUCTURATION

把人類行為者對社會界以及意識的建構與重構過程的參與擺在中心地位：結構主義被指責在描述社會現實時作了沒有根據的**物化**（reification）。其他反對結構主義的意見中有一種意見否定結構主義的反歷史方法，否定其理論化過程中思辯的和據說「不可檢驗」（untestable）的性質。

常常有人企圖在結構論與個人能動性理論之間採取一種中庸的觀點，如**柏格**和**普爾伯格**（Berger and Pullberg, 1966）便提出一種「現實的社會建構」的辯證理論，認為「社會結構不能說成是可以脫離其締造者人類活動而獨立存在的事物」，而是一旦產生之後，「便面對着個人作為外在事實和……作為強制性工具而存在」。近來**紀登斯**（Giddens）提出**結構的二重性**（duality of structure）的概念，涉及社會結構和個人能動性兩方面。在紀登斯看來，探討社會實踐的「結構化」（structuration）便是「探討結構怎樣通過行為而構成，也探討行為怎樣通過結構而構成」（參見 structuration theory **結構化理論**）。

社會學關於個人能動作用和結構的爭論應當看成是根本性的爭論，可能永遠也得不到解決。這種爭論圍繞的中心問題是**社會行為**（social action）究竟有沒有潛在的原因和**非預期後果**（unanticipated consequences）存在，如果有的話社會學家又該如何進行考察。關於結構主義不論存在着什麼樣的保留意見，有一點是清楚的：我們必須承認以上各種意義下的結構主義概念在社會學分析中都提出了一些中心問題，對於戰勝偏頗的個人主義是有價值的。上述③、④、⑤定義下的結構主義在本世紀六十年代與七十年代開始盛行，這一點也是理所當然的，因為它對於許多領域的理論社會學提供了新的推動力（見 semiotics **符號學**）。同樣的情形，結構主義本身也常被人認為沒有根據地偏向一面（見 structure and agency **結構和能動作用**），甚至連原先帶頭倡導這種觀點的理論家也有這種看法（見 poststructuralism **後結構主義**）。

structuration　結構化　「貫穿時空的社會關係建構過程」

（Giddens, 1984），這是原有結構與個人能動作用的結果。但這些結構或個人能動作用都不是完全獨立的存在。見 duality of structure 結構的二重性；structuration theory 結構化理論；structure and agency 結構和能動作用。

structuration theory　結構化理論　英國社會學家紀登斯（Giddens）採取的社會學理論方法，將社會關係看成是**結構的二重性**（duality of sturcture）作用在時間與空間建構的結果。這種方法的目的在於個人能動性和結構在社會學的解釋中都不給予根本性的地位。然而對於紀登斯本人在達到他這一目標方面究竟取得多大成功，和他本人的著作是否顯示出對個人能動性的偏愛，人們的看法是互不相同的（Bryant & Jary, 1990）。見 structure and agency 結構和能動作用。

structure　結構　①將社會要素組成一定模式的安排，即制度化的社會安排［如角色（role）、組織（organization）等］，實際事例有「教育結構」或「職業結構」等（參見 socioal sturcture 社會結構；structural-functionalism 結構功能論）。②存在於表面結構之下並產生表面結構的規則［或「深層結構」（deep structure），特指類似於語法的結構］（參見 Lévi-Strauss 李維史陀）。例如在紀登斯（Giddens, 1984）看來，定義②下的「結構」指的是社會系統再生產中所蘊涵的「規則與資源」（參見 structuration 結構化；structuration theory 結構化理論）。上述①與②中對「表面結構」和「深層結構」所作的區別在**結構主義**（structualism）定義③與⑤中也是很重要的問題。

象徵互動論（symbolic interaction）、社會現象學（social phenomenology）和詮釋學（hermeneutic）傳統的理論家提出了重要的批評，他們認為社會學家應當把行為者以象徵的意義參與社會創造與再創造這一點擺在中心地位。創造社會秩序的是人而不是結構。如果把社會結構當成規則，那麼規則也是人創造的。

structure and agency　結構和能動作用　社會學對社會結果所認定的兩種主要決定因素，但其相對重要性在社會學理論中被

當成一個中心問題引起許多爭論。有三種主要的觀點：

(a)有些理論［如結構主義（structuralism）、某些形式的功能論（functionalism）、阿圖塞式馬克思主義（Althusserian Marxism）等］強調社會生活大部分決定於社會結構，個人能動作用大都可以解釋爲社會結構的結果。

(b)有些理論［如方法論的個人主義（methodological individualism）、社會現象學（social phenomenology）、俗民方法學（ethnomethodology）］把上述重點反過來，強調個人建構和改造世界的能力，而且強調從行爲者的角度進行解釋的必要性。

(c)還有一些理論以不同形式強調上述兩類理論的互補性，也就是一方面強調社會結構對個人行爲的影響，另一方面又強調個人能動作用可以改變社會結構。

儘管有許多相反的說法存在，而且結構（structure）的定義有許多困難和不同看法，但大多數社會學理論都可以列入上面的第三類，因爲這些理論都承認結構決定性及個人能動作用。然而將這二者之間的關係概念化卻出現了許多關鍵性的問題，這方面近年出現了一些有意義的說法，特別是柏格和普爾伯格（Berger and Pullberg, 1966）、巴斯卡爾（Bhaskar, 1979）和紀登斯（Giddens, 1984）提出的學說（參見 Bourdieu 波笛爾）。

在柏格和陸克曼（Luckmann）看來，社會結構和個人能動作用的關係是社會形成了個人，而個人在不斷的辯證過程中創造了社會。巴斯卡爾認爲從「關係」和「轉化」的觀點來看個人和社會，需要更強調：「社會一方面是個人能動作用始終存在的條件，同時又是個人能動作用不斷重複產生的結果」。最後，紀登斯在擺脫結構與能動作用的「二元論」概念方面可能作了一次最精密的努力，他提出了結構的二重性（duality of structure）概念，其內容是：(a)「社會結構既是行爲的媒體，又是行爲的結果——它循環往復地構成行爲」；(b)將「結構」定義爲「規則和資源」，它們不存在於行爲之外，而是不斷地對行爲的生產與再生產發生影響；(c)與自然結構相類比（功能論常作這種類比）被視

爲完全不合理的。在紀登斯的說法中，「結構」旣有賦能性質又有制約性質。

對結構與能動作用間關係換一種表述，並不能解決兩者間關係的適當概念化的爭論，而且在這一問題之前應當提出另一問題（或與之相互關聯的問題），即對「能動作用」與「結構」怎樣下定義的問題。因此萊德爾（Layder, 1981）便認爲紀登斯的結構概念失去了一切「自主性質或事先給定的事實性」。評論家還從紀登斯的說法中看出一種始終偏向能動作用的傾向。此外，不論關於結構——能動作用之間關係的一般表述達到怎樣的精密的程度，在將其具體運用到歷史事實上時，爭論仍然存在。參見 structuration theory **結構化理論**；autonomous man and plastic man **自主的人和可塑的人**；Bourdieu **波笛爾**。

structured coding **結構編碼** 在問卷（questionnaire）設計中對問題進行組編，從而爲回答劃定範圍，以便有助於分析。結構式問卷可以是開放式的或封閉式的。在後一種方式中，向回答者提供一張選擇表，讓他在空格裡劃"✓"，或在問題的號碼上劃"○"，以此標明他的答案。前一種方式是讓回答者寫下自己的回答，然後對這種回答按事先編好的綱要進行編碼。這兩種方式中究竟應當選用哪一種，一般取決於對一個問題可能提出的答案數目，如果答案少於10個，一般宜於選用封閉式問卷。

採用結構式問卷時，必須記住幾個要點：第一，必須注意所提問題只涉及一個方面；例如宗教問題至少具有兩個不同的方面，一是每人宗教信仰的虔誠度，二是各人信仰的宗教名稱，也就是此人參加什麼教。第二，必須注意說明答案是互相排斥的。

還有一個問題是純粹的實際問題，要求編碼問卷把每種可能的答案都包括在內。在編碼階段應當盡可能避免使用包羅萬象的分類（「其他」），因爲這樣可能包涵許多不同的回答。

爲資料編碼時，調查者應盡可能使用本研究領域內專家專門設計的編碼表。這樣做不但可以簡化調查者的工作，而且還可以累積資料，隨時可進行比較。例如進行職業調查時，建議研究者

681

使用爲人口普查（census）資料分析所設計的分類法。

　　然而在一般情況下，研究者不得不自己制定編碼表。首先要考慮所使用的測量層次（見 criteria and levels of measurement 測量標準與層次）是定名（nominal）、定序（ordinal）、定距（fixed-interval）或定比（ratio-interval）層次。如果所用的是定距變量，調查者最好不要事先將材料編成一系列數字組。這就是說如果調查者感興趣的是年齡或收入，這些詳細資料需要特別詢問，而不要用事先編好的一系列分類將其提出。事先編碼的問題所得結果可能集中在一個組內。當變量具有定序性質，一般最好是按原序編碼，因爲這樣可以增加可用的統計檢驗類別。爲定名資料編碼時，應當注意在調查計劃的下一階段中是否能夠將資料編成更加方便的結構。

subculture　次文化　某一文化中部分少數人共同具有並積極參與的信仰、價值和規範系統。次文化與所謂的主流文化間的關係，是從屬的和較弱勢的關係。因此權力關係便是一切社會學家探討次文化時所考慮的一個重要方面。

　　次文化已按**族群性**（ethnicity）、**階級**（class）、**偏差行爲**（deviance）和**青年文化**（youth culture）等類分別加以考察。**默頓**（Merton）制定一種對手段與目的分離的可能反應的類型。這類反應可能會產生出不同的次文化來。科恩（Cohen, 1971）指出第二次世界大戰以後出現了一系列青年次文化，比如英國的所謂無賴派（Teds）、摩登派（Mods）、搖擺派（Rockers）、龐客派（Punks）。有人說這些次文化對於現代西方社會工人階級青年所面對的問題提供一種神奇的解決之道（Brake, 1980）。這些次文化爲個人身分和群體身分的建立都提供了條件，它們大多可憑特殊的風格表現（特別是語言、舉止、音樂、服飾和舞蹈）辨別出來。

　　次文化也像一般文化一樣，是集體創造的結果，因此也會發生歷史的變化與轉型。女性主義理論家如麥克羅比和加伯（McRobbie and Garber, 1976）指出性相在次文化研究中較少受

到思考。他們就青年婦女與青年次文化的關係提出了重要的問題。參見 cultural studies 文化研究；cultural capital 文化資本；cultural deprivation 文化剝奪；cultural lag 文化失調；cultural relativism 文化相對主義。

subject and object　主體與客體　（哲學）一對成對概念：主體指人、心、理論家等，客體指外在世界。這一對概念在許多哲學和社會學論述中都是重要的，在認識論（epistemology）中尤其如此。中心的問題是主體怎樣能夠認識客體，主體和客體又是怎樣構成的（見 ontology 本體論）。一個經驗論者（見 empiricism 經驗論）可能聲稱外在世界是由「事物」（things）構成的，心是由「觀念」（ideas）構成的，而觀念是事物的「圖繪」或「表象」。另一方面，唯心論（idealism）可能認為觀念結構化了我們對客體的知覺。

　　哲學界近年的思潮（如 poststurcturalism 後結構主義；postempiricism 後經驗論）極力擺脫傳統的主體與客體概念（見 deconstruction 解構，decentred self 去中心自我），並脫離認識論或本體論等僵化的構想。在某些形式下，這種脫離知識基礎傳統構想的思潮與相對主義（relativism）是相關聯的（參見 incommensurability 不可通約性）。但另一種看法認為這種思潮可以說是超脫客觀主義或相對主義的思潮（見 Feyerabend 費若本）。

subjective and objective class　主觀階級和客觀階級　一個人對於其自身階級位置的認知，即主觀的階級或階級認同（class identity）。客觀的階級與主觀的階級相反，是根據個人階級地位中可以看到的外在因素，或理論上有重要意義的外在因素估定的。前一種階級和後一種階級雖不相同，但不能因此認為主觀的階級地位是虛假的，不過這種看法有時也存在。

　　主觀階級與客觀階級之間的差距往往被認為在階級與投票行為研究中具有重要意義：例如在工人階級投票行為中，有人提出主觀的「中產階級認同」的階級偏離模式存在（參見 embourgeoisement thesis 資產階級化說；working class conservatism 工人階級保守主義）。巴特勒和斯托克斯（Butler and Stokes, 1969）用下面問題來誘使對方提出所持主觀社會階級觀點：「近來關於不同社會階級的談論很多。大部分人說他們屬於中產階級或工人階級。你是不是曾經想過自己是這兩個階級之一的成員？」然而不再作提示便自動回答「主觀階級」者所占比例不到50％。朗西曼（Runciman, 1966）和戈德索普等（Goldthorpe et al., 1989）理論家揭示了主觀中產階級認同中模稜兩可的含義，其中多與資產階級化（embourgeoisement）的任何簡單假定不相容。

subjectivity 主體性；主觀性 個人（主體）自己的看法；缺乏客觀性。對於主觀性的概念存在多種不同的態度，這說明它本質上就是有爭議的。在實證論社會學中，這個名詞往往用於貶義，所指的是有偏見的觀察或方法論。在另一極端方面，主體性卻得到詮釋學（hermeneutics）的讚揚，這派學者認為這是唯一能夠落實社會事實理論探討的方法。關於主觀性究竟是不可避免的還是不足取的問題，答案取決於一個人對於人類和實體世界關係的性質所持的本體論和認識論觀點。實際上主觀與客觀這兩個名詞的使用彷彿是連續體的兩端，不同的著作家所聲稱的主觀性程度有大有小。有人作出各種嘗試，企圖說明主觀性是怎樣在客觀上構成的，也說明客觀性是怎樣在主觀上構成的（見 Parsons 帕森思；Althusser 阿圖塞；Giddens 紀登斯），但這二分法仍頑強抵抗，拒絕消失。

suboptimality 次佳狀態 （博奕論 theory of games）指從衆多消費者、生產者的觀點看來，「最佳」（optimal）結果（如收入或利潤）不能確定的狀態。

substantive rationality 實質理性 見 formal and substantive rationality 形式理性與實質理性。

subsystems model（of action systems and social

systems）（行為系統和社會系統的）子系統模型　帕森思（Parsons）於1953年提出的四重功能問題，這種觀點來源於貝爾斯（Bales, 1950）。帕森思認為任何行為系統、社會系統和社會都要符合於以下的條件（見圖29）：

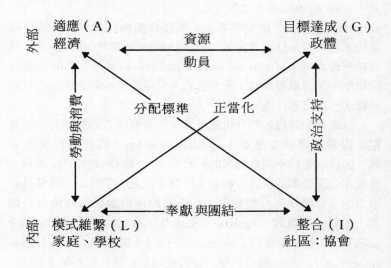

圖29　**行為系統與社會系統的子系統模型**　圖中所列四種子系統是帕森思認為所有行為系統與社會系統都具有的子系統，此外圖中還表示出他發現的子系統間六種主要互相交換路綫。

　　(a)適應該系統的外部環境的問題（帕森思表中的「適應」（adaptation），具體說是「經濟」）。

　　(b)達到系統目標的問題（「目標達成」（goal attainment），具體說是「政體」或政府）。

　　(c)系統整合問題（表中的「整合」（integration），實際是社群、結社和組織）；

　　(d)維繫價值觀信念的問題（表中的「模式維繫」（pattern maintenance），具體說是家庭和學校）。

上述理論分析的分項研究（往往涉及錯綜複雜的細節）是帕森思的**功能論**（functionalism）關於「系統理論」方面的主要構成部分。參見 functional prerequisites **功能性先決條件**；system **系統**；systems theory **系統論**；structural functionalism **結構功能論**；social system **社會系統**。

suicide　自殺　「由犧牲者本人積極或消極行動直接或間接造成的死亡，本人自知其後果」（Durkheim **涂爾幹**, 1897）。**自殺未遂和假自殺**（attempted suicide and parasuicide）是兩種不同的現象，需要單獨探討。研究自殺未遂或假自殺的人不一定有助於瞭解已遂自殺行為。

涂爾幹關於自殺的分析在社會學中具有極大的影響。他的論點是自殺率與**社會整合**（social integration）的類型與層次有關。因此，對於不同自殺率的解釋需要一種特別的社會學解釋。他利用公開發表的統計資料首先排除了原先人們提出來解釋自殺現象的各種環境與心理變項，然後提出可以識別的四種自殺類型，即**利己型自殺**（egoistic suicide）、**利他型自殺**（altruistic suicide）、**脫序型自殺**（anomic suicide）和**宿命型自殺**（fatalistic suicide），每一種自殺與一種特定的社會條件相對應。

涂爾幹的說法有一個中心問題是**官方統計**（official statistics）無疑會歪曲和低估整體自殺發生率，很可能這種歪曲和低估在某些群體中比其他群體多。涂爾幹發現天主教徒自殺的可能性小於新教徒，然而天主教徒卻有更多的理由隱瞞自殺。某些社會學家［如道格拉斯（J. Douglas）：《自殺的社會意義》（*The Social Meaning of Suicide*, 1967）］指出，關於自殺問題的社會研究必須首先從經驗上弄清楚自殺是怎樣確定的，是怎樣由警方、法醫確定的，使用這種社會統計數字才能讓人放心，而涂爾幹卻沒有做到這一點。

對於涂爾幹的著作雖然有種種保留，但他的敘述有許多方面已經被其他理論家所肯定。例如桑斯伯里（Sainsbury, 1955）發現倫敦的市區中自殺率最高的地區，也是「社會解組」（例如離

婚率和違法行為）水平最高的地方。桑斯伯里和巴拉克羅夫
（Baraclough, 1968）也指出美國移民群體自殺率的排名與他們
出生國自殺率的排名有密切關係，儘管這裡面說法各有不同。因
此他們指出官方自殺統計數字雖然必須小心利用，但卻不像某些
人說的那樣不可靠。這種看法可以認為從自殺發生的規律性上得
到了進一步的證實，這種規律往往跨文化反覆出現，如男子的自
殺率高於婦女，鰥夫寡婦和離婚者的自殺率較高，未婚者和無子
女者的自殺率較高，老年人的自殺率比青年人的自殺率高。這些
結論大多與涂爾幹發現的情況相符。

Sumner, William 孫末楠（1840－1910） 早期美國社會學
家，身為演化論理論家，他受到**史賓塞**（Spencer）影響特別
大。他的著作現在已經很少有人談到了。但他最著名的著作《民
風論》（*Folkways*, 1906）卻留下了一些術語至今仍在使用。見
mores 民德；folkways 民風；ethnocentricism 族群中心主義；so-
cial Darwinism 社會達爾文主義。

superego 超我 佛洛依德（Freud）理論中人格的三要素之
一。超我是人格中作為良知而起作用的部分，其目的在於達到完
善境地，並對自我（ego）施加道德約束，控制其作用。

正像自我一樣，超我也被佛洛依德說成是由本我（id）在生
命的最初幾年發展出來的。他提出超我是由於兒童將其父母所感
知的標準（從而間接地是社會標準）內化而形成的。這種情形是
通過兒童與雙親中同性別一方認同，以解決伊底帕斯情結
（Oedipus complex）而產生的。因此，佛洛依德的理論比較適
合解釋男孩的良心發展，這使他受取到不少批評，認為他的看法
隱含婦女從而具有自卑感。女性主義理論家如米切爾（J.
Mitchell, 1974）對佛洛依德理論的這一方面作了探討。

superorganic 超機的 （人類社會演化）指外加並超越單純
有機體演化的。這個詞最先由**史賓塞**（Spencer）提出，這反映
了他的一種看法，認為演化過程是在三個領域中發生的變化，即
無機（inorganic）領域、有機（organic）領域和超機領域。在史

賓塞看來，超機體並不僅僅是人類演化的一種特徵，某些社會性昆蟲和許多動物也有這種特徵存在。但超機演化特別是人類演化過程中的一個重要層面。

使用「超機的」一詞而不用「文化的」或文化（culture）反映了史賓塞的一種信念，認為人類的社會發展只能用演化論的觀點來理解，因為人類的社會演化雖然與生物的演化有所不同，但卻和生物演化保持着基本的連續性。

這種說法留下了一個問題：社會演化不同的程度如何。在史賓塞看來，無機、有機和超機三種演化過程之間存在着明確的連續性，然而其他社會學家卻並未同意這種看法，而且往往採取相反的態度，強調人類文化與另兩種演化形式之間存在着明顯的斷裂。參見 evolutionary sociology 演化論社會學；sociocultural evolution 社會文化演化。

surveillance 監督 現代國家（state）對公民的活動所進行的監視以及與此相關的直接或間接的監察和督導。現代民族國家（nation-states）所具有的監督能力與以往各種形式的政府相比大幅增加，這是由於收集和貯存資訊的技術已有驚人的進步，而且運輸和通信方面也有驚人進步的緣故。

傅柯（Foucault）在《紀律與懲罰》（*Discipline and Punish*，1975）一書中指出：「紀律制裁權力」（disciplinary power）是現代社會無所不在的特點，而且是社會中行政管理當局的主要特點。取消個人自由的改造與獎懲機構，不過是這些社會加強監督的極端形式而已。

傅柯所強調的問題引起了許多爭議。人們對某些人失去自由的情形提高警惕並表示關懷，這就反映了在現代社會中關懷自由具有新的重要性，以及許多生活領域中自由已有所增進的事實。然而監督與控制是現代社會和現代國家的重要特徵，不管是好是壞，這一點是很少有人懷疑的。比較 absolutism 專制主義。

survey method 調查法 一種利用問卷（questionnaires）的社會科學研究方法，運用各種定量（quantitative）技術和統計方

法進行分析（參見 social survery 社會調查）。在社會學中調查法的應用有兩種主要原因：(a)描述人口的狀況並考察其主要特徵，例如年齡、性別、職業和態度等；(b)檢驗假說（hypotheses）並檢驗變量（variables）間關係。

調查法存在的主要問題有：

(a)這種方法是非實驗性的，也就是說調查者往往不能控制調查的條件；

(b)調查者必須依賴回答者告訴他們的內容，他們不太可能通過直接觀察檢驗自己的結論。

(c)這種技術是原子論的，也就是說所考察的是個人而不是整個社區。

(d) 這種方法不能用來研究以往和已逝的社會。

然而調查法還是有許多值得推薦的優點：它提供一種便宜而且比較容易辦到的方法，用以取得相當大量的簡單定量資料，這種資料可以用來檢測並驗證社會學的理論，並確認進一步的調查研究領域。

symbol　象徵　①本身與其意義間的聯繫是約定俗成而不是自然的記號（sign）。②潛在意義、症候群等的間接表象，如宗教象徵、宗教儀式（ritual）或心理分析（psychoanalysis）中的間接表象（參見 Lévi-Strauss 李維史陀）。

除了語言（language）在社會生活中占有極端重要的作用外，象徵溝通也出現在各種方式中（見 semiology or semiotics 符號學；body language 身體語言）。

symbolic interactionism　象徵互動論　美國社會學的一種理論研究方法，旨在說明社會行為和互動是社會行為者將意義加諸事物和社會行為之上的產物。

在象徵互動論者看來，意義「並不存在於客體之中」，而是從社會過程中產生出來的。這種說法強調的是人類行為者所具有的主動的、詮釋性和建構性的能力，這和功能論（functionalism）等學派所主張的社會結構的決定性影響是相反

的。

象徵互動論一詞是由布魯默（Blumer）於1937年提出的，他以三個論點概括了這種方法的主要原則（Blumer, 1969）；

(a)「人對事物採取的行動是以事物對人的意義為基礎的」。

(b)這些意義「來自於社會互動」。

(c)社會行為是由「個別行動的結合」而產生的。

這個學派中傑出的理論家有米德（Mead）、庫利（Cooley）、貝克（Becker）。還有一位重要的社會學家的著作與象徵互動論傳統非常接近，這就是戈夫曼（Goffman）。

符號互動論有時被看作社會學取向的社會心理學（social psychology）。誠然，有人把這種理論說成是第一種確實「具有社會性」的社會心理學理論。因此象徵互動論和社會心理學中的行為主義（behaviourism）或動物行為學（ethology）等研究方法是相對立的。套一句庫利的話：「社會不是一座養雞場」。人的行為因有語言和各種象徵交流的重大意義而有別於動物行為。

象徵互動論不但是現代美國社會中與功能論並駕齊驅的主要理論研究方法，而且在社會研究中相對於問卷（questionnaires）調查與標準化變數（variables）的傳統社會調查法（sicial survey）而言，提供了一種主要的替代方法。象徵互動論不用上述各種方法，而偏好在自然的背景中對行為者進行參與觀察（participant observation）和深入訪問（interviews）。

象徵互動論雖然排斥心理學與社會學中尋求決定性的普遍規則或高於一切的結構功能規律的作法，但承認社會學的概括有其地位。因此貝克（Becker, 1953）在著名的為快活而吸食大麻研究中聲稱「我的概括是要對於每一個案下發生的態度系列變化作出敘述……而且可以認為是對所有個案的解釋」。象徵互動論並不徹底反對社會學概括，而是呼籲人們針對社會學中的具體課題適當運用（見 analytical induction 分析歸納法；grounded theory 紮根理論；drug-taking for pleasure 為快活而嗑藥）。

象徵互動論方法的另一特點是它比功能論或傳統的社會調查

法採取更加激進的態度，例如對「劣勢者」（underdog）角度加以考察，把「通常的可信度層級顛倒過來」（Becker, 1963）。

對象徵互動論的主要批評意見是它過分注意微觀過程和次制度現象，因而低估宏觀結構和歷史因素的重要性，特別是低估了經濟力量和制度化政治力量的重要性。因此許多理論家，如紀登斯（Giddens），認為社會學對於結構和行動的不同關注，不是互相排斥，而是相互補足的（參 duality of structure 結構的二重性；structuration theory 結構化理論）。

另一種批評意見認為象徵互動論對人類創造能力的探討深度不夠，這種批判則是內在於詮釋社會學和象徵互動論傳統（見 social phenomenology 社會現象學）。這種批判促成了一種新的社會學典範，即俗民方法學（ethnomethodology）。

symmetrical family　兩性平權家庭　［根據英國社會學家楊和威爾莫特（Young and Wilmott, 1973）的觀點］工業社會中出現的家庭（family）形式，其特點是夫妻共同分擔家務勞動，並且有雙工雙酬的傾向。

symptom iceberg　症狀冰山　指從未請醫學專家幫助解決的一大堆潛在病症，這堆病症在醫學上是嚴重的，對個人是麻煩的、痛苦的甚至是危及生命的。已經有人證明，顯示有嚴重症狀和身體不適的人卻把自己說成是「健康狀況良好」，即使承認健康欠佳也未必遵循疾病的生物力學（生物醫學）模型［biomechanical（or biomedical）model of illness］的行為方式，並尋求醫療。疾病和健康是根據社會群體的價值觀界定的，亦如對社會問題採取適當對策是由群體的社會價值觀決定的一樣。看病治病的決定在很大程度內取決於疾病狀況對正常生活方式和社會關係干擾到了什麼程度。疾患行為和接受病人角色（sick role）是多種情形的綜合體的一部份，包括：(1)自我指涉模式；(2)民間和專業醫療系統；(3)保健服務條件。即使一個問題已經肯定應當尋醫就診，但研究表明有人仍不願去看病，因為他們不願意去麻煩大夫，他們被候診室或預約制度或掛號人員弄得失了勇氣，他們害

怕大夫那種法官的樣子，或者他們希望病狀會自行消失。

synchrony and diachrony　同時性和異時性　①（語言學）指兩種語言研究法間的區別，一種方法將語言視爲現存關係系統來研究，而不涉及以往（同時性）；另一種方法研究語言在時間過程中所發生的變化（異時性）。參見 Saussure **索緒爾**。②（**結構主義** structuralism）指由上述說法引申而來的區別：一者分析和解釋社會或社會系統特徵，其中只涉及社會的或社會制度的現存「結構特徵」，不涉及歷史（同時性）；另一者是歷史分析，着重於變化（異時性）。③社會學指對於社會秩序的說明和對於社會變遷的說明。例如哈勒（Harré）在《社會存在》（*Social Being*，1979）一書中所叙述的社會演化過程，便在「同時複製者」（synchronic replicator）和「異時選擇者」（diachronic selectors）之間作了區別。

　　在結構主義中，與這一區別相關聯的往往是貶低歷史性解釋的意義，連帶着貶低**主體**（subject）和人的能動作用，而將結構性解釋抬到最高地位。然而並沒有內在的理由說明結構性解釋和歷史性解釋不能結合起來，也沒有理由說明結構性解釋不能和個人主體能動作用的解釋結合起來（見 structure and agency **結構和能動作用**；duality of structure **結構的二重性**；structuration theory **結構化理論**）。但是這一點說起來容易做起來難，某些社會學家不論是爲了工作方便還是爲了原則，往往寧願偏重其中的一面或另一面。參見 epoche **懸置**。

syncretism　綜攝　來自不同宗教或不同文化傳統的成份的結合。宗教信仰與習俗的綜攝特別與其背景有關，例如在殖民主義的背景下，一種主要的宗教傳入與當地宗教接觸，但綜攝現象也可以看成是宗教和文化變遷中共同具有的特點。參見 cult **崇拜**；cargo cult **船貨崇拜**。

systact　類聚　由特定角色（roles）的個人所組成的群體或範疇，這些個人由於這種角色而具有「特別的和較持久的類似定位；且因而具有共同利益」（Runciman, 1989）。這個詞是朗西

曼提出的，目的在於「更加容易地報導和比較不同社會的制度，並避免介入麻煩的和理論性的問題」，如階級與等級社會間的區別、統治階級與當政精英間的區別等。

system 系統 ①（泛意）指任何領域中有組織的社會安排，如教育系統或交通系統等。②一套或一群互相關聯的成分或部分，其中一個部分的變化會影響某些或所有其他部分，如太陽系。③為某種確定目的並相對於外部環境組成的一套或一群成分或部分（如生物有機體或機器）。這種系統可能是自然的，也可能是人造的，*社會系統*（social systems）可以包括在內。因此，*社會*（society）或*社會組織*（social organization）可以認為是這種意義下的系統。

太陽系之類的系統很少由於外部環境而變化，被稱為封閉系統（closed system）；生物機體或社會之類的系統必須針對環境的變化作出反應才能維持自身，被稱為開放系統（open system）（參見 homeostasis 自穩態）。

上述定義③下的這個概念雖然存在着許多爭論，但是在社會理論中卻占有重要地位，其中往往將社會關係、社會群體或社會本身視為一套互相關聯的部分，它們所具有的作用使其在大環境中保持自身的邊界。參見 functionalism 功能論；Parsons 帕森思；functionalist explanation 功能論解釋；teleology 目的論；systems theory 系統論；cybernetics 控制論。

systematic sample 系統樣本 見 random sample 隨機樣本。

system integration 系統整合 見 social integration and system integration 社會整合和系統整合。

systems approach 系統研究法 見 political system 政治系統。

systems theory 系統論 關於系統（systems）研究的方法，特指 system 之定義③，着重研究完成目標的系統的一般性質。因此有人也用一般系統論（general systems theory）來指這種方

法（參見 cybernetics 控制論）。系統論方法在本世紀五十年代和六十年代特別盛行，在社會學中尤為帕森思（Parsons）所倡導，政治學（political science）理論家也喜歡應用這種理論。

一般系統論理論家的觀點是「系統」的一般概念可應用於自然出現的多種系統，其中包括社會系統（social systems）和生物系統及機械系統。其基本模型是機械系統的模型［特別是伺服機械（servomechanism）的模型］和生物系統的模型，後者的特點是負反饋（negative feedback），即系統的現行狀況反饋回來進行調整以達到自穩態（homeostasis），糾正偏離基本目標的偏差。

不過這個概念的範圍比上述情形更加廣泛，還可能包括分布於整個系統的附加效應、熵（entropy）和負熵（negantropy）的概念等。熵描述封閉系統的自然狀態，其中傾向於耗盡本身的能然後衰竭（衰竭的時間可能很長）。然而社會系統卻不是封閉的，它可能吸收能，並且與外部環境交換，因而可以避免熵。這種開放系統可以存續，達到新的穩定狀況，適應變化中的環境，並實現負熵。因此運用於社會系統的普通系統論有一個關鍵性的特點是與環境進行交換，並實現適應（adaptation）。

在社會學方面尤以帕森思為突出，他在巴烈圖（Pareto）的影響下與來自自然科學界及社會科學界的一些理論家［包括韓德森（L.Henderson）］共同研究。在這樣的基礎上帕森思提出了「社會系統」和「行為系統」的普遍模式（見 subsystems model of action systems and social systems 行為系統和社會系統的子系統模型），構成了他的結構功能論（structural-functionalism）的核心。系統論的進一步目標是把許多不同的社會科學（人類學 anthropology；心理學 psychology；政治學 political science；經濟學）整合於一般系統論這一把傘下。

帕森思和許多與其理論工作有關的理論家在當時雖然都有巨大的影響，但他們要建立行為系統與社會系統的一般系統論的企圖，如今已經被視為是不太成功的理論。有人指責這種方法對於

社會系統的整合作了保守的假定（見 Gouldner 高德納；Lockwood 洛克伍），說它抽象程度太高，它的陳述有時陷於同義反復（Black, 1961；Mills, 1956），它相對地忽視了個別行動者的能動作用的獨立影響，忽視了自反性等（比較 symbolic interactionism 象徵互動論；social phenomenology 社會現象學；ehnomethodology 俗民方法學）。

儘管有這一切批評，一般系統論以及與之相關的系統思想在社會學以及一般的社會科學中仍然影響很大（見 sociotechnical systems approach 社會技術系統法）。帕森思的一般方法，近年被激進理論家奧菲（C. Offe）和哈伯瑪斯（Habermas）等人所採用。例如哈伯瑪斯分析先進資本主義社會正當性危機（legitimation crisis）的趨勢時用來考察四種主要趨勢的模型，與帕森思原來模型中的四種子系統相符。

最後，一般系統模型在生態系統分析中，和關於社會系統與自然環境關係的分析中，始終占有重要的地位。

Szasz, Thomas Stephen　沙什（1920 – 　　）　美國精神醫學家。他以《精神疾病的神話》（*The Myth of Mental Illness*, 1961）一書對反精神醫學（antipsychiatry）運動所發生的影響而著名。他的名字常與萊恩（Laing）相提並論，因爲他們兩人在本世紀五十年代和六十年代都批判了精神分裂症的診斷和治療（見 psychosis 精神錯亂）。他最反對精神病醫生給不遵守社會規範的人貼上瘋子的標籤，並且利用他們自己的權力把這些人關起來。這意味着精神病醫生主要是社會控制的代理人，否定了患者的人身自由。

T

taboo or tabu　禁忌　對某類活動的儀式性禁制。禁忌一詞最初來自於科克船長（Captain Cook）關於波里尼西亞風俗的描述。禁忌可能涉及迴避某些人、地、物和行爲，常被提到的例證是普遍存在的亂倫禁忌。人類學對禁忌作過許多研究，例如試圖解釋爲什麼在各種文化中要迴避許多種不同的食物。功能論者喜歡用群體連帶說來解釋圖騰崇拜（totemism）和禁忌，而結構主義者則着重將禁忌當成分類含混的問題，如道格拉斯（M.Douglas）在《純潔與危險》（*Purity and Danger*, 1966）一書中便提出這種說法。

tacit knowledge　默會知識　社會行爲者（social actor）內心具有但不能明白說出的知識，這種知識使他們在一般或特定的社會情景中都能表現自如。

Tarde, Gabriel　塔爾德（1843－1904）　法國社會心理學家和犯罪學家。他關於犯罪的研究與龍勃羅梭（Lombroso）的生物學化約理論相反。作爲社會學家，他最有名的著作是《模仿的定律》（*Les Lois de l'imitation*, 1890），這是涂爾幹（Durkheim）在《自殺論》（*Le Suicide*, 1897）一書中點名批評的著作，批評它低估了社會潮流的外在制約作用。

Tawney, Richard　托尼（1880－1962）　英國經濟史學家和平等主義社會哲學家。早年參加工人敎育協會（WEA），終生信奉基督敎，這兩點對他影響很大。身爲經濟史學家，托尼是強調工人階級反抗資本主義剝削的現代經濟史與社會史方法的先

驅。身爲社會哲學家,他在《論平等》(*Equality*,1920)和《貪得無饜的社會》(*The Acquisitive Society*,1931)等著作中對二十世紀社會制度的道德性提出了根本的質疑。在社會學方面,他最著名的著作是《宗教與資本主義的興起》(*Religion and the Rise of Capitalism*,1926)一書。他在這本書中贊同**韋伯**(Weber)的論點,認爲清教 (Puritanism)和喀爾文派 (Calvinism)的個人主義和世俗主義是資本主義發展的道德動力,不過他認爲韋伯未能充分強調宗教與經濟的雙向因果交互作用。

taxonomy　分類學　關於分類 (classification)的理論與實踐。作爲一種科學的方法,分類學在生物學中具有特別突出的地位,例如林奈 (Linnaeus)提出的等級形式的分類系統。社會學方面有人提出的社會分類便採用了這種分類系統作爲模型 (見 Spencer **史賓塞**;Runciman **朗西曼**)。在生物學和其他學科中,關於分類究竟是「自然的」還是「人爲的」這一問題發生過激烈的爭論,關於這一點唯一可能的答覆是分類是相對於理論的,理論一變化,分類就會跟着變化,例如從達爾文以前的生物學到達爾文後的生物學所發生的變化就是如此。

technological determinism　技術決定論　關於技術具有自主性並且對社會具有決定性影響的理論觀點。認爲技術是政治性的,並且在社會變遷中是一種**獨立變數** (independent variable)。有人對這種假定提出批評,說它忽視了指導技術運用的社會過程和社會選擇,也忽視了與不同類型技術同時並存的社會安排有多種可能性。馬克思有一句名言:「手推磨產生的是封建主爲首的社會,蒸汽磨產生的是工業資本家爲首的社會」。這句話有時被人用來 (誤用)作技術決定論的一個例證,然而**馬克思**(Marx)認爲技術和生產的社會關係緊密相關。技術決定論和新演化論攜手,使技術在社會變遷分析中居主導地位 (見 neo-evolutionism **新演化論**;postindustrial society **後工業社會**;convergence **趨同現象**),並在論述技術之影響的**工作社會學**

（sociology of work）的經驗研究中占有主導地位。參見 cultural lag 文化失調。

technology　技術　實際應用知識與技藝於生產活動中。這一定義反映了社會學將技術看作一種社會產物，其中包含着工具和機器等人為「硬體」和不同生產活動中的知識與觀念等軟體。這類知識不需要依靠科學作為其驅動力，例如早期工業革命中的簡單的機械化形式便是如此。然而近年來能源生產和資訊技術方面的發展，則需要依靠有組織的科學創新（參見 new technology 新技術）。狹義的技術有時指的就是機器，而廣義的技術則包括整個生產系統，甚至將勞動組織和勞動分工都包括在內。狹義觀點往往將技術看成是獨立自發的，忽視設計和選擇技術所涉及的社會過程，比較全面的定義使得技術與有關技術的社會安排難以區別（參見 sociology of science 科學社會學；technological determinism 技術決定論）。

技術在社會變遷中的角色，是社會學中一個長期存在的問題。這個問題從馬克思關於生產力與生產關係的分析到工業化、現代化和後工業社會（見 industrialization 工業化；modernization 現代化；postindustrial society 後工業社會）等理論中一直存在。後面幾種理論是本世紀六十年代中發展起來的，以新演化論的假設為其基礎。技術被認為在先進工業社會的社會結構形成中具有關鍵性作用（見 convergence 趨同現象；cultural lag 文化失調）。

在工業社會學和工作社會學中，技術也被認為是勞動組織和疏離（alienation）的主要決定因素。這涉及對不同類型或不同水平的技術的分類，其中最重要的分類法有：

(a)布勞納（Blauner, 1964）關於四類技術的分類法，這四類是：手工藝、機器操作、裝配綫和自動化。他用倒"U"字形曲綫來說明疏離現象，在手工業中疏離現象低，在裝配綫技術（如汽車工業）中達到高峰，到自動化中又下降。有些人——特別是所謂的「社會行動」（social action）論者，從經驗的角度批評

他的技術決定論（technological determinism）（Silverman, 1970；Goldthorpe, 1966）。

(b)伍沃德（Woodward, 1970）根據技術的複雜程度將生產系統分為三種類型：小批量和單件生產、大批量和大規模生產、流線型生產（process production）。每種類型的生產系統都與不同的組織特點相關聯，例如大規模生產導致最富官僚制性質的權威結構。他認為不同類型的技術需要有與其相配合的組織機構才能產生最佳效率（參見 contingency theory 權變理論；比較 sociotechnical systems approach 社會技術系統法）。

布勞納和伍沃德都對自動化的發展所帶來的技術變遷抱樂觀的看法，認為這種變化反映於新類型的技術工作、比較靈活的工作組織和工作滿足感的提高。然而關於本世紀六十年代自動化問題的爭論，現正以資訊技術之研究為基礎，從理論和實踐兩個角度進行廣泛的重新評價。與此相反，以馬克思主義的理論框架為基礎的勞動過程論，對於技術採取更多批判性的觀點。技術變遷被認為是資本家控制勞動過程的產品，而不是與政治無涉的自發性發展。布雷弗曼（Braverman, 1974）關於勞動過程中技術的分析是以布賴特（Bright, 1958）的技術分類為基礎的，而布賴特將技術分為十七等，依次以機器代替體力勞動，然後代替腦力技術（參見 deskilling 簡化操作技能）。這種關於技術的批判分析在**法蘭克福學派**（Frankfurt school）的著作中，特別是在**哈伯瑪斯**（Habermas）的著作中可以明顯看出，這種分析將技術和「技術理性」（technical rationality）看成一種意識形態。

teleological explanation 目的論解釋 具有「A為了B而發生」形式的解釋（A. Woodfield, 1981）。目的論解釋有三種主要類型（參見 teleology 目的論）：

(a)關於動物特別是人的目的導向的行為的**目的性解釋**（purposive explanation），例如根據目的、動機、理由等所作的解釋。

(b)關於生物或社會特徵的**功能（論）解釋**［functional

TELEOLOGY

（ist）explanations〕，將特徵解釋爲：(i)自然選擇或社會選擇的結果；(ii)對有關植物、動物、社會等的運用和生存所作出的持續貢獻（見 function 功能；參見 system 系統；systems theory 系統論；evolutionary theory 演化論）。

(c)根據設計和用途說明機器的運作，包括以類似動物方式「行爲」（behave）或「發生功用」（function）的機器（參見 cybernetics 控制論）。

每個人都承認人的行動是有目的的。而且在解釋人類的社會行爲時，了解行爲者的信仰和價值觀顯然對於解釋其行爲有很大作用。由此產生的問題是：這種意義下的目的論解釋在社會學中是不是一種充分的解釋（如溫奇 Winch 等社會學家和哲學家所提出的），或適當的社會學解釋是不是需要進一步的解釋，甚至完全不同的解釋，其中包括第2類目的論解釋或其他種類的因果解釋（見 social facts as things 社會事實作爲事物；behaviourism 行爲主義）。

功能派和演化論派的目的論解釋用在動物行爲以及一般的生物界現象的解釋中是適宜的，這一點很少有人反對。一般認爲功能派和演化論派的「目的論」解釋無非是因果解釋的一種形式。關於涉及社會最終狀態或最終目標的目的論解釋則引起比上者更大的爭論，因爲常有人指出除了個人的目的和需要以外，社會沒有其他的目的和需要（參見 methodological individualism 個體方法論）。與此相反，關於功能派和進化論派的觀點在社會學中具有正當地位的看法，在社會學許多領域仍受到強烈的贊同。

其他一般理論，如黑格爾派理論（見 Hegel 黑格爾）和馬克思主義，也包含了目的論的因子，它們鑑別出歷史的方向，以此理解特殊事件。雖然有許多批評（比較 episodic characterization 歷史片斷特徵化；post-modernism 後現代主義），然而這種人類歷史具有方向性的理念，在許多社會學家的作品中仍有其重要性（見 progress 進步）。

teleology　**目的論**　①（源於希臘文 telos，意爲「目的」）這

個概念最初的意思是一切事物都具有其本身的自然目的（如一塊石頭拋到空中便會落到地上）。②（後來）指事物的終極目的，所謂的「終極原因」（final causes）說，例如一切事物都是上帝所設計的學說。③（廣義，包括社會學使用此詞的含義）自然現象或社會現象不但可以根據其初始原因來解釋，而且可以根據其朝向的終極狀態或目的來解釋的理論或說法。因此，目的論說明和解釋既包括**目的性解釋**（purposive explanations）也包括**功能（論）解釋**（functional（ist）explanations）。還有幾種形式的發展論和**演化論**（evolutionary theory）也包括在這種意義中。④達到或實現目的論終極狀態的過程。

定義①或②的目的論說明超出社會科學的範疇，而定義③下的目的論說明則在日常生活中以及自然科學與社會科學中受到廣泛應用，不過常常引起爭論。一個中心問題是目的論解釋在其可以為人接受的形式下，能不能化約為更加一般的因果解釋。關於歷史必然性、人類命運等學說尤其引起爭論。參見 teleological explanation **目的論解釋**。

Tel Quel Group　原狀集團　法國學術團體。因編前衛文學雜誌《原狀》而結合而成，對於本世紀六十年代**結構主義**（structuralism）和**符號學**（semiotics）的發展有影響，成員包括巴特（Barthes）、克里斯提娃（J. Kristeva）。

territorial imperative　領土慾　個體或群體保衛自己領土的傾向（Ardrey, 1967）。某些鳥類和動物的「地盤占有行為」已被肯定（見 ethology **動物行為學**）。有人認為人的某些行為也與此十分類似，是一種本能行為，但社會學對此持懷疑態度，**社會生物學**（sociobiology）提出的其他類似說法也遭到極大的懷疑。

territory　領土　得到承認的政治當局正式管轄和控制的地理區域。**紀登斯**（Giddens, 1985）對現代**民族國家**（nation-states）的管轄範圍和前工業化帝國的管轄範圍作了區別，前者的邊界（borders）是明確劃分的，並受到嚴格的行政管理，後

者的疆界（frontiers）劃分模糊得多，而且經常發生爭執。他認為這種情形典型地呈現了現代國家的政府對時間和空間所具有的控制能力大幅增加（見 time-space distanciation 時空延展）。

terrorism　恐怖主義　個人或小集團受政治動機驅使而採取的行動，其中結合着心理（引起恐怖）和身體（暴力行為）的成分，目的在於迫使社群和國家滿足其要求。恐怖主義一直難於精確地下定義，這是人所共知的。主要問題可用下面的諺語來概括：「對一個人來說是恐怖分子，對另一個人來說便是爭取自由的鬥士」。有人說恐怖主義行動不完全是受政治動機的驅使，也可能是罪犯和精神病患者的行為，這就使問題進一步複雜化了。然而政治恐怖主義可以被認為是一個群眾為了一個已建立的政權當局或者是為了反對這個政權當局而採取的暴力行動。

　　廣義說來，受政治動機驅使的恐怖行為可以分為三大類：(a)革命恐怖主義；(b)準革命恐怖主義；(c)基本屬於壓制性的恐怖行動。因此對於國家本身採取的恐怖主義，與群體為了追求政治改革而採取的恐怖行動也必須加以區分。最後還有「國際恐怖主義」，這是超越國界的恐怖主義行動。恐怖分子所採取的策略十分廣泛，包括綁架、在公共場所引爆炸彈、劫機、攻擊財物、勒索贖金、搶劫銀行等以及國家所實行的壓迫、逮捕和酷刑。

　　魯本斯坦（Rubenstein, 1987）指出恐怖主義常常出自一方面被統治階級排斥，另一方面被群眾拋棄的知識界（intelligentsia）。前者的行動是鎮壓，後者的態度是冷漠。這兩者的結合特別可能在殖民地狀態下出現。不過任何國家中只要存在迅速而又不平衡的經濟發展因而引發社會危機，使知識分子孤立於他們希望充當其政治代言人的群眾之外，便可能出現恐怖行動。當改革運動垮臺或者改革運動似乎不能成功地改造社會，便可能出現恐怖主義的另一種前提。鼓吹恐怖主義的人認為個人或小集團的暴力行動是唯一的手段，可以用來揭露統治階級的脆弱性，提高群眾的覺悟，並為這種運動吸引新的成員和支持者。魯本斯坦贊同馬克思主義的觀點，認為恐怖分子很少得到到工人階級群眾

的支持，而且在引起社會革命時往往是無效的。不過作爲政治變革的工具，恐怖主義卻往往有效，如作爲民族主義運動的輔助工具便具成效。

text　文本　表示意義的書面形式，它和「言語」（speech）不同，可獨立於寫作者並超越其產生背景之外而存在。書寫文本不是言語的補充，被德希達（Derrida）等結構主義者視爲體現了語言（langue，與 parole 話語相對）的基本性質，即不取決於個人「主體」（subject）創始者的「差異」（differences）系統。見 langue and parole 語言和話語；decentred self（or subject）去中心自我（或主體）；subject and object 主體和客體。

Thanatos　死亡本能　佛洛依德（Freud）人格理論中的一種本能。死亡本能包括所有破壞性的本能，如侵略便是其中之一。這是愛欲本能（eros）——即生命本能的對立面。

theodicy　神義論　對於「儘管有神存在，世界上仍然存在着苦難和邪惡」的神學解釋。這個概念在韋伯（Weber）的用法中指一種宗教教義，它將社會不平等現象正當化，或者認爲邪惡之中包含一種目的，或許諾受苦難可得補償，如印度教關於業報（kharma）的教義（見 caste 喀斯特）。

theories of the middle range　中程理論　「小理論與大理論之間的理論。小理論指的是日常研究工作中大量出現的小而又必不可少的工作假說；大理論指的是無所不包的研究工作所制定的統一理論，這種理論可以解釋所觀察到的社會行爲、社會組織與社會變遷的一切規律」（Merton 默頓,1949）。在默頓看來，「一般理論」可能遠離某些特定的行爲類型；與此相反，中程理論則「與觀察材料十分接近，以致可以結合到允許經驗檢驗的命題中」。建構這類理論是默頓學說的重要部分，這種學說認爲社會學零星的的經驗研究彼此脫節太遠。在他的社會學研究生涯中，許多領域重要中程理論的發展都是由他創始的，其中包括對參考團體（reference groups）、科層制（bureaucracy）和大衆傳

播（mass communications）等理論的貢獻，這些理論多已收入他的《社會理論與社會結構》（*Social Theory and Social Structure*，1949以及以後的版本）之中。比較 Mills 米爾斯；abstracted empiricism 抽象的經驗論。

theory 理論 ①（自然科學與社會科學）以邏輯表述或與數學論證相聯繫的假說或命題，旨在提出對某一方面經驗實在或其一類現象的解釋。參見 formal theory 形式理論；model 模型。② 在較不嚴格的意義下指對某一領域實在的抽象普遍描述，其中常包括普遍概念的表述。參見 explanation 解釋；sociological theory 社會學理論。

即使在自然科學中，具有嚴格邏輯形式或數學形式的理論的重要性，也常常受到某些科學哲學家和科學史家的質疑。參見 Kuhn 孔恩；Feyerabend 費若本。

theory-laden 理論負載的 （潛在地，一切經驗論斷的）相對於（即預設了）理論的（如本體論、認識論、典範的）假定。參見 incommensurability 不可通約性。

theory of games 博弈論 兩人或多人在下述情境中假設性決策行為的數學表述：(a)每人都在兩種或更多的行為方式（「策略」）中具有有限的選擇；(b)每人的利益可能全部或部分發生衝突；(c)對每個人來說，對每種組合結果的「效用」（utility）都有一數值。博弈論主要是由馮·紐曼（Von Neumann）發展出來的（Von Neumann & Morgenstern, 1944），其基礎是經濟學中比較普遍的理性化模擬。各種實際情況（如軍備競賽、軍事同盟等）至少具有某些性質使之能作博弈論的分析。這種理論對社會學中討論策略性互動（strategic interaction）的方式有一定影響（參見 rational choice theory 理性選擇理論），但抽象的數學博弈論對社會效用的衡量以及對社會行為者獲得信息可能性的衡量所作的假定，在社會科學方面鮮能獲得證明。參見 prisoners' dilemma 囚犯困境；zero sum game 零和博弈；rationality 理性。

thick description 詳密描述 （人類學）指爲一種社會情境提供的「密緻事實」，以此爲基礎，可爲文化在社會生活中的作用的一般論斷提供支持 [C. Geertz：《文化的詮釋》（ *The Interpretation of Cultures* , 1973 ）]。紀爾茲正像俗民方法學者（ ethnomethodologists ）一樣，其詮釋人類學認爲仔細注意日常社會生活的細節是大型概括唯一可行的基礎，但他並不假定能做到完備的「詳密描述」。

Thomas，William 托馬斯（ 1863 - 1947 ）　美國社會學先驅，芝加哥學派（ Chicago school ）創始人之一。他的主要著作是《波蘭農民在歐洲和美國》（ *The Polish Peasant in Europe and America* ，與 Znaniecki 合著，1918—1920 ）。他以利用個人傳記的生活史（ life history ）的方法反映社會歷史而聞名。貫穿在他著作中的一個論點是文化與人格之間的聯繫，進行這項探討的方法是將個人擺在分析的中心地位。他還提出社會行爲者（ social actor ）對情境下定義的理念，這一理念可以用他一句常爲人引用的名言來說明：「如果人們將情境定爲眞實的，那麼就其後果而言，情境便是眞實的。」

Tilly，Charles 蒂利（ 1926 - ）　很有影響力的美國歷史社會學家，爲設於密西根大學的「社會組織研究中心」的主任。蒂利的研究成果斐然，爲歷史學家和社會學家深感興趣。他在《從動員到革命》（ *From Mobilization to Revolution* , 1978 ）和《法國的罷工，1830—1968》（ *Strikes in France, 1830 - 1968* ；與 E. Shorter 合著，1974 ）等著作中所運用的方法，涉及大量資料搜集並依時間過程檢驗假定。他的歷史學研究着重於：與都市化、工業化、國家擴張和資本主義蔓延等長期社會結構變化相關的「集體行爲」（包括政治暴力行動）模式的變化。有些人強調集體行爲的根基主要在於社會的解體，他駁斥了這類觀念。相反地，他的研究結論強調這類行動日益富於「策略性」。蒂利的其他主要著作包括《旺代人》（ *The Vendée*, 1964 ；許多人認爲這是他的最佳著作）、《造反的世紀，1830—1930》（ *The Rebel-*

lious Century, 1830 – 1930，與 Louise 和 Richard Tilly 合著，1975)、《當社會學與歷史學相會》(*As Sociology Meets History*, 1981)等。

time　時間　存在的連續過程。時間可以參照一切穩定的或周期的物理過程或社會過程加以度量。在後一情況下，「時間」通常以明確的自然周期現象爲參照，如「日」、「年」等等做爲社會分期的單位。但在其他許多方面，時間的劃分雖然部分還按照自然周期現象來表示，但主要還是靠相對獨立於這些自然周期現象的社會事件模式，例如「星期」或「小時」便是如此。還可以舉出許多不同形式的一般「社會時間」，例如紀登斯（Giddens）對於以下幾種時間所作的區別：

(a)日常社會生活日復一日的「時段」，或「可回溯時間」。

(b)社會制度和社會持續存在（而非興衰）所涉及的「長時段」。

(c)個人的「壽命」──「不可回溯的時間」。

除上述外，在社會生活和社會學與歷史學敘述中，還可以舉出無數的更加特定的「斷代」。如維多利亞時代、理性時代等。

由於時間在描述任何事件時一直作爲時空（time-space）的第四維，因此它必然是一切社會學描述中的一個重要組成部分。近年多社會學家指出，時間在社會學中相對之下被忽視了。因爲社會學關注的往往是靜態結構模式，常會忽略社會生活在時間上結構化的千差萬別方式；而且也會忽略作爲社會過程結果而出現的千差萬別方式（見 Mann 曼, 1986 和 Giddens 紀登斯, 1984)。對時間的興趣重新抬頭，是晚近社會學的一個特點，也見之於其他學科。

time series　時間序列　「在一特定時期內按連續一組等距時點記下明確的量」的資料（C. Marsh, 1988)。例如零售價格指數便是這種數據。當數據不能充分滿足所有這些嚴格標準時（例如標準化不充分的變量、序列中出現空白、記錄間隔的距離不相等），只要資料是根據時間記錄的，仍然可以說它是時間序列，

但這種序列資料的解釋困難度大的多。時間序列數據的一個重要來源是人口普查（census）資料。

time-space distanciation　時空延展　由於人類交通和通信技術進步從而造成社會控制進步所引起的社會關係與社會系統在時間與空間上的延展（Giddens 紀登斯,1985）。

time-space edges　時空邊界　不同結構類型的社會間橫貫於空間和縱貫於時間的「衝突性或共生性聯繫」（Giddens 紀登斯,1984）。一切社會都同時既是社會系統，又局部是與其他社會系統交叉構成的，即與其他社會（society）和跨社會系統（intersocietal system）交叉。紀登斯指出時空邊界概念的重要意義說明對特定社會的社會行為後果具有深刻影響的不僅僅是其空間定位，還有時間定位。參見 episode 歷史片斷；episodic characterization 歷史片斷特徵化。

Titmuss, Richard　梯特馬斯（1907－1973）　英國社會學家和戰後倫敦政經學院（LSE）社會行政系教授。他不僅寫了有關社會政策的著作，而且身為工黨的顧問和幾個外國政府的顧問，對於社會政策的制定具有直接作用。他的著作有一個中心理論是社會福利事業所應關注的不僅僅是為社會的災禍提供一個安全網。他的主要著作包括：《論福利國家》（*Essays on the Welfare State*, 1958）、《收入分配和社會變遷》（*Income Distribution and Social Change*, 1962）和《贈與的關係》（*The Gift Relationship*, 1970）。後一部著作研究的是捐血者，他注意到某一社會捐血者的比例可以說明「文化價值觀和人際關係的素質」，這項研究概括了他所主張的大部分觀點。他認為社會政策的目標應當是培養利他主義的價值觀和眞誠的社群關係，並消除不平等。

Tocqueville, Alexis de　托克維爾（1805－1859）　法國政治學家和下議院議員。他被公認是比較政治社會學和歷史社會學的創始人之一。他分析了十九世紀三十年代的美國政治經驗，相信

可從中吸取經驗敎訓，應用於歐洲，特別是法國。他在《美國的民主》（*Democracy in America*, 1835—1840）一書中說民主制度（平等的條件）是現代社會一種不可抗拒的潮流，但如果不加約制的話，就會對「自由」造成很大的危害，他指的是以「啓蒙的自我利益」爲基礎的責任自治。民主制度因趨向於破壞一切等級制度，消除個人與社會間的一切中介機構，因而可能伴隨出現個人主義和集權化的趨勢，兩者結合起來可能導致專制制度。在美國，托克維爾發現這兩種趨勢受到兩個因素的制約，但並未消除。第一個因素是美國在殖民地時代已經習慣的自治制度；第二個因素是由於聯邦主義的觀念，美國獨立後的憲法一直保持分權狀況，從而爲個人提供許多可以參與國事的機會。托克維爾的結論是民主制度的出現如果事先沒有這種關於「自由」的安排，就可能導致專制制度。他在《舊體制和法國革命》（*The Old Regime and the French Revolution*, 1856）一書中的結論指出法國出現的就是這種情況。革命的法國缺少使民主制度與自由相融洽的條件，包括缺少強大的中產階級。他在政治制度的比較分析中，特別強調後來被稱爲*政治文化*（political culture）的因素。他關於現代民主制度先決條件和特徵的分析，對後來的理論家有極大的影響。見 intermediate groups 中介團體；pluralism 多元主義；mass society 大衆社會。

Tönnies, Ferdinand　屠尼斯（1855－1936）　德國社會學家和德國社會學會創始人。他因根據「自然意志」（Wesenwille）和「理性意志」（Kurwille）二詞的差別創造了*禮俗社群和法理社會*（Gemeinschaft and Gesellschaft）二術語而聞名。自然意志包括習慣行爲和本能行爲，理性意志包括*工具理性*（instrumental rationality）。這兩組概念都屬於*理想型*（ideal types），屠尼斯用以分析社會組織的歷史變化，包括傳統社會結構崩潰所造成的社會問題。屠尼斯關於現代社會失去社區（community）的概念與論點，與韋伯（Weber）的概念不無相似之處，在較小的程度上與馬克思（Marx）的觀點也不無類似之處。這些概念和論

點是對芝加哥學派（Chicago school）研究工作產生影響的因素，同時也是帕森思（Parson）模式變項（pattern variables）說的來源之一。

total institution or total organization　全控機構或全控組織　（包括監獄、修道院、慢性病人醫院、寄宿學校、長途航行船隻等）其成員生活必須與廣大社會相脫離的社會組織。在「正常」條件下人們都是在自己的家中生活，在不同的地點工作、睡覺、吃飯和消遣；與此相反，全控組織的特點是社會行動只限於單獨一個地方。在這種組織中，完全沒有可能擺脫占主導地位的行政規則或價值觀。

全控組織研究集中探討的問題是這種生活方式對高級人員與從屬人員所造成的社會學與社會心理學後果（如 institutionalization 制度化）。戈夫曼（Goffman，1961）認為在全控機構（如精神病院或監獄）中可能發生種種「自我的受辱」（mortifications of the self）的事情（如取走個人所有物等），其結果使個人經受一種改造，以適應這種組織的要求，其程度是比較開放的社會背景下絕不可能達到的。但這種改造從來不是全面的，始終留有餘地讓「同境遇者文化」（inmate culture）對全控組織的正式結構施加一定的控制。

totem　圖騰　見 totemism 圖騰崇拜。

totemism　圖騰崇拜　象徵性地將人等同於非人對象（通常是動物或植物）的習俗。圖騰崇拜的典型情形是一個氏族聲稱一種動物是本族神話中的祖先，但圖騰崇拜一詞已用於包括範圍廣泛的象徵性習俗。芮克里夫布朗（Radcliffe-Brown）等功能學派人類學家在涂爾幹（Durkheim）影響下將圖騰解釋為群體連帶的象徵。佛洛依德（Freud）在《圖騰與禁忌》（*Totem and Taboo*，1913）一書中將圖騰概念作為壓抑性文化和本能天性之間的協調者來看待。後來結構派人類學家以李維史陀（Lévi-Strauss）為代表，着重於圖騰表達人與動物的差異結構的功能。他說圖騰崇拜和禁忌（taboo）同樣是把自然界看成「適於

思考」（good to think）的另一例證，也就是說某些物品具有能夠表達人類經驗重要特徵的性質，因而被用來建構有關具體世界的神話。

trade union consciousness　工會意識　有限的、宗派主義的、次於革命水平的社會民主主義意識，列寧認為這種意識是工人階級自發地從一種狹隘的意識發展而來的。這種狹隘意識是「一種信念，主張工人必須在工會中團結起來，和雇主鬥爭；並且努力奮鬥迫使政府通過立法」（Lenin, 1902）。由於這種改良主義的目標妨礙工人階級團結，並促使工人階級遵奉資產階級意識形態，因而知識分子的理論與哲學洞察力對於工人階級意識的發展是必要的。這種論點對後來有關資本主義社會的**工會**（trade unions）的論爭產生了影響。參見 class consciousness **階級意識**。

trade unions or labour unions　工會　雇員組織，主要目標是改善成員的工作條件並提高其報酬。關於工會的社會學分析包括以下幾點：(a)將工會與其他雇員組織區別開來；(b)解釋工會產生、工會形式、工會追求的目標以及工會所採取的策略；(c)考察工會的管理機構、成員參與水平和工會的民主制度；(d)考慮工會對工作以及對廣大社會的影響。

在國際上，工會組織的總體形式之間的差別（如工會的數目、集權化的程度、參與管理的程度及成員的水平）是令人矚目的，社會學家對這些差別的意義也有研究興趣。

工會和**專業**（professions）是有區別的，後者充分控制其特定工作領域的內容，往往還能控制人員的補充；工會也和職員協會（staff associations）不同，這種協會大部分是經理部門贊助的組織，往往只限於諮詢作用。

關於工會的產生及其形式與目標的差別的解釋，曾引起很大的爭論。然而從根本上來說，工會致力於消除資本主義制度下雇員與雇主之間的不平等關係。不同種類的工人提高其談判能力的方式和程度是各不相同的，這就說明了不同種類的工會組織之間

存在着歷史性差別，例如「手工藝」（craft）工會、「總」（general）工會和「產業」（industrial）工會之間的差別就是如此。近年來不同類型工會間的差別漸趨於消失，新型的「以市場為基礎的工會」的增加與發展（以市場為基礎的工會接受單一工會、單一身分、靈活性的勞動，以及不罷工等方面的協議），和工會運動內部的「傳統主義者」（traditionalists）與「新現實主義者」（new realists）之間發生爭論。例如英國工會目前面臨的問題是由於以下幾方面的原因產生的：本國和國際經濟的改組、工會會員人數減少（特別是製造業會員下降）、反工會法案和工會的政治影響下降等（參見 corporatism 統合主義）。

對於工會內部動力的分析主要與檢定米歇爾斯（Michels）的一個論點有關，他認為由於政治組織擴大，其民主性便減少，而且更加保守（參見 iron law of oligarchy 寡頭統治鐵律）。對於這一問題難以作出定論，因為現在存在各種不同的民主尺度（如負責任的領導、反對意見的制度化、積極參與、會員利益的有效代表等）。然而有一點是清楚的：民主水平的變異與工會會員的特質（如社會地位）有關，也與工會運作的背景有關（參見 Lipset 李普塞）。

社會學關於工會的社會影響及其效力的論爭，關注的重點在於工會對階級意識（class consciousness）的意義，以及它們是否對資本主義構成任何威脅。而為什麼事實上常出現比較有限的工會目標，其解釋集中在以下幾個方面（至少在英國是如此）：(a)依職業等級分層組織工會，從而分割了勞工運動；(b)出現了一些制度，使勞資衝突得以制度化及調整；(c)工會滋生官僚主義和會員參與冷淡。參見 industrial relations 勞資關係；trade union consciousness 工會意識。

traditional action　傳統行動　見 types of social action 社會行動類型。

traditional authority　傳統權威　見 legitimate authority 正當權威。

traditional society 傳統社會 非工業化、以農村爲主的社會，被認爲是靜止的社會，與現代不斷變化的**工業社會**（industrial society）形成對照。這一概念在社會科學中被廣泛應用，但在最近幾十年中已被認爲是有問題的，因而許多社會學家已避免使用此詞。其用法牽涉的問題是：

(a)這個詞被用來表示一大批各種各樣的社會，事實上這些社會彼此間差別明顯。

(b)這種社會的**社會變遷**（social change）速度雖然比工業化社會慢，但如果認爲其中不發生變化則是錯誤的。

(c)社會學開始使用此詞時，關於非工業社會的系統知識還很貧乏，在這種知識增加以後這種用法就不再有正當理由了。

(d)這一名詞與**現代化**（modernization）理論有關，而這種理論被人指責爲將傳統社會與現代社會作了過分簡化的對比。

(e)這一名詞中所牽涉的過分簡化問題，導致人們對這種社會持浪漫主義看法或貶抑的看法。

關於這一名詞在用法上成問題的一個事例是批評者指出現代日本社會之所以不同於西方歐洲社會，其原因正在於日本更多地保存了傳統社會的性質。這種說法忽略了一個事實：所有的社會都將以往的特徵帶到現代社會中，沒有一個社會在所謂傳統特徵與現代特徵之間能截然分開，而這種從過去帶來的特徵對西方觀察者來說由於不熟悉而感到明顯；這一來就把歐洲中心主義加進到這個問題中來了。此外，以日本的情形來說，這個國家在十九世紀爲了政治目的並爲了建立日本民族的特點而積極提倡一切被認爲是日本傳統特點的東西。因此，被當成「傳統」看待的事物很可能是一種創造發明（Hobsbawm & Ranger, 1983）。

trait theory 特質理論 用若干相對持久的獨立特質（traits）來描述各人之間差異的人格理論。特質是一種二元構念（如聰明—愚笨、吝嗇—慷慨），通常用一種量表來表示，個人可以在這種量表上定級。特質理論依提供完整人格描述所必需獨立特質的數目而不同。根據自塡問卷的答案對特質加以記分形成個性調查

表，實例有16種人格因素調查表（16PF, Cattell, 1963）和加利福尼亞心理特徵調查表（CPI, Gough, 1957）。對人格特質也可以間接測量（見 projective tests 投射測驗）。關於人格還有一種補充觀點：類型理論（type theories），用這種方法主張個人特性的主要特質或類型的數目要比特質理論少得多（見 extraversion－introversion 外向和内向）。

transcendental argument　先驗論證　（哲學）指所論斷的是「必然的情形」[也就是說能夠**先驗**（a priori）地確定]，其預設是人類能夠認識外部世界。因此，**康德**（Kant）聲稱他已建立了組成一切人類經驗的概念和原理，這些概念和原理在邏輯上是先於這種經驗而存在的。同樣的情形，巴斯卡爾（Bhaskar, 1989）爲他的科學**實在論**（realism）辯護，其根據是從本體論上說，在人們對外部世界「進行任何科學考察之前，外在世界必然是什麼樣子」是可以說明的，這是一切科學（包括社會科學在內）可能存在的前提。

transcendental signifier　先驗能指　見 deconstruction 解構。

transformational model of social activity　社會活動轉化模型　巴斯卡爾（Bhaskar）於1979年提出的一種社會活動模型，其根據是亞里斯多德的一種觀點，認爲任何生產性的行動都事先假定有動力（efficient）因和質料（material）因存在。在這種模型中，先於社會行爲而存在的社會形式構成質料因，而社會行動就是這種事先存在的實在藉以再生產或轉化的手段（參見 structure and agency 結構和能動作用）。巴斯卡爾以這種「因果力」（causal powers）模型提出了他的**實在論**（realism）論點，說明社會學自然主義（sociological naturalism）的可能性和本體論限度。見 transcendental argument 先驗論證。

transhumance　季節性遷徙　人類群體尋找牧草的季節性流動，例如努爾人（the Nuer）從乾季牧場到雨季牧場的遷徙。參

見 pastoralism 畜牧生活；nomads 游牧民族；herding society 游牧社會。

transition from feudalism to capitalism 從封建主義向資本主義的過渡 西歐在十五世紀至十八世紀之間所經歷的過程，其間封建社會被資本主義社會所取代。這個說法常和馬克思主義的理論聯繫在一起，但獨具特色的韋伯理論也使用這個提法。

馬克思主義者關於這一過程所牽涉的決定性因素有不同的看法。**馬克思**（Marx）指出兩種主要的因素：第一是獨立自主的手工製造業出現在封建的城鎮之中，資本由此發展；第二是海外貿易發展，特別是十六世紀英國與美洲的貿易，和商業資本的出現。當勞動力還束縛在土地上為農奴（serfs）或獨立**鄉民**（peasants）時，這種發展是有限的。在英國，圈地運動迫使鄉民離開土地，從而為城鎮提供了勞動力，並且為土地提供了薪資勞工，其他歐洲國家在所謂的「自由」勞動力發展方面比較緩慢。馬克思還談到封建貴族被新興**資產階級**（bourgeoisie）取代的問題，但近年來的分析認為這是一種過分簡單化的說法；尤其在英國，部分貴族變成資本主義土地所有者，後來又加入到工業資本主義中。後來馬克思主義者的爭論集中在貿易發展、勞動力轉化和封建制度（feudalism）內部階級衝突是否這一過程最重要的方面〔Hilton（ed.），1976；and Aston and Philipin（eds.），1985〕。

韋伯派的理論極力強調西歐封建主義的政治變遷，此理論根據是**韋伯**（Weber）的一個論斷：主要的矛盾介於君主企圖實行中央集權與封建領主的地方權力之間。這種矛盾部分表現在城鎮發展為行政和貿易的中心。此外，韋伯關於**新教倫理**（Protestant ethic）的論點提出了信仰在解釋社會與經濟變遷方面的作用，這種論點在馬克思主義辯論中大部分不存在。但是在強調這種社會經濟的變遷如貿易的發展和勞動力的轉化，我們不應以任何簡單形式將韋伯與馬克思的說法相比。

近來有些著作利用上述兩派分析理論來考察這一過程，反映

714

出上述的但書，例如安德森（Anderson, 1974 a&b）提出一種馬克思主義理論，其中有很多地方借重韋伯派對政治矛盾以及基督教會作用的洞察，曼（Mann, 1986）的分析也廣泛引用了兩派的說法。參見 social change 社會變遷。

translation 翻譯 將原來不瞭解或陌生的記號（signs）與意義（特指語言）變換成瞭解的和熟悉的記號與意義的過程。關於一個社會或一種文化中的觀念與語言，多大程度可以用另一個社會或另一種文化中的語言充分表達的問題，在社會人類學（social anthropology）方面是一個特別重要的問題（見 Sapir-Whorf hypothesis 薩丕爾—沃夫假說）。社會學也有這個問題，因為它的主題是符號學（semiotics）的並且是具有意義的，即由記號組成的，所以對於一個未知的社會或一組未知的社會互動就像一種未知的語言一樣，主要的任務就是翻譯。蒯因（Quine）於1960年指出，從原則上說任何翻譯都是「不確定的」，也就是說任何一組記號在翻譯中都可以用無止境的一大批可能的符號來代替。戴維森（Davidson, 1984）指出根據這種說法除了「仁厚原則」（principle of charity）以外就別無出路了，這就必須假設別人以及他們的記號都和我們以及我們自己的記號相類似。然而提出翻譯的不確定性問題，實際上是揭穿現成翻譯或社會科學中客觀性的一切簡單的假定性。參見 relativism 相對主義；incommensurability 不可公比性；forms of life 生活形式；Wittgenstein 維根斯坦。

triad 三元群體 見 dyad and triad 二元群體和三元群體。

triangulation of approaches 研究方法三角化 運用許多不同研究技巧（見 research methods 研究方法）的作法，認為用多種方法最能實現效度（validity）。

tribe and tribal society 部落與部落社會 ①（通常）一種游牧或園藝社會，其成員具有共同的文化或語言特徵，通過相互的社會權利與義務結合在一起。在這種社會中，政治集中化是微

弱或不存在的，但卻具有強有力的世系（lineage）結構，這對社會融洽和互動是重要的。②十九世紀以來人類學家發展的一種概念，試圖根據一般進化程度將無國家社會歸類，如隊群（band）、部落、首邦（chiefdom）的序列。現在人們通常認為這種概念在最壞的情況下是一種歐洲人強加的範疇，缺乏實際根據；在最好的情況下對這個名詞也不存在共識。

因此，定義①只是某些人類學家對這一名詞的某些用法的近似表示；定義②反映了另一些人的研究工作，特別是最近20年來的，他們排斥這種概念的用法，寧願不將這類社會作狹隘的分類，而代之以**族群團體**（ethnic group）一詞。這一爭論目前在人類學中仍然存在。部落概念有一種普遍的用法，指一切無國家社會，有時還用作**原始社會**（primitive society）或**簡單社會**（simple soeiety）的同義語。

trivial consultation　瑣屑諮詢　病人為與醫療無關且不危及生命的問題去找醫生的不當行為。不論這些問題對病人如何重要，醫生對這類問題通常不予理睬。因為涉及的是家庭、金錢、社會或感情的因素，超出了醫學職責範圍，也因為這樣會使醫生成為一般諮詢者/顧問的角色。這是使醫生失去工作滿足感的重要因素，因為這些作法被醫生視為是浪費時間。

truth　真理　在哲學上，真理符應論（correspondence theory of truth）所指的真理是符合事實的內容。在嚴格意義下，真理就是真實的命題或真實的觀念「描述」或「再現」世界，這是「經驗論」真理觀（見 empiricism **經驗論**）。然而這種真理的概念近來受到後經驗論的科學概念的質疑（見 Kuhn **孔恩**；Feyerabend **費若本**；postempiricism **後經驗論**；poststructuralism **後結構主義**）。由於假說和檢驗假說的事實都與理論有關，所以真理不能單純依靠經驗論過程如檢證（verification）或證偽（falsification）加以確立。

關於真理另外還有一些基本論點，其中有真理共識論（consensus theory of truth），認為「真理」是關於實在的社會共識

（包括科學上的共識），這是在開放論述的背景下達成的（見
Habermas 哈伯瑪斯）。關於符應實在的問題一直是重要問題，
但不能用經驗論提出的方法來解決。參見 deconstruction 解構；
Derrida 德希達。

turn-taking　輪流對話　見 conversation analysis 談話分析。

**two-step flow in mass communications　大眾傳播的二段流
程**　與大眾社會（mass society）的理論相反，認為在多元社會
中大眾傳播流程是由意見領袖（opinion leaders）扮演傳遞資訊
的中介者角色，他在「二段流程中具有守門人（gate keeper）的
功能」（Lazarsfeld 拉札斯斐，1944；Katz & Lazarsfeld，
1955）。這個概念在大眾傳媒理論的發展中具有重要意義。

Tylor，Edward　泰勒（1832－1917）　英國早期人類學家。
他的著作《人類早期歷史和文明發展的研究》（*Researches into
the Early History of Mankind and the Development of Civiliza-
tion*，1865）對於人類學確立為一門科學的學科作了很大貢獻。
將文化（culture）一詞從德文引入英文，現在成了標準的人類學
與社會學用語，也應歸功於他。他根據達爾文的學說以及考古學
發現提出人類的文化也顯示出一種序列的進化過程，泰勒研究方
法始終堅持的論點是演化論。在《原始文化》（*Primitive Cul-
ture*，1871）一書中，他將這種觀點運用到宗教（religion）的發
展上，指出宗教的發展經過了三個階段，即泛靈信仰
（animism）、多神論（polytheism）和一神論
（monotheism）。泰勒的綜合研究基於比較分析，他探尋可以
為社會發展序列提供綫索的文化遺存的證據。他強調所有的民族
都具有豐富的文化傳統，這表示他的人類學很少受十九世紀演化
論理論家著作中常見的種族主義色彩的影響。參見 evolutionary
theory 演化論。

type　類型　可用作或不能用作直接經驗參照的抽象的或概念
的類別或範疇。比較 ideal type 理想型；參見 typology 類型學；

typification 類型化。

type generalization　類型普遍化　見 ideal type 理想型。

types of compliance　服從的類型　「組織內部用以使臣屬服從的三種方式：生理方式、物質方式和象徵方式」。這是艾齊昂尼（A. Etzioni）指出的，見《複雜組織的比較分析》（*A Comparative Analysis of Complex Organizations*, 1961），其內容如下：

(a)強制權力（coercive power），其基礎是動用或威脅動用體罰。

(b)付酬權力（renumerative power），其基礎是「通過薪水、工資的分配，控制物質資源和獎勵」。

(c)規範權力（normative power），其基礎是「分派並操縱象徵性獎勵與剝奪」。

與這三種服從方式相聯繫的有三種參與方式：疏離性（alienative）參與、計酬性（calculative）參與和道德性（moral）參與。

types of legitimate authority　正當權威類型　見 legitimate authority 正當權威。

types of religious organization　宗教組織類型　見 church-sect typology 教會—教派類型學。

types of social action　社會行動類型　韋伯（Weber）提出四種社會行動的理想型（ideal types）：

(a)目的理性或工具性行動（zweckrational or instrumental action）（如經濟學的「理性經濟行為」模型），在這種行為中社會行為者對於達到目的的各種手段的相對效能進行權衡，有時也權衡目的本身，以求得到最大的利益。

(b)價值理性行動或價值理性（wertrational action or value rationality），對達到目的的各種可供選擇手段的相對效能加以評估，但目的則被視為既定的加以接受，也可能作為道德令式來接

受，例如新教倫理（Protestant ethic）便是如此。

(c)感性行動（affectual action），行為受感情支配。

(d)傳統行動（traditional action），行為受習慣或風俗的支配。

與此相關的社會行為一般分類法還有巴烈圖（Pareto）對「邏輯」行動與「非邏輯」行動的區別（參見 residues and derivations 殘基和衍理）。

韋伯的理想化分類法，把其他的行為方式說成是對目的理性行動類型的背離，意在為實際行為的分析和社會比較提供一個基準；這種分類在社會學方面得到廣泛應用。除純粹類型外，韋伯還考慮到行動的「混合類型」。不過人們提出批評指出韋伯運用他自己的類型學來研究時，未能充分評價與「形式理性」（即「形式上可計算的理性」）相對立的「實質理性」的系統化，儘管他對形式理性的狹隘運用不無保留（見 formal and substantive rationality 形式理性與實質理性）。參見 rationality 理性；bureaucracy 官僚制。

typification　類型化　一種概念過程，社會學家和社會行為者不以人、事、物的獨特性質，而以類型特點，組織有關社會知識的過程（見 Schutz 舒茲，1962—1966）。

在社會學中，類型化可以看作是社會行為者對日常社會建構中已經出現的過程之延伸。這一事實在某些社會學家看來是相當重要的（見 ethnomethodology 俗民方法學），他們想否定日常社會行為者所採取的「實踐社會學」（practical sociology）與「傳統學院社會學」之間存在的明顯界限。傳統學院社會學被認為未能認識到這種方法，常常低估一般社會行為者的「理性能力」和「文化能力」，從而未看到社會學必須建立在一般社會行為者的「理性成就」上，而且必須能和這種成就相容。不論對「傳統學院社會學」的批評意見是否被充分接受，注意研究社會行為者的日常社會能力與文化能力以及其類型化，可以說是現代社會學分析的重要成分（Giddens, 1976）。然而這種說法的含義

TYPOLOGY

對於學院社會學來說仍然是人言人殊的。俗民方法學者認為「必須對社會學來一次徹底革命」，但這種意見並沒有被普遍接受（Goldthorpe 戈德索普,1973）。

typology　類型學；分類法　分類的概念架構（如教會、教派），在其經驗參考架構內從邏輯上看可能是包羅無遺的，也可能不盡然。類型學的作用如何，取決於該類型學所依據的理論觀點。參見 type 類型；ideal type 理想型；typification 類型化。

U

unanticipated consequences or unintended consequences (of social action) （社會行為的）非預期後果或非意圖後果 社會參與者沒有預先打算和沒有預見的社會行為後果。社會行為有社會行為者（social actors）未預見的後果，是進行社會學分析的主要動因。現代社會學之前的許多社會思想中，這一動因常常起最大作用，例如斯密（Smith）所說的市場力量的「看不見的手」（invisible hand）就是如此，這一概念為馬克思（Marx）所採納並加以改造（參見 appearance and reality 表相和實相）。

在現代社會學中，關於非預期後果的探討特別受到默頓（Merton）的影響（見 manifest and latent functions 顯性功能和隱性功能；self-fulfilling and self-destroying prophecy 自我實現性預言和自我毀滅性預言）。對於非預期後果的分析，其重要意義不限於功能論（functionalism）。相反，這一問題對大多數社會學派別都有重要意義，而且絕不意味需要承認社會是自存自續的社會系統（功能論者如此假定）。例如在馬克思主義和現代結構主義（structuralism）內部，分析深層實在的重要性是明顯的，但這一點在其他許多社會學派別中也是一個主要的論題，其中包括韋伯的社會學。舉一例來說，新教徒並沒有打算建立近代資本主義，但在韋伯看來這便是他們那種宗教傾向的結果之一（見 Protestant ethic 新教倫理）。

某些意義社會學與詮釋社會學的派別往往認為理解和表達社會行為者的意義是社會學的主要任務，但對社會學的大多數派別

來說，這些只被認爲是初步任務。這就是承認社會行爲只有在掌握了意義之後才能認識，但一旦掌握了這個，那麼社會含意（包括非預期或非意圖後果）也就必須加以追求。有的社會學派別未能掌握「行爲者」的意義和社會「成員」的方法，或者乾脆把這一切放到一邊，這一派受到了**俗民方法學**（ethnomethodology）的正確批評。但有的社會學派別掌握了意義又超越了這個範圍，在這兩者之間必須作出區別。如果要能對社會議題提供最充分的「科學」理解或批判性理解，後一社會學派看來就是十分重要的。

社會的參與者爲什麼不能事前預計或理解自身行爲的含義，理由是：

(a)在有意識意圖下存在着無意識或下意識的層次，其中包括不同形式的**默會知識**（tacit knowledge）和人的社會能力。

(b)現代社會內和社會之間存在着互相依存的長鏈，誰也無法窺其全貌，更不能預見全貌。

(c)意識形態的扭曲、文化**霸權**（hegemony）等作用，使部分或全體社會參與者無從正確了解社會關係。

許多未被認識和未被預見到的後果在顯現出來時，人們可能會發現它們滿足了某種功能的需要，而另一些後果則不然。因而社會學分析趨於揭露不符合需要的社會後果，在這種情形下社會學在本質上可以被認爲是批判性學科。

社會的參與者從潛在的可能上說，對於社會實在的內容沒有什麼東西不能知道，也沒有什麼東西不能對其採取行動，因此任何社會學都幾乎必不可免地要對社會生活作批判性介入。這在最低限度上，說明社會學爲什麼在本質上是一種批判性學科。由於社會學可能用來改變社會行動，因此便有機會可以將它視爲一種「技術上的」或「社會操縱的」模式來控制社會參與者。還有一個更大限度說明社會學爲什麼是一種批判性學科，這就是所謂的「社會解放性」（social emancipatory）學科；因爲它揭露了各種社會安排下面所潛藏的「眞理」，從而推動改良或社會革命

（參見 Frankfurt school of critical theory 法蘭克福批判理論學派；Habermas 哈伯瑪斯）。

有人抱怨這種批判性社會學派藐視行為者的觀點（見 false consciousness 錯誤的意識），對於這種說法潛在用社會學的「對話模型」（dialogical model）加以駁斥。也就是說，可能由於運用社會學知識而受到影響的社會參與者，應始終有機會了解將被應用的社會學說明，從而能夠予以接受或拒絕。例如哈伯瑪斯（Habermas）已提出這種對話關係的心理分析模式。參見 communicative competence 溝通能力。

underclass　下層階級　在主要階級（class）和社會身分（social status）等級分層中處於低層地位，甚至處於其外的職業團體和身分團體。這一類人包括長期失業者，短期、低報酬工人和一般就業不理想者，包括移民勞工、某些婦女和少數族群團體成員（參見 dual labour market 雙元勞動力市場）。單親家庭和領國家退休金的老人有時也包括在內。下層階級一詞是有爭議的，一種意見認為下層階級並不能構成任何嚴格意義下的「階級」，因為其中的人往往只是短期處於其中，例如在生命歷程（life course）的某個階段或在失業期間。低層階級的匱乏（deprivation）究竟主要由於個人原因還是社會結構原因，這一問題也是存在爭論的。不過至少在性相和種族這兩方面，結構的原因看來是很重要的。由於下層階級在現代社會中是一個少數階級，散漫和無組織的性質使其沒有階級團結的基礎，同時這個階級通過政治手段改變其狀況的能力往往也很有限。因此，富裕的社會主流和匱乏的下層階級之間的區別，可能成為現代社會始終存在的一個特點。參見 lumpenproletariat 流氓無產階級；cycle of deprivation 匱乏循環；culture of poverty 貧窮文化；ghetto 少數民族聚居區。

understanding　理解　見 Verstehen 瞭悟。

unemployment　失業　個人雖有工作願望但卻不能從事有酬勞動或獨立經營的事業。有關失業問題的大多數討論和分析涉及

的都是失業的總水平，而不是個人的失業經驗（關於失業經驗的研究見 Sinfield, 1981）。例如英國官方公布的失業率在本世紀七十年代幾乎增加了兩倍（1970年是2.6％，1980年是7.4％），而到1984年又幾乎增加了一倍，是13.1％（Price & Bains, 1988）。然而解釋這些統計數字時必須了解從第二次世界大戰以後直到本世紀八十年代，英國戰後的共識都是在**福利國家**（welfare state）的基礎上進行的，而福利國家這一概念就包括充分就業。在戰後的大部分時期中，英國的官方統計數字都把所有領取失業救濟金的人登記在冊。這個數字和尋求職業的人數是不相同的，因為後一數字把無權領取救濟金的人（退學者、應屆畢業生、新來的移民和許多已婚婦女）排除在外（Price & Bains, 1988）。但當時低估的程度沒有現在這樣大。自從1980年以來英國政府還選擇了一種辦法，把所謂「特種就業辦法」和「青年訓練計劃」等所包括的人都排除在外，這種人其實是屬於失業的。此外，自從1983年以來，60歲以上的人都無需登記尋找工作。

圍繞着失業問題所發生的爭論，自從本世紀八十年代以來發生了質的變化：高水平的失業率始終是一個政治敏感的問題，但政府已經設法將國家與公民之間的關係加以改變，使之脫離福利國家時期的狀況，走向一種勞動市場的新自由主義。這種新作法也反映出廣泛的經濟與技術現實。某些觀察家如吉爾（Gill, 1985）預測的前景是悲觀的，另一些觀察家如漢迪（Handy, 1984）則比較樂觀；他們所預測的不是總失業水平下降的可能性，而是對失業重新下定義，使失業一變而成為社會地位提高和對社會有價值的活動。

unilinear **直線發展** 始終朝一個方向、通過相同的階段並且產生相同結果的**社會變遷**（social change）或社會發展。直線性的概念在社會學中實際上是一種多餘的概念，因為任何社會變遷的過程實際上都不是（也不可能是）直綫式的。然而直綫發展的假定在十九世紀的許多社會理論中卻是一個突出的特色。參見 evolutionary theory **演化論**；diffusion **傳播**。

unobtrusive measures 暗地調查法 不驚動被調查人、不影響資料的資料收集法。這種方法的例子有許多種，其中包括進行掩蔽的觀察、研究垃圾、研究地毯的磨損、記錄開會時喝了多少咖啡等。這類暗地調查方法的共同特性是避免了所謂的調查對象對研究工作的「主體反應」（subject reaction）問題。因此，與填問卷或態度檢驗等標準資料收集法相比，這種方法較少可能歪曲觀察結果。用普通調查法時，調查對象必定會知道他們是在參加這項調查工作，從而可能產生人為的結果。暗地調查法通常用*於定性研究法*（qualitative research）的設計，在評價性研究中用以減少被評價者對評價所發生的歪曲性反應尤為有效。

unstructured data 非結構資料 收集資料時不考慮最終怎樣編碼的資料。社會調查的問卷中（特別是試點調查的問卷中）的某些問題所提供的資料屬於這種性質。在這類調查中，要求回答者對一個未事先編碼的問題直接提供口頭回答。定性研究者所收集的許多資料都是非結構性的，研究報紙的內容分析者和研究舊手稿資料的歷史社會學家使之成為一個有用的結構，都運用非結構資料，因為這些資料編纂時並不考慮研究者的需要。

　　研究者處理非結構資料時所遇到的主要問題是怎樣加以編排才使之有用。最好的辦法是充分熟悉資料本身以及其歷史背景。例如根據報紙和選舉結果分析十九世紀的一次選舉時，就必須參考講述那一時期政治行為的書籍。在查明資料的意義時，可能顯現一種結構，可以把它加在資料上。例如分析一次競選中的主要議題和每一個候選人的不同立場時，可以列一個數值表，說明每一個候選人提到每一個議題的次數，於是他們的政治信念便可以通過計算對每一議題所作出否定和肯定表示的次數來評估。參見 scaling *標度*；qualitative research *定性研究法*；content analysis *內容分析*；historical sociology *歷史社會學*；structured coding *結構編碼*。

untouchables 不可接觸者 見 caste *喀斯特*。

upper class　上層階級　一個社會中最高層的階級。例如在現代英國社會中這種階級可以說包括以下兩種人：

　　(a)大約25000人構成的核心，他們對經濟掌有策略性控制（Scott, 1982）。

　　(b)較多的擁有大量財產（通常是遺產）而且過着與衆不同的豪華生活的個人和家庭。

　　由於涉及的人數較少，上層社會關係網絡（如公學的教育、上層階級的休閒活動等）在維持特殊的生活方式、崇高的社會身分，和上層階級享有的經濟與政治權力等方面具有重要作用。出身上層階級家庭的人在菁英的職業（如文職的行政官員階層、法官、軍隊的高級軍官）方面也占有重要比例。

urbanism as a way of life　都市生活做為一種生活方式　現代社會的一種主要特色。沃思（L. Wirth, 1938）認為這種特點比工業化或資本主義更重要，因爲大城市與城鎮的發展已經與「社會的自然狀態」之間形成了一條鴻溝。都市化（urbanization）的過程使得血緣親屬關係的重要性減少，並且代之以工具性、暫時性和表面性的關係。都市居所的特點是規模大、人口密，而且異質性高，這幾種因素合起來就爲複雜的勞動分工和社會關係的本質變化奠定下基礎。參見 urban sociology 都市社會學。

urbanization　都市化　①一個國家居住在城市或某種規模的聚落（其規模依政治、文化或行政的標準而異）的人口比例的統計量度。都市化率（rate of urbanization）表示在一段時間內都市─農村居民比例的變化（相反的過程稱爲非都市化率）。②構成都市生活方式（而不是農村生活方式）的原因和結果的社會過程與社會關係（見 urbanism as a way of life 都市做爲一種生活方式）。

　　赫德（G. Hurd, 1973）等人指出從歷史上來看，都市化過程有三個主要階級。第一個階段是從人們在城鎮中居住開始直到十八世紀爲止的一段時間。在這個階段，都市地區的人口很少有

超過十萬的。第二個階段是城市的規模和數目迅速增長的階段，這是伴隨**工業化**（industrialization）過程造成的。聯合國統計局所設計的統計表說明，西方工業化國家的人口有73％—85％居住在城市中。第三個階段是都會化（metropolitanization），其中涉及人口、財富以及政治、經濟和文化制度的集中化。其他社會學家還提出去都市化（deurbanization）的第四階段，這種過程是通過郊區的擴大以及向農村地區、另類社區和按計劃建立的「新市鎮」（new towns）移民等方式實現的。

最初「都市化」的原義是指「變得文雅」（to make urbane），也就是使某個物件或某個人變得高雅或文質彬彬。現代關於「發展都市特性」或「建成城市」的意義是十九世紀後半葉出現的，那時城市成為社會科學家等研究的特別課題，探討的是工業化城市發展的社會後果（見 urban sociology **都市社會學**）。這個詞的原始用法對於思想家將農村與都市概念化的方式發生影響，由此產生兩種相對照的形象：

(a)城市作為文明、高雅、刺激、自由和變遷的地方，與馬克思所說的「鄉巴佬氣」相對應。

(b)農村是真摯之家，是「彼此了解的社群」（knowable communities）通過共同的價值觀結合在一起，與城市的疏離相對照。威廉斯（R.Williams）在《農村與城市》（*The Country and the City*, 1973）一書中考察了這些傳統，指出從十六世紀到十九世紀有關城市的著作中還出現一系列的論點，如金錢與法律、財富與奢華、亂民與群眾，最後還有流動與孤立等。他說過去和現在一樣，實際經驗是城市和鄉村都具有許多不同類型的組織，然而我們的印象始終是兩種互相對立的現實，都市—農村的二分法。

上述兩種不同的社會文化系統的二分現象（其中一方面在工業化的壓力之下崩潰了）是研究前工業化社會和工業化現象中的主要因素。

雖然在歐洲都市化與工業化一般是同時發生的，但如果把這

兩種過程看成為必然互為依存條件，那就錯了。例如在英格蘭都市化便先於工業化而出現，因為倫敦在十六世紀至十八世紀初的初步發展階段中，英格蘭居民居住於倫敦的比例就很高，而且日益增加，據估計包括了全國人口的1/7。倫敦這個城市是由農業和商業資本在貴族政治制度下創造的，這種貴族政治曾試圖通過法令禁止建造樓房來阻止倫敦的發展。城市作為工業活動中心出現較晚，而且主要出現在英格蘭的中部、北部地區以及蘇格蘭的部分中部地區。目前非洲、亞洲和拉丁美洲許多地區的迅速都市發展，是通過移民和自然增長而實現的，其工業經濟並沒有任何重大的發展。

urban sociology　都市社會學　研究城市社會關係與社會結構的社會學分支。都市社會學的發展受到以下幾種因素的影響：關於研究對象特殊性的爭論，研究者採取跨學科方法，以及針對社會問題的研究方向。

　　早期關於城市的社會學著作把都市面放在社會學理論化的廣闊範圍之內。屠尼斯（Tönnies）、齊默爾（Simmel）和韋伯（Weber）在十九世紀九十年代探討都市環境中社會生活與結社的特有形式，以及都市發展在社會變遷中所產生的作用。二十世紀二十年代的芝加哥學派（Chicago school）成立以後，都市研究成為一個獨特的研究領域。芝加哥學派的某些成員注重社會秩序和社會組織的問題，對於城市中不同地區的社會特點進行實地調查。例如他們對於過渡區（zone of transition）進行了考察，這種地區處於中心商業區的周圍，其特點是遷移率高、社會成份複雜、住房條件差等。在這項研究中，他們探討了犯罪、精神病、酗酒等社會問題的發生率與社會內聚力間的關係。都市社會學表明：(a)在社會問題的產生上，社會經濟因素比地理或環境因素更重要；(b)在表面上解體的地區也存在着意識和社會秩序［見懷特（W. Whyte）《街角社會》（*Street Corner Society*, 1958）］。

　　芝加哥學派雖然建立了豐富的經驗研究傳統，但它在理論方

面的欠缺導致都市社會學在本世紀四十年代至六十年代趨於衰落；例外是一些關於社區的研究，說明都市街坊鄰里具有農村社區常見的交往方式〔甘斯（Gans, 1962）稱之爲「都市鄉村」（urban villages）〕。農村/都市分類法的理論內容是很貧乏的，加上社會的都會化，皆使都市社會學與先進工業資本主義社會的社會學分析無所區別。然而在本世紀六十年代後期，都市社會學在新一代的韋伯派學者和馬克思主義派學者的影響下得以復甦：

　(a)韋伯派：**雷克斯**（J. Rex）和穆爾（R. Moore）發表一部關於伯明罕的斯帕克布魯克地區的住房與種族關係的研究著作《種族、社區和衝突》（*Race, Community and Conflict,* 1967），書中把伯吉斯對過渡區動態變化的見解，與韋伯關於個人意義行爲的社會學意義的思想結合起來。這部著作將都市社會學拉回到社會學的主流中來，轉而激發了人們通過**住宅階級**（housing class）的概念討論韋伯的階層化理論。由於房地產市場是圍繞不同形式的產權構成的，因此便產生了一個新的社會身分群體或消費階級，其利益不一定與經濟階級的利益相符合。住宅是一種稀有資源，其分配受帕爾（Pahl）所稱的都市管理者（urban managers）這一政治集團的影響。相對於國家、私人資本和社會財貨的地方消費者而言，這個階級究竟有多大程度的自主性是一個經驗問題，但根據帕爾的意見，他們的運作造成各種形式的社會不平等和政治鬥爭，這一切都和生產領域無關。

　(b)馬克思主義關於城市的著作一開始就對作爲一種意識形態的都市社會學進行批判。勒費弗爾（Lefebvre, 1967）指出都市社會學是爲資本主義作辯解，因爲它未考察資本主義社會中的空間實際上是怎麼產生和分配的。根據這種看法，空間本身是一種商品，是一種稀有的和可以轉讓的資源。利潤與需求、交換價值與使用價值以及個人與集體的矛盾，體現爲資本家利用空間謀取利潤，與居民的社會需要之間的衝突。馬克思主義者卡斯特爾（Castells）在其理論分析《都市問題》（*Urban Question,*

1977）中一開始就表現出傳統的興趣——有空間意義的社會現象，且認為空間不是一個有理論意義的問題。有重要意義的問題是都市系統對生產方式所產生的作用。卡斯特爾集中討論**勞動力**（labour power）的再生產，他認為這種再生產日益集中於特定的空間內，其中社會財貨和社會服務需要依靠國家來提供。社會服務的集中造成消費的集體化。他認為都市是與資本主義進行鬥爭的一個重要成分，因為都市危機橫貫階級界限，並且造成具有特殊都市基礎的社會運動，這種運動繼而又形成新政治聯盟的條件。這些觀念激發了人們關於**集體消費**（collective consumption）（這是馬克思主義著作中講得不完全的概念）以及住房與房租的政治經濟學的討論。馬克思主義的批評者（Pickvance, 1976；Harvey, 1973）指出這些研究決不能把消費和積累作為資本主義分析的主要因素而代替階級鬥爭。

utilitarianism　功利主義　主張效用意指最大多數人的最大幸福的哲學學派。一般認為這是邊沁（J. Bentham, 1748 - 1832）和彌爾（J. S. Mill, 1806 - 1873）所倡導的學說。不過有人指出較早的霍布斯（Hobbes）、休姆（Hume）和洛克（Locke）等人的哲學著作也是功利主義著作。根據這種哲學主張，效用的實現應當是生活的正當目標，但卻可能遭到自私自利的偏見和無知的阻撓。能夠增進幸福和減少痛苦的行為應當受到鼓勵；增加痛苦的行為則應當予以禁止。因此功利主義蘊藏着一種社會行為模型，其中的個人根據理性的指令追求個人的自身利益，而**社會**（society）不過是為實現個人目標而聚在一起的個人集合體。邊沁將這些原則運用到經濟學、**社會政策**（social policy）和**法律**（law）等方面。功利主義對十九世紀許多制度和機構的產生有影響，其中不少至今仍然存在，如監獄和精神病院就是其中的例子（見 panopticon **環形監獄**）。**史賓塞**（Spencer）受到功利主義思想的影響，而**涂爾幹**（Durkheim）則抱批判態度，他認為造成**社會秩序**（social order）的文化傳統不可以化約為個人利益。

utopia　烏托邦　（源於希臘文，意為「無何有之鄉」）烏托邦指想像中的社會或地方，意在確立一種倫理或理論的理想，或者對現存社會組織模式提供一種鮮明的對照。烏托邦可能以歷史上存在過的社會為基礎，也可能定位於未來。著名的例子有柏拉圖（Plato）的《理想國》（*Republic*）和托馬斯・莫爾（T. More）的《烏托邦》（*Utopia*, 1516）。

對於烏托邦思想的價值評價各異。贊成者認為用烏托邦形象有助於批判性想像，並且提高人們對於替換現存社會組織形式的理想形式的認識。反對者認為烏托邦可能造成誤導，使人對社會變遷抱有不實際的期望。參見 utopianism **烏托邦主義**；ideal type **理想型**。

utopian communities　烏托邦社區　旨在實現或走向理想社會形式而建立的社區。例如十九世紀歐文（Robert Owen）建立的「新和諧」（New Harmony）社會主義社區，近年在蓋亞納建立瓊斯鎮（Jonestown）宗教教派社區等。這些社區往往壽命不長，但作為「社會實驗」，它們為社會組織改革的可能性提供了指南，因此在社會學中引起很大的注意。見 utopia **烏托邦**。

utopianism　烏托邦主義　提出一種理想的社會形式，作為未來社會可實現的模式的社會思想、政治思想或社會理論（見 utopia **烏托邦**）。

有人指責這種思想鼓勵沒有什麼實際根據或理論根據的政治目標和政治策略（參見 utopian socialism **空想社會主義**）。但曼海姆（Mannheim）[《意識形態與烏托邦》（*Ideology and Utopia*, 1929）]認為烏托邦觀念與大多數意識形態的不同之點在於它始終有一種「對現有的社會秩序起轉化作用」的潛在效能。在這種意義下，烏托邦主義有時可能幫助實現它所提出的理想社會模式的某些方面（參見 Frankfurt school of critical theory **法蘭克福批判理論學派**）。與此同時，曼海姆也看到烏托幫主義往往植根於非理性主義。參見 millenariansim **千禧年主義**；collective behaviour **集體行為**。

utopian socialism　空想社會主義、烏托邦社會主義　現代社
會主義思想的早期形式，包括聖西門（Saint-Simon）、傅利葉
（Fuorier）和歐文（Owen）的思想。馬克思（Marx）認爲這些
思想對於資本主義社會動力和階級鬥爭必要性存在不當的科學概
念，因而將其批判爲「烏托邦」社會主義。（見 utopia 烏托
邦；utopian communities 烏托邦社區）。

V

validity　效度　一種測量、指標或資料收集方法在判斷時所具有的可靠性或眞實性的程度。例如如果智力測驗之類的心理學方法是有效的，就意味着這種方法可以測量到想要測度的事物。如果社會調查提供了有效的資料，這種調查便被認爲眞實地反映了被調查母體的有關現象（如投票行爲的預測），這種調查法就可以說具有效度。比較 reliability 信度。

　　實際上在社會學中和一般社會科學中，指標和測量與所代表的概念之間的關係究竟如何，常常是有爭議的。見 official statistics 官方統計；measurement by fiat 人爲規定的度量。

value freedom and value neutrality　價值不涉入和價值中立

　　①認爲社會學可以而且應當根據「科學」的原則進行研究，完全排斥研究者自身價值觀的影響。②特指韋伯（Weber, 1949）倡導的一種學說，有時稱價值中立。這種學說主張：社會學家如果不能排斥自身價值觀對自身工作所導入的一切偏差，那麼至少他們也要弄清這些價值觀是什麼，及它們是怎麼影響自身工作的。③認爲社會科學可以確立有關社會眞實的「事實」（facts），但這樣做時並不能解決極終價值問題的學說，這是因爲在經驗證據與道德行爲之間以及事實與價值之間始終存在着邏輯的差距（見 fact-value distinction 事實—價值區分）。④韋伯倡導的一種學說（與他接受以上定義②、③下的價值不涉入/價值中性的觀點有關），他認爲社會學家作爲社會學家不要侈談終極價值的問題，尤其不要利用其專業地位，如學生們的老師，企圖提出某種價值立場。

VALUE JUDGMENT

以上四種價值不涉入和價值中立的意義都引起問題：定義①
所引起的問題是，要排除研究者的價值觀對社會研究法的選擇和
實行的影響是很困難的，甚至不容易加以控制，從而導致韋伯定
義②下的觀點。此外，從研究者自身價值觀出發的社會學研究並
非不可必免地喪失其效度和客觀性（validity and objectivity），
若眞如此，那麼幾乎所有的主要古典社會學家的著作［包括涂爾
幹（Durkheim）等有實證主義傾向的社會學家的著作］都會存
在致命性的缺點。還有一點需要指出，這種觀念也和我們所知道
的科學（science）的一般情況不相洽，科學界一般絕不以無預設
的方式進行研究（參見 objectivity 客觀性；theory-laden 理論負
載性）。

韋伯關於價值相關性（value relevance）的概念爲上述定義
①提出了一條出路，他指出社會學家必不可免地要受價值觀引
導，但只要清楚這一點就不一定會使選定的參考架構內部客觀性
的實現受到損害。然而這種看法也存在問題，特別是與以上定義
③和④相聯結時存在問題：看起來這種觀點支持價值觀的武斷性
和終極「非理性主義」（irrationalism）的看法。對於許多社會
學家［包括涂爾幹和馬克思（Marx）］來說，這種觀點是不能
接受的，價值觀更普遍的科學基礎還是一個有待探討的目標（參
見 value judgment 價值判斷）。

關於韋伯在上述定義④下的價值不涉入說，還有一種更明確
的反對意見是由貝克（Becker, 1967、1970）和高德納（Gould-
ner, 1956、1973）提出的，他們認爲一旦接受這種學說，社會學
家只要願意便可爲有錢有勢的人進行研究，這種人出得起錢委托
別人進行研究，而且可以輕易設定「值得研究」的社會問題（見
hierarchy of credibility 可信度層級）。參見 ethical indifference
道德冷漠；relativism 相對主義。

value judgment 價值判斷　倫理或道德的評價，特指由此導
致在倫理或道德立場上「什麼是應當作的」的陳述。邏輯實證論
（見 positivism 實證論）中有時假定從純科學的表述句中導衍不

出「價值判斷」出來；不過，還有另外兩種可能性存在：

(a)「事實」（facts）和「理論」（theory）雖然不能絕對控制我們的「價值」，但卻能告訴我們因果關係等等，從而也就指示我們應當怎樣實現自身的道德目標〔這大致上就是韋伯（Weber）的觀點；參見 hypothetical imperative 假言令式〕；

(b)認為「事實」與「價值」之間存在着不可克服的鴻溝的看法是不正確的，只要有可能，我們就應當設法將我們的倫理道德觀點以及我們的價值判斷置於牢固的社會學基礎之上（見 Comte 孔德；Durkheim 涂爾幹；Frankfurt school of critical theory 法蘭克福批判理論學派）。

以上三種觀點在現代社會學中仍有不同的社會學家支持。

value relativity　價值相對性　認為一切社會學知識都相對於特定價值，而價值反過來又相對於其社會內容的觀點。見 relativism 相對主義；value relevance 價值相關性；objectivity 客觀性。

value relevance　價值相關性　認為社會學研究課題必不可免地經常根據其「道德旨趣」來選定，但是這並不一定妨礙研究者在所採取的特定參考架構中尋求客觀性（objectivity）。這種理論特別是由韋伯（Weber）論述價值不涉入和價值中立（value freedom and value neutrality）詞條中定義②和④下的概念時提出的。他指出社會學研究與價值觀之間的全面關係有如下三個階段：(a)研究者的價值觀往往影響課題的選擇；(b)這並不一定妨礙客觀的研究，例如這不妨礙研究者確立某些價值觀（如 Protestant ethic 新教倫理）的意義；(c)任何這類研究的結果決不能證成某種價值觀。參見 fact-value distinction 事實—價值區分。

values　價值（觀）　①道德理想和信念。價值一詞常被用來將科學知識與「價值」區分開來，特別是當「應當如何」等道德理想被認為不可能是科學的，並被認為本質上不可能成為科學的。參見 fact-value distinction 事實—價值區分；positivism 實證論；value freedom and value neutrality 價值不涉入和價值中立。②個

人或社會的中心信念和目標。根據帕森思（Parsons）的結構功能論，內化的共同價值在任何社會的社會整合中都具有決定性的作用（參見 consensus 共識）。針對這種觀點的批評意見認為它高估了社會整合依賴於共同價值觀的程度，並低估了政治或經濟權力（power）的重要性（參見 oversocialized conception of Man 過度社會化的人觀；conflict theory 衝突理論）。大多數社會學家都承認即使價值觀分化，社會仍能存在，並且人們崇奉流行的信念和價值觀往往是為了自身利益或從實用的觀點出發的，而不是內心深處的服膺（見 deference 服從）。然而大多數社會學家同樣承認，赤裸裸的經濟或政治權力也不能成為社會整合的唯一基礎（例如作為以政治權力的基礎便是不穩固的），價值觀往往具有重要的作用（見 political legitimacy 政治正當性）。

與功能論所受的批判相似，馬克思主義主張意識形態（ideologies）在維護社會權力方面起主導作用的理論，也被批評為過分強調內化的信念與價值的作用。見 dominant ideology thesis 主導意識形態說。

variable 變數、變量、變項 可能連續變化（如身高）也可能不連續變化（如家庭大小）或者是兩極的（如性別）的可測量的特性。變數一詞一般在經驗社會學研究中用以指示年齡、階級、就業狀況、受教育年限等社會因素，這些因素可以影響其他的測量，如收入水平（可能受所有以上各種因素的影響）。社會學和心理學研究特別感興趣的是說明社會或實際經驗有哪些方面影響其他社會參數或社會行為，其目的在於解釋社會現象。從一種觀點看來，要把問題作科學化的處理就必須將可能的影響和可能的效果加以界定並加以量化，以便使用**共變法**（concomitant variation）、調查研究或實驗等方法來檢驗**假設**（hypothesis）。正是這種定義和量化產生了科學資料分析中所用的變量或變數。然而社會學的某些學派對上述意義下的變量（變數）概念的適宜性存有質疑。從**象徵互動論**（symbolic interactionism）的觀點出發，**布魯默**（Blumer, 1956）指出在社會學分析中運用標準化的

變量,使人忽視社會狀況的有效了解所要求的深入考察,並且歪扭社會現實的表述。在**俗民方法學**(ethnomethodology)等研究方法方面也有人提出類似的疑問。參見 measurement by fiat **人為規定的度量**;official statistics **官方統計**。

Varna 瓦爾納 見 caste **喀斯特**。

Veblen, Thornstein 韋伯倫(1857-1929) 美國經濟學家、社會學家和社會批評家,他因創立制度經濟學(institutional economics)方法而聞名。在《有閒階級論》(*Theory of the Leisure Class*, 1899)一書中,他對美國社會中社會統治集團競逐豪華生活方式和**炫耀性消費**(conspicuous consumption)提出了無情的批評。他在後來的一系列著作中,特別是在《營利企業論》(*The Theory of the Business Enterprise*, 1904)、《改進技藝的本能》(*The Instinct for Workmanship*, 1914)以及《工程師與價格體系》(*The Engineers and the Price System*, 1921)等書中,還對美國的資本主義作了同樣尖銳的批判分析,他認為美國的資本主義是「掠奪性的」和「寄生性的」。韋伯倫希望**有閒階級**(leisure class)和現代公司權要人物有朝一日會被工程師的統治所取代,人們「改進技藝的本能」會取得主導地位。然而他對於資本主義導致了世界大戰並不意外,他認為世界大戰的根源是德國的工業化較晚並且缺乏民主政治傳統。韋伯倫的社會學風格(以及其往往招致的敵對性反應)和美國社會的另一位主要社會學批評家**米爾斯**(Mills)後來的著作有某些類似之處。

然而人們對於韋伯倫著作採取批評性的接受這一點,反映出他那種研究方法的弱點,也無疑反映出人們對他關於美國社會的批判產生了明確無疑的意識形態抵抗。

Verstehen 瞭悟 這是「理解」(understanding)一詞的德文字,用在英語社會學常指意義性理解(meaningful understanding)。在這一過程中,社會行動者和社會學家皆「詮釋」(interpret)並理解他人的意義。

這個德文詞尤其用在**韋伯**（Weber）的著作中，他說：「行動科學的特定任務……是根據行為主體的意義對行動進行詮釋」（1922）。他根據這一取向將社會科學與自然科學區別開來。

說明瞭悟問題的文獻存在着混亂，弄不清韋伯用瞭悟一詞時所指的是只有當社會學家設身處地站在對方（個人或群體）地位上才能具有的理解，還是根據具有社會意義的明確語言解讀行為者的「主觀意義」。前者是令人迷惑的心理學理解，是「內省的」和「同理心」的理解；而後者則是可以作客觀證明的。

事實上，韋伯對這個名詞的用法看來包括兩種可能的要素，但在前一種可能性下，他力圖找出「經驗的經驗性規律」中是否有任何實存的心理學假定。不過仍然有些批評家錯誤地認為韋伯和任何其他人使用 Verstehen 一詞時一樣，所涉及的僅僅是令人可疑的內省心理（如 Abel, 1977）。另一些人（如 Winch **溫奇**，1958或 Macintyre, 1962）則說如果韋伯用 Verstehen 一詞時僅限於第2種意義下的意義性理解，而不將意義性理解和因果解釋混在一起就好了。

韋伯關於以行動者的意義為背景的「因果解釋」所具有的含義是什麼，這是另一個問題：這種含義可能是指：(a)作為「原因」而起作用的意義本身（某些哲學家反對這種用法；比較Winch **溫奇**）(b)瞭悟是在「普遍規律」的基礎上產生更廣泛的因果假說的方式，這種普遍規律至少在某種程度上必須反過來用經驗檢證。

看來韋伯的確是指兩種意義下的「因果」的意思。正是在這種脈絡下，韋伯的社會學可以看成是在兩種極端理論之間形成一種「折衷」（half-way house）的觀點：一種極端的觀點是純粹的實證論社會學，行為者的意義沒有地位，另一種極端的觀點是純粹的詮釋社會學，其中沒有因果分析的地位。韋伯的意見是使社會學成為一門科學，如是而已。因此他堅持認為行為者的意義和選擇決不能化約為僅是物理因果關係或機械因果關係。

violence　暴力　用軀體或武器的力量對人身或個人財產造成實

際損害。使用實力動武的能力常常是社會行為中一種決定性的因素，例如夫妻之間的情形就是如此（見 wife battering 毆打妻子），父母與子女的關係也是如此。就政治方面的情形來說，在一定領土範圍內堅持有對暴力手段控制權的正當壟斷（包括保衛領域）是國家（state）的界定性特徵，然而被統治者對統治者威脅使用暴力，則是對統治者權力的一個重要制約因素。

vocabularies of motive　動機辭彙　社會行動者為說明本人動機，也為說服他人承認其行為的可接受性而使用的詞語。在米爾斯（Mills, 1940）的用法中，這種動機辭彙並不是指人的普遍心理結構；而是一種典型的術語，社會行為者在特定的社會中用來為自己的行為找理由。格思（Gerth）和米爾斯指出這種辭彙體現在個人和集體的心理結構中，但其方式是個別的而不是普遍的。

voodoo or **voodooism　伏都（巫毒）教**　可能源於非洲而盛行於加勒比海和中美洲部分地區的鄉民和城市貧民的綜攝性宗教崇拜（cult），在海地最為盛行。伏都教的宗教習俗包括巫術（magic）和法術（witchcraft），特別是符咒的使用。

voting behaviour　投票行為　投票的決定過程和影響投票模式的社會因素。

投票行為研究有四種主要類型：選區研究、全國研究、跨國研究和集中針對某幾類選民或特定階級定位的政治意含的研究。拉札斯斐等人（Lazarsfeld et al., 1944）和貝雷爾森等人（Berelson et al., 1954）的開創性研究對後來的研究工作有很大影響。這些美國的研究成果確立了社會經濟身分、宗教、年齡和性相等重要的社會經濟變數作為投票行為決定因素的重要性。它們還說明了團體壓力和意見領袖（opinion leadership）對投票行為所產生的影響。由此得出的主要結論是：大部分投票行為都可以用選民的政黨認同（party identification）來說明，對大多數選民來說這種認同是相對穩定的。

這種模型也促成了巴特勒和斯托克（Butler and Stokes,

1969）對英國選民的研究。這兩位研究者描述了英國的選舉行為中選舉人不但受*階級*（class）的影響，而且還繼承父母的政黨認同，如果父母對主要政黨有強烈的共同認同。近年來選舉行為中倒戈易幟的現象顯然增加（「對黨忠誠的腐蝕」），現在正進行對這種投票行為模型的重新評價（參見 class dealignment *階級重組*）。關於投票行為和政治態度已有許多專著，如麥肯齊（McKenzie）和西爾維（Silver）有關*工人階級保守主義*（working class conservatism）的著作（1968）以及*戈德索普*（Goldthorpe）與洛克伍（Lockwood）等人關於富裕工人（affluent workers）的著作（1968）等都是。這些著作都假定「以階級為基礎的投票」占壓倒優勢，而對偏離現象設法加以解釋。用這種「跨階級」投票模式來解釋「階級投票」的全面低落也有意義，這種模式已不再是例外情形了。參見 party image *政黨形象*；political attitudes *政治態度*；stable democracy *穩定民主政體*。

W

Wallas，Graham　華萊士（1858－1932）　英國政治學家，有時被認爲是政治分析的行爲研究法的創始人之一。他最有影響的著作是《政治中的人性》（ *Human Nature in Politics* ，1908），書中主張更強調「非理性」（nonrational）因素在政治中的作用，其中包括風俗習慣和人的心理。他最大的貢獻可能是創造了政治形象（political image）這一術語。

Wallerstein，Immanuel　華勒斯坦（1930－　　）　美國社會學家和社會歷史學家，出生於紐約，就讀於哥倫比亞大學。他的研究工作主要是1955—1970年間在非洲進行的。他的著作《現代世界體系》（ *Modern World-System* ）的第一卷於1974年出版。1976年以後他在賓漢頓（Binghamton）的紐約州立大學任社會學教授和「費爾南德·布勞岱（Fernand Braudel）經濟、歷史系統和文明研究中心」主任。他的主要貢獻是發展了世界體系理論，並對社會學、經濟學、政治學和歷史學等多個跨學科研究作了整合。他在《資本主義世界經濟》（ *The Capitalist World-E-conomy* ，1979）和《歷史的資本主義》（ *Historical Capitalism* ，1983）兩書中叙述了他的研究方法，後者是一部論文集。參見 centre and periphery **核心和邊陲**。

Ward，Lester　沃德（1841－1913）　美國社會學家和演化論理論家（見 evolutionary theory **演化論**）。沃德所受教育和治學都受自學和折衷主義的影響。他最初學習植物學和法律，後來在植物學和地質學方面從事工作和研究，最後於1906年取得社會學教授的資格。他的社會學強調心理面向，他的四階段演化理論反

741

映了這種立場。他對十九世紀社會思想界熟悉的「社會動力學」（social dynamics）與「社會靜力學」（social statics）研究作了區別，即是將人們更熟悉的社會過程和社會變遷的研究，與社會結構的描述作了區別。

沃德追隨孔德（Comte）等思想家，是一位實證主義者（見positivism 實證主義），他熱衷於將社會學知識用於政治目的。不過他的偏好是通過概念和分類、而不通過定量資料來發展這門學科。他極力主張社會改革應以社會學所確認的社會法則為依據，或者至少也要符合這種法則。然而沃德的演化論和實證主義觀點並沒有使他採取不介入的政治立場。他的基本概念之一是借力施力（telesis）——大致是指用有目的選擇來指導進化過程的變化。沃德在這個基礎上支持婦女解放和美國產業工人階級的運動。他對社會與經濟不平等現象進行批判，但他認為減少不平等現象的社會不能自上而下地強加實現。然而國家根據借力施力的原則採取行動，便可能產生普及教育等政策，這樣便可能有助於造成更多的平等。

warfare　戰爭　①國家（states）之間或民族之間所發生的暴力衝突，往往是武裝衝突。②與此相類似但不一定是暴力的階級衝突，但這種衝突上述定義①下的戰爭水平。第1種意義下的用法是至為重要的，這裡討論的就是這種意義下的戰爭。

戰爭和備戰常被認為是人類社會普遍存在的特徵。有時有人認為這種現象的原因是人類有內在的侵略性，並且是由於人類社會中的領土慾（territorial imperative）的作用。但與此相反，有一點也是清楚的：戰爭的發生是多變的，某些社會很少訴諸戰爭，也沒有黷武主義（militarism）的傳統存在。顯然戰爭是受文化影響的現象，而不是由生物本性決定的現象。在簡單社會和較發達的社會中，看來也沒有任何直接了當的生態壓力或領土壓力等模式，可以解釋戰爭發生的不同頻率。特別是現代社會，對戰爭需要用政治經濟的觀點加以理解。

正如歷史學家蒂利（Tilly）所指出：「國家造成戰爭，戰

爭也造成了國家」。正如許多評論家堅持指出的那樣,特別是現代歐洲的**民族國家**(nation state)可被認為是「為戰場而建立的」(Anderson **安德森**, 1974);見 absolutism **專制主義**。此外,整個現代**民族國家體系**(nation state system)始終是圍繞着主權民族國家而存在,其中戰爭的威脅始終存在,而且至少是直至目前為止,世界的生存始終受到強權對立的威脅。情形已經如此,而戰爭的經濟與政治副作用又廣泛(激發人們進行改革與革命,或是引起政治反動),關於戰爭的研究沒有在社會學中占更加重要的地位乃是令人感到詫異的事情。近年來社會學家給予這個問題更多的注意,使情形得到了彌補,如曼(Mann)和紀登斯(Giddens)的著作。有一個關鍵性的問題是:政治與軍事的變化和經濟與社會的變化如何交互發生影響。古典的馬克思主義和社會科學的許多其他領域過去都傾向於用後者來解釋前者,現在的趨勢卻是更相信與此相反的關係。

Webb, Sydney and Beatrice 韋布夫婦 英國社會研究者和社會活動家。錫尼‧韋布(1859 - 1947)與夫人比阿特麗斯(1858 - 1943)合作在研究勞工史方面起了開創性的作用,如他們合著的《工會史》(*The History of Trade Unions*, 1894)和《工業民主制》(*Industrial Democracy*, 1897)。他們於1895年創立倫敦大學經濟與政治學院(London School of Economics and Political Science)。他們寫了一部巨著,論述地方政府 [《英國地方政府史》(*History of English Local Goverment*)九卷, 1903—1929],他們還起草了濟貧法委員會(Poor Law Commission)的少數報告(1905 - 1907)。他們於1913年創辦《新政治家》(*New Statesman*)雜誌,對費邊社和英國工黨頗有影響。他們擁護蘇聯的目標 [《蘇維埃共產主義:一種新的文明?》(*Soviet Communism: A New Civilization?*, 1935)]。他們除了合著的20幾本書外,還各自寫了不少其他的書和小冊子。在描述自己生涯和工作的書《我們的伙伴關係》(*Our Partnership*, 1948)中,比阿特麗斯說他們把「社會制

度的研究」看作爲「社會學」。並非所有現代的社會學家都同意
這種看法，因爲社會學作爲一門發展中的學院學科，韋布夫婦的
著作往往只是間接地涉及社會學最核心的問題。但韋布夫婦對社
會學英國傳統的歷史理解及經驗性社會考察有許多貢獻，對社會
福利的提倡也作出許多貢獻，這是無可否認的事實。

Weber, Max 韋伯（1864－1920）　德國經濟學家、歷史學
家和重要的古典社會學家。他和**馬克思**（Marx）、**涂爾幹**
（Durkheim）三人常被認爲是古典社會學三巨擘。韋伯生於圖
林加（Thuringia）的愛爾福特（Erfurt）地方，就讀於海德堡、
柏林和哥廷根等大學。他最初學哲學和法律，後來興趣轉向經濟
學和歷史學，然後又轉向社會學。因此，韋伯的學識不限於狹隘
的學科範圍之內。從1892年起他在柏林大學教法律，後來於1894
年到弗萊堡大學任政治經濟學教授，於1897年擔任海德堡大學的
經濟學教授，在此期間患精神抑鬱症，研究工作因而中斷，而且
不能繼續執教，直到1918年才在維也納大學接受了社會學的教
席，第二年又在慕尼黑大學任教。他一生中始終積極地關注德國
的社會與政治事務。他的政治觀念具有民族主義的傾向，但卻是
批判的、自由主義的和反權威主義的，他保衛學術自由，反對那
些企圖利用大學爲國家利益服務的人。

　　韋伯學術成就之廣令人驚嘆，並且內容與詮釋上受到爭議，
概括說他的目標在於：

　　(a)將社會科學置於牢固的方法論基礎上。

　　(b)在**價值相關性**（value relevance）和社會政策議題方面確
立社會科學的界限。

　　(c)提出一些廣泛的概括論點和概念用於實質問題的研究。

　　(d)貢獻於他有興趣的問題之研究，尤其是對有關現代工業社
會的性質與來源的問題以及支持工業社會的理性化（rationaliza-
tion）過程的研究做出貢獻。

　　爲實現這些目標，他廣泛寫了社會科學的方法論和哲學著作
［韋伯著有《社會科學的方法論》（*The Methodology of the So-*

cial Sciences, Finch 編, 1949）〕。此外，還對以下各方面的研究作出了貢獻；古代社會、經濟史、對中國與印度及歐洲的宗教與社會結構作比較，特別是對法律、政治與音樂的社會學作出貢獻。他的社會學思想最爲全面系統化反映在《經濟與社會》（*Wirtschaft and Gesellschaft*, 1922）一書中。

在韋伯看來，社會學的目標是對有主體意義的人類行動作詮釋性的理解，以揭示行動者的動機，在某種程度上看作**行動**（actions）的原因。他認爲採取行動的個人是唯一的社會實在，因此他反對用**國家**（state）、**社會**（society）等集體概念，除非這些概念與個人的行爲有緊密的聯繫。他反對社會科學可能靠自然科學的方式發現規律（特別是發展規律）的看法，雖然他認爲社會科學家可以而且應當對人類行爲的性質、過程和後果採取規律性的概括（即作出趨勢性的論述）。這種概括可能達到，因爲人類行動往往遵從多少有規律的模式。這種概括對於確立因果解釋的適切性是必要的，而且還可能作出統計的表述，只要這些統計得到其指涉的行爲的有意義詮釋的支持。

韋伯的著作充滿概括性的結論和概念，從社會行動的基本類型，到著名的構念如**科層制**（bureaucracy）、**感召力**（charisma）等。這一切目的都是爲了幫助行動的理論分析，並說明其原因、後果和制度化的表現。許多這類概念都屬於**理想型**（ideal types），或多或少地存在於複雜現實中的趨勢的邏輯簡述，它們是由社會學家根據其單方面的和主觀選定的觀點構成的。韋伯堅持科學概念不可能徹底說明現實，現實是無限的，而且也太複雜，不是人的有限心智能夠完全掌握的。因此概念決不能成爲終極的、包羅無遺的、明確的叙述，而只能是啓發性的設計，現實可以據之作出比較和度量，以便進一步探討和解釋。

社會科學與價值觀的緊密關係來自於此種選擇的需要；社會科學之所以是「價值相關的」，其原因在於科學家選來進行研究的問題以及其概念化都取決於科學家的價值觀和（或）他們所處社會的價值觀（見 value relevance 價值相關性）。然而社會科學

還必須價值中立，因爲價值觀不能任其闖入實際的觀察及其結論中（見 value freedom 價值不涉入），科學最終也不能確認價值觀的判斷、道德的選擇或政治傾向。在這種意義下，科學界與道德和政治選擇的世界在韋伯看來在邏輯上是脫節的。不同意這種看法就是放棄人類有接受其選擇之後果的責任。

　　韋伯採取這樣的觀點，正是二十世紀初德國的社會科學界對方法論和價值觀等問題發生激烈爭論的時候（參見 Methoden-streit 方法論論戰）。同時他還展開自己所關注問題的研究，主要集中在支持現代工業社會的理性化過程方面。韋伯把理性化（rationalization）一詞應用於西方世界，目的在於把握使世界除魅（disenchantment）的過程。在這種過程中，社會行動日益被化約爲瑣屑的計算，其傾向是對世界事務進行常規管理大規模組織和特殊化的勞動分工占居支配地位，最後的表現則是科層制。韋伯對這種過程感到不安，他認爲這種過程對人類的活力和自由帶來破壞作用，循規蹈矩的官僚制氣氛迫使人們變成狹隘的專業人員，這種價值導向使人成爲謹小愼微的懦夫，寧願要常規慣例的安全性而不去發揮創造的想像力和責任感，而後者是保衛人類自由這一西方世界最高理想所必需的品質。

　　韋伯認爲歐洲是這種趨勢的獨特發源地。他將歐洲與東方的宗教與社會結構作了全面的比較分析（不無失策地歸於宗教社會學（sociology of religion）這一名目之下），試圖指出人類以不同的宗教、社會和政治價值取向，造成的觀念和結構使這一過程在東方受到抑制，而在西方則得到推動。在這些研究中他試圖說明西方的宗教怎樣獨立地打破了巫術（magic）的勢力，並在不涉及經濟利益的情況下，對經濟與社會生活的理性化產生了決定性的影響。他還設法證明分權化的西方政治結構加上羅馬法的遺產，創造了個人權利和理性行政管理的發展條件——這些條件是資本主義所必需且隨資本主義成長而又進一步發展。因此韋伯的新教倫理（Protestant ethic）學說只不過是他關於西方資本主義社會及其根源的大規模分析中的一個小部分，也是人們討論得最

多並且有時受到污蔑和誤解的理論。

韋伯強調宗教影響人類行為的力量，使人不禁認為他是一個與馬克思對立的思想家。然而這個斷語可能太簡單。韋伯把**馬克思（Marx）和尼采（Nietzsche）**當成他那個時代的知識巨人看待。因此，他雖然否定庸俗馬克思主義者的粗糙經濟決定論，但卻看不出他把這種決定論加諸馬克思本人身上。事實上韋伯承認經濟利益在塑造人類行動上是一種原始的推動力，通常還是一種決定性的推動力。此外，他關心現代社會對人類自由與創造性的含義和馬克思用**疏離（alienation）**這一概念所表示的關注不無共同之處。然而韋伯關於現代資本主義社會的結構與動力的分析與馬克思有所不同。例如他並不認為現代資本主義社會將會分裂成以財產關係為基礎的兩大敵對階級。相反，他認為衝突集團形成的基礎比較廣泛，其中包括：

(a)階級的數目較多，決定於市場關係，因而除了財產關係以外還決定於文憑和技術；

(b)對於身分和政黨的仔細研究，提供了與階級無關的、可能造成衝突的焦點（參見 class, status, and party **階級、身分和政黨**；multidimensional analysis of social stratification **社會階層化的多元分析**）。

然而最重要的是關於社會主義本質中具有解放人類的可能性問題，韋伯並不像馬克思那樣抱樂觀的看法。只要社會主義涉及經濟和政治權力的集中，它就要擴展科層制，從而加深自由所面臨的問題，而不是減輕這種問題。

韋伯著作觸及西方社會的前途時便充滿了悲情，他認為諷刺的是：一個建立個人自由的民族竟然會創造條件來消除它。他關於現代大眾民主政治的分析並沒有使他增強信心。這類政治以大眾官僚主義的黨派為基礎。其領導人為了保全自己的組織和職位不惜犧牲他們的理想，這類政治往往維護現狀，並不能為個人提供多少批判言論的空間。韋伯渴望具有巨大感召力的領袖人物，渴望有人靠自己人格力量喚起群眾，並對官僚主義的統治機構進

行挑戰。他的這種願望根據上述分析看來是可以理解的,只是出現了希特勒那樣的人物未免令人倒胃。但韋伯並非贊同納粹,他明顯地相信在政治衝突中,政治領袖及其黨派通過選舉的機制爭奪並交換權力;他保衛學術自由和猶太裔與馬克思主義知識分子的權利,反對歧視他們的國家。不過他的民族主義是無可懷疑的,這使某些人難以承認他是一個自由主義的思想家(Dahrendorf 達倫多夫,1967)。

韋伯的研究成果躲不開批判。有些人指出他爲「意義社會學」提供一個適切基礎的目標並未達到(Schutz 舒茲,1967;Winch 溫奇,1958)。另一些人則指出他的經驗性研究說明行動的結構決定因素多於說明意義。他關於道德中立的觀點也受到指責(Gouldner 高德納,1973),可是這些觀點在當代社會學中還是吸引了相當多的人支持。正如布登和布利考德(Boudon & Bourricaud,1989)指出的:「韋伯的遺產提供了一系列連續相關的里程碑,使兩方面都不放棄的某些研究者有所遵循:一方面是以仔細的制度分析研究支持一種範圍寬廣的歷史比較觀點,另一方面是以個人的投入加上方法論的超脫。」

welfare state 福利國家 一種國家形式,有廣泛的國家立法,規定國家提供補貼和服務,以提高人民的生活品質。福利國家一詞是第二次大戰以後開始使用的,指的是一套社會立法,尤指保健、教育、收入補貼、住宅和個人社會服務等方面的社會立法。福利國家在全國和地方兩個層面上介入人民的生活。1945年以後英國的福利國家擴大範圍,現在其費用和運作是政府主要考慮的問題。所有現代西方社會人民的生活都受到福利事業的影響,福利社會的觀念在意識形態上有強大的吸引力。

對於福利國家有幾種不同的社會學解釋:

(a)公民權利觀,在**馬歇爾**(T.H. Marshall)的著作中得到最充分的發揮,認爲國家必須提供最低限度的福利補貼,以保證個人能適切地參與自由民主社會。

(b)功能論觀點〔特別是**帕森思**(T. Parsons)的觀點〕,認

為國家通過社會政策的介入對於解決複雜工業社會的衝突是必要的。

(c)馬克思主義觀點，認為福利國家在使資本主義社會關係正當化方面有一種意識形態上的作用，個人支持國家和資本主義經濟制度是因為他們堅信資本主義國家提供了福利。

馬克思主義者還指出福利國家經由降低勞動力的再生產費用，從而支持生產工具的所有者，福利國家的作用是提供一支健康的、受過教育的、住宅條件良好的勞動大軍。此外提供福利補貼的條件規定，人們只能取得最低限度的補助，而且還要證明取得補助的資格，這一切被看成是進行社會控制的強有力手段。然而馬克思主義者也說福利國家的某些方面對於工人階級是有實際好處的，例如英國的國家保健服務和房租津貼就是如此。他們說這些福利是勞工運動施加政治壓力而得到的結果。因此馬克思主義者把福利國家看成一個階級衝突的戰場，其運作是矛盾的：部分支持生產工具的所有者，部分支持工人階級。近年女性主義社會學家指出關於福利國家的解釋忽視了婦女與福利國家之間的關係。她們說福利國家的許多方面都是由1945年以前在勞工運動內部工作的婦女實現的，如婦女勞工同盟（ Women's Labour League ）和婦女合作行會（ Women's Cooperative Guild ）等。她們還指出福利國家支持婦女作為照顧者的角色的看法，對婦女生活起了強大的規定作用。例如1942年的貝弗利報告書就明確地將已婚婦女排斥於領取國家保險福利金的資格之外，她們要依靠自己的丈夫來取得社會保險補貼。女性主義者還對提倡**社區照顧**（ community care ）的政策持批判態度，她們說社區照顧不過是把利用婦女照顧親戚說得好聽一點罷了。

1979年以來，一些西方社會出現貨幣主義政策，並且談論起財政危機，由國家提供福利的觀念便受到懷疑。支持這種想法的人說福利國家昂貴而又浪費。他們還提倡一種政策，即福利服務由私人機構提供，讓人們選定哪一種服務他們願意給錢，那種服務去向誰要。

white-collar worker　白領工人　非體力勞動雇員，主要指較低階層的非體力勞動職業中擔任比較日常性的工作的人。非體力工人與體力工人在服裝上的差別，反映了這兩類工人之間在身分（status）和工作情境（work situation）以及市場情境（market situation）等方面存在的歷史性差異。

Whorf, Benjamin Lee　沃夫　見 Sapir-Whorf hypothesis 薩丕爾—沃夫假說。

wife battering　毆打妻子　口語用詞，現在也用在社會學中指丈夫或性伴侶對婦女的身體虐待。女性主義理論家認為這種身體虐待不但可以用大多數男人的力氣較大來解釋，而且可以解釋為支持男子統治地位的廣泛文化氣候的副產品。毆打妻子的發生率是很難確定的，例如在英國，婦女自願舉報這類行為的人日見增加，警方和其他當局採取行動的意願也增加，這就意味着這類事情的可見度大大地提高了。

Winch, Peter　溫奇（1926 –　　）　英國哲學家，維根斯坦（Wittgenstein）分析哲學的一員，他主要寫道德哲學著作，但早期也寫過社會科學的哲學著作，特別是《社會科學的理念》（*The Idea of a Social Science*, 1958），具有極大的影響。溫奇指責當時在社會學中占主導地位的流派，大致上是實證論和功能論學派。他論證指出社會生活的基本調查必須是哲學性和倫理性的，而不能一味模仿自然科學。在溫奇看來，社會行動無非是遵循和破壞這種行動的意義之下所存在的規則和慣例，它可以為社會學家所把握和理解（參見 rules and rule-following 規則和遵循規則）。溫奇特別想排除「因果關係」，即休姆（Hume）因果論的「恆常聯繫」（constant conjunction）。他認為社會生活更像一場展開中的討論，而不像因果之鏈。他還說哲學的核心認識論（epistemology）立基於規則和約定〔維根斯坦（Wittgenstein）的生活形式（forms of life）〕，因而哲學與社會學的考察是不可分的。他堅持主張生活方式的多樣性，每一種

生活方式都有一種基礎不同的認識論；這種看法似乎也形成「眞理」（truth）「相對化」（relativized）的概念，使溫奇被看作是社會和認知的相對主義者。

許多人都反對溫奇的說法，其中最有力的挑戰是對溫奇關於休姆式科學觀論點提出質疑：按因果律推論的科學與非科學之間無法劃出一道邏輯的界線，而且「生活形式」不能按溫奇所提出的方式劃界。

Windelband，Wilhelm　文德班（1848－1915）　德國新康德派（neo－Kantian）哲學家。他關於社會研究中區分兩個對立的焦點廣爲人知：**特殊規律研究和一般規律研究**（idiographic and nomothetic）。後者涉及的是發現科學規律，而前者涉及的是處理個別歷史現象時所需要的特殊方法。他和**李克特**（Rickert）共同提出主張：經濟學與社會學在設法確立概括性規律時可以適當採取自然科學的方法論，但必須瞭解歷史學和文化的研究往往需要應用特殊規律研究法。文德班著作中有一個重點是價值觀對於文化領域中選擇研究課題的重要意義，這種觀點影響了**韋伯**（Weber）（見 value relevance **價值相關性**）；但與韋伯不同，文德班認爲有可能確立普遍有效的道德規範。

Wittfogel，Karl　維特弗格（1896－1988）　德裔比較社會學家。他以關於中國社會研究的著作和引起爭論的《東方專制主義》（*Oriental Despotism*, 1957）一書而聞名。1925—1933年間維特弗格在法蘭克福社會研究所工作（見 Frankfurt school of critical theory **法蘭克福批判理論學派**），後來移居美國。

Wittgenstein，Ludwig　維根斯坦（1889－1951）　奧地利裔哲學家。他對現代哲學和社會學某些方面的影響十分巨大。維根斯坦是一位非凡的哲學家，因爲他對哲學的兩個分歧的主要流派都作出重要貢獻：

　　(a)在《邏輯—哲學論叢》（*Tractatus Logico-Philosophicus*, 1923）一書中，他把語言說成是對世界的「描繪」（picturing）。根據這種理論，一個命題的眞假最終在於它符不

符合「原子事實」（atomic facts），即符合不符合構成世界的「終極單純事態」（ultimate simples）。這種看法與羅素的「邏輯原子論」（logical atomism）相結合對**邏輯實證論**（logical positivism）具有巨大影響。

(b)《哲學探究》（*Philosophical Investigations*, 1953）一書是在他死後發表的，在此之前他已經放棄哲學，他認為他的哲學任務已在《邏輯—哲學論叢》中完成了。他在《哲學探究》一書中否定了自己的「描繪理論」（picture theory），另外提出一種理論，即把語言看成「工具」，這種工具只能在特定的社會背景中運作，或聯繫特定的任務運用。這就是他在這一階段最有影響的概念的意義：語言是一種「**生活形式**」（form of life，參見language games **語言遊戲**）。在《邏輯—哲學論叢》中語言被說成是普遍真理的基礎，是科學的堅實基礎，而現在又說有多元語言存在，任何真理都是與這些語言相關。也可以說維根斯坦的後期哲學蘊含在前期的觀點之中，因為在此階段他說自己把「不能說的東西」放下不說。在他後期哲學中，可以說的東西很多，但沒有任何能說的東西能脫離特定的語言。

維根斯坦的哲學正是在上述第二種形式下對社會學產生了錯綜複雜的影響，特別是對**社會現象學**（social phenomenology）和**俗民方法學**（ethnomethodology），部分影響是通過它對語言哲學的影響，另一部分影響是直接的、通過溫奇（Winch）的著作產生了影響。他的哲學對自然科學的歷史研究和社會學研究也有深刻的影響，這一點在**孔恩**（Kuhn）和**費若本**（Feyerabend）的著作中有明顯表現。後期維特根斯坦的影響被某些社會學評論家認為是有害的，如**葛耳納**（Gellner, 1974）認為維根斯坦對溫奇的影響導入一種「新唯心論」和「新相對主義」（new relativism）。在另外一些人（如溫奇）看來，對社會行動者的信念與價值觀於發生的具體社會背景中作出意義性理解（meaningful understanding），乃是社會學分析的精髓，也是社會學的唯一目標。但也存在第三種觀點。許多人認為維根斯坦

強調先理解社會行動者的信念與價值觀再設法加以解釋，這是最重要和最有價值的看法。以這種觀點來說，某些社會學家取之於維根斯坦與韋伯（Weber）對社會現實描述的構想，內容之間有直接相似之處，即「意義性理解」與廣泛的「因果解釋」被結合了起來。

women's liberation movement　婦女解放運動　本世紀六十年代以後西方**女性主義**（feminism）多方面復興的運動。婦女活動家在美國民權運動中的經驗使她們針對婦女的從屬地位進行鬥爭。與早期的婦女運動不同，婦女解放運動強調「個人的事就是政治的事」，並且認為「意識的提昇」（consciousness raising）是一切理論與實踐的基礎。因此這種說法強調的是具體的個人政治，使婦女能夠分析自身所受壓迫的本質並為克服這種壓迫而進行鬥爭。

婦女解放運動派系甚多，沒有上下等級之分，結構鬆散，也沒有嚴格的原則。雖沒有領導人，但對婦女解放的關懷在各種不同的社會脈絡發出聲音。不過這個運動的許多派別都在一個主要的信條下團結起來：所有的婦女都受共同的壓迫，而男人不受這種壓迫，卻從中得到好處。

在這個運動的初期有一個重要關注是姐妹情誼（sisterhood），即認同並歸屬於一個全球女性社群的感覺。胡克斯（Hooks, 1981）等人發現該運動內部不斷出現種族主義問題，因而強調上述概念是靠不住的。在本世紀八十年代，除了團結女性的社會因素之外，分化她們的因素也得到了研究。

西方大眾傳媒將婦女解放運動一詞瑣屑化（women's lib），使得許多女性運動者寧願用另一名詞──「婦女運動」。使用後一名詞有一危險：這一運動從屬於女性主義原則與追求解放目標的意識可能被抹殺。但「女性運動」一詞的好處是包容的範圍更大，並且可使婦女的鬥爭作跨文化的聯繫。參見 feminist theory **女性主義理論**。

women's studies　婦女研究　一種多學科研究，旨在分析並理

解婦女在以往和現在的父權社會中的地位和經歷。婦女研究計劃在本世紀六十年代後期隨着婦女解放運動（women's liberation movement）的發展而出現，它在歐洲與美國的高等學府中得到發展和擴大。婦女研究計劃崇奉女性主義的理論、方法論和實踐，通過一種以婦女爲中心的研究方法對傳統學科（包括社會學）中歪曲婦女形象的情形提出指責和反對。婦女研究課程的內容是由人文科學、自然科學和社會科學界的女性主義者形成的，同時也由社區工作的女性主義者（特別是在婦女組織中工作的女性主義者）所形成。因此婦女研究計劃是從婦女對性剝削與性壓迫的直接體驗，以及其反應中產生出來的。婦女研究有一個主要的目標是：在揭示傳統知識中的男性偏見時，使婦女在社會與文化從事的工作能爲世人所知。婦女研究計劃試圖反對一切歧視女性的重要方式，並反對將各學科劃分開來的僵硬界限。因而對既有的學術知識和教育實踐提出了激烈的批評。這些計劃的內容各不相同，但大多數的課程目的在於將婦女所受壓迫的女性主義分析和實用技術（如建立自信心的訓練）的發展結合起來。根據婦女的需要，對傳統的教學和評分方法予以重新評價，並把理論問題與婦女的日常經驗聯繫起來。

working class　工人階級　①體力勞動工人，即主要用雙手勞動而不是用腦子勞動的工人。在這個意義下，英國屬於工人階級的人口所占比例在二十世紀不斷下降。但有一個問題：對於某種目的來說，作日常工作的白領工作者是否也應屬於工人階級（參見 proletarianization **無產階級化**）？②無產階級（proletariat）的成員，也就是所有受僱的工資勞動者或薪資勞動者，他們既不擁有也不能支配生產工具。在定義②下，工人階級包括大多數勞動人口（參見 intermediate classes **中介階級**；contradictory class locations **矛盾的階級定位**）。

不論在定義①或②下，工人階級內部的劃分和階級意識的變異，都是令人關注的重要問題。見 working–class conservatism **工人階級保守主義**；labour aristocracy **工人貴族**；class imagery

階級形象。

working-class conservatism　工人階級保守主義 （英國）
體力勞動工人階級投票給保守黨的現象及相關的態度。由於這種
行為偏離工人階級的規範，而且有時也被認為與工人階級的利益
相矛盾，於是便有人提出多種解釋：

(a)**服從**（deference）：接受中產階級並接受保守黨為傳統的
統治階級，老選民尤持此種觀點；

(b)婦女中特有的工人階級保守主義傾向，部分的解釋是她們
的工作位置不同，而且與傳統的工人階級政治組織形式（如工
會）接觸較少；

(c)**富裕和資產階級化**（embourgeoisement），尤指脫離傳統
工人階級定位的選民中所發生的（見 affluent worker **富裕工人**；
embourgeoisement thesis **資產階級化說**）；

(d)**中介的的階級定位**（mediated class locations），如「中產
階級的關係」──諸如配偶一方和雙親一方或兩方具有非體力勞
動背景，以至使體力勞動工人階級的選民受到「交叉壓力」
（Goldthorpe, 1968）；

(e)西方資本主義社會對工人階級普遍實行意識形態的納入，
這是一種持續存在的趨勢，是這種社會中右翼價值觀掌有的全面
文化霸權（cultural hegemony）造成的。

以上各種解釋常是互補的，每種只解釋一部分現象，不過並
非每一位理論家都全盤接受以上的解釋（見 dominant ideology
thesis **主導意識形態說**）。

不論是由於什麼原因，有一點是清楚的：20世紀晚期工人階
級對工黨的支持出現更加普遍下降的趨勢，可能是英國政界的全
面**階級重組**（class dealignment），其中包括工人階級對保守黨
的支持日益增加，也包括中產階級投工黨的票日益增多（參見
middle – class radicalism **中產階級激進主義**）。某些評論家指出
這現象說明階級在選舉行為方面所具有的突出地位已經衰落
（Crewe, 1977），也使人懷疑關於工人階級利益的傳統觀念，

WRONG LEVEL FALLACY

而把工人階級保守主義解釋爲錯誤意識（false consciousness）也是令人難以置信的。不論這些有關階級重組的觀念是否被認爲有說服力，有一點很淸楚：「跨階級」選票普遍增加，意味着必須將工人階級保守主義的解釋與這種行爲被視爲反常時期的解釋加以區別。參見 voting behaviour 投票行爲；party identification 政黨認同。

wrong level fallacy　錯誤層次謬誤　見 ecological fallacy or wroing level fallacy 生態謬誤或錯誤層次謬誤。

XYZ

xenophobia 恐外症 被誇大的敵視或恐懼外國人的情感。見 ethnocentricism 族群中心主義。

youth culture 青年文化 圍繞青年這個社會範疇存在的次文化特徵。其內容包括：

   (a)獨特的時尚和鑒賞標準（特指音樂和服裝方面）。

   (b)社會關係重友誼和同儕團體方面，而不重家庭方面。

   (c)相對占中心地位的是休閒娛樂而不是工作。

   (d)挑戰成年人價值觀，重視個人實驗各種生活方式。

   (e)在休閒的品味和行為方面存在一定程度的無階級性。

   儘管成年人與青年人之間的區分是明顯的，但青年文化卻不統一，而是按性相、族群、階級、教育和種種互相競爭的文化風格而分歧。

   現代社會中出現獨特的青年文化，與大眾傳播媒體的支配作用和富裕程度日益提高有關。這些因素造成基本上以青年人為目標的文化產品的新市場。參見 adolescence 青春期；life course 生命歷程；resistance through ritual 以儀式對抗；leisure 休閒。

youth unemployment 青年失業 從畢業離校至就業之間這段時期的失業（unemployment）。二十世紀七十年代和八十年代西方世界大部分地區青年失業現象不斷增加。這種現象的持續存在，以及為了緩和這一問題的公共政策措施推動了許多研究計劃。有人強調勞動力供應因素，如人口變化、勞動力成本提高、缺乏工作技能等，這種說法使得人們主張教育應當更職業化。社會學家往往批評「供給面」（supply side）的論點，批評它「責

757

怪受害者」為什麼失業。社會學家認為失業是結構與制度因素造成的結果，而不是受其影響的特定社會群體的特點。

Yule's Q　尤耳相關係數　數學家尤耳（G.V. Yule）所發明的相關度量（見 correlation 相關）。尤耳相關係數可用來計算只具有兩種可能值的兩個**變數**（variables）間的相關關係。例如在圖30中，變數「階級」具有「非體力」和「體力」這兩種值；變數「健康狀況」具有「良好」和「不佳」等兩種值，這便是二對二的列聯表。

　　正像許多其他相關性測量一樣，尤耳相關係數的值也是在 −1 到 +1 的範圍之內。圖30中 +0.63 這一數值表明非體力勞動工人階級與健康狀況良好之間存在着中等的正相關關係。然而負或正所表示的方向，只取決於欄內的次序。把欄倒過來便可以將負變為正，即體力勞動工人階級與健康狀況良好之間存在着負相關關係。

健康狀況	階級	
	非體力	體力
良好	57(a)	30(b)
不佳	20(c)	47(d)
計算 Q 的公式	$Q = \dfrac{ad - bc}{ad + bc} = +0.63$	

圖30　尤耳相關係數

Zeitgeist　時代精神　（德文）意為某一時代的精神。這個名詞特別被用於對十九世紀浪漫主義的研究，指一個特定時期的主要信念與感情。參見 Dilthey 狄爾泰。

zero-sum game　零和博弈　一種遊戲或類似的社會情境，其中一方面之所失是另一方之所得（Von Neumann & Morgenstein, 1947）。參見 theory of games 博弈論；prisoners' dilemma

囚犯困境。

Znaniecki, Florian　兹納尼茨基（ 1882－1958 ）　波蘭裔美國社會學家。他以研究著作《波蘭鄉民在歐洲和美國》（ *The Polish Peasant in Europe and America* , 1918—1920 ）而知名。

zone　區　具有特定功能或特徵的地區，特指城鎮或城市中的地區。區的出現可以是有計劃的，也可以是無計劃的，如入學區的劃定，和對工、商業發展區的規劃限制等。參見 zone of transition 過渡區。

zone of transition　過渡區　毗鄰中心商業區的城市地區（根據都市生態學的觀點）。雖然其社會經濟構成由於都市的發展和地區轉移而不斷變化，但仍然有以下的特點：

(1)遷移率高（ 窮人和新進入城市的人口遷入，而境況好的人則遷往郊區環境「較好的」地區）。

(2)社會成份複雜，各層居民雜處。

(3)社會問題（ 如犯罪、精神病和酗酒等）多，報案率高。

社會問題發生率高與住宅條件差和貧民窟擴展相應，以致近年實施拆遷貧民窟和興建高層住宅計劃。雖然環境的物質條件重要，但都市生態學則提示：這些地區缺乏社會聯繫和共同體意識，是造成社會病態的主要原因。

近來，過渡區一詞已被**內城區**（ inner city ）一詞所代替，指具有少數民族背景的人形成的社區。在英國這些人包括去殖民化時期移民至英國工作的人及其子女。他們飽受歧視和貧困，而且社會經濟地位低下，可以認為是資本主義社會的**下層階級**（ underclass ）。參見 urban sociology 都市社會學；urbanization 都市化。

Zweckrational action　目的理性行為　見 types of social action 社會行動類型。

參考書目

下列參考書目並未列出本辭典中引用的所有書目。不論是在辭典內文中，或是下列的參考書目中，每本著作之前所附的年代，若不是原文版的初版年代，就是英文版的初版年代。出版地點及出版者的資料指的是最新版本。

Abbot, S. and Love, B. 1972, *Sappho Was Right On Woman: a Liberated View of Lesbianism*, New York: Stein and Day.

Abel T. 1977, 'The operation called *Verstehen*,' in F. Dallmayr and T. McCarthy (eds.), *Understanding and Social Inquiry*, University of Notre Dame Press.

Abercrombie, N., Hill, S. and Turner, B. 1980, *The Dominant Ideology Thesis*, London: Allen and Unwin.

Abercrombie, N., Hill, S. and Turner, B. 1984, *Dictionary of Sociology*, Harmondsworth: Penguin.

Abercrombie, N. and Urry, J. 1983, *Capital, Labour and the Middle Classes*, London: Allen and Unwin.

Aberle, D. et al. 1950, 'The functional requisites of a society', *Ethics*, 60.

Abrams, M. 1960, 'The "Socialist Commentary Survey"' in M. Abrams and R. Rose (eds.) *Must Labour Lose?* Harmondsworth: Penguin.

Abrams, P. 1982, *Historical Sociology*, Shepton Mallet: Open Books.

Ackroyd, S. et al. 1988, 'The Japanization of British Industry', *Industrial Relations Journal*, 19.

Alavi, H. 1965, 'Peasants and revolution', *Socialist Register*, London: Merlin.

Albrow, M. 1970, *Bureaucracy*, London: Macmillan and Pall Mall Press.

Alford, R. 1967, 'Class and voting in the Anglo–American political systems', in *Party Systems and Voter Alignments*, S. Lipset and S. Rokkan (eds.), New York: Free Press.

Allport, G. 1935, 'Attitudes', in C. Murchison (ed.) *Handbook of Social Psychology*, Worcester, Mass.: Clark University Press.

Almond, G. 1958, 'Comparative study of interest groups and the political process', *American Political Science Review*, 52.

Almond, G. and Coleman, J. 1960, *The Politics of the Developing Areas*, Princeton: Princeton University Press.

Almond, G. and Verba, S. 1963, *The Civic Culture: Political Attitudes and Democracy in Five Nations*, Princeton: Princeton Univ. Press.

Amin, S. 1980, *Class and Nation Historically and in the Current Crisis*, London: Heinemann.

Anderberg, M. 1973, *Cluster Analysis for Applications*, New York: Academic Press.

Anderson, P. 1977, 'The antinomies of Antonio Gramsci', *New Left Review*, 100 (November 1976 – January 1977).

Andreski, S. 1954, *Military Organization and Society*, London: Routledge & Kegan Paul.

Andreski, S. (ed.) 1974, *The Essential Comte*, London: Croom Helm.

Arber, S. and Gilbert, J. 1989, 'Men: The Forgotten Carers', *Sociology*, 23.

Archer, M. 1979, *The Social Origins of Educational Systems*, Beverley Hills: Sage (abridged edn. 1984).

Archer, M. (ed.) 1982, *The Sociology of Educational Expansion*, Beverley Hills: Sage.

Ardrey, R. 1967, *The Territorial Imperative*, London: Collins.

Argyle, M. 1967, *The Psychology of Interpersonal Behaviour*, Harmondsworth: Penguin.

Argyle, M. 1969, *Social Interaction*, London: Methuen.

Ariès, P. 1962, *Centuries of Childhood*, Harmondsworth: Penguin.

Armistead, N. 1974, *Reconstructing Social Psychology*, Harmondsworth: Penguin.

Armstrong, W. 1972, 'The use of information about occupations', in E. Wrigley (ed.) 1972, *Nineteenth Century Society: Essays in the Use of Quantitative Methods for the Study of Social Data*, Cambridge: Cambridge University Press.

Asch, S. 1952, *Social Psychology*, Englewood Cliffs, NJ: Prentice-Hall.

Ashton, D., Maguire, M. and Spilsbury, M. 1987, 'Local labour markets and their impact on the life chances of youths', in R. Coles (ed.) *Young Careers*, Milton Keynes: Open University Press.

Ashton, T. 1954, 'The treatment of capitalism by historians', in F. Hayek, *Capitalism and the Historians*, London: Routledge & Kegan Paul.

Aston, T. and Philipin, C. (eds.) 1985, *The Brenner Debate: Agrarian Class Structure and Economic Development in Pre-Industrial Europe*, Cambridge: Cambridge University Press.

Atkinson, P. 1981, *The Clinical Experience: the Construction and Reconstruction of Medical Reality*, Farnborough: Gower.

Austin, J. 1962, *How to do Things with Words*, London: Oxford University Press.

Bachofen, J. 1861, 'Mother Right' in *Myth, Religion and Mother Right* (tr. R. Mannheim), Princeton: Princeton Univ. Press (1967).

Bachrach, P. 1967, *The Theory of Democratic Elitism: a Critique*, London: University of London Press.

Bachrach, P. and Baratz, M. 1962, 'The two faces of power', *American Political Science Review*, 56.

Baker-Miller, J. 1976, *Towards a New Psychology of Women*, Boston:

Beacon Press.

Bales, R. 1950, *Interaction Process Analysis: a Method for the Study of Small Groups.* Cambridge, Mass.: Addison-Wesley.

Ball, M. and Smith G. 1991, *Analysing Visual Data*, California: Sage.

Bandura, A. 1977, *Social Learning Theory*, Englewood Cliffs, NJ.: Prentice-Hall.

Banji, J. 1977, 'Modes of production in a materialist conception of history', *Capital and Class*, 3.

Baran, P. 1957, *The Political Economy of Growth*, New York: Monthly Review Press, and Harmondsworth: Penguin (1973).

Baran, P. and Sweezy, P. 1966, *Monopoly Capital*, Harmondsworth: Penguin.

Barber, B. 1969, 'Conceptual foundations of totalitarianism', in C. Friedrich, et al., *Totalitarianism in Perspective*, London: Pall Mall.

Barbour, F. (ed.) 1969, *The Black Power Revolt*, Boston: Collier-MacMillan.

Barker, E. 1989, *New Religious Movements*, London: HMSO.

Barker Lunn, J. 1970, *Streaming in the Primary School*, National Foundation for Educational Research.

Barratt-Brown, M. 1968, 'The controllers of British industry', in K. Coates (ed.) *Can Workers Run Industry?* London: Sphere.

Barrett, M. 1988. *Women's Oppression Today*, London: Verso.

Barron, R. and Norris, S. 1976, 'Sexual divisions and the dual market', in D. Barker and S. Allen (eds.) *Dependence and Exploitation in Work and Marriage*, London: Longman.

Barth, F. 1970, *Ethnic Groups and Boundaries — The Social Organisation of Cultural Difference*, London: Allen and Unwin.

Bateson, G. 1936, *Naven*, Cambridge: Cambridge University Press.

Bauman, Z. 1989, *Modernity and the Holocaust*, Cambridge: Polity Press.

Beard, C. 1910, *An Economic Interpretation of the Constitution*, New York: Macmillan.

Bechhofer, F. et al. 1974, 'The petite bourgeoisie in the class structure', in F. Parkin (ed.) *The Social Analysis of Class Structure*, London: Tavistock.

Beck, U, Giddens, A. and Lash, S. 1994, *Reflexive Modernization, Politics, Tradition and Aesthetics in the Modern Social Order*, Cambridge: Polity Press.

Becker, D., Frieden, J., Schtatz, S. and Sklar, R. 1987, *Postimperialism: International Capitalism and Development in the Late Twentieth Century.* Boulder and London: Lynne Rienner.

Becker, Howard, 1950, *Systematic Sociology*, New York: Wiley.

Becker, H.S. 1953, 'Becoming a marihuana user', The American Journal of Sociology, 59.

Becker, H.S. 1967, 'Whose side are we on?', *Social Problems*, 14.

Becker, H.S. 1982, *Art Worlds*, London: University of California Press.

Bell, D. (ed.) 1964, *The Radical Right* (rev. edn.), New York: Doubleday.

Bell, D. 1965, 'Twelve modes of prediction', in J. Gould (ed.) *Penguin Survey of the Social Sciences, 1965*, Harmondsworth: Penguin.

Bell, D. 1980, 'The social framework of the "information society"', in T. Forester, (ed.) *The Microelectronics Revolution*, Oxford: Basil Blackwell.

Bendix, R. 1960, *Max Weber: an Intellectual Portrait*, London: Heinemann.

Bendix, R. 1970, 'Tradition and modernity reconsidered', in *Embattled Reason*, New York: Oxford University Press.

Berelson, B., Lazarsfeld, P. and McPhee, W. 1954, *Voting*, Chicago: Chicago University Press.

Berg, I. 1970, *Education and Jobs: the Great Training Robbery*, Harmondsworth: Penguin (1973).

Berger, P. and Pullberg, S. 1966, 'Reification and the sociological critique of consciousness', *New Left Review*, 35.

Berger, P. and Luckmann T. 1967, *The Social Construction of Reality*, London: Allen Lane.

Berle, A. and Means, G. 1932, *The Modern Corporation and Private Property*, New York: Harcourt Brace.

Bernstein, B. 1971, 'On the classification and framing of educational knowledge', in M. Young (ed.) *Knowledge and Control*, London: Macmillan.

Bernstein, R. 1976, *The Restructuring of Social and Political Theory*, New York: Harcourt, Brace.

Bernstein, R. 1983, *Beyond Objectivism and Relativism*, Oxford: Blackwell.

Berthoud, R. 1976, *The Disadvantages of Inequality: A study of Social Deprivation*, MacDonald and Jane.

Bettleheim, B. 1960, *The Informed Heart: Autonomy in a Mass Age*, London: Thames and Hudson (1961).

Bettleheim, B. 1969, *The Children of the Dream*, London: Thames and Hudson.

Beynon, H. 1973, *Working for Ford*, Wakefield: E.P. Publishing.

Beynon, J. and Solomos, J. (eds.) 1987, *The Roots of Urban Unrest*, Oxford: Pergamon.

Bhaskar, R. 1975, *A Realist Theory of Science*, Leeds: Leeds Books.

Bhaskar, R. 1979, *The Possibility of Naturalism*, Brighton: Harvester.

Bhaskar, R. 1986, *Scientific Realism and Human Emancipation*, London: Verso.

Bhaskar, R. 1989, *Reclaiming Reality*, London: Verso.

Black, M. (ed.) 1961, *The Social Theories of Talcott Parsons*, Englewood Cliffs NJ: Prentice Hall.

Blalock, H. 1960, *Social Statistics*, New York: McGraw Hill.

Blalock, H. 1961, *Causal Inference in Non-Experimental Research*, University of North Carolina Press.

Blau, P. and Scott, W. 1962, *Formal Organizations: A Comparative Approach*, San Francisco: Chandler.

Blauner, R. 1964, *Alienation and Freedom*, Chicago: Univ. of Chicago Press.

Blok, R. 1974, *The Mafia of a Sicilian Village 1860–1960*, Oxford: Oxford University Press.

Blumer, H. 1954, 'What's wrong with social theory?', *American Sociological Review*, 19.

Blumer, H. 1956, 'Sociological analysis and the variable', *American*

Sociological Review, 21.

Bocock, R. 1974, *Ritual in Industrial Society* London: Allen & Unwin.

Boeke, J. 1953, (rev. edn.) *Economics and Economic Policy of Dual Societies*. New York: Institute of Pacific Relations.

Bogardus, E. 1933, 'A social distance scale', *Sociology and Social Research*, 17.

Bott, E. 1957, *Family and Social Network*, London: Tavistock.

Bottomore, T. et al. (eds.) 1983, *A Dictionary of Marxist Thought*, Oxford: Blackwell.

Bourdieu, P. 1984b, quoted in J. Thompson, *Studies in the Theory of Ideology*, Cambridge: Polity Press.

Bourdon, R. and Bourricaud, F. 1989, *A Critical Dictionary of Sociology*, Routledge (original Fr. edn 1982).

Bowles, S. and Gintis, H. 1976, *Schooling in Capitalist America*, Routledge & Kegan Paul.

Brake, M. 1980, *The Sociology of Youth Culture and Youth Subcultures*, Routledge & Kegan Paul.

Brake, M. 1985, *Comparative Youth Culture: the Sociology of Youth Cultures in America, Britain and Canada*, London: Routledge & Kegan Paul.

Braverman, H. 1974, *Labour and Monopoly Capitalism: The Degradation of Work in the Twentieth Century*, New York: Monthly Review Press.

Brenner, R. 1977 'The origins of capitalist development: a critique of neo-Smithian Marxism', *New Left Review*, 104.

Bridgman, P. 1927, *Dimensional Analysis*, New Haven: Yale University Press.

Bright J. 1958, *Automation and Management*, Cambridge, Mass.: Harvard Univ. Press.

Brittan, A. 1989, *Masculinity and Power*, Oxford: Blackwell.

Brown, R. 1967, 'Research and consultancy in industrial enterprises', *Sociology*, 1.

Brown, R. 1978, 'Divided we fall: an analysis of relations between sections of a factory work-force', in H. Tajfel (ed.) *Differentiation Between Social Groups: Studies in the Social Psychology of Intergroup Relations*. London: Academic Press.

Brown, R. 1992 *Understanding Industrial Organizations in Industrial Sociology*, London: Routledge.

Bruner, J. 1968, *Towards a Theory of Instruction*, New York: Norton.

Bryant, C. and Jary, D. (eds.) 1991, *Giddens' Theory of Structuration: a Critical Appreciation*, London: Routledge.

Budge, I. 1976, *Agreement and Stability in Democracy*, Chicago: Markham.

Bühler, C. 1953, 'The curve of life as studied in biographies', *Journal of Applied Science*, 9.

Bulmer, M. (ed.) 1975, *Working Class Images of Society*, London: Routledge & Kegan Paul.

Burgess, R. (ed.) 1986, *Key Variables in Social Research*, London: Routledge & Kegan Paul.

Burke, E. 1790, *Reflections on the Revolution in France*, (ed. C. O'Brien) Harmondsworth: Penguin (1969).

Burnham, J. 1943, *The Managerial Revolution*, London: Putman.

Burns, T. 1961, 'Micro-politics: mechanisms of institutional change' *Admin. Sci. Quarterly, 6.*

Burns, T. 1962, 'The sociology of industry', in A. Welford (ed.), *Society: Problems and Methods of Study,* London: Routledge & Kegan Paul.

Burns, T. and Stalker G. 1961, *The Management of Innovation,* London: Tavistock.

Burrell, G. and Morgan G. 1979, *Sociological Paradigms and Organizational Analysis,* London: Heinemann.

Bury, M. 1986, 'Social Constructionism and the Development of Medical Sociology', *Sociology of Health and Illness, 8.*

Butler, D. and Stokes, D. 1969, *Political change in Britain,* London: Macmillan.

Byres, T. (ed.) 1983, *Sharecropping and Sharecroppers.* London: Frank Cass.

Carchedi, G. 1977, *On the Economic Identification of Social Classes,* London: Routledge & Kegan Paul.

Cardoso, F. and Faletto, E. 1979, *Dependency and Development in Latin America,* New York: University of California Press.

Carey, A. 1967, 'The Hawthorne studies', *American Sociological Review, 32.*

Carlen, P. and Worrall, A. (eds.) 1987, *Gender, Crime and Justice.* Milton Keynes: Open University.

Carneiro, R. 1970, 'A theory of the origin of the state', *Science, 169.*

Carrillo, S. 1977, *Eurocommunism and the State,* London: Lawrence and Wishart.

Case, S. 1988, *Feminism and the Theatre,* London: Macmillan.

Cashmore, E. 1994a. *Dictionary of Race and Ethnic Relations* (3rd edn.), London: Routledge.

Cashmore, E. 1994b, ... *and there was television,* London: Routledge.

Castells, M. 1976, 'Theory and ideology in urban sociology', in C. Pickvance (ed.), *Urban Sociology,* London: Tavistock.

Castells, M. 1977, *The Urban Question: a Marxist Approach,* London: Edward Arnold.

Castells, M. 1978, *City, Class and Power,* London: Macmillan.

Castells, M. 1983, *The City and the Grassroots: a Cross-Cultural Theory of Urban Social Movements,* London: Edward Arnold.

Catell, R. 1963, *The Sixteen Personality Factor Questionnaire,* Illinois: Institute for Personality and Ability Testing.

Chatfield, C. and Collins, A. 1980, *Introduction to Multivariate Analysis,* London: Chapman and Hall.

Child, J. 1972, 'Organizational structure, environment and performance — the role of strategic choice', *Sociology, 6.*

Child, J. 1985, *Organizations: a Guide to Problems and Practice,* New York: Harper Row.

Chinoy, E. 1955, *Automobile Workers and the American Dream,* New York: Doubleday.

Chomsky, N. 1962, 'Explanatory models in linguistics', in E. Nagel, P. Suppes, and A. Tarski, (eds.) *Logic, Methodology and Philosophy of Science,* Stanford Univ. Press.

Chomsky, N. 1965, *Aspects of the Theory of Syntax,* Cambridge Mass.: MIT Press.

Chomsky, N. 1969, *American Power and the New Mandarins*, Harmondsworth: Penguin.

Cicourel, A. 1964, *Method and Measurement in Sociology*, New York: Free Press.

Clark, B. 1960a, *The Open Door College: a Case Study*, New York: McGraw Hill.

Clark, B. 1960b, 'The "cooling out" function in higher education'. *American Journal of Sociology*, 6.

Clark, B. 1983, *The Higher Education System: Academic Organization in Cross-National Perspective*, Berkeley: Univ of California Press.

Clarke, J., Critcher C. and Johnson R. 1979, *Working Class Culture*, London: Hutchinson.

Clegg, H. 1960, *A New Approach to Industrial Relations*, Oxford: Blackwell.

Clegg, S. and Dunkerley, D. 1980, *Organization, Class and Control*, London: Routledge & Kegan Paul.

Cloward, R. and Ohlin, L. 1960, *Delinquency and Opportunity*. New York: Collier–Macmillan.

Coates, K. and Topham, T. 1972, *The New Unionism*, London: Owen.

Coch, L. and French. J. 1949, 'Overcoming resistance to change', *Human Relations*, 1.

Cockburn, C. 1983, *Brothers*, London: Pluto.

Cohen, A. 1955, *Delinquent Boys*, Chicago: Free Press.

Cohen, G. 1978, *Karl Marx's Theory of History: a Defence*, Oxford: Clarendon Press.

Cohen, S. (ed.) 1971, *Images of Deviance*, Harmondsworth: Penguin.

Cohen, S. 1973, *Folk Devils and Moral Panics*, London: Paladin (rev. edn. 1980).

Cohen, S. 1981, 'Footprints in the sand', in M. Fitzgerald et al. (eds.) *Crime and Society*, Milton Keynes: Open University Press.

Cohen, S. 1988, *Visions of Social Control*, Cambridge: Polity Press.

Cohn, N. 1957, *The Pursuit of the Millennium*, London: Paladin.

Collard, A 1988, *Rape of the Wild*, London: The Women's Press.

Connell, R. 1987, *Gender and Power: Society, the Person and Sexual Politics*, Cambridge: Polity Press.

Coombs, R. 1978, 'Labour and Monopoly Capital', *New Left Review*, 107.

Coombs, R. 1985, 'Automation, management strategies and labour process change', in D. Knights et al. (eds) *Job Redesign*, Aldershot: Gower.

Coser, L. 1956, *The Functions of Social Conflict*, New York: Free Press.

Coser, L. (ed.) 1965, *Georg Simmel*, Englewood Cliffs, NJ: Prentice Hall.

Coser, L. 1978, 'The Production of Culture', *Social Research*, 45.

Cotterill, P. 1994, *Friendly Relations? Mothers and their Daughters-in-Law*, London: Taylor and Francis.

Coulson, M., Magas, B. and Wainwright, H. 1975, 'The house-wife and her labour under capitalism: a critique', in *New Left Review*, 89.

Coward, R. and Ellis, J. 1977, *Language and Materialism*, London:

Routledge & Kegan Paul.

Cowell, D. et al. (eds.) 1982, *Policing the Riots,* Junction Books.

Craib.I. 1989, *Psychoanalysis and Social Theory*, Hemel Hempstead: Harvester.

Crensen, M. 1971, *The Un-Politics of Air Pollution*, London and Baltimore: Johns Hopkins Press.

Crewe, I., Alt, J. and Sarlvik, B. 1977, 'Partisan dealignment in Britain', *British Journal of Political Science*, 6.

Croix, de Ste. G. 1981, *The Class Struggle in the Ancient Greek World*, London: Duckworth.

Crompton, R. and Jones, G. 1984, *White-Collar Proletariat: Deskilling and Gender in Clerical Work*. London: Macmillan.

Crossick, G. 1978, *An Artisan Elite in Victorian Society*, Beckenham: Croom Helm.

Crouch, C. 1982, *Trade Unions: The Logic of Collective Action*, London: Fontana.

Crow, B., Thomas, A. et al. 1983, *Third World Atlas*, Milton Keynes: Open University Press.

Crow, B., Thorpe M. et al. 1988, *Survival and Change in the Third World*, Cambridge: Polity Press.

Crowther Report, The 1959, *Fifteen to Eighteen — Report of the Central Advisory Committee for Education*, London: HMSO.

Crozier, M. 1964, *The Bureaucratic Phenomenon*, London: Tavistock.

Crutchfield, R. 1955, 'Conformity and character', *American Psychologist*, 10.

Dahl, R. 1956, *A Preface to Democratic Theory*, Chicago University Press.

Dahl, R. 1961, *Who Governs?* New Haven and London: Yale University Press.

Dahl, R. 1985, *Polyarchy*, New Haven, Conn.: Yale University Press.

Dahrendorf, R. 1979, *Life Chances*, London: Weidenfeld & Nicolson.

Dale, A., Arber, S. and Procter, M. 1988, *Doing Secondary Analysis*, London: Unwin Hyman.

Dalla Costa, M. 1972, *The Power of Women and the Subversion of the Community*, Bristol: Falling Wall Press.

Daly, M. 1981, *Gyn-Ecology*, Boston: Beacon Press.

Davidoff, R. 1979, 'The separation of home from work' in S. Burnham, (ed.) *Fit work For Women*, London: Croom Helm.

Davidoff, L. and Hall, C. 1987, *Family Fortunes: Men and Women of the English Middle Class 1780–1850*, London: Hutchinson.

Davidson, D. 1984, *Enquiry into Truth and Interpretation*, Oxford: Oxford University Press.

Davis, F. 1964, 'Deviance disavowal: the management of strained interaction by the visibly handicapped', in H.S. Becker (ed.) 1967, *The Other Side*, New York: Free Press.

Davis, H. 1979, *Beyond Class Images*, London: Croom Helm.

Davis, K. 1948, *Human Society*, New York: Macmillan.

Davis, K. 1959, 'The myth of functional analysis as a special method in sociology and anthropology', *American Sociological Review*, 24.

Davis, K. and Moore, W. 1945, 'Some principles of social stratification', *American Sociological Review*, 10.

Dawe, A. 1971, 'The two sociologies', in K. Thompson and J. Tunstall (eds.) *Sociological Perspectives*, Harmondsworth: Penguin.

Dawkins, R. 1976, *The Selfish Gene*, London: Oxford University Press.

Deal, T. and Kennedy, A. 1988, *Corporate Cultures: The Rites and Rituals of Corporate Life*, Harmondsworth: Penguin (originally published US, 1982).

Dean, H. and Taylor-Gooby, P. 1992, *Dependency Culture: the Exploration of a Myth*. Hemel Hempstead: Harvester.

Deem, R. 1986, *All Work and No Play: The Sociology of Women and Leisure*, Milton Keynes: Open University Press.

Delphy, C. 1984, *Close to Home: a Materialist Analysis of Women's Oppression*, London: Hutchinson.

Demerath, H. and Peterson, R. (eds.), 1967, *System, Change and Conflict*, New York: Free Press.

Dennis, N., Henriques, F. and Slaughter, C. 1956, *Coal is Our Life*, London: Eyre and Spottiswoode.

Denzin, N. (ed.) 1970, *Sociological Methods: a Source Book*, Chicago: Aldine.

Dex, S. 1985, *The Sexual Division of Work: Conceptual Revolutions in the Social Sciences*, Brighton: Wheatsheaf.

Djilas, M. 1957, *The New Class*, London: Thames and Hudson.

Dobb, M. 1946, *Studies in the Development of Capitalism*, London: Routledge & Kegan Paul (1963).

Doeringer, P. and Piore, M. 1971, *Internal Labour Markets and Manpower Analysis*, Lexington, Mass.: D.C. Heath.

Dohrenwend, B. and Dohrenwend, B. (eds.) 1974, *Stressful Life Events: Their Nature and Effects*. New York: Wiley.

Donnelly, P. 1988 'Sport as a site for "popular" resistance', in Gruneau, R. (ed.) *Popular Cultures and Political Practices*, Canada: Garamond Press.

Dore R. 1976, *The Diploma Disease*, London: Allen and Unwin.

Douglas, Jack 1967, *The Social Meanings of Suicide*, Princeton: Princeton University Press.

Douglas, J.B. 1964, *The Home and the School*, London: MacGibbon & Kee.

Douglas, M. 1966, *Purity and Danger*, London: Routledge & Kegan Paul.

Downes, D. 1966, *The Delinquent Solution*, London: Routledge & Kegan Paul.

Dowse, R. and Hughes, J. 1972, *Political Sociology*, London: John Wiley.

Dubin, R. 1955, 'Industrial workers' worlds', *Social Problems, 3*.

Duncan, K. and Rutledge, I. (eds.) 1977, *Land and Labour in Latin America*, Cambridge: Cambridge University Press.

Dunleavy, P. 1980, 'The political implications of sectoral cleavages', *Political Studies*, 28.

Dunning, E., Murphy, P. and Williams, J. 1988, *The Roots of Football Hooliganism*, Routledge.

Dunning, E. and Sheard, K. 1979, *Barbarians, Gentlemen and Players: a Sociological Study*, London: Martin Robertson.

Duprese, M. 1981, *Family Structure in the Staffordshire Potteries*, Unpublished PhD thesis, University of Oxford.

DURKHEIM

Durkheim, E. 1922, *Education and Sociology*, Glencoe, Ill.: Free Press (1956).

Duverger, M. 1964, *Political Parties*, New York: Wiley.

Dworkin, A. 1976, *Our Blood: Prophecies and Discourses on Sexual Politics*, New York: Harper Row.

Easthope, A. and McGowan, K. 1992, *A Critical and Cultural Theory Reader*, Buckingham: Open University Press.

Eastlea, B. 1983, *Fathering the Unthinkable*, London: Pluto Press.

Eberhard, W. 1965, *Conquerers and Rulers*, Leiden: Brill.

Eckstein, H. 1960, *Pressure Group Politics*, London: Allen and Unwin.

Edwards, R. 1979, *Contested Terrain*, Heinemann: London.

Ehrenreich, R. and Ehrenreich, J. 1979, 'The professional and managerial class', in P. Walker (ed.) *Between Labour and Capital*, New York: Monthly Review Press.

Eichenbaum, L. and Orbach, S. 1982, *Outside In, Inside Out*, Harmondsworth: Penguin.

Eisenstadt, S. 1956, *From Generation to Generation*, Chicago: Free Press.

Eldridge, J. 1971, *Sociology and Industrial Life*, London: Nelson.

Eldridge, J. 1980, *Recent British Sociology*, London: Macmillan.

Elias, N. and Dunning, E. 1986, *Quest for Excitement: Sport and Leisure in the Civilising Process*, Oxford: Blackwell.

Eliot, T.S. 1948, *Notes Towards the Definition of Culture*, London: Faber.

Elliott, G. 1987, *Althusser: The Detour of Theory*, London: Verso.

Elshtain, J. 1981, *Public Man, Private Woman*, Princeton: Princeton Univ. Press.

Elster, J. 1989, *Nuts and Bolts for the Social Sciences*, Cambridge University Press.

Erikson, E. 1950, *Childhood and Society*, Harmondsworth: Penguin (1963).

Esland, G. and Salaman, G. 1975, 'Towards a sociology of work' in G. Esland, J. Salaman and M. Speakman (eds.), *People and Work.*, Edinburgh: Holmes–McDougall/The Open University.

Ettore, E. 1978, 'Women, urban social movements and the lesbian ghetto', *International Journal of Urban and Regional Research*, 2.

Etzioni, A. 1961, *The Comparative Analysis of Complex Organizations*, New York: Free Press.

Evans, P. 1979. *Dependent Development: the Alliance of Multinationals, the State and Local Capital in Brazil*, Princeton: Princeton University Press.

Everitt, B. 1974, *Cluster Analysis*, London: Heinemann.

Eysenck, H. 1953, *The Structure of Human Personality*, London: Methuen

Eysenck, H. 1961, *Handbook of Abnormal Psychology*, London: Pitman.

Eysenck, H. 1967, *The Biological Basis of Personality*, Springfield: Thomas.

Featherstone, M. 1988, 'In pursuit of the postmodern', in *Postmodernism*, special double issue of *Theory, Culture and Society*, 5.

Featherstone, M. 1990, 'Perspectives on consumer culture', *Sociology*, 24.

Featherstone, M. 1991, *Consumer Culture and Postmodernism*, London,

Sage.

Feigenbaum, E. and McCordnuck, P. 1984, 'Land of the rising fifth generation', in *The Information Technology Revolution*, Oxford: Blackwell.

Ferguson, A. (1767) *An Essay on the History of Civil Society*, Philadelphia: Finley (8th. edn., 1819).

Fernandez, R. 1977, *The I, the Me and the You: an Introduction to Social Psychology*, New York: Praeger.

Festinger, L. 1957, *A Theory of Cognitive Disonnance*, Evanston, Ill.: Row, Peterson.

Feyerabend, P. 1981, *Problems of Empiricism.* (2 vols.), Cambridge: Cambridge Univ. Press.

Feyerabend, P. 1987, *Farewell to Reason*, London: Verso.

Fidler, J. 1981, *The British Business Elite*, Routledge & Kegan Paul.

Finch, J & Groves, D. 1982, 'By Women, For Women: Caring for the Frail Elderly' *Women's Studies International Forum*, 5(5):427–38.

Fitzgerald, J. and Muncie J. 1987, *System of Justice*, Oxford: Blackwell.

Flechtheim, O. 1965, *History and Futurology*, Meisenheim am Glan.

Flew, A (ed.) 1979, *A Dictionary of Philosophy*, London: Pan Books.

Flexner, A. 1910, *Report on Medical Education in the United States and Canada*, New York: Carnegie.

Flexner, A. 1962, 'Is social work a profession?' in H. Becker, *Education for the Professions: the 61st Yearbook of the National Society for the Study of Education*, University of Chicago Press.

Florescano, E. 1987, 'The hacienda in New Spain', in L. Bethell (ed.), *Colonial Spanish America*, Cambridge: Cambridge University Press.

Floud, J., Halsey, A. and Martin, F. 1956, *Social Class and Educational Opportunity*, London: Heinemann.

Forester, T. 1987, *High-Tech Society*, Oxford: Basil Blackwell.

Form, W. and Rytinna, J. 1969, 'Ideological beliefs in the distribution of power in the US', *American Sociological Review*, 34.

Fortes, M. 1969, *Kinship and the Social Order: the Legacy of Lewis Henry Morgan*, London: Routledge & Kegan Paul.

Foster, J. 1974, *Class Struggle and the Industrial Revolution*, London: Methuen.

Foucault, M. 1972, *The Archaeology of Knowledge*, London: Tavistock.

Foucault, M. 1973, *The Birth of the Clinic*, London, Tavistock.

Fox, A. 1965, 'Industrial sociology and industrial relations' Research Paper No.3, *Royal Commission on Trade Unions and Employers' Associations*. London: HMSO.

Frank, A. 1967a, 'Sociology of development and underdevelopment of sociology', *Catalyst,* Summer 1967 (reprinted in Frank, 1969).

Frank, A. 1967b, *Capitalism and Underdevelopment in Latin America*, New York and London: Monthly Review Press.

Frank, A. 1969, *Latin America: Underdevelopment or Revolution*, Harmondsworth: Penguin.

Frank, A. 1980, *Crisis: in the World Economy*, London: Heinemann.

Freedman, M. 1976, *Labour Markets: Segments and Shelters.* New York: Allanhead, Osman/Universal Books.

Freeman, C. 1982, *Unemployment and Technical Innovation*, London:

Frances Pinter.

Freidson, E. 1970a, *Professional Dominance*, Chicago: Aldine.

Freidson, E. 1970b, *Profession of Medicine*, New York: Dodd and Mead.

Fried, M. 1960, 'On the evolution of stratification and the state', in Diamond S. (ed.) *Culture in History*, New York: Columbia Univ Press.

Fried, M. 1967, *The Evolution of Political Society*, New York: Random House.

Friedman, A. 1977, *Industry and Labour: Class Struggle at Work and Monopoly Capitalism*, London: Macmillan.

Friedrich, C. 1954, *Totalitarianism*, Cambridge Mass.: Harvard University Press.

Frobel, F., Heinrichs, J. and Kreye, O. 1980, *The New International Division of Labour*, Cambridge: Cambridge University Press.

Fukuyama, F. 1992, *The End of History and the Last Man*, London: Hamish Hamilton.

Furtado, C. 1964, *Development and Underdevelopment*, Los Angeles: University of California Press.

Gadamer, H. 1960, *Truth and Method*, London: Sheed & Ward (Eng. trans. 1975).

Gallie, D. 1978, *In Search of the New Working Class*, Cambridge: Cambridge University Press.

Gallie, W. 1955, 'Essentially contested concepts', *Proceedings of the Aristotelian Society*, 56.

Galton, F. 1870, *Hereditary Genius*, New York: Appleton.

Gamble, A. 1985, *Britain in Decline* (2nd. revised edn.), London: Macmillan.

Gamble, A. 1988, *The Free Economy and the Strong State: The Politics of Thatcherism*, London: Macmillan.

Gans, H. 1962, *The Urban Villagers: Groups and Class in the Life of Italian-Americans*, (2nd edn), New York: Free Press.

Garfinkel, H. 1956, 'The conditions of successful degradation ceremonies', *American Journal of Sociology*, 61.

Garner, L. 1979, *Your Money or Your Life*, Harmondsworth: Penguin.

Garrard, J. et al 1978, *The Middle Class in Politics*, Farnborough: Saxon House.

Geddes, P. 1915, *Cities in Evolution*, London: Williams & Norgate.

Geiger, T. 1949, *Die Stennung der Intelligenz in der Gesellschaft*, Stuttgart.

Gellner, E. 1974, 'The New Idealism – cause and meaning in the Social Sciences', reprinted in Giddens, A. (ed.), *Positivism and Sociology*, London: Heinemann.

Genovese, E. 1971, *In Red and Black*, London: Allen Lane.

Genovese, E. 1974, *Roll Jordan Roll: The World the Slaveholders Made*, New York: Knopf.

George, C. and George, K. 1961, *The Protestant Mind and the English Reformation*, London: Methuen.

Gerth, H. and Mills, C. 1953, *Character and Social Structure*, London: Routledge & Kegan Paul.

Giddens, A. 1976, 'Functionalism: Après la lutte' *Social Research*, 43.

Giddens, A. 1977, *Studies in Social and Political Theory*, London:

Hutchinson.

Giddens, A 1982, *Profiles and Critiques in Social Theory*, London: Macmillan.

Giddens, A. 1987, 'Structuralism, post-structuralism', in A. Giddens and J. Turner (1987) *Social Theory Today*, Cambridge: Polity Press.

Giddens, A. 1989, *Sociology*, Cambridge; Polity Press.

Giddens, A. 1994, 'Living in a post-traditional society' in U. Beck, A. Giddens, and S. Lash, 1994.

Giles, H. & Johnson, P. 1981, 'The role of language in ethnic group relations', J.C. Turner and H. Giles (eds) *Intergroup Behaviour*, Oxford: Blackwell.

Gill, C. 1985, *Work, Unemployment and the New Technology*, Oxford: Blackwell.

Gittens, D. 1985, *The Family in Question*, London: Macmillan.

Glaser, B. 1968, *A Time for Dying*, Chicago: Aldine.

Glaser, B. and Strauss, A. 1965, *Awareness of Dying*, Chicago: Aldine.

Glaser, B. and Strauss, A. 1968, *The Discovery of Grounded Theory*, London: Weidenfeld & Nicholson.

Glass, D. (ed.) 1954, *Social Mobility in Britain*, London: Routledge & Kegan Paul.

Glazer, N. 1975, *Affirmative Discrimation*, New York: Basic Books.

Gleichman, P. et al. 1977, *Human Figurations*, Amsterdam: Sociologisch Tijdschift.

Gluckman, M. 1963, *Order and Rebellion in Tribal Africa*, London: Cohen and West.

Goffman, E. 1967, *Interaction Ritual: Essays on Face-To-Face Behaviour*, New York: Doubleday.

Goffman, E. 1969, *Strategic Interaction*, Philadelphia: Univ. of Pennsylvania Press.

Goffman, E. 1971, *Relations in Public: Microstudies of the Public Order*, London: Allen Lane.

Goffman, E. 1979, *Gender Advertisements*, London: Macmillan.

Golding, P. 1983, *'Rethinking common sense about social policy'* in D. Bull and P. Wilding (eds.), *Thatcherism and the Poor*, Child Poverty Action Group.

Goldthorpe, J.E. 1975, *The Sociology of the Third World: Disparity and Involvement*, Cambridge: Cambridge University Press (2nd. edn. 1984).

Goldthorpe, J.H. 1966, 'Attitudes and behaviour of car assembly workers — a deviant case and a theoretical critique', *British Journal of Sociology*, 27.

Goldthorpe, J.H. 1974, 'Industrial relations in Great Britain: a critique of reformism', reprinted in T. Clarke, and I. Clements, (eds.) *Trades Unions Under Capitalism*, London: Faber.

Goldthorpe, J.H. 1973, 'A revolution in sociology', *Sociology*, 7.

Goldthorpe, J.H. and Llewellyn, C. 1977, 'Class mobility in Britain: three theses examined', *Sociology*, 11.

Goldthorpe, J.H., Lockwood, D., Bechhofer, F. and Platt, J. 1968a, *The Affluent Worker: Industrial Attitudes and Behaviour*, Cambridge: Cambridge University Press.

Goldthorpe, J.H., Lockwood, D., Bechhofer, F. and Platt, J.

1968b, *The Affluent Worker: Political Attitudes and Behaviour*, Cambridge: Cambridge University Press.

Goldthorpe, J.H., Lockwood, D., Bechhofer, F. and Platt, J. 1969, *The Affluent Worker in the Class Structure*, Cambridge: Cambridge University Press.

Goode, W. and Hatt, P. 1952, *Methods in Social Research*, New York: McGraw-Hill.

Goodman, P. 1956, *Growing up Absurd*, New York: Vintage Books.

Goody, J. (ed.), 1971, *Kinship*, Harmondsworth: Penguin.

Gorz, A. 1967, *Strategy for Labour*, Boston: Beacon Press.

Goudsblom, J. 1977, *Sociology in the Balance*, Oxford: Blackwell.

Gough, H. 1957, *California Psychological Inventory*, Palo Alto: Consulting Psychologists Press.

Gough, I. 1979, *The Political Economy of the Welfare State*, London: Macmillan.

Gouldner, A. 1955a, *Wildcat Strike*, London: Routledge & Kegan Paul.

Gouldner, A. 1955b, 'Metaphysical pathos and the theory of bureaucracy', *American Political Science Review*, 49.

Gouldner, A. 1959, 'Reciprocity and autonomy in functional theory', in L. Gross (ed.) *Symposium on Sociological Theory*, New York: Harper Row.

Gray, R. 1976, *The Labour Aristocracy in Victorian Edinburgh*, Oxford: Clarendon Press.

Griffin, K. 1979, *The Political Economy of Agrarian Change: an Essay on the Green Revolution*, (2nd. edn.) London: Macmillan.

Griffin, S. 1982, *Made From This Earth*, London: Women's Press.

Gruneau, R. 1982, 'Sport and the debate on the state', in Cantelon, H. and Gruneau, R. (eds.) *Sport, Culture and the Modern State*, Univ. of Toronto Press.

Gruneau, R. 1983, *Class, Sports and Social Development*, Univ. of Massachusetts Press.

Guttman, L. 1950, 'The Basis for Scalogram Analysis', in L. Stouffer, L. Guttman, E. Suchman, P. Lazarsfeld, S. Srar and J. Clausen, *Measurement and Prediction*, Princeton: Princeton University Press.

Haber, R. and Fried, A. 1975, *An Introduction to Psychology*, New York: Holt, Rinehart and Winston.

Habermas, J. 1962, *The Structural Transformations of the Public Sphere*, Cambridge: Polity, (tr. 1986).

Hagerstrand, T. 1976 'Space, time and human conditions', in A. Karlqvist, *Dynamic Allocation of Urban Space*, Farnborough: Saxon House.

Hall, J. 1985, *Powers and Liberties*, Oxford: Blackwell.

Hall, S. 1983, in Hall and Jacques, 1983.

Hall, S. et al. 1978, *Policing the Crisis*, London: Macmillan.

Hall, S. and Jacques, M. (eds.) 1983, *The Politics of Thatcherism*, London: Lawrence and Wishart.

Hall, S. and Jefferson, T. 1976, *Resistance Through Rituals — Youth Cultures in Post War Britain*, London: Hutchinson.

Handy, C. 1984, *The Future of Work: A Guide to a Changing Society*, Oxford: Blackwell.

Handy, C. 1985, *Understanding Organizations*, Harmondsworth: Penguin Books, 3rd. edn.

Harding, N. 1977, *Lenin's Political Thought*, London: Macmillan.

Hargreaves, D. 1967, *Social Relations in a Secondary School*, London: Routledge & Kegan Paul.

Hargreaves, D. 1982, *The Challenge for the Comprehensive School*, London: Routledge & Kegan Paul.

Hargreaves, J. 1986, *Sport, Power and Culture*, Cambridge: Polity Press.

Harré, R. 1970, *The Principles of Scientific Thinking*, London: Macmillan.

Harré, R. 1979, *Social Being*, Oxford: Blackwell.

Harré, R. and Madden, E. 1975, *Causal Powers: a Theory of Natural Necessity*, Oxford: Blackwell.

Harrington, J. 1968, *Soccer Hooliganism*, Bristol: John Wright.

Harris, C. 1989, 'The Family', in A. Kuper and J. Kuper, (1985).

Harris, M. 1969, *The Rise of Anthropological Theory*, London: Routledge & Kegan Paul.

Harris, M. 1978, *Cannibals and Kings: the Origins of Cultures*, London: Fontana.

Harris, N. 1987, *The End of the Third World: Newly Industrializing Countries and the Decline of an Ideology*, Harmondsworth: Penguin.

Harris, O. 1981, 'Households as natural units', in K. Young, C. Wolkowitz and R. McCullah (eds.) *Of Marriage and the Market: Women's Subordination in International Perspective*, London: CSE Books.

Harrop, M. and Miller, W. 1987, *Elections and Voters: a Comparative Introduction*, London: Macmillan.

Hartmann, H. 1979, 'The unhappy marriage of Marxism and feminism', *Capital and Class*, Summer.

Harvey, D. 1973, *Social Justice and the City*, London: Edward Arnold.

Harvey, D. 1989a, *The Urban Experience*, Oxford: Blackwell.

Harvey, D. 1989b, *The Condition of Post Modernity*, Oxford: Blackwell.

Harwood, J. 1979, 'The race-intelligence controversy: a sociological approach', *Social Studies of Science*, 6 & 7.

Hayek, F. von 1944, *The Road to Serfdom*, London: Routledge & Kegan Paul.

Hearn, J. 1990, *Men, Masculinities and Social Theory*, London: Unwin Hyman.

Hearn, J. 1992, *Men in the Public Eye: The Construction and Deconstruction of Public Men and Public Patriarchies*, London: Routledge.

Heath, A. 1981, *Social Mobility*, London: Fontana.

Hebdige, D. 1979, *Subculture*, London: Methuen.

Hechter, M. 1975, *Internal Colonialism: the Celtic Fringe in British National Development, 1536–1966*, London: Routledge & Kegan Paul.

Held, D. 1980, *Introduction to Critical Theory*, London: Hutchinson.

Hempel, C. 1959, 'The logic of functional anlaysis', in L. Gross (ed.) *Symposium on Sociological Theory*, New York: Harper Row.

Hepple, L. 1985, 'Time-space analysis', in A. Kuper and J. Kuper, 1985.

Herberg, W. 1960, *Protestant, Catholic, Jew*, New York: Doubleday.

Herzberg, F. 1968, *Work and the Nature of Man*, London: Staples

Press.

Hesse, M. 1980, *Revolutions and Reconstructions in the Philosophy of Science*, Brighton: Harvester Press.

Hill, P. 1986, *Development Economics on Trial: The Anthropological Case for a Prosecution*, Cambridge: Cambridge University Press.

Hill, S. 1981, *Competition and Control at Work*, London: Heinemann.

Hill, S. 1991, 'Why quality circles failed but total quality management might succeed', *British Journal of Industrial Relations*, 29.

Hilton, R. 1973, *Bond Men Made Free: Medieval Peasant Movements and the English Rising of 1381*, London: Temple Smith.

Hilton, R. (ed.) 1976, *The Transition from Feudalism to Capitalism*, London: New Left Books.

Hindess, B. 1973, *The Use of Official Statistics*, London: Macmillan.

Hindess, B. and Hirst, P. 1975, *PreCapitalist Modes of Production*, London: Routledge & Kegan Paul.

Hirsch, F. 1977, *Social Limits to Growth*, London: Routledge & Kegan Paul.

Hobsbawm, E. 1964, 'The labour aristocracy', in E. Hobsbawm, *Labouring Men*, London: Weidenfeld & Nicolson.

Hobsbawm, E. 1969, *Bandits*, London: Weidenfeld and Nicolson.

Hobsbawm, E. and Ranger, T. (eds.) 1983, *The Invention of Tradition*, Cambridge: Cambridge University Press.

Hodges, D. 1961, 'The "intermediate classes" in Marxian theory', *Social Research*, 23.

Hodgson, G. 1982, *Capitalism, Value and Exploitation*, Oxford: Martin Robertson.

Hollis, M. 1977, *Models of Man*, Cambridge: Cambridge Univ. Press.

Hollis, M. 1987, *The Cunning of Reason*, Cambridge: Cambridge Univ. Press.

Holton, R. 1985, *The Transition from Feudalism to Capitalism*, Basingstoke and London: Macmillan.

Hooks, B. 1981, *Ain't I a Woman?* London: Pluto Press.

Hope, K. and Goldthorpe, J.H. 1974, *The Social Grading of Occupations: a New Approach and Scale*, Oxford: Clarendon Press.

Horne, J., Jary, D. and Tomlinson, A. 1987 *Sport, Leisure and Social Relations*, London: Routledge/Sociological Review Monograph, 33.

Horowitz, I. 1980, *Taking Lives, Genocide and State Power*, Transaction Books.

Houlihan, B. 1994, *Sport and International Politics*, Hemel Hempstead: Harvester.

Hudson, W. 1949, 'Puritanism and the Spirit of Capitalism', *Church Times*, 18.

Hughes, E. 1952, *Men and Their Work*, Glencoe, Ill.: Free Press.

Humm, M. 1989, *A Dictionary of Feminist Theory*, London: Harvester/Wheatsheaf.

Hunter, F. 1963, *Community Power Structure*, New York: Anchor Books.

Hurd, G. et al. 1973, *Human Societies — an Introduction to Sociology*, London: Routledge & Kegan Paul.

Huse, E. and Cummings, T. 1985, *Organization, Development and Change*, (3rd ed.).

Hyman, R. 1984, *Strikes*, Glasgow: Fontana (3rd edn., originally, 1972).

Hymes, D. 1966, *On Communicative Competence*, Report of Research Planning Conference on Language Development among Disadvantaged Children, Yeshiva University.

Inglehart, R. 1977, *The Silent Revolution — Changing Values and Political Styles among Western Mass Publics*, Princeton: Princeton University Press.

Ingold, T. 1989, *BASAPP Newsletter*, 3.

Institute of Race Relations, 1987, *Policing Against Black People*, London: Institute of Race Relations.

Jacobs, P. and Lindau, S. 1966, *The New Radicals*, Harmondsworth: Penguin.

Jackson, B. and Marsden, D. 1962, *Education and the Working Class*, London: Routledge & Kegan Paul.

James, C. 1980 (first published 1938), *The Black Jacobins: Toussaint L'Ouverture and the San Domingo Revolution*, London: Allison and Busby.

James, S. 1974, 'Sex, race and working class power', *Race Today*, January.

Jameson, F. 1984, 'Postmodernism or the cultural logic of late capitalism', *New Left Review*, 146.

Jary, D. 1978, 'A new significance for the middle class left?' in Garrard et al, 1978.

Jary, D. 1991, 'Society as "time-traveller": Giddens on historical change, historical materialism and the nation-state in world society', in C. Bryant and D. Jary, 1991.

Jary, D., Horne, J. and Bucke, T. 1991, 'Football fanzines and football culture', in R. Frankenberg (ed.) *Cultural Aspects of Football, Sociological Review*, 39.

Jay, M. 1973, *The Dialectical Imagination*, London: Heinemann.

Jeffrey, P. 1979, *Frogs in a Well: Indian Women in Purdah*, London: Zed Press.

Jenkins, R. 1984, 'Divisions over the international division of labour', *Capital and Class*, 22.

Jenkins, R. 1986, *Transitional Corporations and the Latin American Motor Industry*, London: Macmillan.

Jennes V., 1993, *Making it Work: the Prostitutes' Rights Movement in Perspective*, New York: Aldinine Gryet.

Jensen, A. 1969, 'How much can we boost IQ and educational achievement?, *Harvard Educational Review*, 39.

Jessop, B. et al. 1984, 'Authoritarian populism, two nations and Thatcherism', *New Left Review*, 147.

Jessop, B., Bonnet, K., Bromley, S. and Ling, T. 1989, *Thatcherism*, Cambridge: Polity Press.

Johnson, T. 1972, *Professions and Power*, London: Macmillan.

Jones, T., Maclean, B. and Young, J. 1986, *The Islington Crime Survey: Crime, Victimization and Policing in Inner-City*, London: Gower.

Jung, C.G. 1928, *Collected Works*, London: Routledge & Kegan Paul.

Karabel, J. and Halsey, A. 1977, *Power and Ideology in Education*, New York: Oxford University Press.

Katz, D. and Kahn, R. 1966, *The Social Psychology of Organizations*, New York: Wiley.

Katz, E. and Lazarsfeld, P. 1955, *Personal Influence*, Glencoe, Ill: Free Press.

Katz, F. 1968, *Autonomy and Organization: the Limits of Social Control*, New York: Random House.

Keating, P. 1985, *Clerics and Capitalists: a Critique of the Weber Thesis*, Salford Papers in Sociology and Anthropology, 2.

Kelly, G. 1955, *The Psychology of Personal Constructs*, New York: Norton.

Kelly, J. 1982, 'Early feminist theory and the Querelle des Femmes, 1400–1789'. *Signs*, 8.

Kendon, A. 1988, 'Goffman's approach to face-to-face interaction', in P. Dolin, and A. Wootton, *Exploring the Interaction Order*, Cambridge: Polity Press.

Kerr, C. 1954, 'The Balkanization of labour markets', in E. Wight Bakke et al. (eds.) *Labour Mobility and Economic Opportunity*, Cambridge, Mass.: M.I.T. Press.

Kerr, C. 1982, *The Uses of the University*, Cambridge, Mass: Harvard Univ Press (3rd ed.).

Kerr, C. 1983, *The Future of Industrial Societies: convergence or continuing diversity*, Harvard Univ. Press.

Kerr, C. et al. 1962, *Industrialism and Industrial Man*, London: Heineman.

Kershaw, I. 1989, *The Nazi Dictatorship: Problems and Perspectives of Interpretation*, Edward Arnold: London (2nd edn.).

King, C. 1993, 'His truth goes marching on: Elvis Presley and the pilgramage to Graceland', in I. Reader and T. Walter (eds) *Pilgramages in Popular Culture*, London: Macmillan.

Kinsey, A. et al. 1948, *Sexual Behaviour in the Human Male*, Philadelphia: W.B. Saunders.

Kinsey, A. et al. 1953, *Sexual Behaviour in the Human Female*, Philadelphia: W.B. Saunders.

Kinsey, R., Lea, J. and Young, J. 1986, *Losing the Fight Against Crime*, Oxford: Blackwell.

Kitchen, M. 1976, *Fascism*, London: Macmillan.

Kitzinger, C. 1987, *The Social Construction of Lesbianism*, London: Sage.

Kluckhohn, C. 1944, *Navaho Witchcraft*, Boston: Beacon Press.

Konrád, G. and Szelényi, I. 1979, *The Intellectuals on the Road to Class Power*, Brighton: Harvester.

Kuhn, T. 1977, *The Essential Tension*, Chicago: Chicago University Press.

Kumari, R. 1989, *Women-headed Households in Rural India*, London: Sangam Books.

Kuper, A. and Kuper, J. 1985, *The Social Science Encyclopedia*, London: Routledge (1989).

Laboriz, S. 1970, 'The assignment of numbers to rank order categories', *American Sociological Review*, 33.

Labov, W. 1967, *The Social Stratification of English in New York City*, Washington, DC: Centre for Applied Linguistics.

Labov, W. 1972, 'The logic of non-standard English', in P. Giglioli (ed.) *Language and Social Context*, Penguin.

Lacey, C. 1970, *Hightown Grammar*, Manchester: Manchester University Press.

Lakatos, I. 1976, *Proofs and Refutations: The Logic of Mathematical Discovery*, Cambridge: Cambridge University Press.

Lakatos, I. and Musgrave, A. (eds.) 1970, *Criticism and the Growth of Knowledge*, Cambridge: Cambridge Univ. Press.

Lasch, C. 1991, *The Culture of Narcissism*, New York: Norton.

Lash, S. 1990, *The Sociology of Postmodernism*, London: Routledge.

Lash, S. and Urry, J. 1987, *The End of Organized Capitalism*, Cambridge: Polity Press.

Laslett, P. (ed.) 1972, *Household and Family in Past Time*, Cambridge: Cambridge Univ. Press.

Lasswell, H. 1941, 'The garrison state', *American Journal of Sociology*, 46.

Lawrence, P. and Lorsch, J. 1967, *Organization and Environment: Managing Differentiation and Integration*, Boston: Harvard Univ. Press.

Layder, D. 1981, *Structure, Interaction, and Social Theory*, London: Routledge & Kegan Paul.

Lea, J. and Young, J. 1983, *What is to be done about Law and Order?* Harmondsworth: Penguin.

Leach, E. 1954, *The Political Systems of Highland Burma*, Cambridge: Cambridge University Press.

Leach, E. 1959, 'Hydraulic Society in Ceylon', *Past and Present*, 15.

Leach, E. 1970, *Lévi-Strauss*, London: Fontana.

Leach, E. 1982, *Social Anthropology*, London: Fontana.

Leacock, E. (ed.) 1971 *The Culture of Poverty: A Critique*, New York, Simon and Schuster.

Le Bon, G. 1895, *The Crowd*, New York: Viking Press (1960).

Le Grande, J. 1982, *The Strategy of Equality: Redistribution and the Social Services*, London: Allen and Unwin.

Lefebvre, H. 1967, 'Neighbourhoods and neighbourhood life', in *Le quartier et la ville*, Cahiers de l'IAAURPA, 7.

Lefebvre, H. 1991 *The Production of Space*, Oxford: Blackwell.

Lemert, E. 1951, *Social Pathology: a Systematic Approach to Sociopathic Behaviour*, New Jersey: Prentice Hall.

Lemert, E. 1961, *Social Pathology*, New York: McGraw-Hill.

Lenin, V. 1902, 'What is to be done?' reprinted in T. Clarke and L. Clements, (eds.) *Trades Unions Under Capitalism*, (1977).

Lenin, V. 1916, *Imperialism, the Highest Stage of Capitalism*, New York: International Publishers (1939).

Lenk, K. 1982, 'Information and society' in G. Friedrichs and A. Schaff (eds.), *Microelectronics and Society: for Better or for Worse*, Oxford: Pergamon Press.

Lenski, G. 1961, *The Religious Factor*, New York: Doubleday.

Lenski, G. 1966, *Power and Privilege*, New York: McGraw-Hill.

Lenski, G. and Lenski, J. 1970, *Human Societies*, New York: McGraw Hill (5th edn., 1987).

Le Roy Ladurie, E. 1978, *Montaillou*, London: Scholar Press.

Lévi-Strauss, C. 1967, *The Scope of Anthropology*, London: Cape.

Lévy-Bruhl, L. 1923, *The Primitive Mentality*, Boston: Beacon Press.

Lewin, K. 1951, *Field Theory in Social Science*, New York: Harper.

Lewis, J. and Meredith, B. 1988, *Daughters Who Care: Daughters Caring for Mothers at Home*, London: Routledge.

Lienhardt, G. 1964, *Social Anthropology*, Oxford: Oxford University Press.

Likert, R. 1932, 'A Technique for the Measurement of Attitudes', *Archives of Psychology*, 40.

Linder, S. 1970, *The Harried Leisure Class*, New York, Columbia University Press.

Lindesmith, A.R. 1947, *Opiate Addiction*, Bloomington: Principia.

Linton, R. 1936, *The Study of Man*, New York: Appleton-Century.

Lipset, S. 1959, 'Political Sociology', in R. Merton et al. (eds.) *Sociology Today*, New York: Basic Books.

Lipset, S. and Bendix, R. 1959, *Social Mobility in Industrial Society*, Berkeley: University of California Press.

Littler, C. 1982, *The Development of the Labour Process in Capitalist Societies*, London: Heinemann.

Lockwood, D. 1956, 'Some remarks on the "Social System"', *British Journal of Sociology*, 7.

Lockwood, D. 1964, 'Social integration and system integration', in Z. Zollschan and W. Hirsch (eds.) *Explorations in Social Change*, London: Routledge & Kegan Paul.

Lockwood, D. 1966, 'Sources of variation in working class images of society', *Sociological Review*, 14.

Lomnitz, L. 1977, *Networks and Marginality: Life in a Mexican Shanty-town*, New York: Academic Press.

Lorder, A. 1979, 'Need', *Heresies*, 2.

Lowe, S. 1986, *Urban Social Movements: the City after Castells*, London: Macmillan.

Löwy, M. 1981, *The Politics of Combined and Uneven Development: the Theory of Permanent Revolution*, London: Verso.

Lukes, S. 1968, 'Methodological individualism reconsidered', *British Journal of Sociology* (reprinted in Lukes, 1977).

Lukes, S. 1973, *Emile Durkheim: His Life and Work*, London: Allen Lane.

Lukes, S. 1974, *Power: a Radical View*, London: Macmillan.

Lukes, S. 1977, *Essays in Social Theory*, London: Macmillan.

Lyon, D. 1988, *The Information Society: Issues and Illusions*, Cambridge: Polity Press.

Machin, H. (ed.) 1983, *National Communism in Western Europe: A Third Way to Socialism?* London: Methuen.

MacInnes, J. 1987, *Thatcherism at Work*, Oxford: Oxford University Press.

MacIntyre, A. 1962, 'A mistake about causality in social science', in P. Laslett and W. Runciman, *Philosophy, Politics and Society*, Second Series, Oxford: Blackwell.

MacPherson, C. 1962, *Possessive Individualism*, Oxford: Clarendon Press (1964).

Madge, C. 1964, *Society in the Mind*, London: Faber & Faber.

Mallet, S. 1975, *Essays on the New Working Class*, St. Louis: Telos Press.

Mandel, E. 1962, *Marxist Economic Theory*, London: Merlin.

Mann, M. 1970, 'The social cohesion of liberal democracy', *American*

Sociological Review, 35.

Mann, M. 1983, *Student Encyclopedia of Sociology*, London: Macmillan.

Mann, M. 1988, *States, War and Capitalism: Studies in Political Sociology*, Oxford: Blackwell.

Mannheim, K. 1953, 'Conservative thought', in *Essays on Sociology and Social Psychology*, London: Routledge.

March, J. and Simon, H. 1958, *Organizations*, New York: Wiley.

Marcuse, H. 1968, *Negations: Essays in Critical Theory*, London: Allen Lane Press.

Marsden, D. 1971, *Politicians, Comprehensives and Equality*, Fabian Society Tract. London: Gollancz.

Marsh, A. 1977, *Protest and Political Consciousness*, Beverley Hills: Sage.

Marsh, C. 1988, *Exploring Data: an Introduction to Data Analysis for the Social Sciences*, Cambridge: Polity Press.

Marsh, P., Rosser, E. and Harré, R. 1978, *The Rules of Disorder*, London: Routledge & Kegan Paul.

Marshall, G., Newby, H., Rose, D. and Vogler, C. 1988, *Social Class in Modern Britain*, London: Hutchinson.

Marshall, G. (ed.) 1994, *The Concise Oxford Dictionary of Sociology*, Oxford: Oxford University Press.

Martin, D. 1969, *The Religious and the Secular*, London: Routledge & Kegan Paul.

Marwick, M. (ed.) 1970, *Witchcraft and Sorcery*, Harmondsworth: Penguin (2nd. edn., 1982).

Matza, D. 1964, *Delinquency and Drift*, New York: Wiley.

Mayo, E. 1949, *The Social Problems of an Industrial Civilization*, London: Routledge & Kegan Paul.

McCarthy, T. 1978, *The Critical Theory of Jurgen Habermas*, London: Heinemann.

McClelland, D. 1961, *The Achieving Society*, Princeton: van Nostrand.

McKenzie, R. 1963, *British Political Parties*, London: Heinemann, (2nd edn.).

McKenzie, R. and Silver, A. 1968, *Angels in Marble*, London: Heinemann.

McKinnon, C. 1989, 'Calvinism and the infallable assurance of grace: the Weber thesis reconsidered', *British Journal of Sociology*, 39.

McLennan, J. 1865, *Primitive Marriage*, Edinburgh: Adam and Charles Black.

McRobbie, A. 1991, *Feminism and Youth Culture*, London: Macmillan.

McRobbie, A. and Garber, J. 1976, 'Girls and sub-cultures', in S. Hall and T. Jefferson, 1976.

Mead, G.H. 1934, *Mind, Self and Society*, Chicago: Chicago Univ. Press.

Mead, L. 1985, *Beyond Entitlements*, New York: MacMillan.

Mennell, S. 1985, *All Manner of Food: Eating and Taste in England and France*, Oxford: Blackwell.

Merton, R. 1949, *Social Theory and Social Structure*, Glencoe: Free Press. (3rd. edn. 1968).

Merton, R. 1957, 'Bureaucratic structure and personality' in R. Merton, *Social Theory and Social Struture*, revised edition.

MERTON

Merton, R., Reader, G. and Kendall, P. 1957, *The Student Physician*, Cambridge, Mass: Harvard University Press.

Miles, A. 1986, 'Economism and feminism: a comment on the domestic labour debate', in R. Hamilton and M. Barrett (eds), *The Politics of Diversity*, London: Verso.

Miliband, R. 1966, *The State in Capitalist Society*, London: Weidenfeld and Nicolson.

Millar, S. 1968, *The Psychology of Play*, Harmondsworth: Penguin.

Miller, S. 1960, 'Comparative social mobility: trend report and a bibliography', *Current Sociology*, 9.

Millet, K. 1970, *Sexual Politics*, New York: Doubleday.

Mills, C. 1940, 'Situated actions and vocabularies of motive', *American Sociological Review*, 5.

Millward, N. and Stevens, M. 1986, *British Workplace Industrial Relations 1980–84: The DE/ESRC/PSI/ACAS Surveys*, Aldershot: Gower.

Mishan, E. 1967, *The Costs of Economic Growth*, London: Staple Press.

Mitchell, J. 1974, *Psychoanalysis and Feminism*, London: Allen Lane.

Moore, B. 1978, *Injustice: the Social Basis of Obedience and Revolt*, London: MacMillan.

Morgan, D. 1975, *Social Theory and the Family*, London: Routledge & Kegan Paul.

Morgan, G. 1986, *Images of Organization*, London: Sage.

Morgan, L. 1870, *Systems of Consanguinity and Affinity of the Human Family*, Washington, DC: Smithsonian Institute.

Morgan, M. 1985, *Sociological Approaches to Health and Medicine*, Beckenham: Croom Helm.

Morris, D. 1978, *Manwatching*, St. Albans: Triad/Panther.

Mort, F. 1980, 'Sexuality: regulation and contestation', in Gay Left Collective (ed.), *Homosexuality: Power and Politics*, London: Allison and Busby.

Mouzelis, N. 1975, *Organization and Bureaucracy*, London: Routledge & Kegan Paul.

Mouzelis, N. 1986, *Politics in the Semi-Periphery: Early Parliamentarism and Late Industrialisation in the Balkans and the Latin America*, London: Macmillan.

Mouzelis, N. 1988, 'Sociology of development: reflections on the present crisis', *Sociology*, 22.

Mulkay, M. 1979, *Science and the Sociology of Knowledge*, London: Allen and Unwin.

Mulvey, L. 1975, 'Visual pleasue and narrative cinema', *Screen*, 16.

Mumford, E. 1980, 'The participative design of clerical information systems: two case studies', in N. Bjorn-Anderson, *The Human Side of Information Processing*, Holland-Holland: IAG.

Mumford, E. and Banks, O. 1967, *The Computer and the Clerk*, London: Routledge & Kegan Paul.

Murdock, G. 1949, *Social Structure*, New York: Macmillan.

Murdoch, G. 1967, *Ethnographic Atlas*, Pittsburg: University of Pittsburg Press.

Murphy, J., John, M. and Brown, H. 1984, *Dialogues and Debates in Social Psychology*, Milton Keynes: Open University Press.

Myrdal, G. et al. 1944, *An American Dilemma*, New York: Harper

Row.

Nachmias, D. and Nachmias, D. 1976, *Research Methods in Social Investigation*, London: Edward Arnold.

Nadel, S. 1957, *The Theory of Social Structure*, London: Cohen and West.

Nairn, T. 1977, *The Break Up of Britain*, London: New Left Books.

Narroll, R. 1964, 'Ethnic unit classification', *Current Anthropology*, 5.

Nestle, J. 1981, 'Butch-fem relationships: sexual courage in the 1950s', *Heresies*, 3.

Neumann, F. 1942, *Behemoth*, New York: Harper Torch. (trans. 1963).

Neumann, S. 1956, 'Towards a comparative study of political parties', in Neumann S. (ed.) *Modern Political Parties*, Chicago: University of Chicago Press.

Newby, H. 1977, *The Deferential Workers*, London: Allen Lane (Penguin, 1979).

Nichols, T. 1969, *Ownership, Control and Ideology*, London: Allen and Unwin.

Nichols, T. and Armstrong, P. 1976, *Workers Divided*, London: Fontana.

Nichols, T. and Beynon, H. 1977, *Living with Capitalism*, Routledge & Kegan Paul.

Nicolaus, M. 1972, 'Sociology Liberation Movement', in Pateman T (ed.) *Counter Course: a Handbook of Course Criticism*, Harmondsworth: Penguin.

Nicolson, M. and McLaughlin, C. 1987, 'Social Constructionism and Medical Sociology: A Reply to M. Bury', *Sociology of Health and Illness*, 9.

Northcott, J. 1988, *The Impact of Micro Electronics in Industry*, London: PSI.

Nozick, R. 1974, *Anarchy, State and Utopia*, New York: Basic Books.

Oakley, A. 1974, *Housewife*, London: Allen Lane.

O'Connor, J. 1973, *The Fiscal Crisis of the State*, New York: St Martin's Press.

Offe, C. 1985, *Disorganized Capitalism*, Cambridge: Polity Press.

Ogburn, W. 1964, *On Culture and Social Change: Selected Papers*, Chicago University Press.

Okley, J. 1975, 'Gypsy women: models in conflict' in S. Ardener, (ed.) *Perceiving Women*, London: Dent.

O'Leary, B. 1989, *The Asiatic mode of Production*, Oxford: Blackwell.

Ortega y Gasset, J. 1930, *The Revolt of the Masses*, London: Allen & Masses.

Osgood, C., Suci, G. and Tannenbaum, P. 1957, *The Measurement of Meaning*, Urbana: Univ. of Illinois Press.

Ouchi, N. 1981, *Theory Z: How American Business Can Meet the Japanese Challenge*, Reading, Mass.: Addison-Wesley.

Outhwaite, W. 1985, 'Gadamer', in Skinner, Q. (ed.) *The Return of Grand Theory*, Cambridge: Cambridge Univ. Press.

Outhwaite, W. 1994, *Habermas – a Critical Introduction*, Cambridge: Polity Press.

Outhwaite, W. and Bottomore T. 1993, *Blackwell Dictionary of Twentieth-Century Social Thought*. Oxford: Blackwell.

Packard, V. 1957, *The Hidden Persuaders*, New York: McKay (Penguin, 1961).

Packard, V. 1959, *The Status Seekers*, New York: McKay (Penguin, 1961).

Pahl, R. 1984, *Divisions of Labour*, Oxford: Basil Blackwell.

Pahl, R. 1989, 'Is the emperor naked?, *International Journal of Urban and Regional Research*, 13.

Pahl, R. and Gershuny, J. 1979, 'Work outside employment — some preliminary speculations', *New University Quarterly*, 34.

Pahl, R. and Gershuny, J. 1980, 'Britain in the decade of the three economies', *New Society*, January 3rd.

Pahl, R. and Winkler, J. 1974, 'The coming corporatism', *New Society*, 10.

Palmer, P. 1989, *Contemporary Women's Fiction*, London: Harvester.

Park, R. 1928, 'Human migration and the marginal man', *American Journal of Sociology*, 33.

Parker, G. 1993, *With This Body: Caring and Disability in Marriage*, Milton Keynes: Open University Press.

Parker, S. 1971, *The Future of Work and Leisure*, London: MacGibbon and Kee.

Parkin, F. 1968, *Middle Class Radicalism*, Manchester: Manchester University Press.

Parkin, F. 1971, *Class Inequality and Political Order*, London: MacGibbon and Kee.

Parkin, F. 1974, 'Strategies of social closure in class formation', in Parkin (ed.) *Social Analysis of the Class Structure*, London: Tavistock.

Parkin, F. 1979, *Marxism and Class Theory: A Bourgeois Critique*, London: Tavistock.

Parry, N. and Parry J. 1976, *The Rise of the Medical Profession*, London: Croom Helm.

Parsons, T. 1939, 'The professions and social structure', *Social Forces*, 17, reprinted in *Essays in Sociological Theory*, Free Press (1954 and 1964, revised edn.).

Parsons, T. 1956, 'Suggestions for a sociological approach to the theory of organizations', *Administrative Science Quarterly*, 1.

Parsons, T. 1959, 'The school class as a social system' in A. Halsey, et al. (1961) *Education, Economy and Society*, New York: Free Press.

Parsons, T. 1963, 'On the concept of political power', *Proceedings of the American Philosophical Society*, 107.

Parsons, T. 1964a, 'Evolutionary universals in society', *American Sociological Review*, 29.

Parsons, T. 1964b, *Social Structure and Personality*, New York: Free Press.

Parsons, T. 1971, *The System of Modern Societies*, Englewood Cliffs, NJ: Prentice Hall.

Parsons, T. 1977, *The Evolution of Societies*, Englewood Cliffs, NJ: Prentice Hall.

Parsons, T. and Bales, R. 1955, *Family: Socialization and Interaction Process*, London: Routledge (1956).

Parsons, T., Bales, R. and Shils, E. 1963, *Working Papers on the Theory of Action*, Glencoe, Ill: Free Press.

Patterson, O. 1982, *Slavery and Social Death: a Comparative Study*,

Cambridge, Mass. and London: Harvard Univ. Press.

Pavlov, I. 1911, *Conditioned Reflexes*, Oxford: Oxford University Press (1927).

Payne, G. 1989, 'Mobility and bias: a reply to Saunders', *Network*, 45.

Peach, P. 1981, *Ethnic Segregation in Cities*, London: Croom Helm.

Pearce, R. 'Sharecropping: Towards a Marxist View', in T. Byres (ed.) 1983.

Pearson, G. 1983, *Hooligan, a History of Respectable Fears*. London: Macmillan.

Perrow, C. 1979, *Complex Organizations: a Critical Essay*, Illinois: Scott Foreman.

Peters, T. and Waterman, R. 1982, *In Search of Excellence*, New York: Harper Row.

Pettigrew, A. 1973, *The Politics of Organizational Decision-Making*, London: Tavistock.

Phillips, L. 1973, *Bayesian Statistics for Social Scientists*, London: Nelson.

Piaget, J. 1932, *The Moral Judgement of the Child*, London: Routledge & Kegan Paul.

Pickvance, C. 1976, *Urban Sociology*, London: Tavistock.

Pickvance, C. 1984, 'Voluntary associations', in R. Burgess, 1986.

Pierson, J. and Thomas, M. 1995, *Collins Dictionary of Social Work*, HarperCollins.

Pike, K. 1967, *Language in Relation to a Unified Theory of the Structure of Human Behaviour*, Pt 1, Preliminary Edition, Glendale Summer Institute of Linguistics.

Pinker, R. 1971, *Social Theory and Social Policy*, London: Heinemann.

Pinto–Duschinsky, M. 1985, 'Corruption', in R. Kuper, and J. Kuper, 1985.

Piore, M. and Sabel, C. 1984, *The Second Industrial Divide*, New York: Basic Books.

Pippin, R., Feenberg, A., and Webel, C. (eds.), 1988, *Marcuse: Critical Theory and the Promise of Utopia*, London: Macmillan.

Policy Studies Institute, 1983, *Police and People in London*, (4 Vols.) London: Policy Studies Institute.

Pollart, A. 1981, *Girls, Wives, Factory Lives*, London: Macmillan.

Polsky, N. 1969, *Hustlers, Beats and Others*, Harmondsworth: Penguin.

Poole, M. 1966, *Workers' Participation in Industry*, London: Routledge.

Popitz, H. et al. 1957, 'The worker's image of society' in T. Burns (ed.) *Industrial Man*, Harmondsworth: Penguin.

Post, K. 1972, '"Peasantisation" and rural political movements in West Africa', *European Journal of Sociology*, 13.

Post, K. and Wright, P. 1989, *Socialism and Underdevelopment*, Routledge.

Poulantzas, N. 1973, *Political Power and Social Classes*, London: New Left Books.

Poulantzas, N. 1974, *Fascism and Dictatorship*, London: New Left Books.

Pribicevic, B. 1959, *The Shop Stewards' Movement and Workers' Control*, Oxford: Blackwell.

Price, R. and Bains, G. 1988, 'The labour force', in A. Halsey (ed.) *British Social Trends Since 1900: A Guide to the Changing Social Structure of Britain*, (2nd. edn.), London: Macmillan.

Prothro, G. and Grigg, C., 1960, 'Fundamental principles of democracy', *Journal of Politics*, 22.

Pugh, D. and Hickson, D. 1968, 'The comparative study of organizations' in D. Pym (ed.) *Industrial Society*, Harmondsworth: Penguin.

Purcell, K. 1986, 'Work, employment and unemployment', in R. Burgess, 1986.

Quine, W. 1960, *Word and Object*, Cambridge, Mass.: MIT Press.

Quine, W. 1987, *Quiddities: an Intermittently Philosophical Dictionary*, Harmondsworth: Penguin Books.

Rapoport, A. (ed.) 1968, 'Introduction', to *Clausewitz*, Harmondsworth: Penguin.

Redclift, M. 1987, *Sustainable Development: Exploring the Contradictions*, London: Methuen.

Reid, I. 1986, *The Sociology of School and Education*, Fontana.

Reimer, E. 1971, *School is Dead: an Essay on Alternatives in Education*, Harmondsworth: Penguin.

Renner, K. 1953, 'The service class' in T. Bottomore and P. Goode (eds.), *Austro-Marxism*, 1978, Oxford: Oxford University Press.

Rex, J. and Moore, R. 1967, *Race, Community and Conflict*, Oxford: Oxford Univ. Press.

Rey, P-P. 1975, 'The lineage mode of production', *Critique of Anthropology*, 3.

Ricoeur, P. 1981, *Hermeneutics and the Human Sciences*, Cambridge: Cambridge University Press.

Rich, A. 1980, 'Compulsory heterosexuality and lesbian existence', *Signs*, 5.

Richardson, L. 1960, *Statistics of Deadly Quarrels*, London: Stevens.

Riley, M. 1963, *Sociological Research: a Case Approach*, Vol.1. New York: Harcourt, Brace and World.

Ritzer, G. and LeMoyne, T. 1991, 'Hyperrationality': an Extension of Weberian and Non-Weberian Theory', in Ritzer G., *Metatheorizing in Sociology*, Lexington, Mass.: Lexington Books, pp. 93–115.

Roberts, B. 1978, *Cities of Peasants*, London: Arnold.

Robertson, H. 1933, *Aspects of the Rise of Economic Individualism*, Cambridge: Cambridge University Press.

Robinson, W. 1950, 'Ecological correlation and behaviour of individuals', *American Sociological Review*, 15.

Robinson, W. 1951, 'The logical structure of analytical induction', *American Sociological Review*, 16.

Robinson, W. et al. 1968, *Measures of Political Attitude*, University of Michigan.

Roemer, J. 1982, *A General Theory of Exploitation and Class*, Cambridge, Mass.: Harvard University Press.

Roethlisberger, F. and Dickson, W. 1939, *Management and the Worker*, Cambridge, Mass.: Harvard Univ. Press.

Rogers, C. 1986, *Freedom to Learn for the Eighties*, Colombus, Ohio: Charles Merrill.

Rogers, C.D. 1983, *The Family Tree Detective*, Manchester:

Manchester University Press.

Rogers, E. 1983, *Diffusion of Innovations*, 3rd. edn., New York: Free Press.

Rojek, C. (1991) *Ways of Escape: Modern Transformations of Leisure and Travel*, London: Routledge.

Rokeach, M. 1960, *The Open and Closed Mind*, New York: Basic Books.

Roper, M. and Tosh, J. 1991, *Manful Assertions, Masculinities in Britain Since 1800*, London: Routledge.

Rorschach, H. 1921, *Psychodiagnostics: a Diagnostic Test based on Perception*, Berne: Huber (tr. 1942).

Rose, D. (ed.) 1988, *Social Stratification and Economic Change*, London: Hutchinson.

Rose, H. 1986, 'Women's work: women's knowledge', in J. Mitchell, and A. Oakley, (eds.) *What is Feminism?*, Oxford; Blackwell.

Rose, M. 1988, *Industrial Behaviour*, Harmondsworth: Penguin (2nd edn., 1st edn. 1975).

Rose, R. (ed.) 1960, *Must Labour Lose?* Harmondsworth: Penguin.

Rose, S. 1973, *The Conscious Brain*, London: Weidenfeld and Nicolson.

Routh, G. 1980, *Occupation and Pay in Great Britain*, London: Macmillan.

Rowbotham, S. 1972, *Women, Resistance and Revolution*, New York: Penguin.

Rowbotham, S. 1973, *Women's Consciousness, Man's World*, Harmondsworth: Penguin.

Roxborough, I. 1984, 'Unity and diversity in Latin American history', *Journal of Latin American Studies*, 16.

Rubenstein, R. 1987, *Alchemists of Revolutions: Terrorism in the Modern World*, New York: Basic Books.

Rubery, J. 1978, 'Structured labour markets, worker organization and low pay.' *Cambridge Journal of Economics*, 2.

Runciman, W. 1990, 'How many classes are there in contemporary British society?', *Sociology*, 24.

Rushton, J. and Sorrentino, R. (eds.) 1981, *Altruism and Helping Behaviour: Social, Personality and Developmental Perspectives*, Hillsdale, NJ.

Sacks, H., Schegloff, E. and Jefferson, G. 1974, 'A simplest systematics for the organization of turn-taking for conversation', *Language*, 50.

Sahlins, M. 1971, *Culture and Practical Reason*, Chicago: Aldine.

Sahlins, M. 1972, *Stone Age Economics*, Chicago: Aldine.

Sahlins, M. and Service, E. 1960, *Evolution and Culture*, Ann Arbor: University of Michegan Press.

Sainsbury, P. 1955, *Suicide in London: an Ecological Study*, London: Chapman.

Sainsbury, P. and Barraclough, B. 1968, 'Differences between suicide rates', *Nature*, 220.

Samuels, A. 1993, *The Political Psyche*, London: Routledge.

Samuelson, K. 1961, *Religion and Economic Action: a Critique of Max Weber*, New York: Harper.

787

SARAH

Sarah, E. 1982, 'Towards a reassessment of feminist history', *Women's Studies International Forum*, 5.

Sarup, M. 1993, *An Introductory Guide to Post-Structuralism and Post-Modernism*, (2nd ed.) Hemel Hempstead; Harvester.

Sayers, J. et al. (eds.) 1987, *Engels Revisited: New Feminist Essays*, Tavistock: London.

Scarman, Lord 1981, *The Brixton Disorders*, London: HMSO.

Scase, R. and Goffee, R. 1982, *The Entrepreneurial Middle Class*, London: Croom Helm.

Scheff, T. 1966, *Being Mentally Ill*, Chicago: Aldine.

Schermer, H. 1988, *Towards a Sociological Model of the Stranger*, Staffordshire Polytechnic, Dept. of Sociology Occasional Paper, 9.

Schumacher, E. 1973, *Small is Beautiful*, Harmondsworth: Penguin.

Schutz, A. 1962–6, *Collected Papers*, Vol.1, The Hague: Nijhoff.

Schutz, A. and Luckmann, T. 1973, *The Structures of the Life World*, London: Heinemann (1974).

Scott, J. 1979, *Corporations, Classes and Capitalism*, London: Hutchinson.

Scott, J. 1982, *The Upper Class*, London: Macmillan.

Scott, J.C. 1985, *Weapons of the Weak: Everyday Forms of Peasant Resistance*, New Haven and London: Yale University Press.

Scott, R.L. 1977, 'Communication as an International Social System', *Human Communication Research*, 3.

Scott, R. and Shore, A. 1979, *Why Sociology Does not Apply — A Study of the Uses of Sociology in Social Policy*, New York: Elsevier.

Scraton, P. 1982, 'Policing and institutionalized racism on Merseyside', in D. Cowell et al. 1982.

Scraton, P. 1985, *The State of the Police*, London: Pluto.

Scruton, R. 1986, *Sexual Desires: a Philosophical Investigation*, London: Weidenfeld.

Scwambler G. and Swambler A. (eds) 1995, *Rethinking Prostitution: Purchasing Sex in Britain in the 1990s*, London: Routledge.

Searle, J. 1969, *Expression and Meaning: Speech Act Theory and Pragmatics*, New York: World.

Searle, J. 1984, *Minds, Brains and Science*, London: Penguin Books.

Sebestyen, A. 1979, 'Tendencies in the Women's Liberation Movement', in *Feminist Practice: Notes from the Tenth Year*, London: Radical Feminist Collective.

Secord, P. and Backman, C. 1964, *Social Psychology*, New York: McGraw-Hill.

Seidler, V. 1991, *Recreating Sexual Politics: Men, Feminism and Politics*, London: Routledge.

Selznik, P. 1966, *TVA and the Grass Roots*, New York: Harper Torch Books.

Selvin, H. 1958, 'A critique of tests of significance in survey research', *American Sociological Review*, 23.

Sen, A. 1981, *Poverty and Famines: an Essay on Entitlement and Deprivation*, Oxford: Clarendon Press.

Sewell, G. and Wilkinson, B. 1992, 'Empowerment or emasculation? Shop floor surveillance in a total organization', in P. Blyton and P. Turnball (eds) *Reassessing Human Resource Management*, London: Sage.

Seymour-Smith, C. 1986, *Macmillan Dictionary of Anthropology*, London: Macmillan.

Shanin, T. 1982, 'Defining peasants: conceptualisations and deconceptualisations', *Sociological Review*, 30.

Shanin, T. (ed.) 1988, *Peasants and Peasant Societies*, Harmondsworth: Penguin.

Sharp, R. and Green, A. 1975, *Education and Social Control*, Routledge & Kegan Paul.

Shaw, C. 1930, *The Jack Roller*, Chicago: University of Chicago Press.

Shaw, C. and McKay, H. 1929, *Juvenile Delinquency and Urban Areas*, Chicago: University of Chicago Press.

Shaw, M. (ed.) 1985, *Marxist Sociology Revisted: Critical Assessments*, London: Macmillan.

Sherif, M. 1935, 'A study of some social factors in perception', *Archives of Psychology*, 27.

Shilling, C. 1993. *The Body and Social Theory*, London: Sage.

Shils, E. and Young, M. 1953, 'The meaning of the Coronation' *Sociological Review*, 1.

Siltanen, J. and Stanworth, M. 1984, *Women and the Public Sphere*, London: Hutchinson.

Silverman, D. 1970, *The Theory of Organizations*, London: Heinemann.

Simey, M. 1982, 'Police authorities and accountability', in D. Cowell et al. 1982.

Simmel, G. 1903, 'Metropolis and mental life' in K. Woolf (ed.) 1950.

Simon, H. 1957a, *Models of Man*, New York: Wiley.

Simon, H. 1957b, *Administrative Behaviour*, New York: Macmillan.

Sinfield, A. 1981, *What Unemployment Means*, Oxford, Martin Robertson.

Skinner, B. 1953, *Science and Human Behaviour*, New York: Macmillan.

Skinner, B. 1957, *Verbal Behaviour*, New York: Appleton–Century–Crofts.

Skocpol, T. 1979, *States and Social Revolutions: A comparative analysis of France, Russia and China*, Cambridge: Cambridge University Press.

Small, A. 1905, *General Sociology*, Chicago: University of Chicago Press.

Small, A. 1924, *The Origins of Sociology*, University of Chicago Press.

Smart, C. 1976, *Women, Crime and Criminology*, London: Routledge & Kegan Paul.

Smelser, N. 1962, *Collective Behaviour*, London: Routledge & Kegan Paul.

Smelser, N. 1968, *Essays in Sociological Explanation*, Englewood Cliffs, NJ.: Prentice Hall.

Smith, A. 1776, *An Inquiry into the Nature and Causes of the The Wealth of Nations*, London: Routledge.

Smith, D. 1983, *Barrington Moore Jr: Violence, Morality and Political Change*, London: Macmillan.

Sohn-Rethel, A. 1978, *Intellectual and Manual Labour*, London: Macmillan.

Southall, A. 1954, *Alur Society: a Study of Processes and Types of Domination*, Cambridge: Heffer.

Spencer, H. 1971, in K. Thompson and J. Tunstall, *Sociological Perspectives: Selected Readings*, Harmondsworth: Penguin.

Spender, D. 1980, *Man-Made Language*, London: Routledge & Kegan Paul.

Spooner, B. 1973, *The Cultural Ecology of Pastoral Nomads*, Reading, Mass.: Addison Wesley.

Sraffa, P. 1960, *The Production of Commodities by Means of Commodities*, London: Cambridge University Press.

Stacey, M. 1969, 'The myth of community studies', *British Journal of Sociology*, 20.

Stanley, L. and Wise, S. 1983, *Breaking Out: Feminist Consciousness and Feminist Research*, London: Routledge & Kegan Paul.

Stanworth, P. and Giddens, A. 1974, 'An economic elite: a demographic profile of company chairmen', in P. Stanworth and A. Giddens (eds.) *Elites and Power in British Society*, Cambridge: Cambridge University Press.

Stavenhagen, R. 1975, *Social Classes in Agrarian Societies*, New York: Anchor Press.

Stedman Jones, G. 1975, 'Class Struggle and the Industrial Revolution', reprinted in G. Steadman Jones, *Languages of Class*, 1983 Cambridge: Cambridge University Press.

Steedman, I. et al. 1981, *The Value Controversy*, London: Verso.

Stevens, S. 1944, 'On the theory of scales of measurement', *Science*, 103.

Stevens, S. 1951, 'Mathematics, measurements and psychophysics', in S. Stevens, (ed.) *Handbook of Experimental Psychology*. New York: Wiley.

Stouffer, S. 1955, *Communism, Conformity and Civil Liberties*, New York: Doubleday.

Stouffer, S. et al. 1949, *The American Soldier*, Princeton University Press.

Strydom, M. 1992, 'The ontogenetic fallacy: the immanent critique of Habermas's developmental logical theory of evolution', *Theory Culture and Society*, 9.

Summers, A. 1979, 'A home from home — Women's philanthropic work in the nineteenth century', in S. Burnham, (ed.) *Fit Work for Women*, London: Croom Helm.

Sumner, W. 1906, *Folkways*, New York: Doubleday (1959).

Suttles, G. 1970, 'Friendship as a social institution', in G. McCall et al., *Social Relationships*, Chicago.

Swift, D. 1967, 'Social class, mobility, ideology and 11+ success', *British Journal of Sociology*, 17.

Sykes, G. and Matza, D. 1957, 'Techniques of neutralisation', *American Sociological Review*, 22.

Szalai, A. 1972, *The Use of Time*, The Hague: Mouton.

Szasz, T. 1970, *The Manufacture of Madness*, London: Paladin.

Szasz, T. 1973, *Ideology and Insanity*, New York: Calder and Boyers.

Tajfel, H. and Turner, J. 1979, An integrative theory of intergroup conflict. In W.G. Austin and S. Worchel (eds) *The Social Psychology of Intergroup Relations*. Monterey: Brooks-Cole.

Tawney, 1926, *Religion and the Rise of Capitalism,* Harmondsworth: Penguin (1938).

Taylor, I. 1971, 'Football mad', in Dunning, E. (ed.) *The Sociology of Sport,* London: Frank Cass.

Taylor, J. 1979, *From Modernization to Modes of Production: A Critique of the Sociologies of Development and Underdevelopment,* London: Macmillan.

Taylor, I., Walton, P. and Young, J. 1973, *The New Criminology,* London: Routledge & Kegan Paul.

Taylor, L. 1981, *Justice for Victims of Crime,* London: Macmillan.

Taylor, M. 1983, 'Ordinal and interval scaling', *Journal of the Market Research Society,* 25.

Teichler, U. 1988, *Changing Patterns of the Higher Education System,* London: Jessica Kingsley Publishers.

Terray, E. 1972, *Marxism and 'Primitive' Societies,* New York: Monthly Review Press.

Thomas A. et al. 1994 *Third World Atlas,* Buckingham: Open University Press (2nd ed).

Thomas, W. (with Thomas, D.) 1928, *The Child in America,* New York: Knopf.

Thompson, E. 1967, 'Time, work–discipline and industrial capitalism', *Past and Present,* 38.

Thompson, E. 1978, 'The poverty of theory', in E. Thompson *The Poverty of Theory and Other Essays,* London: Merlin.

Thompson, E. 1982, *Zero Option,* London: Merlin.

Thompson, J. 1989, The theory of structuration', in Held, D. & Thompson, J. *Social Theory and Modern Societies, – Anthony Giddens and his Critics,* Cambridge University Press.

Thompson, K. 1976, *Auguste Comte: the Foundations of Sociology,* London: Nelson.

Thompson, P. 1989, *The Nature of Work,* (2nd. edn), London: Macmillan.

Thompson, T. 1981, *Edwardian Childhoods,* London: Routledge & Kegan Paul.

Thorndike, E. 1911, *Animal Intelligence,* New York: Macmillan.

Thorner, D., Ferblay, B. and Smith, R. 1966, *Chayanov on the Theory of Peasant Economy,* Homewood, Illinois: Richard D. Irwin.

Thurstone, L. and Chave, E. 1929, *The Measurement of Attitude,* Chicago: Univ. of Chicago Press.

Toffler, A. 1970, *Future Shock,* London: Bodley Head.

Tönnies, F. 1887, *Gemeinschaft und Gesellschaft* (tr. as Community and Society), London: Routledge (1955).

Touraine, A. 1971, *The Post-Industrial Society,* New York: Random House.

Trist, E., Higgins, G., Murray, H. and Pollock, A. 1963, *Organizational Choice,* London: Tavistock.

Troeltsch, E. 1912, *The Social Teachings of the Christian Churches,* London: Allen and Unwin (1956).

Trow, M. 1962, 'Reflections on the transition from elite to mass higher education', *Daedalus,* 90.

Tumin, M. 1953, 'Some principles of social stratification: a critical analysis', *American Sociological Review,* 18.

Turiel, E. 1983, *The Development of Social Knowledge*, Cambridge: Cambridge University Press.

Turner, B. 1984, *The Body and Society*, Oxford: Basil Blackwell.

Turner, B. 1987, *Medical Power and Social Knowledge*, London: Sage.

Turner, B. 1992, *Regulating Bodies: Essays in Medical Sociology*, London, Routledge.

Turner, R. 1960, 'Sponsored and contest mobility in the school system', *American Sociological Review*, 25.

Ungerson, C. 1987, *Policy is Personal: Sex, Gender and Informal Care*, London: Tavistock.

Urry, J. 1973, *Reference Groups and the Theory of Revolution*, London: Routledge & Kegan Paul.

Urry, J. 1981, *The Anatomy of Capitalist Societies*, London: Macmillan.

Valentine, C. 1968, *Culture and Poverty*, Chicago: University of Chicago Press.

Von Neumann, J. and Morgenstern, O. 1944, *Theory of Games and Economic Behaviour*, Princeton University Press.

Von Wright, G. 1971, *Explanation and Understanding*, London: Routledge & Kegan Paul.

Von Wright, G. 1983, *Philosophical Papers, Vol.1: Practical Reason*, Oxford: Basil Blackwell.

Voslensky, M. 1984, *Nomenklatura: Anatomy of the Soviet Ruling Class*, London: Bodley Head.

Walby, S. 1986, *Partiarchy at Work*, Cambridge: Polity Press.

Walker, A. 1980, 'Coming apart', in L. Lederer (ed.) *Take Back the Night: Women as Pornography*, New York: Morrow.

Walker, A. 1983, *In Search of Our Mother's Gardens*, New York: Harper Row.

Wallerstein, I. 1974, *The Modern World System: Capitalist Agriculture and the Origins of the European World-economy in the Sixteenth Century*, London: Academic Press.

Wallerstein, I. 1980, *The Modern World System: Mercantilism and the Consolidation of the European World-Economy, 1600–1750*. London: Academic Press.

Wallis, R. 1984, *The Elementary Forms of the New Religious Life*, London: Routledge and Kegan Paul.

Walton, J. 1984, *Reluctant Rebels: Comparative Studies of Revolution and Underdevelopment*, New York: Columbia University Press.

Walzer, M. 1966, *The Revolution of the Saints: A Study in the Origins of Radical Politics*, London: Weidenfeld & Nicolson.

Warde, A. 1990, 'Introduction to the sociology of consumption', *Sociology*, 24.

Warren, B. 1980, *Imperialism: Pioneer of Capitalism*, London: Verso.

Watt, M. 1961, *Islam and the Integration of Society*, London: Routledge & Kegan Paul.

Weber, M. 1912, *The City*, Glencoe, Ill.: Free Press 1958.

Weber, M. 1922, *Wirtschaft und Gesellschaft*, translated as *Economy and Society: an Outline of Interpretive Sociology*, New York: Bedminster Press (1968) (trans. G. Roth and G. Wittich).

Weber, M. 1930, *The Protestant Ethic and the Spirit of Capitalism*, London: Allen and Unwin, (original Ger. edn. 1904–5, rev. edn. 1920).

Weber, M. 1963, *The Sociology of Religion*, Boston, Mass.: Beacon, (original Ger. 1922).

Weeks, J. 1977, *Coming Out: Homosexual Politics in Britain from the Nineteenth Century to the Present*, London: Quartet Books.

Weeks, J. 1985, *Sexuality and its Discontents*, London: Routledge & Kegan Paul.

Weiner, N. 1949, *Cybernetics: or Control and Communication in Man and Machine*, Cambridge, Mass.: MIT Press.

Weinstein, A. and Gatell, F., 1979, *American Negro Slavery*, Oxford: Oxford University Press (3rd edn.).

Weizenbaum, J. 1984, *Computer Power and Human Reason* Harmondsworth: Penguin.

Westergaard, J. and Resler H. 1975, *Class in a Capitalist Society*, London: Heinemann.

White, G. 1983, 'Chinese development strategy after Mao', in G. White et al. (eds.), *Revolutionary Socialist Development in the Third World*, Brighton: Wheatsheaf Books.

White, K. 1991, 'The Sociology of Health and Illness', *Current Sociology*, 39.

Whitley, R. 1974, 'The city and industry', in P. Stanworth and A. Giddens, (eds.) *Elites and Power in British Society*, Cambridge: Cambridge University Press.

Whyte, W. 1955, *Street Corner Society*, Chicago: Chicago University Press.

Whyte, W. 1956, *The Organization Man*, Harmondsworth: Penguin.

Wilkins, L. 1965, 'Some sociological factors in drug addiction control', in B. Rosenberg, I. Bernard and F. Howlen (eds.), *Mass Society in Crisis*, New York: Free Press.

Wilkins, L. 1975, *Social Deviance*, London: Tavistock.

Wilkinson, S. and Kitzinger, C. 1994, 'Dire Straights? – Contemporary Rehabilitation of Heterosexuality', in Griffin et al. (eds) 1994, *Stirring It: Challenges for Feminism*, London: Taylor and Francis.

Williams, R. 1973, *The Country and the City*, London: Chatto and Windus.

Williams, R. 1976, *Keywords*, London: Fontana (2nd edn. 1983).

Williamson, J. 1978, *Decoding Advertisements, Ideology and Meaning in Advertising*, London and New York: Marion Boyars.

Willis, P. 1977, *Learning to Labour*, Farnborough: Saxon House.

Wilson, B. 1967, *Patterns of Sectarianism*, London: Heinemann.

Wilson, B. 1970, *Religious Sects*, London: Weidenfield & Nicolson.

Wilson, B. 1973, *Magic and the Millennium*, London: Heinemann.

Wilson, E. 1975, *Sociobiology: the New Synthesis*, Cambridge Mass.: Harvard University Press.

Wilson, H. and Herbert, G. 1978, *Parents and Children in the Inner City*, London: Routledge & Kegan Paul.

Wirth, L. 1938, 'Urbanism as a way of life', *American Journal of Sociology*, 44.

Wolf, E. 1966, *Peasants*, Engelwood Cliffs, NJ: Prentice Hall.

Wolf, E. 1971, *Peasant Wars of the Twentieth Century*. London: Faber & Faber.

Wolff, K. (ed.) 1950, *The Sociology of Georg Simmel*, New York, Free Press.

Woolf, J. 1975, *Feminine Sentences*, Berkley: University of California Press.

Wolpe, H. 1972, 'Capitalism and cheap labour power in South Africa: from segregation to apartheid', *Economy and Society*, 1.

Womack, jr. J. 1969, *Zapata and the Mexican Revolution*, London: Thames & Hudson.

Wood, S. 1989, *The Transformation of Work*, London: Hutchinson.

Wood, S. 1991, 'Japanization and/or Toyotaism', *Work, Employment and Society*, 5.

Wood, S. and Elliott, R. 1977, 'A critical evaluation of Fox's radicalisation of industrial relations theory' *Sociology*, 11.

Woodfield, A. 1981 'Teleology', in W. Brynum, E. Brown and R. Porter, *Dictionary of the History of Science*, London: Macmillan.

Woodward, J. 1965 (new edn. 1970), *Industrial Organization: Theory and Practice*, London: Oxford University Press.

Worsley, P. 1968, *The Trumpet Shall Sound*, (rev. edn), MacGibbon & Kee.

Worsley, P. 1984, *Three Worlds: Culture and World Development*, London: Weidenfeld and Nicolson.

Worsley, P. 1987, *New Introductory Sociology*, (3rd edn), London: Penguin.

Wright, E. 1978, *Class, Crises and the State*, London: New Left Books.

Wright, E. 1981, 'The value controversy and social research', in T. Steedman, 1981.

Wright, E. 1983, 'Giddens' critique of Marxism', *New Left Review*, 138.

Wright, E. 1985, *Classes*, London: Verso.

Wright, E. 1989, *The Debate on Classes*, London: Verso.

Wrigley, E. (ed.) 1966, *An Introduction to English Historical Demography*, London: Weidenfeld and Nicolson.

Wrong, D. 1961, 'The oversocialized conception of man in modern sociology', *American Sociological Review*, 26.

Young, J. 1971, *The Drugtakers: the Social Meaning of Drug Use*, London: McGibbon & Key.

Young, J. 1980, 'The Development of Criminology in Britain', *British Journal of Criminology*, 28.

Young, M. 1971, *Knowledge and Control*, London: Collier-Macmillan.

Young, M. and Wilmott, P. 1957, *Family and Kinship in East London*, Harmondsworth: Penguin (1960).

Young, M. and Wilmott, P. 1973 *The Symmetrical Family*, Harmondsworth: Penguin.

Zeitlin, M. 1974, 'Corporate ownership and control: the large corporation and the capitalist class', *American Journal of Sociology*, 80.

Zeitlin, M. 1977, *American Society Inc.: Studies of the Social Structure and Political Economy of the United States*, (2nd. edn) Chicago: Rand McNally.

Zetterberg, H. 1965, *On Theory and Verification in Sociology*, (3rd. edn), Totawa, NJ: Bedminster Press.

Zweig, F. 1961, *The Worker in an Affluent Society: Family Life and Industry*, London: Heinemann.

名詞對照表

【一畫】

一夫一妻制、單偶制　monogamy
一神論　monotheism
一般系統理論　general systems theory
一般規律研究　nomothetic
一黨專政制、一黨專政國家或一黨專政統治　one-party system, one-party-state, or one-party rule

【二畫】

人工製品　artefact or artifact
人工智能和人工意識　artificial intelligence and artificial consciousness
人口金字塔　population pyramid
人口普查　census
人口轉型　demographic transition
人力資本　human capital
人本諮商　person-centred counselling
人本位技術　human-centered technology
人本主義運動　humanistic movement
人類學　anthropology

人類關係區域檔案　Human Relations Area Files
人性　human nature
人性關係學派　human relations school
人為規定的度量　measurement by fiat
人選　nomenklatura
二元論　dualism
二元群體和三元群體　dyad and triad

【三畫】

女性主義　feminism
女性主義認識論　feminist epistemology
女性主義理論　feminist theory（ies）
女同性戀　lesbianism
工業化　industrialization
工業革命　Industrial Revolution
工業社會　industrial society
工業社會學　industrial sociology
工具理性　instrumental rationality
工作重新設計　job redesign

中英名詞對照

工作生活品質　quality of working life（QWL）

工作社會學　sociology of work

工會意識　trade union consciousness

工會　trade unions or labor unions

工人貴族　aristocracy of labour

工人貴族　labour aristocracy

工人階級　working class

工人階級保守主義　working-class conservatism

土地　land

土地使用權　land tenure

三K黨　Ku Klux Klan

三階段法則　Law of the Three Stages

三元群體　triad

大理論　grand theory

大量生產　mass production

大衆社會　mass society

大衆傳播社會學　sociology of mass communications

大衆傳播的二段流程　two-step flow in mass communications

千禧年主義和千禧年運動　millenarianism and millennial movement

口語傳統　oral tradition

小組重訪研究　panel study

小資產階級　petty bourgeoisie or petite bourgeoisie

（行爲系統和社會系統的）子系統模型　subsystems model（of action systems and social systems）

下層結構　infrastructure

下層階級　underclass

上層階級　upper class

【四畫】

不在地主　absentee landowner

不可通約性、不可公比性　incommensurability

不可接觸者　untouchables

分析歸納法　analytical induction

分析哲學　analytical philosophy

分析與綜合　analytic and synthetic

分化　differentiation

分工　division of labour

分工的夫妻角色關係　segregated conjugal-role relationship

分層樣本　stratified sample

分類學　taxonomy

（科學）分界標準　criterion of demarcation（of science）

反教會主義　anticlericalism

反自然主義　antinaturalism

反律法論　antinomianism

反精神醫學　antipsychiatry

反猶太主義　anti-Semitism

反抗文化或另類文化　counter culture or alternative culture

反事實句或反事實條件句　counterfactual or counterfactual conditional

反功能　dysfunction（or disfunction）

天生地位；先賦地位　ascribed status

天生；先賦 ascription

公理 axiom

公民權利 citizen rights

公民宗教 civil religion

公開；公眾；公共 public

公共財或集體財 public goods or collective goods

公有制 public ownership

巴舍拉（1894－1962） Bachelard, Gaston

巴赫汀（1895－1975） Bakhtin, Mikhail

巴特（1915－1980） Barthes, Roland

巴烈圖（1848－1923） Pareto, Vilfredo

巴烈圖最佳分配 Pareto optimality

巴柏（1902－1994） Popper, Karl

文明 civilization

文明化進程 civilizing process

文憑主義 credentialism

文化人類學 cultural anthropology

文化資本 cultural capital

文化傳播 cultural diffusion

文化演化 cultural evolution

文化支配權、文化霸權 cultural hegemony

文化納入 cultural incorporation

文化失調 cultural lag

文化唯物論 cultural materialism

文化相對主義和語言相對主義 cultural relativism and linguistic relativism

文化再生產 cultural reproduction

文化研究 cultural studies

文化 culture

文化震撼 culture shock

文本 text

文德班（1848－1915） Windelband, Wilhelm

氏族 clan

比較法 comparative method

比較社會學 comparative sociology

孔德（1798－1857） Comte, Auguste

孔恩（1922－ ） Kuhn, Thomas

內容分析 content analysis

內婚制 endogamy

內群（體）與外群（體） in-group and out-group

內城區 inner city

內在導向 inner-directedness

內化 internalization

手藝學徒制 craft apprenticeship

支配、主導 dominance

支配 domination

支配權、霸權 hegemony

友誼 friendship

少數民族聚居區 ghetto

戈夫曼（1922－1982） Goffman, Erving

戈德索普（1935－ ） Goldthorpe, John

戈德索普—盧埃林量表 Goldthorpe-Llewellyn scale

心態史學 history of mentalities

中英名詞對照

心理分析　psychoanalysis

心理劇　psychodrama

心理主義、心理學主義　psychologism

心理學　psychology

心理治療　psychotherapy

戶　household

水利社會　hydraulic society

互動、互動禮儀、互動秩序　interaction, interaction ritual, interaction order

互為主體性　intersubjectivity

互為文本性　intertextuality

中介階級或中介階層　intermediate classes or intermediate strata

中介團體或次級團體　intermediate group or secondary group

中介社會　intermediate societies

中介變數　intervening variable

中介的階級定位　mediated class locations

中間技術　intermediate technology

中產階級　middle class (es)

中產階級激進主義　middle-class radicalism

中程理論　theories of the middle range

方法論論戰　Methodenstreit

方法論的放入括弧　methodological bracketing

方法論　methodology

日常語言哲學　ordinary language philosophy

牛津（派）哲學　Oxford philosophy

父權制　patriarchy

化約　reduction

化約論　reductionism

尤耳相關係數　Yule's Q

【五畫】

瓦爾納　Varna

可分配的權力　allocative power

可信度層級　hierarchy of credibility

可塑性　plasticity

可塑的人　plastic man

另類文化；替代文化　alternative culture

另類醫學　alternative medicine

古代社會　ancient society

以人類為中心的　anthropocentric

以人類為中心的生產體系　anthropocentric production systems

以物易物和易貨經濟體制　barter and barter economy

以儀式對抗　resistance through ritual

本真性　authenticity

本迪克斯（1916－1991）　Bendix, Reinhardt

本質主義　essentialism

本質性爭議概念　essentially contested concept

本我　id

本體和現象　noumena and phenomena

本體論　ontology

平均數　average

布希亞（1929－　）　Baudrillard, Jean

布萊克報告書　Black Report

布洛赫（1886－1944）　Bloch, Marc

布魯默（1900－1987）　Blumer, Herbert

布思（1840－1916）　Booth, Charles James

布勞（1918－　）　Blau, Peter

布勞岱（1902－1985）　Braudel, Fernand

布雷弗曼論題　Braverman thesis

出生證書　birth certificate

出生率　birth rate

包耳畢（1907－1990）　Bowlby, John

卡方檢驗　chi square（χ^2）

代碼　code

代　generation

代表性樣本　representative sample

矛盾　contradiction

矛盾的階級定位　contradictory class locations

犯罪　crime

犯罪統計　crime statistics

犯罪學　criminology

犯罪與偏差行為社會學　sociology of crime and deviance

去中心自我或去中心主體　decentred self or decentred subject

民主精英論　democratic elitism

民族誌　ethnography

民族科學　ethnosciences

民風　folkways

民德　mores

民族國家　nation-state

民族國家體系　nation-state system

民意與民意測驗　public opinion and opinion polls

失調　dissonance

失業　unemployment

主導意識形態說　dominant ideology thesis

主觀階級和客觀階級　subjective and objective class

主體與客體　subject and object

主體性；主觀性　subjectivity

生態謬誤或錯誤層次謬誤　ecological fallacy or wrong level fallacy

生態學　ecology

生產要素　factors of production

生產全球化　globalization of production

生產性勞動和非生產性勞動　productive labour and unproductive labour

生活機遇　life chances

生活史和生活史法　life history and life history method

生活世界　life-world

生活形式　forms of life

生活水準　standard of living

生命歷程　life course

他觀的　etic

中英名詞對照

他人導向　other-directedness
外婚制　exogamy
外向和內向　extraversion and introversion
外群體　out-group
外來者、陌生人　stranger
弗格森（1723－1816）　Ferguson, Adam
世仇　feud
世襲主義　patrimonialism
正式和非正式結構　formal and informal structure
正義　justice
正當權威或政治正當性　legitimate authority or political legitimacy
正當化　legitimation
正當性危機　legitimation crisis
正當權威類型　types of legitimate authority
功能；運作　function
功能替代物或功能等價物　functional alternative or functional equivalent
功能論　functionalism
功能（論）解釋　functional（ist）explanation
功能性先決條件　functional prerequisites
功能性規則　functional imperatives
功能必備性　functional indispensibility
功能必備性設定或普遍功能論設定　postulate of functional indispensability or universal functionalism
功利主義　utilitarianism
未來學　futurology
目標置換　goal displacement
目的性解釋　purposive explanation
目的論解釋　teleological explanation
目的論　teleology
目的理性行爲　Zweckrational action
左右派連續體　left-right continuum
市場情境　market situation
母權制　matriarchy
尼采（1844－1900）　Nietzsche, Friedrich
皮耳森積動差相關係數（γ）　Pearson product moment correlation coefficient（γ）
皮亞杰（1896－1980）　Piaget, Jean
囚犯困境　prisoners' dilemma
史匹曼等級相關係數　Spearman rank correlation coefficient
史賓塞（1820－1903）　Spencer, Herbert
史丹福—比奈測驗　Stanford—Binet Test
白領工人　white-collar worker

【六畫】

印象經營　impression management
自致地位　achieved status
自殺　suicide
自殺未遂和假自殺　attempted suicide and parasuicide

自給自足 autarky or autarchy

自動化 automation

自主的人和可塑的人 autonomous man and plastic man

自主 autonomy

自在階級和自為階級 class-in-itself and class-for-itself

自我 ego

自觀的和他觀的 emic and etic

自由意志 free will

自穩態 homeostasis

自變數、自變量、自變項 independent variable

自然主義研究法 naturalistic research methods

自然法 natural law

自然權利與自然法 natural rights and natural law

自然科學 Naturwissenschaften

自反性、反身性 reflexivity

自我 self

自我實現性預言和自我毀滅性預言 self-fulfilling and self-destroying prophecy

自助群體 self-help groups

成就 achievement

成就動機 achievement motivation

成分分析 componential analysis

成本效益分析 cost-benefit analysis

行動 action

行動探究法 action approach

行動研究 action research

行動理論 action theory

行動主義 activism

行為者 actor

行為 act

行為 behaviour

行為探究法 behavioural approach

行為主義 behaviourism

行為主義或行為探究法 behaviouralism or behavioural approach

行為科學 behavioural science (s)

行為修正或行為治療 behaviour modification or behaviour therapy

行為療法 behaviour therapy

行為的區域化 regionalization of action

行會 guild

年齡群 age group

年齡歧視 ageism

年齡組 age sets

年鑑學派 Annales school

老化 ageing

老年學 gerontology

老年 old age

字母表 alphabet

安德森（1938 - ） Anderson, Perry

先天後天之爭 nature-nurture debate

先知 prophet

先驗和後驗 a priori and a posteriori

先驗論證 transcendental argument

先驗能指 transcendental signifier

仲裁 arbitration

中英名詞對照

仲裁與調解　arbitration and concili-
　ation
考古學　archaeology
同化　assimilation
同化與順應　assimilation and ac-
　commodation
同期出生群研究　birth cohort study
同輪；同期群　cohort
同理心理解　empathic understand-
　ing
同儕團體　peer group
同時性和異時性　synchrony and di-
　achrony
存有　Being
有偏樣本　biased sample
有限理性　bounded rationality
有閒階級　leisure class
有機類比　organic analogy
有機連帶　organic solidarity
因果模擬　causal modeling
因素分析　factor analysis
西庫雷爾（1928－　）　Cicourel,
　Aaron
共餐　commensality
共變；伴隨變異　concomitant varia-
　tion
共識　consensus
血親　consanguinity
合作（社）　cooperation
合作社組織和合作社運動　coopera-
　tive organization and cooperative
　movement
合作的夫妻角色關係　joint conjugal-

role relationship
交切紐帶　cross-cutting ties
交心治療小組　encounter group
交換　exchange
交換理論　exchange theory
交互作用　interaction
交誼活動　sociability
此有　Dasein
向下流動　downward mobility
艾森史塔　Eisenstadt, Shmuel Noah
艾里亞斯　Elias, Norbert
伊曼紐爾　Emmanuel, Arghiri
伊凡普里查　Evans-Pritchard, Sir
　Edward Evan
伊利奇（1926－　）　Illich, Ivan
企業文化　enterprise culture
次數分配　frequency distribution
次級分析　secondary analysis
次級構念　second order constructs
次文化　subculture
次佳狀態　suboptimality
地理決定論　geographical determin-
　ism
地區勞力市場　local labour maket
地位衝突　status conflict
地位一致和不一致　status consisten-
　cy and inconsistency
休姆（1711－1776）　Hume, David
休閒　leisure
休閒社會　leisure society
休閒社會學　sociology of leisure
吉姆·克羅法　Jim Crow laws
米德（1863－1931）　　Mead,

George Herbert

米歇爾斯（1876－1936） Michels, Robert

米爾斯（1916－1962） Mills, C. Wright

米尼塔布小型套裝軟體 Minitab

多元文化論 multiculturalism

多元分析 multivariate analysis

多元精英論 plural elitism

多元論 pluralism

多元無知 pluralistic ignorance

多元社會 plural society

多科大學 multiversity

多重決定 overdetermination

多頭政治 polyarchy

全國偏差行為討論會 National Deviancy Conference

全控機構或全控組織 total institution or total organization

刑罰學 penology

再分配的酋邦 redistributive chiefdom

再犯偏差 secondary deviance or secondary deviation

回應率、回答率 response rate

污記、污名 stigma

托尼（1880－1962） Tawney, Richard

托馬斯（1863－1947） Thomas, William

托克維爾（1805－1859） Tocqueville, Alexis de

死亡本能 Thanatos

伏都教（巫毒教） voodoo or voodooism

【七畫】

利他（主義） altruism

利他型自殺 altruistic suicide

利己型自殺 egoistic suicide

利益 interests

利克特量表 Likert scale

男性中心主義 androcentrism

貝特森（1904－1980） Bateson, Gregory

貝氏定理 Bayes' theorem

貝克（1928－ ） Becker, Howard S.

貝爾（1919－ ） Bell, Daniel

貝弗利報告書 Beveridge Report

伯恩斯坦（1924－ ） Bernstein, Basil

伯恩斯坦（1850－1932） Bernstein, Eduard

身體 body

身體語言；肢體語言 body language

身分 identity

身分；地位 status

身分團體、地位團體 status group

身分情境 status situation

身分象徵 status symbol

佛教 Buddhism

佛洛依德（1856－1939） Freud, Sigmund

佛洛姆 Fromm, Erich

良知 conscience

中英名詞對照

含蓋法則模式和演繹律則解釋 covering-law model and deductive nomological explanation

批判的文化論述 critical cultural discourse

批判理性主義 critical rationalism

批判理論 critical theory

決定論 determinism

否認偏差 deviance disavowal

否定 negation

狄爾泰（1833－1911） Dilthey, Wilhelm

言理意識 discursive consciousness

言語行為 speech act

杜衡-蒯因論 Duhem-Quine thesis

折衷主義 eclecticism

足球流氓行為 football hooliganism

形式理性和實質理性 formal and substantive rationality

形式社會學 formal sociology

形式理論和理論形式化 formal theory and formalization of theory

形式和內容 form and content

住宅 housing

住宅階級 housing class

住宅社會學 sociology of housing

李維史陀（1908－ ） Lévi-Strauss, Claude

李普塞（1922－ ） Lipset, Seymour M.

李克特（1863－1936） Rickert, Heinrich

宏觀社會學 macrosociolgy

巫毒教 voodoo or voodooism

巫術 magic

私人領域和公共領域 private and public spheres

私有財產 private property

私有化 privatization

投射測驗 projective test

投票學 psephology

投票行為 voting behaviour

里斯曼（1909－ ） Riesman, David

角色 role

角色衝突 role conflict

角色距離 role distance

角色扮演 role-playing

角色互換 role reversal

角色集 role-set

角色理論 role theory

沙特（1905－1980） Sartre, Jean-Paul

沙什（1920－ ） Szasz, Thomas Stephen

技能 skill

技術決定論 technological determinism

技術 technology

系統 system

系統樣本 systematic sample

系統整合 system integration

系統研究法 systems approach

系統論 systems theory

沃德（1841－1913） Ward, Lester

沃夫 Whorf, Benjamin Lee

【八畫】

初犯偏差　primary deviance

初級團體　primary group

初級部門　primary sector

抽象的經驗論　abstracted empiricism

抽樣誤差　sampling error

青春期　adolescence

青少年犯罪　delinquency

青少年犯罪漂向　delinquent drift

青少年犯罪次文化　delinquent subculture

青年文化　youth culture

青年失業　youth unemployment

阿多諾（1903－1969）　Adorno, Theodor

阿圖塞（1918－1990）　Althusser, Louis

阿圖塞式馬克思主義　Althusserian Marxism

阿宏（1905－1983）　Aron, Raymond

肯定的行動　affirmative action

非洲加勒比海人　Afro-Caribbean

非都市化　deurbanization

非決定論　indeterminism

非正規經濟；地下經濟　informal economy

非理性主義　irrationalism

非結構資料　unstructured data

非結構性社會流動　nonstructural social mobility

（社會行為的）非預期後果或非意圖後果　unanticipated consequences or unintended consequences（of social action）

泛靈信仰　animism

社區；社群；共同體　community

社區照護、社群照護　community care

社區政治　community politics

社區權力　community power

社區研究、社群研究　community study

社區工作　community work

社會學年報　Année sociologique

社會學自主　autonomy of sociology

社會階層　social stratum

社會階層化　social stratification

社會階層化的功能（論）理論　functional（ist）theory of social srtatification

社會階層化的多元分析　multidimensional analysis of social stratification

社會的　social

社會人類學　social anthropology

社會變遷　social change

社會封閉　social closure

社會聚合　social cohesion

社會契約論　social contract theory

社會控制　social control

社會達爾文主義　Social Darwinism

社會分化　social differentiation

社會距離　social distance

社會均衡　social equilibrium

中英名詞對照

社會事實作爲事物　social facts as things
社會史學　social history
社會指標　social indicators
社會整合和系統整合　social integration and system integration
社會化　socialization
社會邊際狀態　social marginality
社會流動　social mobility
社會運動　social movement
社會秩序　social order
社會組織　social organization
社會病態　social pathology
社會現象學　social phenomenology
社會哲學　social philosophy
社會政策　social policy
社會問題　social problems
社會心理學　social psychology
社會改革　social reform
社會再生產　social reproduction
社會安全　social security
社會服務　social services
社會背景　social settings
社會連帶　social solidarity
社會統計　social statistics
社會身分；社會地位　social status
社會結構　social structure
社會調查　social survey
社會系統　social system
社會福利　social welfare
社會工作　social work
社會　society
社會生物學　sociobiology

社會文化演化　sociocultural evolution
社會劇　sociodrama
社會經濟群體　socioeconomic group
社會經濟地位　socioeconomic status
社會法學研究　sociolegal studies
社會語言學　sociolinguistics
社會學理論　sociological theory
社會學　sociology
社會技術系統法　sociotechnical systems approach
社會科學　social science
社會科學用統計套裝軟體　Statistical Package for the Social Science（SPSS）
社會行爲者、社會行動者　social actor
社會行爲與社會意識的階層化模型　stratificational model of social action and consciousness
社會活動轉化模型　transformational model of social activity
社會行動類型　types of social action
社交　sociation
社交測量圖　sociogram
社交測量法、社會測量學　sociometry
表相和實相　appearance and reality
亞里斯多德（公元前384－322）　Aristotle
依戀　attachment
依賴理論　dependency theory
長條圖　bar chart

長嗣；長嗣繼承 primogeniture

波娃（1908-1986） Beauvoir, Simone de

波笛爾（1930- ） Bourdieu, Pierre

事業；經歷 career

事實—價值區分 fact-value distinction

定言令式 categorical imperative

定義 definition

定題選答問卷 fixed-choice questionnaire

定序層次的測量 ordinal level measurement

定性研究法 qualitative research techniques

定量研究法 quantitative research techniques

芝加哥學派 Chicago school

兒童保育 child care

制約 conditioning

制度 institution

制度化 institutionalization

近族通婚權 connubium

服從 deference

服從的類型 types of compliance

法 dharma

法蘭克（1929- ） Frank, Andre Gunder

法蘭克福批判理論學派 Frankfurt school of critical theory

法理社會 Gesellschaft

法學 jurisprudence

法律 law

法律實證主義 legal positivism

法律社會學 sociology of law

歧視 discrimination

性格學；動物行為學 ethology

性相分化 gender differentiation

性相認同 gender identity

性相意識形態 gender ideology

性相角色 gender role

性相階層化 gender stratification

性別分工 sexual division of labour

物神 fetish

物質文化 material culture

物化 reification

宗教的功能（論）理論 functional (ist) theory of religion

宗教 religion

宗教社會學 sociology of religion

宗教組織類型 types of religious organization

金斯伯格（1889-1970） Ginsberg, Morris

直方圖 histogram

直線發展 unilinear

命令性協調 imperative coordination

知識分子 intellectuals

知識界 intelligentsia

知識社會學 sociology of knowledge

拉岡 Lacan, Jacques

拉馬克（1744-1829） Lamarck, Jean

拉札斯斐（1901-1976） Lazarsfeld, Paul

中英名詞對照

孟德斯鳩（1689－1755） Montesquieu, Baron Charles de

協商的秩序 negotiated order

官方統計 official statistics

典範 paradigm

帕克（1864－1944） Park, Robert

帕森思（1902－1979） Parsons, Talcott

芮克里夫布朗（1881－1955） Radcliffe-Brown, Alfred

例行化 routinization

刻板印象、成見 stereotype

兩性平權家庭 symmetrical family

季節性遷徙 transhumance

空想社會主義、烏托邦社會主義 utopian socialism

【九畫】

美學 aesthetics

姻親的 affinal

侵犯 aggression

後驗 a posteriori

後臺 back region

後經驗論 postempiricism

後福特制 post-Fordism

後工業社會 postindustrial society

後現代主義和後現代狀態 postmodernism and postmodernity

後結構主義 poststructuralism

政治舞臺 arena

政黨認同 party identification

政黨形象 party image

政治人類學 political anthropology

政治文化 political culture

政治動員 political mobilization

政治現代化 political modernization

政治學 political science

政治社會化 political socialization

政治社會學 political sociology

軍備競賽 arms race

軍事社會與工業社會 militant and industrial societies

軍事 military

苦行主義 asceticism

信仰體系 belief system

信度 reliability

柏格（1929－ ） Berger, Peter

柏格森（1859－1941） Bergson, Henri

拼貼、湊成 bricolage

科層制；官僚制 bureaucracy

科學層級說 hierarchy of the sciences

科學管理 scientific management

科學主義 scientism

科學社會學 sociology of science

酋邦 chiefdom

柯靈烏（1889－1943） Collingwood, Robin

亮相 coming out

保守主義 conservatism

保面子 face－work

保健醫療社會學 sociology of health and medicine

炫耀性消費 conspicuous consumption

約束　constraint
約定　convention
背景謬誤　contextual fallacy
契約　contract
相關　correlation
相關係數　correlation coefficient
相互認知　mutual knowledge
相對剝奪（感）　relative deprivation
相對主義　relativism
衍理　derivations
爲快活而吸毒　drug taking for pleasure
突現性質　emergent properties
俗民方法學　ethnomethodology
俗民社會　folk society
型態或全貌　figuration or configuration
型態社會學　figurational sociology
前臺　front region
紀登斯（1938 - ）　Giddens, Anthony
哈伯瑪斯（1929 - ）　Habermas, Jürgen
哈格斯特朗（1916 - ）　Hagerstrand, Stig
哈爾西（1923 - ）　Halsey, A.H.
狩獵採集者　hunter-gatherer
胡塞爾（1859 - 1938）　Husserl, Edmund
指標　indicator
查特　jati

洛克（1632 - 1704）　Locke, John
洛克伍（1929 - ）　Lockwood, David
負熵　negantropy
負反饋　negative feedback
客體的；客觀的　objective
客觀階級　objective class
客觀主義　objectivsm
客觀性　objectivity
客觀性與中立性　objectivity and neutrality
柱形化　pillarization
限額樣本　quota sample
研究方法　research methods
研究方法三角化　triangulation of approaches
首陀羅　shudra（sudra）
重要他人　significant other
建築環境社會學　sociology of the built environment

【十畫】

茲納尼茨基（1882 - 1958）　Znaniecki, Florian
缺席　absenteeism
原型　archetypes
原因　cause
原住民群體　indigenous group
原始社會　primitive society
原生國家　pristine states or primal states
原狀集團　Tel Quel Group
特設假設　ad hoc hypothesis

中英名詞對照

特定年齡出生率　age specific birth rate

特殊規律研究和一般規律研究　idiographic and nomothetic

特殊規律研究法　idiographic method

特殊主義　particularism

特質理論　trait theory

能動作用　agency

能動作用和結構　agency and structure

能力；權力　power

祖先崇拜　ancestor worship

神經性厭食症　anorexia nervosa

神話與神話學　myths and mythologies

神聖的與世俗的　sacred and profane

神義論　theodicy

迴避關係　avoidance relationship

迴歸與迴歸分析　regression and regression analysis

高等教育的雙元體系　binary system of higher education

高等教育冷卻過程　cooling-out process in higher education

高德納（1920－1980）　Gouldner, Alvin

高攀婚　hypergamy

高貴職業　positional jobs

疾病的生物力學（生物醫學）模型　biomechanical（biomedical）model of illness

校車接送學童　busing

個案工作　casework

個人崇拜　cult of personality

個人層次資料　individual level data

個人構念理論　personal construct theory

個體方法論　methodological individualism

核心與邊陲　centre and periphery

核心和邊陲　core and periphery

核心家庭　nuclear family

眞理共識論　consensus theory of truth

眞理　truth

消費文化　consumer culture

消費者保護運動　consumerism

消費者運動　consumer movement

庫利　Cooley, Charles

庫拉環　kula ring

庫存格技術　repertory grid technique

宮廷社會　court society

剝奪、匱乏　deprivation

差別結合　differential association

家務勞動　domestic labour

家長政治　paternalism

家長、戶長　head of household

家庭　family

家庭主婦　housewife

家庭社會學　sociology of the family

涂爾幹（1858－1917）　Durkheim, Emile

恩格斯　Engels, Friedrich

倫理學　ethics

810

時尚　fashion

時間　time

時間序列　time series

時空延展　time-space distanciation

時空邊界　time-space edges

時代精神　Zeitgeist

浪蕩群　folk devils

挫折─侵犯假說　frustration-aggression hypothesis

格特曼量表、量圖分析或量圖法　Guttman scale, scalogram analysis or scalogram method

海德格（1889－1976）　Heidegger, Martin

畜牧社會　herding society

畜牧生活和畜牧社會　pastoralism and pastoral society

納入　incorporation

索引式表達　indexical expression

索緒爾（1857－1913）　Saussure, Ferdinand de

索瑞爾（1847－1922）　Sorel, Georges

索羅金（1889－1968）　Sorokin, Pitirim

峰度　kurtosis

流氓無產階級　lumpenproletariat

馬林諾斯基（1884－1942）　Malinowski, Bronislaw Kaspar

馬庫色（1898－1979）　Marcuse, Herbert

馬歇爾（1893－1981）　Marshall, Thomas H.

馬克思（1818－1883）　Marx, Karl

馬克思主義社會學　Marxist sociology

馬斯洛（1908－1970）　Maslow, Abraham

素樸證偽主義　naive falsificationism

素質與成績　quality and performance

秩序問題　problem of order

財產　property

純粹型　pure type

值域　range

逆向歧視　reverse discrimination

修正主義　revisionism

朗特里（1871－1954）　Rowntree, Benjamin Seebohm

朗西曼（1934-　）　Runciman, Walter（W.G）

病人角色或患者角色　sick role or patient role

孫末楠（1840－1910）　Sumner, William

症狀冰山　symptom iceberg

恐怖主義　terrorism

恐外症　xenophobia

泰勒（1832－1917）　Tylor, Edward

烏托邦　utopia

烏托邦社區　utopian communities

烏托邦主義　utopianism

效度　validity

韋伯倫（1857－1929）　Veblen, Thornstein

中英名詞對照

transition from feudalism to capitalism

陰謀論　conspiracy theory

偶然的　contingent

控制　control

控制條件　control condition

控制組或控制條件　control group or control condition

控制論層級　cybernetic hierarchy

控制論　cybernetics

控制的辯證性　dialectic of control

崇拜　cult

貧窮文化　culture of poverty

貧困陷阱　poverty trap

習俗　custom

習性　habitus

理型　eidos

理想語境　ideal speech situation

理想型或純粹型　ideal type or pure type

理體中心主義　logocentrism

理性資本主義　rational capitalism

理性選擇理論　rational choice theory

理性主義；理性論　rationalism

理性　rationality

理性化；合理化　rationalization

理論　theory

理論負載的　theory-laden

理解　understanding

移情作用、同理心　empathy

副現象和現象　epiphenomena and phenomena

族群集團　ethnic group

族群性　ethnicity

族群標誌　ethnic marker

族群中心主義　ethnocentrism

探索性資料分析　exploratory data analysis

探索研究　pilot study

宿命型自殺　fatalistic suicide

參數統計學　parametric statistics

參與觀察　participant observation

參考架構　frame of reference

參考團體　reference group

紮根理論　grounded theory

假設　hypothesis

假設演繹解釋和方法　hypothetico-deductive explanation and method

假言令式　hypothetical imperative

假自殺　parasuicide

唯心論　idealism

唯英才制　meritocracy

唯名論　nominalism

唯我論　solipsism

國內殖民主義、內部殖民主義　internal colonialism

國民保健署　National Health Service（NHS）

國家　state

國家開支　state expenditures

國家社會主義社會　state socialist societies

訪問、訪談　interview

訪問員偏誤　interviewer bias

勒普累（1806－1882）　Le Play,

中英名詞對照

Fréderic
貫時研究 longitudinal study
梅因（1822－1888） Maine, Henry James Sumner
梅約（1880－1949） Mayo, Elton
曼（1942－ ） Mann, Michael
曼海姆（1887－1947） Mannheim, Karl
婚姻 marriage
現代化 modernization
現象論 phenomenalism
現象社會學 phenomenological sociology
現象學 phenomenology
動機取向模式 modes of motivational orientation
動機辭彙 vocabularies of motive
貨幣 money
莫雷諾（1890－1974） Moreno, Jacob
莫斯卡（1858－1941） Mosca, Gaetano
規範 norm
規範的 normative
規範性功能論 normative functionalism
規範性秩序 normative order
規範整合 normative integration
規範理論 normative theory
規則和遵循規則 rules and rule-following
組織 organization
組織文化 organizational culture

組織社會學 organizational sociology
組織理論 organization theory
問題意識、關聯性問題群 problematique or problematic
問卷 questionnaire
部門劃分 sectoral cleavages
部落與部落社會 tribe and tribal society
符號學 semiology or semiotics
雪球抽樣 snowball sampling
連帶；團結 solidarity
偽相關 spurious correlation
梯特馬斯（1907－1973） Titmuss, Richard
屠尼斯（1855－1936） Tönnies, Ferdinad
都市生活做為一種生活方式 urbanism as a way of life
都市化 urbanization
都市社會學 urban sociology
婦女解放運動 women's liberation movement
婦女研究 women's studies
區 zone
衆數 mode

【十二畫】

郵寄問卷 postal questionnaire or mail questionnaire
絕對貧困 absolute poverty
順應 accommodation
無首腦 acephalous
無政府主義 anarchism

無政府─工團主義 anarcho-syndicalism

無決定 nondecisions

無文字社會 nonliterate society

無參數統計學 nonparametric statistics

無回應 nonresponse

無產階級化 proletarianization

無產階級 proletariat

無國家社會 stateless societies

富裕社會 affluent society

富裕工人 affluent worker

疏離；異化 alienation

替代技術 alternative technology

統覺 apperception

統合主義 corporatism

統治階級或支配階級 ruling class or dominant class

統計和統計分析 statistics and statistical analysis

貴族政體 aristocracy

結社；關聯 association

結構的二重性 duality of structure

結構人類學 structural anthropology

結構功能論 structural-functionalism

結構主義 structuralism

結構化 structuration

結構化理論 structuration theory

結構 structure

結構和能動作用 structure and agency

結構編碼 structured coding

勞動供給後退曲線 backward supply curve for labour

勞役償債制 debt peonage

勞資關係 industrial relations

勞力市場 labour market

勞工遷移 labour migration

勞動力 labour power

隊群 band

黑上衣工人 black-coated worker

黑市經濟 black economy

黑人 black

黑人穆斯林 black Muslims

黑人權力運動 black power movement

黑人文化復興運動 negritude

黑格爾（1770－1831） Hegel, Georg Wilhelm Fredrich

博加達斯量表 Bogardus scale

博弈論 theory of games

喀斯特 caste

集體行為 collective behavior

集體良知 collective conscience

集體消費 collective consumption

集體表象 collective representation

集體潛意識 collective unconscious

集體 collectivity

集合城市 conurbation

集會 gatherings

集中趨勢 central tendency

集中趨勢的測量 measures of central tendency

蛛網定理 cobweb theorem

普通法 common law

測量標準和層次 criteria and levels

中英名詞對照

of measurement

循環或循環現象　cycle or cyclical phenomena

貶降儀式　degradation ceremony

就業　employment

費若本（1924 -　 ）　Feyerabend, Paul K.

傅柯（1926 - 1984）　Foucault, Michel

視域融合　fusion of horizons

單一個人　homo clausus

單一作物制　monoculture

智商、智力商數　intelligence quotient（IQ）

智力　intelligence

智力測驗　intelligence test

雅克慎（1896 - 1982）　Jakobson, Roman

萊恩（1927 - 1989）　Laing, Ronald David

游牧民族和游牧生活　nomads and nomadism

虛無假設　null hypothesis

開放式問題　open-ended question

開放社會　open society

鄉民　peasants

鄉民社會　peasant society

鄉村社會學　rural sociology

稀貴財物和稀貴性　positional goods and positionality

進步　progress

進步與退化的科學研究綱領　progressive and degenerating scientific research programs

量化　quantification

凱特萊（1796 - 1874）　Quetelet, Adolphe

等級　rank

殘基與衍理　residues and derivations

舒茲（1899 - 1959）　Schutz, Alfred

斯莫爾（1854 - 1926）　Small, Albion

斯密，亞當（1723 - 1790）　Smith, Adam

發展社會學　sociology of development

發展階段　stages of development

策略性互動　strategic interaction

策略論　strategic theory

超我　superego

超機的　superorganic

象徵　symbol

象徵互動論　symbolic interactionism

華萊士（1858 - 1932）　Wallas, Graham

華勒斯坦（1930 -　 ）　Wallerstein, Immanuel

階級　class

階級界線　class boundaries

階級分裂　class cleavage

階級意識　class consciousness

階級重組　class dealignment

階級分化的社會　class-divided society

階級構成　class formation

階級認同 class identity
階級形象 class imagery
階級定位 class location
階級兩極化 class polarization
階級、身分和政黨 class, status and party
階級結構 class structure

【十三畫】

亂倫禁忌 incest taboo
感情中立 affective neutrality
感性概念 sensitizing concept
農業 agriculture
農業社會 agrarian society
農業革命 agricultural revolution
農產企業 agribusiness
奧爾波特（1897－1967） Allport, Gordon
預期社會化 anticipatory socialization
傳記法 biographical method
傳播 communication (s)
傳播 diffusion
傳統行動 traditional action
傳統權威 traditional authority
傳統社會 traditional society
資產階級、布爾喬亞 bourgeoisie
資產階級化 bourgeoisification
資產階級化或中產階級化 embourgeoisement or bourgeoisification
資產階級化說 embourgeoisement thesis
資料分析 data analysis

資料檔案或資料庫 data archives or data banks
資料組 data set
資訊社會 information society
資訊技術 information technology（IT）
聘金和聘禮 brideprice and bridewealth
隔離組織 carceral organization
隔離 segregation
溝通能力 communicative competence
意動 conation
意識 consciousness
意識形態終結論 end-of-ideology thesis
意識形態 ideology
意向性 intentionality
意義社會學 meaningful sociology
意見領袖 opinion leaders
當代史學 contemporary history
跨文化比較 cross-cultural comparison
跨社會系統 intersocietal systems
群眾行為 crowd behavior
群體、團體、集團 group
群體動力 group dynamics
達倫多夫 Dahrendorf, Sir Ralph
達爾文 Darwin, Charles
解構 deconstruction
解放理論 emancipatory theory
解釋 explanation
解釋機制 explanatory mechanism

中英名詞對照

雷克思（1925－　）Rex, John

聖西門（1760－1825）Saint-Si-mon, Comte Henri de

禁忌　taboo or tabu

詳密描述　thick description

蒂利（1926－）Tilly, Charles

暗地調查法　unobtrusive measures

溫奇（1926－　）Winch, Peter

概念　concept

概化的他人　generalized other

【十四畫】

說明　accounts

演算法　algorithm

演化論社會學　evolutionary sociology

演化論　evolutionary theory

演化普遍模式　evoloutionary universals

種族隔離　apartheid

種族　race

種族關係　race relations

種族主義　racism or racialism

態度　attitude

態度量表和態度測量　attitude scale /measurement

厭惡療法　aversion therapy

維持邊界　boundary maintenance

維特弗格（1896－　）Wittfogel, Karl

維根斯坦（1889－1951）Wittgen-stein, Ludwig

精英循環　circulation of elites

精密代碼和限制代碼　elaborated codes and restricted codes

精英　elite

精英論　elite theory

精神科學和自然科學　Geisteswis-senschaften and Naturwis-senschaften

精神醫學　psychiatry

精神病　psychosis

輕慢　civil inattention

認知失調　cognitive dissonance

認知相對主義　cognitive relativism

認識　episteme

認識論的斷裂　epistemological break

認識論　epistemology

聚合　cohesion

語言能力和語言行為　competence and performance

語言　language

語言遊戲　language games

語言和話語　langue and parole

語用學　pragmatics

語義學　semantics

構念　construct

腐化　corruption

匱乏循環　cycle of deprivation

實驗組　experimental group

實驗假設　experimental hypothesis

實驗法　experimental method

實指定義　ostensive definition

實證主義；實證論　positivism

實際知識或實際意識　practical knowledge or practical conscious-

中英名詞對照

ness
實際推理　practical reasoning
實用主義　pragmatism
實踐　praxis
實在論　realism
實質理性　substantive rationality
福特制和後福特制　Fordism and post-Fordism
福利國家　welfare state
蓋伯瑞（1908 - ）　Galbraith, John K.
滿足　gratification
綠色運動　green movement
綠色革命　green revolution
團體療法　group therapy
寡頭統治鐵律　iron law of oligarchy
寡頭統治　oligarchy
榮格（1875 - 1961）　Jung, Carl Gustav
領導　leadership
領土慾　territorial imperative
領土　territory
對數線性分析　log linear analysis
對等性　reciprocity
對於科學的社會研究　social studies of science
瘋狂　madness
管理革命　managerial revolution
需要　need
網路理論　network theory
蒙昧狀態　savagery
齊默爾（1858 - 1918）　Simmel, Georg

監督　surveillance
綜攝　syncretism
圖騰　totem
圖騰崇拜　totemism
瑣屑諮詢　trivial consultation

【十五畫】

獎懲，制裁　sanction
墮胎　abortion
適應　adaptation
適切技術　appropriate technology
適切性設定　postulate of adequacy
廣告大眾　admass
廣告　advertising
潘乃德（1887 - 1948）　Benedict, Ruth
暴食症　bulimia
暴動　riot
暴力　violence
範疇　category
課堂互動　classroom interaction
編碼　coding
編劇法；擬劇法　dramaturgy
膚色障礙　color bar
衝突　conflict
衝突理論　conflict theory
墨守成規；約定論　conventionalism
談話分析　conversation (al) analysis
德爾斐法　Delphi method
德希達（1930 - ）　Derrida, Jacques
德·托克維爾　de Tocqueville, Alexis
論述及其構成　discourse (s) and

discourse formation

層級　estate

標籤論　labelling theory

標度　scaling

標準差　standard deviation

標準誤差　standard error

數理社會學　mathematical sociology

模型　model

模式變項　pattern variables

摩爾(1913－　)　Moore, Barrington

摩根(1818－1881)　Morgan, Lewis Henry

賤民　pariah

賣淫　prostitution

儀式　ritual

樣本或抽樣　sample or sampling

調查法　survey method

輪流對話　turn-taking

價值不涉入和價值中立　value freedom and value neutrality

價值判斷　value judgment

價值相對性　value relativity

價值相關性　value relevance

價值(觀)　values

毆打妻子　wife battering

【十六畫】

整合　aggregation

整合　integration

整體論　holism

整體社會反應　societal reaction

學徒制　apprenticeship

學科分界問題　problem of demarcation

學歷甄選　screening

獨裁政體　autocracy

獨立性策略　strategies of independence

鮑曼(1925－　)　Bauman, Zygmunt

鮑亞士(1858－1942)　Boas, Franz

諮商　counseling

橫剖研究　cross-sectional study

橫向分工　horizontal division of labour

選舉社會學　electoral sociology

歷史片斷　episode

歷史片斷特徵化　episodic characterization

歷史社會學　historical sociology

歷史主義　historicism

歷史性　historicity

歷史　history

機會均等　equality of opportunity

機械連帶和有機連帶　mechanical and organic solidarity

機率　probability

機率樣本　probability sample

機率論　probability theory

錯誤意識、偽意識　false consciousness

錯誤層次謬誤　wrong level fallacy

霍桑效應　Hawthorne effect

霍布斯(1588－1679)　Hobbes, Thomas

霍布豪斯(1864－1929)　Hobhouse,

中英名詞對照

Leonard Trelawny

霍曼斯（1910 - 　　） Homans, George

霍普—戈德索普量表 Hope-Goldthorpe scale

霍克海默（1895 - 1973） Horkheimer, Max

親屬關係 kinship

盧卡奇（1885 - 1971） Lukács, George

默頓（1910 - 　） Merton, Robert

默會知識 tacit knowledge

操作性制約 operant conditioning

操作論 operationalism or operationism

操作化 operationalization

積極的差別待遇、正向歧視 positive discrimination

激進社會工作 radical social work

隨機樣本 random sample

戰爭 warfare

【十七畫】

總體；聚集 aggregate

總體資料分析 aggregate data analysis

總體層級謬誤 aggregate level fallacy

擬人化 anthropomorphism

應用社會學 applied sociology

應變數、因變量、依變項 dependent variable

應得權利 entitlements

臨床社會學 clinical sociology

趨同現象 convergence

濡化 enculturation

環境 environment

環境枯竭 enviromental depletion

環形監獄 panopticon

優生學 eugenics

隱藏性課程 hidden curriculum

隱性功能 latent function

戲謔關係 joking relationship

彌爾（1806 - 1873） Mill, John Stuart

壓力團體 pressure group

壓力 stress

瞭悟 Verstehen

【十八畫】

舊體制 ancien régime

雙系繼嗣 bilateral descent

雙峰分配 bimodal distribution

雙重繼嗣 bilineal descent

雙重繼嗣 double descent（or bilineal descent）

雙重詮釋 double hermeneutic

雙元概念體系 binary conceptual system

雙元勞力市場 dual labor market

藍領工人 blue-collar worker

簡化操作技能 deskilling

簡單社會 simple society

擴展家庭 extended family

禮俗社群和法理社會 Gemeinschaft and Gesellschaft

禮物交換或禮尚往來 gift exchange or gift relationship

歸納法和歸納邏輯 induction and inductive logic

醫學化 medicalization

職業階級 occupational class

職業量表 occupational scales

職業結構 occupational structure

職業轉移 occupational transition

覆核,重複試驗 replication

薩丕爾-沃夫假說 Sapir-Whorf hypothesis

翻譯 translation

離婚和分居 divorce and marital separation

離勢 dispersion

離勢的測量 measures of dispersion

【十九畫】

類比 analogy

類別歧視 categorical discrimination

類聚分析 cluster analysis

類聚樣本 cluster sample

類聚 systact

類型 type

類型普遍化 type generalization

類型化 typification

類型學;分類法 typology

藝術 art

藝術社會學 sociology of art

邊雅明(1892－1940) Benjamin, Walter

邊沁(1748－1832) Bentham, Jere-my

邊陲 periphery

邊際狀態 marginality

證偽主義 falsificationism

鏡中自我 looking-glass self

羅嘉思(1902－1987) Rogers, Carl

羅夏墨漬測驗 Rorschach Inkblot Test

贊助式流動 sponsored mobility

穩定民主政體和不穩定民主政體 stable democracy and unstable democracy

【二十畫】

競爭 competition

競賽式和贊助式流動 contest and sponsored mobility

繼嗣 descent

繼嗣群 descent group

懸置 epoché

蘇格拉底(公元前 470－399) Socrates

【二十一畫】

屬性 attribute

護主與隨從關係 patron-client relationship

【二十二畫】

權威主義 authoritarianism

權威人格 authoritarian personality

權威右派 authoritarian right

權威;當局 authority

中英名詞對照

權力平衡　balance of power
權力精英　power elite
權變理論　contingency theory

【二十三畫】

變異數分析　analysis of variance
　（ANOVA）
變數、變量、變項　variable
邏輯　logic
邏輯行爲和非邏輯行爲　logical ac-
　tion and non-logical action
邏輯實證論　logical positivism
顯性功能和隱性功能　manifest
　functions and latent functions
顯著性檢定　significance test
體育社會學　sociology of sport

國家圖書館出版品預行編目資料

社會學辭典 / 戴維.賈里，朱莉婭.賈里著 ；周業謙，周
光淦譯. －－ 二版. －－ 臺北市 ： 貓頭鷹出版 ： 家庭傳媒
城邦分公司發行，2005〔民94〕
　　面 ；公分. －－（大學辭典系列；108）
　譯自 ： The HarperCollins dictionary of sociology

　　　ISBN　986-7415-28-0(平裝)

　　　1. 社會學－字典，辭典

　　540.4　　　　　　　　　　93024423